中华历史坐标大系表

李小白 编

吉林文史出版社

图书在版编目（CIP）数据

中华历史坐标大系表 / 李小白编 . —长春：吉林
文史出版社，2023.1
ISBN 978-7-5472-9215-0

Ⅰ . ①中… Ⅱ . ①李… Ⅲ . ①中国历史 – 历史年表
Ⅳ . ① K208

中国国家版本馆 CIP 数据核字（2023）第 021618 号

中华历史坐标大系表
ZHONGHUA LISHI ZUOBIAO DAXI BIAO

编　　者 / 李小白
责任编辑 / 李岩冰
封面设计 / 李紫冉
出版发行 / 吉林文史出版社有限责任公司
地　　址 / 长春市福祉大路出版集团 A 座
邮　　编 / 130117
印　　刷 / 三河市龙大印装有限公司
开　　本 / 889mm×1194mm　16 开
字　　数 / 476 千
印　　张 / 21.75
版　　次 / 2023 年 7 月第 1 版
印　　次 / 2023 年 7 月第 1 次印刷
书　　号 / ISBN 978-7-5472-9215-0
定　　价 / 98.00 元

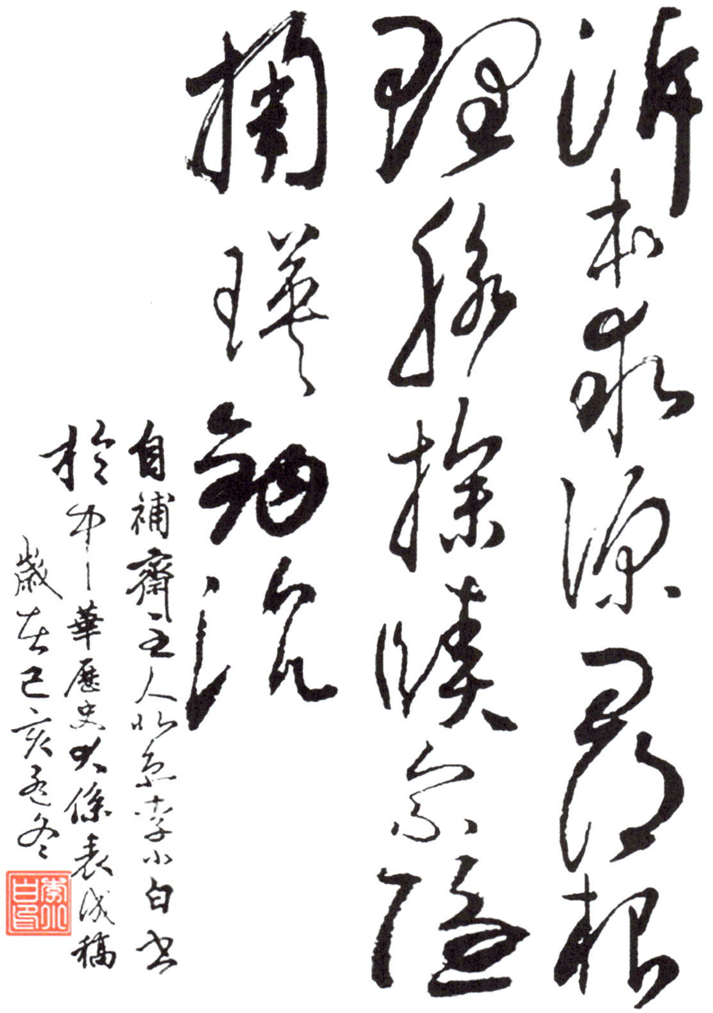

溯本求源昂首根
理絲操暇家徑
拥瑾知流

自補齋主人似某李小白書
於中華歷史尖保成稿
歲在己亥孟冬

前　言

学历史其实并不难。

小时候我们都爱听故事。从字义上说，"故"既有过去的意思，也有原因的意思。所以"故事"，顾名思义就是过去的事。英语的"历史"单词是"history"，其中也包涵了"story"（故事）一词。

构成故事的要素，不外乎时间、人物与地点。中国的故事，地点当然都在中国，所以，"中国历史"可以定义为"在中国这块土地上，在不同的时间节点发生的不同的故事"。而这一个个看似孤立的故事，细细品读却有着千丝万缕的联系。能把这些联系都穿在一起的，就是时间。

讲故事时可以说"很久很久以前……"，表示在时间上很不确定。但是在叙述历史时就不能这样模糊了，必须要确定一个准确的时间节点。

因此，学习历史首先要弄明白，任何一件事或一个人都可以在时间坐标上找到对应的位置，没有谁是可以凭空存在的。不同的时间节点反映了不同的社会背景（即不同的朝代）。各个朝代的区别，除去经济形式、科技水平、生产力与生产关系等这些学术性很强的原因外，还在于不同时期统治集团的整体特征和拥有最高权力的帝王的个人特征，甚至帝王的性格，他的用人方法、行事风格等，都能影响到权力的承继或朝代的更迭，从而演化成了人类社会的发展轨迹。

弄清楚这一点就会明白，中国的历史就像是一颗颗珍珠，被时间这条线穿在一起，上下相承，前后有序且彼此关联。所有的人物和事件都离不开时间与空间的限制。没有时间这条线的维系，那些璀璨的珍珠就会散落一地，无凭无据，无法厘清。

本书就是以时间作为纵向坐标，用一个个朝代的主要政治人物作为横向坐标，用图表的方式，让读者对中国历史在时间线和代表人物上有一个概念性的认识，并通过简要的文字，介绍了历朝历代统治者的基本特征，为初学者更深入地学习提供一个入门的参考。

【编制说明】

  本系表以中华民族长达五千年不间断的传承时间为纵向轴，以在不同时间段存在的政权形式和主要代表人物为横向轴，旨在直观地表现出中华民族一脉相承的发展过程，同时配以文字简介，以方便喜欢历史的朋友按图索骥，梳综理脉。

  为便于读者理解，特做以下说明：

  一、为方便读者，在编排时特意将系表放在一侧页面，文字简介放在另一侧页面。旨在让读者在打开任意页时，即可将图表和文字左右参照，尽可能不用翻页查找。

  二、将时间轴放置在图表的左侧，并一以贯之到最后。在时间线上不仅标明现代的公元纪年，自汉武帝以后还标明了不同历史时期的不同帝王所使用的不同年号，并标明了存续时间。

  三、现代学界确定以公元前841年为中国历史明确纪年的开始。故凡在此前的纪年均用黑色表示，而此后的纪年均用红色表示。

  四、时间轴右侧为历代政权的代表人物，用红色线表示上下传承关系。红色图框内均为在历史上有明确执政地位的人物，称"帝王框"；但有些用非正常方式取得政权或不被历史承认的人物，图框则用黑色表示（如南朝梁时期侯景建立的汉国）。帝王框下侧面为"配偶框"，下部图框称为"子女框"，用连线表示血缘。

  五、图表中，粗红实线表示帝王传承关系；粗黑实线表示父子关系，细黑实线表示母子关系。由于父母子女间的多线条容易交叉，故有时只标出父子或母子关系线，但可从上级配偶关系分析出其相对关系。在知其父不知其母时，在配偶框中一律标为"待考"。

  六、帝王框左上角是该人物去世后的庙号（或谥号）；右上角是其在同代兄弟中的排行，排行不确定时以长幼区分；左下角是其执掌政权时的都城；右下角是其去世后埋葬的陵寝。帝王框内分别标注了姓名、帝（王）号、民族（汉族略）、生卒年月、执政时间和年限。

  七、关于帝王的年龄，本系表采用周岁年龄，不采用中国古代特有的虚岁年龄。

  八、后继帝王的即位时间，以前代帝王去世之年开始。但自汉孝武帝实行帝王年号后，新任帝王会沿用去世帝王的年号以示承继，故新年号（改元）时间为继位翌年始（弑篡夺位者除外），请加以辨别。

九、有的帝王在同一年中有多次改元的情况，所以单纯以年号存在的时间累加计算，会与帝王实际在位时间有很大出入。请读者根据年号存续时间是否重叠进行甄别。

十、与帝王框上端平齐的为兄弟框。其内容与后、妃、兄弟及子女框相同，仅标明姓名、生卒年月、排行和封号。其中对历史产生过影响的，名字也用红色表示且附以简介。

十一、在同一时期并存的帝王（如周朝时期的姬宜臼和姬余臣的二王并立），本系表会在同一时间节点上并列。

十二、由于古代帝王多妻多子，本表只选择对历史产生较大影响的人物，其他均不收录。如曹操有诸多妃嫔，本表仅选录了卞夫人和环夫人；有二十五子，本表仅选录了曹丕、曹植和曹彰。

十三、对于帝王框中用红色标识的主要人物，均有相关文字简介。

十四、有些人物并未成为帝王，但对帝王传承起到了承上启下的作用，其在图框中的名字为红色字体，并尽可能配以文字简介。

十五、本系表有选择地介绍了一些并非帝王，但却对历史产生过重大影响或者有争议的人物。其观点只代表作者本人的理解，仅供参考。

十六、中华历史曾有过多个民族或多个政权并存的时期，故本系表分为三个部分：

第一部分自上古至清朝结束时期，奉中原正朔的各个朝代。时间轴自然延续和承接，自汉武帝后加注帝王年号。

第二部分为少数民族政权脉系。在少数民族系表中，年代轴除加注当时帝号外，同时附注当时中原王朝的年号以供参照。

第三部分是周朝时期的主要封国。

图例说明：

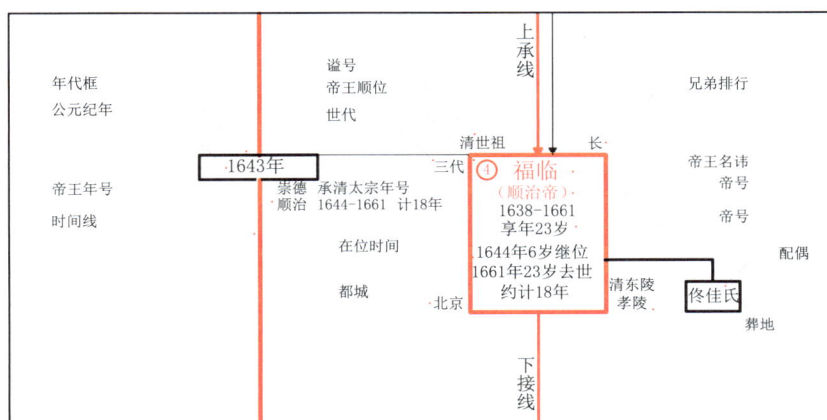

中华历史坐标大系表总索引

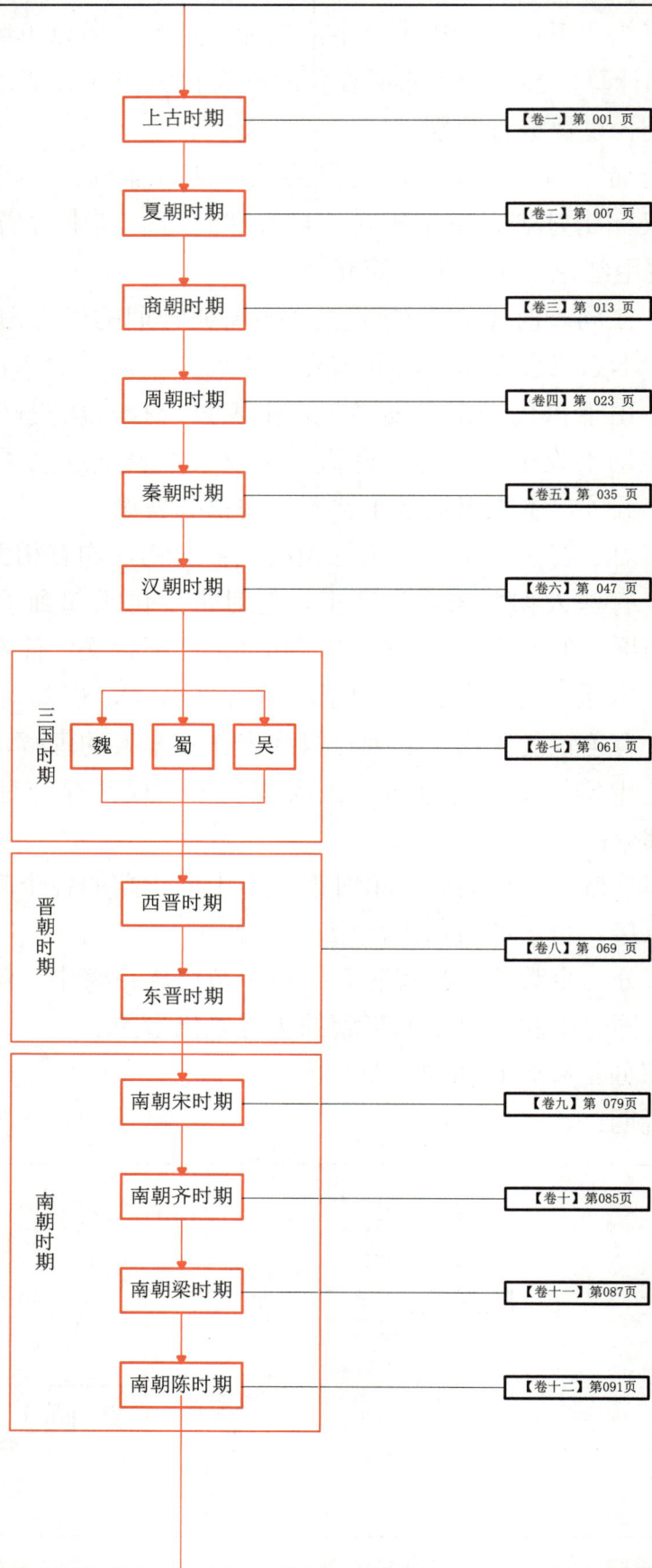

时期	卷·页码
上古时期	【卷一】第 001 页
夏朝时期	【卷二】第 007 页
商朝时期	【卷三】第 013 页
周朝时期	【卷四】第 023 页
秦朝时期	【卷五】第 035 页
汉朝时期	【卷六】第 047 页

三国时期

| 魏 | 蜀 | 吴 | 【卷七】第 061 页 |

晋朝时期

西晋时期	
东晋时期	【卷八】第 069 页

南朝时期

南朝宋时期	【卷九】第 079 页
南朝齐时期	【卷十】第 085 页
南朝梁时期	【卷十一】第 087 页
南朝陈时期	【卷十二】第 091 页

隋朝时期		【卷十三】第093页
唐朝时期		【卷十四】第097页
后梁时期		【卷十五】第109页
后唐时期		【卷十六】第113页
后晋时期	五代时期	【卷十七】第115页
后汉时期		【卷十八】第115页
后周时期		【卷十九】第117页
北宋时期	宋朝时期	【卷廿】第119页
南宋时期		【卷廿一】第125页
元朝时期		【卷廿二】第129页
明朝时期		【卷廿三】第139页
清朝时期		【卷廿四】第149页
【附表一】少数民族政权		第157页
【附表二】周朝主要封国		第207页
后　记		第331页

主　表

（自上古至清）

【上古简介】

中华文明自古就有三皇五帝之说，如《史记·秦始皇本纪》中李斯说：古有天皇、地皇、泰皇。

唐代司马贞著《三皇本纪》以补全《史记》，增补了伏羲、女娲、神农等诸位上古时期神话传说人物与部落首领的历史。均无实考，仅录之备考。

三皇之名历代都有不同的说法，今据《尚书大传》，以燧人、伏羲、神农为三皇，而《风俗通义》《白虎通义》《古史考》等古籍亦支持此说。

五帝之名也说法各异。今据《资治通鉴外纪》，以黄帝、少昊、颛顼、帝喾、尧为五帝。

【黄帝、炎帝、蚩尤与共工】

黄帝、炎帝、蚩尤与共工均是华夏民族的始祖，是上古时期的部落联盟首领。

据《国语·晋语》载："昔少典娶于有蟜（jiǎo）氏，生黄帝、炎帝。黄帝以姬水（今陕西武功漆水河）成，炎帝以姜水（今陕西宝鸡清姜河）成。成而异德，故黄帝为姬，炎帝为姜。二帝用师以相济也，异德之故也。"这是最早记载炎帝、黄帝诞生的史料。

蚩尤，是上古时代九黎氏族部落联盟的首领（蚩尤与同母弟八人，连其自己在内共九人，均为黎姓，号称九黎）。有资料说其本与炎帝同宗，后离开炎帝并与之发生战争；又据记载其有兄弟八十一人（疑为八十一个氏族部落）。蚩尤在位期间开垦农田，定居中原，故应该肯定他与黄帝、炎帝共同奠定了中华民族主体的根基，是中华文明不能忽视的一脉。其统领的九黎族人，据说是"黎民百姓"一词的出处。

共工，又称共工氏，传说为中国上古时代的水神。另一说共工氏是黄帝时代的部落名，非特指某个人物。《列子·汤问》记："共工氏与颛顼争为帝，怒而触不周之山，折天柱，绝地维。天倾西北，故日月星辰移焉；地不满东南，故百川水潦归焉。"

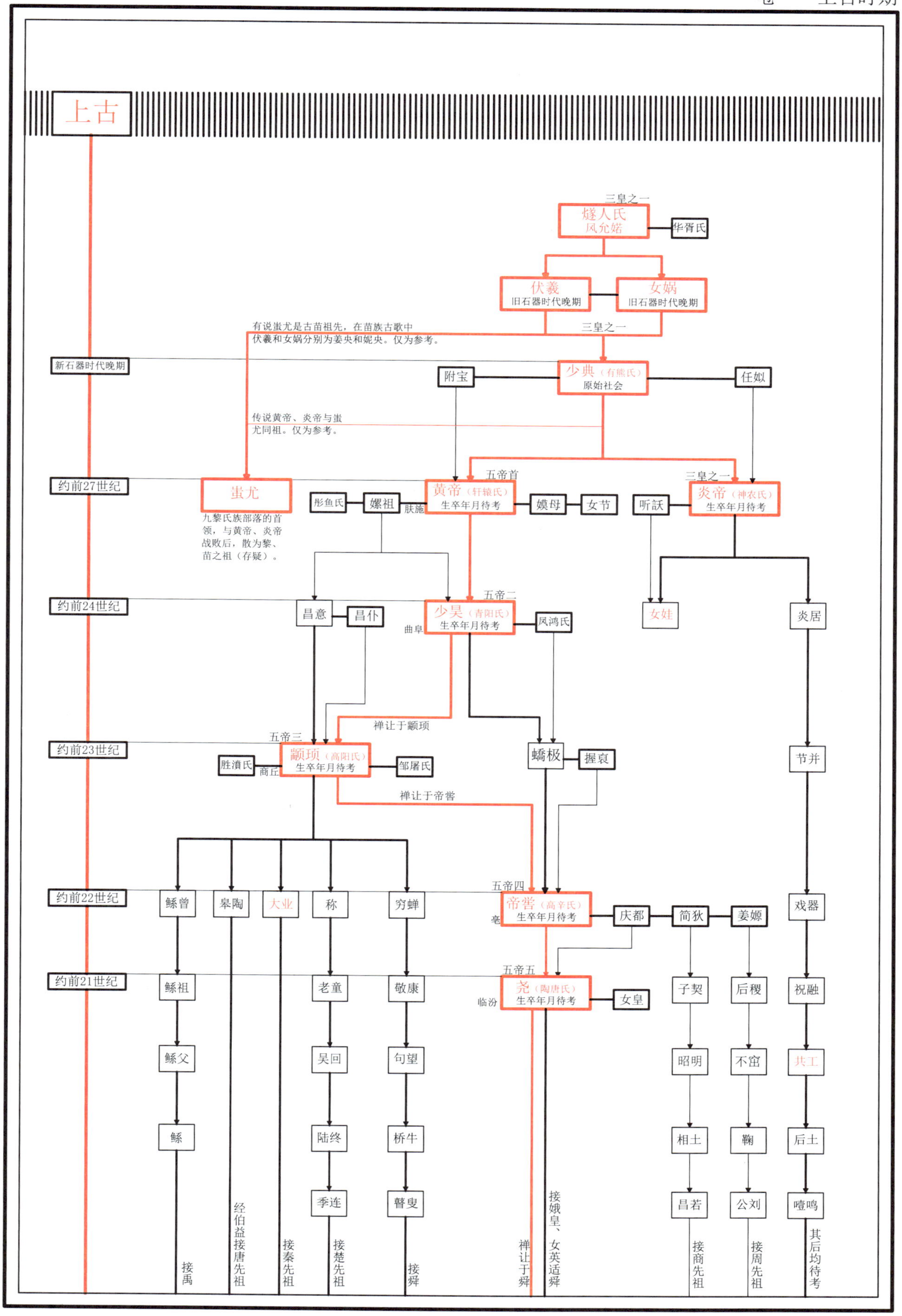

上古

三皇之一
燧人氏
风允娝 ── 华胥氏

伏羲（旧石器时代晚期）　女娲（旧石器时代晚期）
三皇之一

有说蚩尤是古苗祖先，在苗族古歌中
伏羲和女娲分别为姜央和妮央。仅为参考。

新石器时代晚期

附宝 ── 少典（有熊氏）原始社会 ── 任姒

传说黄帝、炎帝与蚩尤同祖。仅为参考。

约前27世纪

蚩尤
九黎氏族部落的首
领，与黄帝、炎帝
战败后，散为黎、
苗之祖（存疑）。

彤鱼氏 ── 嫘祖　肤施　五帝首　黄帝（轩辕氏）生卒年月待考 ── 嫫母 ── 女节　听詙 ── 炎帝（神农氏）生卒年月待考
三皇之一

女娃　炎居

约前24世纪

昌意 ── 昌仆　曲阜　五帝二　少昊（青阳氏）生卒年月待考 ── 凤鸿氏

禅让于颛顼

蟜极 ── 握裒

节并

约前23世纪

五帝三　胜濆氏 ── 颛顼（高阳氏）生卒年月待考 ── 邹屠氏　商丘

禅让于帝喾

约前22世纪

鲧曾　皋陶　大业　称　穷蝉　五帝四　帝喾（高辛氏）生卒年月待考　亳 ── 庆都 ── 简狄 ── 姜嫄

戏器

约前21世纪

鲧祖　老童　敬康　五帝五　尧（陶唐氏）生卒年月待考　临汾 ── 女皇　子契　后稷　祝融

共工

鲧父　吴回　句望　昭明　不窋　相土

鲧　陆终　桥牛　相土　鞠　后土

季连　瞽叟　昌若　公刘　嚏鸣

接娥皇、女英适舜
禅让于舜

接禹　经伯益接唐先祖　接秦先祖　接楚先祖　接舜　商先祖　接周先祖　其后均待考

　　由于时代久远，且上古时期尚无完备的文字系统详细记载，根据各类传说又相差很大，本系表兼顾参照各类文献，旨在标识中华民族为炎黄子孙且一脉相承的线索，仅供参考。

　　在上古时代实行的并不是"父死子继、兄终弟及"的血统继位制。虽然最高首领均在风姓家族中产生，但实行的是"拟父死子继、兄终弟及"以产生首领的制度。这是一种"拟血统"的继承制，王位并非一定是传于嫡系长子，而是传位于有德能的人。

　　如：青阳氏的少昊传位于高阳氏的颛顼（zhuān xū）；高阳氏的颛顼传位于高辛氏的喾（kù）；高辛氏的喾传位于陶唐氏的尧；陶唐氏的尧传位于有虞氏的舜；有虞氏的舜又传位于夏后氏的禹。

　　由于早期文字尚不成熟，故人名亦有很多讹误。如禹之序列，其自颛顼（高阳氏）而下分别有鲧曾、鲧祖、鲧父。可理解为其名字均已经失存，只得以后代鲧的上溯辈分序列区别之。再如炎帝之后有祝融，然而祝融本为官职名称，并非是人名。历史上有多位祝融，并均被后世祭祀为火神灶神，但其存在年代相差很大。

　　在上古神话中，有许多代表着中华民族优秀基因品格的故事，如女娲补天、夸父追日、愚公移山等，但神话并非完全没有现实依据。故本系表列精卫填海的传说，以彰显其与自然抗争，明知不可为而为的民族精神。

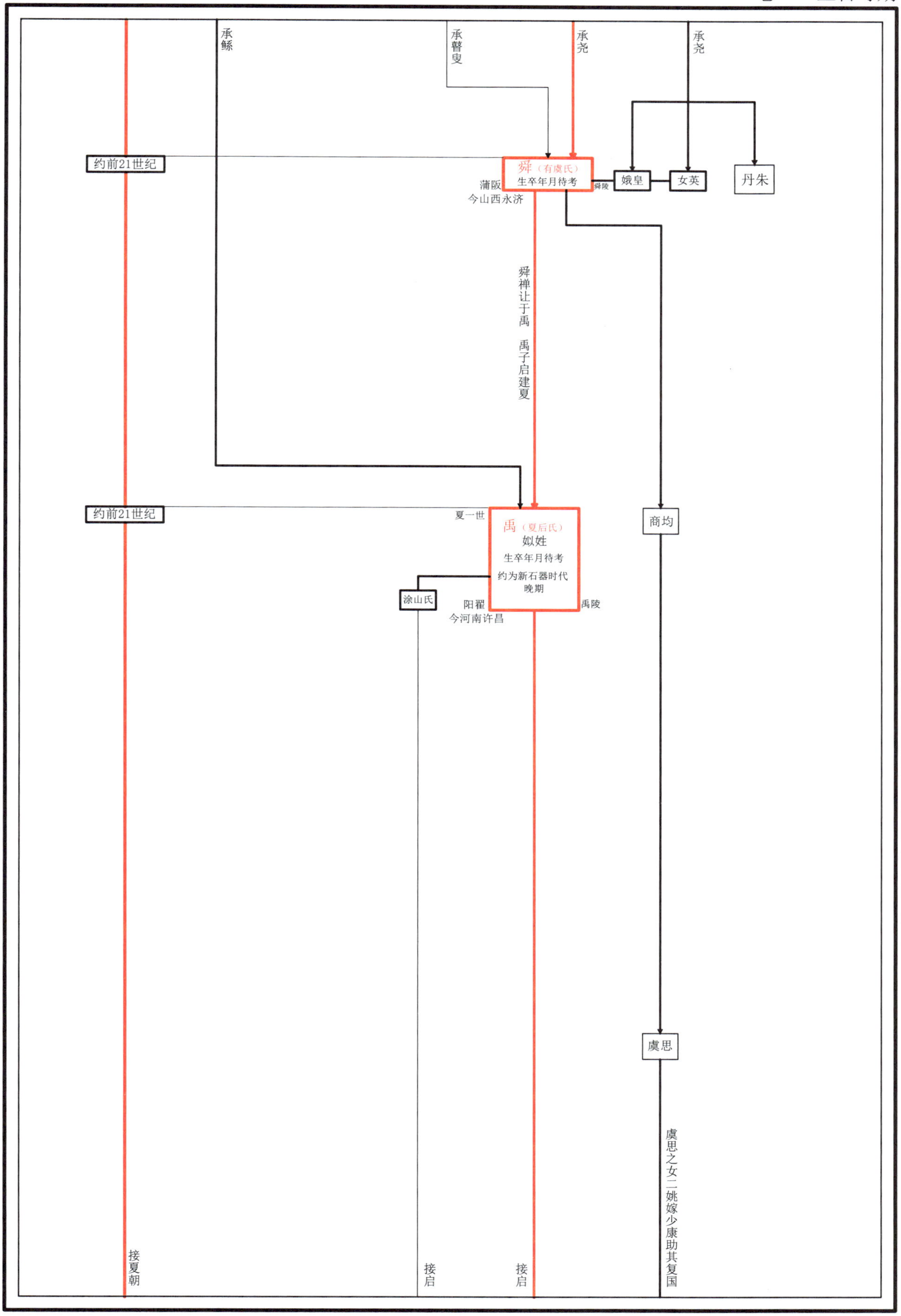

承
鲧

承瞽叟

承尧

承尧

约前21世纪

舜（有虞氏）
生卒年月待考

蒲阪
今山西永济

舜陵

娥皇

女英

丹朱

舜禅让于禹 禹子启建夏

约前21世纪

夏一世

禹（夏后氏）
姒姓
生卒年月待考
约为新石器时代
晚期

涂山氏

阳翟
今河南许昌

禹陵

商均

虞思

接
夏
朝

接启

接启

虞思之女二姚嫁少康助其复国

2022·6·11

（一）【姒启】

姒启，姒（sì）姓。禹之子，母为涂山氏，夏朝第一位王。

本系表认为禹是夏朝的实际建立者，其在阳城即位之时便已确立了国号为"夏"，并铸九鼎以象征九州王权的标志，故禹当为夏一世，姒启为夏二世。姒启在禹死后，取代了禹选定的伯益，自称夏后，并确定王权的血缘传承制度，故姒启是由公天下向家天下（禅让制向君主世袭制）转变的开始。

姒启西迁到大夏（今汾浍流域），建都安邑（今山西夏县西）。又战胜强有力的有扈（hù）氏，消除了华夏族内部的反对势力。晚期发生了武观之乱，以致政局动荡。最终病死，葬于安邑附近。

（二）【姒太康】

姒太康，姒启长子，夏朝第二位王。继位仅一年，即因施政无道被后羿夺权，史称"太康失国"。《竹书纪年》记载，太康死于继位后第四年。

（三）【姒仲康】

姒仲康，姒启之子，姒太康之弟，夏朝第三位王，是后羿扶植的傀儡，在位七年崩。

（四）【姒相】

姒相，姒仲康之子，夏朝第四位王，也是后羿的傀儡，在位二十八年，后被寒浞之子寒浇杀死。

（五）【寒浞】

寒浞（zhuó），妘（yún）姓，夏朝第五位王。因得位不正，传统史学界一般不承认其地位。他先帮后羿取代太康，又杀死后羿夺权。因其掌控夏朝国政达四十年，并先后征服了夏王朝周边的其他部族，使自太康失国后夏王朝的分裂局面重新统一，故本系表依次标为五。寒浞最终死于少康的复国之战。

（六）【姒少康】

姒少康，姒相之妻后缗的遗腹子。夏朝第六位王，在位二十一年。

姒相被寒浞所杀，其妻后缗身怀少康逃至母家有仍氏（今山东济宁）生下了少康。少康长大后先为有仍氏牧正，后至虞国（今河南商丘虞城县）任庖正，据说在此期间酿造出酒。虞国君主虞思将其女二姚许配少康，助其攻灭寒浞，建都纶城，恢复了夏王朝的统治，史称"少康中兴"。

（七）【姒杼】

姒杼（zhù），姒少康之子。亦名予、宁，夏朝第七位王，在位十七年。

姒杼曾参加少康对寒浞的复国战争，并立下许多战功。《竹书纪年》记载姒杼初期的都城是原（今河南济源西北的庙街遗址），后迁都老丘（今河南开封杜良乡附近）。有文献记载姒杼发明了用兽皮做的甲，是中国战甲的创始。有了战甲之后夏朝国势也进入鼎盛期。

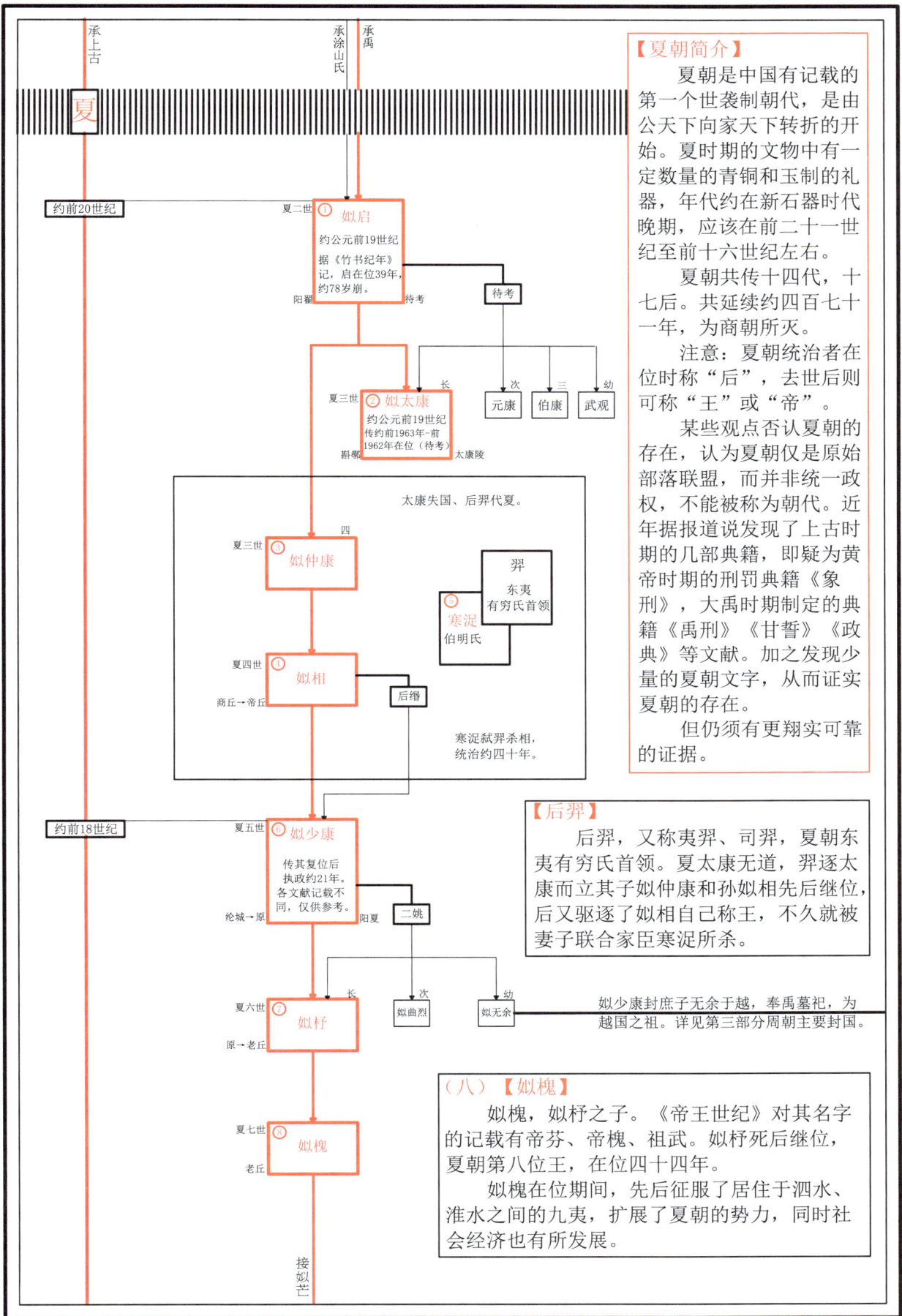

承上古

承涂山氏　承禹

夏

约前20世纪

夏二世　① **姒启**

约公元前19世纪
据《竹书纪年》
记，启在位39年，
约78岁崩。

阳翟　待考

待考

长　　次　三　幼

元康　伯康　武观

夏三世　② **姒太康**

约公元前19世纪
传约前1963年-前
1962年在位（待考）

斟鄩　太康陵

太康失国、后羿代夏。

夏三世　③ **姒仲康**

四

羿

东夷
有穷氏首领

⑤ **寒浞**

伯明氏

夏四世　④ **姒相**

商丘→帝丘

后缗

寒浞弑羿杀相，
统治约四十年。

【夏朝简介】

　　夏朝是中国有记载的第一个世袭制朝代，是由公天下向家天下转折的开始。夏时期的文物中有一定数量的青铜和玉制的礼器，年代约在新石器时代晚期，应该在前二十一世纪至前十六世纪左右。

　　夏朝共传十四代，十七后。共延续约四百七十一年，为商朝所灭。

　　注意：夏朝统治者在位时称"后"，去世后则可称"王"或"帝"。

　　某些观点否认夏朝的存在，认为夏朝仅是原始部落联盟，而并非统一政权，不能被称为朝代。近年据报道说发现了上古时期的几部典籍，即疑为黄帝时期的刑罚典籍《象刑》，大禹时期制定的典籍《禹刑》《甘誓》《政典》等文献。加之发现少量的夏朝文字，从而证实夏朝的存在。

　　但仍须有更翔实可靠的证据。

【后羿】

　　后羿，又称夷羿、司羿，夏朝东夷有穷氏首领。夏太康无道，羿逐太康而立其子姒仲康和孙姒相先后继位，后又驱逐了姒相自己称王，不久就被妻子联合家臣寒浞所杀。

约前18世纪

夏五世　⑥ **姒少康**

传其复位后执政约21年。
各文献记载不同，仅供参考。

纶城→原　阳夏

二姚

长　　　次　　　幼

夏六世　⑦ **姒杼**

原→老丘

姒曲烈　姒无余

姒少康封庶子无余于越，奉禹墓祀，为越国之祖。详见第三部分周朝主要封国。

（八）【姒槐】

　　姒槐，姒杼之子。《帝王世纪》对其名字的记载有帝芬、帝槐、祖武。姒杼死后继位，夏朝第八位王，在位四十四年。

　　姒槐在位期间，先后征服了居住于泗水、淮水之间的九夷，扩展了夏朝的势力，同时社会经济也有所发展。

夏七世　⑧ **姒槐**

老丘

接姒芒

（九）【姒芒】

姒芒，又名帝芒，夏朝第九位王，姒槐之子。

继位后举行了隆重的祭黄河仪式。除把猪、牛、羊沉于河中，还把当年舜帝赐给大禹象征治水成功的玄圭（黑色的玉圭）也沉在河水中，表示虔诚。这就是延续了数千年的"沉祭"仪式。

《周礼·大宗伯》记载：以埋沉祭山川林泽。郑玄注释：祭山林曰"埋"，川泽曰"沉"。

自周代以后，沉祭盛行。姒芒死后葬于安邑。

（十）【姒泄】

姒泄，姒芒之子，夏朝第十位王。

《竹书纪年》与《史记·夏本纪》均记载：姒泄在位期间，连续对外用兵并取得胜利，对不服从夏朝统治的部落用兵征服。东夷、西羌等六夷均派使者来朝谒见，接受姒泄所封的爵命，说明当时周边的夷族已经承认了夏朝的统治。姒泄对夏朝版图的开拓功不可没。

在位二十五年病殁，葬于安邑。

（十一）【姒不降】

姒不降，又名姒降，夏后不降，姒泄之子，夏朝第十一位王。

在位五十九年，是夏朝在位时间最长且很有作为的君主。执政最后一年时，禅让于其弟姒扃（jiōng），十年后姒不降死，葬于老丘。《竹书纪年》记载：（不降）五十九年，逊位于后扃，三代之世内禅，惟不降实有圣德。

后世称同族兄弟间禅让为"内禅"。

（十二）【姒扃】

姒扃，也称夏扃、帝扃。姒泄之子、姒不降之弟，夏朝第十二位王。

姒不降认为自己的弟弟姒扃执政经验更丰富，于是内禅给其弟姒扃。帝扃十年姒不降死，十八年帝扃死。

（十三）【姒廑】

姒廑（qín），一名顼（xū），亦名胤甲。夏王姒扃之子，夏朝第十三位王。

姒廑于姒扃死后继位。在位时由帝丘（今河南濮阳）迁都于西河（今安阳汤阴县东夏都西河遗址）。姒廑是一位守成之君，死后将王权还于姒不降之子姒孔甲，史称"还政"。

（十四）【姒孔甲】

姒孔甲，姒不降之子，姒扃之侄，姒廑堂兄弟，夏朝第十四位王。

姒不降禅位于孔甲叔父姒扃。姒扃死后传位于其子姒廑。姒廑死后方由姒孔甲继位，仍都西河。据《竹书纪年》记载其在位九年去世，葬地待考。

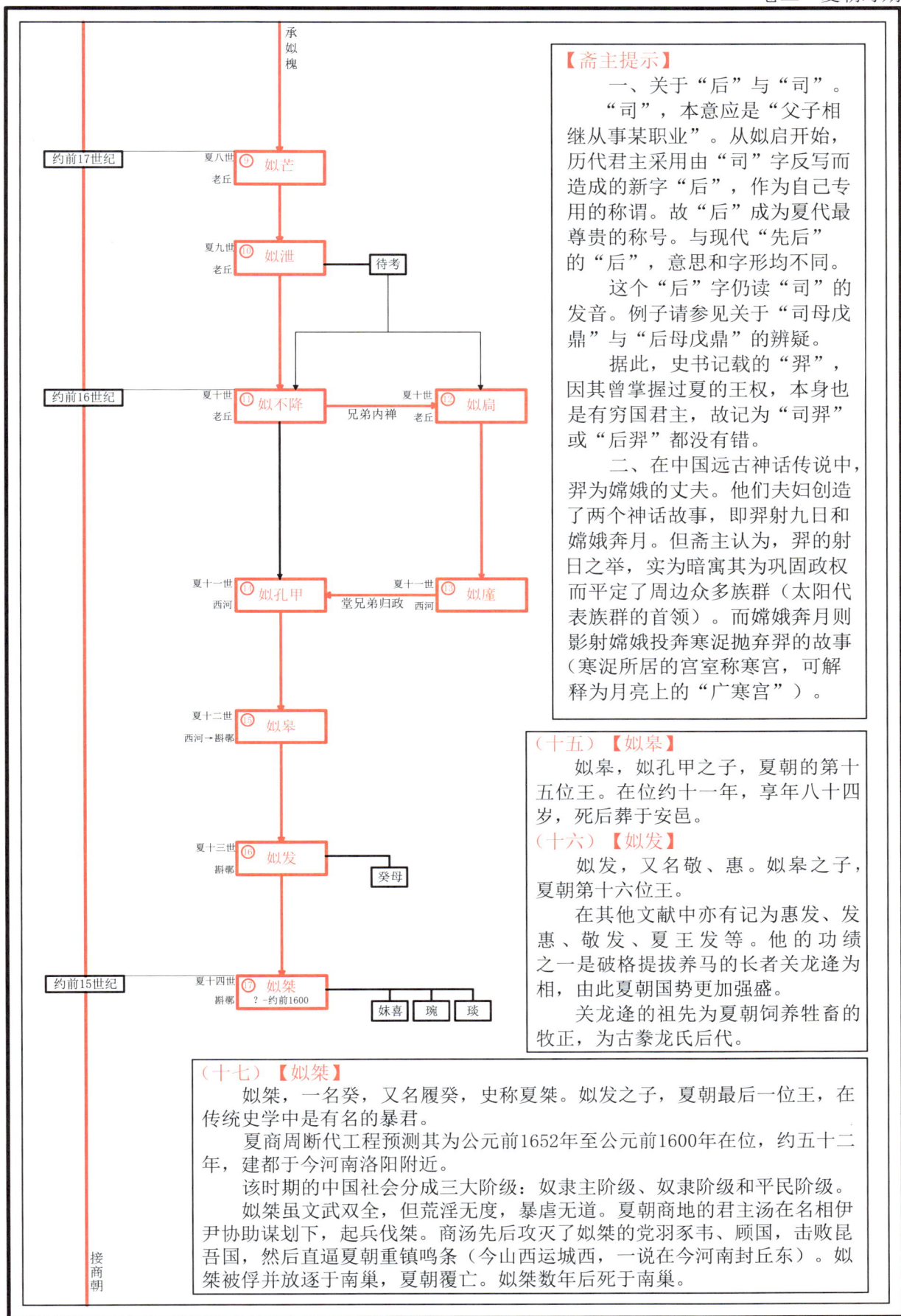

承
姒
槐

约前17世纪　　　夏八世　⑨姒芒
　　　　　　　　老丘

夏九世　⑩姒泄　　　　待考
老丘

约前16世纪　　　夏十世　⑪姒不降　　　夏十世　⑫姒扃
　　　　　　　　老丘　　兄弟内禅　　　老丘

夏十一世　⑭姒孔甲　　　夏十一世　⑬姒廑
西河　　堂兄弟归政　　　西河

夏十二世　⑮姒皋
西河→斟鄩

夏十三世　⑯姒发　　　　癸母
斟鄩

约前15世纪　　　夏十四世　⑰姒桀
　　　　　　　　斟鄩　　妹喜　瑃　琰
　　　　　　　　?-约前1600

接
商
朝

【斋主提示】
　一、关于"后"与"司"。
　"司"，本意应是"父子相继从事某职业"。从姒启开始，历代君主采用由"司"字反写而造成的新字"后"，作为自己专用的称谓。故"后"成为夏代最尊贵的称号。与现代"先后"的"后"，意思和字形均不同。
　这个"后"字仍读"司"的发音。例子请参见关于"司母戊鼎"与"后母戊鼎"的辨疑。
　据此，史书记载的"羿"，因其曾掌握过夏的王权，本身也是有穷国君主，故记为"司羿"或"后羿"都没有错。
　二、在中国远古神话传说中，羿为嫦娥的丈夫。他们夫妇创造了两个神话故事，即羿射九日和嫦娥奔月。但斋主认为，羿的射日之举，实为暗寓其为巩固政权而平定了周边众多族群（太阳代表族群的首领）。而嫦娥奔月则影射嫦娥投奔寒浞抛弃羿的故事（寒浞所居的宫室称寒宫，可解释为月亮上的"广寒宫"）。

（十五）【姒皋】
　姒皋，姒孔甲之子，夏朝的第十五位王。在位约十一年，享年八十四岁，死后葬于安邑。
（十六）【姒发】
　姒发，又名敬、惠。姒皋之子，夏朝第十六位王。
　在其他文献中亦有记为惠发、发惠、敬发、夏王发等。他的功绩之一是破格提拔养马的长者关龙逄为相，由此夏朝国势更加强盛。
　关龙逄的祖先为夏朝饲养牲畜的牧正，为古豢龙氏后代。

（十七）【姒桀】
　姒桀，一名癸，又名履癸，史称夏桀。姒发之子，夏朝最后一位王，在传统史学中是有名的暴君。
　夏商周断代工程预测其为公元前1652年至公元前1600年在位，约五十二年，建都于今河南洛阳附近。
　该时期的中国社会分成三大阶级：奴隶主阶级、奴隶阶级和平民阶级。
　姒桀虽文武双全，但荒淫无度，暴虐无道。夏朝商地的君主汤在名相伊尹协助谋划下，起兵伐桀。商汤先后攻灭了姒桀的党羽豕韦、顾国，击败昆吾国，然后直逼夏朝重镇鸣条（今山西运城西，一说在今河南封丘东）。姒桀被俘并放逐于南巢，夏朝覆亡。姒桀数年后死于南巢。

2022·6·11

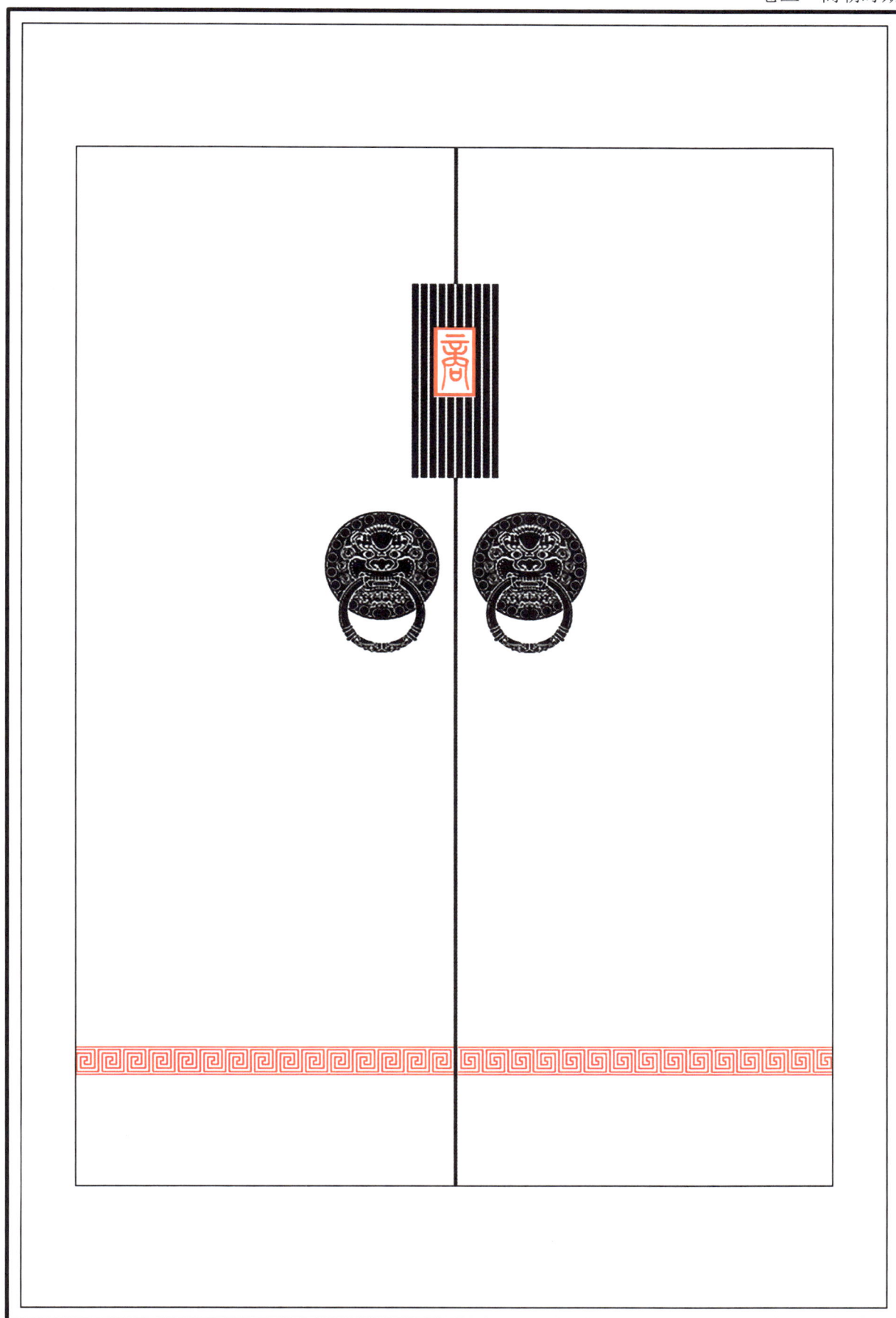

（一）【商汤】

　　商汤，姓子名履。商朝第一位君主。在不同文献中其名字记载有多种，如常见的有成汤、武汤、商汤、天乙、天乙汤等。

　　商汤原是夏朝在商地的一个方国的首领，在伊尹、仲虺（huǐ）等人的辅助下，陆续灭掉夏朝的诸多方国，十一征而无敌于天下。后与夏朝君主姒桀大战于鸣条（今山西运城西，一说为河南封丘东），最终灭夏。定都于亳（今河南商丘谷熟镇），定国号为商，成为商朝的开国君主。

　　商汤为方国君主十七年，建立商朝后又在位十二年。据《古本竹书纪年辑证》记载商汤百岁而崩，然无确证。其长子太丁早逝，次子外丙继位。商汤的葬处据传有六处，多数认为是在河南商丘北面。

　　由于商汤以武力灭夏，打破了王权永定的传统，从此中国历代王朝皆如此更迭，因而史称"商汤革命"。这也是"革命"一词的最早出处。

（二）【外丙】

　　外丙，姓子名胜。汤之子，太丁之弟。商朝第二位君主。其兄太丁早逝，外丙于公元前1587年（待考）继位，伊尹摄政。

（三）【仲壬】

　　仲壬，姓子名庸，汤第三子。商朝第三位君主。在父兄相继去世后，仲壬于公元前1584年（待考）继位，继位后仍由伊尹摄政。

（四）【太甲】

　　太甲，姓子名至，商汤太子太丁之子，外丙、仲壬之侄。商朝第四位君主。

　　继位后初由伊尹辅政，伊尹写《肆命》《祖后》等文章教导太甲遵祖制做明君。后因任意施政，又破坏商汤规制，伊尹遂将其放逐，令其反省，伊尹摄政，史称"伊尹放太甲"。太甲悔过自责后，伊尹还政。太甲共在位二十三年，死后葬于历城。

（五）【沃丁】

　　沃丁，姓子名绚，亦称羌丁，太甲之子。商朝第五位君主。

　　沃丁继位后仍以伊尹为相。伊尹去世后以咎单为卿士（宰相）。咎单仍延用伊尹政策，笃行汤法，以德治商。沃丁在位二十九年去世（待考）。

（六）【太庚】

　　太庚，姓子名辩，又作大庚，误称小庚。商朝第六位君主。他是沃丁之弟，太甲之子。太庚在位约二十五年。

（七）【小甲】

　　小甲，姓子名高，太庚之子。商朝第七位君主。

　　小甲在位十七年。在位时商朝以亳为都，小甲死后，谥号敬王，弟雍己继位，商朝始衰。

承夏朝

商

【商朝简介】

　　商朝是中国第一个有同期文字记载的王朝。但由于尚不完善，其记载尚不能成为现代标准意义上的断代依据，甲骨文和金文是目前发现的中国最早的成系统的文字符号。

　　商本是夏朝的一个方国。商国首领成汤经鸣条之战推翻了夏朝统治，并以商为国号建立了商朝。后商朝国都频繁迁移，至其"盘庚迁殷"后才稳定下来，在殷地建都达273年，故商朝又被后世称为"殷"或"殷商"。本系表中纪年尚无实证支撑，仅为参考。

　　史载商朝共传十七世三十一王，但商汤长子太丁本为太子但早丧，虽未继位但仍被殷人纳入周祭。故本表不以帝王之序记之，仅有三十个王。

　　末代君主帝辛（商纣王）于牧野之战被周武王击败，后自焚而死，商朝灭亡。

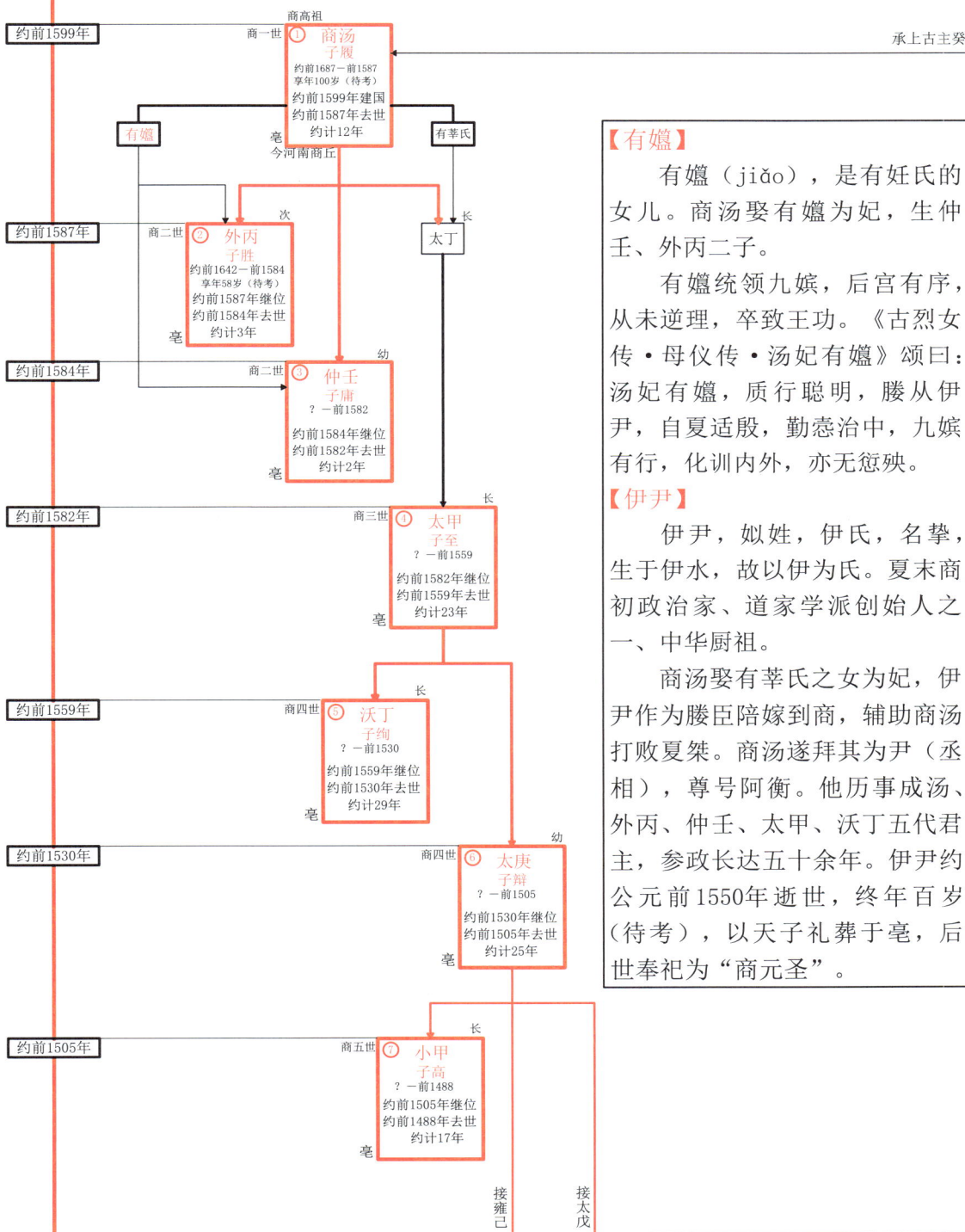

约前1599年　　　　商一世　　　　　　　商高祖　　　　　　　　　　　　　　　　　承上古主癸

① 商汤
子履
约前1687—前1587
享年100岁（待考）
约前1599年建国
约前1587年去世
约计12年

有嬄　　　　　　　　　　　　　　有莘氏

今河南商丘

约前1587年　　商二世　　次
② 外丙
子胜
约前1642—前1584
享年58岁（待考）
约前1587年继位
约前1584年去世
约计3年
亳

太丁　长

约前1584年　　商二世　　幼
③ 仲壬
子庸
?—前1582
约前1584年继位
约前1582年去世
约计2年
亳

【有嬄】

　　有嬄（jiǎo），是有妊氏的女儿。商汤娶有嬄为妃，生仲壬、外丙二子。

　　有嬄统领九嫔，后宫有序，从未逆理，卒致王功。《古烈女传·母仪传·汤妃有嬄》颂曰：汤妃有嬄，质行聪明，滕从伊尹，自夏适殷，勤恚治中，九嫔有行，化训内外，亦无愆殃。

约前1582年　　商三世　　长
④ 太甲
子至
?—前1559
约前1582年继位
约前1559年去世
约计23年
亳

【伊尹】

　　伊尹，姒姓，伊氏，名挚，生于伊水，故以伊为氏。夏末商初政治家、道家学派创始人之一、中华厨祖。

　　商汤娶有莘氏之女为妃，伊尹作为滕臣陪嫁到商，辅助商汤打败夏桀。商汤遂拜其为尹（丞相），尊号阿衡。他历事成汤、外丙、仲壬、太甲、沃丁五代君主，参政长达五十余年。伊尹约公元前1550年逝世，终年百岁（待考），以天子礼葬于亳，后世奉祀为"商元圣"。

约前1559年　　商四世　　长
⑤ 沃丁
子绚
?—前1530
约前1559年继位
约前1530年去世
约计29年
亳

约前1530年　　商四世　　幼
⑥ 太庚
子辩
?—前1505
约前1530年继位
约前1505年去世
约计25年
亳

约前1505年　　商五世　　长
⑦ 小甲
子高
?—前1488
约前1505年继位
约前1488年去世
约计17年
亳

接雍己　　接太戊

（八）【雍己】

雍己，姓子名密。商朝第八位君主。太庚之子，小甲之弟、太戊之兄，在小甲之后继位。据甲骨文周祭卜辞记载定都于亳。

雍己昏庸无能，在位时荒废政事，商朝逐渐衰落，诸侯和方国不来进贡。

《史记》记载雍己在位九年，而《通志》则记载在位十七年。待考。

（九）【太戊】

太戊，姓子名伷，太庚之子，小甲和雍己的弟弟。商朝第九位君主。甲骨文又作大太戊、天戊。太戊在位七十五年，是商朝在位时间最长的一位君主。但仍因实证不足，无法准确断代。

太戊在位时勤政修德，治国抚民，各诸侯纷纷归顺，使商朝再度兴盛。太戊与太甲、祖乙并称三示，即三位有贡献的君主。死后葬于太戊陵（今河南内黄县亳城刘次范村）。

（十）【仲丁】

仲丁，姓子名庄，亦作中丁，太戊之子。商朝第十位君主。据载在位十三年去世，然缺实据。

仲丁即位初，亳都遭水害，遂将国都自亳西迁于嚣，亦有记为隞（áo，今郑州荥阳一带）。仲丁死后，诸弟争夺王位，造成"九世之乱"。

（十一）【外壬】

外壬，姓子名发，甲骨文中被称作卜壬，太戊之子，仲丁之弟，仲丁死后继位。商朝第十一位君主。有文献记载在位十五年（一说在位十年），证据不确定。后病死，葬地不明。

（十二）【河亶甲】

河亶甲，姓子名整。太戊之子，仲丁和外壬之弟。商朝第十二位君主。甲骨文作戋（jiān）甲。

河亶甲在位时，商朝衰落，故北上迁都于相（今河南安阳内黄县）。在位九年，病死后葬于相（待考）。

（十三）【祖乙】

祖乙，姓子名滕（一作胜，且乙），河亶甲之子。商朝第十三位君主。据记载在位十九年。

祖乙在位时期，将都城从相迁于耿（今山西河津），次年又从耿迁到邢（今河北邢台）。后因河患，再次由邢迁于庇（今山东费县）。

祖乙曾数次出兵平服兰夷、班方等国，解除东南方的夷族对商朝的威胁，并任用巫贤辅政，使商朝的社会经济得到一定的恢复和发展。

（十四）【祖辛】

祖辛，姓子名旦，祖乙之子，甲骨文记作且辛。商朝第十四位君主。其他记载不详。

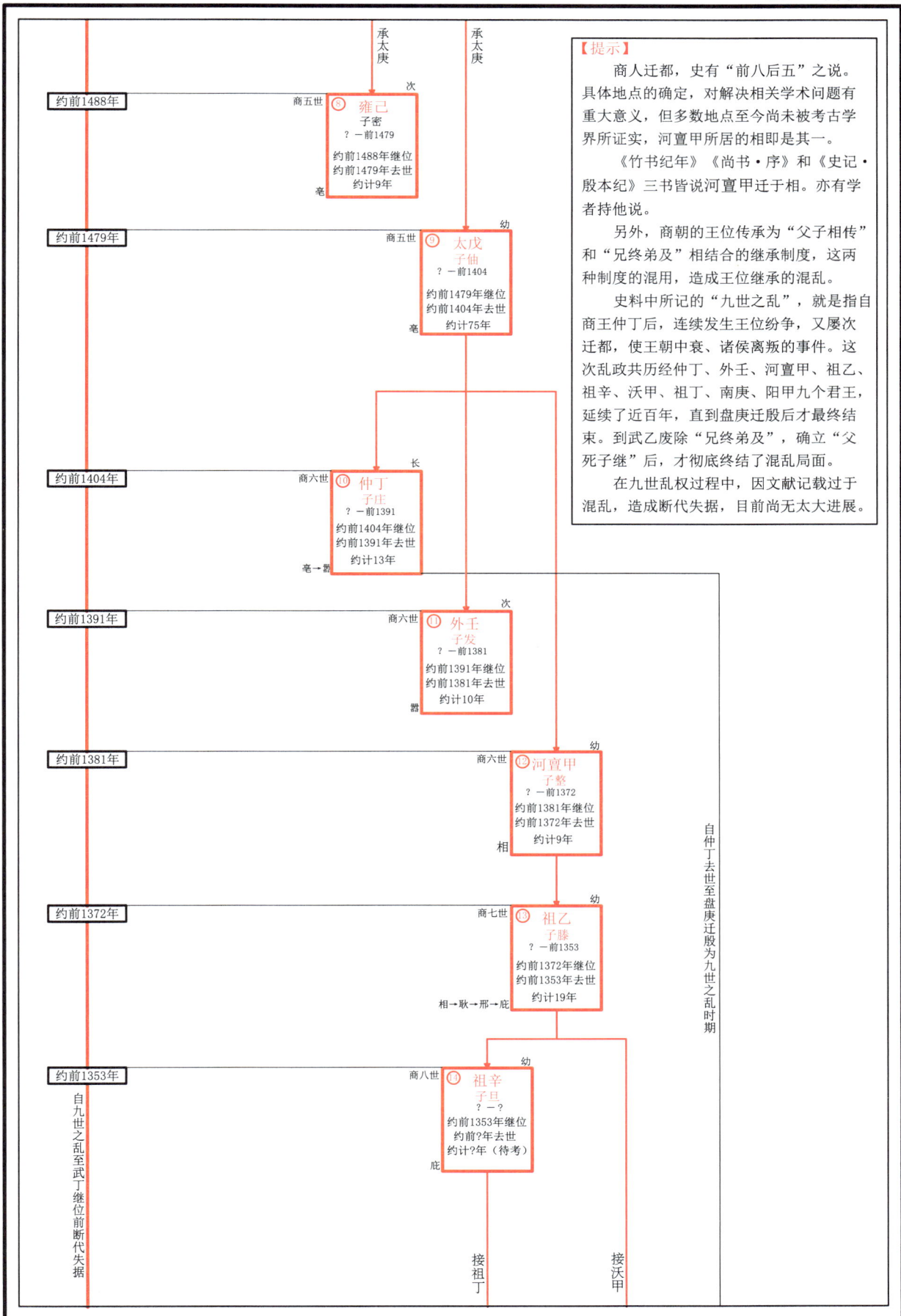

承太庚

承太庚

约前1488年　　　　　　　　　　商五世　　次
　　　　　　　　　　　　　　　　⑧ 雍己
　　　　　　　　　　　　　　　　子密
　　　　　　　　　　　　　　　? －前1479
　　　　　　　　　　　　　　约前1488年继位
　　　　　　　　　　　　　　约前1479年去世
　　　　　　　　　　　　　　　约计9年
　　　　　　　　　　　　　亳

约前1479年　　　　　　　　　　商五世　　幼
　　　　　　　　　　　　　　　　⑨ 太戊
　　　　　　　　　　　　　　　子伷
　　　　　　　　　　　　　　　? －前1404
　　　　　　　　　　　　　　约前1479年继位
　　　　　　　　　　　　　　约前1404年去世
　　　　　　　　　　　　　　　约计75年
　　　　　　　　　　　　　亳

约前1404年　　　　　　　　　　商六世　　长
　　　　　　　　　　　　⑩ 仲丁
　　　　　　　　　　　　子庄
　　　　　　　　　　　? －前1391
　　　　　　　　　约前1404年继位
　　　　　　　　　约前1391年去世
　　　　　　　　　　约计13年
　　　　　　　亳→隞

约前1391年　　　　　　　　　　商六世　　次
　　　　　　　　　　　　　　　　⑪ 外壬
　　　　　　　　　　　　　　　子发
　　　　　　　　　　　　　　　? －前1381
　　　　　　　　　　　　　　约前1391年继位
　　　　　　　　　　　　　　约前1381年去世
　　　　　　　　　　　　　　　约计10年
　　　　　　　　　　　　　隞

约前1381年　　　　　　　　　　商六世　　幼
　　　　　　　　　　　　　　　　⑫ 河亶甲
　　　　　　　　　　　　　　　子整
　　　　　　　　　　　　　　　? －前1372
　　　　　　　　　　　　　　约前1381年继位
　　　　　　　　　　　　　　约前1372年去世
　　　　　　　　　　　　　　　约计9年
　　　　　　　　　　　　　相

约前1372年　　　　　　　　　　商七世　　幼
　　　　　　　　　　　　　　　　⑬ 祖乙
　　　　　　　　　　　　　　　子滕
　　　　　　　　　　　　　　　? －前1353
　　　　　　　　　　　　　　约前1372年继位
　　　　　　　　　　　　　　约前1353年去世
　　　　　　　　　　　　　　　约计19年
　　　　　　　　　　相→耿→邢→庇

约前1353年　　　　　　　　　　商八世　　幼
　　　　　　　　　　　　　　　　⑭ 祖辛
　　　　　　　　　　　　　　　子且
　　　　　　　　　　　　　　　? －?
　　　　　　　　　　　　　　约前1353年继位
　　　　　　　　　　　　　　约前?年去世
　　　　　　　　　　　　　约计?年（待考）
　　　　　　　　　　　　　庇

接祖丁　　　接沃甲

自仲丁去世至盘庚迁殷为九世之乱时期

自九世之乱至武丁继位前断代失据

【提示】

　　商人迁都，史有"前八后五"之说。具体地点的确定，对解决相关学术问题有重大意义，但多数地点至今尚未被考古学界所证实，河亶甲所居的相即是其一。

　　《竹书纪年》《尚书·序》和《史记·殷本纪》三书皆说河亶甲迁于相。亦有学者持他说。

　　另外，商朝的王位传承为"父子相传"和"兄终弟及"相结合的继承制度，这两种制度的混用，造成王位继承的混乱。

　　史料中所记的"九世之乱"，就是指自商王仲丁后，连续发生王位纷争，又屡次迁都，使王朝中衰、诸侯离叛的事件。这次乱政共历经仲丁、外壬、河亶甲、祖乙、祖辛、沃甲、祖丁、南庚、阳甲九个君王，延续了近百年，直到盘庚迁殷后才最终结束。到武乙废除"兄终弟及"，确立"父死子继"后，才彻底终结了混乱局面。

　　在九世乱权过程中，因文献记载过于混乱，造成断代失据，目前尚无太大进展。

（十五）【沃甲】

沃甲，姓子名逾，《世本》作开甲，甲骨文作羌甲，祖乙之子，祖辛之弟。商朝第十五位君主。据载在位二十五年（又说五年）。

（十六）【祖丁】

祖丁，姓子名新，祖辛之子，沃甲之侄，盘庚之父，在甲骨文中记作且丁。商朝第十六位君主。

根据《竹书纪年》记载，祖丁都于庇（今山东费县），共在位九年。但《今本竹书纪年》称其在位三十二年。死后由沃甲之子南庚即位。

（十七）【南庚】

南庚，姓子名更。商朝第十七位君主。《史记·殷本纪》记载为沃甲之子、祖丁堂弟。然殷墟卜辞记为祖辛之子、祖丁之胞弟。本系表仅遵《史记》。

在位二十八年，国都由庇（邢）迁至奄（今山东曲阜县）。

（十八）【阳甲】

阳甲，姓子名和。商朝第十八位君主。甲骨文称为象甲，祖丁之子，盘庚之兄，定都于奄。《今本竹书纪年》称阳甲在位时曾西征丹山戎。阳甲时期商朝再度衰落。在位七年（一说四年）。待考。

（十九）【盘庚】

盘庚，姓子名旬。商朝第十九位君主。甲骨文作般庚，祖丁之子，阳甲之弟。

盘庚即位之初，商朝国都位于黄河以北的奄（今山东曲阜）。约公元前1300年，盘庚排除阻力渡河南下，迁到商汤的故地亳（今河南商丘）。后来盘庚又迁都于殷（今河南安阳），史称"盘庚迁殷"。后世则据此称商朝为"殷"或"殷商"。盘庚迁殷后，推行商汤的政令，国势得以再兴。盘庚死后葬于殷。

盘庚作有《盘庚》三篇，存于《尚书》。

（廿）【小辛】

小辛，姓子名颂，盘庚之弟，祖丁之子。商朝第二十位君主。相传在位二十一年，待考。小辛继位后放弃了盘庚的治国之策，商朝国运再次衰落。

（廿一）【小乙】

小乙，姓子名敛。商朝第二十一位君主。殷墟甲骨文又记作小祖乙、后祖乙、亚祖乙。

殷墟卜辞将小乙列为直系先王祭祀。在位时让太子武丁去田里耕作，为以后武丁中兴打好了关键的基础。

《竹书纪年》记载小乙在位十年；但《太平御览》引《史记》记载小乙在位二十八年；而《资治通鉴外纪》则记载其在位二十一年。均待考。

承祖辛

承祖乙

自九世之乱至武丁继位前断代失据

自仲丁去世至盘庚迁殷为九世之乱时期

商八世 ⑯ **沃甲**
子逾

据传在位25年，
亦有说为5年。

待考

商九世 ⑯ **祖丁**
子新
幼

据传在位9年，
亦有说为32年。

待考

庇

庇

商九世 ⑰ **南庚**
子更

据传在位28年
待考

庇→奄

【商朝其他人物·妣辛】

　　妣辛，即妇好，武
丁诸妇（妃嫔）之一，
好姓。好的古音读：zǐ，
同子姓，妇为尊称。

　　妇好是中国历史上
第一位有文字记载和实
证的女政治家与军事家。
她多次担任将军领军征
战，是武丁时征战最多
的主将。同时她还常代
武丁主持各类祭祀，任
占卜之官。

　　妇好墓于1976年在
河南安阳殷墟被发现，
考据尚未完成。

商十世 ⑱ **阳甲**
子和

据传在位7年，
亦有说为4年。
待考

奄

商十世 ⑲ **盘庚**
子旬

在位时间待考

奄→殷

【商朝其他人物·妣戊】

　　妣戊，即妇妌（jìng）。
武丁的王后，是来自井方（今
河北邢台地区）的女子。她知
农业，殷墟卜辞中有她种黍和
从事征伐、祭祀等王室活动的
记录。她死于妇好（妣辛）之
前。举世闻名的后母戊鼎，就
是其子为祭祀她而铸，"后
母"即"司母"，意同为"嗣
母"，指其是法定王位继承人
的生母。可惜其墓室已被盗。

商十世 ⑳ **小辛**
子颂

据传在位21年
待考

殷

商十世 ㉑ **小乙**
子敛

据传在位10年，
亦说为28或21
年。均待考

殷

（廿二）【武丁】

　　武丁，姓子名昭，盘庚
之侄，小乙之子。商朝第二
十二位君主。夏商周断代工
程将武丁在位时间定为公元
前1250年至公元前1192年。

　　武丁在位时期，勤于政
事，任用刑徒出身的傅说、
甘盘等贤能之人辅政，励精
图治，使商朝政治、经济、
军事、文化得到空前发展，
史称"武丁中兴"。公元前
1192年，武丁去世，庙号高
宗。《史记·殷本纪》载：
武丁修政行德，天下咸驩，
殷道复兴。武丁多子，史有
载者四子，即祖己、祖戊、
祖甲及祖庚。

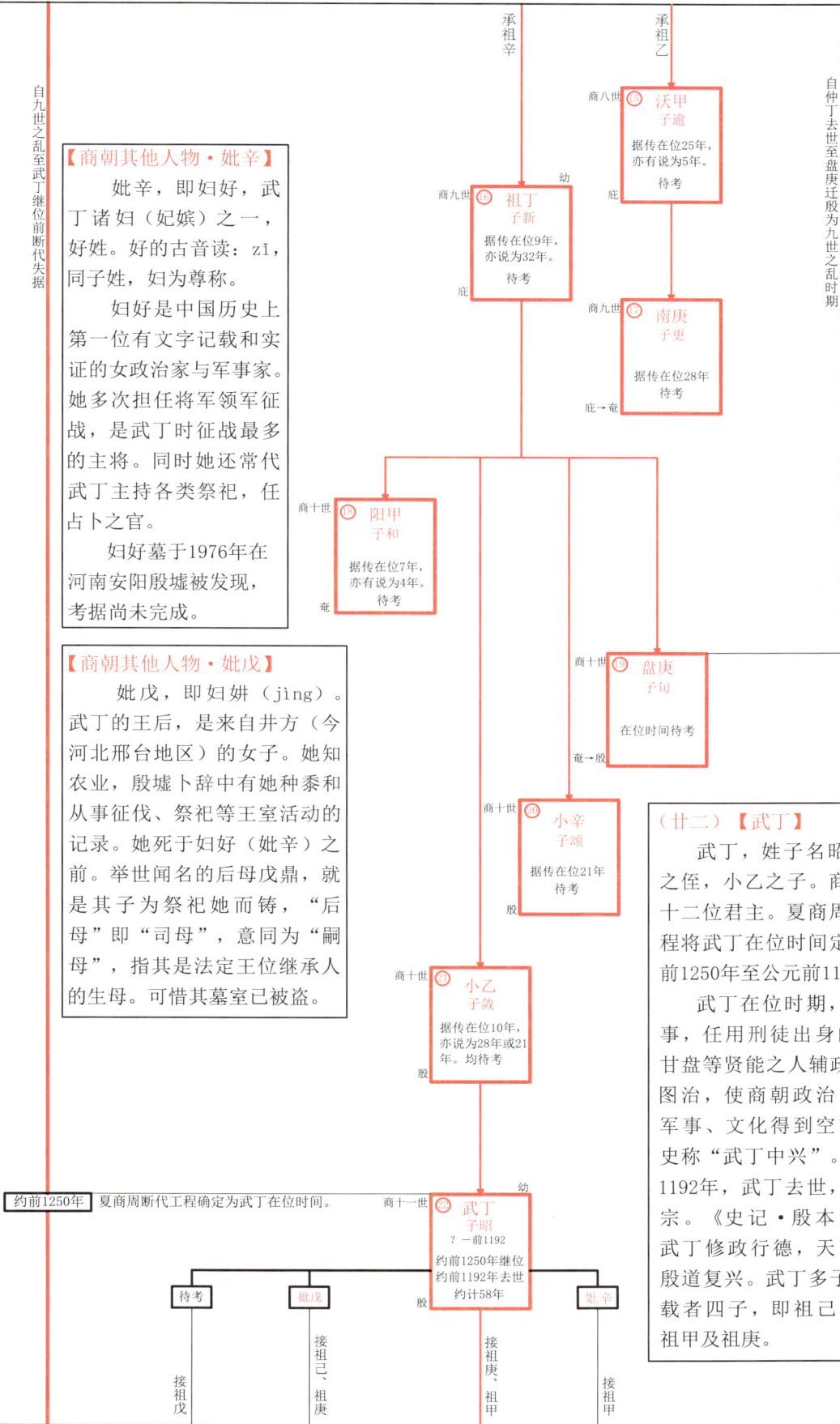

约前1250年　夏商周断代工程确定为武丁在位时间。

商十一世 ㉒ **武丁**
子昭
幼

？—前1192

约前1250年继位
约前1192年去世
约计58年

殷

待考

妣戊

妣辛

接祖戊

接祖己、
祖庚

接祖庚、
祖甲

接祖甲

（廿三）【祖庚】

祖庚，姓子名跃。商朝第二十三位君主。祖庚在位约七年。待考。

祖庚为武丁次子。因长兄祖己早死，三弟祖甲不愿与兄长争夺王位而离宫出走，故而祖庚在武丁死后继位。

（廿四）【祖甲】

祖甲，姓子名载。商朝第二十四位君主。生卒年不详，武丁之子，祖庚之弟。亦称且甲、帝甲，祖庚死后回朝继位。《今本竹书纪年》记其在位三十三年。待考。

（廿五）【廪辛】

廪（lǐn）辛，姓子名先。商朝第二十五位君主。《竹书纪年》作冯辛，祖甲之子。廪辛以殷为首都，在位六年（待考）。死后由弟庚丁继位。

（廿六）【庚丁】

庚丁，姓子名嚣。商朝第二十六位君主。祖甲之子，廪辛之弟，亦记作康丁、康祖丁或康且丁，定都于殷，据传在位六年，但与武乙在位时间有冲突，待考。

（廿七）【武乙】

武乙，姓子名瞿。商朝第二十七位君主。他是庚丁之子，据传为公元前1148年继位，但与夏商周断代工程对庚丁的考据冲突，待考。

据史籍记载，武乙在公元前1147年定都于殷。公元前1145年将都城从殷迁到黄河以北。同年将岐邑之地赐给周部落首领古公亶父。公元前1133年，再度将都城从黄河以北迁到沫（mèi），即朝歌（今河南淇县）。公元前1114年，周部落首领姬历（古公亶父之子）朝见武乙。

公元前1113年，武乙去世。

武乙作为商朝后期的一位重要君王，努力挽救国势但成效不大。但其在神权政治向王权政治转变过程中起到表率作用。他生性残暴，贪于享受，被后人评价为残暴的君王。

（廿八）【文丁】

文丁，姓子名托。商朝第二十八位君主。武乙之子，又作太丁，在位十一年。在位期间，周侯季历伐戎，文丁先嘉其功而后杀之。文丁死后，其子帝乙继位。

（廿九）【帝乙】

帝乙，姓子名羡。商朝第二十九位君主。文丁之子，夏商周断代工程将他在位时间定为公元前1101年至公元前1076年，共计二十六年。

一说是他迁都于沫，一说为武丁所为。待考。

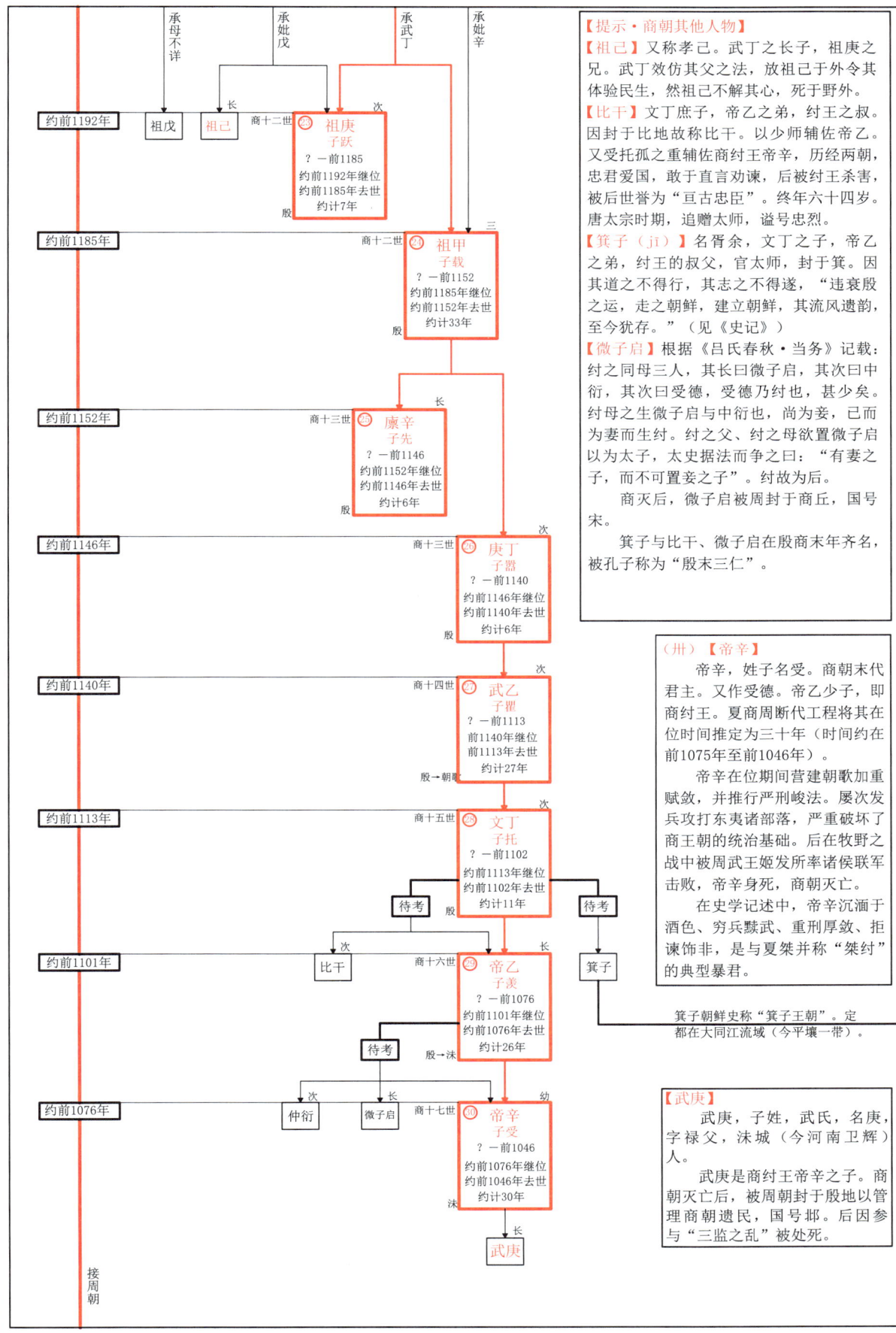

承母不详　承妣戊　承武丁　承妣辛

约前1192年　祖戊　祖己（长）

商十二世　㉓祖庚
子跃（次）
？—前1185
约前1192年继位
约前1185年去世
约计7年
殷

约前1185年　商十二世　㉔祖甲
子载（三）
？—前1152
约前1185年继位
约前1152年去世
约计33年
殷

约前1152年　商十三世　㉕廪辛
子先（长）
？—前1146
约前1152年继位
约前1146年去世
约计6年
殷

约前1146年　商十三世　㉖庚丁
子嚣（次）
？—前1140
约前1146年继位
约前1140年去世
约计6年
殷

约前1140年　商十四世　㉗武乙
子瞿（次）
？—前1113
前1140年继位
前1113年去世
约计27年
殷→朝歌

约前1113年　商十五世　㉘文丁
子托（次）
？—前1102
约前1113年继位
约前1102年去世
约计11年
殷

待考　待考

约前1101年　比干（次）　商十六世　㉙帝乙
子羡（长）
？—前1076
约前1101年继位
约前1076年去世
约计26年
殷→沬
箕子

待考

约前1076年　仲衍（次）　微子启（长）　商十七世　㉚帝辛
子受（幼）
？—前1046
约前1076年继位
约前1046年去世
约计30年
沬

武庚（长）

接周朝

【提示·商朝其他人物】
【祖己】又称孝己。武丁之长子，祖庚之兄。武丁效仿其父之法，放祖己于外令其体验民生，然祖己不解其心，死于野外。
【比干】文丁庶子，帝乙之弟，纣王之叔。因封于比地故称比干。以少师辅佐帝乙。又受托孤之重辅佐商纣王帝辛，历经两朝，忠君爱国，敢于直言劝谏，后被纣王杀害，被后世誉为"亘古忠臣"。终年六十四岁。唐太宗时期，追赠太师，谥号忠烈。
【箕子（jī）】名胥余，文丁之子，帝乙之弟，纣王的叔父，官太师，封于箕。因其道之不得行，其志之不得遂，"违衰殷之运，走之朝鲜，建立朝鲜，其流风遗韵，至今犹存。"（见《史记》）
【微子启】根据《吕氏春秋·当务》记载：纣之同母三人，其长曰微子启，其次曰中衍，其次曰受德，受德乃纣也，甚少矣。纣母之生微子启与中衍也，尚为妾，已而为妻而生纣。纣之父、纣之母欲置微子启以为太子，太史据法而争之曰："有妻之子，而不可置妾之子"。纣故为后。
商灭后，微子启被周封于商丘，国号宋。
箕子与比干、微子启在殷商末年齐名，被孔子称为"殷末三仁"。

（卅）【帝辛】
帝辛，姓子名受。商朝末代君主。又作受德。帝乙少子，即商纣王。夏商周断代工程将其在位时间推定为三十年（时间约在前1075年至前1046年）。
帝辛在位期间营建朝歌加重赋敛，并推行严刑峻法。屡次发兵攻打东夷诸部落，严重破坏了商王朝的统治基础。后在牧野之战中被周武王姬发所率诸侯联军击败，帝辛身死，商朝灭亡。
在史学记述中，帝辛沉湎于酒色、穷兵黩武、重刑厚敛、拒谏饰非，是与夏桀并称"桀纣"的典型暴君。

箕子朝鲜史称"箕子王朝"。定都在大同江流域（今平壤一带）。

【武庚】
武庚，子姓，武氏，名庚，字禄父，沬城（今河南卫辉）人。
武庚是商纣王帝辛之子。商朝灭亡后，被周朝封于殷地以管理商朝遗民，国号邶。后因参与"三监之乱"被处死。

2022.6.11

【周朝简介】

周朝是中国历史上继商朝之后的第三个王朝。共传三十二代三十七王，享国约计791年。

周人祖先承黄帝曾孙帝喾之元妃姜嫄之子后稷。早期居于陕西武功一带，至公刘时迁至豳（bīn），从游牧渐变为农耕。经九世到古公亶父，受薰育戎侵袭不得不再次迁徙至渭河、岐山之周原。

周部落在姬发即位后，通过牧野（今河南汲县）之战灭亡商朝，并以周为名，定鼎洛邑。周朝建国后实行分封制，即封邦建国，周王为共同领袖，史称"天下共主"。

周朝又分为西周与东周两个时期。西周由姬发定都镐（hào）京（今陕西西安）。后周平王东迁定都雒（luò）邑，史称东周。东周时期又以韩、赵、魏三家分晋为标志，分别为春秋及战国两个时期。

西周时期在"周召共和"以前，因史料文献结论不一，所标识年代数据仅供参考。

【周文王·姬昌】

姬昌，岐周（今陕西岐山县）人。其父姬历被商王文丁杀死后，姬昌继承了西伯侯之位，故称西伯昌，是周朝奠基者。在位四十二年后，正式称王。

姬昌在位期间明德慎罚，勤于政事，拜姜尚为军师，先后收服虞国和芮国，攻灭黎国（今山西省长治）等。在丰京（今陕西西安）建都，为武王伐纣灭商奠定了基础。他演绎的《周易》一直影响后世。约公元前1056年去世，葬于毕原（今陕西岐山凤凰山南麓）。嫡次子姬发灭商建周后追谥姬昌为文王。

（一）【周武王·姬发】

姬发，在西周青铜器铭文中常为珷（wǔ），周文王姬昌与太姒的嫡次子，西周开国君主。

约公元前1056年继位，号为武王。姬发继承父志，约前1046年，联合庸、蜀、羌、髳（máo）卢、彭、濮等部族，在牧野讨伐商朝，殷商大败，纣王自焚于鹿台，殷商灭亡。周王朝建立，定都镐京（今陕西西安西南）。

（二）【周成王·姬诵】

姬诵，周武王姬发之子，母为齐太公姜尚之女邑姜。西周第二位君主。继位初因年幼，由皇叔周公姬旦摄政，七年后亲政，营造洛邑、大封诸侯，编写礼乐，巩固和加强西周王朝的统治。姬诵与其子周康王姬钊统治期间，社会安定、百姓和睦，有记载说"刑错四十余年不用"，史称"成康之治"。

（三）【周康王·姬钊】

姬钊，周成王姬诵之子，西周第三位君主。据《夏商周年表》记载，姬钊在位时间约为公元前1021年至公元前996年，但争议较大。

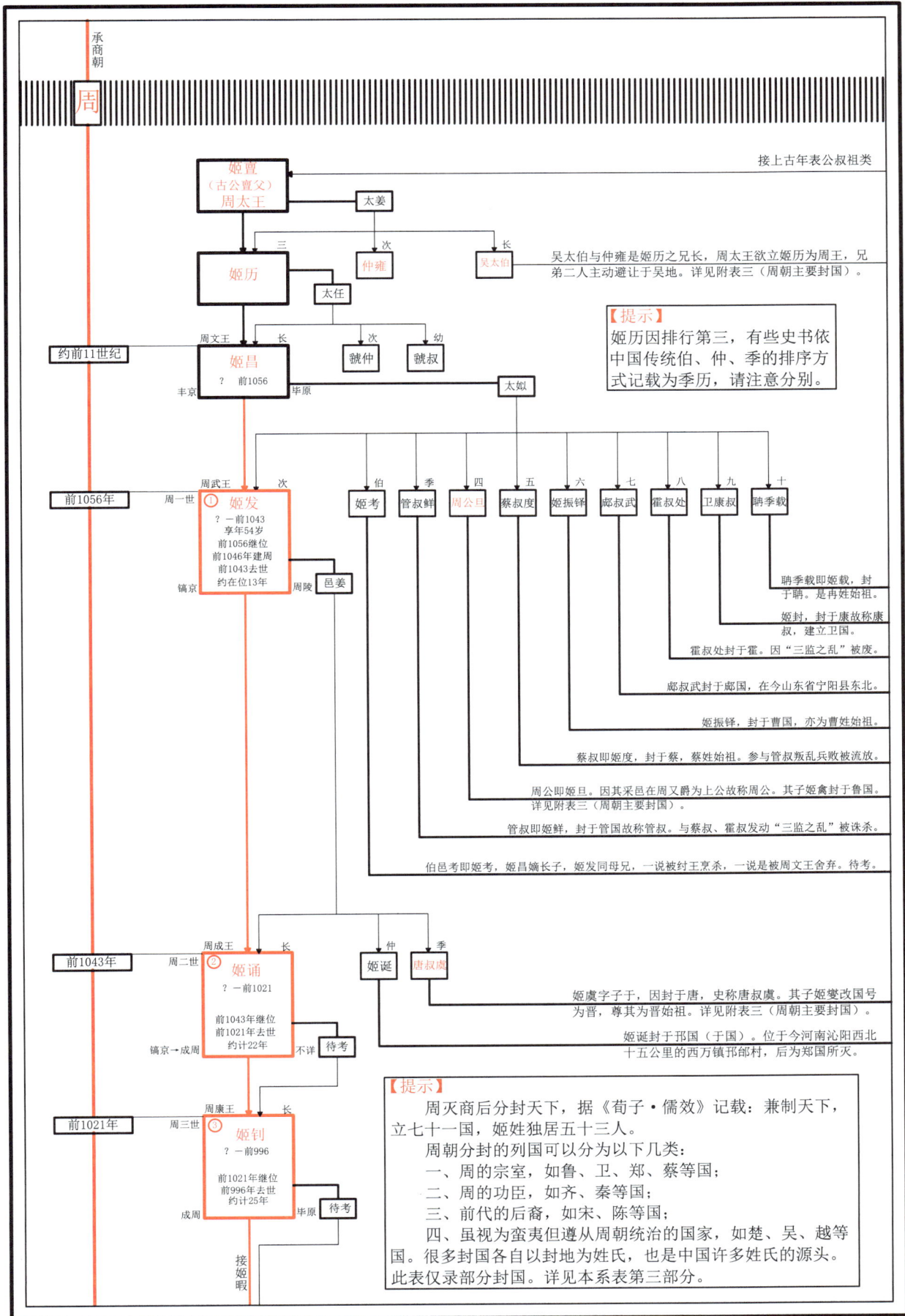

承
商
朝

唐

接上古年表公叔祖类

姬亶
（古公亶父）
周太王

太姜

三
　　　　次　　　　　　长
姬历　　　　仲雍　　　　吴太伯

太任

吴太伯与仲雍是姬历之兄长，周太王欲立姬历为周王，兄
弟二人主动避让于吴地。详见附表三（周朝主要封国）。

周文王　　长　　　　　次　　　　幼
约前11世纪　　姬昌　　　　　　虢仲　　　虢叔
丰京　？　前1056　毕原

太姒

【提示】
姬历因排行第三，有些史书依
中国传统伯、仲、季的排序方
式记载为季历，请注意分别。

周武王　　次　　　　伯　　　季　　　四　　　五　　　六　　　七　　　八　　　九　　　十
前1056年　　周一世　　① 姬发　　　姬考　管叔鲜　周公旦　蔡叔度　姬振铎　郕叔武　霍叔处　卫康叔　聃季载
　？ —前1043
　享年54岁
　前1056继位
　前1046年建周
　前1043去世
镐京　　约在位13年　周陵　邑姜

聃季载即姬载，封
于聃。是耷姓始祖。

姬封，封于康故称康
叔，建立卫国。

霍叔处封于霍。因"三监之乱"被废。

郕叔武封于郕国，在今山东省宁阳县东北。

姬振铎，封于曹国，亦为曹姓始祖。

蔡叔即姬度，封于蔡，蔡姓始祖。参与管叔叛乱兵败被流放。

周公即姬旦。因其采邑在周又爵为上公故称周公。其子姬禽封于鲁国。
详见附表三（周朝主要封国）。

管叔即姬鲜，封于管国故称管叔。与蔡叔、霍叔发动"三监之乱"被诛杀。

伯邑考即姬考，姬昌嫡长子，姬发同母兄，一说被纣王烹杀，一说是被周文王舍弃。待考。

周成王　　长　　　　　仲　　　季
前1043年　　周二世　　② 姬诵　　　姬诞　唐叔虞
　？ —前1021

　前1043继位
　前1021年去世
镐京→成周　约计22年　不详　待考

姬虞字子于，因封于唐，史称唐叔虞。其子姬燮改国号
为晋，尊其为晋始祖。详见附表三（周朝主要封国）。

姬诞封于邢国（于国）。位于今河南沁阳西北
十五公里的西万镇邢邰村，后为郑国所灭。

周康王　　长
前1021年　　周三世　　③ 姬钊
　？ —前996

　前1021继位
　前996去世
成周　毕原　约计25年　待考

接姬
瑕

【提示】
　　周灭商后分封天下，据《荀子·儒效》记载：兼制天下，
立七十一国，姬姓独居五十三人。
　　周朝分封的列国可以分为以下几类：
　　一、周的宗室，如鲁、卫、郑、蔡等国；
　　二、周的功臣，如齐、秦等国；
　　三、前代的后裔，如宋、陈等国；
　　四、虽视为蛮夷但遵从周朝统治的国家，如楚、吴、越等
国。很多封国各自以封地为姓氏，也是中国许多姓氏的源头。
此表仅录部分封国。详见本系表第三部分。

（四）【周昭王·姬瑕】

姬瑕，周康王姬钊之子，西周第四位君主。姬瑕在出土青铜器铭文中多作卲王。

姬瑕即位后继续扩大周朝疆域，从十六年开始，亲征荆楚，经由唐、厉、曾（今湖北随州地区）、夒（今湖北秭归东），直至江汉地区，铸器铭功。十九年时再次亲帅六师伐楚，结果全军覆没，死于汉水之滨。

（五）【周穆王·姬满】

姬满，周昭王姬瑕之子，西周第五位君主。他是西周在位时间最长的君主，约三十年（有说在位五十五年之久，但与其子在位时间冲突，故不取）。他也是中国古代历史上最富于传奇色彩的帝王，世称"穆天子"。

周穆王作《吕刑》，是中国流传下来最早的法典。

《左传·昭公十三年》记："昔穆王欲肆其心，周行天下，将皆必有车辙马迹焉。"再如《列子·周穆王》记："不恤国事，不乐臣妾，肆意远游。"但在周代史官笔下的穆王姬满则是一个充满智慧而又能统御四方，威震宇内的君王。

（六）【周共王·姬繄扈】

姬繄扈（yī hù），一作伊扈，周穆王姬满之子，西周第六位君主。西周青铜器铭文多记为龚王。约为公元前936年去世，其子姬囏继位。

（七）【周懿王·姬囏】

姬囏（jiān），周共王之子，西周第七位君主。

据传应为一岁继位。姬囏生性懦弱，继位后政治日趋腐败，国势不断衰落，由于西戎屡次进攻，被迫将都城迁往槐里（今陕西兴平东南）。

《史记》记载："懿王在位二十五年。"据西周断代铭器分类结果分析，周懿王在位时间有十五年以上。然夏商周断代工程认为其在位八年，待考。本系表用《史记》记载。

（八）【周孝王·姬辟方】

姬辟方，周穆王姬满之子，周共王姬繄扈之弟，周懿王姬囏的叔父，西周第八位君主。

周懿王姬囏死后，理应由太子姬燮继位，但是姬燮懦弱无能，姬辟方乘机夺取王位，是为周孝王。

《竹书纪年》载：懿王七年西戎攻镐，十三年翟（dí）人攻岐。十五年，王自宗周迁于槐里。说明当时周朝国力衰落，导致首都镐京受戎狄威胁被迫迁都，引起内部的分裂。

又记：懿王之世，兴居无节，号令不时，挈（qiè）壶氏不能共其职，诸侯于是携德。《史记》对姬辟方记载甚少，他作为违背祖制之君，司马迁亦有意回避，对于其在位时期的文治武功丝毫未曾涉及，今人对姬辟方继位缘由的了解主要来自《竹书纪年》。

（九）【周夷王·姬燮】

姬燮（xiè），周懿王姬囏之子，西周第九位君主。出生在楚国的丹阳（今荆州）。在位时期周王室处于衰落阶段，因此诸侯有的不来朝贡，且互相攻伐。约公元前880年去世，其子姬胡继位。

（十）【周厉王·姬胡】

姬胡，周夷王姬燮之子，西周第十位君主。

姬胡以国家名义垄断山林川泽，违背了周人共有山林川泽以利民生的典章制度。在公元前841年引发了"国人暴动"，不得已逃到彘（zhì）地（今山西霍县），公元前828年死于彘地。

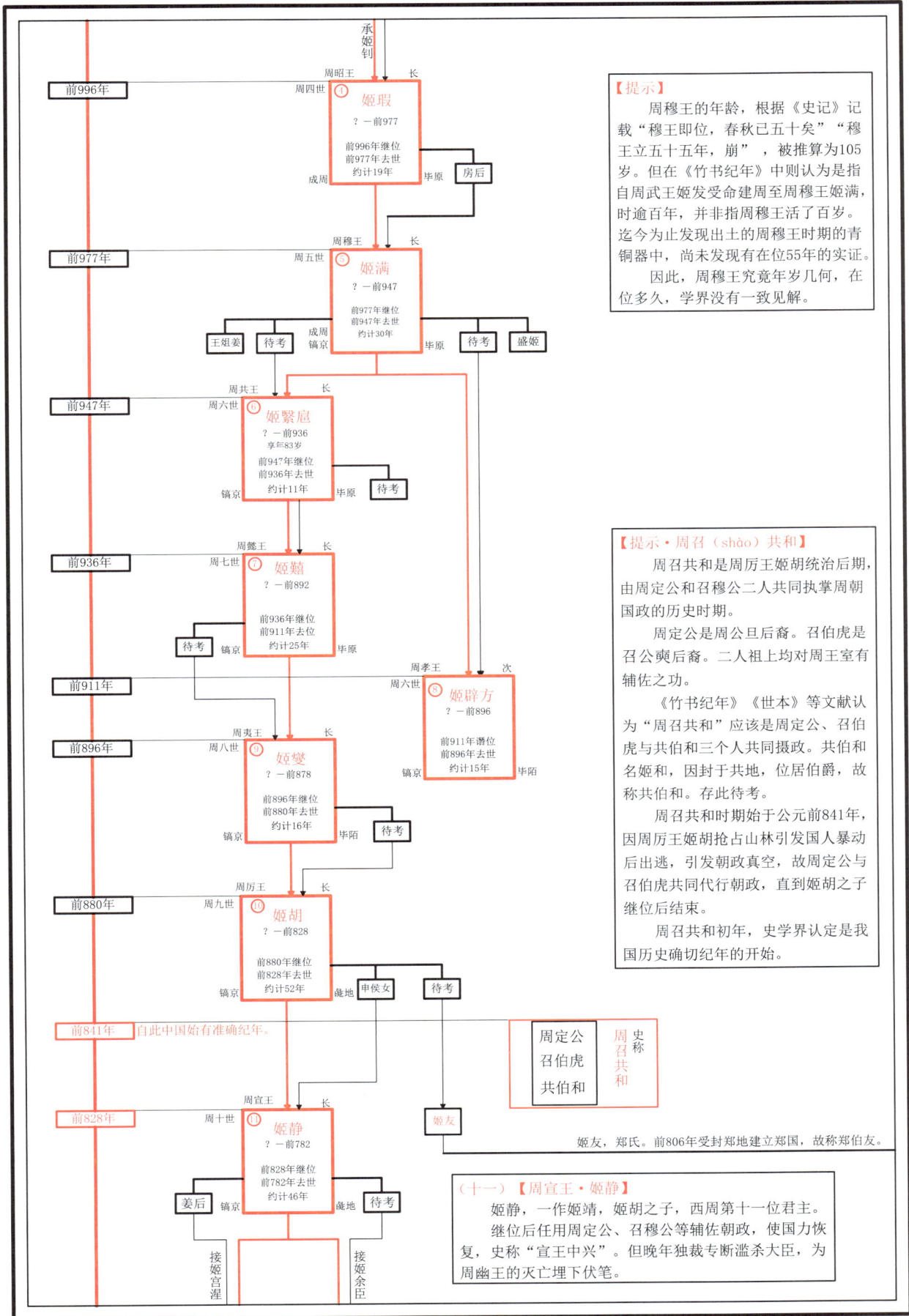

承姬钊

前996年　周四世　周昭王　长

④ 姬瑕

? —前977

前996年继位
前977年去世
约计19年

成周　　　　毕原　　房后

【提示】
　　周穆王的年龄，根据《史记》记载"穆王即位，春秋已五十矣""穆王立五十五年，崩"，被推算为105岁。但在《竹书纪年》中则认为是指自周武王姬发受命创建周至周穆王姬满，时逾百年，并非指周穆王活了百岁。迄今为止发现出土的周穆王时期的青铜器中，尚未发现有在位55年的实证。
　　因此，周穆王究竟年岁几何，在位多久，学界没有一致见解。

前977年　周五世　周穆王　长

⑤ 姬满

? —前947

前977年继位
前947年去世
约计30年

王姐姜　待考　成周镐京　毕原　待考　盛姬

前947年　周六世　周共王　长

⑥ 姬繄扈

? —前936
享年83岁

前947年继位
前936年去世
约计11年

镐京　毕原　待考

前936年　周七世　周懿王　长

⑦ 姬囏

? —前892

前936年继位
前911年去位
约计25年

待考　镐京　毕原

前911年　周六世　周孝王　次

⑧ 姬辟方

? —前896

前911年潜位
前896年去世
约计15年

镐京　　　毕陌

【提示·周召（shào）共和】
　　周召共和是周厉王姬胡统治后期，由周定公和召穆公二人共同执掌周朝国政的历史时期。
　　周定公是周公旦后裔。召伯虎是召公奭后裔。二人祖上均对周王室有辅佐之功。
　　《竹书纪年》《世本》等文献认为"周召共和"应该是周定公、召伯虎与共伯和三个人共同摄政。共伯和名姬和，因封于共地，位居伯爵，故称共伯和。存此待考。
　　周召共和时期始于公元前841年，因周厉王姬胡抢占山林引发国人暴动后出逃，引发朝政真空，故周定公与召伯虎共同代行朝政，直到姬胡之子继位后结束。
　　周召共和初年，史学界认定是我国历史确切纪年的开始。

前896年　周八世　周夷王　长

⑨ 姬燮

? —前878

前896年继位
前880年去世
约计16年

镐京　毕陌　待考

前880年　周九世　周厉王　长

⑩ 姬胡

? —前828

前880年继位
前828年去世
约计52年

镐京　蠡地申侯女　待考

前841年　自此中国始有准确纪年。

| 周定公 召伯虎 共伯和 | 史称周召共和 |

前828年　周十世　周宣王　长

⑪ 姬静

? —前782

前828年继位
前782年去世
约计46年

姜后　镐京　蠡地　待考

姬友

姬友，郑氏。前806年受封郑地建立郑国，故称郑伯友。

（十一）【周宣王·姬静】
　　姬静，一作姬靖，姬胡之子，西周第十一位君主。
　　继位后任用周定公、召穆公等辅佐朝政，使国力恢复，史称"宣王中兴"。但晚年独裁专断滥杀大臣，为周幽王的灭亡埋下伏笔。

接姬宫涅　　接姬余臣

（十二）【周幽王·姬宫涅】

姬宫涅（音：生），一作生，姬静之子，西周第十二位君主。

在位时贪婪腐败任用奸佞，废黜正室申后，立宠妃褒姒为王后，并废黜申后所生的太子姬宜臼，立褒姒之子姬伯服为太子。此举导致申后之父申侯联合缯国、犬戎等部族攻打周幽王，在骊山下将其杀死，西周灭亡。

（十三）【周平王·姬宜臼】

姬宜臼，周幽王姬宫涅之子，母为申后，东周第一位君主。

其父死后即位（公元前771年），为避犬戎之难，于公元前770年迁都雒邑（今河南洛阳），史称东周。东周开始的这一年，便是春秋时期的开端。

文献记载："平王之时，周室衰微，诸侯强并弱，齐、楚、秦、晋始大，政由方伯。"公元前720年去世。

（十四）【周桓王·姬林】

姬林，周平王姬宜臼之孙，姬泄父之子，东周第二位君主。

即位后干涉晋国，无礼郑国，进攻虢国，与诸侯交恶。后在繻（xū）葛（今河南长葛）之战中被郑国将领祝聃射中其肩膀，致使天子权威荡然无存。皇甫谧评价说：桓王既失於信，礼义陵迟，男子淫奔，谖伪并作，诸侯背叛，构怨连祸，九族不亲，故诗人刺之。

（十五）【周庄王·姬佗】

姬佗，姬林之子，东周第三位君主。

其弟姬克（又称王子克）因受父宠，其父临终前将他嘱托给周公黑肩。周公黑肩想杀死姬佗改立姬克为君。周朝大夫辛伯劝周公黑肩不果，遂将此阴谋报告给姬佗，公元前693年姬佗杀死周公黑肩。姬克逃到南燕国，史称"王子克之乱"。

（十六）【周釐（xī）王·姬胡齐】

姬胡齐，姬佗长子，东周第四位君主。

即位后先于公元前681年，承认齐桓公的霸主地位。后于公元前678年，封晋武公为晋国君。皇甫谧《帝王世纪》评价："僖王自即位以来，变文武之制，作玄黄华丽之饰。宫室峻而奢侈，故孔子讥焉。"

（十七）【周惠王·姬阆】

姬阆，姬胡齐之子，东周第五位君主。

继位后因占用蒍（wěi）国，亦记作妫（guī）国（今山西境内）的园圃饲养野兽，引发国民不满。

公元前675年发生"五大夫作乱"，立姬颓为天子，姬阆逃到温（今河南温县），被郑厉公收留，并在公元前673年在虢国的协助下平定了姬颓之乱，姬阆复辟。据刘向《说苑》记载：及周惠王，以遭乱世。继先王之体，而强楚称王，诸侯背叛。

（十八）【周襄王·姬郑】

姬郑，姬阆之子，东周第六位君主。

在此时期先后有齐桓公、晋文公、秦穆公等诸侯王号称"春秋五霸"，其地位已凌驾于天子和诸侯国之上。

姬郑即位前为太子，其异母弟姬带（又称甘昭公）受宠。前652年姬阆去世后，姬郑因害怕姬带而秘不发丧，并寻求齐桓公支持。故至公元前651年齐桓公召集诸国君侯会盟，方使姬郑继位。后姬带两次叛乱，最终被杀。

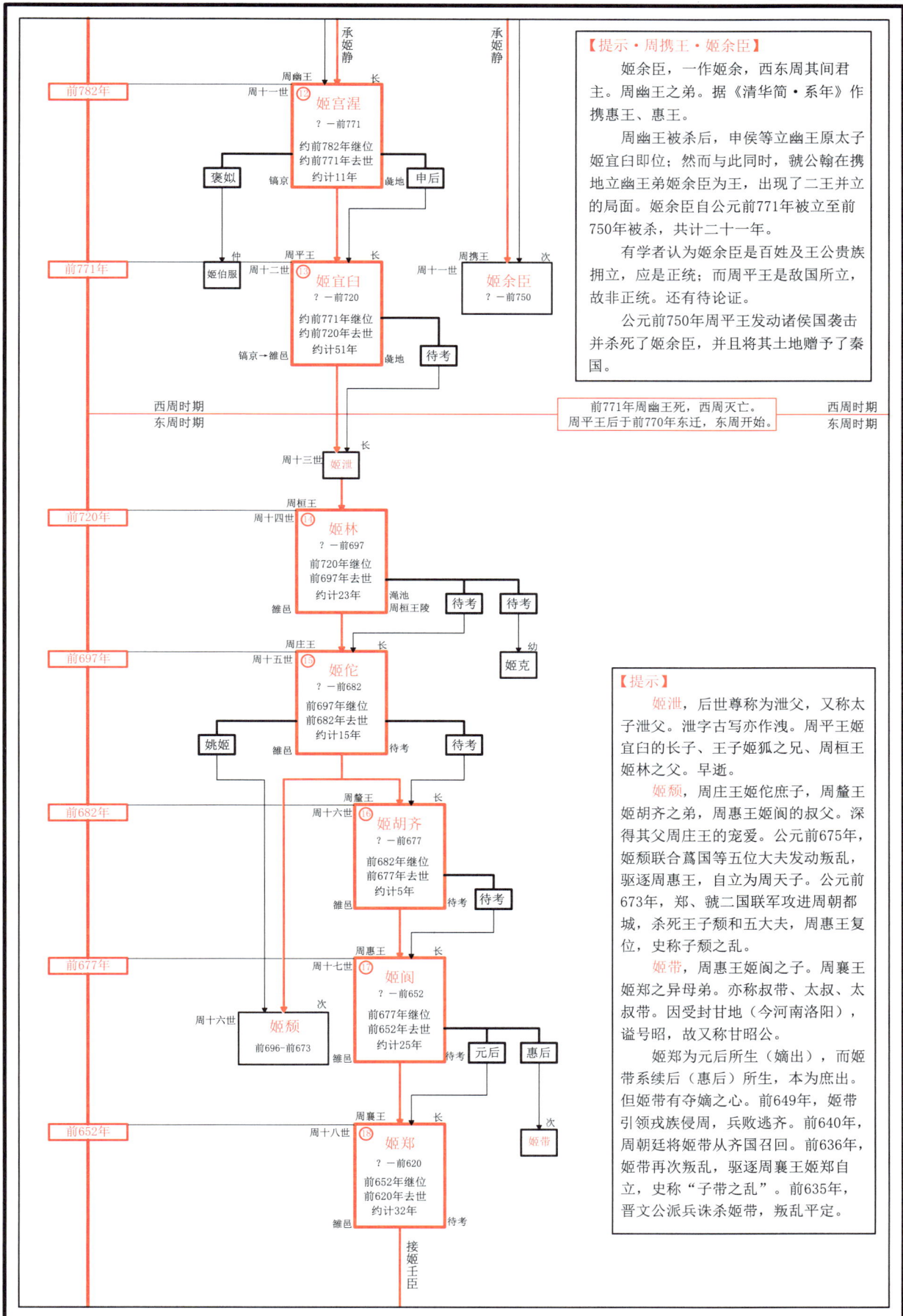

承姬静　　　　　承姬静

姬余臣，一作姬余，西东周其间君主。周幽王之弟。据《清华简·系年》作携惠王、惠王。

周幽王被杀后，申侯等立幽王原太子姬宜臼即位；然而与此同时，虢公翰在携地立幽王弟姬余臣为王，出现了二王并立的局面。姬余臣自公元前771年被立至前750年被杀，共计二十一年。

有学者认为姬余臣是百姓及王公贵族拥立，应是正统；而周平王是敌国所立，故非正统。还有待论证。

公元前750年周平王发动诸侯国袭击并杀死了姬余臣，并且将其土地赠予了秦国。

前782年　　周十一世　周幽王　长

⑫ **姬宫涅**
? —前771
约前782年继位
约前771年去世
约计11年

褒姒　镐京　骊地　申后

前771年　　周十二世　周平王　长　　　　周携王　次　周十一世

仲　姬伯服

⑬ **姬宜臼**
? —前720
约前771年继位
约前720年去世
约计51年

镐京→雒邑　骊地　待考

姬余臣
? —前750

西周时期 ｜ 东周时期　　　　　前771年周幽王死，西周灭亡。　　　西周时期 ｜ 东周时期
周平王后于前770年东迁，东周开始。

周十三世　长
姬泄

前720年　　周十四世　周桓王

⑭ **姬林**
? —前697
前720年继位
前697年去世
约计23年

渑池
周桓王陵　待考　待考　幼

姬克

前697年　　周十五世　周庄王　长

⑮ **姬佗**
? —前682
前697年继位
前682年去世
约计15年

姚姬　雒邑　待考

姬泄，后世尊称为泄父，又称太子泄父。泄字古写亦作洩。周平王姬宜臼的长子、王子姬狐之兄、周桓王姬林之父。早逝。

姬颓，周庄王姬佗庶子，周釐王姬胡齐之弟，周惠王姬阆的叔父。深得其父周庄王的宠爱。公元前675年，姬颓联合蒍国等五位大夫发动叛乱，驱逐周惠王，自立为周天子。公元前673年，郑、虢二国联军攻进周朝都城，杀死王子颓和五大夫，周惠王复位，史称子颓之乱。

姬带，周惠王姬阆之子。周襄王姬郑之异母弟。亦称叔带、太叔、太叔带。因受封甘地（今河南洛阳），谥号昭，故又称甘昭公。

姬郑为元后所生（嫡出），而姬带系续后（惠后）所生，本为庶出。但姬带有夺嫡之心。前649年，姬带引领戎族侵周，兵败逃齐。前640年，周朝廷将姬带从齐国召回。前636年，姬带再次叛乱，驱逐周襄王姬郑自立，史称"子带之乱"。前635年，晋文公派兵诛杀姬带，叛乱平定。

前682年　　周十六世　周釐王　长

⑯ **姬胡齐**
? —前677
前682年继位
前677年去世
约计5年

雒邑　待考　待考

前677年　　周十七世　周惠王　长

⑰ **姬阆**
? —前652
前677年继位
前652年去世
约计25年

雒邑　待考　元后　惠后

周十六世　次
姬颓
前696-前673

前652年　　周十八世　周襄王　长

⑱ **姬郑**
? —前620
前652年继位
前620年去世
约计32年

雒邑　待考　次
姬带

接姬壬臣

（十九）【周顷王·姬壬臣】

姬壬臣，姬郑之子，东周第七位君主。

公元前619年继位，当时王室财政一贫如洗，甚至无法安葬姬郑，姬壬臣只得向鲁国讨钱，才安葬了姬郑。

其在位期间由周公阅、王叔桓公、王孙苏执政。死后葬处不明。

（廿）【周匡王·姬班】

姬班，周顷王姬壬臣之子。东周第八位君主。公元前607年病死，葬处不明。

（廿一）【周定王·姬瑜】

姬瑜，周顷王姬壬臣之子，姬班之弟，东周第九任君主。即位时较大的诸侯国对周王朝及周天子已无尊敬可言，楚国的楚庄王成为新的霸主，诸侯争霸愈演愈烈，中央权力继续削弱。

（廿二）【周简王·姬夷】

姬夷，周定王姬瑜之子，东周第十位君主。他在位时，周天子已无任何特权。病死后葬处不明。

（廿三）【周灵王·姬泄心】

姬泄心，周简王姬夷之子，东周第十一位君主。有二子：长子姬晋，次子姬贵。

继位后，公元前546年，宋国约晋、楚两国在宋国都城商丘（今河南商丘）会盟，调停各国间的争端。

以前会盟都由国君亲自参与，这次会盟却由各国有势力的大夫参加。会盟约定各国间停战，奉晋、楚两国为共同霸主，史称"弭兵会盟"。这次会盟是春秋时期重要的分水岭。

会盟前诸侯国同尊周天子为盟主；会盟后则各自想成为"霸主"，不再尊从周天子号令。

（廿四）【周景王·姬贵】

姬贵，周灵王姬泄心之子。东周第十二位君主。

周景王在位时财政困难，连器皿都向各国乞讨。一次宴请晋国大臣，周景王指着鲁国送来的酒壶说：各国都有器物送给王室，为何晋国没有？晋国大臣说当初晋国受封时天子未赐礼器，现在晋国对付戎狄，也送不出礼物来。周景王于是列数了周王室以前多次赐给晋国的土地器物，讽刺其"数典而忘其祖"。这便是"数典忘祖"的典故。公元前524年，姬贵命令铸造大钱，是我国文献中关于铸钱的最早记录。

（廿五）【周悼王·姬猛】

姬猛，周景王姬贵之子。东周第十三位君主。

姬贵因长子姬寿早死，故立姬猛为太子。但又宠爱庶子姬朝，要大夫孟宾扶立姬朝，没来得及就病死了。姬贵死后，贵族刘卷、单旗将孟宾杀死，拥立姬猛为帝。

姬朝遂发动叛乱劫走姬猛。晋顷公遣大夫籍谈、荀跞（lì）救出姬猛，送他回朝。同年十月死，葬处不明。

（廿六）【周敬王·姬匄】

姬匄，姬贵之子，姬猛之弟。东周第十四位君主。

姬猛死后，晋国攻伐姬朝并拥立姬匄。后姬匄派人将姬朝杀死。姬朝的支持者次年再次起兵，又使姬匄出逃，后在晋国帮助下返回都城雒邑（今河南洛阳）。因姬朝在雒邑势大，乃迁都至雒邑之东，称为"成周"，称旧都为"王城"。

在位期间，吴王夫差击败越国。

姬匄公元前476年卒，史学家以其去世之年作为划分春秋、战国时期的分界点。

承
姬
郑

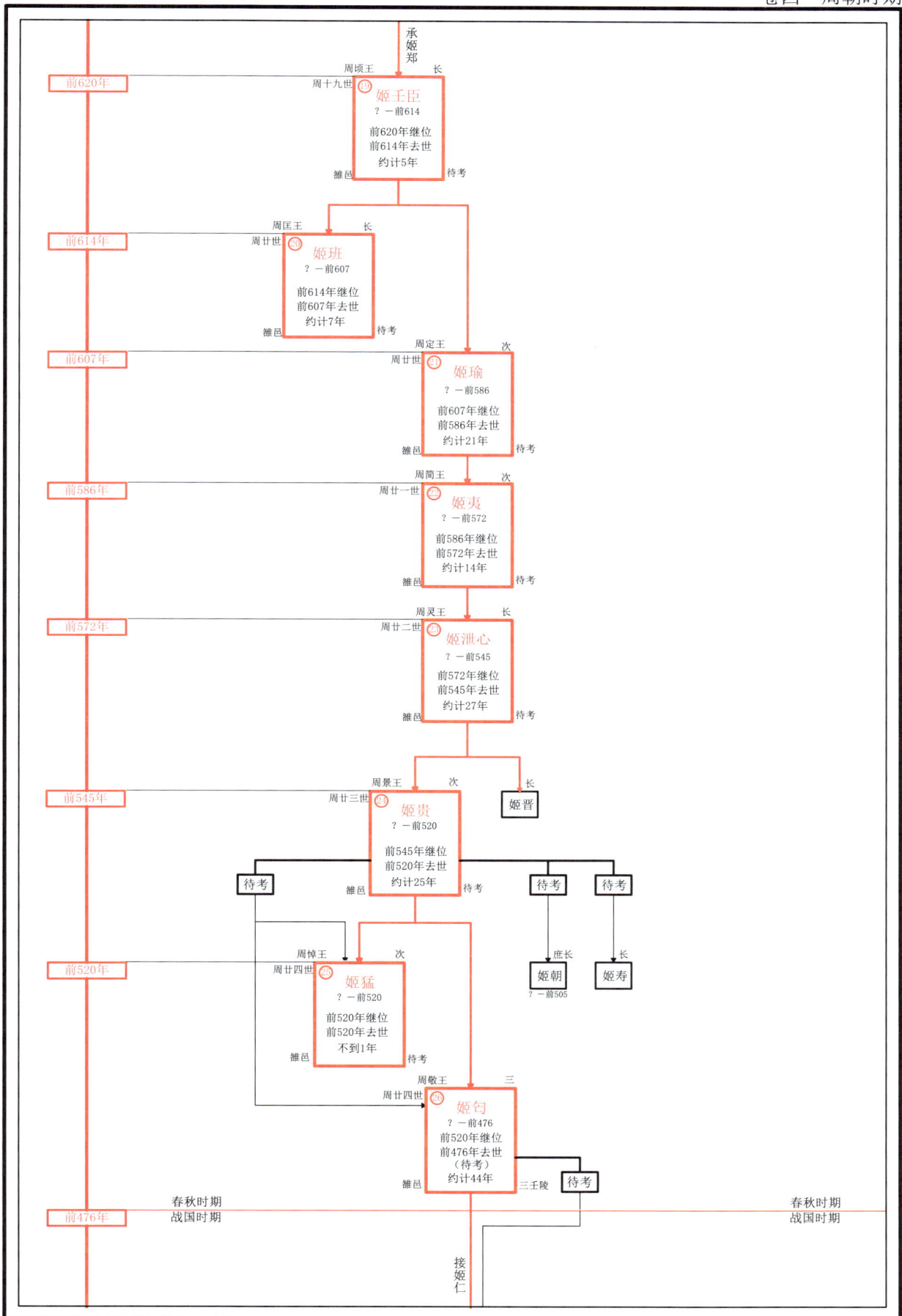

前620年

周顷王　　　　　　　　　　长
周十九世　⑲　姬壬臣
　　　　　　　? 一前614

　　　　　　前620年继位
　　　　　　前614年去世
　　　　　　约计5年
雒邑　　　　　　　　待考

前614年

周匡王　　　　　　　长
周廿世　⑳　姬班
　　　　　　? 一前607

　　　　前614年继位
　　　　前607年去世
　　　　约计7年
雒邑　　　　　待考

前607年

周定王　　　　　　次
周廿世　㉑　姬瑜
　　　　　　? 一前586

　　　　前607年继位
　　　　前586年去世
　　　　约计21年
雒邑　　　　　待考

前586年

周简王　　　　　　次
周廿一世　㉒　姬夷
　　　　　　? 一前572

　　　　前586年继位
　　　　前572年去世
　　　　约计14年
雒邑　　　　　待考

前572年

周灵王　　　　　　长
周廿二世　㉓　姬泄心
　　　　　　? 一前545

　　　　前572年继位
　　　　前545年去世
　　　　约计27年
雒邑　　　　　待考

周景王　　　　次　　　　　　长
周廿三世　㉔　姬贵　　　　姬晋
　　　　　　? 一前520

前545年

待考　　　　　　　　　　待考　　待考
雒邑　　　　前545年继位
　　　　　　前520年去世
　　　　　　约计25年　待考

庶长　　　　　长
姬朝　　　　姬寿
? 一前505

前520年

周悼王　　　　　　次
周廿四世　㉕　姬猛
　　　　　　? 一前520

　　　　前520年继位
　　　　前520年去世
　　　　不到1年
雒邑　　　　　待考

周敬王　　　　　　三
周廿四世　㉖　姬匄
　　　　　　? 一前476
　　　　　　前520年继位
　　　　　　前476年去世
　　　　　　（待考）
　　　　　　约计44年
雒邑　　　　三壬陵　待考

春秋时期　　　　　　　　　　　　　　　　　　春秋时期
前476年
战国时期　　　　　　　　　　　　　　　　　　战国时期

接
姬
仁

（廿七）【周元王·姬仁】

姬仁，周敬王姬匄之子。东周第十五位君主。

姬仁继位时是春秋、战国的分界线。继位后越王勾践攻灭吴国并北渡淮河，在徐（今山东滕州）约齐、晋、鲁、宋等国会盟，并派人给姬仁送去贡品，姬仁也回赠勾践以祭祖用的肉，册命他为"伯"，承认其诸侯的领袖地位，成为霸主。公元前469年病死，葬处不明。

（廿八）【周贞定王·姬介】

姬介，周元王姬仁之子。东周第十六位君主。

姬介在位期间的公元前453年，晋国的三家大夫赵襄子、韩康子、魏桓子等在陆续并吞了其他贵族后，共同攻灭了最后一家贵族智伯，形成三个权倾朝野的家族，以至于晋国国君晋幽公姬柳反而要分别向他们朝贡。公元前441年春，姬介病死，葬处不明。

（廿九）【周哀王·姬去疾】

姬去疾，周贞定王姬介长子。东周第十七位君主。

公元前441年即位，即位后三个月为弟姬叔袭杀，葬处不明。

（卅）【周思王·姬叔】

姬叔，周贞定王姬介之子，周哀王姬去疾之弟。东周第十八位君主。公元前441年杀害其兄姬去疾即位，在位仅五个月，八月又被弟姬嵬（wéi）所杀。葬处不明。

（卅一）【周考王·姬嵬】

姬嵬，周贞定王姬介之子，周哀王姬去疾与周思王姬叔之弟。东周第十九位君主。公元前441年，姬嵬杀其兄姬叔自立，是为周考王，在位十五年。死后葬处不明。

（卅二）【周威烈王·姬午】

姬午，周考王姬嵬之子，东周第二十位君主。

公元前403年封晋国大夫韩虔、赵籍、魏斯为诸侯，即史说的"三家分晋"。三家分晋标志着春秋时期结束，战国时期来临。

姬午对三家分晋的认可，直接引发了战国时期以下克上的观念性转变。自此诸侯国纷纷称王，中国社会进入了臣克君、子克父、弟克兄的混乱时期。司马光的《资治通鉴》即从周威烈王姬午的二十三年开始。姬午于公元前402年病死，葬于洛阳。

（卅三）【周安王·姬骄】

姬骄，周威烈王姬午之子。东周第二十一位君主。在位时封齐国大夫田和为齐侯，即所谓"田氏代齐"。

（卅四）【周烈王·姬喜】

姬喜，周安王姬骄之子。东周第二十二位君主。

姬喜在位时秦朝由秦献公当政，将秦都城迁到栎（yuè）阳（今陕西临潼），清理户籍，整顿军队，发展经济，使国势好转，为秦孝公任用商鞅进行变法准备了条件。

（卅四）【周显王·姬扁】

姬扁，周安王姬骄之子，姬喜之弟。东周第二十三位君主。在位时秦国任用商鞅，并先后发生了齐魏间的桂陵之战和马陵之战。

（卅五）【周慎靓王·姬定】

姬定，又名姬顺。周显王姬扁之子，东周第二十四位君主。在位时战国七雄各寻盟友，出现了合纵与连横两大派别，分别以苏秦和张仪为代表。公元前316年，秦军攻灭巴、蜀两国，占有了对抗楚国的战略优势。

（卅六）【周赧王·姬延】

姬延，亦称王赧（nǎn），周慎靓王姬定之子，东周第二十五位君主，也是周朝最后一位君主。在位共五十九年。于公元前256年崩逝，宣告东周覆灭。

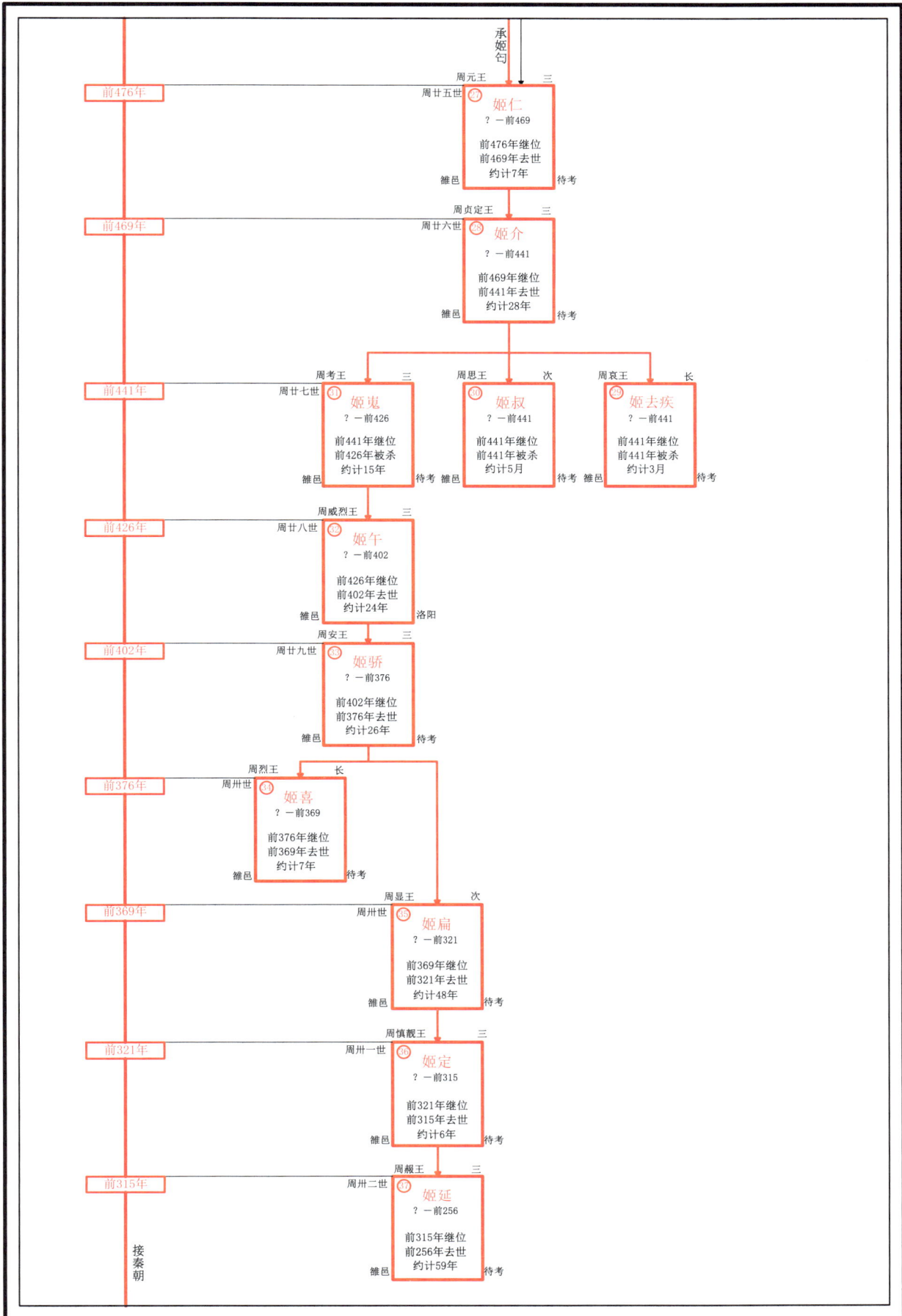

承
姬
勾

| 前476年 | 周元王　　　三 |
| 周廿五世 | ㉗ 姬仁 |

㉗ 姬仁
？—前469

前476年继位
前469年去世
约计7年

雒邑　　　　待考

| 前469年 | 周贞定王　　三 |
| 周廿六世 | ㉘ 姬介 |

㉘ 姬介
？—前441

前469年继位
前441年去世
约计28年

雒邑　　　　待考

| 前441年 | 周考王　　　三 | 周思王　　　次 | 周哀王　　　长 |
| 周廿七世 | ㉛ 姬嵬 | ㉚ 姬叔 | ㉙ 姬去疾 |

㉛ 姬嵬
？—前426
前441年继位
前426年被杀
约计15年
雒邑　　待考

㉚ 姬叔
？—前441
前441年继位
前441年被杀
约计5月
雒邑　　待考

㉙ 姬去疾
？—前441
前441年继位
前441年被杀
约计3月
雒邑　　待考

| 前426年 | 周威烈王　　三 |
| 周廿八世 | ㉜ 姬午 |

㉜ 姬午
？—前402
前426年继位
前402年去世
约计24年
雒邑　　　　洛阳

| 前402年 | 周安王　　　三 |
| 周廿九世 | ㉝ 姬骄 |

㉝ 姬骄
？—前376
前402年继位
前376年去世
约计26年
雒邑　　　　待考

| 前376年 | 周烈王　　　长 |
| 周卅世 | ㉞ 姬喜 |

㉞ 姬喜
？—前369
前376年继位
前369年去世
约计7年
雒邑　　　　待考

| 前369年 | 周显王　　　次 |
| 周卅世 | ㉟ 姬扁 |

㉟ 姬扁
？—前321
前369年继位
前321年去世
约计48年
雒邑　　　　待考

| 前321年 | 周慎靓王　　三 |
| 周卅一世 | ㊱ 姬定 |

㊱ 姬定
？—前315
前321年继位
前315年去世
约计6年
雒邑　　　　待考

| 前315年 | 周赧王　　　三 |
| 周卅二世 | ㊲ 姬延 |

㊲ 姬延
？—前256
前315年继位
前256年去世
约计59年
雒邑　　　　待考

接
秦
朝

2022·6·11

【大业】与【女华】

大业，汉族，嬴姓，颛顼帝的外孙。承继皋陶的理司之职，提倡五伦，制定《大业刑法》，完善了上古时期的刑罚制度。

女华，上古时期少典部落之女，大业之妻。

大业与女华是秦国、赵国等族脉的共同祖先。参见《史记·秦本纪》：大业取少典之子，曰女华。女华生大费，与禹平水土。

【伯益】

伯益，一作伯翳（yì）、柏益，又称大费。舜帝时期伯益因助禹治水有功，赐姓嬴，并配姚姓之女为妻。据传禹欲禅位于伯益，但禹死后，禹之子姒启夺取王位并建立夏朝。姒启封伯益之子若木于徐，后为徐氏始祖。伯益之子大廉为秦国始祖。

【季胜】

季胜，蜚廉之子。其后为赵国的先祖。因效力于商纣王，在武王伐纣时被处死。

【恶来】

恶来，一作恶来革，蜚廉之子，季胜之兄。商朝时以勇力而闻名。其后为秦朝先祖。因效力于商纣王，在武王伐纣之时被处死。

【秦庄公·嬴祺】

嬴祺，大业第二十二代孙。

《史记·十二诸侯年表》记载名祺，秦仲五子之长。秦仲与西戎战殁后，周宣王姬静召见秦庄公兄弟五人，令其讨伐西戎，秦庄公一战而胜，于是周天子封秦庄公为西陲大夫，并将原大骆之族所居住的犬丘（今甘肃天水礼县一带）之地赐给秦庄公。

（一）【秦襄公·佚名】

嬴姓赵氏，佚名，秦庄公次子，大业第二十三代孙。是西周时期秦国被正式列为诸侯的第一位君主。

《史记·秦本纪》记载：庄公居其故西犬丘，生子三人，其长男世父。世父曰："戎杀我大父仲，我非杀戎王则不敢入邑。"遂将击戎，让其弟襄公为太子。

公元前771年，申侯联合犬戎进攻镐京，袭杀周幽王于骊山之下，秦襄公以兵救周。周平王东迁，秦襄公出兵护送，以功封诸侯。

（二）【秦文公（佚名）】

秦文公，嬴姓，名不详。秦朝第二位君主。

秦文公在位时期，设史官以纪事，始有国体。后击败西戎，收编周朝遗民，并扩地至岐地（今陕西宝鸡）以西；制定罪诛三族的刑法。

当时秦人已完全定居并从事农业生产。

承周朝

秦

【秦朝简介】
　　秦朝是中国历史上第一个大一统王朝。秦人是黄帝之孙颛顼的后裔，舜赐其嬴姓。秦穆公时灭国十二，开地千里，国力日盛。秦孝公用商鞅变法，使经济、军力不断加强。秦王嬴政灭六国完成统一大业，结束了诸侯分裂割据的局面。秦王嬴政于公元前221年称始皇帝。
　　秦始皇在中央设三公九卿管理国家大事；废分封制代以郡县制；实行书同文、车同轨、统一度量衡。对外北击匈奴，南征百越，筑长城拒外敌，凿灵渠通水系。这种中央集权制度的建立，奠定了中国两千余年政治制度基本格局和大一统王朝的基础，故称"百代都行秦政法"，对中国历史产生了深远影响。
　　秦始皇病死后其子胡亥即位，因失政导致公元前209年陈胜、吴广的反抗，刘邦、项羽等相继起兵抗秦。公元前207年，秦朝灭亡。

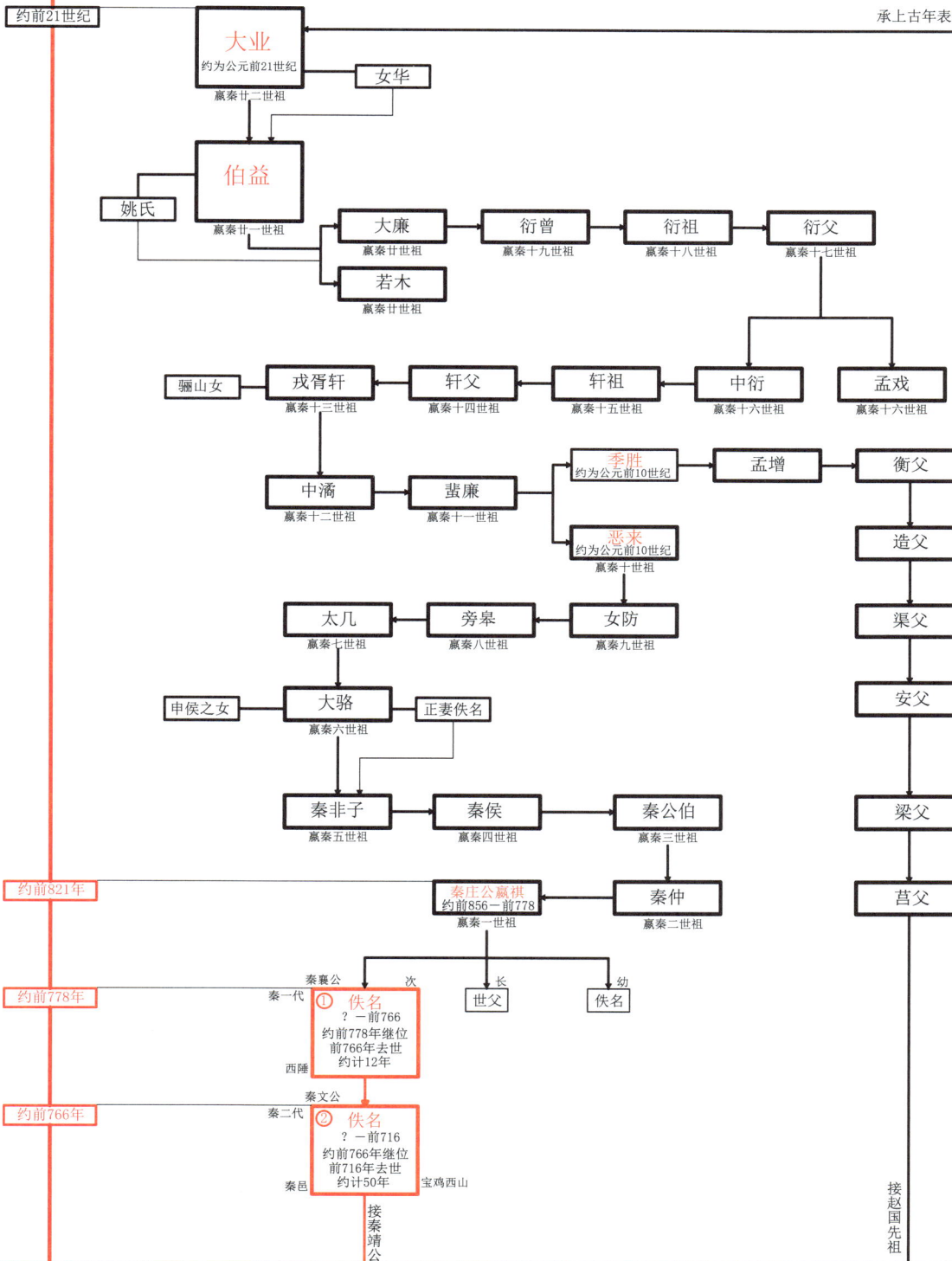

约前21世纪

承上古年表

大业
约为公元前21世纪
嬴秦廿二世祖

女华

伯益
嬴秦廿一世祖

姚氏

大廉
嬴秦廿世祖

衍曾
嬴秦十九世祖

衍祖
嬴秦十八世祖

衍父
嬴秦十七世祖

若木
嬴秦廿世祖

戎胥轩
嬴秦十三世祖

骊山女

轩父
嬴秦十四世祖

轩祖
嬴秦十五世祖

中衍
嬴秦十六世祖

孟戏
嬴秦十六世祖

中潏
嬴秦十二世祖

蜚廉
嬴秦十一世祖

季胜
约为公元前10世纪

孟增

衡父

造父

渠父

恶来
约为公元前10世纪
嬴秦十世祖

太几
嬴秦七世祖

旁皋
嬴秦八世祖

女防
嬴秦九世祖

安父

大骆
嬴秦六世祖

申侯之女

正妻佚名

秦非子
嬴秦五世祖

秦侯
嬴秦四世祖

秦公伯
嬴秦三世祖

梁父

约前821年

秦庄公嬴祺
约前856—前778
嬴秦一世祖

秦仲
嬴秦二世祖

莒父

秦襄公
秦一代

次

长

幼

世父

佚名

约前778年

① 佚名
?—前766
约前778年继位
前766年去世
约计12年

西陲

秦文公
秦二代

约前766年

② 佚名
?—前716
约前766年继位
前716年去世
约计50年

秦邑

宝鸡西山

接秦靖公

接赵国先祖

（三）【秦宪公·佚名】

嬴姓赵氏，佚名，秦朝第三位君主。秦文公之孙。

秦宪公有三个儿子：长子嬴说和次子嬴嘉为鲁姬所生，少子秦出子为王姬所生。秦宪公死后，大庶长弗忌、威垒等废黜太子嬴说，改立秦出子继位。后秦出子又被弗忌等杀害，嬴说才得以即位。

（四）【秦出子·嬴曼】

秦曼，又名出子，秦朝第四位君主。

《史记》中记为秦宁公。秦宪公嬴立幼子，五岁时被大臣弗忌谮立，后又被杀。在位五年。

（五）【秦武公·佚名】

嬴姓赵氏，佚名，秦朝第五位君主。秦宪公嬴立长子，即位后诛弗忌等三族，集大权于王室。初设县制以管理所得之地，使秦国势力达到关中渭水流域。

秦武公死后葬于平阳，首开活人殉葬之风俗，陪葬的人多达六十六人。

（六）【秦德公·佚名】

嬴姓赵氏，佚名，秦朝第六位君主。秦宪公次子，秦武公之弟，秦出子之兄。

秦武公去世，其子嬴白受封于平阳未能继位，故嬴嘉继位。公元前677年，嬴嘉将秦国首都迁至雍城（今陕西凤翔）。同年，梁、芮两国国君前来朝见。

（七）【秦宣公·嬴恬】

嬴恬，秦朝第七位君主。秦德公长子，秦成公及秦穆公之兄。

嬴恬继位后继承了秦德公韬光养晦的政策，不参与周朝诸王的变乱，为秦国获得了和平发展的机会。但几年后晋献公数次入侵秦国，秦宣公于公元前672年向晋国正式开战。这是秦国和晋国首次公开发生战争，此后秦晋两国间战争变为常态。

秦宣公共有九个儿子，均未继位，而立其弟继位，即秦成公。

（八）【秦成公·嬴载】

嬴载，秦朝第八位君主。秦德公次子，秦宣公之弟。他共有七子，皆未立，其弟继位，是为秦穆公。

（九）【秦穆公·嬴任好】

嬴任好，秦朝第九位君主，又称谬公。秦穆公娶晋献公之女穆姬为妻（重耳的妹妹）。晋国内乱时夷吾和重耳分别出逃。内乱平定后晋国欲迎重耳回国，秦穆公却支持夷吾回国。夷吾继位后却抵制秦国且追杀重耳，导致秦晋失和。

（十）【秦康公·嬴罃】

嬴罃，秦朝第十位君主。秦穆公之子，母穆姬。继位后与晋国多次战争，使秦国从西戎霸主地位逐渐走向衰落。

承秦文公

秦三代　秦靖公　嬴静

秦宪公

前716年

秦四代　④佚名
前724—前704
前716年继位
前704年去世
约计12年

王姬　　秦邑　宝鸡西山　　鲁姬

秦出子　少
前704年　秦五代　①嬴曼
前708—前698
前704年继位
前698年去世
约计6年

汧邑

前698年　秦武公　秦五代　⑤佚名
？—前678
前698年继位
前678年去世
约计20年

泾阳　　平阳

前678年　秦德公　次
秦五代　⑥佚名
前710—前676
前678年继位
前676年去世
约计2年

泾阳→雍城　　平阳

前676年　秦宣公　长
秦六代　⑦嬴恬
？—前664
前676年继位
前664年去世
约计12年

雍城　　平阳

前664年　秦成公　次
秦六代　⑧嬴载
？—前660
前664年继位
前660年去世
约计4年

雍城　　平阳

前660年　秦穆公　少
秦六代　⑨嬴任好
？—前621
前660年继位
前621年去世
约计39年

穆姬　　雍城　　平阳

前621年　秦康公
嬴文　　秦七代　⑩嬴罃
？—前609
前621年继位
前609年去世
约计12年

雍城　　不详

前609年　秦共公
秦八代　⑪嬴和（稻）
？—前605
前609年继位
前605年去世
约计4年

秦穆公、秦康公、秦共公在《吕氏春秋》中被奉为"秦三公"。

雍城　　不详

前605年　秦桓公
秦九代　⑫嬴荣
？—前577
前605年继位
前577年去世
约计28年

雍城　　不详

前577年　秦景公
秦十代　⑬嬴石
？—前537
前577年继位
前537年去世
约计40年

雍城　　陕西凤翔秦公一号大墓

接秦哀公

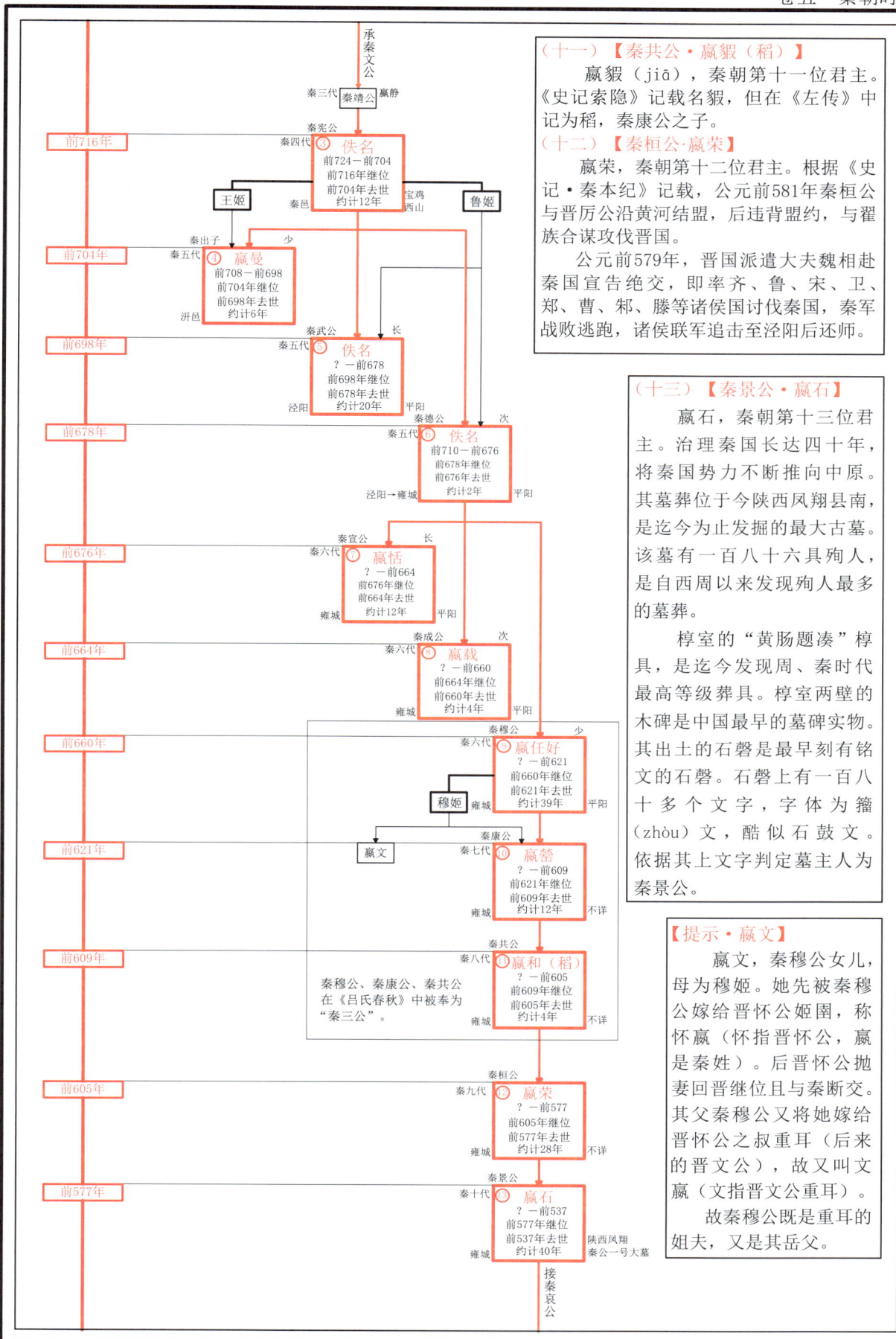

（十一）【秦共公·嬴貑（稻）】

嬴貑（jiā），秦朝第十一位君主。《史记索隐》记载名貑，但在《左传》中记为稻，秦康公之子。

（十二）【秦桓公·嬴荣】

嬴荣，秦朝第十二位君主。根据《史记·秦本纪》记载，公元前581年秦桓公与晋厉公沿黄河结盟，后违背盟约，与翟族合谋攻伐晋国。

公元前579年，晋国派遣大夫魏相赴秦国宣告绝交，即率齐、鲁、宋、卫、郑、曹、邾、滕等诸侯国讨伐秦国，秦军战败逃跑，诸侯联军追击至泾阳后还师。

（十三）【秦景公·嬴石】

嬴石，秦朝第十三位君主。治理秦国长达四十年，将秦国势力不断推向中原。其墓葬位于今陕西凤翔县南，是迄今为止发掘的最大古墓。该墓有一百八十六具殉人，是自西周以来发现殉人最多的墓葬。

椁室的"黄肠题凑"椁具，是迄今发现周、秦时代最高等级葬具。椁室两壁的木碑是中国最早的墓碑实物。其出土的石磬是最早刻有铭文的石磬。石磬上有一百八十多个文字，字体为籀（zhòu）文，酷似石鼓文。依据其上文字判定墓主人为秦景公。

【提示·嬴文】

嬴文，秦穆公女儿，母为穆姬。她先被秦穆公嫁给晋怀公姬圉，称怀嬴（怀指晋怀公，嬴是秦姓）。后晋怀公抛妻回晋继位且与秦断交。其父秦穆公又将她嫁给晋怀公之叔重耳（后来的晋文公），故又叫文嬴（文指晋文公重耳）。

故秦穆公既是重耳的姐夫，又是其岳父。

（十四）【秦哀公·佚名】

赢姓赵氏，佚名，秦朝第十四位君主。在《秦记》中记作秦毕公，而《史记索隐》又记作秦瓗（bì）公，仅供参考。

公元前505年，吴国孙武与伍子胥带兵攻陷楚国国都，楚国大臣申包胥向秦国求救，哭了七天七夜。秦哀公动容道："楚虽无道，有臣若是，可无存乎？"于是为之赋《无衣》，后发兵救楚，故《诗经·秦风·无衣》被认为是秦哀公所作。《左传·定公四年》亦有"秦哀公为之赋《无衣》"的记载。

（十五）【秦惠公·赢宁】

赢宁，秦朝第十五位君主。夷公之子，哀公之孙。

秦夷公早死，故秦哀公以夷公子惠公继位。惠公立十年卒，子悼公立。在位期间，孔子在鲁国担任司寇。

（十六）【秦悼公·佚名】

赢姓赵氏，佚名，秦朝第十六位君主。惠公之子，在位十四年。

公元前477年去世，葬于丘里景公墓西。

（十七）【秦厉共公·佚名】

赢姓赵氏，佚名，秦朝第十七位君主。秦悼公之子。

《史记》作秦剌龚公，在《史记正义》中记作秦利龚公，待考。在位期间曾派兵攻魏城。公元前467年，天空出现哈雷彗星，明亮易见。

公元前461年沿黄河修筑防御濠沟，以伐西戎大荔。

（十八）【秦躁公·佚名】

赢姓赵氏，佚名，秦厉共公之子，秦朝第十八位君主。又称秦趮（zào）公。

秦躁公在位期间，西戎义渠向秦发起大规模的进攻，直至渭水蒿域，被秦军击退。次年（公元前429年），躁公卒，其弟赢封从晋归来即位，是为怀公。

（十九）【秦怀公·赢封】

赢封，秦朝第十九位君主。秦厉共公之子，秦躁公之弟。

秦躁公卒，国政控于贵族手中，赢封被庶长从晋国迎立为怀公。公元前425年，秦贵族庶长鼌（cháo）联合其他贵族又逼杀秦怀公。因秦怀公之子秦昭子早卒，遂立怀公之孙为君，是为秦灵公。

（廿）【秦灵公·赢肃】

赢肃，秦朝第二十位君主。秦怀公之孙。继位后在吴阳（今陕西宝鸡吴山）建上畤，祭祀黄帝；建下畤，祭祀炎帝。

秦灵公去世时，嫡子师隰（xí，即其后的秦献公）只有五岁。秦灵公的叔父悼子便夺位自立为国君，即秦简公。

承秦景公

前537年　秦十一代　⑭ 佚名　?—前501　前537年继位　前501年去世　约计36年　雍城　不详

秦十二代　秦夷公

前501年　秦十三代　⑮ 嬴宁　?—前491　前501年继位　前491年去世　约计10年　雍城

前491年　秦惠公　秦十四代　⑯ 佚名　?—前477　前491年继位　前477年去世　约计14年　雍城　陕西凤翔

前477年　秦厉共公　秦十五代　⑰ 佚名　?—前443　前477年继位　前443年去世　约计34年　雍城　人里

前443年　秦躁公　长　秦十六代　⑱ 佚名　?—前429　前443年继位　前429年去世　约计14年　雍城　人里

前429年　秦怀公　幼　秦十六代　⑲ 嬴封　?—前425　前429年继位　前425年去世　约计4年　雍城　人里

秦十七代　秦昭子　长

前425年　秦灵公　秦十八代　⑳ 嬴肃　?—前415　前425年继位　前415年去世　约计10年　雍城→泾阳　丘里

前415年　秦简公　秦十七代　㉑ 嬴悼子　前428—前400　前415年继位　前399年去世　约计16年　泾阳　不详

前399年　秦后惠公　秦十八代　㉒ 嬴仁　?—前387　前399年继位　前386年去世　约计13年　泾阳　不详

前386年　秦出公　秦十九代　㉓ 嬴昌　前388—前385　前386年继位　前385年去世　约计1年　泾阳　不详

前385年　秦献公　秦十九代　㉔ 嬴师隰　前424—前362　前385年继位　前362年去世　约计23年　泾阳→栎阳　不详

待考

接秦孝公

自秦怀公至秦出公，史称四代乱政

（廿一）【秦简公·嬴悼子】

嬴悼子，秦朝第二十一位君主。在位期间，令官吏带剑以防身。这是秦国革新礼制的一大措施；次年又允许百姓带剑。

魏国伐秦尽占河西地，秦退守洛水（今陕西境内），在东境修城防御，系战国时期最早的长城，又称秦东长城。长城南起今陕西华阴县东南小张村附近，向东北越过渭河，沿河右岸北上，经大荔、蒲城、白水等县，止于白水县黄龙山南麓。今华阴城东、蒲城东南，尚有遗址。

《史记·秦本纪第五》记："灵公卒，子献公不得立，立灵公季父悼子，是为简公。简公，昭子之弟而怀公子也。简公六年，令吏初带剑。堑（chán）洛。城重泉。十六年卒，子惠公立。"秦简公继位后，将灵公之子师隰放逐到陇西河谷。

（廿二）【秦后惠公·嬴仁】

嬴仁，秦朝第二十二位君主。秦简公之子，在位十三年。因第十五位君主嬴宁亦谥惠公，故后世为有别，故一般称为秦后惠公。

（廿三）【秦出公·嬴昌】

嬴昌，秦朝第二十三位君主。秦后惠公嬴仁之子。《世本》作秦少主，《吕氏春秋》记为秦小主。即位时二岁，其母主政，重用宦官与外戚引发左庶长菌改政变，迎秦灵公之子嬴连（即被放逐的师隰）回国。

（廿四）【秦献公·嬴师隰】

嬴师隰，秦朝第二十四位君主。名师隰。秦灵公太子，早年被叔祖嬴悼子夺位，流亡魏国二十九年。后返回秦国复位，进行改革，其中包括废止人殉、从故都雍城迁都到栎（yuè）阳（今陕西西安）。他编制户籍、推广县制以压迫旧奴隶主贵族的土地等举措，并且数次发动收复河西失地的战争。改革虽然不彻底，但为秦孝公时期的商鞅变法奠定了基础。

师隰长子为嬴虔，次子为嬴渠梁。因嬴虔生时父未为王，母未封后，故为庶出，未能继位。

（廿五）【秦孝公·嬴渠梁】

嬴渠梁，秦朝第二十五位君主。《越绝书》作秦平王，《史记索隐》记载名渠梁。秦献公之子。

秦孝公重用卫鞅（商鞅）实行变法，奖励耕战，并迁都咸阳（今陕西咸阳东北），建立县制行政，开阡陌，加强中央集权。对外与楚和亲，与韩订约，联齐、赵攻魏国都城安邑（今山西夏县西北），拓地至洛水以东。

（廿六）【秦惠文王·嬴驷】

嬴驷，秦朝第二十六位君主。秦孝公之子。

十九岁即位，以宗室多怨，族灭商鞅，但不废其法。公元前325年称秦王，成为秦国第一位"王"，而此前秦国历代先祖只称为"公"。当政期间，连横六国，征战四方，为秦统一中国打下坚实基础。秦惠文王娶魏姬（惠文后），生秦武王嬴荡。《史记》《史记索隐》甚至同是《史记》在不同的章节中，对惠文后的描述不一，故录此待考。

（廿七）【秦武王·嬴荡】

嬴荡，秦朝第二十七位君主。秦惠文王之子，母为魏姬。

即位后驱逐张仪，联盟魏、越限制楚国，平定蜀乱，更修田律。然喜好武力，公元前307年与力士孟说比赛举龙文赤鼎，脱手砸断胫骨而亡，年二十三岁。

（廿八）【秦昭襄王·嬴则（稷）】

嬴则，秦朝第二十八位君主。秦惠文王之子，秦武王异母弟，母为宣太后芈氏。

早年在燕国为人质。秦武王去世，回国夺位。即位初宣太后执政，外戚（舅）魏冉处理庶务。后听从范雎之言，夺取宣太后、魏冉的权柄，正式亲政。文用范雎，武用白起，施行远交近攻策略。长平一战大胜赵军。攻陷东周王都雒邑，俘虏周赧王，结束了周朝八百年统治，奠定了秦国统一的胜利基础。

（廿九）【秦孝文王·嬴柱】

嬴柱，秦朝第二十九位君主。秦昭襄王次子，秦庄襄王之父。在位仅三天，为秦国历史上在位时间最短的国君。

（卅）【秦庄襄王·嬴异人】

嬴异人，秦朝第三十位君主。又称秦庄王，本名异人，改名为楚（亦称子楚）。

早年在赵国做质子，后在吕不韦的帮助下成为秦国国君。前247年病逝，享年三十四岁。

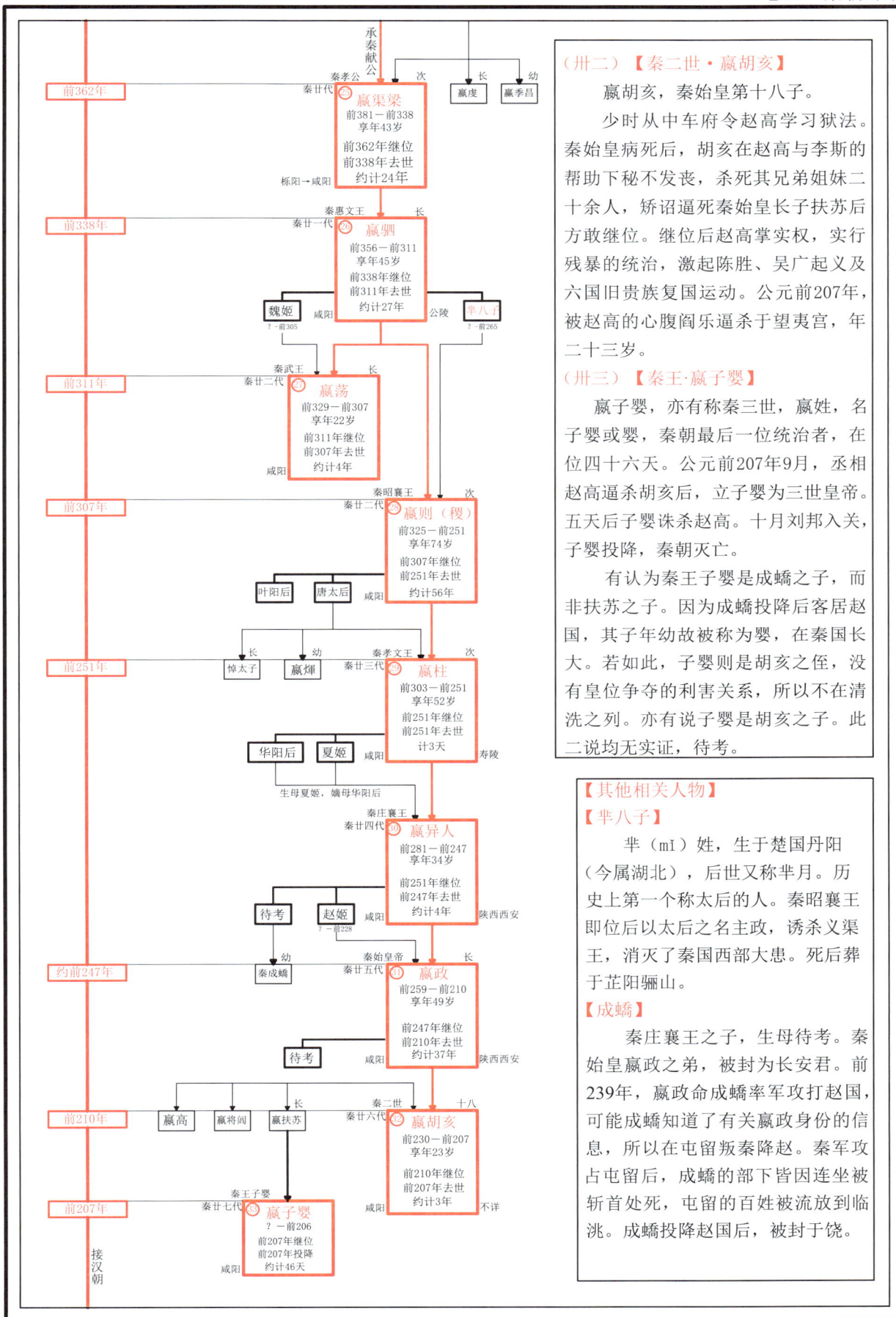

前362年

承秦献公

秦孝公　　　　次　　长　　幼

㉖嬴渠梁
前381—前338
享年43岁
前362年继位
前338年去世
约计24年
栎阳→咸阳

嬴虔　　嬴季昌

前338年

秦惠文王　　长
秦廿一代 **㉗嬴驷**
前356—前311
享年45岁
前338年继位
前311年去世
约计27年

魏姬
?—前305
咸阳

芈八子
?—前265
公陵

前311年

秦武王
秦廿二代 长
㉘嬴荡
前329—前307
享年22岁
前311年继位
前307年去世
约计4年
咸阳

前307年

秦昭襄王　　次
秦廿二代 **㉘嬴则（稷）**
前325—前251
享年74岁
前307年继位
前251年去世
约计56年

叶阳后　唐太后　咸阳

前251年

长　　　幼　　秦孝文王　　次
悼太子　嬴辉　秦廿三代 **㉙嬴柱**
前303—前251
享年52岁
前251年继位
前251年去世
计3天
寿陵

华阳后　夏姬　咸阳
生母夏姬，嫡母华阳后

秦庄襄王
秦廿四代 **㉚嬴异人**
前281—前247
享年34岁
前251年继位
前247年去世
约计4年
陕西西安

待考　赵姬　咸阳
?—前228

约前247年

幼　　秦始皇　　长
秦成蟜　秦廿五代 **㉛嬴政**
前259—前210
享年49岁
前247年继位
前210年去世
约计37年
陕西西安

待考　咸阳

前210年

嬴高　嬴将闾　嬴扶苏　秦二世　十八
秦廿六代 **㉜嬴胡亥**
前230—前207
享年23岁
前210年继位
前207年去世
约计3年
咸阳

前207年

秦王子婴
秦廿七代 **㉝嬴子婴**
?—前206
前207年继位
前207年投降
约计46天
咸阳

接汉朝

（卅二）【秦二世·嬴胡亥】

嬴胡亥，秦始皇第十八子。

少时从中车府令赵高学习狱法。秦始皇病死后，胡亥在赵高与李斯的帮助下秘不发丧，杀死其兄弟姐妹二十余人，矫诏逼死秦始皇长子扶苏后方敢继位。继位后赵高掌实权，实行残暴的统治，激起陈胜、吴广起义及六国旧贵族复国运动。公元前207年，被赵高的心腹阎乐逼杀于望夷宫，年二十三岁。

（卅三）【秦王·嬴子婴】

嬴子婴，亦有称秦三世，嬴姓，名子婴或婴，秦朝最后一位统治者，在位四十六天。公元前207年9月，丞相赵高逼杀胡亥后，立子婴为三世皇帝。五天后子婴诛杀赵高。十月刘邦入关，子婴投降，秦朝灭亡。

有认为秦王子婴是成蟜之子，而非扶苏之子。因为成蟜投降后客居赵国，其子年幼故被称为婴，在秦国长大。若如此，子婴则是胡亥之侄，没有皇位争夺的利害关系，所以不在清洗之列。亦有说子婴是胡亥之子。此二说均无实证，待考。

【其他相关人物】
【芈八子】

芈（mǐ）姓，生于楚国丹阳（今属湖北），后世又称芈月。历史上第一个称太后的人。秦昭襄王即位后以太后之名主政，诱杀义渠王，消灭了秦国西部大患。死后葬于芷阳骊山。

【成蟜】

秦庄襄王之子，生母待考。秦始皇嬴政之弟，被封为长安君。前239年，嬴政命成蟜率军攻打赵国，可能成蟜知道了有关嬴政身份的信息，所以在屯留叛秦降赵。秦军攻占屯留后，成蟜的部下皆因连坐被斩首处死，屯留的百姓被流放到临洮。成蟜投降赵国后，被封于饶。

（卅一）【秦始皇帝·嬴政】

嬴政，秦朝第三十一位君主，中国历史上第一个皇帝。名嬴政。嬴姓自大业起第五十三代，秦襄公第二十五代孙。中国历史上著名的政治家、战略家、改革家，完成中国大一统的铁腕政治人物。

公元前221年秦始皇统一天下后，认为自己的功绩要胜过在自己之前的三皇五帝，故采用三皇的"皇"和五帝的"帝"，构成了"皇帝"称号，是第一个使用"皇帝"称号的君主，自称"始皇帝"。在中央实行三公九卿的政体制度管理国家大事；地方上废除分封制，代以郡县制；同时在全国实行书同文、车同轨、统一度量衡。对外北击匈奴，南征百越，修筑万里长城，修筑灵渠，沟通农田水系。除去史书明确记载秦始皇的功绩外，还有些出于秦始皇的业绩：

一、取消谥法。谥法起于周初，指君王死后依其生平事迹给予带有评价性质的称谓。秦始皇认为这样"子议父，臣议君"很不像话且没意义。他宣布废除谥法，实际上是不准后代臣子评价自己。刘邦建国后又恢复谥法，并扩大到对有影响的人物也用"谥"进行评价。

二、天子自称曰"朕"。"朕"字本义就是"我"，以前一般人也可以使用，但秦始皇限定只有皇帝才能使用"朕"。

三、皇帝的命令称为"制"或"诏"。"制"对百官又曰"命"，"诏"对百姓又曰"令"，二者对象不同。后来的"命令"一词即源于此。

四、在书写的文件中不准提及皇帝的名字，称为"避讳"。文件上逢类似字词时，都要另起一行顶格书写。

五、只有皇帝使用的用玉雕刻的印才能称为"玺"，其他只能称为"章"。

另：秦始皇一共有儿子二十三人，但是史料里留下记载的只有四人。除秦二世胡亥外，其他有：

【嬴扶苏】

嬴扶苏，秦始皇长子。司马迁在《史记》中说扶苏"刚毅勇武，信人而奋士"。因劝谏"焚书坑儒"触怒秦始皇，被派到上郡助蒙恬修长城御匈奴。公元前210年，秦始皇病逝，诏令扶苏即位。但赵高和李斯等害怕扶苏不受控制，于是扶立秦始皇第十八子胡亥登极，并以秦始皇身份矫诏赐死扶苏，扶苏遂自尽。

【嬴高】

嬴高，秦始皇之子，排序不清。胡亥篡位后，嬴高欲逃亡，但考虑到全族性命，于是主动为始皇殉葬，埋于骊山，以此保全自己全族。秦二世胡亥赐十万钱厚葬。嬴高一族因而幸免。

【转下页】

【承上页】
【嬴将闾】

　　嬴将闾，秦始皇之子，排序不清。胡亥篡位后派使者以"公子不臣，罪当死"向其问罪，将闾对曰：阙廷之礼吾未尝敢不从宾赞也；廊庙之位吾未尝敢失节也；受命应对吾未尝敢失辞也。何谓不臣？愿闻罪而死。使者曰：臣不得与谋，奉书从事。将闾仰天大呼：天乎！吾无罪！遂自杀。

◆━━━━━━◆━━━━━━◆

【笔者个见】

关于秦始皇"焚书坑儒"的浅析

　　后世常有人谈论秦始皇暴政之一的"焚书坑儒"。据记载，公元前212年，江湖术士侯生、卢生等人以长生药诓骗嬴政，败露后讥讽嬴政暴戾，妄议朝政并逃走。由此引发秦始皇暴怒，亲自审判并处其四百六十多人活埋，同时将相关书籍全部焚毁。这件事即是被后世诟病的"焚书坑儒"。

　　但在《史记·儒林列传》中有"及至秦之季世，焚诗书，坑术士，六艺从此缺焉"的记载，明确指出坑的是术士。而在《史记·秦始皇本纪》有文字记载侯生、卢生讥讽之语为"始皇为人，天性刚戾自用，起诸侯，并天下，意得欲从，以为自古莫及己……贪于权势至如此，未可为求仙药"。遂引发嬴政的暴怒。

　　另据《资治通鉴》记载："侯生、卢生相与讥议始皇，因亡去。始皇闻之，大怒曰：'卢生等，吾尊赐之甚厚，今乃诽谤我！诸生在咸阳者，吾使人廉问，或为妖言以乱黔首。'于是使御史悉案问诸生。诸生传相告引，乃自除犯禁者四百六十余人，皆坑之咸阳，使天下知之，以惩后。"

　　故从《史记》和《资治通鉴》两部史中，只看到"坑术士"（其中可能会有部分儒生），而非只"坑儒"。

　　此外，东汉哲学家王充在《论衡·书解》中说：秦虽无道，不燔诸子，诸子尺书，文篇具在。

南宋理学家朱熹也说：秦焚书也只是教天下焚之，他朝廷依旧留得。

清代学者朱彝尊在《秦始皇论》中说：彼之所坑者，乱道之儒，而非圣人之徒也。

清末康有为在《新学伪经考》中谈论这个问题的时候，说"按焚书之令，但烧民间之书，若博士所职，则《诗》《书》、百家自存"。康有为也特别强调，博士官所掌握的，除了儒家经典之外，也有百家的经典。康有为在此书中探讨古文经典的真伪，其中最出名的就是认为后世看到的孔子学说，都是经过王莽篡改的，并非孔子本撰（原著）。

李斯在秦始皇三十四年奏上焚书令，他最重要的宗旨是要"别黑白而定一尊"，就是维护秦始皇的地位和思想。而在把那些私学（民间收藏的诗、书、百家语）进行焚毁时，还有一个特别的保留措施，即限定为"非博士官所职"，也就是除了博士官职责所需的书籍，剩下的才要烧掉。

另外，根据史料记载，秦始皇是相当推崇儒学的。他在秦朝宫廷官职里，共设立了七十名博士。在《史记·封禅书》中记载，秦始皇封禅泰山的时候，带上了这七十名博士，并明确记载为"儒生博士七十人"。"博士"这一官职，战国时期只有两个国家设过（鲁国与卫国），而他们都是和孔子以及孔子的门徒子夏传播儒学有密切关系的。

【汉朝简介】

汉朝是继秦朝之后的大一统王朝，分为西汉、东汉两个时期，享国四百零五年。

秦朝末年天下大乱，刘邦借陈胜、吴广起义之势，依附楚国贵族项羽共同反抗秦朝，灭秦后被项羽封为汉王。

公元前202年，刘邦率汉军战胜楚军后称帝，建立汉朝，定都长安（今陕西西安），史称西汉。

经汉孝文帝、汉孝景帝推行休养生息国策，开创了文景之治。

汉武帝即位后开辟丝路、抵御匈奴、攘夷拓土，成就了中华历史上著名的汉武盛世；至汉宣帝时期国力达到极盛。但也因多次战争耗费了大量国力。

公元8年，王莽废西汉末帝，改长安为常安，史称新朝，西汉灭亡。

公元25年，刘秀推翻了新朝，定都洛阳，仍延用汉的国号，史称东汉。

西汉、东汉两个时期共历十六世二十八帝。

公元184年，东汉王朝因镇压黄巾军起义，导致地方军阀拥兵自重，东汉名存实亡。至公元220年，曹丕篡汉，东汉灭亡。

汉朝的两度倾覆，皆由外戚干政引发内乱造成。

汉朝约与欧洲的罗马帝国在时间上并列，均为当时世界上拥有最先进文明的强大帝国。

汉朝土地范围极盛时约达六百零九万平方公里。

公元2年，西汉全国人口达六千余万，占当时世界总人口的三分之一。

（一）【汉高祖·刘邦】

刘邦（前256年－前195年），本名刘季，汉朝开国皇帝。

汉民族和汉文化的开拓者，对汉族的发展统一有突出贡献。李世民评价其：昔汉高祖，田舍翁耳。提三尺剑定天下，既而规模弘远，庆流子孙者，此盖任得贤臣所致也。依中国古制有夺天下之功称祖，有治天下之德称宗。刘邦因夺天下建汉朝，故庙号为高祖。

（二）【汉孝惠帝·刘盈】

刘盈（前210年－前188年），刘邦与吕后之子，西汉第二位皇帝。十五岁继位。性格仁爱柔弱，因此，实权由吕后掌控。司马迁作《史记》时未设惠帝本纪，只设吕太后本纪。

（五）【汉孝文帝·刘恒】

刘恒（前203年－前157年），西汉第五位皇帝，刘汉第二代，刘盈四弟，前、后少主之叔，高祖时封为代王。其母为薄姬。

继位后励精图治，废除肉刑，使汉朝进一步强盛。

刘恒为代王时有四个嫡子，称帝不久均相继去世，其余诸子以宠姬窦漪房之子刘启最长，遂立为皇太子，并立窦漪房为皇后。汉文帝与其子汉景帝统治时期被合称为"文景之治"。依古制，刘恒因有治天下之德，故死后庙号为太宗。

（六）【汉孝景帝·刘启】

刘启（前188年－前141年），西汉第六位皇帝。刘汉第三代。

原配薄皇后因无子被废，是中国历史上第一个被废的皇后。后续皇后王娡初嫁金王孙，二嫁刘启，生子刘彻（汉孝武帝）。

其余姬妾众多，其史有记载者：唐姬生长沙王刘发，系东汉光武帝刘秀之祖。贾夫人生二子，其中刘胜据传为蜀汉刘备之祖。长女平阳公主先嫁曹参之孙曹寿，再嫁夏侯婴之孙夏侯颇，终嫁卫子夫之弟卫青。

（七）【汉孝武帝·刘彻】

刘彻（前156年－前87年），西汉第七位皇帝。刘汉第四代。原配皇后陈阿娇是其姑母刘嫖之女，因近亲无子被废；继室卫子夫因巫蛊案自杀；所宠李夫人被霍光追封为皇后。

中国历史自汉武帝开始使用年号纪年。

刘彻多次发动对匈奴的征战，扼制了汉朝北方少数民族的侵扰，并派张骞开通西域，对中国历史影响深远。但晚年连年征战使国力大衰，其功过评价历代亦存争议。但他对中华民族的发展与强大所做的功绩不容忽视。

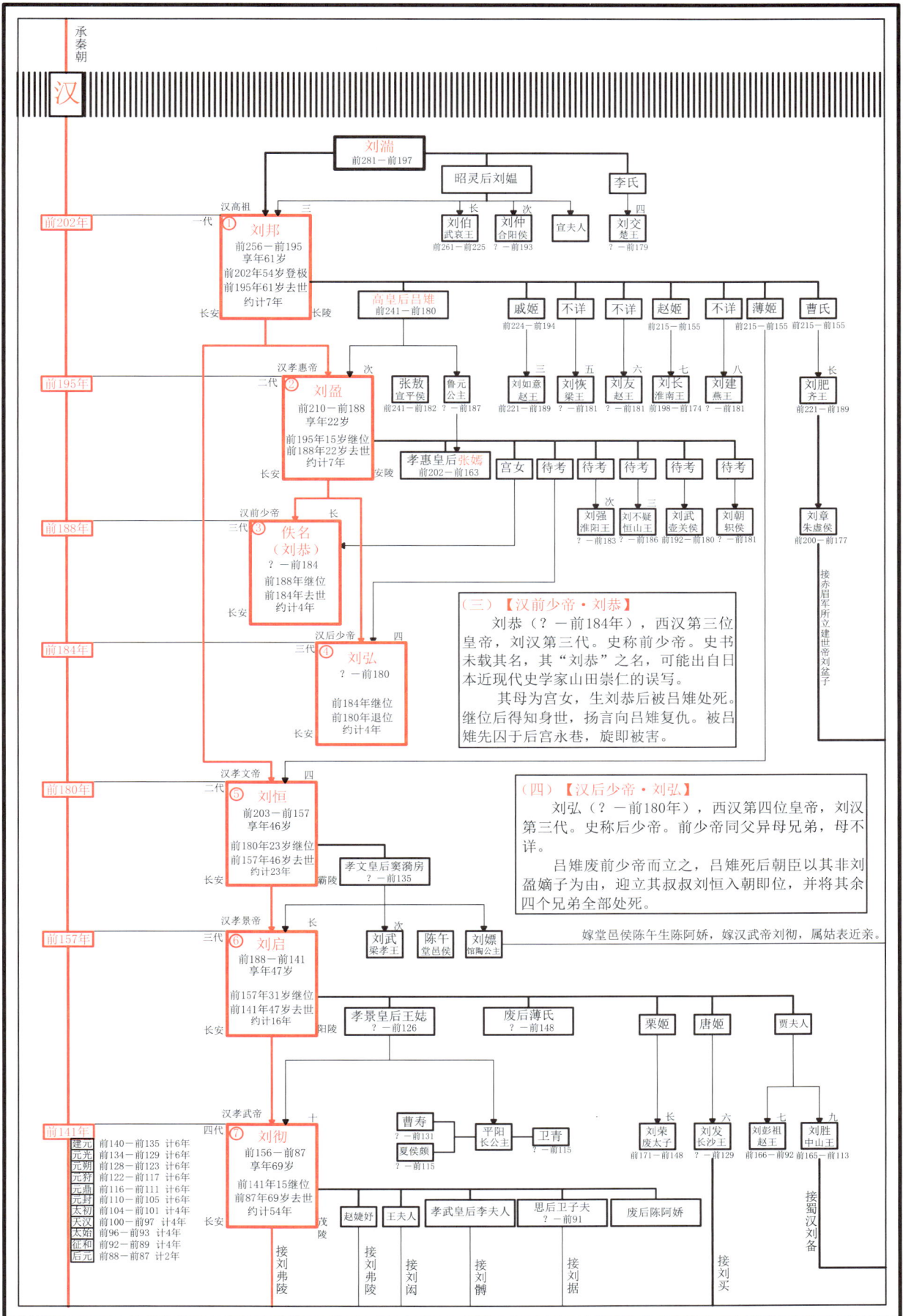

汉

承秦朝

刘湍
前281—前197

昭灵后刘媪

李氏

长	次		四
刘伯 武哀王 前261—前225	刘仲 合阳侯 ?—前193	宜夫人	刘交 楚王 ?—前179

汉高祖　三
一代　① **刘邦**
前256—前195
享年61岁
前202年54岁登极
前195年61岁去世
约计7年
长安　长陵

高皇后吕雉
前241—前180

戚姬
前224—前194

不详

不详

赵姬
前215—前155

不详

薄姬
前215—前155

曹氏
前215—前155

次			三	五	六	七	八		长
	张敖 宣平侯 前241—前182	鲁元 公主 ?—前187	刘如意 赵王 前221—前189	刘恢 梁王 ?—前181	刘友 赵王 ?—前181	刘长 淮南王 前198—前174	刘建 燕王 ?—前181		刘肥 齐王 前221—前189

汉孝惠帝
二代　② **刘盈**
前210—前188
享年22岁
前195年15岁继位
前188年22岁去世
约计7年
长安　安陵

孝惠皇后**张嫣**
前202—前163

宫女

待考 待考 待考 待考 待考

次	三		
刘强 淮阳王 ?—前183	刘不疑 恒山王 ?—前186	刘武 壶关侯 前192—前180	刘朝 轵侯 ?—前181

刘章
朱虚侯
前200—前177

接赤眉军所立建世帝刘盆子

汉前少帝　长
三代　③ **佚名**
（刘恭）
?—前184
前188年继位
前184年去世
约计4年
长安

（三）【汉前少帝·刘恭】
　　刘恭（?—前184年），西汉第三位皇帝，刘汉第三代。史称前少帝。史书未载其名，其"刘恭"之名，可能出自日本近现代史学家山田崇仁的误写。
　　其母为宫女，生刘恭后被吕雉处死。继位后得知身世，扬言向吕雉复仇。被吕雉先囚于后宫永巷，旋即被害。

汉后少帝　四
三代　① **刘弘**
?—前180
前184年继位
前180年退位
约计4年
长安

（四）【汉后少帝·刘弘】
　　刘弘（?—前180年），西汉第四位皇帝，刘汉第三代。史称后少帝。前少帝同父异母兄弟，母不详。
　　吕雉废前少帝而立之，吕雉死后朝臣以其非刘盈嫡子为由，迎立其叔叔刘恒入朝即位，并将其余四个兄弟全部处死。

汉孝文帝　四
二代　⑤ **刘恒**
前203—前157
享年46岁
前180年23岁继位
前157年46岁去世
约计23年
长安　霸陵

孝文皇后窦漪房
?—前135

	次		
	刘武 梁孝王	陈午 堂邑侯	刘嫖 馆陶公主

嫁堂邑侯陈午生陈阿娇，嫁汉武帝刘彻，属姑表近亲。

汉孝景帝　长
三代　⑥ **刘启**
前188—前141
享年47岁
前157年31岁继位
前141年47岁去世
约计16年
长安　阳陵

孝景皇后王娡
?—前126

废后薄氏
?—前148

栗姬

唐姬

贾夫人

长	六	七	九
刘荣 废太子 前171—前148	刘发 长沙王 ?—前129	刘彭祖 赵王 前166—前92	刘胜 中山王 前165—前113

接蜀汉刘备

汉孝武帝　十
四代　⑦ **刘彻**
前156—前87
享年69岁
前141年15继位
前87年69岁去世
约计54年
长安　茂陵

建元	前140—前135	计6年
元光	前134—前129	计6年
元朔	前128—前123	计6年
元狩	前122—前117	计6年
元鼎	前116—前111	计6年
元封	前110—前105	计6年
太初	前104—前101	计4年
天汉	前100—前97	计4年
太始	前96—前93	计4年
征和	前92—前89	计4年
后元	前88—前87	计2年

曹寿
?—前131
夏侯颇
?—前115

平阳
长公主

卫青
?—前115

赵婕妤

王夫人

孝武皇后李夫人

思后卫子夫
?—前91

废后陈阿娇

接刘弗陵

接刘弗陵

接刘闳

接刘髆

接刘据

接刘买

（八）【汉孝昭帝·刘弗陵】

刘弗陵（前94年－前74年），西汉第八位皇帝。刘汉第五代。在位十三年。刘弗陵八岁继位，霍光、金日䃅（mī dī）、桑弘羊等辅政。在朝政上罢不急之官，减轻赋税，使汉武帝后期遗留的问题得到很大的缓解，史称"百姓充实，四夷宾服"。其皇后上官氏是霍光的外孙女。刘弗陵于前74年去世，年二十岁。

（十）【汉孝宣帝·刘询】

刘询（前91年－前48年），西汉第十位皇帝。刘汉第七代。原名刘病已，字次卿。刘进之子，刘据之孙。汉武帝太子刘据全家遭巫蛊之祸被害，其孙刘病已在襁褓中也被收狱。前87年遇赦，为祖母史家抚养。后汉武帝遗诏令掖庭养视，宗正方录其属籍。

刘贺被废后由霍光等拥立，时年十七，改名刘询。

因少时流落民间，故深知百姓疾苦和吏治得失。亲政后清除霍光势力。选贤任能，励精图治，反对专任儒术。对外联合乌孙大破匈奴，令匈奴呼韩邪单于称臣。平定西羌，设立西域都护府，正式将西域纳入大汉版图。

（十一）【汉孝元帝·刘奭（shì）】

刘奭（前74年－前33年），西汉第十一位皇帝。刘汉第八代。汉孝宣帝刘询与许平君所生嫡长子。二岁时其母许平君被霍光妻子霍显毒死。

刘奭多才艺，善史书，通音律，少好儒术，为人柔懦。在位期间，因宠信宦官，导致皇权式微，朝政混乱，西汉由此走向衰落。在位时用昭君出塞维护了汉匈关系。

（十二）【汉孝成帝·刘骜（áo）】

刘骜（前51年－前7年），西汉第十二位皇帝。刘汉第九代。刘奭嫡长子。母为王政君。

他荒于酒色，宠幸赵飞燕姐妹，令外戚擅政，朝政为王太后一族掌握，为王莽篡汉埋下了祸根，各地相继爆发农民起义。有四子皆夭折。

（十三）【汉孝哀帝·刘欣】

刘欣（前25年－前1年），西汉第十三位皇帝。刘汉第十代。定陶王刘康之子。母为丁姬。因汉孝成帝刘骜无嗣，以堂侄继位。

继位后虽多有举措但皆不能行。去世时年仅24岁。

（十四）【汉孝平帝·刘衎（kàn）】

刘衎（前9年－公元6年），原名刘箕子。西汉第十四位皇帝。刘汉第十代。父为中山王刘兴，母为卫姬。因刘欣无子，为王莽所立，年仅八岁。王莽将女儿嫁其为后，以便操控。五年后去世，年仅十五岁。

承刘彻　　承赵婕妤　　　　承王夫人　　　承李夫人　　　承卫子夫　　　　　　　承刘发

前87年

汉孝昭帝
五代　⑧ **刘弗陵**
前86—前80 计6年　始元
前80—前75 计6年　元凤
前75—前74 计2年　元平
幼

前94—前74
享年20岁

前87年7岁继位
前74年20岁去世
约计13年

长安　　平陵

皇后上官氏

二
刘闳
齐王
?—前110

五
刘髆
昌邑王
前104—前88

待考

长
刘据
戾太子
前128—前91

史良娣
?—前91

次
刘买
春陵侯

（九）【汉废帝·刘贺】

刘贺（前92年—前59年），
西汉第九位皇帝。刘汉第六代。
汉武帝刘彻之孙，昌邑王刘髆
（bó）之子，生于昌邑（今山
东菏泽巨野）。因刘弗陵无子
嗣，被霍光扶立为帝，仅28天
又为霍光罢废。
《汉书》中多记其荒诞之行，
然亦有争议其是霍光操纵后宫
把持朝政的一个牺牲品。

汉废帝
六代　⑨ **刘贺**

前92—前59
享年33岁

前74年7月18日
继位，仅28天
被废。

长安　南昌　海昏侯墓

长
刘进
史皇孙
前113—前91

王翁须
?—前91

长
刘熊渠
春陵侯

次
刘外
郁林太守

七代
次　**刘利**　长　**刘仁**
苍梧太守　　　春陵侯

七代
刘回
巨鹿都尉

前74年

汉孝宣帝
七代　⑩ **刘询**
承前年号　元平
前73—前70 计4年　本始
前69—前66 计4年　地节
前65—前61 计5年　元康
前61—前58 计4年　神爵
前57—前54 计4年　五凤
前53—前50 计4年　甘露
前49 计1年　黄龙

前91—前48
享年43岁

前74年17岁继位
前49年43岁去世
约计25年

长安　杜陵

恭哀皇后许平君
前88—前71

废后霍成君
?—前54

张婕妤

卫婕妤

刘子张
苍梧太守
?—32

长
刘钦
南顿县令

樊娴都

次
刘良
赵孝王

前48年

汉孝元帝
八代　⑪ **刘奭**
前48—前44 计5年　初元
前43—前39 计5年　永光
前38—前34 计5年　建昭
前33 计1年　竟宁

长
前74—前33
享年41岁

前48年25岁继位
前33年41岁去世
约计15年

长安　渭陵

孝元皇后王政君
前88—前71

傅昭仪

冯昭仪

二
刘钦
淮阳王
?—前28

三
刘嚣
楚孝王
前70—前25

长
刘缤
齐武王
前16—23

次
刘仲
鲁哀王
前5—57

前33年

汉孝成帝
九代　⑫ **刘骜**
承前代年号　竟宁
前32—前29 计4年　建始
前28—前25 计4年　河平
前24—前21 计4年　阳朔
前20—前17 计4年　鸿嘉
前16—前13 计4年　永始
前12—前9 计4年　元延
前8—前7 计2年　绥和

长
前51—前7
享年44岁

前33年18岁继位
前7年44岁去世
约计26年

长安　延陵

皇后赵飞燕
前45—前1

婕妤赵合德

二
刘康
定陶王
?—前23

丁姬

三
刘兴
中山王
?—前8

卫姬

刘勋
广戚侯

接东汉光武帝刘秀

前7年

汉孝哀帝
十代　⑬ **刘欣**
承前代年号　绥和
前6—前3 计4年　建平
前5 3月　太初元将
前2—前1 计2年　元寿

前25—前1
享年24岁

前7年18岁继位
前1年24岁去世
约计6年

长安　义陵

昭仪董氏

孝哀皇后傅氏
?—前1

刘显
广戚侯

接更始帝刘玄

前1年

汉孝平帝
十代　⑭ **刘衍**
承前代年号　元寿
公元元年—公元6年 计6年　元始

公元前9—公元6年
享年15岁

公元前1年8岁继位
公元6年15岁去世
约计7年

长安　康陵

孝平皇后王氏
公元前10—公元23

【刘婴】

刘婴（公元5年—25
年），史称孺子婴。
汉宣帝玄孙、楚孝王
刘嚣曾孙、广戚侯刘显之
子，母不详。刘汉第十一
代。以侄子身份被王莽立
为太子，但未能登极。四
岁时被囚，成为傻子。
王莽称假皇帝摄政，
后王莽自立新朝，于公元
25年将其杀害。

6年

十一代
刘婴
（孺子婴）
5—25
享年20岁
公元6年1岁立为
太子，公元8年被
囚，25年被害
长安

【新朝简介】

新朝是西汉末年由外戚王莽建立的朝代。公元9年，王莽废汉孺子婴为安定公，改汉历，改元，改国号为新，改原汉朝都城长安为常安，史称"新莽"。

王莽称帝后进行了多项改革，包括推行王田制，限制私有土地持有，超出部分为国有，无土地者由国家分配，一夫百亩等。其目的是解决西汉后期以来土地兼并严重的问题，但完全无法执行。而且政令烦琐又朝令夕改，最终失败，导致急速灭亡。

公元23年，被绿林起义军推翻其政权，由刘玄建立的玄汉政权替代。新朝只传一帝，享国十五年。

【新朝太祖·王莽】

王莽（前45年－公元23年），字巨君，魏郡元城委粟里（今河北邯郸大名）人。西汉权臣，新显王王曼次子、西汉孝元皇后王政君之侄，新朝开国皇帝。

西汉末年，在汉哀帝刘欣早亡且无子的情况下，王莽以外戚身份窃取汉朝大权，史称"王莽改制"。其统治期间天下大乱。公元23年，更始军攻入长安，王莽死于乱军之中，新朝灭亡。享年六十八岁。

王莽素被中国正统史学家认为是伪君子，尤其是《汉书》视王莽为逆臣。

【更始帝·刘玄】

刘玄（?－公元25年），南郡蔡阳（今湖北枣阳西南）人，西汉皇裔，汉景帝刘启之子长沙王刘发之后，东汉光武帝刘秀的族兄。

公元23年，刘玄被绿林军在今河南南阳的淯（yù）水拥立为帝，年号更始。同年新朝灭亡，刘玄入主长安，史称更始帝。公元25年，更始政权在赤眉军和刘秀大军的两路夹击之下瓦解，刘玄出降，献出传国玉玺，更始政权灭亡。不久被赤眉军所杀。刘玄共三子，其母均不详。

【建世帝·刘盆子】

刘盆子（公元10年－?），泰山郡式县人，刘邦之孙朱虚侯刘章之后。

刘盆子出生时家道已败落，先被掠入赤眉起义军放牧，后被赤眉军领袖樊崇拥立为帝。公元27年，赤眉军兵败，刘盆子投降刘秀。后因病导致双目失明，刘秀用荥阳官田奉养终身。后不知所终。

【西汉时期】
【新朝时期】

西汉权臣王莽篡位，改国号为新，改都城长安为常安。

【西汉时期】
【新朝时期】

8年
始建国 8—13 计6年
天凤 14—19 计6年
地皇 20—23 计4年

新朝太祖

王莽
前45—23
享年68岁

公元8年53岁篡位
公元23年68岁去世
约计15年

常安

孝睦皇后王静烟
前47-21

姜怀能　待考　待考

长　王宇　隐太子
次　王获　庶太子
四　王临　桓义阳王
五　王兴　功修公
三　王安　新迁王
六　王匡　功建公

承西汉苍梧太守刘子张

23年
更始 23—25 计3年

更始帝

九代

刘玄
? —25
23年称帝
25年被杀
约计2年

霸陵

待考　韩夫人　赵夫人

刘求　刘歆　刘鲤

承刘邦长子刘肥之子朱虚侯刘章之后，经几世不明。

建世帝

25年

刘盆子
10—?
25年被立为帝
27年投降刘秀
在位约计2年

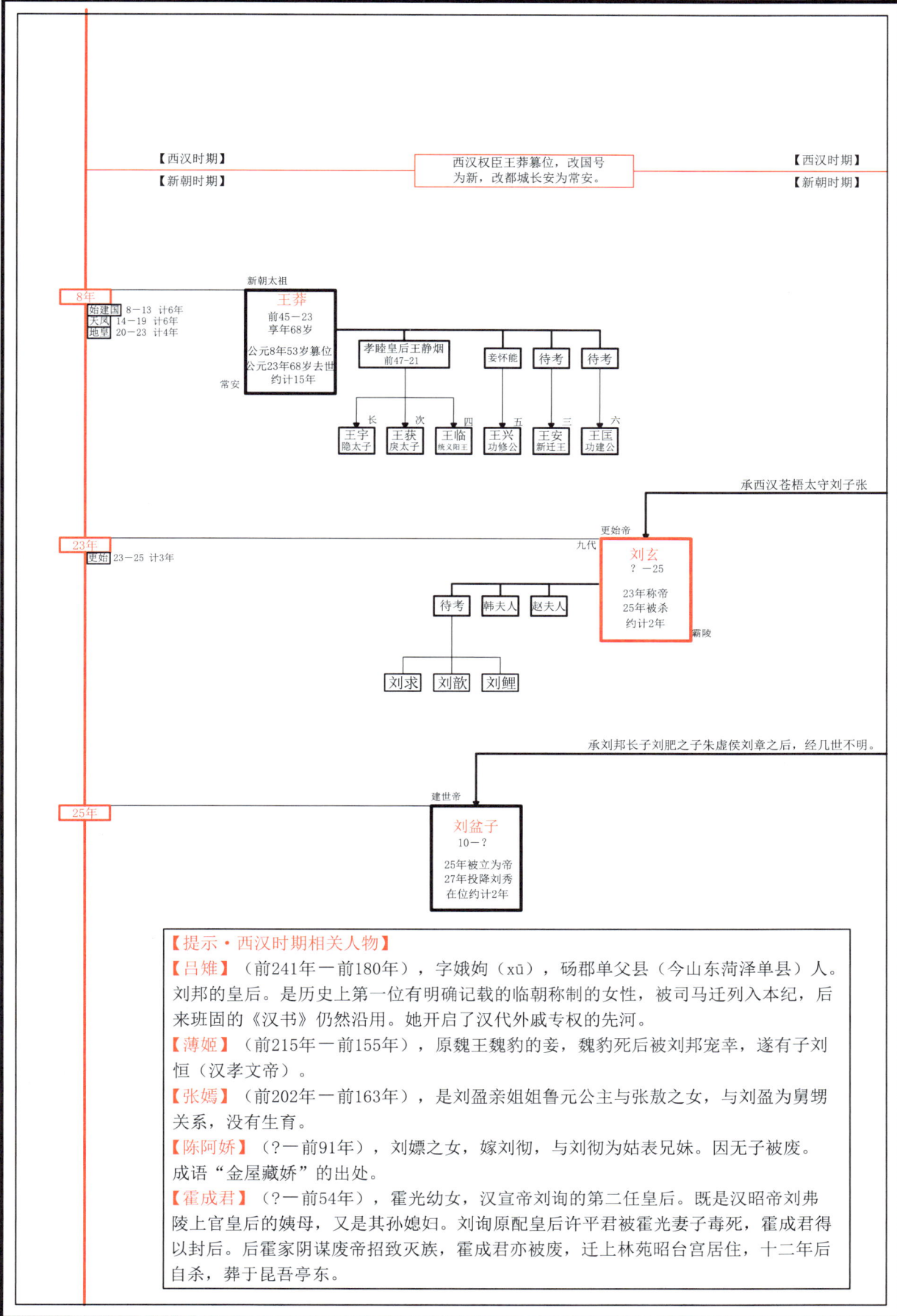

【提示·西汉时期相关人物】
【吕雉】（前241年—前180年），字娥姁（xū），砀郡单父县（今山东菏泽单县）人。刘邦的皇后。是历史上第一位有明确记载的临朝称制的女性，被司马迁列入本纪，后来班固的《汉书》仍然沿用。她开启了汉代外戚专权的先河。
【薄姬】（前215年—前155年），原魏王魏豹的妾，魏豹死后被刘邦宠幸，遂有子刘恒（汉孝文帝）。
【张嫣】（前202年—前163年），是刘盈亲姐姐鲁元公主与张敖之女，与刘盈为舅甥关系，没有生育。
【陈阿娇】（?—前91年），刘嫖之女，嫁刘彻，与刘彻为姑表兄妹。因无子被废。成语"金屋藏娇"的出处。
【霍成君】（?—前54年），霍光幼女，汉宣帝刘询的第二任皇后。既是汉昭帝刘弗陵上官皇后的姨母，又是其孙媳妇。刘询原配皇后许平君被霍光妻子毒死，霍成君得以封后。后霍家阴谋废帝招致灭族，霍成君亦被废，迁上林苑昭台宫居住，十二年后自杀，葬于昆吾亭东。

（一）【汉光武帝·刘秀】

刘秀（前5年－公元57年），东汉开国皇帝，刘汉第九代。字文叔，南阳郡蔡阳县（今湖北枣阳）人。出自长沙王刘发一脉。

其先祖因"推恩令"而从列侯递降，至其父刘钦只为济阳县令。

王莽篡立后，刘秀随兄刘縯起兵南阳，号春陵军。公元25年与更始帝刘玄政权决裂，继位于河北鄗（hào）县南千秋亭，奉汉元帝为皇考，光复汉室，定都洛阳。经过十二年征战，消灭了各地的割据势力，结束了混乱的局面。

刘秀励精图治，改革官制，整饬官风吏治，精简政权机构；经济上休养生息；文化上大兴儒学推崇气节，被评价为开创了中国历史上"风化最美、儒学最盛"（司马光、梁启超语）的光武中兴时代。

（二）【汉孝明帝·刘庄】

刘庄（公元28年－75年），本名刘阳，刘秀第四子，母为光烈皇后阴丽华。东汉王朝第二位皇帝，刘汉第十代。

即位后遵光武帝既成制度。提倡儒学，为政苛察。严令后妃之家不得封侯干政，防范贵戚功臣势力。对外致力消除北匈奴的威胁，命窦固带兵征伐，令班超出使西域，设置西域都护府。在位期间将佛教正式引进中国。

（三）【汉孝章帝·刘炟（dá）】

刘炟（公元57年－88年），东汉第三位皇帝，刘汉第十一代。刘秀之孙，汉明帝刘庄第五子，母为贾贵人。

继位后励精图治，注重农桑，兴修水利，减轻徭役，与民休息。好儒术，与汉明帝刘庄统治时期合称"明章之治"。他也是一位书法家，草书非常有名，被书法界称为"章草"。

他两度派班超出使西域，使得西域地区重新称藩于汉。然因放纵外戚，种下了外戚专权和宦官专政的隐患。

（四）【汉孝和帝·刘肇（zhào）】

刘肇（公元79年－105年），东汉第四位皇帝，刘汉第十二代。汉孝章帝第四子，生母为梁贵人，过继给皇后窦氏为子。

公元82年，汉孝章帝废太子刘庆，立刘肇为皇太子。汉孝章帝逝世后继位，养母窦太后临朝称制。后刘肇联合宦官扫灭了以窦宪为首的外戚集团。

何焯在其所著的《义门读书记》中评说为："和帝诛窦宪，时年十四，其断可比昭帝之明。"亲政后使东汉国力达到极盛，被当时人称之为"永元之隆"。

（五）【汉孝殇帝·刘隆】

刘隆（公元105年－106年），东汉第五位皇帝，刘汉第十三代。刘肇幼子，登基时刚满百天，皇太后邓绥临朝听政，一岁夭折，是历史上年龄最小、寿命最短的皇帝之一。

【东汉简介】

　　东汉是直接承继西汉之后的中原王朝，传八世共十四帝，享国一百九十五年。因建都于洛阳，位于原汉朝都城长安之东，故史称东汉。

　　王莽新朝末年天下大乱，汉朝宗室刘秀趁势起兵。公元25年刘秀称帝，史称"光武中兴"。

　　东汉建立后，三公权力被大幅削弱，尚书台权力得到提升。汉明帝、汉章帝时期东汉进入鼎盛，史称"明章之治"。但东汉时期外戚干政严重，而幼年君主又多倚重宦官，史称"戚宦之争"。在平定黄巾起义后引发了军阀混战，经董卓、曹操等权臣干政到公元220年曹丕篡汉，东汉政权覆灭，进入三国割据时期。

【新朝时期】
【东汉时期】

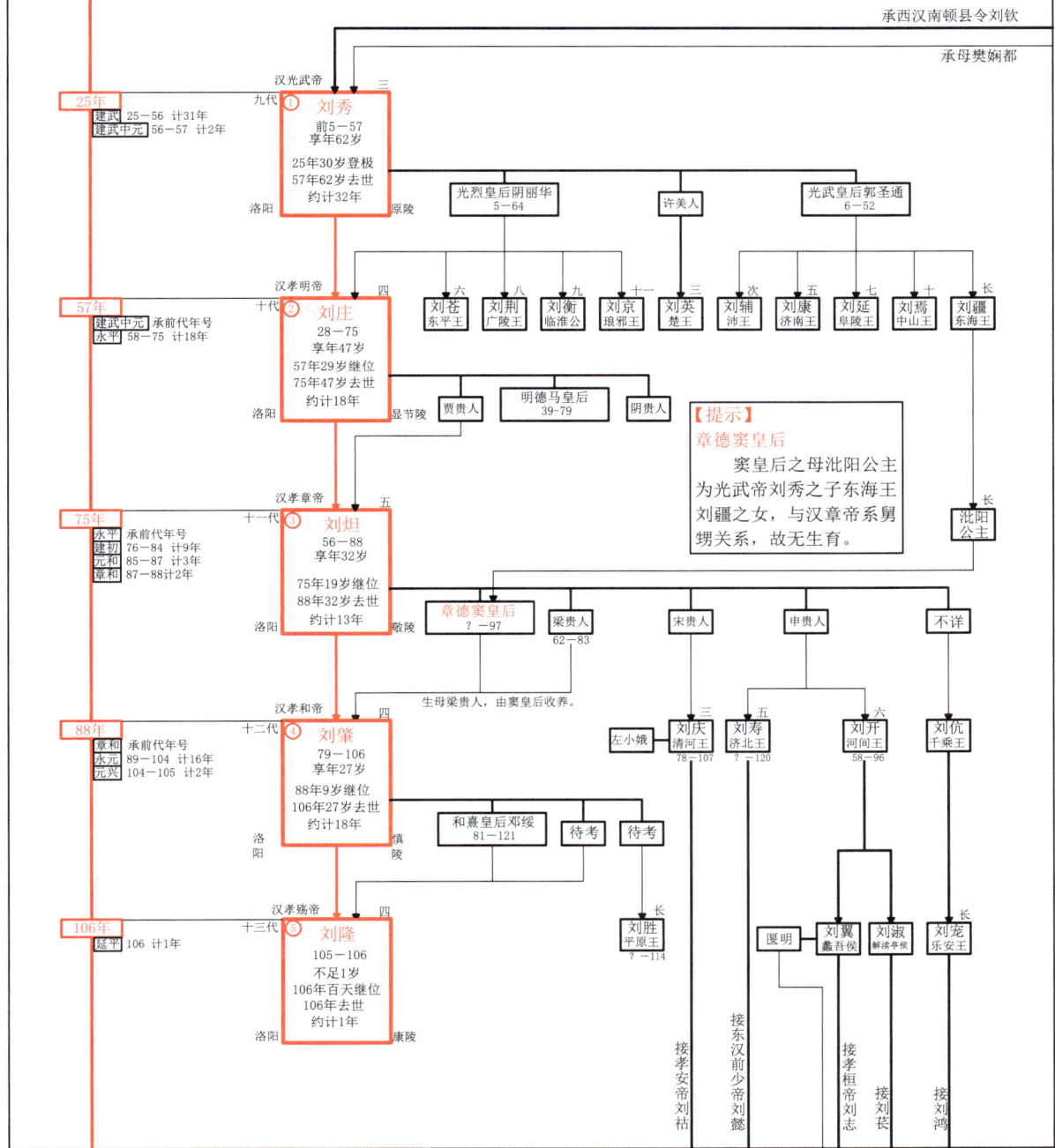

【新朝时期】
【东汉时期】

承西汉南顿县令刘钦

承母樊娴都

汉光武帝　　九代　三
25年
建武　25—56　计31年
建武中元　56—57　计2年
① 刘秀
前5—57
享年62岁

25年30岁登极
57年62岁去世
约计32年

洛阳　　　原陵

光烈皇后阴丽华　5—64

许美人

光武皇后郭圣通　6—52

六　刘苍　东平王
八　刘荆　广陵王
九　刘衡　临淮公
十一　刘京　琅邪王
三　刘英　楚王
次　刘辅　沛王
五　刘康　济南王
七　刘延　阜陵王
十　刘焉　中山王
长　刘疆　东海王

汉孝明帝　　十代　四
57年
建武中元　承前代年号
永平　58—75　计18年
② 刘庄
28—75
享年47岁

57年29岁继位
75年47岁去世
约计18年

洛阳　　　显节陵

贾贵人

明德马皇后　39—79

阴贵人

【提示】
章德窦皇后
　　窦皇后之母沘阳公主为光武帝刘秀之子东海王刘疆之女，与汉章帝系舅甥关系，故无生育。

长　沘阳公主

汉孝章帝　　十一代　五
75年
永平　承前代年号
建初　76—84　计9年
元和　85—87　计3年
章和　87—88计2年
③ 刘炟
56—88
享年32岁

75年19岁继位
88年32岁去世
约计13年

洛阳　　　敬陵

章德窦皇后　?—97

梁贵人　62—83

宋贵人

申贵人

不详

生母梁贵人，由窦皇后收养。

汉孝和帝　　十二代　四
88年
章和　承前代年号
永元　89—104　计16年
元兴　104—105　计2年
④ 刘肇
79—106
享年27岁

88年9岁继位
106年27岁去世
约计18年

洛阳　　　慎陵

和熹皇后邓绥　81—121

待考

待考

三　刘庆　清河王　78—107
五　刘寿　济北王　?—120
六　刘开　河间王　58—96
刘伉　千乘王

左小娥

汉孝殇帝　　十三代　四
106年
延平　106　计1年
⑤ 刘隆
105—106
不足1岁
106年百天继位
106年去世
约计1年

洛阳　　　康陵

长　刘胜　平原王　?—114

厌明

刘翼　蠡吾侯
刘淑　解渎亭侯
长　刘宠　乐安王

接孝安帝刘祜
接东汉前少帝刘懿
接孝桓帝刘志
接刘苌
接刘鸿

（六）【汉孝安帝·刘祜（hù）】

　　刘祜（公元94年－125年），东汉第六位皇帝。刘汉第十三代。汉孝章帝之孙，清河王刘庆之子，母为左小娥。

　　刘隆早夭，刘祜被太后邓绥以堂弟身份拥立为帝。实际权力仍在邓太后和其兄邓骘（zhì）等外戚手中。邓太后依靠宦官郑众和蔡伦掌管朝政。因乱政导致内忧外患，百事多艰。先是西域各国不满新任西域都护任尚（班超的继任者）的苛政，纷纷叛汉；后是羌族起义，战争长达十一年之久，使东汉朝廷元气大伤。

　　邓太后去世后，刘祜利用宦官集团铲除了外戚，但导致宦官集团权势日隆。公元125年南巡时病故，年三十一岁。

（七）【东汉前少帝·刘懿】

　　刘懿（？－125年），史称东汉前少帝。刘汉第十三代。汉安帝刘祜堂弟。因刘祜子幼，被皇后阎姬立为帝。在帝王承序上虽排位第七，但因得位不正，故史上多不承认。本系表仅依序排为第七位。继位当年去世，共在位二百零六天。

（八）【汉孝顺帝·刘保】

　　刘保（公元115年－144年），东汉第八位皇帝。刘汉第十四代。刘祜独子，母为宫人李氏，被阎皇后毒死。

　　刘祜去世后，阎皇后先废其庶出的独子刘保，扶持刘懿为帝，然刘懿仅七月就去世，宦官孙程、王康等十九人发动宫变，赶走阎皇后，拥立刘保为帝，改元永建。

　　因其皇位是靠宦官拥立，故朝权由宦官掌控。宦官又与皇后梁妠（nàn）的外戚勾结，开始了二十多年的梁氏专权。公元144年去世，年二十九岁。

（九）【汉孝冲帝·刘炳】

　　刘炳（公元143年－145年），东汉第九位皇帝。刘汉第十五代。刘保独子，母为虞贵人。继位时年仅一岁，由太后梁妠摄政。以梁妠之兄梁冀为首的外戚集团飞扬跋扈，民不聊生。公元145年去世，年仅两岁。

（十）【汉孝质帝·刘缵（zuǎn）】

　　刘缵（公元138年－146年），东汉第十位皇帝，刘汉第十四代。一名刘续，汉章帝玄孙，渤海王刘鸿之子。

　　因汉冲帝刘炳两岁去世，太后梁妠拥立为帝，年仅八岁。因不满梁氏专权，在位约一年被梁冀毒死。

（十一）【汉孝桓帝·刘志】

　　刘志（公元132年－168年），字意，东汉第十一位皇帝，刘汉第十四代。汉章帝曾孙，河间王刘开之孙，蠡吾侯刘翼之子，母亲匽明。

　　由外戚梁氏集团拥立为帝，太后梁妠临朝听政。后依靠宦官单超等诛灭梁冀集团，故为宦官封侯，把控朝政。由于宦官党同伐异，故世家豪族与太学生联合反对宦官，导至第一次党锢之祸。刘志喜佛，荒淫游乐无度，宫女多达五六千人。公元167年去世，年三十五岁。

承刘庆　　　承刘寿　承匽明　承刘翼　承刘淑　　　承刘宠

106年

承前代年号
延平	107－113	计7年
永初	114－120	计6年
元初	120	计1年
永宁	121	计1年
建光	122－125	计4年

汉孝安帝
十三代　⑥ **刘祜**
94－125
享年31岁

106年12岁继位
125年31岁去世
约计19年

安思皇后阎姬　洛阳　恭陵　宫人李氏
？－126　　　　　　　　　后追封恭愍皇后

东汉
前少帝
十三代　⑦ **刘懿**
？－125

125年继位
125年去世
计206天

刘苌　　刘鸿
解渎亭侯　渤海王

125年

承前代年号
延光	126－131	计6年
永建		
阳嘉	132－135	计4年
永和	136－141	计6年
汉安	142－143	计2年
建康	144	计1年

汉孝顺帝
十四代　⑧ **刘保**
115－144
享年29岁

125年10岁继位
144年29岁去世
约计19年

顺烈皇后梁妠　洛阳　宪陵　虞贵人
106－150

汉孝冲帝
十五代　⑨ **刘炳**
143－145
享年2岁

144年1岁继位
145年2岁去世
约计1年

洛阳　怀陵

144年

承前代年号
建康		
永熹	145	计1年

汉孝质帝
十五代　⑩ **刘缵**
138－146
享年8岁

145年继位
146年去世
约计1年

洛阳　静陵

145年

承前代年号
永熹		
本初	146	计1年

146年

承前代年号
本初		
建和	147－149	计3年
和平	150	计1年
元嘉	151－152	计2年
永兴	153－154	计2年
永寿	155－157	计3年
延熹	158－166	计9年
永康	167	计1年

汉孝桓帝
十四代　⑪ **刘志**
132年－168年
享年36岁

146年14岁继位
168年36岁去世
约计22年

皇后窦妙　　宣陵　懿献皇后梁女莹　　皇后邓猛女
？－172　　　　　　　？－160　　　　　　　？－165

汉孝灵帝
十五代　⑫ **刘宏**
156－189
享年33岁

168年12岁继位
189年33岁去世
约计21年

废皇后宋氏　灵思皇后何氏　文陵　灵怀皇后王荣
？－178　　　？－189　　　　　　　？－181

168年
建宁	168－172	计5年
熹平	172－178	计7年
光和	178－184	计7年
中平	184－189	计6年

东汉少帝
十六代　⑬ **刘辩**
176－190
享年14岁

189年5月继位
9月被废
约4月

皇后唐姬

汉献帝
十六代　⑭ **刘协**
181－234
享年53岁

189年8岁继位
220年39岁禅让
约计31年

皇后曹节　　禅陵
曹操之女，与
曹丕为亲兄妹。

189年
光熹	189	计3个月（刘辩）
昭宁	189	计1个月（刘辩）
永汉	189	不足1年（刘协）
初平	190－193	计4年
兴平	194－195	计2年
建安	196－220	计25年
延康	220	约8个月

接
三国

（十二）【汉孝灵帝·刘宏】

刘宏（公元156年－189年），东汉第十二位皇帝，刘汉第十四代。汉章帝玄孙。生于冀州河间国（今河北深州）。汉桓帝逝世后被外戚窦氏集团拥立为帝。在位期间施行党锢及宦官政治。晚期爆发黄巾起义。189年去世。

（十三）【东汉少帝·刘辩】

刘辩（公元176年－190年），东汉第十三位皇帝，史称东汉少帝。刘汉第十五代。刘宏与何皇后的嫡长子。

继位后因年幼，受何太后和母舅何进等外戚控制，因外戚集团和宦官集团火并被迫出宫，遇董卓被废为弘农王，是东汉唯一一被废黜的皇帝。

史书一般称其为皇子辩、弘农王等，皆因在位不逾年而不把他看作汉朝正统的皇帝，也不单独为他撰写传记，现代史学界有所改变。

（十四）【汉献帝·刘协】

刘协（公元181年－234年），字伯和，刘辩异母弟，母为灵怀皇后王荣。东汉最后一任皇帝，刘汉第十五代。

被董卓拥立为帝。后被曹操控制并迁都许昌。公元220年被迫禅让于曹操之子曹丕。东汉灭亡。公元234年去世，年五十三岁。

2022.6.11

【三国时期简介】

　　三国时期是上承东汉下启西晋的一段历史时期，分为曹魏、蜀汉、东吴三个政权。需要注意的是，这三个政权并非更迭替代关系，而是在同一时期内并存的。

　　赤壁之战中曹操被孙权和刘备联军击败，奠定了三国鼎立的雏形。

　　公元220年，曹丕篡汉称帝，定都洛阳，国号魏，史称曹魏。

　　公元221年，刘备称帝，定都成都，国号汉，史称蜀汉。

　　公元229年，孙权称帝，定都建邺，国号吴，史称东吴。

　　此后的数十年内，三国之间多次互相攻伐，但均未能改变三足鼎立的格局。至曹魏后期，司马氏掌控朝政，公元263年，司马昭率魏军灭亡蜀汉。两年后司马昭之子司马炎废魏元帝自立，建国号为晋，史称西晋。

　　公元280年，西晋灭东吴，统一中国，至此三国时期结束。

【魏武帝·曹操】

　　曹操（公元155年－220年），字孟德。本名吉利，小名阿瞒，豫州刺史部谯（qiáo）人（今安徽亳州）。东汉末年杰出的政治家、军事家、文学家、书法家。后封魏王，奠定曹魏立国的基础。

　　曹操在东汉末年以天子的名义征讨四方，史书称其为"挟天子以令诸侯"。对内消灭二袁、吕布、刘表、马超、韩遂等割据势力，对外降服南匈奴、乌桓、鲜卑等，统一了中国北方。在政治上实行一系列主张，恢复经济生产和社会秩序，扩大屯田、兴修水利、奖励农桑、重视手工业、安置流亡人口、实行"租调制"，从而使中原社会政治经济渐趋稳定。

　　公元213年，曹操获封魏公，建立魏国，定都河北邺城（今邯郸市临漳县），而后进爵魏王。去世后其子曹丕称帝，追尊曹操为武皇帝，庙号太祖。

　　曹操喜欢用诗歌、散文来抒发自己的政治抱负，是魏晋文学代表人物，鲁迅称之为"改造文章的祖师"。擅长书法，在唐朝的《书断》中将曹操的章草评为"妙品"。当时有孔融、陈琳、王粲、徐干、阮瑀、应场、刘桢等号称"建安七子"，以曹操、曹丕、曹植父子为核心，形成了特有的文化风格。因所处时期为汉朝建安年间，史称"建安风骨"。

　　史载曹操共有二十五子，本系表仅选对历史进程有影响者录之。

（一）【魏文帝·曹丕】

曹丕（公元187年－226年），字子桓，曹魏开国皇帝。曹操与正室卞夫人的嫡长子。

曹操逝世后继任魏王。同年受禅登极建立魏国，结束了汉朝四百多年的统治。在位期间制定九品中正制，成为魏晋南北朝时期主要的选官制度。平定了青州、徐州一带的割据势力，最终完成了北方的统一。对外平定边患，和匈奴、氐、羌等外族修好，恢复了在西域的行政建置。

曹丕与曹操、曹植并称建安三曹。著有《典论》，其中《论文》是中国第一部系统的文学批评专论。

公元226年病逝，年三十九岁。庙号高祖（《资治通鉴》作世祖）。遗诏让后宫淑媛、昭仪以下的都各归其家。葬于首阳陵（河南偃师西北），不树不坟。

（二）【魏明帝·曹叡】

曹叡（公元204年－239年），字元仲，曹魏第二位皇帝。曹丕长子，母为甄皇后。

在位期间成功防御了吴、蜀的多次攻伐，同时平定鲜卑，攻灭公孙渊。设置律博士制度，重视狱讼审理，并制定《魏律》，是古代法典史上的进步。能诗文，与曹操、曹丕并称魏氏三祖。公元239年崩，年三十五岁。

（三）【厉公·曹芳】

曹芳（公元232年－274年），字兰卿，曹魏第三位皇帝。

曹芳其父据传为曹楷。因曹叡的嫡子全部夭折，故将其收为养子。

曹芳的出生及经历均不详。据《魏氏春秋》记载，曹芳可能是任城王曹楷的儿子，曹彰的孙子、曹操的曾孙，但尚待详考。曹芳在曹叡死后继位，不久被司马师所废。公元274年曹芳病逝，年四十二岁。

（四）【高贵乡公·曹髦】

曹髦（公元241年－260年），字彦士，曹魏第四位皇帝。曹丕之孙，曹霖之子。

司马师废曹芳后，曹髦作为曹丕在世的庶长孙被推立为新君。但他对司马氏兄弟的专横跋扈十分不满，于公元260年召见王经等人，说出"司马昭之心，路人所知也。"被后世用为成语。他本欲亲自讨伐司马昭，事泄，被司马昭党羽贾充指使成济弑杀，年仅十九岁。死后被废为庶人，降礼葬于洛阳西北。

（五）【魏元帝·曹奂】

曹奂（公元246年－302年），本名曹璜，字景明，曹魏第五位皇帝。曹操之孙，曹宇之子。被司马昭所立，实为其傀儡。后被司马炎篡夺国政，魏国灭亡。曹奂被废后封为陈留王，在其封国去世，年五十六岁，当时的西晋朝廷为他上谥号元皇帝，后人称为魏元帝。

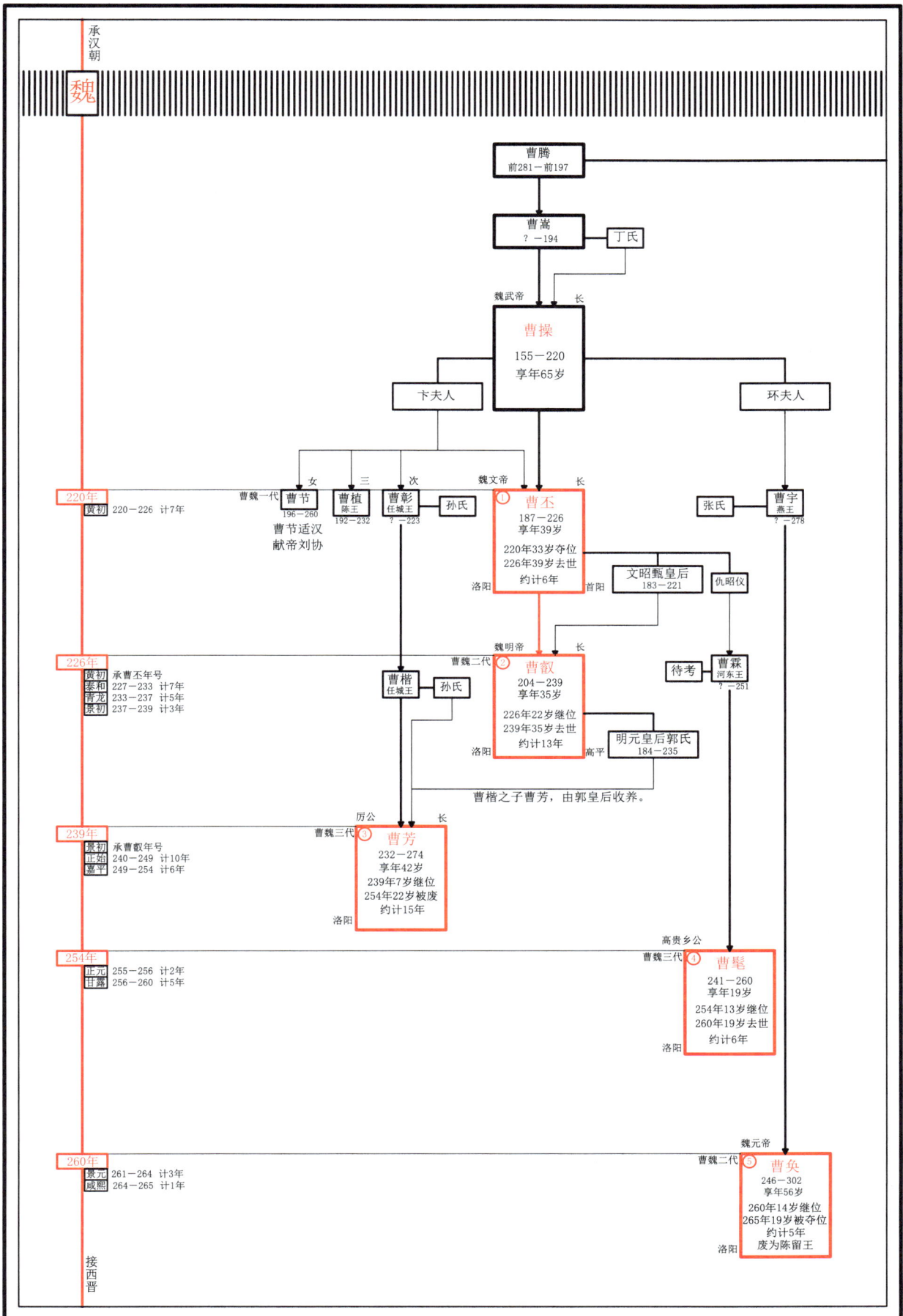

魏

承汉朝

曹腾
前281—前197

曹嵩
？—194

丁氏

魏武帝

曹操
155—220
享年65岁

卞夫人

环夫人

220年
黄初 220—226 计7年

曹魏一代 曹节
196—260
曹节适汉
献帝刘协

女

三 曹植
陈王
192—232

次 曹彰
任城王
？—223

孙氏

魏文帝 长

① 曹丕
187—226
享年39岁
220年33岁夺位
226年39岁去世
约计6年
洛阳 首阳

张氏

曹宇
燕王
？—278

文昭甄皇后
183—221

仇昭仪

226年
黄初 承曹丕年号
泰和 227—233 计7年
青龙 233—237 计5年
景初 237—239 计3年

曹楷
任城王

孙氏

魏明帝 长

曹魏二代 ② 曹叡
204—239
享年35岁
226年22岁继位
239年35岁去世
约计13年
洛阳 高平

待考

曹霖
河东王
？—251

明元皇后郭氏
184—235

曹楷之子曹芳，由郭皇后收养。

239年
景初 承曹叡年号
正始 240—249 计10年
嘉平 249—254 计6年

厉公 长

曹魏三代 ③ 曹芳
232—274
享年42岁
239年7岁继位
254年22岁被废
约计15年
洛阳

254年
正元 255—256 计2年
甘露 256—260 计5年

高贵乡公

曹魏三代 ④ 曹髦
241—260
享年19岁
254年13岁继位
260年19岁去世
约计6年
洛阳

260年
景元 261—264 计3年
咸熙 264—265 计1年

魏元帝

曹魏二代 ⑤ 曹奂
246—302
享年56岁
260年14岁继位
265年19岁被夺位
约计5年
洛阳 废为陈留王

接西晋

【乌程侯·孙坚】

孙坚（公元155年－191年），字文台，汉族，吴郡富春（今浙江杭州富阳）人。东汉末年将领、地方军阀，三国时代吴国的奠基人。

据传为春秋时期军事家孙武的后裔，然无实考据。史书说他"容貌不凡，性阔达，好奇节"。曾参与讨伐黄巾军及董卓的战役，因战功封为乌程侯。官至破虏将军，故又称孙破虏。后在与刘表作战时阵亡。长子孙策，次子孙权。孙权建立吴国称帝后，追谥孙坚为武烈皇帝，庙号始祖。

【吴侯·孙策】

孙策（公元175年－200年），字伯符，孙坚长子、孙权长兄。东汉末年割据江东一带的军阀，汉末群雄之一，孙吴政权的奠基者。

孙策原屈事袁术，因其僭越称帝而决裂，被朝廷任命为骑都尉，袭父爵乌程侯，兼任会稽太守。公元198年，被任命为讨逆将军，并封吴侯。公元200年初，统一江东；同年四月在丹徒狩猎时，为许贡门客所伤，不久身亡，年二十六岁。

（吴一）【吴大帝·孙权】

孙权（公元182年－252年），字仲谋。孙坚次子，孙策之弟。

公元200年，孙策身亡，孙权继承家业成为一方诸侯。公元208年于赤壁之战中击败曹操，奠定三国鼎立的基础。公元222年，被曹丕册封为吴王，建立吴国。公元229年，在武昌称帝，后迁都建业（今南京）。孙权称帝后，设置农官，实行屯田，设置郡县，并继续剿抚山越，促进了江南经济的发展。晚年在继承人问题上反复无常，引致群下党争，朝局不稳。善书法，在唐代《书估》中列为三等。

（吴二）【吴少帝·孙亮】

孙亮（公元243年－260年），字子明。孙吴的第二位皇帝，孙权第七子。母潘皇后。公元252年，继位为帝。公元257年亲政，公元258年，被权臣孙綝（chēn）废为会稽王。公元260年再度贬为候（侯）官侯（爵位名待考），在前往封地途中自杀（一说被毒杀），年十七岁。史称吴少帝、吴废帝。

（吴三）【吴景帝·孙休】

孙休（公元235年－264年），字子烈。孙吴的第三位皇帝，孙权第六子，母为敬怀皇后王氏。

公元258年，被孙綝迎立为帝，改元永安。后孙休与张布、丁奉合谋除灭孙綝。在位期间，颁布良制，促进了东吴的繁荣。孙休好文，继位后于永安元年创建国学，设太学博士制度，诏立五经博士，韦昭为首任博士祭酒。

公元264年去世，年二十九岁。

承汉朝

蜀－吴

刘弘 ← 刘雄

承西汉中山王刘胜，传十余代，考据不详。

221年
章武 221－223 计3年

蜀昭烈帝
蜀汉一代 ① 刘备
161－223
享年62岁
221年60岁建蜀
223年62岁去世
约计2年

成都

甘
？－？

成都

（蜀一）【蜀昭烈帝·刘备】

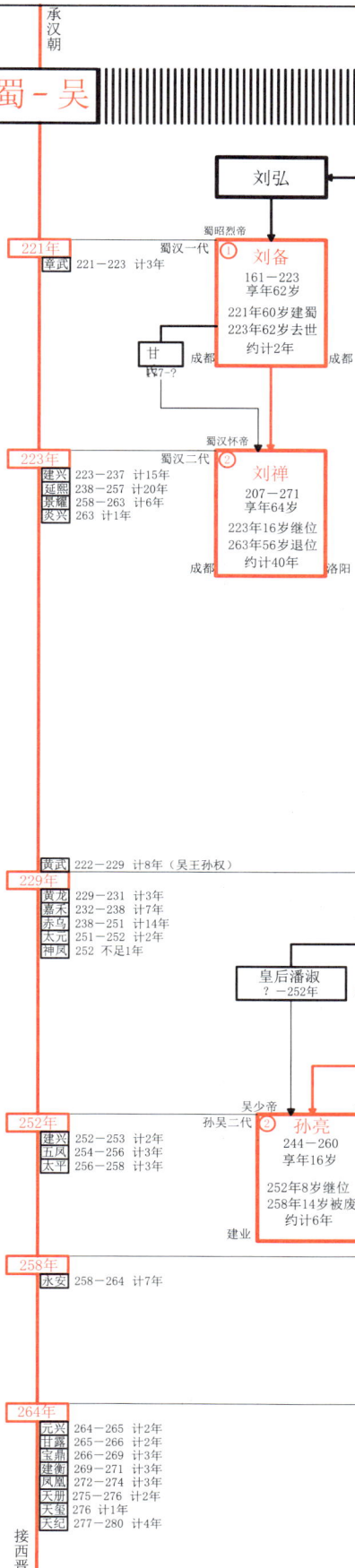

　　刘备（公元161年－223年），字玄德，幽州涿郡涿县（今河北涿州）人，自称是西汉中山靖王刘胜之后，史家多称为先主。

　　刘备曾参与镇压黄巾起义、讨伐董卓等活动，终因自身实力有限屡遭失败。先后依附公孙瓒、曹操等多个诸侯，亦因其政治抱负不同而分道扬镳。后有陶谦、刘表等分别放弃自己的领地，让给刘备统领。刘备通过坚持不懈的努力，于赤壁之战后，先借吴国荆州为基地，巧取益州，建立了蜀汉政权。

　　其部将关羽因拒绝归还借用吴国的荆州之地而被东吴杀害，刘备不听群臣劝阻，执意发动对吴国的战争，结果兵败夷陵，最终于公元223年病逝于白帝城，终年六十二岁。

223年
建兴 223－237 计15年
延熙 238－257 计20年
景耀 258－263 计6年
炎兴 263 计1年

蜀汉怀帝
蜀汉二代 ② 刘禅
207－271
享年64岁
223年16岁继位
263年56岁退位
约计40年

成都

洛阳

（蜀二）【蜀汉怀帝·刘禅（shàn）】

　　刘禅（公元207年－271年），又称后主。字公嗣，小名阿斗。刘备之子，母亲是昭烈皇后甘氏，三国时期蜀汉第二位皇帝。在位四十年。

　　公元223年，刘备去世后继位为帝，改元建兴，拜诸葛亮为相父，并支持其北伐，诸葛亮去世后又支持姜维北伐。后期宠信黄皓，致使蜀汉逐渐走向衰弱。

　　公元263年，魏将邓艾从阴平入川，蜀汉灭亡。刘禅被俘迁往洛阳居住，受封为安乐公。西晋时（公元271年）在洛阳去世，享年六十四岁。西晋末年，匈奴族刘渊建立汉赵政权，追谥刘禅为孝怀皇帝。

孙钟
吴孝懿王

据孙策自称是春秋孙武后裔，考据不详。

孙坚
乌程侯
155－191

吴氏
？－202

丁氏

长
孙策
乌程侯
175－200

二
孙翊
184－204

四
孙匡
乌程侯
215－244

孙尚香

孙朗

黄武 222－229 计8年（吴王孙权）

229年
黄龙 229－231 计3年
嘉禾 232－238 计7年
赤乌 238－251 计14年
太元 251－252 计2年
神凤 252 不足1年

吴大帝
孙吴一代 ① 孙权
182－252
享年70岁
229年47岁建吴
252年70岁去世
约计23年

次

皇后潘淑
？－252年

武昌→建业

蒋陵

敬怀皇后王氏

王夫人

（吴四）【归命侯·孙皓】

　　孙皓（公元242－284年），字元宗，又字元景。一名彭祖，字皓宗。孙权之孙，废太子孙和之子，母为何姬。孙吴政权末代皇帝。

　　在位初期施行明政，但不久即沉溺于酒色，专于杀戮，变得昏庸暴虐。公元280年，被西晋所灭，孙皓投降后被封为归命侯，公元284年去世，年四十二岁。

252年
建兴 252－253 计2年
五凤 254－256 计3年
太平 256－258 计3年

吴少帝
孙吴二代 ② 孙亮
244－260
享年16岁
252年8岁继位
258年14岁被废
约计6年

七

建业

定陵

三
孙和
南阳侯

何姬

258年
永安 258－264 计7年

吴景帝
孙吴二代 ③ 孙休
235－264
享年29岁
258年23岁继位
264年29岁去世
约计6年

六

建业

宣陵

264年
元兴 264－265 计2年
甘露 265－266 计2年
宝鼎 266－269 计3年
建衡 269－271 计3年
凤凰 272－274 计3年
天册 275－276 计2年
天玺 276 计1年
天纪 277－280 计4年

归命侯
③ 孙皓
242－284
享年42岁
264年22岁继位
280年38岁投降
约计16年

建业

接西晋

2022·6·11

【晋高祖·司马懿】

司马懿（公元179年－251年），字仲达，河内郡温县孝敬里（今河南焦作温县）人。三国时期曹魏谋略家、权臣，西晋王朝的奠基人之一。

司马懿因支持曹操擅权取得信任。曹操封魏王后以司马懿佐助曹丕，后帮助曹丕成功篡汉建魏；曹丕临终托其辅佐曹叡；曹叡临终亦托其辅佐曹芳。公元249年，司马懿趁曹芳祭祖时兵变，废曹芳立曹髦。史称"高平陵之变"。

司马懿兄弟八人的表字都有达字，故当时号称"司马八达"。特录于下：

司马朗（伯达）；司马懿（仲达）；

司马孚（叔达）；司马馗（季达）；

司马恂（显达）；司马进（惠达）；

司马通（雅达）；司马敏（幼达）。

公元265年，司马懿之孙司马炎强夺曹魏政权，建立西晋。追尊其为晋高祖。

据《晋书》记：自司马卬经八世，传于征西将军司马钧。史书载：司马卬，程姓，周朝诸侯王程伯休父的嫡系后裔。本为赵将，后叛赵归楚霸王项羽被封为殷王。后又叛楚归汉，在彭城之战中被楚军所杀。其后司马懿及后人，先叛汉后叛曹，且叔侄、兄弟等互相叛乱，足见家风。详见《晋书》《资治通鉴》。

【晋文帝·司马昭】

司马昭（公元211年－265年），字子上（小说《三国演义》误为子尚），司马懿与张春华次子、司马师之弟、晋武帝司马炎之父。

早年随父抗击蜀汉，封新城乡侯。公元255年，继其兄司马师为大将军，专揽国政。公元260年，魏帝曹髦被弑杀，司马昭立曹奂为帝。公元263年，分兵三路灭亡蜀汉，受封晋公，次年，进爵晋王。

公元265年病逝，年五十四岁。

（一）【西晋武帝·司马炎】

司马炎（公元236年－290年），字安世。晋朝开国皇帝。司马懿之孙、司马昭嫡长子，母为王元姬。公元265年，袭其父司马昭的晋王爵位，公元266年，强行逼迫魏元帝曹奂禅位，建立晋朝，建都洛阳，次年改元泰始。公元279年，发动灭吴之战，实现全国统一。此后骄奢淫逸，怠惰政事，分封诸王，为"八王之乱"埋下隐患。

承三国

西晋

【晋朝简介】

　　晋朝上承三国时期下启南北朝时期，分为西晋与东晋两个时期。其中西晋都洛阳，为大一统王朝之一；东晋都建康（今南京），则属于六朝之一。两晋共传十五帝，享国一百五十五年。

　　司马家族原是三国时期曹魏政权的大臣，后擅权干政。公元266年，司马炎篡魏，建国号为晋，定都洛阳，史称西晋。公元280年灭吴，完成统一。

　　在经历"八王之乱"和"永嘉之祸"后，国势渐衰。公元316年后，多个少数民族政权入主中原，西晋灭亡。北方大量汉人贵族则为躲避战乱而被迫南迁，开发了江南地区，仍用晋朝年号，建都建康，与北方少数民族政权并立，史称东晋。

　　公元420年，刘裕在江南建立刘宋政权，东晋随之灭亡，进入南朝时期。而几乎与此同时，北方的鲜卑族统一了多个少数民族政权，建立魏，史称北魏。

| 司马儁 汉颍川太守 113—197 | ← | 司马量 汉豫章太守 | ← | 司马钧 汉征西将军 | 经八世 | 司马卬 殷王 ?—前204 | ← |

司马防 东汉京兆尹 149—219

司马一代　晋高祖

司马懿 179—251 享年72岁 249年—251年 篡控魏国大权

长 司马朗 兖州刺史　五 司马恂 大长秋　六 司马进 城阳亭侯　七 司马通 安城亭侯　八 司马敏 舞阳侯　三 司马孚 安平王　四 司马馗 东武城侯

洛阳　首阳

宣穆皇后张春华 189-247　张夫人　伏夫人　柏夫人

司马二代

次 司马昭 晋文帝 211—265　王元姬　长 司马师 晋景帝 208—255　五 司马干 平原王 232—311　八 司马彤 梁王 ?—302　七 司马骏 扶风王 232—286　六 司马京 清惠亭侯 230—253　三 司马伷 琅邪王 227—283　四 司马亮 汝南王　九 司马伦 赵王　司马瑰 太原王　司马泰 高密王

西晋武帝
司马三代

① **司马炎** 236—290 享年54岁 265年29岁夺位 290年54岁去世 约计25年

长 司马兆 城阳王　三 司马广德　四 司马定国　次 司马攸 齐王　司马颙 河间王　司马越 东海王

接司马睿

265年
泰始 265—274 计9年
咸宁 275—280 计6年
太康 280—289 计10年
太熙 290 计1年

洛阳　峻阳陵

武元皇后杨艳 183—221　武悼皇后杨芷 259—292　王媛姬　李夫人　程才人　审美人

接司马炽　接司马衷　接司马衷　接司马轨　接司马柬　接司马恢　接司马炽　接司马晏　接司马颖　接司马玮　接司马乂　接司马同

(二)【西晋惠帝·司马衷】

司马衷（公元259年－307年），字正度。西晋第二位皇帝，司马炎次子，司马炽异母兄，母为杨艳。

公元290年继位，但因痴呆不能任事，由太傅杨骏辅政。皇后贾南风谋害杨骏，祸乱朝纲导致"八王之乱"。司马懿之子赵王司马伦谮位，虚尊司马衷为太上皇，幽禁于金墉城。后由诸王辗转挟持，沦为傀儡，受尽凌辱。

公元306年被东海王司马越迎回洛阳复位。公元307年去世，时年四十八岁。

(三)【西晋怀帝·司马炽】

司马炽（公元284年－313年），字丰度。西晋第三位皇帝，司马炎第二十五子，晋惠帝司马衷异母弟。母为王媛姬。

即位后由太傅东海王司马越辅政。在位期间皇室权力斗争日渐严重。公元311年司马越病逝，太尉王衍被石勒败于宁平城。北方少数民族政权前汉昭武帝刘聪攻破洛阳，俘虏晋怀帝，史称"永嘉之乱"。公元313年为刘聪所毒杀，时年二十九岁。

(四)【西晋愍（mǐn）帝·司马邺】

司马邺（公元300年－318年），又作司马业。字彦旗，司马炎之孙，吴王司马晏之子，司马衷和司马炽之侄，西晋末代皇帝。

永嘉之乱，晋怀帝被刘聪俘虏。司马邺被大臣拥立为皇太子，承制行事。至永嘉七年（313年），得知晋怀帝遇害，司马邺即皇位于长安。即位时西晋已无能力与前赵政权抗衡。公元316年向汉赵的刘曜投降，被送往平阳（今河南信阳，待考）。公元318年被害，葬处不明。

承司马炎　承司马炎　承杨艳　承杨艳　承杨艳　承杨正　承王媛姬　承李夫人　承程才人　承审美人　承审美人　承司马攸

西晋惠帝　　次

② 司马衷
259－307
享年48岁

290年31岁继位
307年48岁去世
约计17年

洛阳　太阳陵

长　　　三　　十七　　　　　二十三　十六　　五　　　六　　　次

司马轨　司马柬　司马恢　　　　司马晏　司马颖　司马玮　司马乂　司马冏
毗陵王　秦王　　渤海王　　　　吴王　　成都王　楚王　　长沙王　齐王

谢玖　　皇后贾南风
257－300

司马五代　司马遹
愍怀太子

290年
永熙　290 计1年
永平　291 计1年
元康　291－299 计9年
永康　300－301 计2年
永宁　301－302 计2年
太安　302－303 计2年
永安　304 不足1年
建武　304 不足1年
永兴　304－306 计3年
光熙　306 不足1年

西晋怀帝　　二十五

307年　司马四代
永嘉　307－311 计5年

④ 司马炽
284－313
享年29岁

307年23岁继位
311年27岁被俘
约计4年

洛阳

晋惠帝二十五弟

西晋愍帝

311年　司马五代
建兴　313－317 计5年

① 司马邺
300－318
享年18岁

313年13岁继位
316年16岁被俘
约计3年

长安

晋惠帝侄，司马懿之孙，司马晏之子。
313年晋怀帝去世后正式继位称帝。

转接十六国　接东晋

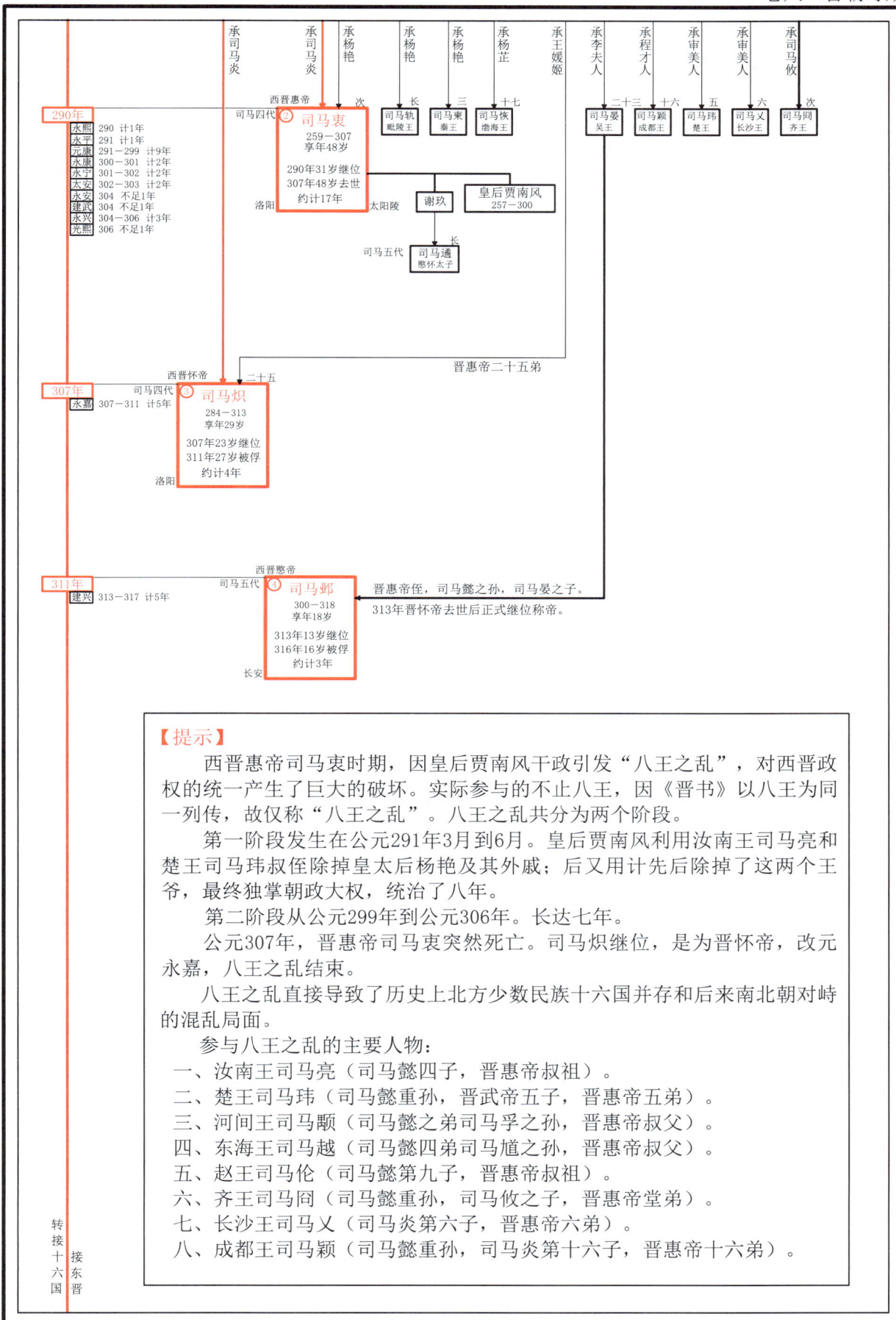

【提示】
　　西晋惠帝司马衷时期，因皇后贾南风干政引发"八王之乱"，对西晋政权的统一产生了巨大的破坏。实际参与的不止八王，因《晋书》以八王为同一列传，故仅称"八王之乱"。八王之乱共分为两个阶段。
　　第一阶段发生在公元291年3月到6月。皇后贾南风利用汝南王司马亮和楚王司马玮叔侄除掉皇太后杨艳及其外戚；后又用计先后除掉了这两个王爷，最终独掌朝政大权，统治了八年。
　　第二阶段从公元299年到公元306年。长达七年。
　　公元307年，晋惠帝司马衷突然死亡。司马炽继位，是为晋怀帝，改元永嘉，八王之乱结束。
　　八王之乱直接导致了历史上北方少数民族十六国并存和后来南北朝对峙的混乱局面。
　　参与八王之乱的主要人物：
　　一、汝南王司马亮（司马懿四子，晋惠帝叔祖）。
　　二、楚王司马玮（司马懿重孙，晋武帝五子，晋惠帝五弟）。
　　三、河间王司马颙（司马懿之弟司马孚之孙，晋惠帝叔父）。
　　四、东海王司马越（司马懿四弟司马馗之孙，晋惠帝叔父）。
　　五、赵王司马伦（司马懿第九子，晋惠帝叔祖）。
　　六、齐王司马冏（司马懿重孙，司马攸之子，晋惠帝堂弟）。
　　七、长沙王司马乂（司马炎第六子，晋惠帝六弟）。
　　八、成都王司马颖（司马懿重孙，司马炎第十六子，晋惠帝十六弟）。

（一）【东晋元帝·司马睿（ruì）】

司马睿（公元276年－323年），字景文，河内温县人，东晋开国皇帝。

司马懿曾孙，司马伷（zhòu）之孙，司马觐（jìn）之子，司马炎从子。公元290年，袭封父爵琅邪王，参与讨伐成都王司马颖，失利后回到封国。晋怀帝即位后拜安东将军、都督扬州军事。后听从王导建议，南渡建康。

永嘉之乱时晋愍帝被俘，西晋灭亡。公元317年，在宗室与南北大族拥戴下，开启"王与马共天下"的政治格局，即位晋王。公元318年，在建康（今南京）正式称帝，史称东晋。

公元323年，经王敦之乱后，郁郁而终，年四十七岁。

（二）【东晋明帝·司马绍】

司马绍（公元299年－325年），字道畿。东晋第二位皇帝，司马睿长子，东晋简文帝司马昱异母兄。母为宫人荀氏。

在位期间成功制衡权臣世家，使南方社会安定发展。平定王敦叛乱，保持与江东士族的和谐关系，稳定了东晋王朝的局势。因司马绍母亲荀氏是鲜卑人，其相貌与鲜卑人类似，故被民间戏称为"黄头鲜卑奴"或"黄须鲜卑奴"。公元325年病逝，年二十六岁。

（三）【东晋成帝·司马衍】

司马衍（公元321年－342年），字世根，东晋第三位皇帝。

晋明帝司马绍长子。五岁继位，由其母庾文君临朝听政。庾太后死后由王导与庾太后之兄庾亮辅政。

在位期间，苏峻与祖约叛乱，宫城迁移至石头城；直到陶侃（陶渊明之祖）、温峤平定叛乱后才迁回建康。后禁止豪族将领私占山川大泽，并将江北迁来的世族编入户籍。公元342年去世，年二十一岁。

（四）【东晋康帝·司马岳】

司马岳（公元322年－344年），字世同，东晋第四位皇帝，晋成帝司马衍同母弟。

司马衍去世时两个儿子司马丕和司马奕尚在襁褓之中。外戚权臣庾冰（司马衍之舅）以国家外有强敌为由，请求司马衍立其弟司马岳继位，司马岳才得以登极。在位三年无显绩。唯其书法造诣很深，代表作《陆女帖》被收进宋代《淳化阁帖》。公元344年去世，年二十二岁。

（五）【东晋穆帝·司马聃（dān）】

司马聃（公元343年－361年），字彭子，东晋第五位皇帝。司马岳长子，母康献皇后褚蒜子。

年仅一岁即继位，由其母皇太后褚蒜子摄政，朝事先后由权臣及宗室把持。在位期间先后对各地割据政权进行了多次征讨，互有胜负，南北方军事水平处于相持阶段。公元361年去世，年十八岁。

承西晋

东晋

【东晋简介】

公元316年，北方少数民族汉赵政权刘曜俘虏了西晋愍帝司马邺，导致建都洛阳的西晋灭亡后，由西晋宗室司马睿南迁，在建康建立政权，史称东晋。因东晋统治地区大部分在江东，古称江左，故以江左代指东晋。

东晋与北方的十六国并存，又称东晋十六国。而东晋与其前的孙吴及其后的宋、齐、梁、陈几个政权，合称为六朝。由于这六个朝代均在今南京（附近）建都，故南京被称为六朝金粉之地。

东晋政权曾多次北伐，但由于内部不团结，除了最后篡晋的刘裕取得些成果外，其余都无大建树。祖逖本有希望恢复旧土，但他被司马睿挟制，郁郁而终。桓温的北伐则被慕容垂击败。公元383年，前秦政权的苻坚率兵南侵，东晋宰相谢安力主抗击，派谢石、谢玄率军在淝水之战大获全胜，苻坚只身逃回北方，南北分立之势从此而成。

后东晋权臣桓玄叛乱，废晋安帝司马德宗自立为天子，被大将刘裕平定，拥晋恭帝司马德文登极，然大权仍为刘裕掌控。公元420年，刘裕废除晋恭帝司马德文，建立刘宋，东晋灭亡。

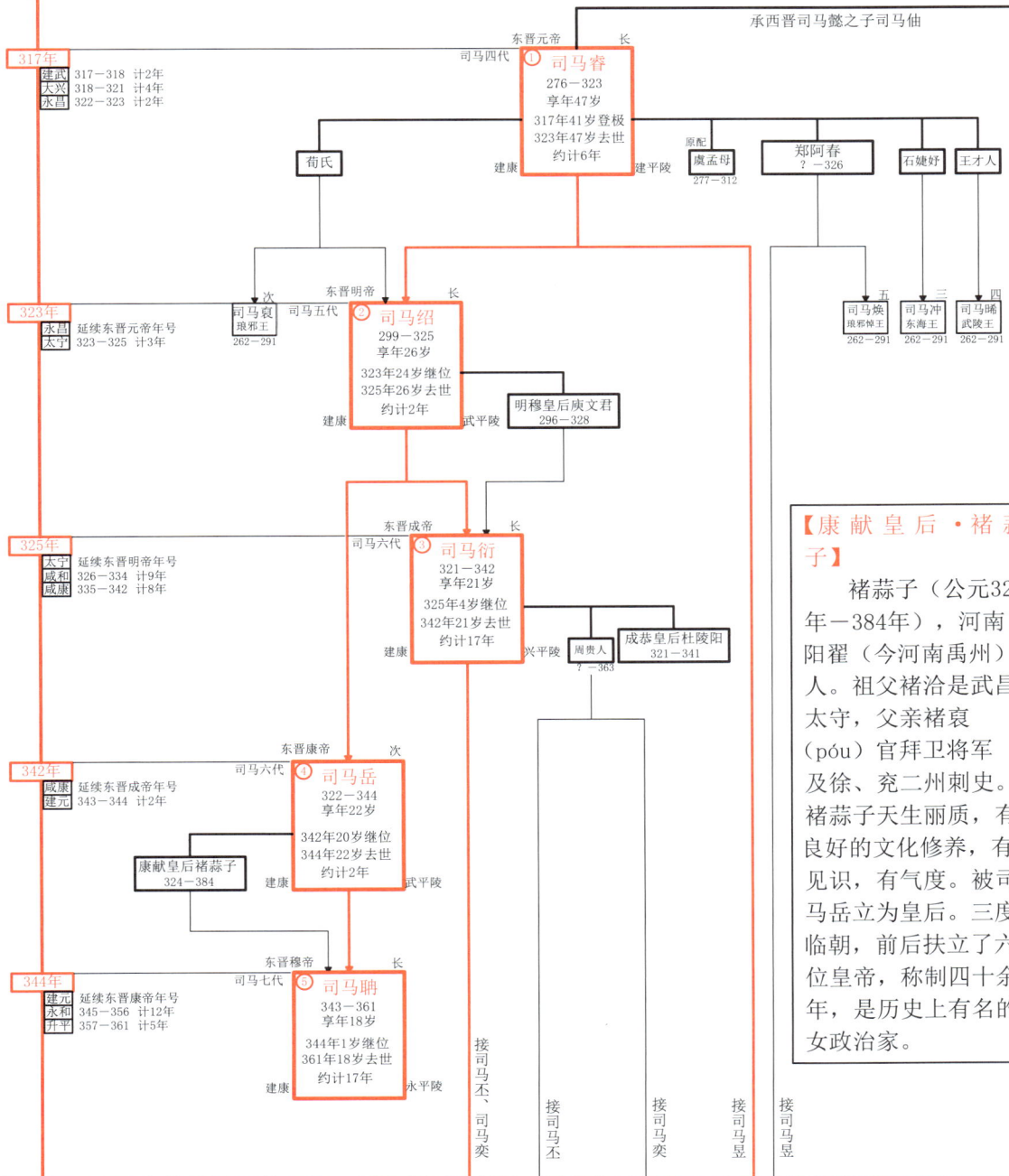

承西晋司马懿之子司马伷

317年
建武	317—318	计2年
大兴	318—321	计4年
永昌	322—323	计2年

东晋元帝　长
① **司马睿**
276—323
享年47岁
317年41岁登极
323年47岁去世
约计6年
建康

荀氏　建康

原配　建平陵
虞孟母
277—312

郑阿春
？—326

石婕妤

王才人

次
司马裒
琅邪悼王
262—291

五
司马焕
琅邪王
262—291

三
司马冲
东海王
262—291

四
司马晞
武陵王
262—291

323年
| 永昌 | 延续东晋元帝年号 | |
| 太宁 | 323—325 | 计3年 |

东晋明帝　长　司马五代
② **司马绍**
299—325
享年26岁
323年24岁继位
325年26岁去世
约计2年
建康

武平陵
明穆皇后庾文君
296—328

325年
太宁	延续东晋明帝年号	
咸和	326—334	计9年
咸康	335—342	计8年

东晋成帝　长　司马六代
③ **司马衍**
321—342
享年21岁
325年4岁继位
342年21岁去世
约计17年
建康

兴平陵
周贵人
？—363

成恭皇后杜陵阳
321—341

342年
| 咸康 | 延续东晋成帝年号 | |
| 建元 | 343—344 | 计2年 |

东晋康帝　次　司马六代
④ **司马岳**
322—344
享年22岁
342年20岁继位
344年22岁去世
约计2年
建康

武平陵
康献皇后褚蒜子
324—384

344年
建元	延续东晋康帝年号	
永和	345—356	计12年
升平	357—361	计5年

东晋穆帝　长　司马七代
⑤ **司马聃**
343—361
享年18岁
344年1岁继位
361年18岁去世
约计17年
建康

永平陵

接司马丕、司马奕

接司马丕

接司马奕

接司马昱

接司马昱

【康献皇后·褚蒜子】

褚蒜子（公元324年—384年），河南阳翟（今河南禹州）人。祖父褚洽是武昌太守，父亲褚裒（póu）官拜卫将军及徐、兖二州刺史。褚蒜子天生丽质，有良好的文化修养，有见识，有气度。被司马岳立为皇后。三度临朝，前后扶立了六位皇帝，称制四十余年，是历史上有名的女政治家。

（六）【东晋哀帝·司马丕】

司马丕（公元341年－365年），字千龄，东晋的第六位皇帝。司马衍长子，司马岳之侄，司马聃堂兄弟，母为周贵人。

司马聃去世后，太后褚蒜子令司马丕登极。桓温当国，几次北伐并与慕容部发生多次战争，均告失败。公元365年，司马丕因修道饵药中毒，皇太后褚蒜子摄政。

（七）【东晋废帝·司马奕】

司马奕（公元342年－386年），字延龄，东晋第七位皇帝。司马衍次子，司马丕同母弟。是东晋唯一在位期间被废黜的皇帝。

继位时权臣桓温掌朝，意图自立，但司马奕并无过失。公元371年，桓温指斥司马奕阳痿，后宫所生并非皇帝亲子，逼康献太后褚蒜子下诏废司马奕为东海王。

公元386年去世，年四十四岁。

（八）【东晋简文帝·司马昱】

司马昱（公元320年－372年），字道万，东晋第八位皇帝。司马睿幼子。母为郑阿春。他历经元、明、成、康、穆、哀、废帝共七朝，公元371年，被桓温立为帝，实为傀儡，史载仅"拱默守道而已"。八个月后（公元372年）便因忧愤而崩，年五十二岁。

善清谈，史称"清虚寡欲，尤善玄言"。他的清谈之举对后世影响很坏。

他的生母郑阿春少时父母双亡，先嫁渤海人田氏，后守寡。司马睿任丞相时纳为姜。

（九）【东晋孝武帝·司马曜】

司马曜（公元362年－396年），字昌明，东晋第九位皇帝。司马昱第六子，母为李陵容。十一岁继承皇位，由桓温辅政，桓温死后又由从嫂康献太后褚蒜子临朝听政。公元376年归政，实权由谢安把持，并在谢安辅佐下打赢淝水之战，战胜前秦。

后致力于恢复司马氏皇权，以其弟司马道子代替谢安执政，成为东晋开国以来最有权力的君主。但终因沉湎于酒色使朝政日趋昏暗。公元396年，因与宠姬张贵人玩笑，被张贵人用被子捂死，年三十四岁。

（十）【东晋安帝·司马德宗】

司马德宗（公元382年－419年），字安德，东晋的第十位皇帝。司马曜长子，司马德文同母兄。母为陈归女。

司马德宗愚笨，不擅言表。据《晋书·帝纪第十》记载，连冬夏都分不出来。因此东晋皇权大大受损，朝政不受君命，权力完全旁落，自公元412年始，刘裕在朝中独掌大权，后为其所害。其皇后为王羲之孙女、王献之之女王神爱。无子，有一女，亦善书法。

公元419年被刘裕杀死，年三十七岁。

承周贵人　承司马衍　承周贵人　承司马睿　承郑阿春

（十一）【东晋恭帝·司马德文】

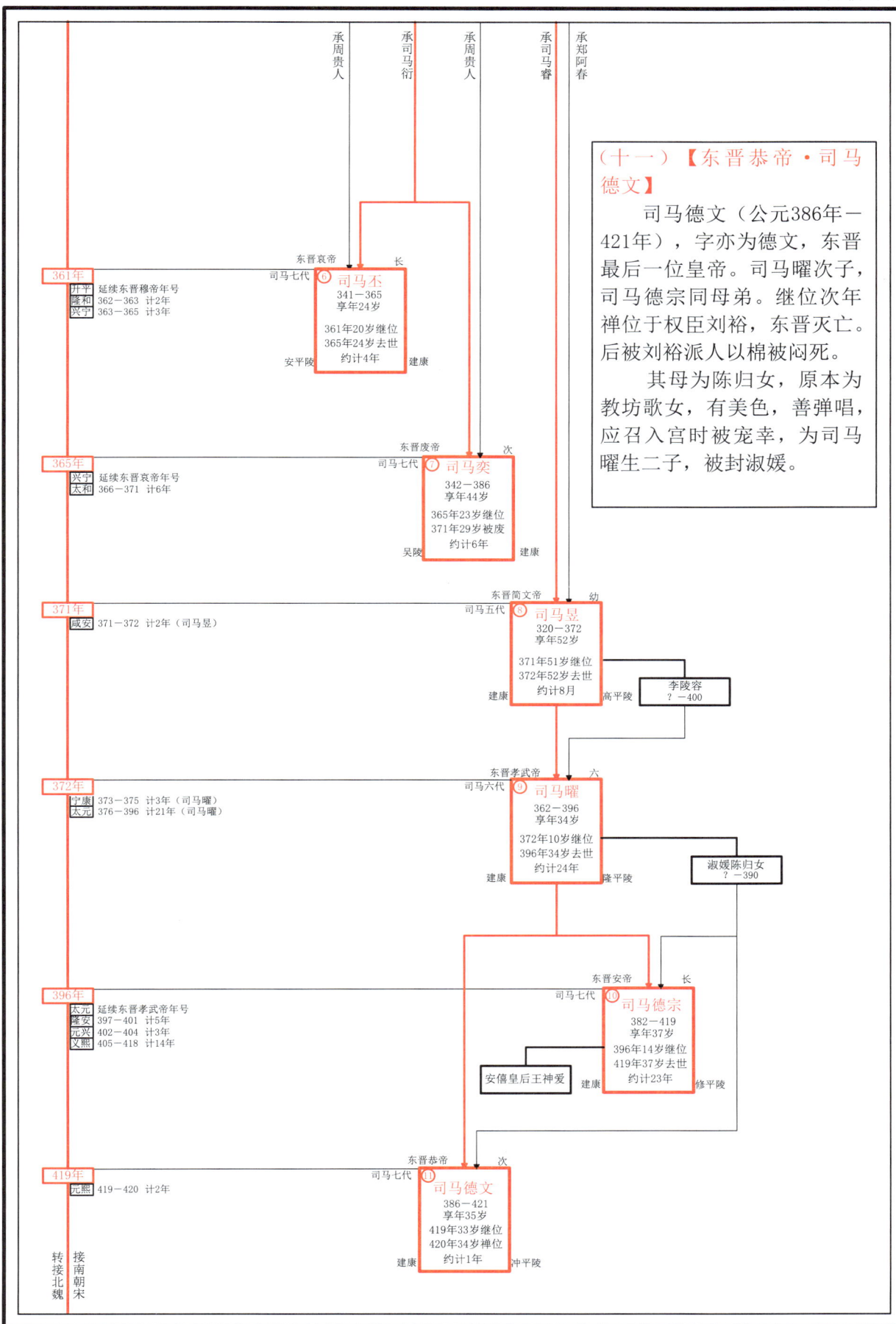

司马德文（公元386年－421年），字亦为德文，东晋最后一位皇帝。司马曜次子，司马德宗同母弟。继位次年禅位于权臣刘裕，东晋灭亡。后被刘裕派人以棉被闷死。

其母为陈归女，原本为教坊歌女，有美色，善弹唱，应召入宫时被宠幸，为司马曜生二子，被封淑媛。

361年

升平
延续东晋穆帝年号
隆和　362－363　计2年
兴宁　363－365　计3年

东晋哀帝　　　长
司马七代

⑥ **司马丕**
341－365
享年24岁

361年20岁继位
365年24岁去世
约计4年

安平陵　建康

365年

兴宁
延续东晋哀帝年号
太和　366－371　计6年

东晋废帝　　　次
司马七代

⑦ **司马奕**
342－386
享年44岁

365年23岁继位
371年29岁被废
约计6年

吴陵　建康

371年

咸安　371－372　计2年（司马昱）

东晋简文帝　　　幼
司马五代

⑧ **司马昱**
320－372
享年52岁

371年51岁继位
372年52岁去世
约计8月

建康　高平陵

李陵容
？－400

372年

宁康　373－375　计3年（司马曜）
太元　376－396　计21年（司马曜）

东晋孝武帝　　　六
司马六代

⑨ **司马曜**
362－396
享年34岁

372年10岁继位
396年34岁去世
约计24年

建康　隆平陵

淑媛陈归女
？－390

396年

太元
延续东晋孝武帝年号
隆安　397－401　计5年
元兴　402－404　计3年
义熙　405－418　计14年

东晋安帝　　　长
司马七代

⑩ **司马德宗**
382－419
享年37岁

396年14岁继位
419年37岁去世
约计23年

安僖皇后王神爱　　　建康　修平陵

419年

元熙　419－420　计2年

东晋恭帝　　　次
司马七代

⑪ **司马德文**
386－421
享年35岁

419年33岁继位
420年34岁禅位
约计1年

建康　冲平陵

转接北魏　接南朝宋

2022 6·11

（一）【南朝宋武帝·刘裕】

刘裕（公元363年－422年），字德舆，小名寄奴。祖籍彭城郡彭城县绥舆里。南朝刘宋开国皇帝。自称为西汉楚元王刘交（刘邦异母弟）之后，传二十二世，然多失考，故不足为据。

刘裕自幼家贫，东晋时为北府军将领。对内平定孙恩和桓玄，消灭了卢循、刘毅、司马休之等大族势力；对外消灭南燕、后秦等国，降服仇池，以"却月阵"大破北魏，收复淮北、山东、河南、关中等地，并光复洛阳、长安两都。公元420年代东晋自立，定都建康，国号宋。

执政期间，集权中央，抑制豪强兼并，整顿吏治，重用寒门，终结了门阀专政的时代，奠定了南朝贵族与寒门共掌朝政的政治格局。对江南经济发展和汉文化的保护与发扬有重大贡献，开创了江左六朝疆域最辽阔的时期，为"元嘉之治"打下坚实的基础。明人李贽誉之为"定乱代兴之君"，也有"南朝第一帝"之称誉。著有《兵法要略》一卷，今已亡佚。

公元422年病逝，年五十九岁。共七子十女，因多与传代无关，故不详录。

（二）【南朝宋少帝·刘义符】

刘义符（公元406年－424年），字车兵，南朝宋第二位皇帝。刘裕长子，母为张夫人。即位后因居丧无礼，不理国事，公元424年，被徐羡之、檀道济等人以孝懿皇后萧文寿的名义废为营阳王，不久被杀，葬处不明。

（三）【南朝宋文帝·刘义隆】

刘义隆（公元407年－453年），字车儿。南朝宋第三位皇帝。刘裕第三子，刘义符之异母弟，母为文章太后胡道安。在位29年，年号元嘉，在位期间史称为"元嘉之治"。

军事上，继承刘裕北伐的政策，并于公元430年、450年和452年三度出师北伐，但都无功。公元453年，为皇太子刘劭所弑，年四十六岁。

（五）【南朝宋孝武帝·刘骏】

刘骏（公元430年－464年），字休龙，小字道民，刘义隆第三子，宋明帝刘彧异母兄，母为路惠男。南朝宋第五位皇帝。刘骏素不得宠，屡镇外州但屡立功勋，深受诸将推戴。公元453年，太子刘劭弑杀宋文帝，刘骏率军讨伐，夺取了皇位。

在位期间政治上削弱士族权力，提拔寒门，并加强对地方和宗室的控制；经济上抑制兼并，限制士族封山占水，改革税制并改铸钱币；军事上取得了对北魏的青州之捷，收复了济水以北的失地；文化上尊孔崇佛，恢复礼乐。

刘骏文章华敏，其组织的大明文学诗坛，打破了士庶门阀界限，在魏晋南北朝文学史上具有重要的历史地位。著有文集三十五卷。

承东晋

南朝宋

【南朝宋简介】

南朝宋（420－479）是东晋军将刘裕在与东晋四大家族的斗争中取胜后，废晋自立的政权。为区别于后世赵匡胤建立的宋朝，故称南朝宋。

刘裕出身贫寒，了解东晋时期各大族争权夺利从而导致国力衰败的教训，故登极后不再重用名门大族，用人多为贫寒出身。刘裕去世后，至文帝刘义隆时，士族和寒门共同参政，出现了宗室、士族、寒门相互制衡的平衡局面。

刘骏在位时史载由"寒人掌机要"，使世家大族担任的高级官职下移成荣誉职衔，寒人以低级官职掌控实权，一时"民户繁育，将曩时一矣"。刘骏病逝后，其子刘子业是有名的乱伦皇帝，残暴荒淫，与其姊有染，被湘东王刘彧杀死夺位。

公元479年，兰陵萧道成势力渐强，最终取代刘宋自立。

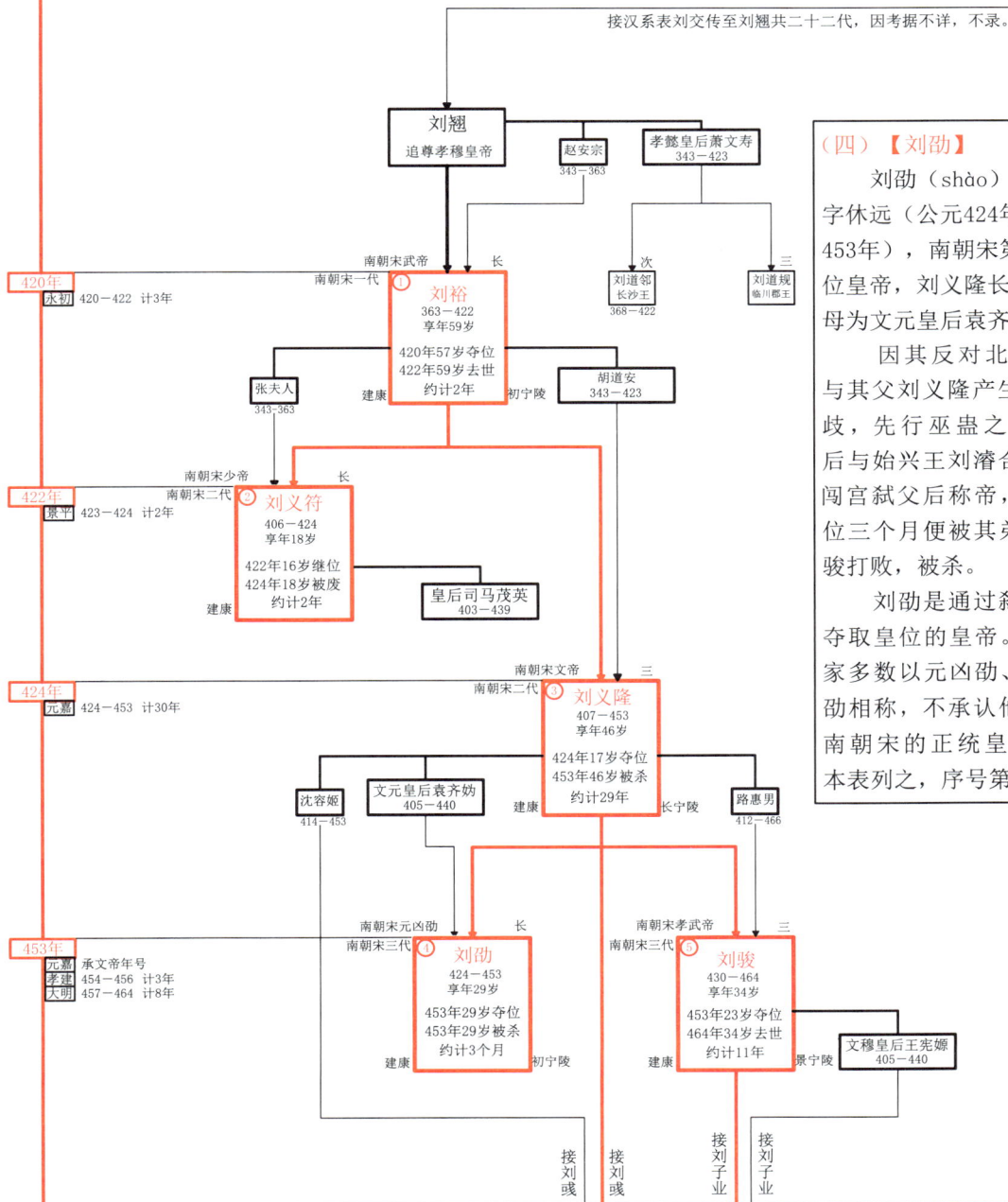

接汉系表刘交传至刘翘共二十二代，因考据不详，不录。

(四)【刘劭】

刘劭（shào），字休远（公元424年－453年），南朝宋第四位皇帝，刘义隆长子，母为文元皇后袁齐妫。

因其反对北伐，与其父刘义隆产生分歧，先行巫蛊之术，后与始兴王刘濬合谋闯宫弑父后称帝，在位三个月便被其弟刘骏打败，被杀。

刘劭是通过弑父夺取皇位的皇帝。史家多数以元凶劭、贼劭相称，不承认他是南朝宋的正统皇帝。本表列之，序号第四。

刘翘
追尊孝穆皇帝

赵安宗
343－363

孝懿皇后萧文寿
343－423

次　刘道邻
长沙王
368－422

三　刘道规
临川郡王

420年
永初 420－422 计3年

南朝宋武帝　长
南朝宋一代
① 刘裕
363－422
享年59岁
420年57岁夺位
422年59岁去世
约计2年
建康　初宁陵

张夫人
343－363

胡道安
343－423

422年
景平 423－424 计2年

南朝宋少帝　长
南朝宋二代
② 刘义符
406－424
享年18岁
422年16岁继位
424年18岁被废
约计2年
建康

皇后司马茂英
403－439

424年
元嘉 424－453 计30年

南朝宋文帝　三
南朝宋二代
③ 刘义隆
407－453
享年46岁
424年17岁夺位
453年46岁被杀
约计29年
建康　长宁陵

沈容姬
414－453

文元皇后袁齐妫
405－440

路惠男
412－466

453年
元嘉 承文帝年号
孝建 454－456 计3年
大明 457－464 计8年

南朝宋元凶劭　长
南朝宋三代
④ 刘劭
424－453
享年29岁
453年29岁夺位
453年29岁被杀
约计3个月
建康　初宁陵

南朝宋孝武帝　三
南朝宋三代
⑥ 刘骏
430－464
享年34岁
453年23岁夺位
464年34岁去世
约计11年
建康　景宁陵

文穆皇后王宪嫄
405－440

接刘彧

接刘彧

接刘子业

接刘子业

（六）【南朝宋前废帝·刘子业】

刘子业（公元449年－466年），小字法师，南朝宋第六位皇帝，宋孝武帝刘骏长子，母为王宪嫄。因其乱伦残暴，公元466年被叔父湘东王刘彧等人杀死。

（七）【南朝宋明帝·刘彧（yù）】

刘彧（公元439年－472年），字休炳，小字荣期，刘义隆第十一子，刘骏异母弟，母为沈容姬。南朝宋第七位皇帝。

年少时为刘骏之母路太后抚养。因刘子业无道，遂夺权即位。执政前期众亲王相继叛变，朝廷动乱，国力渐损。北魏趁机发展超越南朝。刘彧为保护皇位杀尽刘骏诸子，国势自此而衰。

好读书，曾撰《江左以来文章志》、续卫瓘所注《论语》二卷。

公元472年去世，享年三十三岁。

（八）【南朝宋后废帝·刘昱】

刘昱（公元463年－477年），字德融，小字慧震，刘彧长子，母为陈妙登。南朝宋第八位皇帝。

他是南北朝历史上著名的暴君。终因恶贯满盈，天人厌弃，于公元477年被部下人杀死，追废为苍梧王，史称宋后废帝。年仅十四岁。

（九）【南朝宋顺帝·刘准】

刘准（公元467年－479年），字仲谋，小字智观，南朝宋末代皇帝，刘彧第三子，母为陈法容。一说其为桂阳王刘休范之子，待考。

公元477年，由萧道成拥立继皇帝位，实为傀儡。公元479年，被迫禅位于萧道成，南朝宋结束。同年被杀于丹阳宫，年仅十二岁。

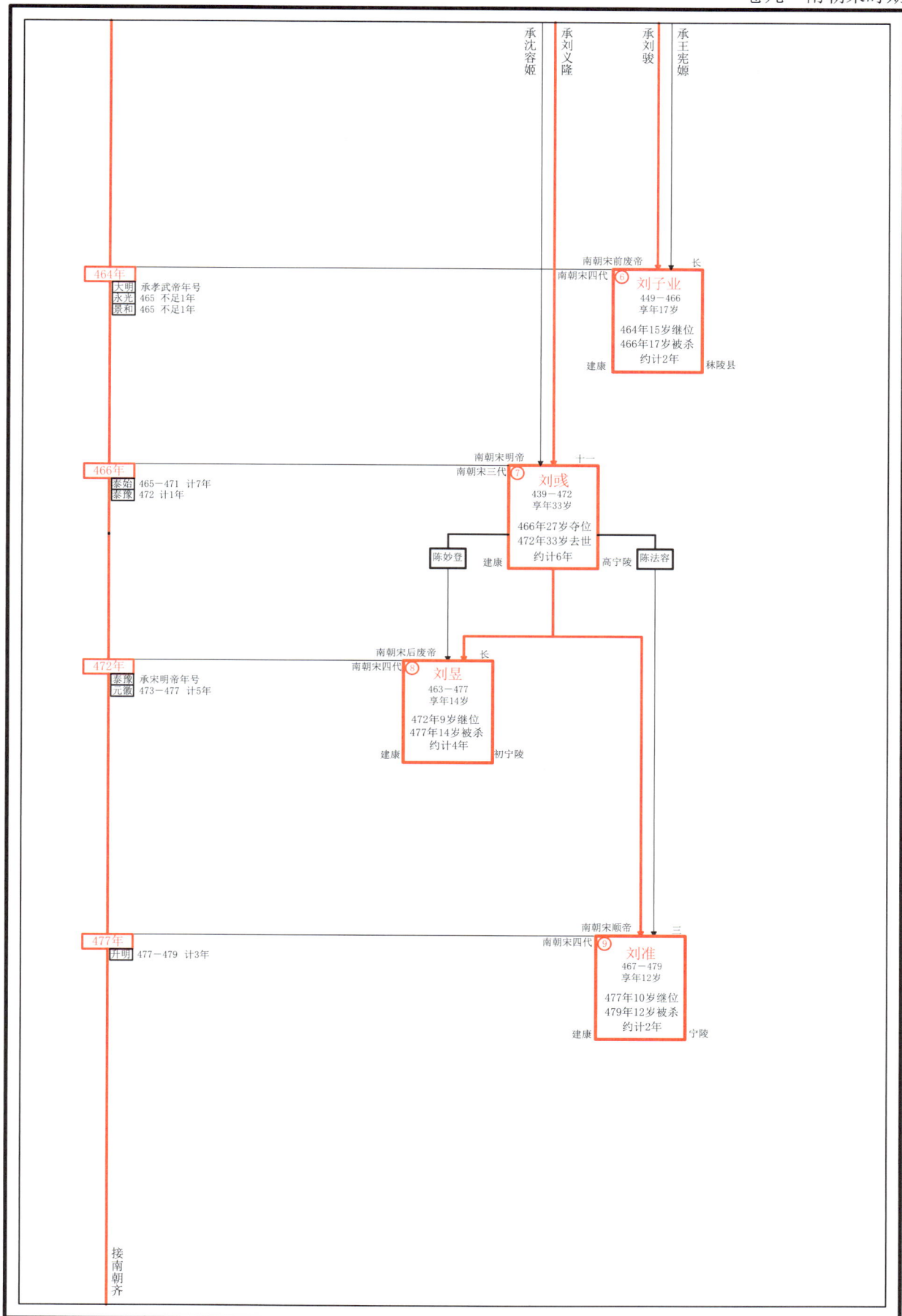

承沈容姬　承刘义隆　承刘骏　承王宪嫄

南朝宋前废帝　长
南朝宋四代　⑥ 刘子业
449－466
享年17岁

464年15岁继位
466年17岁被杀
约计2年

建康　秣陵县

464年
大明
永光　465 不足1年
景和　465 不足1年
承孝武帝年号

466年
泰始　465－471　计7年
泰豫　472　计1年

南朝宋明帝　十一
南朝宋三代　⑦ 刘彧
439－472
享年33岁

466年27岁夺位
472年33岁去世
约计6年

陈妙登　建康　高宁陵　陈法容

472年
泰豫
元徽　473－477　计5年
承宋明帝年号

南朝宋后废帝　长
南朝宋四代　⑧ 刘昱
463－477
享年14岁

472年9岁继位
477年14岁被杀
约计4年

建康　初宁陵

477年
升明　477－479　计3年

南朝宋顺帝　三
南朝宋四代　⑨ 刘准
467－479
享年12岁

477年10岁继位
479年12岁被杀
约计2年

建康　宁陵

接南朝齐

（一）【南朝齐高帝·萧道成】

萧道成（公元427年－482年），字绍伯，小名斗将，祖籍东海郡兰陵县（今山东临沂）人，南朝齐开国皇帝。自称是西汉丞相萧何二十四世孙，然考据不足。其父为刘宋右军将军萧承之，母为陈道正。

萧道成少时师从名儒雷次宗，性情深沉，通习经史。宋明帝时在平定桂阳王刘休范叛乱后掌握禁军，与尚书令袁粲、中书令褚渊、丹阳尹刘秉等人号称"四贵"。

公元477年，萧道成杀宋后废帝刘昱，立顺帝刘准，公元479年，逼迫刘准禅让夺位，建国，号齐，史称南齐。

萧道成广览经史，能文擅书，喜爱围棋，曾著有《齐高棋图》二卷，是史载首位亲著围棋书的皇帝。公元482年去世，年五十五岁。

（二）【南朝齐武帝·萧赜（zé）】

萧赜（公元440年－493年），字宣远，小名龙儿，南朝齐第二位皇帝，萧道成长子，母为高昭皇后刘智容。公元479年被立为皇太子。公元482年继位，改元永明。

萧赜在位期间，与北魏通好，边境比较安定。清平的统治手段使江南经济也有了一定的发展，社会也暂时安定。公元493年去世，年五十三岁。

（三）【南朝齐文帝·萧昭业】

萧昭业（公元473年－494年），字元尚，小字法身，萧赜长孙，父为萧赜之子萧长懋（mào），母王宝明（追封为文安皇后），南齐第三位皇帝。

公元493年继位，年号隆昌。即位后与庶母霍氏通奸，生活奢靡，无国君之态，还在丧期就恢复宴乐。公元494年被萧鸾杀死，在位一年，葬处不明。

（四）【南朝齐废帝·萧昭文】

萧昭文（公元480年－494年），字季尚，萧赜之孙，萧长懋次子，萧昭业异母弟，母为宫人许氏。南朝齐第四位皇帝，在位七十五天。

西昌侯萧鸾弑萧昭业立萧昭文，但朝政完全由萧鸾掌握。仅七十五天即被废为海陵王，不久被杀，年十四岁。萧鸾自立为帝。

（五）【南朝齐明帝·萧鸾】

萧鸾（公元452年－498年），字景栖，小名玄度，南朝齐第五位皇帝。萧承之之孙、萧道生之子，萧道成之侄、齐武帝萧赜堂弟。

萧鸾少年丧父，由萧道成抚养。萧赜临终托孤拜为尚书令。建武元年自立为帝，整治吏政，信用典签，监视诸王，将萧道成与萧赜的子孙屠戮殆尽。晚年病重，崇信道教与厌胜之术。公元498年去世，年四十六岁。

南朝齐

【南朝齐简介】
　　齐朝是南朝四个朝代中存在时间最短的，仅存二十三年（479－501）。
　　萧道成夺位四年后去世，长子萧赜（zé）继位，相对稳定地发展了几年。但到第五任皇帝萧鸾继位后又走南朝宋的覆辙。至公元501年萧宝卷时，萧道成堂弟萧衍起兵废萧宝卷立萧宝融，后又废萧宝融，自立为梁，南朝齐灭亡。

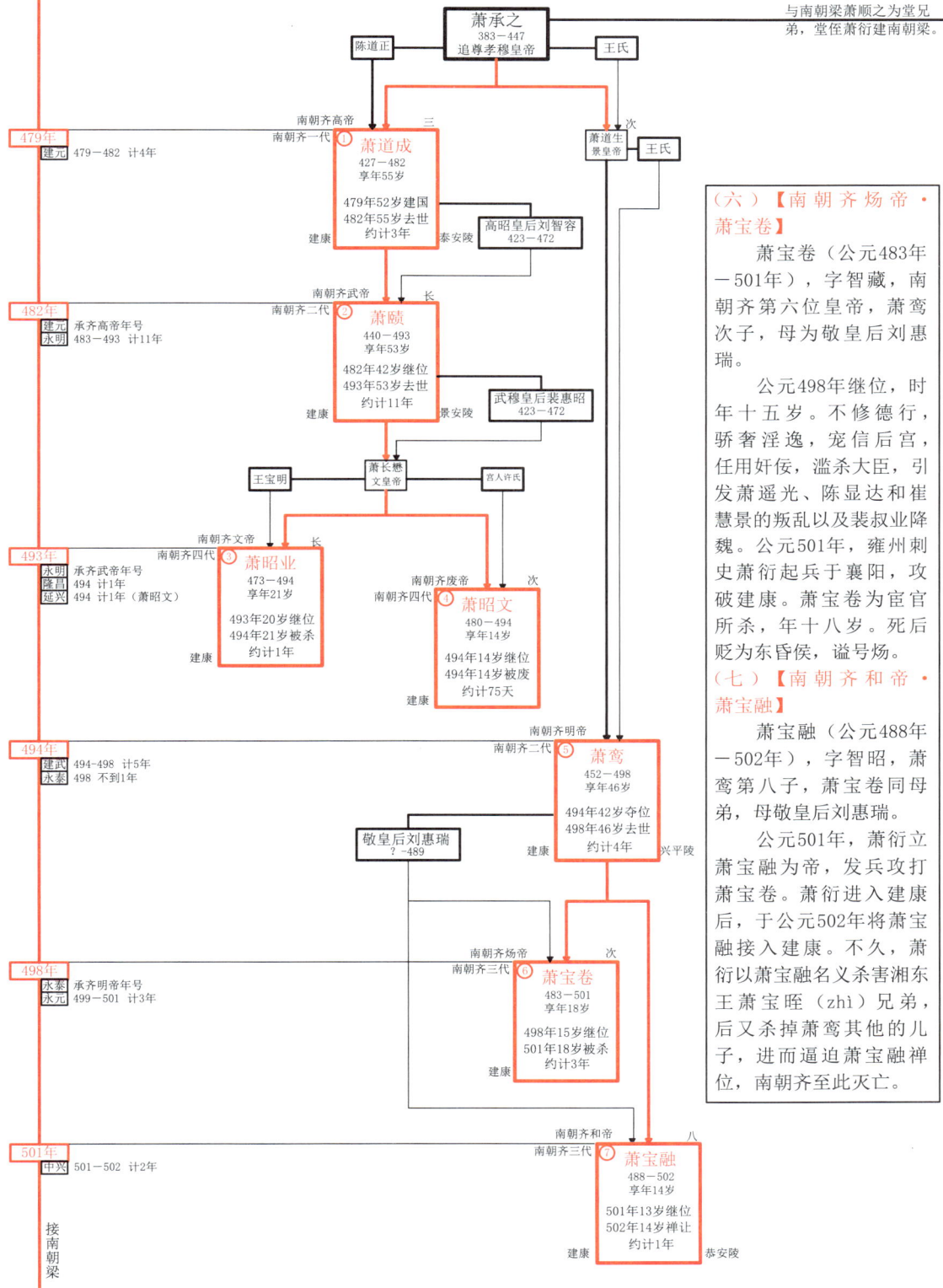

萧承之
383－447
追尊孝穆皇帝

陈道正　　王氏

与南朝梁萧顺之为堂兄弟，堂侄萧衍建南朝梁。

479年
建元　479－482　计4年

南朝齐高帝
南朝齐一代
① 萧道成
427－482
享年55岁

479年52岁建国
482年55岁去世
约计3年

建康　泰安陵

高昭皇后刘智容
423－472

三

萧道生
景皇帝　王氏

次

（六）【南朝齐炀帝·萧宝卷】
　　萧宝卷（公元483年－501年），字智藏，南朝齐第六位皇帝，萧鸾次子，母为敬皇后刘惠瑞。

　　公元498年继位，时年十五岁。不修德行，骄奢淫逸，宠信后宫，任用奸佞，滥杀大臣，引发萧遥光、陈显达和崔慧景的叛乱以及裴叔业降魏。公元501年，雍州刺史萧衍起兵于襄阳，攻破建康。萧宝卷为宦官所杀，年十八岁。死后贬为东昏侯，谥号炀。

482年
建元　承齐高帝年号
永明　483－493　计11年

南朝齐武帝
南朝齐二代
② 萧赜
440－493
享年53岁

482年42岁继位
493年53岁去世
约计11年

建康　景安陵

长

武穆皇后裴惠昭
423－472

（七）【南朝齐和帝·萧宝融】
　　萧宝融（公元488年－502年），字智昭，萧鸾第八子，萧宝卷同母弟，母敬皇后刘惠瑞。

　　公元501年，萧衍立萧宝融为帝，发兵攻打萧宝卷。萧衍进入建康后，于公元502年将萧宝融接入建康。不久，萧衍以萧宝融名义杀害湘东王萧宝晊（zhì）兄弟，后又杀掉萧鸾其他的儿子，进而逼迫萧宝融禅位，南朝齐至此灭亡。

萧长懋
文皇帝

王宝明　　　　宫人许氏

493年
永明　承齐武帝年号
隆昌　494　计1年
延兴　494　计1年（萧昭文）

南朝齐文帝
南朝齐四代
③ 萧昭业
473－494
享年21岁

493年20岁继位
494年21岁被杀
约计1年

建康

长

南朝齐废帝
南朝齐四代
④ 萧昭文
480－494
享年14岁

494年14岁继位
494年14岁被废
约计75天

建康

次

494年
建武　494－498　计5年
永泰　498　不到1年

南朝齐明帝
南朝齐二代
⑤ 萧鸾
452－498
享年46岁

494年42岁夺位
498年46岁去世
约计4年

建康　兴平陵

敬皇后刘惠瑞
？－489

498年
永泰　承齐明帝年号
永元　499－501　计3年

南朝齐炀帝
南朝齐三代
⑥ 萧宝卷
483－501
享年18岁

498年15岁继位
501年18岁被杀
约计3年

建康

次

501年
中兴　501－502　计2年

南朝齐和帝
南朝齐三代
⑦ 萧宝融
488－502
享年14岁

501年13岁继位
502年14岁禅让
约计1年

建康　恭安陵

八

（一）【南朝梁武帝·萧衍】

萧衍（公元464年－549年），字叔达，小字练儿。南兰陵郡武进县东城里（今江苏丹阳访仙镇）人。南朝梁的建立者。据称为西汉相国萧何二十五世孙，待考。

公元502年，接受南朝齐萧宝融"禅位"，建立南朝梁。统治初期，萧衍留心政务，对宋、齐以来的种种弊端有所纠正。为使各州郡置于自己的控制之下，他采取了更换异己、任用亲信，兼以讨伐的方针。对门阀世族尽可能地恢复他们的尊崇地位，宽待宗室。在位四十七年，在南朝诸帝中位列第一。晚期沉溺佛教，使朝廷内外充满伪善。公元548年，投降南梁的东魏大将侯景叛乱，最终被逼困并饿死于台城。

萧衍博通文史，为"竟陵八友"之一，钦令编《通史》并亲自撰写赞序。

（二）【南朝梁简文帝·萧纲】

萧纲（公元503年－551年），字世缵（zuǎn），小字六通，萧衍第三子，萧统同母弟，母为贵嫔丁令光，南朝梁的第二位皇帝。因长兄萧统早死，故被萧衍立为太子。

侯景之乱时，其父梁武帝萧衍被囚饿死，萧纲继位。公元551年，同样被侯景废黜为晋安王，不久被害，时年四十八岁，葬于庄陵。

萧纲是个文学家，其诗作风格开创了宫体诗流派。

（三）【南朝梁淮阴王·萧栋】

萧栋（?－552年），字元吉，南朝梁的第三位皇帝。萧衍曾孙、昭明太子萧统之孙、萧欢之子。史称淮阴王。

公元551年，侯景废萧纲后，立萧栋为皇帝，改元天正；四个月后，侯景又废萧栋为淮阴王并自立为"汉皇帝"。侯景将萧栋与其兄弟囚于密室。梁元帝萧绎收复都城后，萧栋与其兄弟逃出，但又被萧绎派人将其沉入水中杀害。

【南朝梁其他人物】

【昭明太子·萧统】

萧统（公元501年－531年），字德施，小字维摩。萧衍长子。早逝，后世称为昭明太子。曾主持编撰中国最早的汉族诗文总集，史称《昭明文选》。

【南朝梁前废帝·萧正德】

萧正德（?－549年），字公和。萧顺之之孙，萧宏第三子，萧衍之侄。

凶残邪恶，喜交结亡命，初为萧衍养子，萧统出生后归宗。曾叛逃北魏，后又回朝。侯景之乱后自立为帝，为侯景所废。公元549年亦为侯景所杀。

承南朝齐

南朝梁

【南朝梁简介】

　　南朝梁的建立者萧衍本是南齐的宗室，与南朝齐萧道成为堂兄弟。

　　萧衍原是南朝齐的雍州刺史，他乘南齐朝廷内乱起兵夺位。因萧衍封地在古梁郡，故定国号为梁，又因皇室姓萧，故又称萧梁。萧衍在位期间，北魏衰落分裂为东西魏。公元557年在战争中发展起来的陈霸先率军灭亡南朝梁，建立了南朝陈。

与南朝齐萧承之为堂兄弟

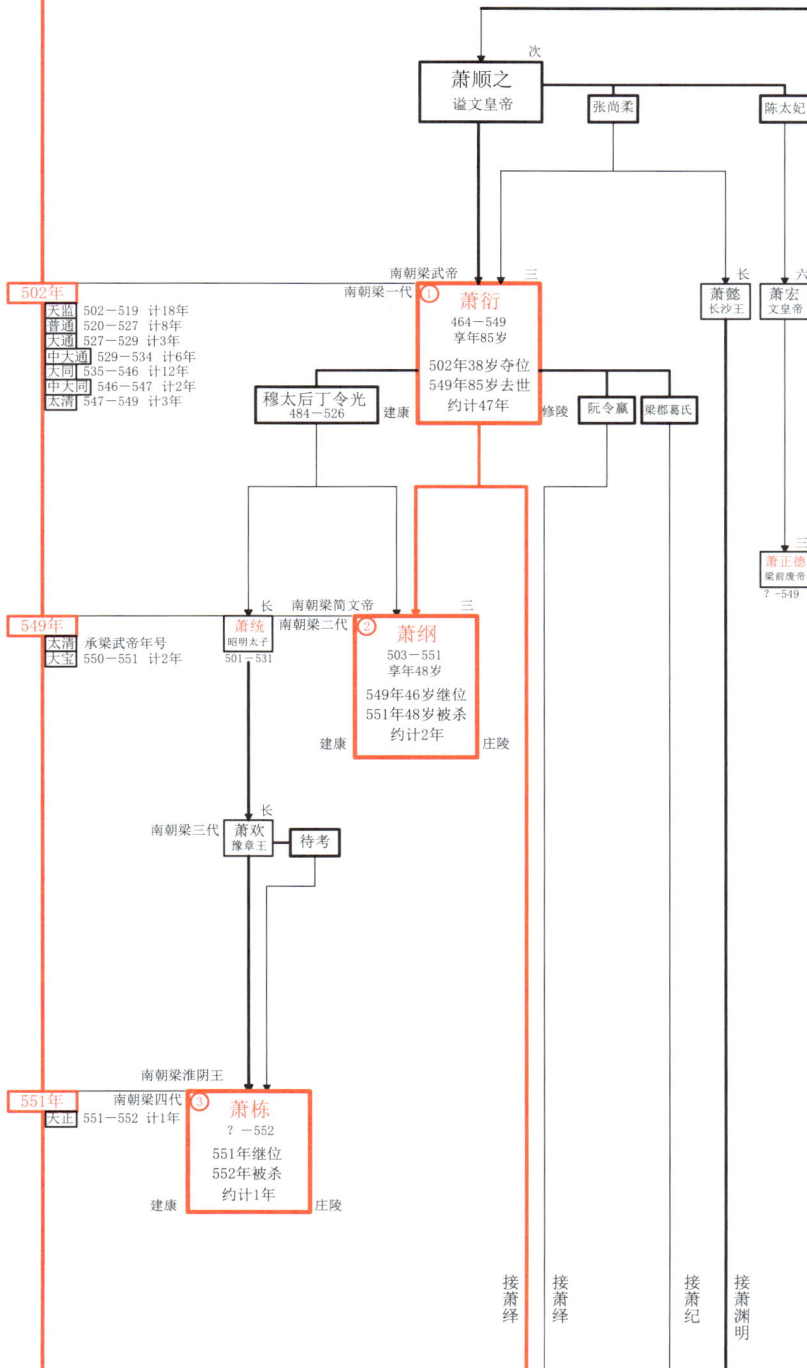

次
萧顺之
谥文皇帝

张尚柔

陈太妃

【汉国皇帝·侯景】

　　侯景（公元503年－552年），本姓侯骨，字万景，今山西朔州人，羯族。剽悍好武，不良于行。初为怀朔镇兵。北魏末年，各边镇为反抗北魏统治爆发六镇起义，侯景最初投靠尔朱荣，随其平定葛荣起义，拜定州刺史。后投靠东魏权臣高欢，拜吏部尚书，迁河南尹。

　　公元547年，率部投靠梁朝，梁武帝萧衍拜为豫州刺史，驻守寿阳。公元548年，起兵叛梁进攻建康，史称太清之乱。公元551年，在杀死梁武帝萧衍、简文帝萧纲和豫章王萧欢后，先立萧栋为帝，旋即废之自己称帝，建立汉国。后梁元帝萧绎平定侯景之乱。侯景为部下所杀。

南朝梁武帝
南朝梁一代
三
① 萧衍
464－549
享年85岁
502年38岁夺位
549年85岁去世
约计47年

502年
大监　502－519　计18年
普通　520－527　计8年
大通　527－529　计3年
中大通　529－534　计6年
大同　535－546　计12年
中大同　546－547　计2年
太清　547－549　计3年

长
萧懿
长沙王

六
萧宏
文皇帝

穆太后丁令光
484－526

建康

修陵

阮令赢

梁郡葛氏

三
萧正德
梁前废帝
? －549

长
萧统
昭明太子
501－531
南朝梁简文帝
南朝梁二代

三
② 萧纲
503－551
享年48岁
549年46岁继位
551年48岁被杀
约计2年

549年
太清　承梁武帝年号
大宝　550－551　计2年

建康

庄陵

长
萧欢
豫章王
南朝梁三代

待考

南朝梁淮阴王
南朝梁四代
③ 萧栋
? －552
551年继位
552年被杀
约计1年

551年
大正　551－552　计1年

建康

庄陵

汉国皇帝
侯景
503－552
享年49岁
551年48岁篡位
552年49岁被杀
约计1年

建康

接萧绎

接萧绎

接萧纪

接萧渊明

（四）【南朝梁元帝·萧绎（yì）】

萧绎（公元508年－555年），字世诚，小字七符，自号金楼子，南朝梁的第四位皇帝。萧衍第七子，萧纲之弟，母为阮令嬴。早年因病导致一目失明。

候景叛乱时，萧绎以荆州刺史之任，率王僧辩与陈霸先打败了侯景，却拒绝返回建康践极，故在江陵称帝。后为消灭益州的萧纪，请求西魏出兵。西魏则趁机使益州沦落。

公元554年，西魏宇文泰命大军进攻江陵。萧绎战败投降，后为萧统之子堂侄萧詧（chá）以土袋闷死。

萧绎爱好读书，据他自己说"四十六岁，自聚书来四十年，得书八万卷"，自称为"韬于文士，愧于武夫"。然皆毁于兵火，是中华文化一大损失。

（五）【南朝梁闵皇帝·萧渊明】

萧渊明（?－556年），字靖通。南朝梁的第五位皇帝，萧顺之之孙，萧懿之子，萧衍之侄。

公元554年，堂兄萧绎为西魏所杀。在北齐高洋和南梁太尉王僧辩支持下称帝，年号天成。后不久被陈霸先发动兵变退位。公元556年，因毒疮发作而死。

（六）【南朝梁敬帝·萧方智】

萧方智（公元543年－558年），字慧相，小字法真。南朝梁末代皇帝，萧绎第九子，母为夏贤妃。

公元554年，萧绎遇害，由王僧辩和陈霸先立其为嗣君，后入朝监国。公元555年，在北齐干预下，王僧辩拥立萧渊明为帝。同年九月，陈霸先袭杀王僧辩，废黜萧渊明，拥立萧方智为帝，年号绍泰。

公元557年，禅位于陈霸先，梁朝灭亡，降为江阴王。

公元558年遇害。

【南朝梁相关人物】

【南朝梁后废帝·萧纪】

萧纪（公元508年－553年），字世询，小字大智。萧衍第八子，梁元帝萧绎之弟。

自小勤学不好轻华，封武陵郡王。侯景之乱后和萧绎争夺帝位，于成都称帝，受到西魏和萧绎的讨伐。

公元553年，父子均为游击将军樊猛所杀，年四十五岁。

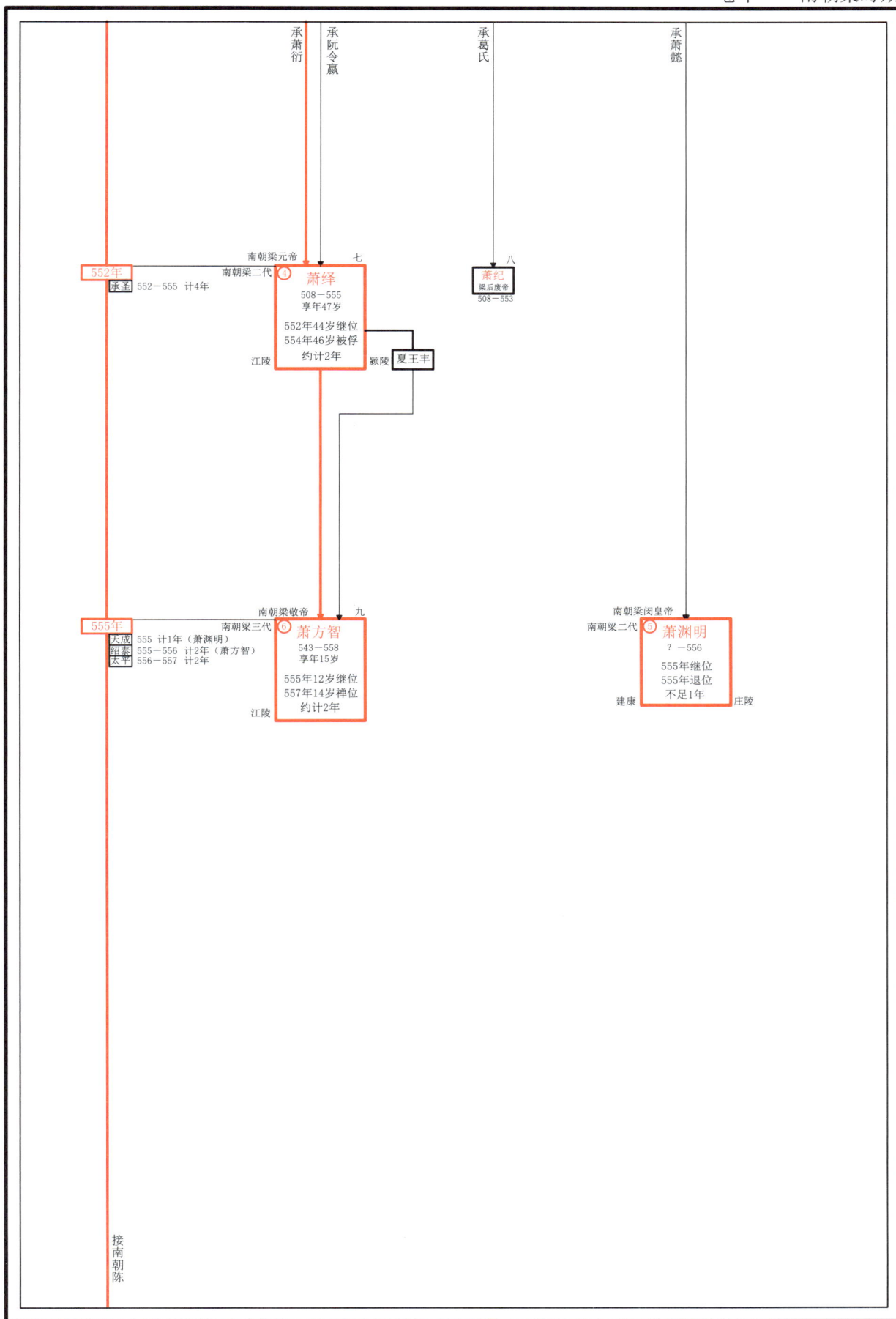

承萧衍　承阮令嬴　　　　承葛氏　　　　　　承萧懿

南朝梁元帝　　　七
南朝梁二代 ④ **萧绎**
552年　　　508－555
承圣 552－555 计4年　享年47岁

552年44岁继位
554年46岁被俘
江陵　　颖陵　夏王丰　约计2年

八
萧纪
梁后废帝
508－553

南朝梁敬帝　　　九
南朝梁三代 ⑥ **萧方智**
555年　　　543－558
大成 555 计1年（萧渊明）　享年15岁
绍泰 555－556 计2年（萧方智）
太平 556－557 计2年　555年12岁继位
557年14岁禅位
江陵　　　约计2年

南朝梁闵皇帝
南朝梁二代 ⑤ **萧渊明**
? －556

555年继位
555年退位
建康　　不足1年　　庄陵

接南朝陈

（一）【南朝陈武帝·陈霸先】

陈霸先（公元503年－559年），字兴国，小字法生，吴兴人（今浙江长兴），祖籍颍川（今河南禹州），自称为汉代陈寔（shí）之后，然考据不足。南朝陈开国皇帝。

本为南朝梁大将。公元544年，广州兵乱，陈霸先一战解围，受到萧衍重视，任为交州司马，前往交州（今越南北部）讨伐擅自建国并称帝的李贲。

侯景之乱时，陈霸先立即赴援，与王僧辩在建康摧毁侯景势力。后陈霸先奉命镇守京口（今江苏镇江），王僧辩镇守建康。

公元554年，萧绎被西魏所杀。陈霸先与王僧辩共同迎萧方智至建康准备称帝。然北齐暗助王僧辩拥萧渊明继位。陈霸先于是在京口举兵铲除王僧辩，废萧渊明立萧方智。后于公元557年受禅称帝。公元559年去世，年五十六岁。

（二）【南朝陈文帝·陈蒨（qiàn）】

陈蒨（公元520年－566年），一作茜，又名昙蒨、荃菺（jiān），字子华。陈霸先之侄，陈道谭长子，陈顼长兄，南朝陈第二位皇帝。

公元559年，陈霸先去世，因其诸子多早夭，唯宣皇后章要儿之子陈昌为衡阳王，然被名将侯安都溺毙，故召陈蒨还朝立为帝，改元天嘉。

在位时期，励精图治，整顿吏治，注重农桑，兴修水利，使江南经济得到一定的恢复。当时陈朝政治清明，百姓富裕，国势比较强盛。是南朝历代皇帝中难得一见的有为之君。公元566年去世，遗诏皇太子陈伯宗继承帝位。

（三）【南朝陈废帝·陈伯宗】

陈伯宗（公元552年－570年），字奉业，小字药王，陈蒨嫡长子，母安德皇后沈妙容，南朝陈第三位皇帝。

公元566年即皇帝位，由于年幼，以叔父陈顼都督中外诸军事，朝政都为陈顼所掌握。公元568年，陈顼废陈伯宗为自立为帝。公元570年去世，年十八岁。

（四）【南朝陈宣帝·陈顼】

陈顼（公元530年－582年），又名陈昙顼（tán xū），字绍世，小字师利，陈霸先之侄，陈道谭次子，陈蒨之弟。南朝陈第四位皇帝。

公元566年，陈蒨去世，陈伯宗继位，陈顼成为辅佐大臣。公元568年，陈顼废陈伯宗，自立为帝。

在位期间，兴修水利，开垦荒地，社会经济得到了一定的恢复与发展。公元573年派兵北伐，但所占土地在公元577年复被北周夺走。

陈顼在位期间，国家比较安定，政治也较为清明。公元582年去世，终年五十二岁，葬于显宁陵（今南京市西善桥油坊村罐子山北麓）。

承南朝梁

南朝陈

【南朝陈简介】

南朝梁将领陈霸先，借平定侯景之乱之机取得摄政大权，废梁敬帝萧方智自立，建立陈朝。

陈朝时南方因多年战乱，经济严重破坏。陈霸先先后消灭了王僧辩、王僧智等反对势力，巩固了统治。但国力衰微，北方的北齐和北周趁虚占据了大片土地，陈朝只局限于长江以南，宜昌以东的区域。

公元583年，陈叔宝即位时北方已被隋统一。公元589年，隋文帝杨坚派晋王杨广统一了南方，南朝陈灭亡。自此结束了中国自西晋末年以来南北分裂的局面。

上承晋朝太尉陈準十一世，然考据不足，不录。

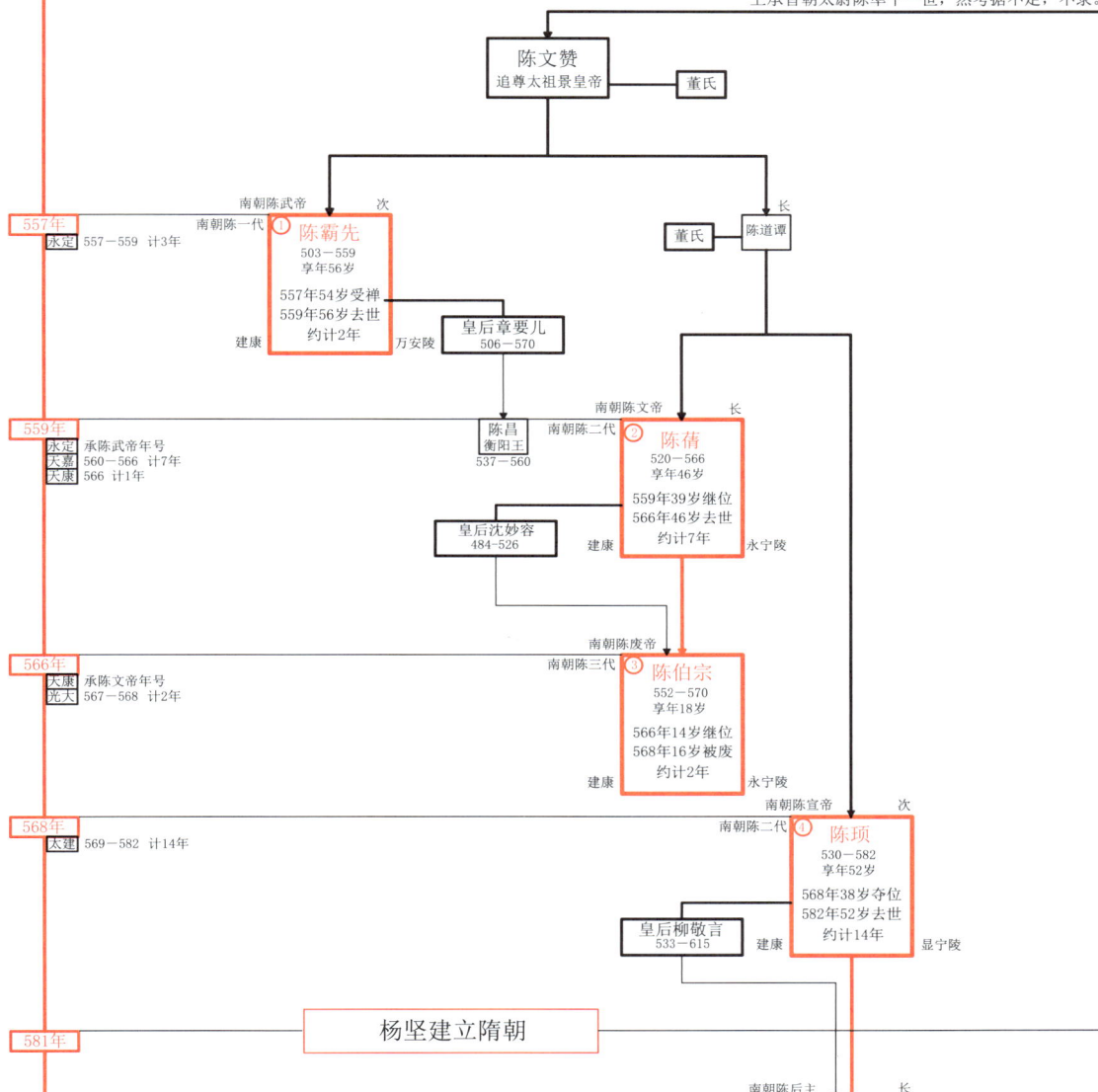

陈文赞
追尊太祖景皇帝 ── 董氏

557年
永定　557—559 计3年

南朝陈武帝　　　　　次
南朝陈一代
① 陈霸先
503—559
享年56岁
557年54岁受禅
559年56岁去世
约计2年
建康　万安陵

皇后章要儿
506—570

董氏 ── 陈道谭　长

陈昌
衡阳王
537—560

559年
永定　560—566 计7年
天嘉
天康　566 计1年
承陈武帝年号

南朝陈文帝　　　　　长
南朝陈二代
② 陈蒨
520—566
享年46岁
559年39岁继位
566年46岁去世
约计7年
建康　永宁陵

皇后沈妙容
484—526

566年
大康
光大　567—568 计2年
承陈文帝年号

南朝陈废帝
南朝陈三代
③ 陈伯宗
552—570
享年18岁
566年14岁继位
568年16岁被废
约计2年
建康　永宁陵

568年
太建　569—582 计14年

南朝陈宣帝　　　　　次
南朝陈二代
④ 陈顼
530—582
享年52岁
568年38岁夺位
582年52岁去世
约计14年
建康　显宁陵

皇后柳敬言
533—615

581年

杨坚建立隋朝

582年
太建
至德　583—586 计4年
祯明　587—589 计3年
隋文帝开皇二年
承陈宣帝年号

南朝陈后主　　　　　长
南朝陈三代
⑤ 陈叔宝
553—604
享年51岁
582年29岁继位
589年36岁失位
约计7年
604年去世
建康　洛阳

（五）【南朝陈后主·陈叔宝】

陈叔宝（公元553年—604年），字元秀，小名黄奴，也是南朝陈最后一位皇帝。陈顼嫡长子，母为皇后柳敬言。

公元569年被立为皇太子。公元582年继位。在位期间荒废朝政，耽于酒色，醉心诗文和音乐。

公元589年，隋军大举南下，灭亡了陈朝。陈叔宝被掳至长安，受封长城县公。公元604年病死于洛阳，年五十一岁。葬于洛阳邙山。

接隋朝

2022·6·11

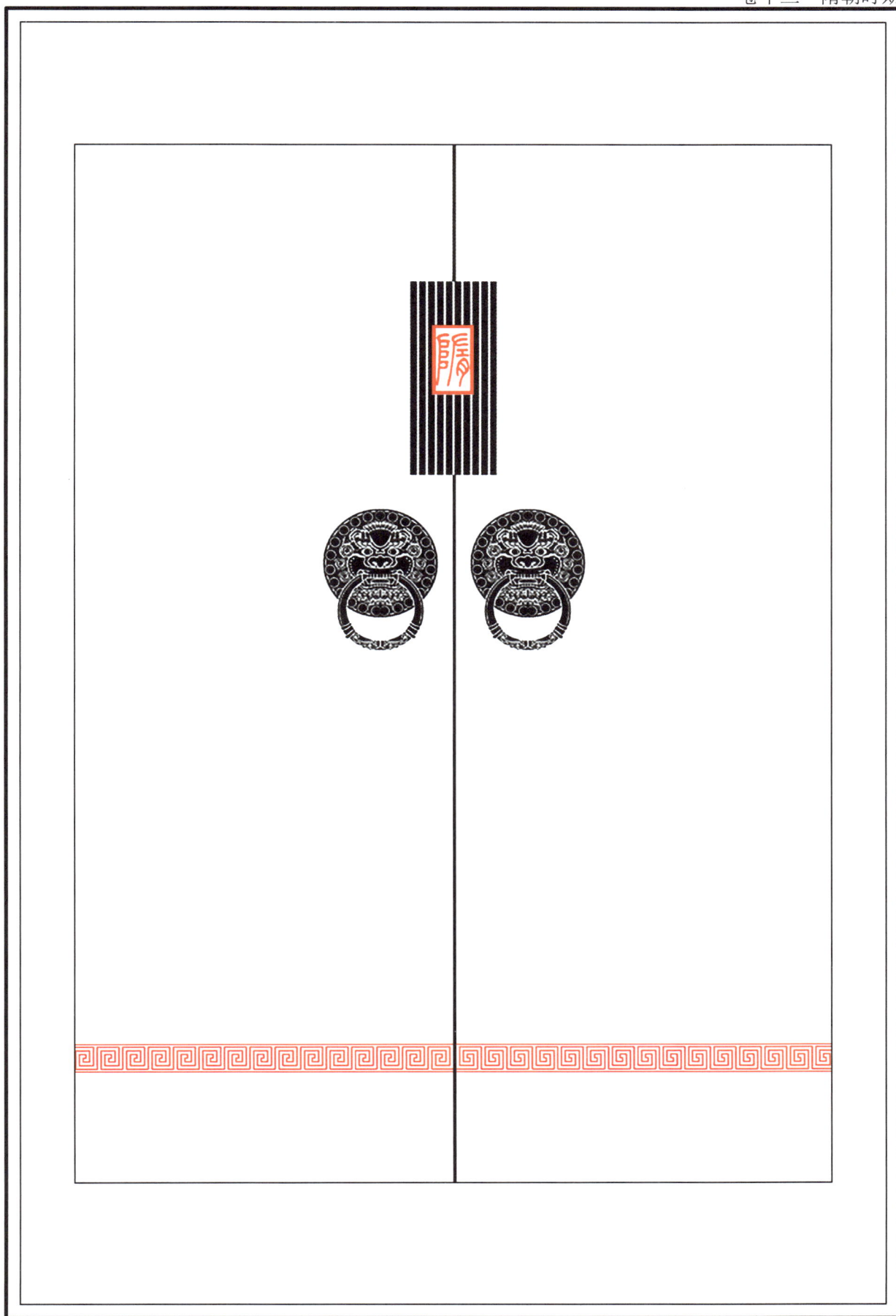

（一）【隋文帝·杨坚】

杨坚（公元541年－604年），小名奴奴，西魏政权的十二大将军之一，属鲜卑化的汉人。北周皇帝宇文泰因其军功赐姓普六茹氏。杨坚有鲜卑小字那罗延，建立隋朝后恢复杨氏。

公元581年，杨坚诱逼北周静帝宇文阐禅让为帝，改国号为隋。即位后修定刑律和制度，巩固中央集权。公元589年，南下平陈，统一大江南北。被北方少数民族尊称为"圣人可汗"。然晚期偏信皇后独孤伽（qié）罗氏，废长立幼。公元604年去世，年六十三岁。

（二）【隋炀帝·杨广】

杨广（公元569年－618年），本名杨英，字阿mó（注：阿mó应为鲜卑族读音，原汉字为上面麻字+下面女字，但现代汉字字库中无此字），也记作阿摐（chuāng）。隋朝第二位皇帝，杨坚与独孤伽罗嫡次子。

公元581年，册立为晋王，率军消灭陈朝。在其母参与下阴谋夺嫡，公元600年，册立为太子。公元604年即位。

在位期间，修大运河，迁都洛阳，改州为郡，改度量衡。数征吐谷（yù）浑与高句（gōu）丽，引发大范围农民起义，最终导致隋朝覆亡。公元618年，江都兵变，为宇文化及叛军所弒，年四十九岁。

（三）【隋恭帝·杨侑】

杨侑（公元605年－619年），隋朝第三位皇帝。杨广之孙，杨昭第三子，母为韦妃。

自幼聪明，气度非凡。初封陈王，后改封代王。公元617年，李渊攻入长安拥立为帝。公元618年被废，降封酅（xī）国公。公元619年去世，年十四岁。

（四）【隋皇泰主·杨侗】

杨侗（公元604年－619年），字仁谨，隋朝第四位皇帝，杨广之孙，杨昭次子，母刘良娣。

杨侗仪表俊美，秉性宽厚，初封越王。宇文化及弒杀隋炀帝后，被王世充扶持即位于洛阳，年号皇泰。公元619年，被迫禅位给王世充，降为潞国公，并退居于含凉殿，最终为王世充所害，年十五岁。

【隋天寿皇帝·杨浩】

杨浩（？－618年），隋朝皇帝，杨坚之孙，杨俊长子。

其母崔氏因毒杀杨俊获罪，杨浩因罪连坐。公元618年，宇文化及发动江都之变弒杀隋炀帝，拥立杨浩为帝。继位后随同叛军返回长安途中，为瓦岗军李密所败，终为宇文化及毒杀。

承
北
周

隋

【隋朝简介】

　　隋朝是上承南北朝，下启唐朝的大一统朝代。

　　公元581年，北周静帝宇文阐被迫将帝位禅让于杨坚，北周覆亡。杨坚因其父杨忠封为隋国公，故定国号为隋，定都大兴城（今陕西西安）。

　　公元589年南下灭陈，统一了中国，结束了自西晋末年以来长达近三百年的分裂局面。隋朝初期社会民生富庶、人民安居乐业、政治清明，开创了南北朝以来统一的繁荣局面，史称"开皇之治"。

　　公元604年，隋炀帝继位，迁都洛阳（今河南洛阳）。隋炀帝时期修建了贯通南北的大运河，但因过度消耗国力，引发民变和贵族的叛乱。

　　公元618年，宇文化及等人发动兵变，杀死了隋炀帝。

　　唐国公李渊在西安扶立隋炀帝杨广之子杨侑为隋恭帝，后又迫其禅位，建立了唐朝。

　　公元619年，由王世充拥立的皇泰主杨侗也被废，隋朝覆灭，国祚共三十八年。

杨忠
507－568

吕苦桃

隋文帝　　长

581年
开皇　581－600 计20年
仁寿　601－604 计4年

一代 ①

杨坚
541－604
享年63岁
581年40岁建国
604年63岁去世
约计23年

长安　泰陵

皇后独孤伽罗
544－602

【隋朝相关人物】
【隋愍皇后·萧氏】

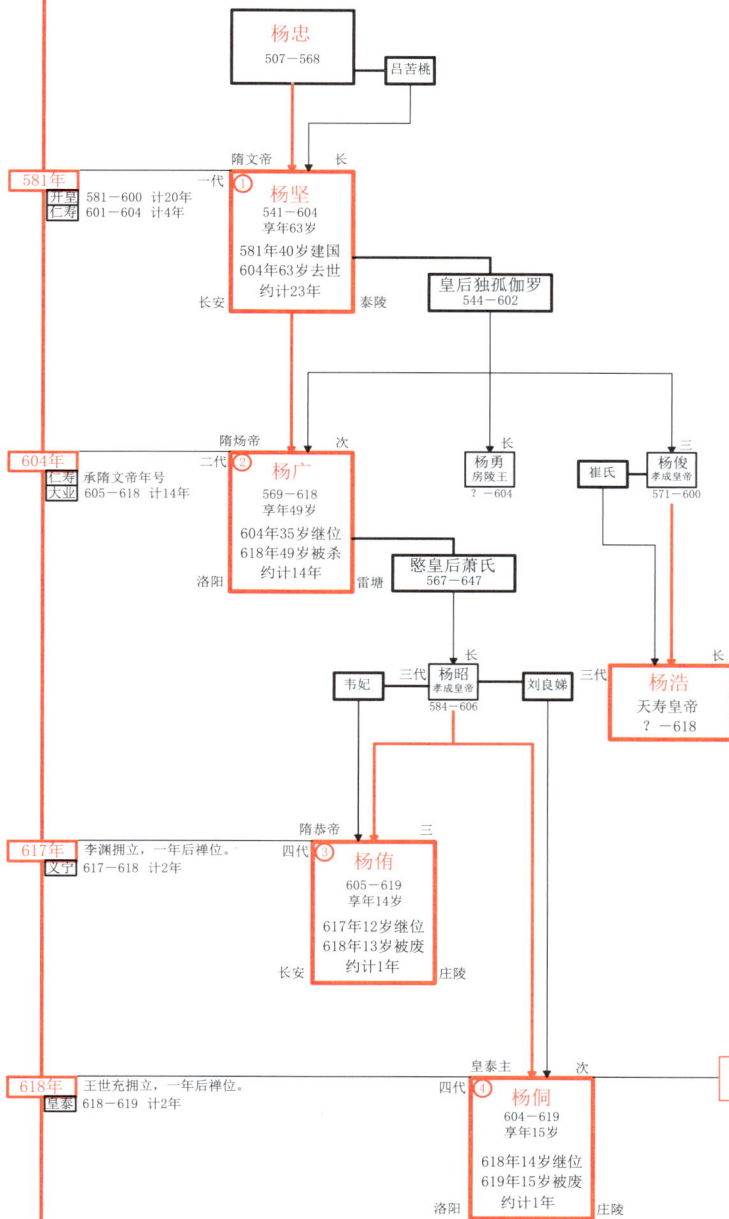

　　萧氏（公元567年－647年），南兰陵（今常州武进市）人。梁武帝萧衍后代，承昭明太子一脉，西魏扶立的西梁孝明帝萧岿之女。为杨广夺嫡立下汗马功劳。

　　杨广遇弑后带领幼孙杨政道和皇室诸女，辗转于宇文化及、窦建德等处，后去东突厥，依附嫁给突厥启民可汗的隋朝宗室之女义成公主，并拥立杨政道为主，定居定襄。李靖灭东突厥后迎回长安，居于兴道里。享年八十岁。

隋炀帝　　次

604年
仁寿　承隋文帝年号
大业　605－618 计14年

二代 ②

杨广
569－618
享年49岁
604年35岁继位
618年49岁被杀
约计14年

洛阳　雷塘

长
杨勇
房陵王
？－604

三
杨俊
孝成皇帝
571－600

崔氏

愍皇后萧氏
567－647

韦妃　　三代

杨昭
孝成皇帝
584－606　长

刘良娣　三代

杨浩
天寿皇帝
？－618　长

隋恭帝　　三

617年
义宁　李渊拥立，一年后禅位。
617－618 计2年

四代 ④

杨侑
605－619
享年14岁
617年12岁继位
618年13岁被废
约计1年

长安　庄陵

皇泰主　　次

618年
皇泰　王世充拥立，一年后禅位。
618－619 计2年

李渊建立唐朝

四代 ④

杨侗
604－619
享年15岁
618年14岁继位
619年15岁被废
约计1年

洛阳　庄陵

接
唐
朝

2022·6·11

（一）【唐高祖·李渊】

李渊（公元566年－635年），字叔德，陇西成纪（今甘肃秦安）人。唐朝开国皇帝。出身北周关陇贵族家庭，隋朝时封唐国公。其母独孤氏与北周明敬皇后、隋朝文献皇后为姐妹。曾击破毋（wú）端儿起义，抵御突厥的入侵。公元617年升任隋朝太原留守。

后趁隋朝土崩瓦解之时，起兵于晋阳，建大将军府，攻取长安。拥立隋炀帝之孙代王杨侑为帝，遥尊隋炀帝为太上皇，自领大丞相，加封唐王。隋炀帝遇弑后，逼迫杨侑禅位建立唐朝，年号武德。

其子秦王李世民先后击败陇西的李轨和薛举父子、击退并州的刘武周和宋金刚、擒获王世充和窦建德。公元626年，册立李世民为皇太子，不久禅位，自称太上皇。

（二）【唐太宗·李世民】

李世民（公元598年－649年），唐朝第二位皇帝，李渊嫡次子，母亲为太穆皇后窦氏。生于武功别馆（今陕西武功县），少年从军，擅长骑射，十七岁便曾领兵在雁门关解救隋炀帝。

隋末首倡晋阳起兵，封为敦煌郡公，善于用兵。唐朝建立后封为秦王。公元626年，发动玄武门之变，除灭太子李建成、齐王李元吉，被立为太子。正式继位后开创了"贞观之治"。

在位期间，攻灭东突厥与薛延陀，征服高昌、龟兹、吐谷浑，重创高句丽，设立安西四镇，被北方各族共尊为"天可汗"，为后来唐朝一百多年的盛世奠定重要基础。在中国历史上享有重要地位，是著名的政治家。

爱好文学与书法，有诗作与书法墨迹传世。公元649年驾崩，在位二十三年，享年五十一岁。葬于昭陵。

（三）【唐高宗·李治】

李治（公元628年－683年），字为善，唐朝第三位皇帝，李世民第九子，嫡出第三子，其母为文德顺圣皇后长孙氏，与李承乾、李泰为同母兄弟。

因李承乾被废，李治被册立为太子。继位后勤于政事，百姓阜安，有贞观之遗风，被史家称为"永徽之治"。

纳唐太宗朝才人武则天入宫，后封为后。公元660年后因患风疾，影响政务，皇后武则天参与朝政。政权向武则天逐步转移。李治在位期间先后征灭西突厥、百济、高句丽，令唐朝版图为历朝最大。

公元683年去世，享年五十五岁，葬于乾陵。

【唐朝简介】
　　唐朝是继隋朝之后的大一统中原王朝，历二十一帝，享国共二百八十九年。
　　公元617年，隋朝的唐国公李渊于晋阳起兵，次年于长安称帝，建立唐朝。唐太宗李世民继位后开创了"贞观之治"。唐高宗李治承贞观遗风开创了"永徽之治"。
　　公元690年，武则天以周代唐，定都洛阳，史称武周，开创了"上承贞观，下启开元"的治世局面，为盛唐的出现奠定了基础。后来唐中宗李显复国号唐。
　　唐玄宗李隆基即位后开创了开元盛世。天宝末年经安史之乱后，藩镇割据、宦官专权等，导致国力渐衰。其后虽然又经历了如元和中兴、会昌中兴和大中之治等时代，国力稍振，但盛世已衰。
　　至公元878年，黄巢起义打破了统治根基。公元907年朱温篡唐，唐朝灭亡，中国从此进入五代十国时期。

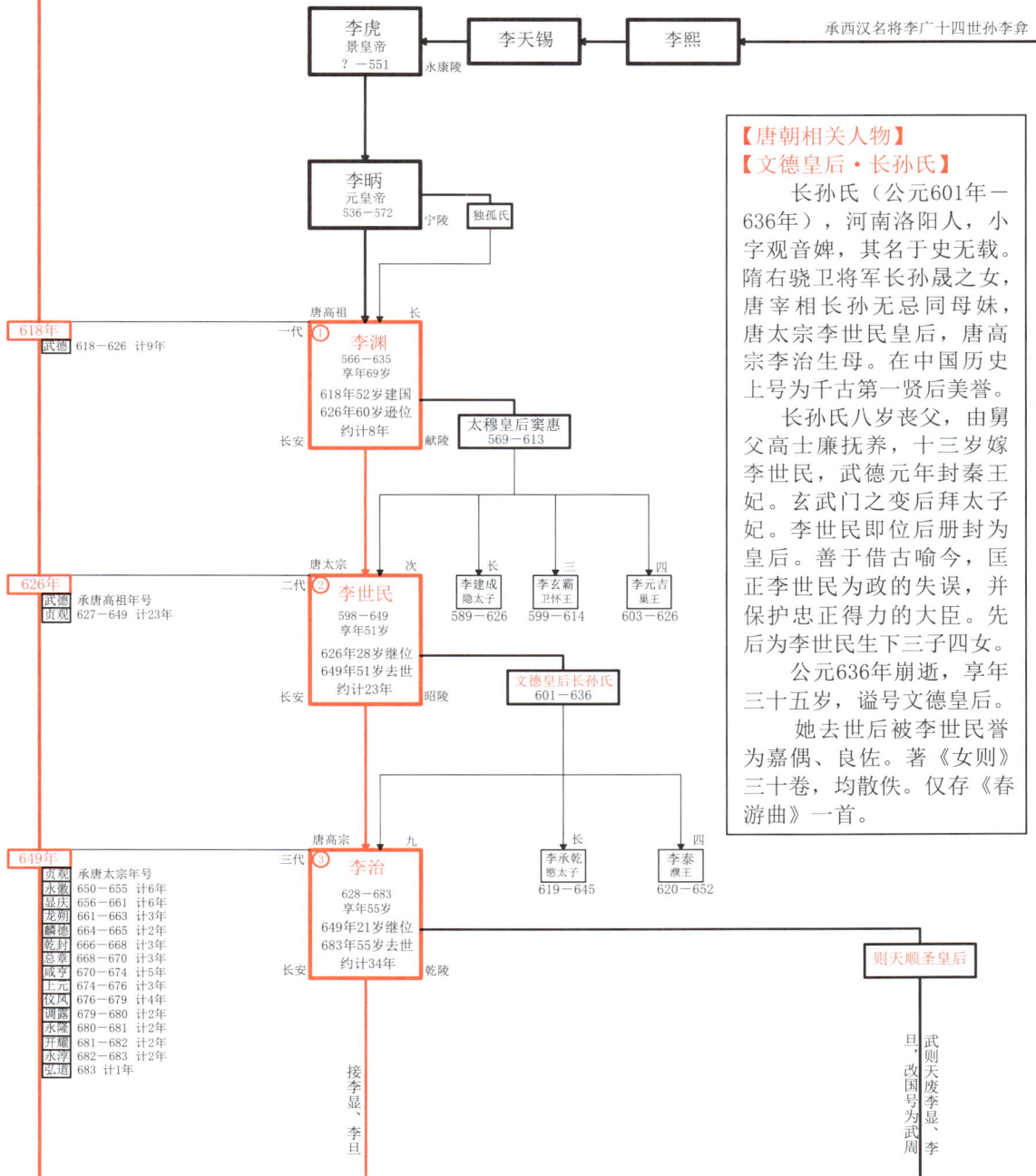

承隋朝

唐

承西汉名将李广十四世孙李弇

李虎
景皇帝
？－551
永康陵

李天锡

李熙

李昞
元皇帝
536－572
宁陵

独孤氏

【唐朝相关人物】
【文德皇后·长孙氏】
　　长孙氏（公元601年－636年），河南洛阳人，小字观音婢，其名于史无载。隋右骁卫将军长孙晟之女，唐宰相长孙无忌同母妹，唐太宗李世民皇后，唐高宗李治生母。在中国历史上号为千古第一贤后美誉。
　　长孙氏八岁丧父，由舅父高士廉抚养，十三岁嫁李世民，武德元年封秦王妃。玄武门之变后拜太子妃。李世民即位后册封为皇后。善于借古喻今，匡正李世民为政的失误，并保护忠正得力的大臣。先后为李世民生下三子四女。
　　公元636年崩逝，享年三十五岁，谥号文德皇后。
　　她去世后被李世民誉为嘉偶、良佐。著《女则》三十卷，均散佚。仅存《春游曲》一首。

618年
一代　唐高祖　长
武德　618－626　计9年

① 李渊
566－635
享年69岁
618年52岁建国
626年60岁逊位
约计8年
长安　献陵

太穆皇后窦惠
569－613

626年
二代　唐太宗　次
武德　承唐高祖年号
贞观　627－649　计23年

② 李世民
598－649
享年51岁
626年28岁继位
649年51岁去世
约计23年
长安　昭陵

李建成
隐太子
589－626　长

李玄霸
卫怀王
599－614　三

李元吉
巢王
603－626　四

文德皇后长孙氏
601－636

649年
三代　唐高宗　九
贞观　承唐太宗年号
永徽　650－655　计6年
显庆　656－661　计6年
龙朔　661－663　计3年
麟德　664－665　计2年
乾封　666－668　计3年
总章　668－670　计3年
咸亨　670－674　计5年
上元　674－676　计3年
仪凤　676－679　计4年
调露　679－680　计2年
永隆　680－681　计2年
开耀　681－682　计2年
永淳　682－683　计2年
弘道　683　计1年

③ 李治
628－683
享年55岁
649年21岁继位
683年55岁去世
约计34年
长安　乾陵

李承乾
愍太子
619－645　长

李泰
濮王
620－652　四

则天顺圣皇后

武则天废李显、李旦，改国号为武周

接李显、李旦

099

【武周皇帝·武则天】

武则天（公元624年－705年），自名武曌（zhào），并州文水（今山西文水）人。中国历史上唯一正式的女性皇帝，也是即位年龄最大（六十六岁）、寿命最长（八十一岁）的皇帝之一，与汉朝的吕后并称为"吕武"。

武则天为荆州都督武士彟（yuē）次女。十四岁进入后宫，为唐太宗才人，获赐号武媚。唐太宗去世后进感业寺修持，唐高宗时再次被选入宫中，初封昭仪，继封皇后，后尊为"天后"，与唐高宗李治并称"二圣"。

李治去世后以太后身份临朝，因不满其子唐中宗李显、唐睿宗李旦的执政能力，于公元690年自立为帝，改国号为周，定都洛阳。

武则天登极后，因遭到李姓宗室的强烈反抗，故用严酷手段杀害李唐宗室，大力兴起酷吏政治。其为人多权略，善用人，故贤才辈出。

公元705年病笃，宰相张柬之等发动"神龙革命"，拥唐中宗李显复辟，迫其退位。中宗复唐后，尊其为则天大圣皇帝。不久后去世，中宗遵遗命改称则天大圣皇后，并以皇后身份入葬高宗李治的乾陵。其后累谥为则天顺圣皇后。

武则天智略过人，兼涉文史，颇有诗才。有《垂拱集》《金轮集》，均已散佚。《全唐诗》存其诗四十六首。

（六）【唐玄宗·李隆基】

李隆基（公元685年－762年），唐朝第六位皇帝。唐高宗李治与武则天之孙，李旦第三子，故又称李三郎。母窦德妃（后追谥昭成皇后）。共在位四十四年，是唐朝在位时间最长的皇帝。

李隆基生性果断、多才艺通音律。

公元710年，李显去世后，韦氏继续弄权。李隆基与太平公主联手发动唐隆政变，诛杀李显的皇后韦氏一党，拥立其父李旦二次即位。公元712年，李旦禅位后称帝。

在位前期勤于政事，任用贤能，励精图治，开创了开元盛世。后期逐渐怠慢朝政、宠信奸臣，政策失误，导致了八年的"安史之乱"，使唐朝盛极而衰。

公元756年，太子李亨即位后尊为太上皇。公元762年病逝，年七十七岁，葬于泰陵。

清朝时为避康熙皇帝玄烨之讳，不称唐玄宗只称唐明皇。

李治与武则天共生四子：李弘、李贤、李显、李旦。二女：安定公主、太平公主。

承李治、武则天

承武则天

唐中宗 三	

四代 ④ 李显
656—710
享年54岁
683年27岁继位
684年28岁被废
约计1年
长安

长　李弘　孝敬皇帝　652—675
次　李贤　章怀太子　655—684
长女　安定公主　654—654
次女　太平公主　655—713

683年
嗣圣 684 约2月

684年
文明 684 计7月
光宅 684 计4月
垂拱 685—688 计4年
永昌 689 计11月
载初 689—690 计2年

唐睿宗 四
四代 ⑤ 李旦
662—716
享年54岁
684年22岁继位
690年28岁被废
约计6年
长安

690年
天授 690—692 计3年
如意 692 不足1年
长寿 692—694 计3年
延载 694 不足1年
证圣 695 不足1年
天册万岁 695 计2月
万岁登封 695—696 计2年
万岁通天 696—697 计2年
神功 697 不足1年
圣历 698—700 计3年
久视 700—701 计2年
大足 701 计1年
长安 701—704 计4年

二十年后复位

二十一年后复位

武周皇帝
武曌
624—705
享年81岁
690年66岁建周
705年81岁去世
约计15年
洛阳　乾陵

（四）【唐中宗·李显】
　　李显（公元656年－710年），原名李哲，唐朝第四位皇帝，李治第七子，武则天第三子。两度在位。
　　公元683年首次即位，武则天临朝称制。公元684年，因皇后韦氏干政被武则天废为庐陵王，迁于均州、房州等地。公元699年召还洛阳复立为皇太子。
　　公元705年复位。在位期间，恢复唐朝旧制，朝政虽有改观，但自身昏懦加之母悍妻厉，一直无法摆脱皇后韦氏的操控，公元710年，被皇后韦氏和亲女儿安乐公主李裹儿合谋毒死，年五十四岁。

705年
神龙 705—707 计3年
景龙 707—710 计4年

唐中宗（复位）三
四代 李显
656—710
享年54岁
705年49岁复位
710年54岁被杀
约计5年
长安　定陵

待考　韦皇后 ?—710　上官婉儿 664—710

（五）【唐睿宗·李旦】
　　李旦（公元662年－716年），初名李旭轮、李轮，唐朝第五位皇帝，唐高宗李治第八子，武则天第四子，唐中宗李显同母弟。
　　公元684年因李显被废而即位，武则天听政。武则天建立武周后被降为皇嗣囚禁于宫中。后参与神龙政变实现李唐光复。公元710年，其子隆基发动唐隆政变再次登极。公元712年禅位于李隆基，成为太上皇。公元716年病逝，年五十四岁，葬于桥陵。

唐殇帝 四
五代 李重茂
695—714
享年19岁
710年15岁继位
710年15岁被废
不足1年
长安　武功西原

710年
唐隆 710 计1年（李重茂）
景云 710—712 计3年（李旦）
太极 712 不足1年
延和 712 不足1年

唐睿宗（复位）四
四代 李旦
662—716
享年54岁
710年48岁复位
712年50岁禅位
约计2年
716年去世
长安　桥陵

昭成皇后窦氏 ?-693

【唐朝相关人物·李重茂】
　　李重茂，李显第四子，生母不详。
　　公元710年，李显死后被皇后韦氏立为皇帝，实为韦氏傀儡。历代均不承认其合法性。同年，李旦之子临淄王李隆基发动政变，诛杀韦后同党，李重茂被废。公元763年，章怀太子李贤之孙，邠（bīn）王李守礼之子广武王李承宏在吐蕃帮助下攻入长安，唐代宗李豫出逃，李承宏谮位称帝，尊李重茂庙号曰"恭宗"。

712年
先天 712—713 计2年
开元 713—741 约29年
天宝 742—756 约15年

唐玄宗 三
五代 ⑥ 李隆基
685—762
享年77岁
712年27岁继位
756年71岁禅位
约计44年
长安　泰陵

元献皇后杨氏 ?—729　刘华妃

接李亨　接李亨　接李琮

101

（七）【唐肃宗·李亨】

李亨（公元711年－762年），初名李嗣升，又名李浚、李玙、李绍，唐朝第七位皇帝，李隆基第三子，母为元献皇后杨氏。是第一个在京城外登基再入主长安的皇帝。

因李隆基太子李瑛在公元752年病死，公元738年李亨被立为太子。安史之乱时唐玄宗西逃，在马嵬坡为百姓所留，李亨被玄宗任为天下兵马大元帅负责平叛。后李亨分道北上至灵武，于公元756年在灵武即位，尊唐玄宗为太上皇，率唐军讨伐叛军，先后收复长安、洛阳两京。公元762年病逝，年五十一岁。

（八）【唐代宗·李豫】

李豫（公元727年－779年），初名李俶，李亨长子，唐朝第八位皇帝。安史之乱中，李豫以李亨名义先后收复失地。公元758年被立为皇太子。

公元762年李亨病危，皇后张氏想废李豫改立李系为帝。大臣李辅国、程元振派兵逮捕张皇后、李系，拥李豫即位。登极次年彻底平定安史之乱。后改革漕运、平抑物价，实现了社会安定。公元779崩逝，年五十二岁。

（九）【唐德宗·李适（kuò）】

李适（公元742年－805年），李豫长子，母为睿真皇后沈氏，唐朝第九位皇帝。

公元764年立为皇太子。李豫去世后继位。在位前期以强明自任，坚持信用文武百官，严禁宦官干政，废租庸调制，颇有中兴气象。后任用奸臣卢杞等人，在全国增收杂税致使民怨日深，又发动削藩战争，引发泾原兵变，出逃奉天（今陕西乾县），依靠西平王李晟（笔者第四十九代祖）平乱。后期委任宦官限制武将，导致军力下降。后联合回纥、南诏打击吐蕃，扭转了对吐蕃的战略劣势，为元和中兴创造了契机。公元805年崩逝，享年六十三岁。

（十）【唐顺宗·李诵】

李诵（公元761年－806年），唐德宗李适长子，母昭德皇后王氏，唐朝第十位皇帝。公元779年被立为太子。公元805年李适去世后继位。同年八月，禅位给太子李纯，自称太上皇。次年驾崩，年四十五岁。他的《顺宗实录》最为完整，作者为韩愈。

（十一）【唐宪宗·李纯】

李纯（公元778年－820年），本名李淳，李诵长子，母为庄献皇后王氏。唐朝第十一位皇帝。公元805年被立为太子，改名李纯，监国理政。登极后励精图治，重用贤良，改革弊政，勤勉政事，力图中兴，从而取得元和削藩的巨大成果，重振中央政府威望，史称"元和中兴"。公元820年崩逝，年四十二岁。

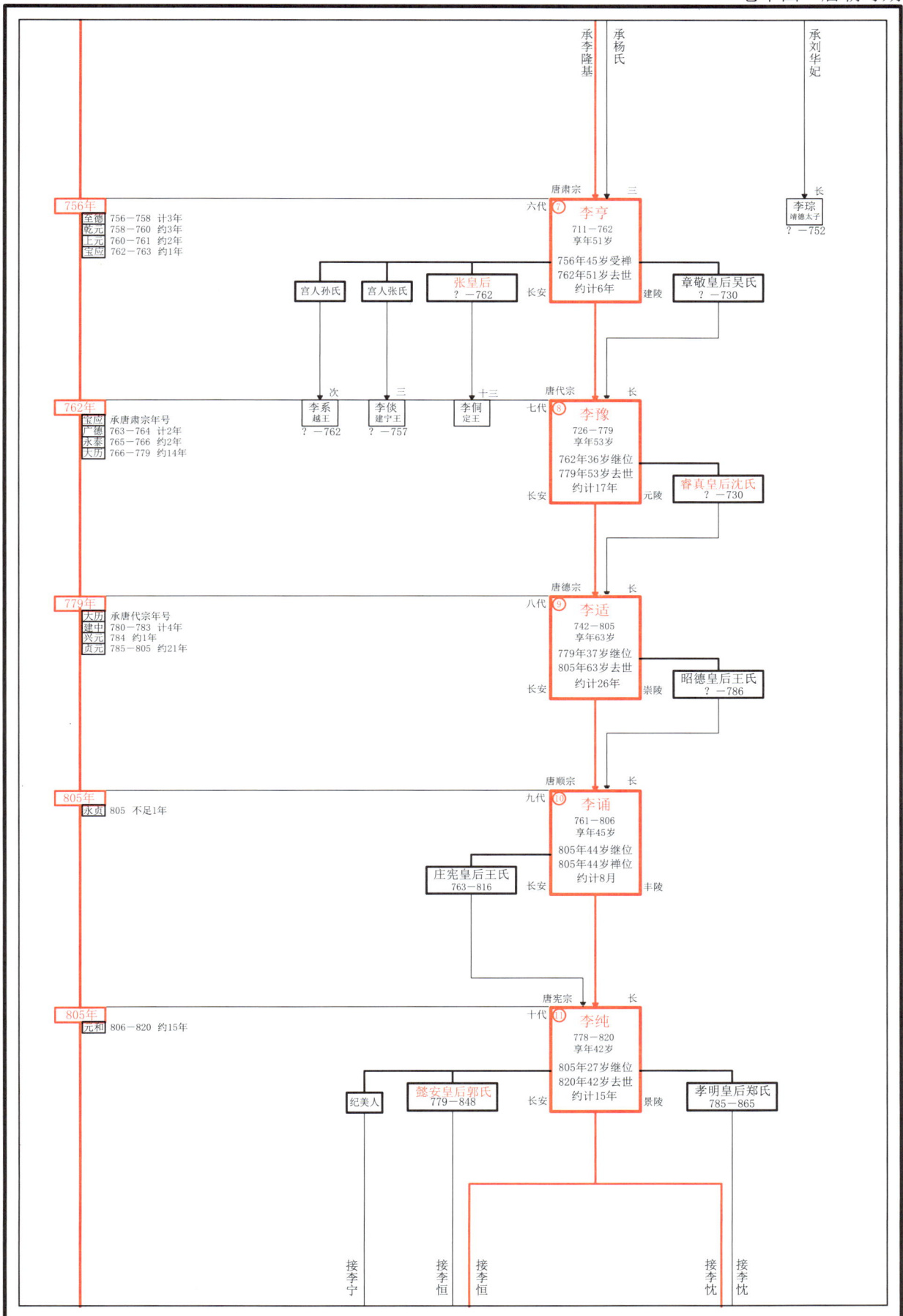

承李隆基　承杨氏　　　　　　承刘华妃

长
李琮
靖德太子
?—752

唐肃宗
六代 ⑦ 李亨
711—762
享年51岁
756年45岁受禅
762年51岁去世
约计6年

三

756年
至德 756—758 计3年
乾元 758—760 约3年
上元 760—761 约2年
宝应 762—763 约1年

宫人孙氏　宫人张氏　张皇后 ?—762　　长安　建陵　章敬皇后吴氏 ?—730

次　　　三　　　十三
李系 越王 ?—762
李倓 建宁王 ?—757
李侗 定王

唐代宗
七代 ⑧ 李豫
726—779
享年53岁
762年36岁继位
779年53岁去世
约计17年

长

762年
宝应 承肃宗年号
广德 763—764 计2年
永泰 765—766 约2年
大历 766—779 约14年

长安　元陵　睿真皇后沈氏 ?—730

唐德宗
八代 ⑨ 李适
742—805
享年63岁
779年37岁继位
805年63岁去世
约计26年

长

779年
大历 承代宗年号
建中 780—783 计4年
兴元 784 约1年
贞元 785—805 约21年

长安　崇陵　昭德皇后王氏 ?—786

唐顺宗
九代 ⑩ 李诵
761—806
享年45岁
805年44岁继位
805年44岁禅位
约计8月

长

805年
永贞 805 不足1年

庄宪皇后王氏 763—816　　长安　丰陵

唐宪宗
十代 ⑪ 李纯
778—820
享年42岁
805年27岁继位
820年42岁去世
约计15年

长

805年
元和 806—820 约15年

纪美人　懿安皇后郭氏 779—848　　长安　景陵　孝明皇后郑氏 785—865

接李宁　接李恒　接李恒　　　接李忱　接李忱

(十二)【唐穆宗·李恒】

李恒（公元795年－824年），原名李宥，唐朝第十二位皇帝。李纯第三子，母为懿安皇后郭氏。其兄惠昭太子李宁逝世后，公元812年被册立为皇太子，改名李恒。唐宪宗李纯崩逝后登极。在位后宴游无度不理政务。宰相缺乏远见，认为藩镇已平应当消兵。不久，河朔三镇复叛。

李恒共有五子，其中三个先后做了皇帝，即唐敬宗、唐文宗、唐武宗，这在唐朝历史上绝无仅有。由于每个儿子即位后都把各自的生母追尊为皇太后，所以李恒死后有三个皇后和他配享太庙，这在中国历史上也属罕见。

公元824年崩逝，在位四年，年二十九岁。

(十三)【唐敬宗·李湛】

李湛（公元809年－827年），唐朝第十三位皇帝，李恒长子，唐文宗李昂和唐武宗李炎异母兄，母为恭僖皇后王氏。

公元822年被册立为太子。公元824年于李恒灵柩前即位，时年十五。在位期间耽于玩乐，不坐朝理政，任由权宦王守澄、宰臣李逢吉败坏纲纪，公元827年被宦官刘克明弑杀，年十八岁。

(十四)【唐文宗·李昂】

李昂（公元809年－840年），原名李涵，唐朝第十四位皇帝。李恒嫡次子，李湛之弟，李炎之兄，母为贞献皇后萧氏。因李湛之子均太小，故李昂即位，年十八岁。

在位初年，励精求治，放出宫女三千余人，释放五坊鹰犬，并省冗员，重用宠臣李训、郑注等人，他发动甘露之变，企图消灭宦官势力。事败后被软禁。

《旧唐书》中称其"有帝王之道，而无帝王之才，虽旰食焦忧，不能弭患……。"喜作五言诗，古调清峻。《全唐诗》等录其六首。公元840年去世，年三十一岁。

(十五)【唐武宗·李炎】

李炎（公元814年－846年），原名李瀍（chán），唐朝第十五位皇帝。李恒第五子，李湛和李昂异母弟，母为宣懿皇后韦氏。

性情沉毅，雄谋勇断。唐文宗病重，宦官将领仇士良和鱼弘志矫诏，废黜敬宗之子李成美（文宗所立的太子），拥立李瀍为皇太弟。唐文宗去世后即位。李炎知人善任，用李德裕澄清吏治。对内削弱宦官、打击藩镇和严厉整治僧侣地主势力。对外击败回鹘（huí hú），加强中央集权，一度呈现中兴局面，史称"会昌中兴"。王夫之说："武宗不夭，德裕不窜，唐其可以复兴乎！"

信道教，服丹药。公元846年崩，年三十二岁。

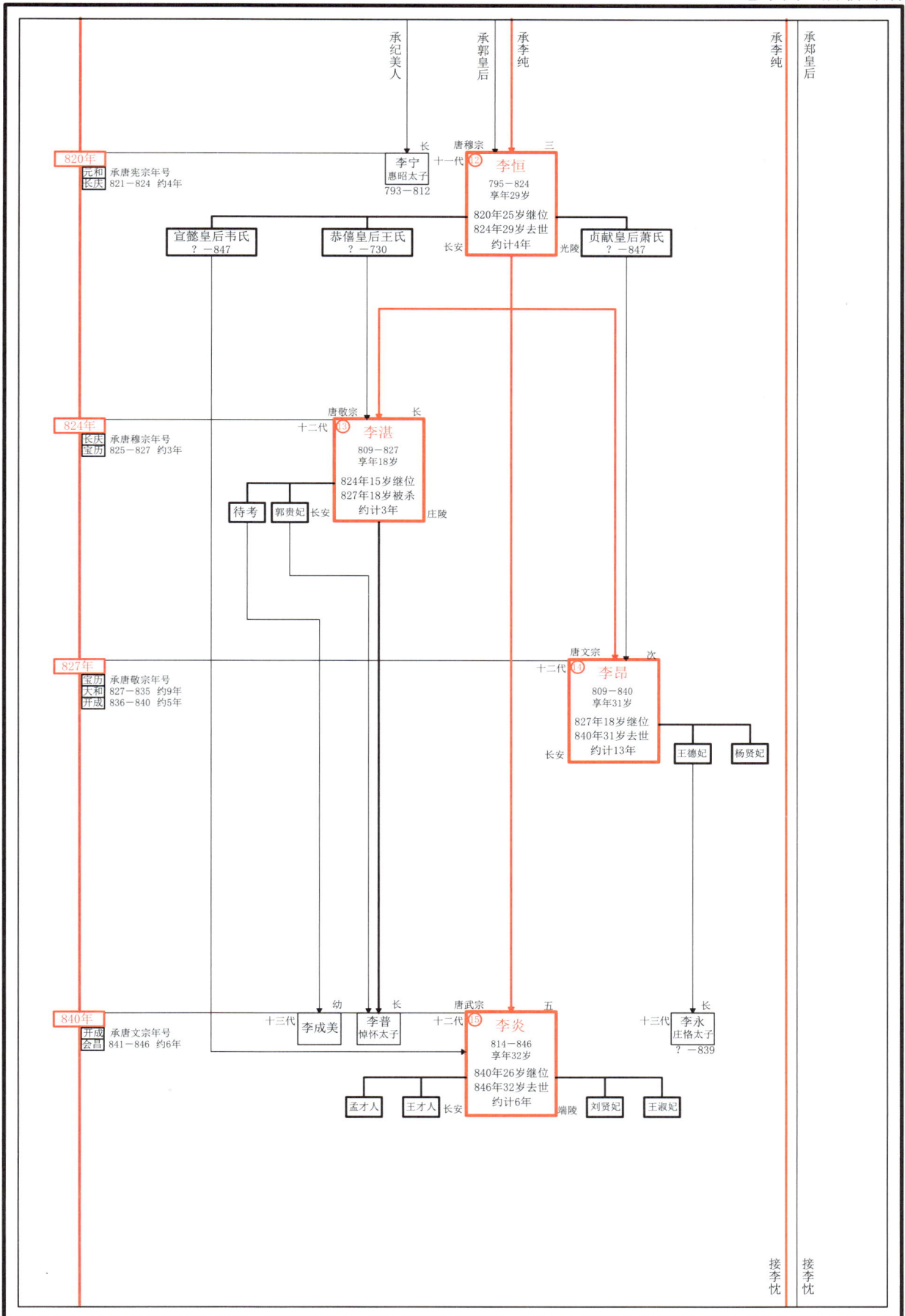

承纪美人　　承郭皇后　承李纯　　　　　　　　　承李纯　承郑皇后

820年
元和
长庆　承唐宪宗年号　821－824　约4年

李宁　　长　唐穆宗　三
惠昭太子　十一代 ⑫ **李恒**
793－812　　　795－824
享年29岁
820年25岁继位
824年29岁去世
约计4年
光陵

宣懿皇后韦氏　　　恭僖皇后王氏　　　　长安　　　贞献皇后萧氏
？－847　　　　　　？－730　　　　　　　　　　　　？－847

824年
长庆
宝历　承唐穆宗年号　825－827　约3年

唐敬宗　长
十二代 ⑬ **李湛**
809－827
享年18岁
待考　郭贵妃　长安　824年15岁继位
827年18岁被杀
约计3年　庄陵

827年
宝历
大和　承唐敬宗年号　827－835　约9年
开成　　　　　　　　836－840　约5年

唐文宗　次
十二代 ⑭ **李昂**
809－840
享年31岁
827年18岁继位
840年31岁去世
长安　　　约计13年　　王德妃　杨贤妃

840年
开成
会昌　承唐文宗年号　841－846　约6年

李成美　幼　李普　长　唐武宗　五　　　　　　　长　李永
十三代　　悼怀太子　十二代 ⑮ **李炎**　　　十三代　庄恪太子
814－846　　　　　？－839
享年32岁
840年26岁继位
孟才人　王才人　长安　846年32岁去世　刘贤妃　王淑妃
端陵　约计6年

接李忱　接李忱

（十六）【唐宣宗·李忱】

李忱（公元810年－859年），初名李怡，唐朝第十六位皇帝。李纯第十三子，唐穆宗李恒异母弟。

公元846年唐武宗死，其六子均未践位。李忱被宦官马元贽等拥立为帝。即位后勤于政事，整顿吏治，限制宗室和宦官。对外击败吐蕃、收复河湟、安定塞北、平定安南。为人明察沉断，从谏如流，恭谨节俭，惠爱民物，国家相对安定繁荣，历史上称之为"大中之治"。所以直至唐朝灭亡百姓仍思咏不已，称为"小太宗"。司马光曾评价："宣宗少历艰难，长年践祚，人之情伪，靡不周知。尽心民事，精勤治道，赏简而当，罚严而必，故方内乐业，殊俗顺轨，求诸汉世，其孝宣之流亚欤。"工诗，《全唐诗》录有其诗六首。公元859年崩，年四十九岁，在位十三年，葬于贞陵。

（十七）【唐懿宗·李漼（cuī）】

李漼（公元833年－873年），初名李温，唐朝第十七位皇帝。李忱长子，母为元昭皇后晁氏。公元859年唐宣宗去世，先在宦官王宗实拥立下监国。即位之后励精图治，延纳谠言。洞晓音律，犹如天纵。统治后期，游宴无度、骄奢淫逸、任人不能、奉迎佛骨，导致多地相继发生动乱，内部政治腐败，丧失了大中之治的成果。公元873年病逝，年四十岁。

（十八）【唐僖宗·李儇（xuān）】

李儇（公元862年－888年），初名李俨，唐朝第十八位皇帝。李漼第五子，母惠安皇后王氏。李漼所生长子李佾（yì）早死，故病重时由宦官拥立李俨为皇太子，改名李儇，公元873年在李漼灵前即位，年仅十一岁。公元888年去世，终年二十六岁。

（十九）【唐昭宗·李晔】

李晔（公元867年－904年），初名李杰，李漼第七子，李儇之弟。唐朝第十九位皇帝。李儇临终前时值黄巢起义出逃成都，其皇子尚幼，故李晔在杨复恭拥立下即位。李晔尊礼大臣励精图治，希望恢张旧业，号令天下。即位之始，制定出一套适应形势的统治方略，发动平定四川陈敬瑄与河东李克用的战争，最终消灭了权臣田令孜势力，重挫了割据军阀李克用。但导致国力兵员不足，坐视朱温实力发展，为唐朝灭亡埋下祸根。后受控于宦官，并受制于朱温。公元904年为朱温所弑，时年三十七岁，葬于和陵。

欧阳修评唐昭宗说："自古亡国，未必皆愚庸暴虐之君也。其祸乱之来有渐积，及其大势已去，适丁斯时，故虽有智勇，有不能为者矣，可谓真不幸也，昭宗是已。"

承李纯　承郑皇后

846年
会昌　承唐武宗年号
大中　847－860 约14年

唐宣宗　十三
十一代 ⑯ **李忱**
810－859
享年49岁
846年36岁继位
859年49岁去世
约计13年

元昭皇后晁氏
？－730

长安　贞陵

859年
大中　承唐宣宗年号
咸通　860－874 约15年

唐懿宗　长
十二代 ⑰ **李漼**
833－873
享年40岁
859年26岁继位
873年40岁去世
约计14年

纪美人　恭宪皇后王氏　惠安皇后王氏
？－867　？－866

长安　简陵

873年
咸通　承唐懿宗年号
乾符　874－879 约6年
广明　880－881 约2年
中和　881－885 约5年
光启　885－888 约4年
文德　888 约1年

李佾
魏王　长
？－879

唐僖宗　五
十三代 ⑱ **李儇**
862－888
享年26岁
873年11岁继位
888年26岁去世
约计15年

孟才人　长安　靖陵

888年
文德　承唐僖宗年号
龙纪　889 约1年
大顺　890－891 约2年
景福　892－893 约2年
乾宁　894－898 约5年
光化　898－901 约4年
天复　901－904 约4年
天祐　904－907 约4年

唐昭宗　七
十三代 ⑲ **李晔**
867－904
享年37岁
888年21岁继位
904年37岁去世
约计16年

积善太后何氏　长安　和陵

904年
天祐　承唐昭宗年号

唐哀帝　九
十四代 ⑳ **李柷**
892－908
享年16岁
904年12岁继位
907年15岁被废
约计3年

长安　温陵

接五代

（二十）【唐哀宗·李柷】

李柷（公元892年－908年），柷，音：zhù。原名李祚，李晔第九子，唐朝末代皇帝。

公元904年，唐昭宗李晔遇害，李柷继位。在位期间，并无实权，一切政事由朱温决策。在位三年后被废，次年被鸩杀，葬于温陵，年十六岁。

《旧唐书》评价说："哀帝之时，政由凶族。虽揖让之令有类于山阳；而凌逼之权过逾于侯景。人道浸薄，阴骘难征，然以此受终，如何延永！勋华受命，揖让告终。逆取顺守，仁道已穷。暴则短祚，义则延洪。虞宾之祸，非止一宗。"

【其他相关人物·张皇后】

张皇后（？－762年），邓州向城（今属河南）人。自小聪明机警，能说会道，长大后变得狡黠刻薄，巧言令色，爱慕虚荣。唐肃宗为太子时纳为良娣，即位后册为淑妃。

与宦官李辅国勾结，干预政事，遭建宁王李倓指责，乃与李辅国谗杀李倓。公元758年被立为皇后。本欲立己子为太子，然其子早丧，但仍图害太子李豫。后与李辅国不和，唐肃宗死后，被废为庶人，不久幽闭而死。

【睿真皇后沈氏】（？－730年），唐德宗李适生母，名不详（相传名为沈珍珠，实无考），吴兴（今浙江湖州）人。堂伯沈从道为唐代书法家。开元末年以良家子身份进宫，被赐给皇长孙李俶（后改名为李豫）。公元742年生下李适。

安史之乱中沈氏未能随驾出逃。公元756年，李豫收复洛阳时，于掖庭宫中见到沈氏，但因军情紧急未能迎回长安，就地安排在洛阳。后洛阳再次陷落，沈氏从此下落不明。公元779年，李适继位，册封沈氏为皇太后，在册封仪式上，李适及大臣对空跪拜。

公元805年，唐宪宗继位后认为沈氏已死，为其发丧，置衣冠冢，祔代宗庙。

【懿安皇后郭氏】（公元779年－848年），华州郑县（今陕西华县）人，唐宪宗李纯嫡妻，唐穆宗生母。郭子仪孙女。唐宪宗李纯为广陵王时被选为正妃，继位后册为贵妃，其子唐穆宗李恒尊为皇太后，唐敬宗、唐文宗、唐武宗三朝皆尊为太皇太后。郭皇后一生历经七代皇帝，其中五朝极尽尊贵，是所谓七朝五尊。逝后谥号懿安皇后。《旧唐书》评论：后历位七朝，五居太后之尊，人君行子孙之礼，福寿隆贵，四十余年，虽汉之马、邓，无以加焉。识者以为汾阳社稷之功未泯，复钟庆于懿安焉。

2022·6·11

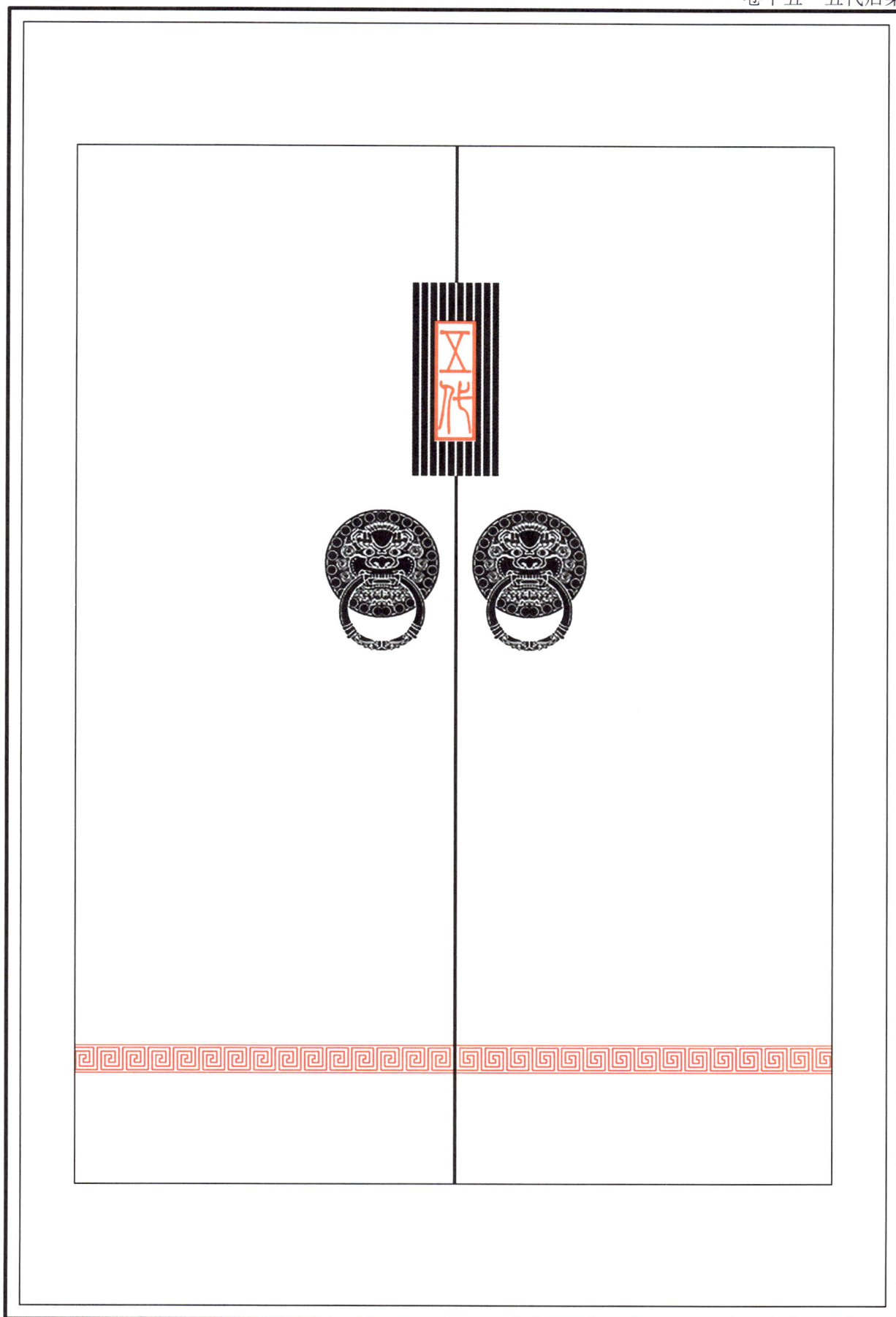

（一）【后梁太祖·朱温】

朱温（公元852年－912年），字全忠，宋州砀山人（今安徽砀山县）。五代时期后梁开国皇帝。即位之后，改名朱晃。

先随黄巢起义反唐，后叛归唐军镇压黄巢，因战功获唐朝封爵，渐成唐末最大的割据势力，进封梁王。后又背叛唐朝废帝自立，建立后梁政权。

朱温生性反复狡诈，乱伦废礼，被后代学者指斥为"不异于禽兽"的人。

公元912年，因传位问题被亲子朱友珪弑杀，年六十岁。

（二）【后梁废帝·朱友珪】

朱友珪（公元884年－913年），又名朱友球，小字遥喜，朱温次子，朱友贞之兄。母为亳州营妓，后梁第二位皇帝。

公元912年，弑父登基，继位后与其父一样荒淫无度，乱伦乱政。

公元913年，被其弟朱友贞诛杀，年二十九岁。

（三）【后梁末帝·朱友贞】

朱友贞（公元888年－923年），又名朱锽、亦名朱瑱（tiàn），后梁末代皇帝，朱温第三子，朱友珪异母弟。

公元913年，发动兵变，杀兄称帝。公元923年后唐攻后梁。朱友贞命近臣皇甫麟将自己杀死，梁亡。

近代历史学者蔡东藩说："敌未至而已内溃，首先陨而即亡家，愚若可悯，咎实自取。"

承唐朝

五代

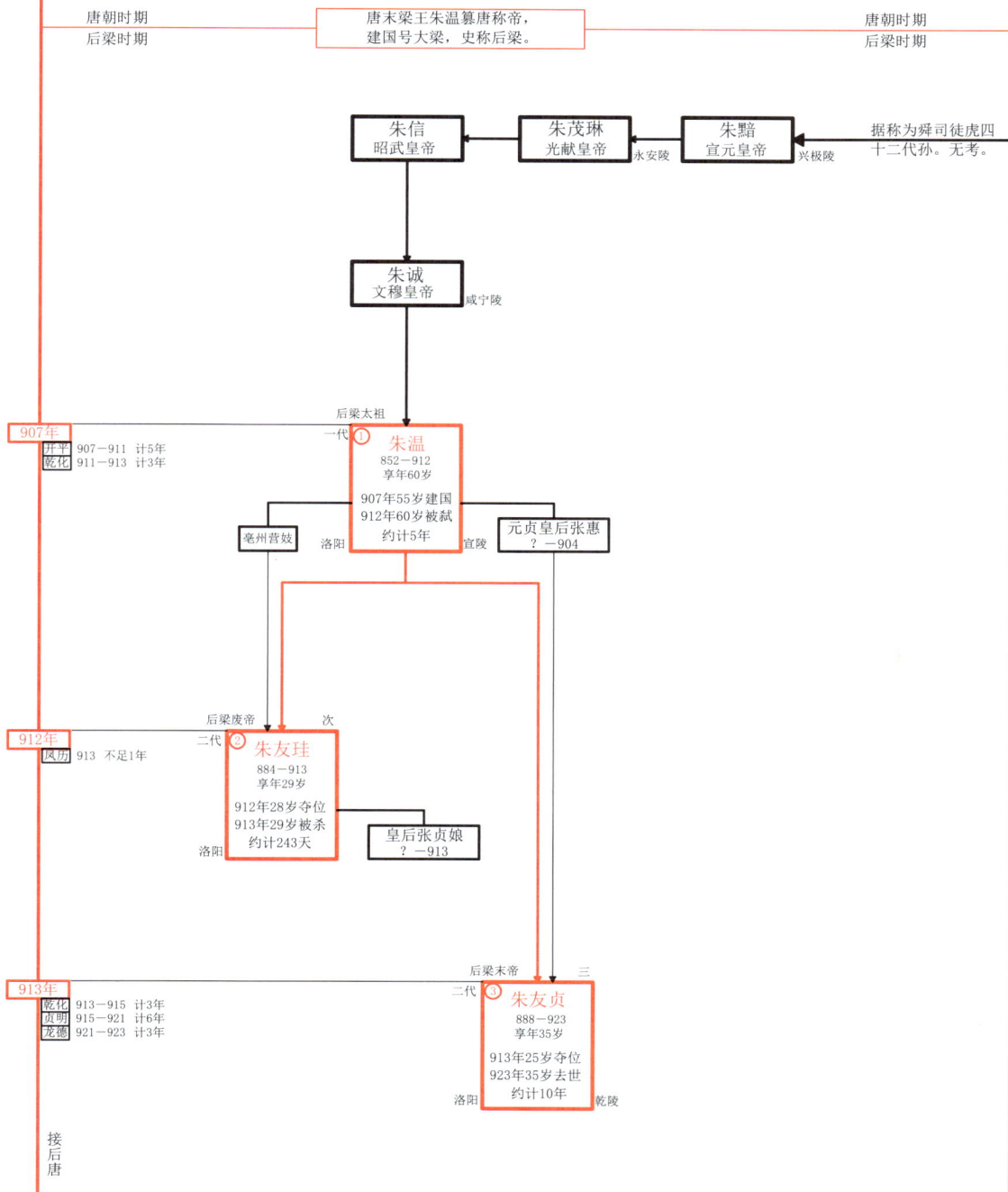

唐朝时期 ─────────────────────────────────────── 唐朝时期
后梁时期 　唐末梁王朱温篡唐称帝，　　　　　　　　 后梁时期
　　　　　　建国号大梁，史称后梁。

| 朱信 昭武皇帝 | ← | 朱茂琳 光献皇帝 | 永安陵 | 朱黯 宣元皇帝 | 兴极陵 | 据称为舜司徒虎四十二代孙。无考。 |

朱诚
文穆皇帝　咸宁陵

后梁太祖

907年
开平　907－911　计5年
乾化　911－913　计3年

一代 ① **朱温**
852－912
享年60岁

907年55岁建国
912年60岁被弑
约计5年

亳州营妓　　洛阳　　宜陵　　元贞皇后张惠 ？－904

后梁废帝　　次

912年
凤历　913　不足1年

二代 ② **朱友珪**
884－913
享年29岁

912年28岁夺位
913年29岁被杀
约计243天

洛阳　　皇后张贞娘 ？－913

后梁末帝　　三

913年
乾化　913－915　计3年
贞明　915－921　计6年
龙德　921－923　计3年

二代 ③ **朱友贞**
888－923
享年35岁

913年25岁夺位
923年35岁去世
约计10年

洛阳　　乾陵

接后唐

【后唐太祖·李克用】

李克用（公元856年－908年），字翼圣。沙陀部人，本姓朱邪（又作朱耶），唐朝时被赐姓李氏，神武川新城人（今山西雁门北）。别号李鸦儿，其所统军队称鸦军，军中称其为飞虎子，因一目失明，又号独眼龙。其父朱邪赤心被唐懿宗李漼赐名李国昌，其母不详。

李克用在唐朝时多军功，是剿灭黄巢起义军的主要力量，因功被唐朝封为晋王。朱温代唐称帝后，李克用仍用唐天佑年号，以复兴唐朝为志。公元908年病逝，年五十二岁，葬今山西代县。

（一）【后唐庄宗·李存勖（xù）】

李存勖（公元885年－926年），又作存勗。小字亚子，沙陀部人。后唐开国皇帝，李克用之子，母为曹氏。袭父爵位为晋王。骁勇善战，长于谋略，南击后梁、北却契丹、东取河北、西并河中。

朱温灭唐后，李存勖于公元923年称帝，定国号为唐，史称后唐。同年灭亡后梁，定都洛阳。

在位期间并岐国，灭前蜀，得凤翔、汉中及两川之地，震动当时的割据诸国。

《五代史略》评其为：五代领域，无盛于此者。但沉缅于声色，治国乏术，纵容后宫，重用伶人、宦官，以致士卒离心。公元926年死于"兴教门之变"，年四十一岁。

（二）【后唐明宗·李嗣源】

李嗣源（公元867年－933年），沙陀部人，原名邈佶烈，称帝后更名李亶（dǎn）。应州金城（今山西应县）人，后唐第二位皇帝。生父为赠汾州刺史李霓（李霓又作李电，沙陀族，与李克用血缘关系不详）。母为刘氏，李克用赠其为宋国夫人，李嗣源称帝后追谥为孝成懿皇后。

他是李克用养子，公元926年，发动兵变，在兴教门杀李存勖后即位为帝，改元天成。在位七年，杀贪腐褒廉吏，号称"小康"。但御下乏术致朝政混乱。公元933年，闻其次子李从荣欲杀自己夺皇位，于病中受惊崩逝，终年六十六岁。

（三）【后唐闵帝·李从厚】

李从厚（公元914年－934年），沙陀部人，小字菩萨奴，后唐第三位皇帝，李嗣源第五子（《旧五代史·唐闵帝纪》记为第三子，《新五代史·本纪·唐本纪第七》记为第五子，本系表从《新五代史》），母为昭懿皇后夏氏。公元934年继位，不久被李嗣源的养子李从珂废为鄂王，逃至卫州被杀，在位仅五个月。

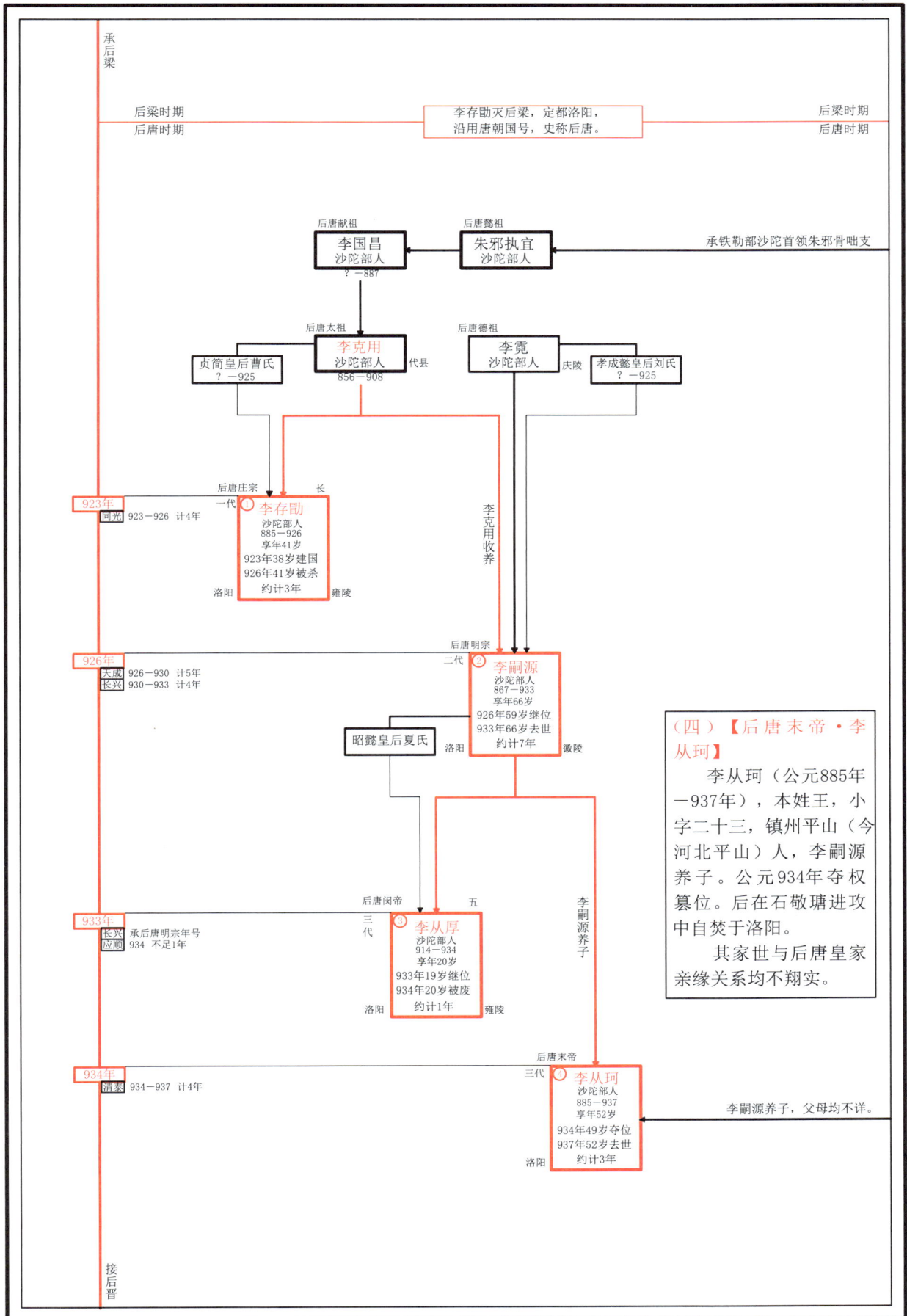

承后梁

后梁时期
后唐时期

李存勖灭后梁，定都洛阳，
沿用唐朝国号，史称后唐。

后梁时期
后唐时期

后唐献祖　　　　后唐懿祖
李国昌　　　　　朱邪执宜　　　　承铁勒部沙陀首领朱邪骨咄支
沙陀部人　　　　沙陀部人
? －887

后唐太祖　　　　　　　　后唐德祖
贞简皇后曹氏　　李克用　　　代县　　李霓　　　　庆陵　　孝成懿皇后刘氏
? －925　　　　沙陀部人　　　　　　沙陀部人　　　　　　　　? －925
　　　　　　　856－908

后唐庄宗
长
一代
923年　　　　　①李存勖
同光　923－926　计4年　　沙陀部人
　　　　　　　　885－926
　　　　　　　　享年41岁
　　　　　　　　923年38岁建国　　　　　李克用收养
　　　　　　　　926年41岁被杀
　　　　　　　　约计3年
　　　洛阳　　　　　　　雍陵

后唐明宗
二代
926年　　　　　　　　　②李嗣源
天成　926－930　计5年　　　沙陀部人
长兴　930－933　计4年　　　867－933
　　　　　　　　　享年66岁
　　　　昭懿皇后夏氏　926年59岁继位
　　　　　　　　　933年66岁去世
　　　　　　　　　约计7年
　　　　　洛阳　　　　　　徽陵

（四）【后唐末帝·李
从珂】

　　李从珂（公元885年
－937年），本姓王，小
字二十三，镇州平山（今
河北平山）人，李嗣源
养子。公元934年夺权
篡位。后在石敬瑭进攻
中自焚于洛阳。
　　其家世与后唐皇家
亲缘关系均不翔实。

后唐闵帝　　　　　　五
三代
933年　　　承后唐明宗年号　③李从厚
长兴　　　　　　　　　沙陀部人
应顺　934　不足1年　　914－934
　　　　　　　　享年20岁
　　　　　　　　933年19岁继位　　李嗣源养子
　　　　　　　　934年20岁被废
　　　　　　　　约计1年
　　　洛阳　　　　　　雍陵

后唐末帝
三代
934年　　　　　　　　　①李从珂
清泰　934－937　计4年　　沙陀部人
　　　　　　　　885－937　　　李嗣源养子，父母均不详。
　　　　　　　　享年52岁
　　　　　　　　934年49岁夺位
　　　　　　　　937年52岁去世
　　　　　　　　约计3年
　　　洛阳

接后晋

（一）【后晋高祖·石敬瑭】

石敬瑭（公元892年－942年），山西太原市人，沙陀部人。

他本隶属于后唐明宗李嗣源帐下，且迎娶了李嗣源之女。曾参加对后梁朱温的争霸战并录有战功。

后唐末帝李从珂即位后，拜其为河东节度使，封为赵国公，赐号扶天启运中正功臣，然而君臣之间相互猜忌。公元936年，石敬瑭起兵造反，被困于太原，遂向契丹求援，认契丹王耶律德光（后为辽朝太宗）为父，并以割让幽云十六州为代价，因此，得到契丹援助，攻灭了后唐政权，建立后晋，定都汴梁。宋代郝经有诗讽其事："称臣呼父古所无，石郎至今有遗臭。"近代学者蔡东藩评价：惟石敬瑭乞怜外族，恬不知羞，同一称臣，何如不反，既已为帝，奈何受封，虽为唐廷所迫，不能不倒行逆施，然名节攸关，岂宜轻弃！被后世讽为"儿皇帝"。公元942年病逝，年五十岁。葬于显陵（今河南宜阳）。

（二）【后晋出帝·石重贵】

石重贵（公元913年－974年），生父为石敬儒（石敬瑭之兄，一说堂兄，史无定考），石敬瑭为养父，沙陀部人。石敬瑭去世后继位。

石敬瑭生有七子，大多早夭，仅剩幼子石重睿一人。石重贵在叔父尚有嫡子在世时，能继承大统，其间必有曲折。《旧五代史》与《新五代史》互参，可知石敬瑭本托孤冯道，欲立石重睿为帝，但其死后，冯道与权臣景延广却擅立石重贵为帝。石重贵继位后，在位四年因不肯向契丹称臣，被契丹灭国并俘往辽宁朝阳。公元974年病死。史评其能力一般但有骨气，敢于同契丹开战，但无可用之人。

（一）【后汉高祖·刘知远】

刘知远（公元895年－948年），河东太原人，沙陀部人。后汉开国皇帝，称帝后改名为暠（hào）。

刘知远个性厚重寡言，雄武过人，事后唐政权及后晋政权时均有战功。在后晋与契丹（辽国）关系中一直保存实力并观望。后辽国入侵中原战败撤退，他借机称帝，建国后汉，定都汴梁。公元948年病死，年五十三岁。

《旧五代史》评其"……虽有应运之名，而未睹为君之德也。"

（二）【后汉隐帝·刘承祐】

刘承祐（公元930年－951年），后汉末帝，刘知远和李皇后之子。沙陀部人。公元948年，刘知远死后继位，在位时大权旁落，后因诛杀权臣引发了郭威叛乱将其杀死，时年二十一岁。葬于许州阳翟县之颍陵。

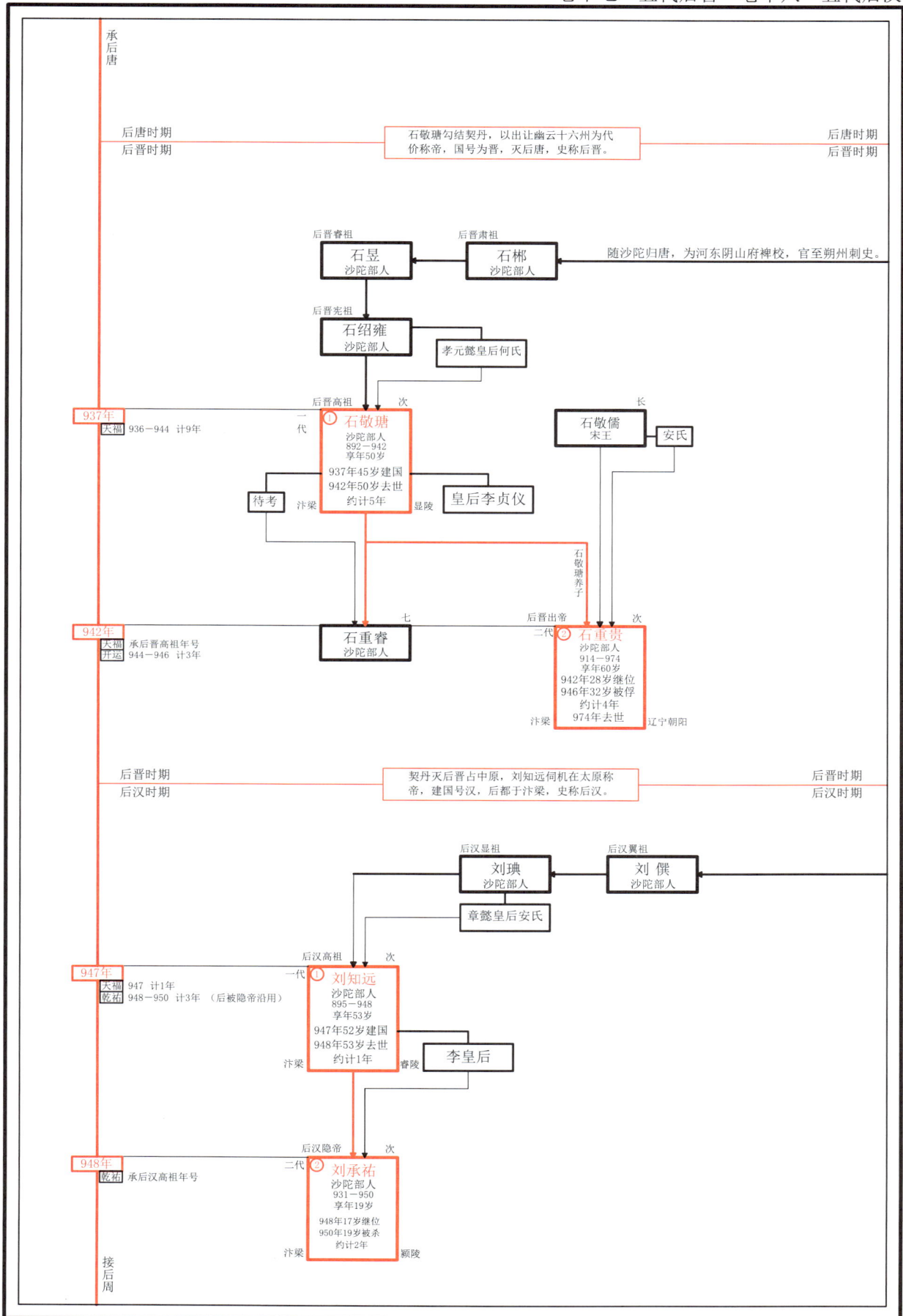

承后唐

后唐时期
后晋时期

后唐时期
后晋时期

石敬瑭勾结契丹，以出让幽云十六州为代价称帝，国号为晋，灭后唐，史称后晋。

后晋睿祖
石昱
沙陀部人

后晋肃祖
石郴
沙陀部人

随沙陀归唐，为河东阴山府裨校，官至朔州刺史。

后晋宪祖
石绍雍
沙陀部人

孝元懿皇后何氏

937年
大福 936－944 计9年

后晋高祖　　次
一代
① 石敬瑭
沙陀部人
892－942
享年50岁
937年45岁建国
942年50岁去世
约计5年

待考　汴梁

皇后李贞仪

显陵

长
石敬儒
宋王

安氏

石敬瑭养子

942年
大福
开运 承后晋高祖年号
944－946 计3年

石重睿
沙陀部人

七
二代

后晋出帝　　次
② 石重贵
沙陀部人
914－974
享年60岁
942年28岁继位
946年32岁被俘
约计4年
974年去世

汴梁　　辽宁朝阳

后晋时期
后汉时期

后晋时期
后汉时期

契丹灭后晋占中原，刘知远伺机在太原称帝，建国号汉，后都于汴梁，史称后汉。

后汉显祖
刘琠
沙陀部人

后汉翼祖
刘僎
沙陀部人

章懿皇后安氏

947年
大福
乾祐 947 计1年
948－950 计3年　（后被隐帝沿用）

后汉高祖　　次
一代
① 刘知远
沙陀部人
895－948
享年53岁
947年52岁建国
948年53岁去世
约计1年

汴梁　　睿陵

李皇后

948年
乾祐 承后汉高祖年号

后汉隐帝　　次
二代
② 刘承祐
沙陀部人
931－950
享年19岁
948年17岁继位
950年19岁被杀
约计2年

汴梁　　颖陵

接后周

115

（一）【后周太祖·郭威】

郭威（公元904年－954年），字文仲，汉族。邢州尧山（今河北邢台市）人。早年出仕后汉，累有大功。后汉隐帝猜忌大臣，欲杀郭威。郭威兵变带兵入京，觐见刘知远皇后李氏，让其临朝听政，并且假意拥立刘氏宗室、武宁节度刘赟（yūn）为帝。随后，假报契丹南下入侵，率军北上抵御。途经澶州时，士兵发动兵变，黄袍加身。郭威返回汴梁，逼迫李太后授为"监国"，夺得国政。广顺元年（951）正月丁卯日，郭威正式称帝，国号大周，定都汴梁，史称后周。

公元954年因病去世，年五十岁。

值得注意的是，公元960年，后周大将赵匡胤亦用同等方法，代周建宋，距郭威兵变只有九年时间，也是历史的一个讽刺。

（二）【后周世宗·柴荣】

柴荣（公元921年－959年），邢州尧山人，郭威皇后柴氏之兄柴守礼之子，被郭威收为养子。后周第二位皇帝。

公元954年郭威去世，因亲子均被后汉隐帝所杀，故传位于柴荣。

柴荣继位后心怀统一大志，政治清明。征战中败后蜀，摧南唐，破契丹，并制定了"以十年开拓天下，十年养百姓，十年致太平"的宏远计划。但在公元959年于军中病逝，年仅三十八岁。

（三）【后周恭帝·柴宗训】

柴宗训（公元953年－973年），柴荣第四子，后周末代皇帝。

公元959年，柴荣病死后继位，年仅六岁，不足一年后，于公元960年被迫禅位给赵匡胤，后周灭亡。

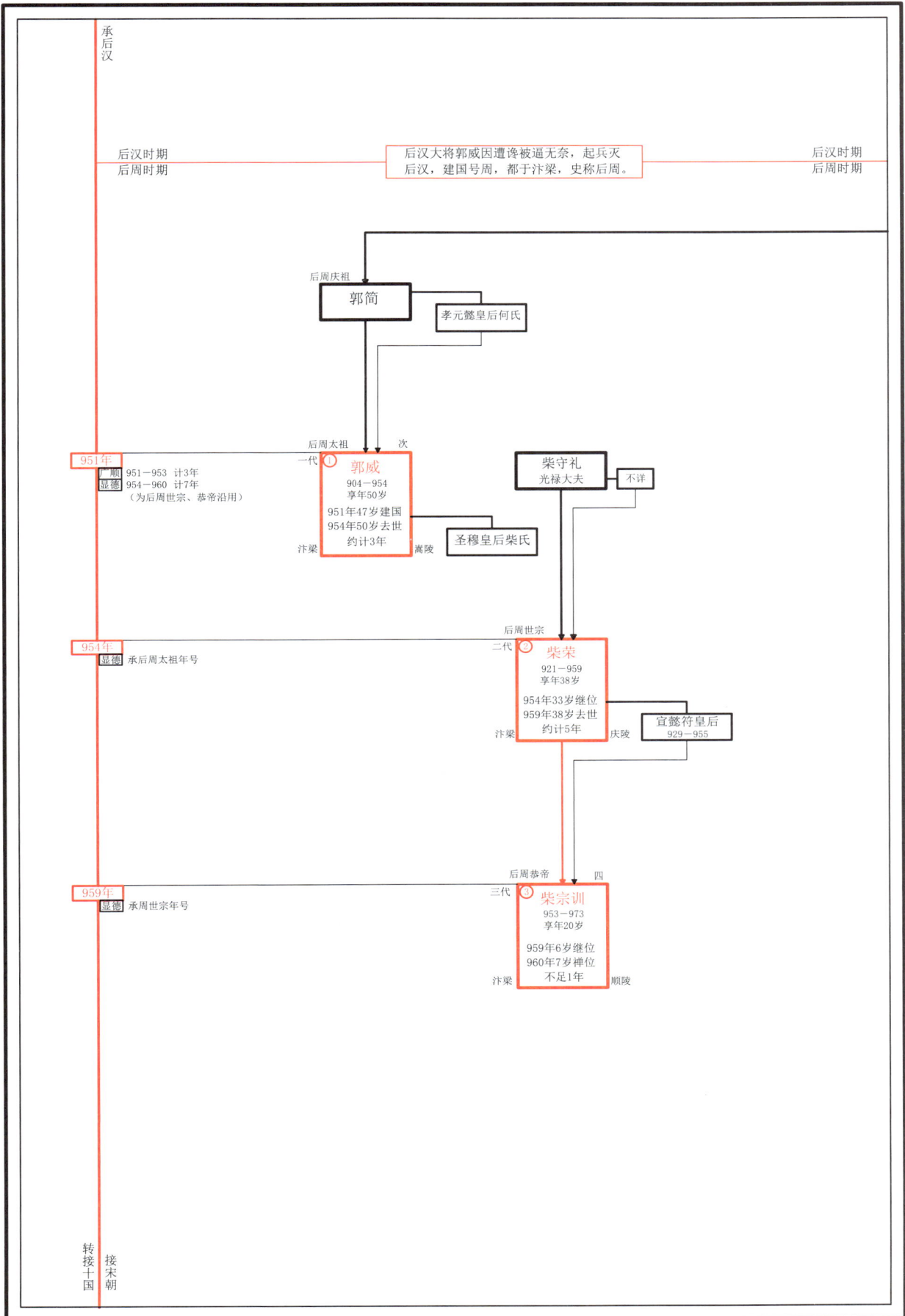

承后汉

后汉时期
后周时期

后汉大将郭威因遭谗被逼无奈，起兵灭
后汉，建国号周，都于汴梁，史称后周。

后汉时期
后周时期

后周庆祖
郭简

孝元懿皇后何氏

951年
[广顺] 951－953　计3年
[显德] 954－960　计7年
　　　　（为后周世宗、恭帝沿用）

后周太祖　　　次
一代　①　郭威
904－954
享年50岁

951年47岁建国
954年50岁去世
约计3年

汴梁　　　嵩陵

圣穆皇后柴氏

柴守礼
光禄大夫

不详

后周世宗
二代　②　柴荣
921－959
享年38岁

954年33岁继位
959年38岁去世
约计5年

汴梁　　　庆陵

宣懿符皇后
929－955

954年
[显德] 承后周太祖年号

959年
[显德] 承周世宗年号

后周恭帝　　　四
三代　③　柴宗训
953－973
享年20岁

959年6岁继位
960年7岁禅位
不足1年

汴梁　　　顺陵

转接十国

接宋朝

2022.6.11

（一）【宋太祖·赵匡胤】

赵匡胤（公元927年－976年），字元朗，小名香孩儿，又名赵九重。涿郡人。宋朝开国皇帝。后周大将赵弘殷次子，母为杜氏。

赵匡胤在周世宗柴荣病重时接受托孤，旋即背叛，以陈桥驿兵变逼迫周恭帝柴宗训禅位，建立宋朝。在位期间先后灭亡南平、后蜀、南汉及南唐等割据政权。用"杯酒释兵权"方式罢去武将兵权，虽缓解了唐末地方藩镇割据的局面，但也导致了有宋一代重文轻武屡受外侮的局面。公元976年去世，年四十九岁。

关于赵匡胤的死，《湘山野录》有"烛影斧声"的说法，认为赵匡胤是被意图篡位的弟弟赵光义谋杀夺位而死。赵光义为证明自己即位的合理性，辩解说赵匡胤生前承诺母亲杜太后将帝位传给赵光义，然史书不见载。民间传说虽多讹伪，但也代表了人们对赵氏兄弟道德层面的评价。

（二）【宋太宗·赵光义】

赵光义（公元939年－997年），字廷宜，宋朝第二位皇帝。赵匡胤三弟。本名赵匡义，避赵匡胤名讳改为光义，即位后改名赵炅。继位后迫使吴越王钱俶和漳、泉二州的陈洪进纳土归宋。亲征太原灭北汉，结束了五代十国的分裂割据局面。两次攻辽失败后采取守势，加强中央集权，强化重文轻武的国策。宋朝自赵光义开始至赵构止，均为太宗赵光义一族血脉。直到南宋孝宗赵昚即位，才回归赵匡胤一族血脉。公元997年去世，年五十八岁。

（三）【宋真宗·赵恒】

赵恒（公元968年－1022年），初名赵德昌，后改赵元休、赵元侃。宋朝第三位皇帝，赵光义第三子，母元德皇后李氏。

被立为太子后改名赵恒。即位之初能勤于政事。公元1004年，亲征辽军，但惧辽声势，终以每年纳币为条件与辽定盟，史称"澶渊之盟"。休战后北宋进入经济发展的繁荣期，史称"咸平之治"。共有五子均早夭，唯六子赵祯独存。赵恒喜好文学，擅书法，部分诗作收于《全宋诗》。赵恒在位二十四年，公元1022年去世，年五十四岁。

（四）【宋仁宗·赵祯】

赵祯（公元1010年－1063年），初名赵受益，宋朝第四位皇帝，宋真宗赵恒第六子，母为李宸妃。

即位后由皇太后刘氏听政，公元1033年亲政。在位中期爆发第一次宋朝与西夏的战争，后双方签订"庆历和议"。此间辽朝趁机重兵逼迫宋朝增输岁币，被史学家称为"重熙增币"。为此任用范仲淹等开展庆历新政，但旋即中止。但赵祯治理国家不乏良政，被称为"仁宗盛治"。

在位四十年，是宋朝在位时间最长的皇帝。有三子均早亡。善写飞白书法。亦善诗词，《全宋诗》有录。

公元1063年崩逝，年五十三岁。葬于永昭陵。

【宋朝简介】

　　宋朝上承五代十国，下启元朝，分北宋和南宋两个阶段，历十八帝，享国三百一十九年。

　　原后周大将赵匡胤，效法后周太祖郭威的方式，谎称军情，在陈桥驿发动兵变，逼后周恭帝柴宗训禅让建国，定都汴京（今河南开封）。

　　赵匡胤去世后，未传位于子，而是由其弟赵光义继位，先后统一全国。

　　宋真宗赵恒在与辽国签署"澶渊之盟"后步入治世。

　　公元1125年金国南侵，俘虏宋徽宗和宋钦宗，导致北宋灭亡，史书称为"靖康之耻"。

　　赵构继位后偏居江南，定都南京（今河南商丘），史称南宋。

　　公元1234年，赵昀欲联络蒙古灭金，导致蒙古趁机灭掉金国建立元朝并进攻南宋。

　　公元1276年元军攻占临安。公元1279年，在广东经崖山海战后南宋灭亡。

　　宋朝商业、文化、科学发达，民间富庶经济繁荣。没有严重的宦官专权和军阀割据，民乱次数较少。但面对强悍的北方少数民族的入侵，君无胆识，臣无良策，最终国灭。

　　其立国三百余年经两度倾覆，皆缘于外患，而非亡于自身外戚干权或内乱。西方史学界认为宋朝是中国历史上的文艺复兴时期。

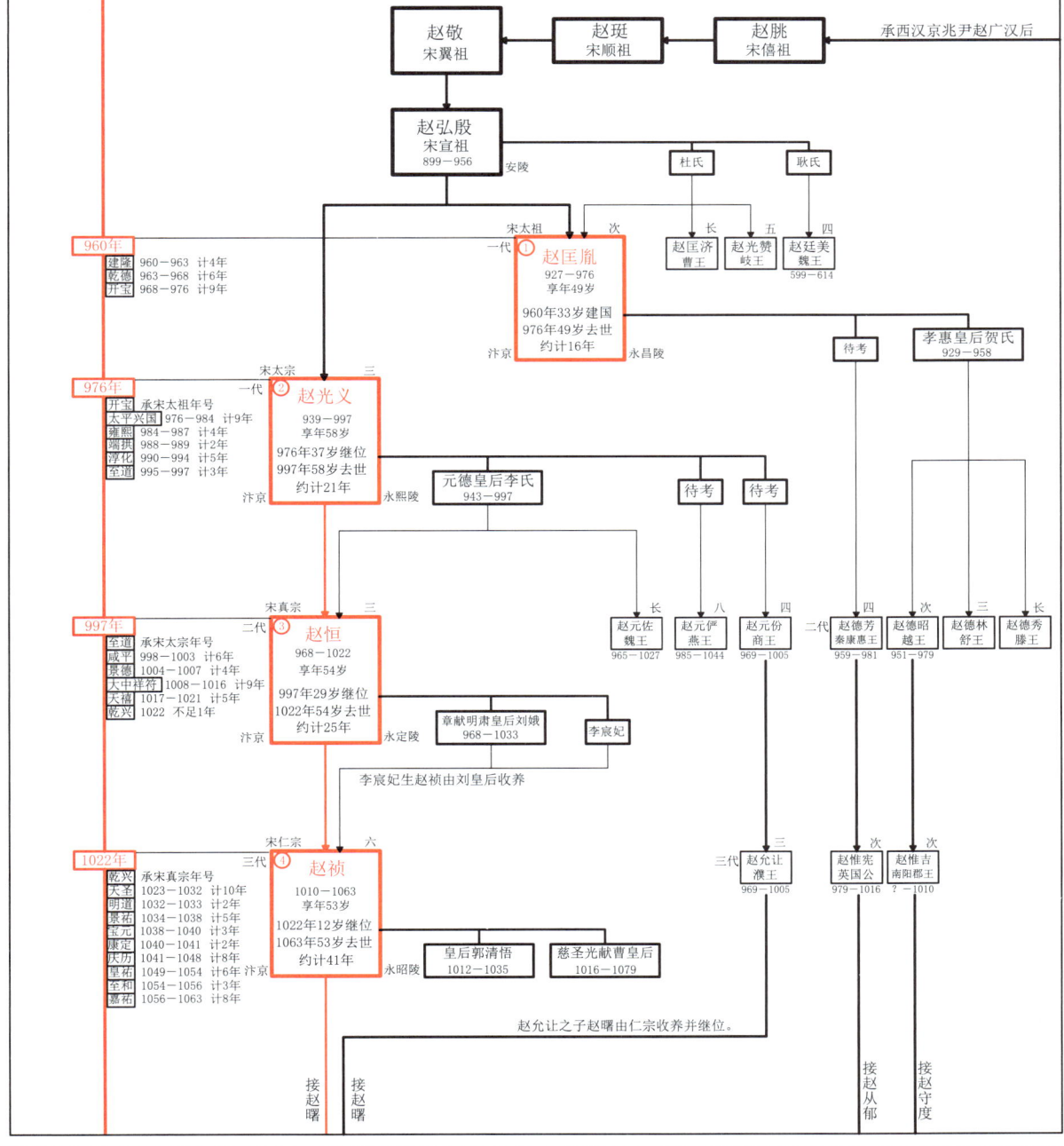

承五代

宋

承西汉京兆尹赵广汉后

赵朓 宋僖祖

赵珽 宋顺祖

赵敬 宋翼祖

赵弘殷 宋宣祖 899－956　安陵

杜氏　　耿氏

长 赵匡济 曹王

五 赵光赞 岐王

四 赵廷美 魏王 599－614

960年
建隆 960－963 计4年
乾德 963－968 计6年
开宝 968－976 计9年

宋太祖　一代　① 赵匡胤 927－976 享年49岁
960年33岁建国
976年49岁去世
约计16年
汴京　永昌陵

待考

孝惠皇后贺氏 929－958

976年
开宝 承宋太祖年号
太平兴国 976－984 计9年
雍熙 984－987 计4年
端拱 988－989 计2年
淳化 990－994 计5年
至道 995－997 计3年

宋太宗　三　一代　② 赵光义 939－997 享年58岁
976年37岁继位
997年58岁去世
约计21年
汴京　永熙陵

元德皇后李氏 943－997

待考　待考

长 赵元佐 魏王 965－1027

八 赵元俨 燕王 985－1044

四 赵元份 商王 969－1005

二代 赵德芳 泰康惠王 959－981

次 赵德昭 越王 951－979

三 赵德林 舒王

长 赵德秀 滕王

997年
至道 承宋太宗年号
咸平 998－1003 计6年
景德 1004－1007 计4年
大中祥符 1008－1016 计9年
天禧 1017－1021 计5年
乾兴 1022 不足1年

宋真宗　三　二代　③ 赵恒 968－1022 享年54岁
997年29岁继位
1022年54岁去世
约计25年
汴京　永定陵

章献明肃皇后刘娥 968－1033

李宸妃

李宸妃生赵祯由刘皇后收养

1022年
乾兴 承宋真宗年号
天圣 1023－1032 计10年
明道 1032－1033 计2年
景祐 1034－1038 计5年
宝元 1038－1040 计3年
康定 1040－1041 计2年
庆历 1041－1048 计8年
皇祐 1049－1054 计6年
至和 1054－1056 计3年
嘉祐 1056－1063 计8年

宋仁宗　六　三代　④ 赵祯 1010－1063 享年53岁
1022年12岁继位
1063年53岁去世
约计41年
汴京　永昭陵

皇后郭清悟 1012－1035

慈圣光献曹皇后 1016－1079

三代 赵允让 濮王 969－1005

赵惟宪 英国公 979－1016

赵惟吉 南阳郡王 ？－1010

赵允让之子赵曙由仁宗收养并继位。

接赵曙　接赵曙

接赵从郁　接赵守度

121

（五）【宋英宗·赵曙】

赵曙（公元1032年－1067年），原名赵宗实，后改赵曙，宋朝第五位皇帝，赵光义曾孙，赵元份之孙，赵允让第十三子，宋仁宗赵祯因无后，故收为养子并传其位。

公元1062年被立为皇子，公元1063年继位。赵曙为帝后，与辽国和西夏均未发生大规模战争。公元1066年，命司马光设局专修《资治通鉴》，是中国史学界一件幸事。公元1067年病逝，享年三十五岁，葬于永厚陵。

（六）【宋神宗·赵顼（xū）】

赵顼（公元1048年－1085年），初名赵仲针，宋朝第六位皇帝。赵曙长子，生母宣仁圣烈皇后高滔滔。

即位后用王安石推行变法，史称"熙宁变法"。出兵抗御西夏，史称"熙河开边"。公元1081年，借西夏皇室内乱，趁机出兵五路攻伐西夏但无功而返。公元1082年筑永乐城，被西夏大军攻败。公元1085年崩逝，享年三十七岁，葬于永裕陵。共十四子，前五子早殇。有六子赵煦和十一子赵佶，分别为宋哲宗和宋徽宗。

（七）【宋哲宗·赵煦】

赵煦（公元1077年－1100年），原名赵佣，宋朝第七位皇帝，赵顼第六子，母亲为钦成皇后朱氏。

公元1086年被立为太子，同年继位，年仅九岁，由祖母太皇太后高滔滔垂帘听政。高氏起用司马光等恢复旧法，史称"元祐更化"。

公元1093年高氏去世，赵煦亲政后下令绍述（继承之意）并实施元丰新法，罢旧党用新党。在军事上重启河湟之役，收取青唐地区，两次征战臣服西夏。赵煦有一子四女，子早夭。公元1100年病逝，年二十三岁。

（八）【宋徽宗·赵佶】

赵佶（公元1082年－1135年），宋朝第八位皇帝。未继位前号"宣和主人"，宋神宗赵顼第十一子、宋哲宗赵煦之弟。赵煦病逝无子，太后向氏立赵佶为帝。

赵佶继位后启用新法，但重用蔡京等，以绍述为名排斥异己，政治败落。生活奢侈，尊信道教，大建宫观，自称"教主道君皇帝"。公元1118年，置道官二十六等、道职八等。公元1121年，又令三京置女道录、副道录各一员，始立道学制度。最终导致民间义军迭起，危机四伏。

其在艺术上造诣甚高，利用皇权推动绘画，使宋代的绘画艺术空前发展。还自创"瘦金体"书法，其花鸟画自成"院体"，是少有的艺术型皇帝。

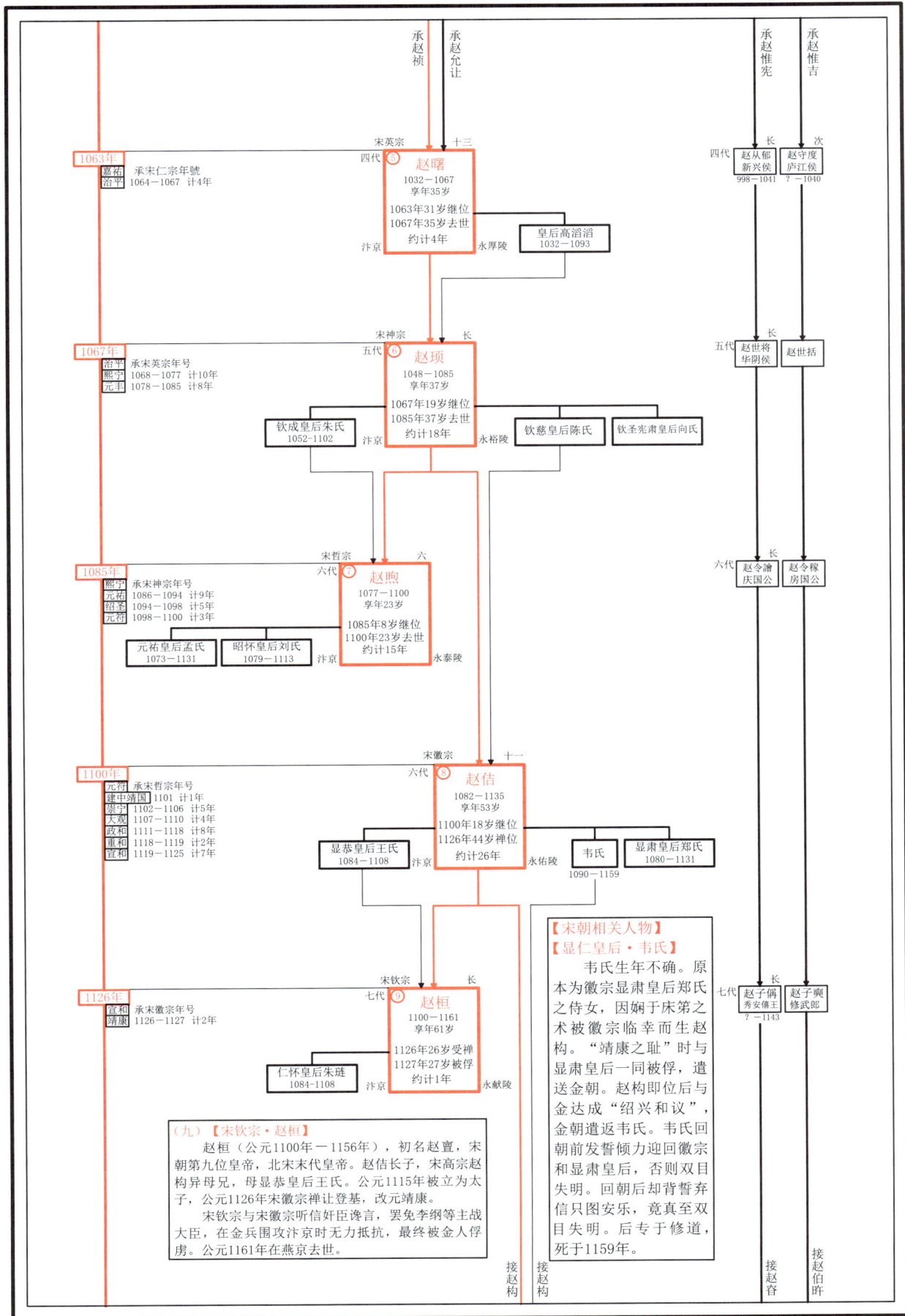

承赵祯　承赵允让　　　　承赵惟宪　承赵惟吉

宋英宗　十三

1063年
嘉祐　承宋仁宗年號
治平　1064－1067 计4年

四代　⑤　赵曙
1032－1067
享年35岁
1063年31岁继位
1067年35岁去世
约计4年
汴京　　永厚陵

皇后高滔滔
1032－1093

四代　长　　　　次
赵从郁　赵守度
新兴侯　庐江侯
998－1041　? －1040

宋神宗　长

1067年
治平　承宋英宗年号
熙宁　1068－1077 计10年
元丰　1078－1085 计8年

五代　⑥　赵顼
1048－1085
享年37岁
1067年19岁继位
1085年37岁去世
约计18年
汴京　　永裕陵

钦成皇后朱氏
1052-1102

钦慈皇后陈氏　钦圣宪肃皇后向氏

五代　长　　次
赵世将　赵世括
华阴侯

宋哲宗　六

1085年
熙宁　承宋神宗年号
元祐　1086－1094 计9年
绍圣　1094－1098 计5年
元符　1098－1100 计3年

六代　⑦　赵煦
1077－1100
享年23岁
1085年8岁继位
1100年23岁去世
约计15年
汴京　　永泰陵

元祐皇后孟氏　昭怀皇后刘氏
1073－1131　　1079－1113

六代　长　　次
赵令諭　赵令稼
庆国公　房国公

宋徽宗　十一

1100年
元符　承宋哲宗年号
建中靖国 1101 计1年
崇宁　1102－1106 计5年
大观　1107－1110 计4年
政和　1111－1118 计8年
重和　1118－1119 计2年
宣和　1119－1125 计7年

六代　⑧　赵佶
1082－1135
享年53岁
1100年18岁继位
1126年44岁禅位
约计26年
汴京　　永佑陵

显恭皇后王氏　　韦氏　　显肃皇后郑氏
1084－1108　　　　　　　1080－1131
　　　　　　　1090－1159

【宋朝相关人物】
【显仁皇后·韦氏】
　　韦氏生年不确。原本为徽宗显肃皇后郑氏之侍女，因娴于床第之术被徽宗临幸而生赵构。"靖康之耻"时与显肃皇后一同被俘，遣送金朝。赵构即位后与金达成"绍兴和议"，金朝遣返韦氏。韦氏回朝前发誓倾力迎回徽宗和显肃皇后，否则双目失明。回朝后却背誓弃信只图安乐，竟真至双目失明。后专于修道，死于1159年。

宋钦宗　长

1126年
宣和　承宋徽宗年号
靖康　1126－1127 计2年

七代　⑨　赵桓
1100－1161
享年61岁
1126年26岁受禅
1127年27岁被俘
约计1年
汴京　　永献陵

仁怀皇后朱琏
1084－1108

（九）【宋钦宗·赵桓】
　　赵桓（公元1100年－1156年），初名赵亶，宋朝第九位皇帝，北宋末代皇帝。赵佶长子，宋高宗赵构异母兄，母显恭皇后王氏。公元1115年被立为太子，公元1126年宋徽宗禅让登基，改元靖康。
　　宋钦宗与宋徽宗听信奸臣谗言，罢免李纲等主战大臣，在金兵围攻汴京时无力抵抗，最终被金人俘虏。公元1161年在燕京去世。

七代　长　　次
赵子偁　赵子奭
秀安僖王　修武郎
? －1143

接赵构　接赵构　　接赵昚　接赵伯琮

（十）【宋高宗·赵构】

赵构（公元1107年－1187年），字德基，宋朝第十位皇帝，南宋开国皇帝，宋徽宗赵佶第九子、宋钦宗赵桓之弟。

靖康之变，金兵俘虏其父兄灭亡北宋。赵构即位于南京应天府（今河南商丘市）建立南宋。在位时重用秦桧一味求和，多次逃窜海上以避金兵。他处死岳飞，罢免李纲、张浚、韩世忠等主战大臣，使南宋国力屡弱。公元1162年，禅位于皇太子赵昚。公元1187年去世，年八十岁。

（十一）【宋孝宗·赵昚（shèn）】

赵昚（公元1127年－1194年），初名伯琮，后改名瑗，赐名玮，字元永，秀州（今浙江嘉兴）人。南宋第二位皇帝、宋朝第十一位皇帝。赵匡胤七世孙、赵德芳（民间话本中八贤王的原型）之后，父为赵子偁，母为张氏。因赵构无子，收养于宫中，公元1162年被立为皇太子。

公元1162年，赵构让位，自此宋朝的皇位再次回到宋太祖赵匡胤一脉。公元1189年，赵昚又禅位于三子赵惇（dūn），自称寿皇圣帝。在位二十七年。公元1194年崩逝，年六十七岁。葬于永阜陵。《全宋词》录有其词一首。

史家多认为他是南宋最有作为的皇帝。在位时为岳飞平反，锐意收复中原；加强集权整顿吏治，裁汰冗官惩治贪污，史称"乾淳之治"。后世称其"卓然为南渡诸帝之称首"。其四子均为郭皇后所生。长、次子均早逝。

（十二）【宋光宗·赵惇（dūn）】

赵惇（公元1147年－1200年），宋朝第十二位皇帝，南宋第三位皇帝。赵昚第三子，母成穆皇后郭氏。公元1171年被立为太子，公元1189年受禅登基，公元1194年禅位于次子赵扩。史称"绍熙内禅"或"光宗内禅"。

史载赵惇"宫闱妒悍"，皇后李凤娘为史上出名悍妒，心理阴暗诡异，不但干预朝政，还谗言挑拨皇帝与皇子的关系，引起政治危机。在位五年，罢免辛弃疾，不事孝道，致使"乾淳之治"的成果被消亡殆尽，南宋开始由盛转衰。

（十三）【宋宁宗·赵扩】

赵扩（公元1168年－1224年），宋朝第十三位皇帝，南宋第四位皇帝，赵惇与李凤娘次子。立为太子不久，权臣韩侂（tuō）胄、赵汝愚逼赵惇退位，赵扩继位。即位后赵、韩两派斗争激烈。公元1195年罢赵用韩。定理学为伪学，史称"庆元党禁"。

公元1204年，赵扩追封岳飞为鄂王，削秦桧封爵。在位期间，宋金之间发生了两次大战。一次在公元1206年伐金未胜，签订了"嘉定和议"；一次是公元1217年开始到公元1221年的全面战争，宋金双方均未获胜。

赵扩共有九子皆早夭，遂立赵匡胤十世孙、赵德昭九世孙赵与莒为皇子。

公元1224年赵扩去世，终年五十六岁。

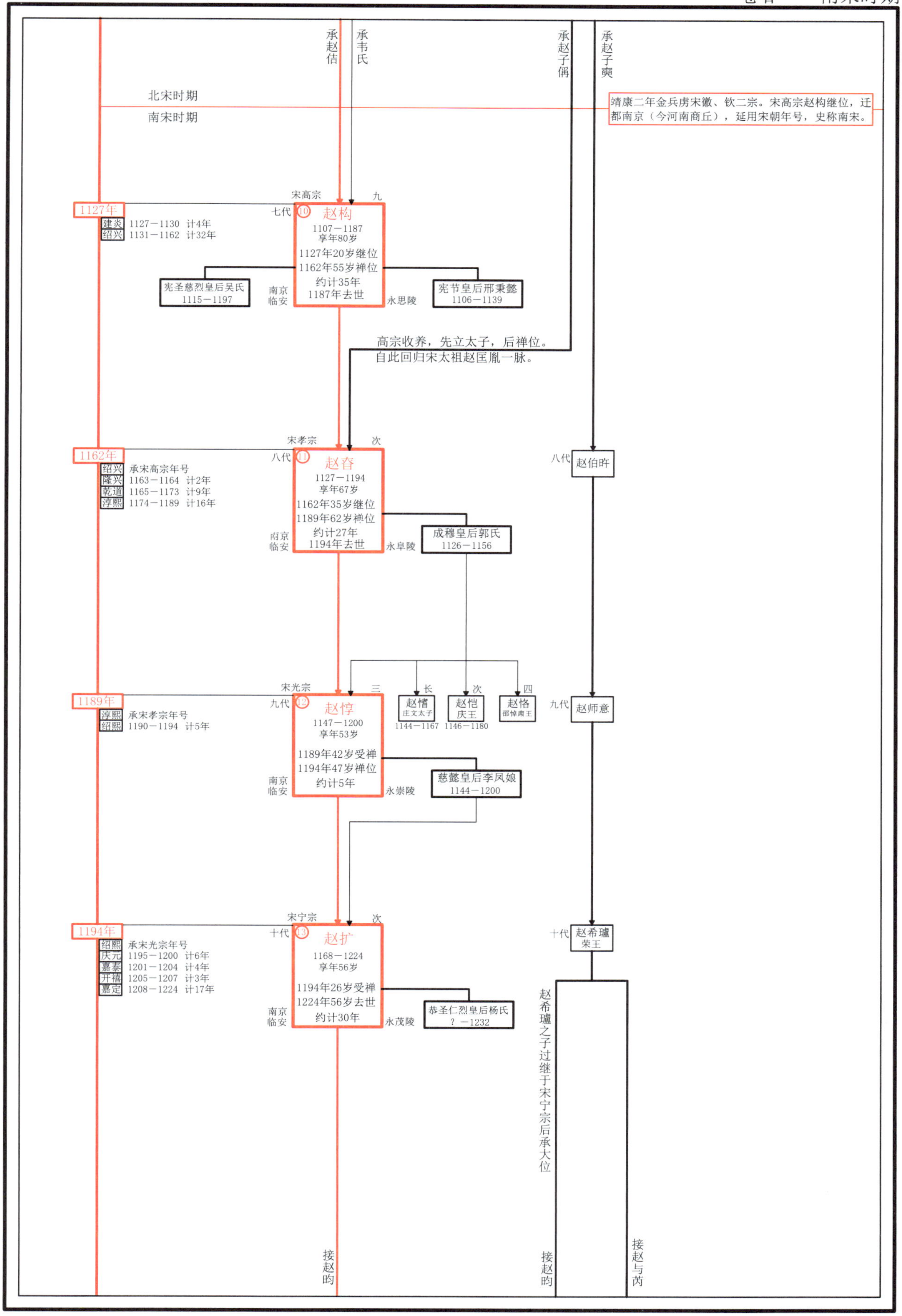
承赵佶
承韦氏
承赵子偁
承赵子奭
北宋时期
南宋时期
靖康二年金兵虏宋徽、钦二宗。宋高宗赵构继位，迁都南京（今河南商丘），延用宋朝年号，史称南宋。
1127年
建炎 1127—1130 计4年
绍兴 1131—1162 计32年
宋高宗 九
七代 10 赵构
1107—1187
享年80岁
1127年20岁继位
1162年55岁禅位
约计35年
1187年去世
南京 临安
永思陵
宪圣慈烈皇后吴氏
1115—1197
宪节皇后邢秉懿
1106—1139
高宗收养，先立太子，后禅位。
自此回归宋太祖赵匡胤一脉。
1162年
绍兴 承宋高宗年号
隆兴 1163—1164 计2年
乾道 1165—1173 计9年
淳熙 1174—1189 计16年
宋孝宗 次
八代 11 赵昚
1127—1194
享年67岁
1162年35岁继位
1189年62岁禅位
约计27年
1194年去世
南京 临安
永阜陵
成穆皇后郭氏
1126—1156
八代 赵伯琮
1189年
淳熙 承宋孝宗年号
绍熙 1190—1194 计5年
宋光宗 三
九代 12 赵惇
1147—1200
享年53岁
1189年42岁受禅
1194年47岁禅位
约计5年
南京 临安
永崇陵
长 赵愭 庄文太子 1144—1167
次 赵恺 庆王 1146—1180
四 赵恪 邵悼肃王
九代 赵师意
慈懿皇后李凤娘
1144—1200
1194年
绍熙 承宋光宗年号
庆元 1195—1200 计6年
嘉泰 1201—1204 计4年
开禧 1205—1207 计3年
嘉定 1208—1224 计17年
宋宁宗 次
十代 13 赵扩
1168—1224
享年56岁
1194年26岁受禅
1224年56岁去世
约计30年
南京 临安
永茂陵
恭圣仁烈皇后杨氏
？—1232
十代 赵希瓐 荣王
赵希瓐之子过继于宋宁宗后承大位
接赵昀
接赵昀
接赵芮

(十四)　【宋理宗·赵昀】

赵昀（公元1205年－1264年），原名赵与莒（jǔ），宋太祖赵匡胤之子赵德昭九世孙。宋朝第十四位皇帝，南宋第五位皇帝。赵昀生父为赵希瓐（lú）。赵昀于公元1224年为宋宁宗赵扩收养并立为皇子，赐名"昀"。

宋宁宗赵扩去世，权臣史弥远联合杨皇后拥立赵昀为帝。赵昀受史弥远挟制对政务完全不问，尊崇理学，纵情声色，至公元1233年史弥远死后才开始亲政。亲政之初立志中兴，罢黜史党、亲擢台谏、澄清吏治、整顿财政，史称"端平更化"。

公元1234年联蒙灭金。后又沉湎于荒淫，封权臣贾似道之姊为贵妃，朝政落于丁大全、贾似道等奸人之手，国势急衰。公元1264年去世，享年五十九岁。

(十五)　【宋度宗·赵禥（qí）】

赵禥（公元1240年－1274年），初名孟启，又名孜、长源。宋朝第十五位皇帝，南宋第六位皇帝，赵昀之侄，赵与芮之子。

因宋理宗无子，赵禥被收养，公元1260年，被立为太子。公元1264年继位。继位时金国已经灭亡多年。而蒙古军队大举南下，国难当头，赵禥却把军国大权交给贾似道执掌，使南宋更加暗无天日。公元1274年去世，终年三十四岁。

(十六)　【宋恭帝·赵㬎（xiǎn）】

赵㬎（公元1271年－1323年），宋朝第十六位皇帝，南宋第七位皇帝，宋度宗嫡次子。母为皇后全玖，宋端宗赵昰异母弟，宋末帝赵昺异母兄。

赵㬎在位期间朝政由太皇太后谢道清代理；而谢道清先依贾似道，后依陈宜中。临安被元军占领后，赵㬎被押送大都（今北京），逼娶蒙古族女孛儿只斤氏。后到西藏出家。公元1323年，因触犯文字狱，被元英宗赐死，终年五十二岁。

(十七)　【宋端宗·赵昰】

赵昰（公元1269年－1278年），宋朝第十七位皇帝，南宋第八位皇帝，宋末三帝之一，在位两年。宋度宗庶出长子，公元1276年，在福州被立为宋主，改元景炎，册宋度宗之杨淑妃为太后一同听政。公元1278年，在碙（náo）洲（今湛江）去世，年仅九岁，葬永福陵（今香港大屿山）。

(十八)　【宋幼主·赵昺（bǐng）】

赵昺（公元1272年－1279年），宋朝第十八位皇帝，南宋第九位皇帝，宋末三帝之一，宋朝最后一位皇帝。宋度宗第三子，生母为俞修容。公元1278年在碙州继皇帝位。

公元1279年，在宋元的崖山决战中，宋军败，左丞相陆秀夫背着年仅七岁的赵昺在崖山跳海而亡，十万军民也相继投海殉国，南宋覆灭。

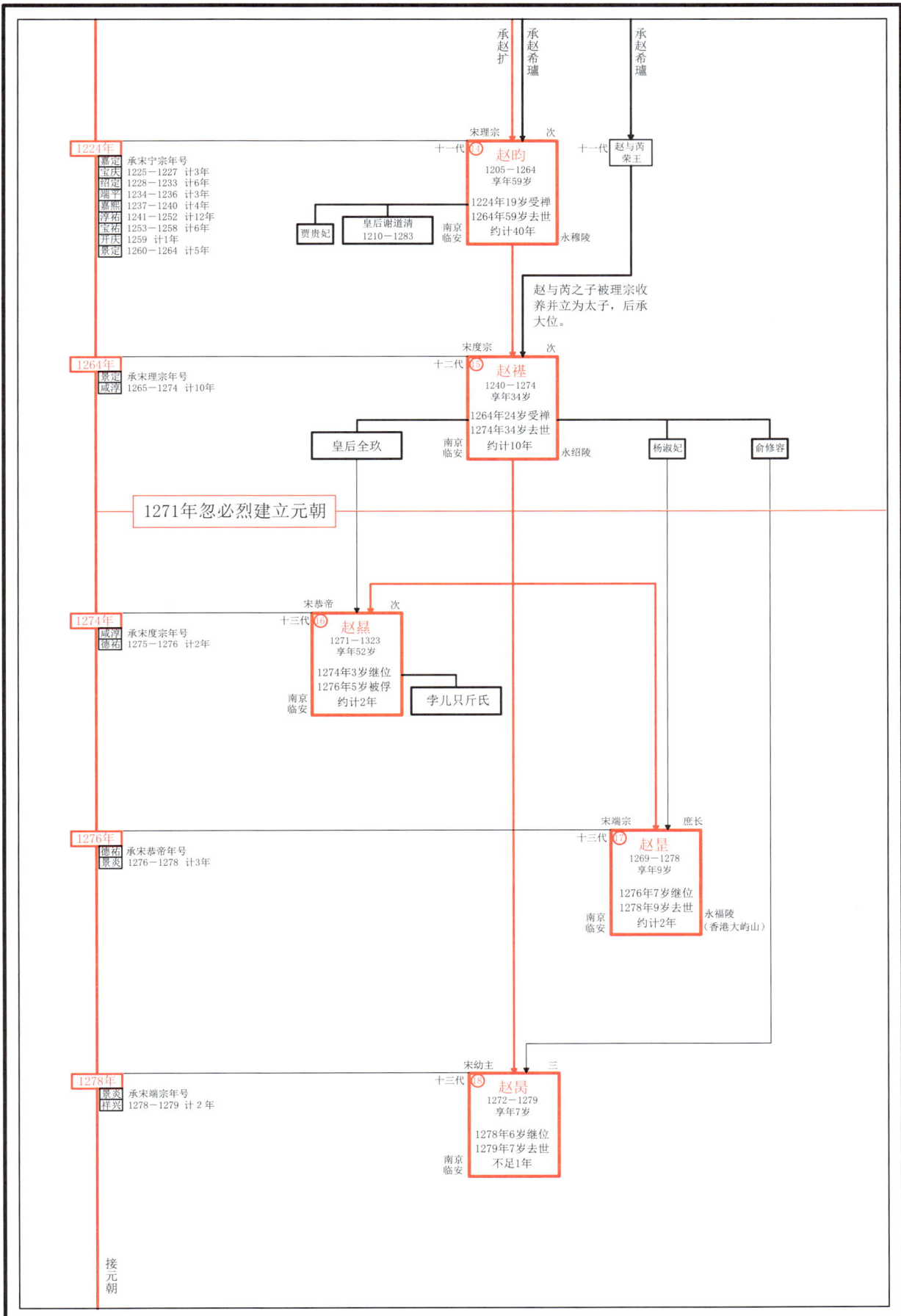

承赵扩　承赵希瓐　承赵希瓐

宋理宗　次　　　　　　　　　　十一代　赵与芮
十一代　①赵昀　　　　　　　　　　荣王
　　　1205－1264
　　　享年59岁

1224年
嘉定　承宋宁宗年号
宝庆　1225－1227　计3年
绍定　1228－1233　计6年
端平　1234－1236　计3年
嘉熙　1237－1240　计4年
淳祐　1241－1252　计12年
宝祐　1253－1258　计6年
开庆　1259　计1年
景定　1260－1264　计5年

1224年19岁受禅
1264年59岁去世
约计40年

贾贵妃　皇后谢道清　南京　　　永穆陵
　　　1210－1283　临安

赵与芮之子被理宗收
养并立为太子，后承
大位。

宋度宗　次
十二代　⑮赵禥
　　　1240－1274
　　　享年34岁

1264年
景定　承宋理宗年号
咸淳　1265－1274　计10年

1264年24岁受禅
1274年34岁去世
约计10年

皇后全玖　　　　南京　　永绍陵　　杨淑妃　俞修容
　　　　　　临安

1271年忽必烈建立元朝

宋恭帝
十三代　⑯赵㬎
　　　1271－1323
　　　享年52岁

1274年
咸淳　承宋度宗年号
德祐　1275－1276　计2年

1274年3岁继位
1276年5岁被俘
约计2年

南京　　字儿只斤氏
临安

宋端宗　庶长
十三代　⑰赵昰
　　　1269－1278
　　　享年9岁

1276年
德祐　承宋恭帝年号
景炎　1276－1278　计3年

1276年7岁继位
1278年9岁去世
约计2年

南京　　永福陵
临安　（香港大屿山）

宋幼主　三
十三代　⑱赵昺
　　　1272－1279
　　　享年7岁

1278年
景炎　承宋端宗年号
祥兴　1278－1279　计2年

1278年6岁继位
1279年7岁去世
不足1年

南京
临安

接
元
朝

2022·6·11

【伊利汗·拖雷】（宋赵昀宝庆三年至绍定二年）

　　拖雷（公元1193年－1232年），蒙古语意为镜子。铁木真第四子，号也可那颜（意为大官人）。成吉思汗生前分封诸子，拖雷留在父母身边，继承父亲的牧地。成吉思汗的军队近十三万人，大部分由拖雷掌管。成吉思汗去世，第三子窝阔台继位，在未取得忽里台大会确认前，由拖雷监国达两年。公元1232年，拖雷率军击败金国军队，于回军途中病逝，终年三十九岁。

【元太宗·窝阔台】（宋赵昀绍定二年至淳祐元年）

　　窝阔台（公元1186年－1241年），蒙古大汗。成吉思汗第三子。

　　继位后南下灭金，西征欧洲。任用契丹人耶律楚材为中书令，采用汉法，并开科取士，重用中原文人，奠定了元朝的政治基础。

　　窝阔台后妃很多，唯六皇后乃马真因摄政数年而载入史册，其他均不录。共七子，其长子贵由为元定宗，三子阔出之子失烈门被窝阔台指定为继承人。其他子女均不录。公元1241年去世，终年五十五岁。

【元定宗·贵由】（宋赵昀淳祐六年至八年）

　　贵由（公元1206年－1248年），蒙古大汗，史称贵由汗。窝阔台长子，母为乃马真皇后。公元1246年，经忽里台大会继位。贵由提出汗位必须父子相传，得到大会的认可，此举导致了忽里台议会制的衰落。在位期间吐蕃归附蒙古帝国。公元1248年在西征途中病逝，终年四十二岁。死后由海迷失后称制。

【失烈门】

　　失烈门（？－1252年）又作昔列门。《史集》表记是窝阔台之孙，阔出的长子，母亲是合塔合失。

　　窝阔台去世前本意立阔出为继承人，但阔出在南征宋朝时去世，因此改立其子失烈门为继承人。窝阔台去世后，乃马真皇后剥夺了失烈门的继承权，改立自己的儿子贵由为汗。贵由死后因未立继承人，故贵由的皇后海迷失抱着年幼的失烈门临朝称制，后因忽里台大会拥立拖雷嫡长子蒙哥为汗，以叛乱罪将失烈门杀害。他的死意味着窝阔台族系在与拖雷族系争夺汗位中失败，从此成吉思汗黄金家族内部开始分裂，最终造成蒙古帝国的彻底分裂。

【元朝简介】

　　元朝由蒙古族建立，是中国历史上首次由少数民族建立的大一统王朝。定都大都（今北京），传五世十一帝，历时九十八年。

　　公元1206年至1260年，是成吉思汗铁木真统一漠北，建立大蒙古国时期。蒙哥去世后引发阿里不哥与忽必烈汗位之争，造成大蒙古国的分裂。

　　公元1260年至1368年，是忽必烈建立的大元时期。

　　公元1368年朱元璋建立明朝，攻占北京，元朝政权退居漠北，史称北元。

　　公元1402年，元臣鬼力赤篡权建立鞑靼（dádá），北元灭亡。

　　元朝废除了中原王朝多年的尚书省和门下省行政机构，由御史台分别掌握行政、军队、监察三权，地方实行行省制度，开中国行省制度之先河。

元　承宋朝

【元太祖·铁木真】
（宋赵扩开禧二年至赵昀宝庆三年）
　　铁木真（公元1162年－1227年），蒙古乞颜部人。公元1206年建立了大蒙古国，是第一任大汗，尊号成吉思汗。多次发动对外战争，征服了西亚及东欧的广大地区。铁木真史有记载共六子，其长子术赤因其母孛儿帖曾被外族掳走，救回时已怀孕，被疑为外族之子。蒙古语术赤也是"客人"的意思。故未能继位。铁木真于公元1227年在征伐西夏时去世，年六十五岁。

也速该 神元皇帝 1134－1170
月伦太后诃额仑 ？－1207

元太祖 一代 1206年
铁木真 1162－1227 享年65岁 1206年44岁建国 1227年65岁去世 约计21年 哈拉和林

拙赤合撒儿 1164－1219
合赤温 1166－？
铁木哥斡赤斤 1168－1246

孛儿帖皇后 1161－？

【忽里台大会】
　　忽里台大会是蒙古帝国（含元朝时期）的诸王朝会，在蒙古语中是"会议"的意思。最初忽里台是部落和各部联盟的议事会，用于推举首领，决定征战等大事。公元1206年，铁木真建立蒙古帝国，就是通过召开忽里台大会即大汗位。
　　蒙古没有固定的嫡长子继承制，汗位继承权或由先朝大汗生前指定，但形式上总要召开忽里台大会予以确认，方能即汗位。

1227年 拖雷监国（1227－1229）
拖雷 二代 伊利汗 1193－1232
克烈·唆鲁禾帖尼 1192－1252

【克烈·唆鲁禾帖尼】
　　拖雷正妻，蒙哥、忽必烈、旭烈兀与阿里不哥四人的生母。
　　蒙哥是蒙古大汗；忽必烈是大元皇帝；旭烈兀是西亚伊儿汗国国王；阿里不哥曾在蒙古本土被忽里台推举为汗，与忽必烈二汗并列达四年之久。因其四个儿子都做过帝王，故被后世史家称为"四帝之母"。

元太宗 三 二代 1229年
窝阔台 1186－1241 享年55岁 1229年43岁继位 1241年55岁去世 约计12年 哈拉和林

术赤 长 1180－1225 钦察汗
察合台 次 1183－1241 察合台汗
待考

1241年 乃马真摄政（1241－1246）
乃马真后 脱列哥那 ？－1246

元定宗 长 三代 1246年
贵由 1206－1248 享年42岁 1246年40岁继位 1248年42岁去世 约计2年 哈拉和林

阔出 三 1180－1225 合塔合失

1248年 海迷失后摄政（1248－1251）
海迷失后 斡兀立氏 ？－1252

四代 长 忽察　脑忽　次 禾忽　三　失烈门 长 ？－1252

接忽必烈、旭烈兀、蒙哥、阿里不哥
接忽必烈、旭烈兀、蒙哥、阿里不哥

【元宪宗·蒙哥】（宋赵昀淳祐十一年至开庆元年）

蒙哥（公元1209年－1259年），拖雷长子，蒙古大汗，史书记为蒙哥汗。元世祖忽必烈之兄。母为唆鲁禾帖尼。曾参加长子军西征，活捉钦察首领八赤蛮，进攻古罗斯（今俄罗斯）等地。即位后致力攻灭南宋，并派遣旭烈兀西征西亚。公元1259年死于四川重庆和川钓鱼城，年五十岁。

（一）【元世祖·忽必烈】

忽必烈（公元1215年－1294年），拖雷第四子，蒙哥之弟。元朝开国皇帝。蒙古典籍中记载为薛禅汗。

蒙哥在位时，忽必烈总理漠南汉地。任用汉族儒士整饬军政。蒙哥死后，忽必烈在开平即蒙古大汗位，并出兵击败忽里台大会推立的拖雷第七子阿里不哥。

公元1271年建国号大元，建都大都（今北京）。1294年病逝，年七十九岁。史载共十子六女，嫡长子真金早亡，其子铁穆耳继位，即元成宗。

（二）【元成宗·铁穆耳】

铁穆耳（公元1265年－1307年），元朝第二位皇帝，蒙古汗国第六位大汗。忽必烈皇太子真金第三子。母为弘吉剌氏（又名阔阔真皇后）。

公元1294年即皇帝位。在位期间停止对外战争，限制诸王势力，利用减免赋税、新编律令等措施使社会矛盾有所缓和，也使西北的动乱有所改观。四大汗国一致承认元朝皇帝是成吉思汗王位的合法继承人。后期曾发兵征讨八百媳妇（今泰国北部），引起西南地区动乱。晚年患病，委任皇后卜鲁罕和色目人大臣执政。

公元1307年去世，年四十二岁。因后继无人，留下了皇位争夺的隐患。

（三）【元武宗·海山】

海山（公元1281年－1311年），元朝第三位皇帝，蒙古汗国第七位大汗。他是忽必烈曾孙、铁穆耳之侄。父为答剌麻八剌，母为答己，其弟为元仁宗爱育黎拔力八达。公元1307年铁穆耳无嗣而终。海山之弟爱育黎拔力八达在大都除掉了欲擅权的铁穆耳的皇后卜鲁罕，拥立海山登基。作为报酬，海山册封爱育黎拔力八达为皇子。

海山在位时实施了许多改革。崇信藏传佛教，并封孔子为大成至圣文宣王。公元1311年去世，年三十岁。

（四）【元仁宗·爱育黎拔力八达】

爱育黎拔力八达（公元1285年－1320年），元朝第四位皇帝，蒙古汗国第八位大汗。海山之弟。因助其兄海山登基被封为皇子，相约兄终弟及，叔侄相传。海山死后嗣位，大力改革，进用汉臣，减裁冗员，实行科举，推行"以儒治国"政策，振兴元朝。

公元1320年去世，年三十五岁。死后未按约传位于海山之子和世㻋（là），而是传于自己的儿子硕德八剌。

承拖雷

承唆鲁禾帖尼

1251年

元宪宗　　　　长
三代　**蒙哥**
1209－1259
享年50岁
1251年42岁继位
1259年50岁去世
约计8年

哈拉和林

五
旭烈兀
1217－1265
享年48岁
伊儿汗国建立者
1256年建国
1335年灭国

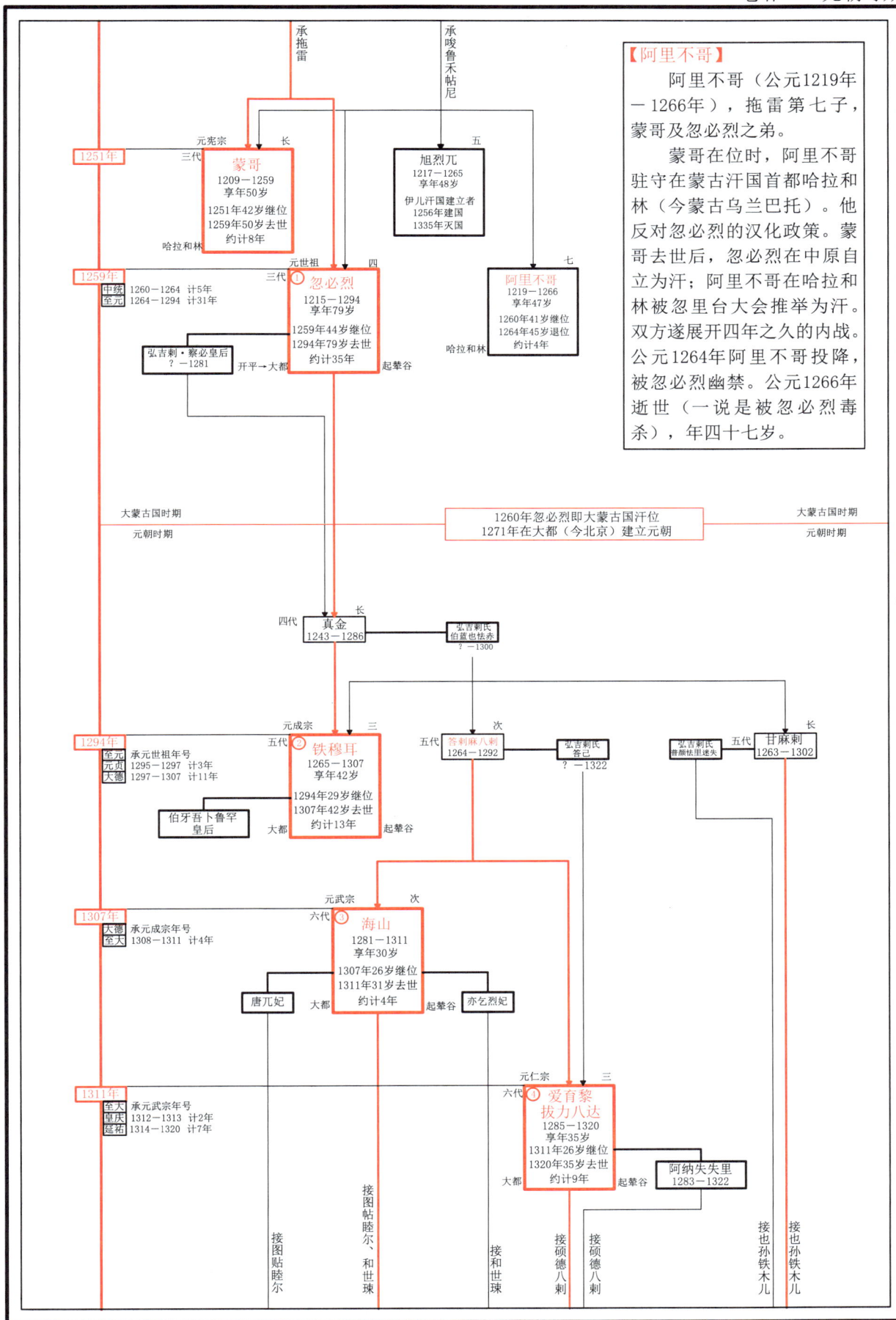

【阿里不哥】
　　阿里不哥（公元1219年
－1266年），拖雷第七子，
蒙哥及忽必烈之弟。
　　蒙哥在位时，阿里不哥
驻守在蒙古汗国首都哈拉和
林（今蒙古乌兰巴托）。他
反对忽必烈的汉化政策。蒙
哥去世后，忽必烈在中原自
立为汗；阿里不哥在哈拉和
林被忽里台大会推举为汗。
双方遂展开四年之久的内战。
公元1264年阿里不哥投降，
被忽必烈幽禁。公元1266年
逝世（一说是被忽必烈毒
杀），年四十七岁。

1259年
中统 1260－1264　计5年
至元 1264－1294　计31年

元世祖　　　　四
三代　① **忽必烈**
1215－1294
享年79岁
1259年44岁继位
1294年79岁去世
约计35年

弘吉剌·察必皇后
？－1281
开平→大都　　起辇谷

七
阿里不哥
1219－1266
享年47岁
1260年41岁继位
1264年45岁退位
约计4年

哈拉和林

大蒙古国时期
元朝时期

1260年忽必烈即大蒙古国汗位
1271年在大都（今北京）建立元朝

大蒙古国时期
元朝时期

四代　真金
1243－1286

弘吉剌氏
伯蓝也怯赤
？－1300

1294年
至元 承元世祖年号
元贞 1295－1297　计3年
大德 1297－1307　计11年

元成宗　　　　三
五代　② **铁穆耳**
1265－1307
享年42岁
1294年29岁继位
1307年42岁去世
约计13年

伯牙吾卜鲁罕
皇后
大都　　　起辇谷

次
五代　答剌麻八剌
1264－1292

弘吉剌氏
答己
？－1322

长
弘吉剌氏
普颜怯里迷失
五代　甘麻剌
1263－1302

1307年
大德 承元成宗年号
至大 1308－1311　计4年

元武宗　　　　次
六代　③ **海山**
1281－1311
享年30岁
1307年26岁继位
1311年31岁去世
约计4年

唐兀妃
大都

亦乞烈妃
起辇谷

元仁宗　　　　三
六代　④ **爱育黎
拔力八达**
1285－1320
享年35岁
1311年26岁继位
1320年35岁去世
约计9年

1311年
至大 承元武宗年号
皇庆 1312－1313　计2年
延祐 1314－1320　计7年

阿纳失失里
1283－1322
大都　　起辇谷

接图贴睦尔

接图帖睦尔、和世㻋

接和世㻋

接硕德八剌

接硕德八剌

接也孙铁木儿

接也孙铁木儿

（五）【元英宗·硕德八剌】

硕德八剌（公元1303年－1323年），元朝第五位皇帝，蒙古汗国第九位大汗。元仁宗爱育黎拔力八达嫡子。

即位时年十七岁。登基后巧妙遏止了祖母答己以太皇太后身份擅权的局面，并进行改革，颁布了《大元通制》，史称"至治改革"，但引起蒙古贵族不满。

公元1323年，在返回大都途中，被太皇太后死党铁木迭儿的义子铁失等刺杀，年20岁，史称南坡之变。无子，由也孙铁木儿继位，即元泰定帝。

（六）【元泰定帝·也孙铁木儿】

也孙铁木儿（公元1293年－1328年），元朝第六位皇帝，蒙古汗国第十位大汗。忽必烈曾孙、真金之孙，元英宗硕德八剌之叔，其父为甘麻剌。

公元1323年，南坡之变，元英宗硕德八剌被弑无子，也孙铁木儿以元世祖长房嫡曾孙继位。刺杀元英宗的铁失一党将玉玺献给也孙铁木儿，即位于漠北龙居河（今蒙古国克鲁伦河）。有史料称铁失弑杀元英宗前，曾派人向也孙铁木儿告知计划。也孙铁木儿虽将其党羽囚禁，并派人赴上都告变，但没有直接制止。因此，后世有指责他参与弑杀阴谋。此案为蒙古帝国最大疑案。

公元1328年去世，年三十五岁。传位其子阿速吉八，但被从侄图帖睦尔夺位，并视他为自立的非法君主。也孙铁木儿和阿速吉八父子均无汉文庙号、谥号与蒙古汗号，仅以其年号称也孙铁木儿为泰定帝，其子阿速吉八为天顺帝。

（九）【元明宗·和世㻋（1à）】

和世㻋（公元1300年－1329年），元朝第九位皇帝，蒙古汗国第十三位大汗。元武宗海山之子，图帖睦尔之兄，元宁宗、元惠宗之父。

爱育黎拔力八达在位时，将和世㻋和图帖睦尔兄弟分别流放。图帖睦尔被流放海南琼州，至泰定帝也孙铁木儿即位后才召还京师。

泰定帝死后，权臣燕铁木儿在大都政变，立武宗长子和世㻋为帝，后因和世㻋距大都太远，遂改立图帖睦尔为帝。图帖睦尔称帝后宣布"谨俟大兄之至，以遂朕固让之心"，并遣使往迎和世㻋。但和世㻋事先并未告知图帖睦尔，就在蒙古贵族的拥戴下于哈拉和林之北即皇帝位。图帖睦尔自大都北行亲迎和世㻋来大都即位，在中都（今河北省张北县）与其会面。兄弟相见不满五天，和世㻋暴崩，年二十九岁。图帖睦尔再次即位。而和世㻋暴卒的详情已永远成为秘密。

（十）【元宁宗·懿璘质班】

懿璘质班（公元1326年－1332年），元朝第十位皇帝，蒙古汗国第十四位大汗，和世㻋次子，生母是八不沙。图帖睦尔死后，遗诏立其继位。因仅六岁，故由太后临朝称制。仅五十三天后卒。

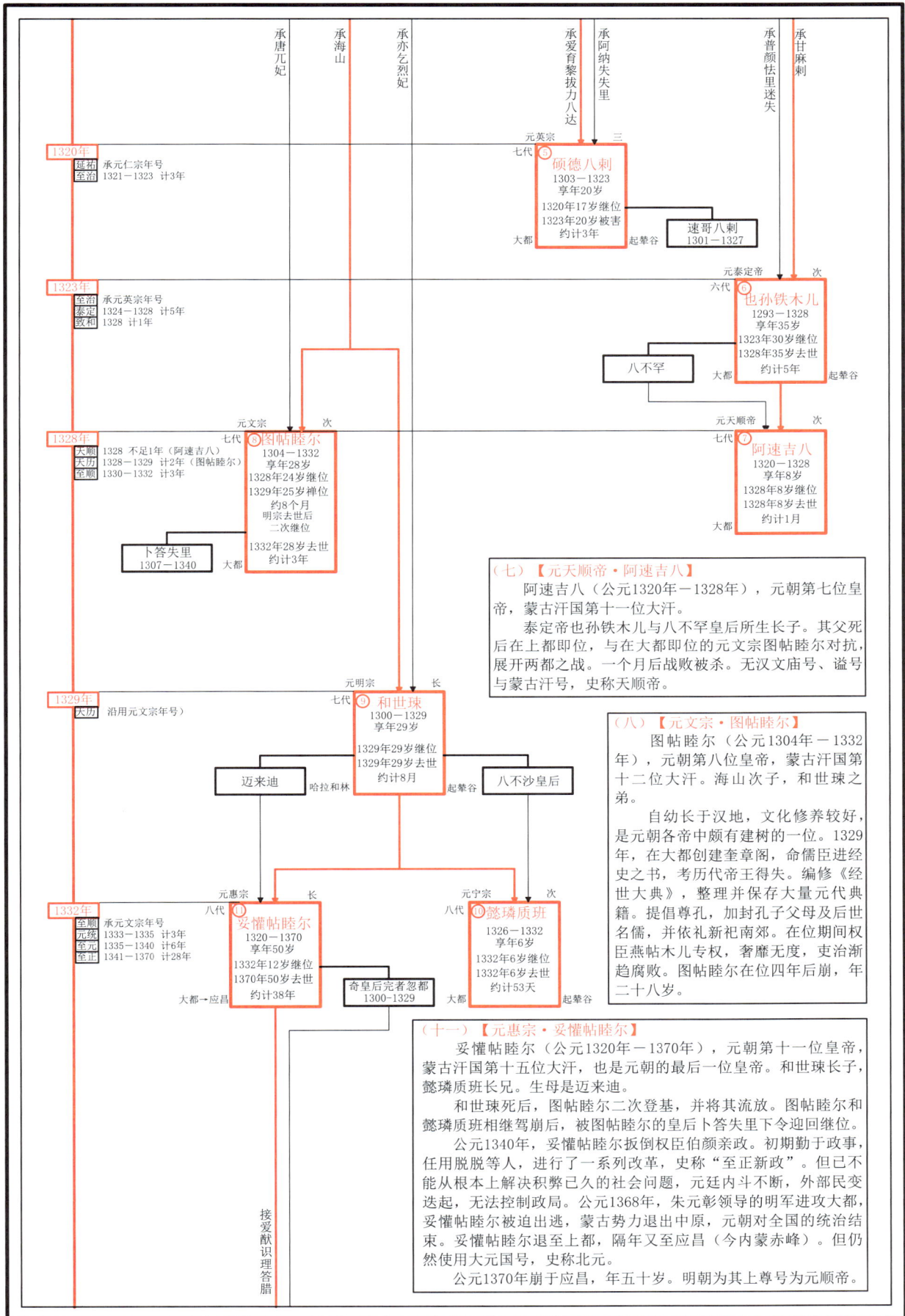

承唐兀妃　承海山　承亦乞烈妃　承爱育黎拔力八达　承阿纳失失里　承晋颜怯里迷失　承甘麻剌

1320年
延祐　承元仁宗年号
至治　1321－1323 计3年

元英宗　三
七代　⑤硕德八剌
1303－1323
享年20岁
1320年17岁继位
1323年20岁被害
约计3年
大都　起辇谷

速哥八剌
1301－1327

1323年
至治　承元英宗年号
泰定　1324－1328 计5年
致和　1328 计1年

元泰定帝　次
六代　⑥也孙铁木儿
1293－1328
享年35岁
1323年30岁继位
1328年35岁去世
约计5年
大都　起辇谷

八不罕

1328年
天顺　1328 不足1年（阿速吉八）
天历　1328－1329 计2年（图帖睦尔）
至顺　1330－1332 计3年

元文宗　次
七代　⑧图帖睦尔
1304－1332
享年28岁
1328年24岁继位
1329年25岁禅位
约8个月
明宗去世后
二次继位
1332年28岁去世
约计3年

卜答失里
1307－1340　大都

元天顺帝　次
七代　⑦阿速吉八
1320－1328
享年8岁
1328年8岁继位
1328年8岁去世
约计1月
大都

（七）【元天顺帝·阿速吉八】
　　阿速吉八（公元1320年－1328年），元朝第七位皇帝，蒙古汗国第十一位大汗。
　　泰定帝也孙铁木儿与八不罕皇后所生长子。其父死后在上都即位，与在大都即位的元文宗图帖睦尔对抗，展开两都之战。一个月后战败被杀。无汉文庙号、谥号与蒙古汗号，史称天顺帝。

（八）【元文宗·图帖睦尔】
　　图帖睦尔（公元1304年－1332年），元朝第八位皇帝，蒙古汗国第十二位大汗。海山次子，和世㻋之弟。
　　自幼长于汉地，文化修养较好，是元朝各帝中颇有建树的一位。1329年，在大都创建奎章阁，命儒臣进经史之书，考历代帝王得失。编修《经世大典》，整理并保存大量元代典籍。提倡尊孔，加封孔子父母及后世名儒，并依礼新祀南郊。在位期间权臣燕帖木儿专权，奢靡无度，吏治渐趋腐败。图帖睦尔在位四年后崩，年二十八岁。

1329年
大历　沿用元文宗年号）

元明宗　长
七代　⑨和世㻋
1300－1329
享年29岁
1329年29岁继位
1329年29岁去世
约计8月
起辇谷

迈来迪　哈拉和林

八不沙皇后

1332年
至顺　承元文宗年号
元统　1333－1335 计3年
至元　1335－1340 计6年
至正　1341－1370 计28年

元惠宗　长
八代　⑪妥懽帖睦尔
1320－1370
享年50岁
1332年12岁继位
1370年50岁去世
约计38年
大都→应昌

奇皇后完者忽都
1300－1329

元宁宗　次
八代　⑩懿璘质班
1326－1332
享年6岁
1332年6岁继位
1332年6岁去世
约计53天
起辇谷

（十一）【元惠宗·妥懽帖睦尔】
　　妥懽帖睦尔（公元1320年－1370年），元朝第十一位皇帝，蒙古汗国第十五位大汗，也是元朝的最后一位皇帝。和世㻋长子，懿璘质班长兄。生母是迈来迪。
　　和世㻋死后，图帖睦尔二次登基，并将其流放。图帖睦尔和懿璘质班相继驾崩后，被图帖睦尔的皇后卜答失里下令迎回继位。
　　公元1340年，妥懽帖睦尔扳倒权臣伯颜亲政。初期勤于政事，任用脱脱等人，进行了一系列改革，史称"至正新政"。但已不能从根本上解决积弊已久的社会问题，元廷内斗不断，外部民变迭起，无法控制政局。公元1368年，朱元璋领导的明军进攻大都，妥懽帖睦尔被迫出逃，蒙古势力退出中原，元朝对全国的统治结束。妥懽帖睦尔退至上都，隔年又至应昌（今内蒙赤峰）。但仍然使用大元国号，史称北元。
　　公元1370年崩于应昌，年五十岁。明朝为其上尊号为元顺帝。

接爱猷识理答腊

【北元皇帝·爱猷识理答腊】

爱猷识理答腊（公元1339年－1378年），北元皇帝，蒙古汗国第十六位大汗。元惠宗长子，母为高丽奇皇后完者忽都。

早年接受儒学教育，公元1353年被封为皇太子。因其父妥懂帖睦尔荒淫纵欲，遂欲夺取帝位。公元1364年获胜，并与之和解。公元1368年，明朝将领徐达、常遇春进攻大都，随其父出逃上都，旋至应昌。公元1370年，其父死后继位。明军攻破应昌后逃奔和林。后徙帐金山之北去世。

【天元帝·脱古思帖木儿】

脱古思帖木儿（公元1342年－1388年），北元皇帝，蒙古汗国第十七位大汗。《蒙古源流》和《新元史》等史料记载他是爱猷识理达腊的弟弟；但明朝史籍记载他是爱猷识理达腊的儿子。故因史料冲突无法确认血缘关系。公元1388年，在捕鱼儿海（今内蒙贝尔湖）被明军击溃，出逃时为阿里不哥的后裔也速迭儿所杀。

【北元皇帝·也速迭儿】

也速迭儿（公元1359年－1391年），蒙古汗国第十八位大汗。汗号为卓里克图汗。他是忽必烈之弟阿里不哥后裔，是脱古思帖木儿的部将。公元1388年，用弓弦缢杀了脱古思帖木儿和太子天保奴后，自称全蒙古大皇帝。至此结束了忽必烈与阿里不哥的帝系之争。

【北元皇帝·额勒伯克】

额勒伯克（公元1362年－1399年），蒙古汗国第十九位大汗，尊号尼古埒（liè）苏克齐汗。《蒙古黄金史》记载额勒伯克的生父为爱猷识理答腊，亦有说是脱古思帖木儿之子。依正史记载脱古思帖木儿只有两个儿子，长子天保奴被也速迭儿杀害，次子地保奴被明军俘虏后流放琉球，脱古思帖木儿绝嗣，故此种说法站不住脚。

【斋主提示：北元皇帝·恩克】

恩克（公元1370年－1394年）亦是蒙古大汗。根据波斯语史料，恩克是也速迭儿之子。但《蒙古源流》等史书把恩克汗和卓里克图汗（也速迭儿）合并成一个人，称其为恩克卓里克图汗。但也有不少学者综合各种史料推断，卓里克图汗和恩克汗应该是两代大汗。恩克的史籍记载极少，其生平事迹基本失传。蒙古语史料中只有罗氏《蒙古黄金史》提到"恩克汗在位四年"。

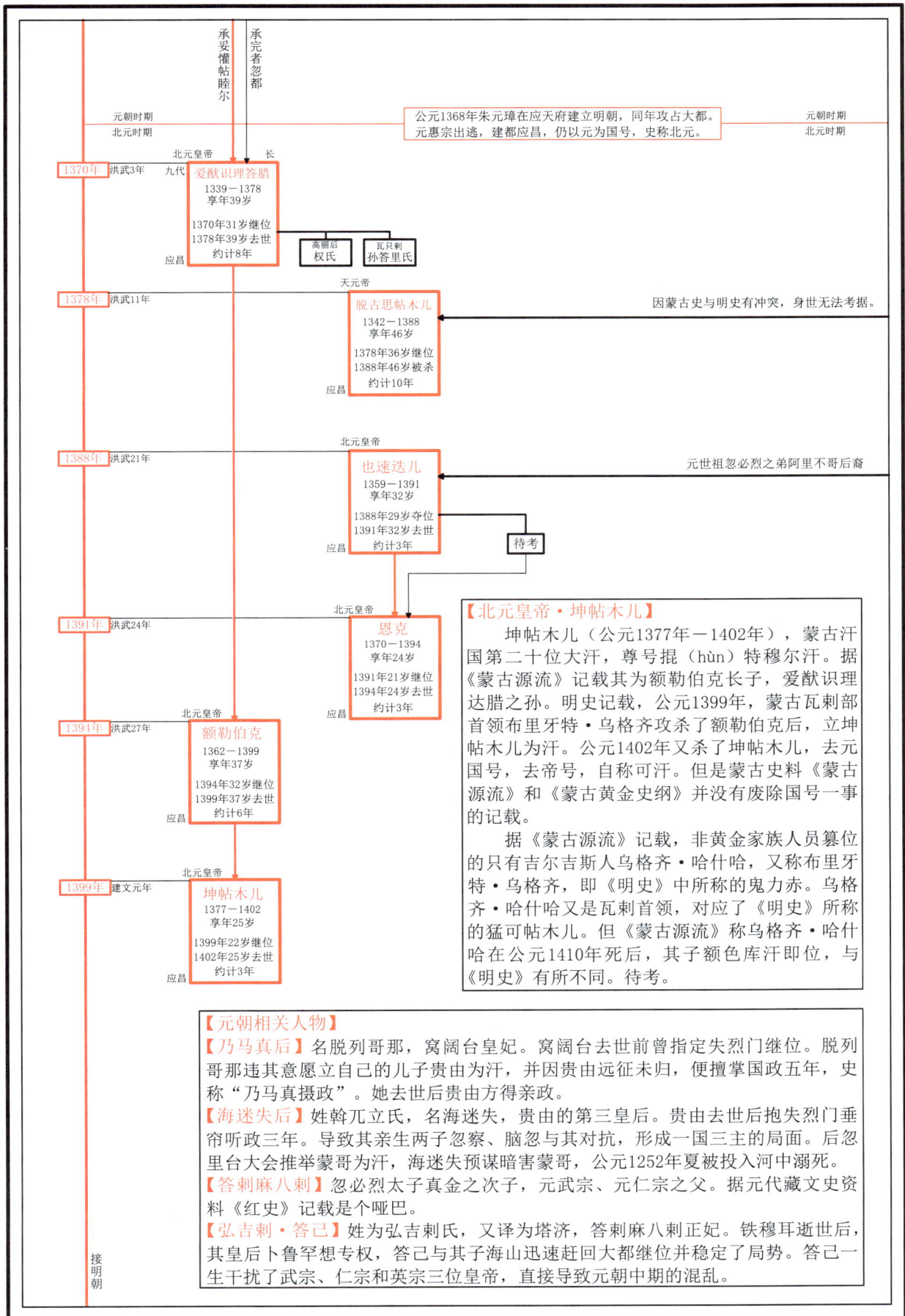

承妥懽帖睦尔   承完者忽都

元朝时期
北元时期

公元1368年朱元璋在应天府建立明朝，同年攻占大都。
元惠宗出逃，建都应昌，仍以元为国号，史称北元。

元朝时期
北元时期

1370年 洪武3年

北元皇帝   长
九代

爱猷识理答腊
1339－1378
享年39岁

1370年31岁继位
1378年39岁去世
约计8年

应昌

高丽后   瓦只剌
权氏   孙答里氏

天元帝

1378年 洪武11年

脱古思帖木儿
1342－1388
享年46岁

1378年36岁继位
1388年46岁被杀
约计10年

应昌

因蒙古史与明史有冲突，身世无法考据。

北元皇帝

1388年 洪武21年

也速迭儿
1359－1391
享年32岁

1388年29岁夺位
1391年32岁去世
约计3年

应昌

元世祖忽必烈之弟阿里不哥后裔

待考

北元皇帝

1391年 洪武24年

恩克
1370－1394
享年24岁

1391年21岁继位
1394年24岁去世
约计3年

应昌

【北元皇帝·坤帖木儿】

　　坤帖木儿（公元1377年－1402年），蒙古汗国第二十位大汗，尊号掍（hùn）特穆尔汗。据《蒙古源流》记载其为额勒伯克长子，爱猷识理达腊之孙。明史记载，公元1399年，蒙古瓦剌部首领布里牙特·乌格齐攻杀了额勒伯克后，立坤帖木儿为汗。公元1402年又杀了坤帖木儿，去元国号，去帝号，自称可汗。但是蒙古史料《蒙古源流》和《蒙古黄金史纲》并没有废除国号一事的记载。

　　据《蒙古源流》记载，非黄金家族人员篡位的只有吉尔吉斯人乌格齐·哈什哈，又称布里牙特·乌格齐，即《明史》中所称的鬼力赤。乌格齐·哈什哈又是瓦剌首领，对应了《明史》所称的猛可帖木儿。但《蒙古源流》称乌格齐·哈什哈在公元1410年死后，其子额色库汗即位，与《明史》有所不同。待考。

北元皇帝

1394年 洪武27年

额勒伯克
1362－1399
享年37岁

1394年32岁继位
1399年37岁去世
约计6年

应昌

北元皇帝

1399年 建文元年

坤帖木儿
1377－1402
享年25岁

1399年22岁继位
1402年25岁去世
约计3年

应昌

【元朝相关人物】

【乃马真后】名脱列哥那，窝阔台皇妃。窝阔台去世前曾指定失烈门继位。脱列哥那违其意愿立自己的儿子贵由为汗，并因贵由远征未归，便擅掌国政五年，史称"乃马真摄政"。她去世后贵由方得亲政。

【海迷失后】姓斡兀立氏，名海迷失，贵由的第三皇后。贵由去世后抱失烈门垂帘听政三年。导致其亲生两子忽察、脑忽与其对抗，形成一国三主的局面。后忽里台大会推举蒙哥为汗，海迷失预谋暗害蒙哥，公元1252年夏被投入河中溺死。

【答剌麻八剌】忽必烈太子真金之次子，元武宗、元仁宗之父。据元代藏文史资料《红史》记载是个哑巴。

【弘吉剌·答己】姓为弘吉剌氏，又译为塔济，答剌麻八剌正妃。铁穆耳逝世后，其皇后卜鲁罕想专权，答己与其子海山迅速赶回大都继位并稳定了局势。答己一生干扰了武宗、仁宗和英宗三位皇帝，直接导致元朝中期的混乱。

接明朝

2022·6·11

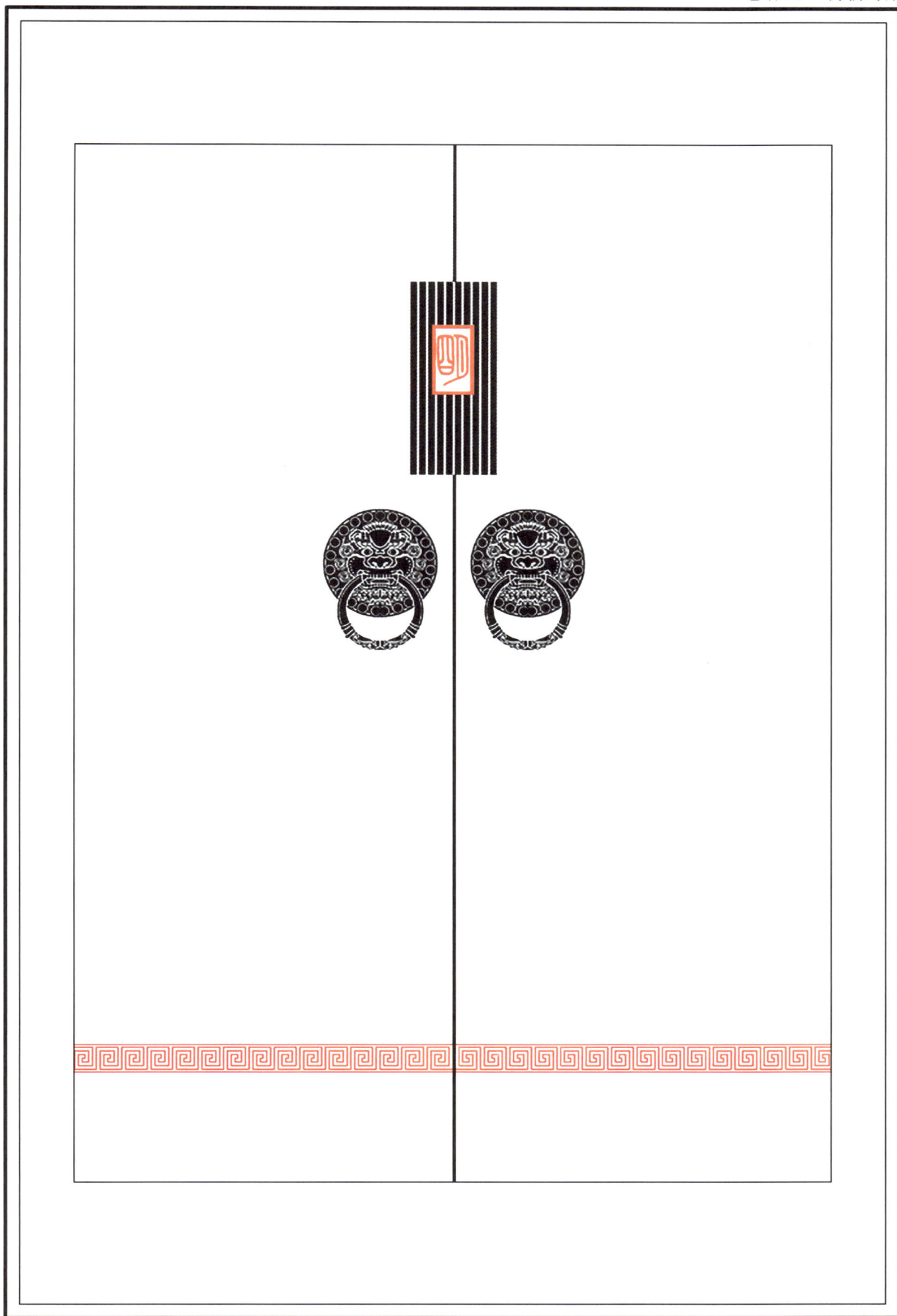

（一）【明太祖·洪武帝·朱元璋】

朱元璋（公元1328年－1398年），濠州钟离（今安徽凤阳）人，汉族，字国瑞。原名重八，后改名兴宗，明朝开国皇帝。

朱元璋幼时家境贫穷，公元1344年入皇觉寺出家为僧，二十五岁时参加郭子兴领导的红巾军起义反抗元朝，改名朱元璋。公元1356年攻占集庆路，改称应天府（今江苏南京）。公元1367年命徐达、常遇春举兵北伐推翻元朝统治。公元1368年在应天府称帝，年号洪武。当年攻占元大都（今北京），结束了元朝在全国的统治。又平定西南、西北、辽东等地，最终统一了全国。

朱元璋在位期间对各个方面都进行了改革，政治上废除丞相和中书行省制度，设三司分掌权力，加强了中央集权，严惩贪官和不法勋贵；军事上则实施卫所制度；经济上实行民屯和军屯，兴修水利，减免税赋，并且丈量土地，清查户口；文化上兴科举，建立国子监培养人才；对外恢复中华宗主国地位，史称"洪武之治"。

自朱元璋始，明朝纪年均改为一帝一号（唯英宗因土木堡之变有二次登极，故有两个年号）。此举改变了自汉武帝以来繁乱复杂的纪年方式，后来史学界和民间便都习惯以年号来称呼皇帝。

公元1398年病逝，享年七十岁。葬南京孝陵。

（二）【明惠宗·建文帝·朱允炆（wén）】

朱允炆（公元1377年－?），又作朱允文、朱允汶。明朝第二位皇帝。朱元璋之孙、朱标次子。因其父朱标早死，故朱元璋让其承继皇位。在位期间增强文官在国政中的作用，宽刑省狱，严惩宦官，史称"建文新政"。但在削藩中引发冲突，其四叔朱棣发动靖难之役攻打南京，至其下落不明。

（三）【明成祖·永乐帝·朱棣】

朱棣（公元1360年－1424年），朱元璋第四子，其母存疑待考。明朝第三位皇帝。初封燕王就藩北平（今北京），多次参与北方军事活动，在军队中影响较大。建文帝即位后削藩，不仅监视朱棣，还欲调走其军队。朱棣遂发动靖难之役，攻打建文帝，于公元1402年取得胜利，在南京称帝。

朱棣在位时，进行大量的政治改革，设置内阁制度；对外五次亲征蒙古，并收复安南。于东北设奴儿干都司，在西北置哈密卫，在西南置多个宣慰司等，巩固了明朝边防，维护了中国版图的完整；又多次派郑和下西洋，加强了中外友好往来，并编修《永乐大典》，疏浚大运河。公元1421年迁都北京。统治期间国力强盛，史称"永乐盛世"。公元1424年死于征北途中，享年六十四岁。庙号太宗，葬于长陵。明世宗时期，改庙号成祖。

明

承元朝

【明朝简介】
　　明朝共传十六帝，享国二百七十六年。
　　元朝末年红巾军起义将领朱元璋，于公元1368年建国称帝，国号大明，定都于应天府（今江苏南京）。
　　公元1420年，朱棣将都城迁至顺天府（今北京），以应天府为陪都。
　　明初历经洪武之治、永乐盛世、仁宣之治等治世，一度政治清明、国力强盛。后经土木堡之变国势转衰；再经弘治中兴、嘉靖中兴和万历中兴，国力复振。最终因党争和天灾外患国力大减，爆发大规模农民起义。
　　公元1644年李自成起义军攻入北京，崇祯帝自缢，明朝覆亡。
　　随后清兵入关，明朝宗室在江南建立南明政权进行抵抗，被清朝一一剿灭。至公元1662年南明永历帝被杀，南明覆灭。公元1683年清军攻占台湾，奉明朝正朔的郑氏覆灭。
　　明朝是继汉唐之后的黄金时期。无汉朝之和亲与外戚、唐朝之藩镇、宋朝之岁币，而且天子守国门，君王死社稷，被清朝康熙皇帝评价为"治隆唐宋"。《明史》中评价明成祖朱棣为"远迈汉唐"。

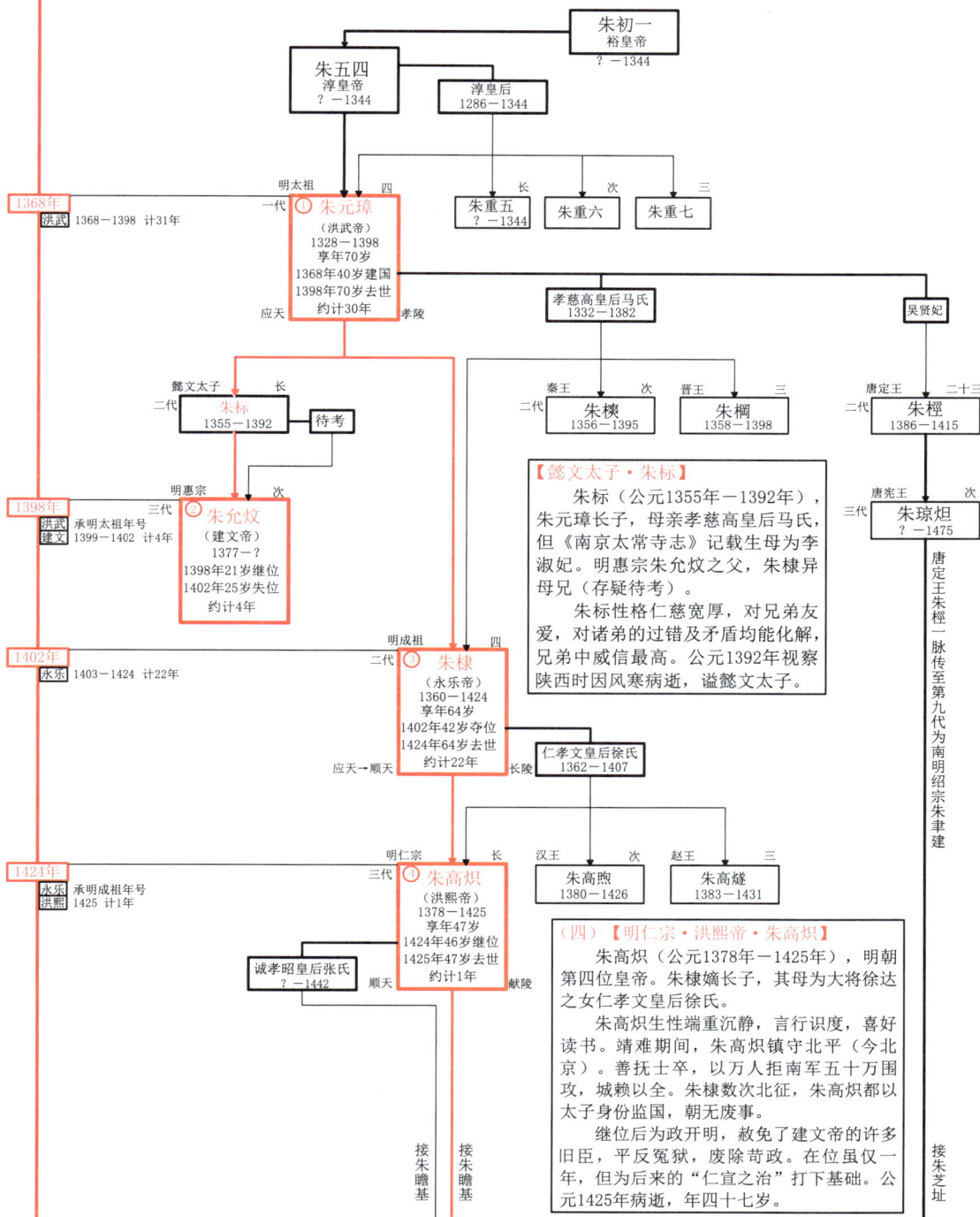

朱初一
裕皇帝
？－1344

朱五四
淳皇帝
？－1344

淳皇后
1286－1344

明太祖　四
一代　①朱元璋
（洪武帝）
1328－1398
享年70岁
1368年40岁建国
1398年70岁去世
约计30年
应天　　孝陵

1368年
洪武　1368－1398 计31年

长　朱重五
？－1344

次　朱重六

三　朱重七

孝慈高皇后马氏
1332－1382

吴贤妃

懿文太子　长
二代　朱标
1355－1392

待考

秦王　次
二代　朱樉
1356－1395

晋王　三
朱棡
1358－1398

唐定王　二十三
二代　朱桱
1386－1415

明惠宗　次
三代　②朱允炆
（建文帝）
1377－？
1398年21岁继位
1402年25岁失位
约计4年

1398年
洪武
建文　1399－1402 计4年

【懿文太子·朱标】
　　朱标（公元1355年－1392年），朱元璋长子，母亲孝慈高皇后马氏，但《南京太常寺志》记载生母为李淑妃。明惠宗朱允炆之父，朱棣异母兄（存疑待考）。
　　朱标性格仁慈宽厚，对兄弟友爱，对诸弟的过错及矛盾均能化解，兄弟中威信最高。公元1392年视察陕西时因风寒病逝，谥懿文太子。

唐宪王　次
三代　朱琼烃
？－1475

唐定王朱桱一脉传至第九代为南明绍宗朱聿键

明成祖　四
二代　③朱棣
（永乐帝）
1360－1424
享年64岁
1402年42岁夺位
1424年64岁去世
约计22年
应天→顺天　长陵

1402年
永乐　1403－1424 计22年

仁孝文皇后徐氏
1362－1407

明仁宗　长
三代　①朱高炽
（洪熙帝）
1378－1425
享年47岁
1424年46岁继位
1425年47岁去世
约计1年
顺天　　献陵

1424年
永乐
洪熙　承明成祖年号
1425 计1年

汉王　次
朱高煦
1380－1426

赵王　三
朱高燧
1383－1431

诚孝昭皇后张氏
？－1442

（四）【明仁宗·洪熙帝·朱高炽】
　　朱高炽（公元1378年－1425年），明朝第四位皇帝。朱棣嫡长子，其母为大将徐达之女仁孝文皇后徐氏。
　　朱高炽生性端重沉静，言行识度，喜好读书。靖难期间，朱高炽镇守北平（今北京）。善抚士卒，以万人拒南军五十万围攻，城赖以全。朱棣数次北征，朱高炽都以太子身份监国，朝无废事。
　　继位后为政开明，赦免了建文帝的许多旧臣，平反冤狱，废除苛政。在位虽仅一年，但为后来的"仁宣之治"打下基础。公元1425年病逝，年四十七岁。

接朱瞻基

接朱瞻基

接朱芝址

（五）【明宣宗·宣德帝·朱瞻基】

朱瞻基（公元1398年－1435年），自号长春真人。明朝第五位皇帝。朱高炽和诚孝昭皇后张氏嫡长子。

公元1411年朱瞻基被朱棣立为皇太孙，数度随朱棣征讨蒙古。公元1425年即位，平定其叔朱高煦之变。停止用兵交趾，整顿吏治财政。

在位期间文有杨士奇、杨荣、杨溥（史称"三杨"），武有张辅，地方上又有于谦、周忱等干臣，虽与其父亲的统治加在一起仅十一年，却被誉为"堪比文景"，史称"仁宣之治"。公元1435年去世，享年三十七岁。

（六）【明英宗·正统帝·朱祁镇】

朱祁镇（公元1427年－1464年），明朝第六位及第八位皇帝。朱瞻基长子，母为孝恭孙皇后。

朱祁镇两次在位。第一次继位时年仅八岁，年号正统。国事由祖母太皇太后张氏（诚孝昭皇后）把持，张氏驾崩后宠信太监王振，导致宦官专权。公元1449年发生土木堡之变，被瓦剌俘虏而失去帝位。一年后被瓦剌放回，又被其弟朱祁钰因于南宫八年，1457年策动夺门之变，废明代宗朱祁钰后复位，改元天顺。复位后能任用贤臣，听取谏言，释放建文帝后代，废除宫妃殉葬制度。

公元1464年病逝，年三十七岁。

（七）【明代宗·景泰帝·朱祁钰】

朱祁钰（公元1428年－1457年），朱瞻基次子，朱祁镇异母弟，母为贤妃吴氏。明朝第七位皇帝。

公元1449年，明英宗在土木堡被瓦剌俘虏，为免大位虚空社稷无主，被于谦等大臣立为皇帝，年号景泰。

在位期间能知人善任，励精图治，并击退瓦剌入侵，使社稷转危为安，可谓英明之主。然而过于恋栈权位，不但不思迎回英宗，对其皇嫂钱皇后之苦求也视而不见，英宗被放还后又将其软禁南宫八年之久。并且执意废掉其太子朱见深，立自己儿子为太子，不能全其贤名。

1457年，明英宗借夺门之变复位，废朱祁钰为郕王，软禁于北京西苑，不久去世，享年二十九岁。谥号曰"戾"。按亲王礼葬北京西山景泰陵，是明朝迁都北京后唯一未被葬于明十三陵的皇帝。

（八）【明宪宗·成化帝·朱见深】

朱见深（公元1447年－1487年），后更名朱见濡。明朝第八位皇帝。朱祁镇长子，母为孝肃皇后周氏。

朱见深在位初，恢复朱祁钰的皇帝尊号，平反于谦的冤案，任用贤明，宽免赋税，减省刑罚，有明君之风。然而"皇庄"和"传奉官"制度的设立，严重破坏了经济秩序和干部管理制度，是明王朝衰败的开始。

公元1487年病逝，享年四十岁。

承张皇后　承朱高炽　　　　　　　　　　　　　　承朱琼炟

1425年
洪熙 承明仁宗年号
宣德 1426－1435 计10年

明宣宗　　　长
四代　⑥ **朱瞻基**
（宣德帝）
1399－1435
享年36岁
1425年26岁继位
1435年36岁去世
约计10年

孝恭孙皇后
? －1462
北京　　　景陵　　吴贤妃
1379－1461

唐庄王　　次
四代　朱芝址
? －1485

1435年
宣德 承明宣宗年号
正统 1436－1449 计14年

明英宗　　　长
五代　⑥ **朱祁镇**
（正统帝）
1427－1464
享年37岁
1435年8岁继位
1449年22岁被俘
约计14年

孝庄钱皇后
1426－1468
北京　裕陵

唐恭王　　三
五代　朱弥钳
? －1516

1449年
正统 承明英宗年号
景泰 1450－1457 计8年

明代宗　　次
五代　⑦ **朱祁钰**
（景泰帝）
1428－1457
享年29岁
1449年21岁践位
1457年29岁被废
约计8年
北京　　景泰陵

（九）【明孝宗・弘治帝・朱祐樘】
　　朱祐樘（公元1470年－1505年），明朝第九位皇帝，朱见深第三子，母为孝穆皇后纪氏。
　　朱祐樘为人宽厚仁慈，躬行节俭，不近声色，勤于政事，驱逐奸佞，励精图治，史称"弘治中兴"。他是中国历史上唯一一个只有一个妻子的皇帝，不纳宫女，不封贵妃，与皇后一同起居。公元1505年去世，享年三十五岁。

1457年
大顺 1457－1464 计8年

朱祁镇
1457年30岁复位
1464年37岁去世
约计7年

孝肃皇后周氏
1430－1504

1464年
大顺 承明英宗年号
成化 1465－1487 计23年

明宪宗　　　长
六代　⑧ **朱见深**
（成化帝）
1447－1487
享年40岁
1464年17岁继位
1487年40岁去世
约计23年

孝穆纪皇后
1451－1475
北京　茂陵　孝惠邵皇后
1451－1475

唐顺王　　次
六代　朱宙栐
? －1564

1487年
成化 承明宪宗年号
弘治 1488－1505 计18年

明孝宗　　三
七代　⑨ **朱祐樘**
（弘治帝）
1470－1505
享年35岁
1487年17岁继位
1505年35岁去世
约计18年

孝康敬皇后张氏
1470－1541
北京　泰陵

兴献帝　　四
朱祐杬
1476－1519　蒋氏
? －1538

唐顺王　　次
七代　朱硕熿
? －1632

（十）【明武宗・正德帝・朱厚照】
　　朱厚照（公元1491年－1521年），明朝第十位皇帝。朱祐樘和张皇后嫡生的独子。
　　史书对其评价争议很大，一说他处事刚毅果断，有勇有谋，诛除刘瑾，平藩王之乱，大败蒙古小王子和鞑靼，文治武功均有建树。一说他为政荒淫无道至国力衰微，尚武无赖，喜好玩乐，怪诞无耻，是无道昏君。
　　客观来说，武宗嬉游玩乐应该是个人性格特征，与执政能力和品行没有关系。他平易近人，心地善良，极具个性色彩。且朝政大事从不怠慢，从所指挥的应州大捷看，也算是一位有胆有识的皇帝。公元1521年去世，享年三十岁。

1505年
弘治 承明孝宗年号
正德 1506－1521 计16年

明武宗　　　长
八代　⑩ **朱厚照**
（正德帝）
1491－1521
享年30岁
1505年14岁继位
1521年30岁去世
约计16年

孝静夏皇后
1492－1535
北京　康陵

唐裕王　　长
八代　朱器墭

接朱厚熜　接朱厚熜　　　　　　接朱聿键、朱聿鐭

（十二）【明穆宗·隆庆帝·朱载垕（jì）】

朱载垕（公元1537年－1572年），明朝第十二位皇帝。朱厚熜第三子，母为杜康妃。

现代通常将明穆宗的名讳依《明史·穆宗本纪》而认定为朱载垕，然在嘉靖、隆庆年间的史料中，其穆宗名讳实为朱载垕。《明实录》明确记载"上命皇第三子名载垕，第四子名载圳"。而朱载垕在当时是另有其人，即齐东安和王。此误出于晚明学者朱国桢的《皇明大政记》，误将载垕误写作载垕，后来清廷官修《明史》沿袭，导致一错数百年。

朱载垕即位后用高拱、陈以勤、张居正等大臣辅佐，实行新政，史称"隆庆新政"。但因为沉迷于服用媚药，导致荒于政事。公元1572年病逝，终年三十五岁。

（十三）【明神宗·万历帝·朱翊钧】

朱翊钧（公元1563年－1620年），明朝第十三位皇帝。朱载垕第三子，生母孝定太后李氏。公元1572年九岁即位，在位四十八年，是明朝在位时间最长的皇帝。

即位初十年由张居正主政实行改革，开创万历中兴的局面。后期荒于政事，据载竟然二十多年不上朝，由执政大臣主持朝政。晚期党争导致朝政腐败，使明朝走向衰亡。

在位期间，东北女真崛起，公元1619年明军在萨尔浒（今辽宁抚顺东浑河南岸）被努尔哈赤击溃，丧失了明朝在辽东的屏障。

这个时期，中国的经济处于世界经济主导地位，出现了资本主义萌芽，外国传教士来华，自此"西学东渐"，社会上出现了反对礼教、个性解放的苗头。

公元1620年去世，享年五十七岁。

（十四）【明光宗·泰昌帝·朱常洛】

朱常洛（公元1582年－1620年），明朝第十四位皇帝。朱翊钧嫡长子，母为孝靖皇后王氏。公元1620年即位，年号泰昌。在位期间沉湎于酒色，纵欲淫乐，一月后因病服药暴崩，年三十八岁。史称"红丸案"。

（十五）【明熹宗·天启帝·朱由校】

朱由校（公元1605年－1627年），明朝第十五位皇帝，朱常洛长子，生母为选侍王氏（后追谥孝和皇后）。明思宗朱由检异母兄。

在位期间魏忠贤专权，残酷迫害东林党人，激起民变。罢免辽东经略熊廷弼，致使辽东局势陷入危机。公元1627年因落水生病，服用仙药旋即身亡，享年二十二岁。

承朱祐杬　承蒋氏　　　　　　　　　　　　　　　　　　　　承朱器墭

明世宗　　次

（十一）【明世宗·嘉靖帝·朱厚熜】

朱厚熜（公元1507年－1567年），（熜音：聪）明朝第十一位皇帝。朱见深之孙，朱祐樘之侄，朱祐杬（yuán）之子，朱厚照堂弟。

1521年	八代	⑪朱厚熜
承明武宗年号		（嘉靖帝）
正德 嘉靖		1507－1566
1522－1566 计45年		享年59岁
		1521年14岁继位
		1566年59岁去世
		约计46年

杜康妃　　孝洁肃皇后陈氏 1508－1528　　北京　　永陵

武宗朱厚照死后无嗣，张太后决定由武宗的堂弟朱厚熜继位。因非嫡系血脉，为证明其合法性，即位后便发动"大礼议"来追谥其父朱祐杬为兴献帝。获胜后遂打击张太后等旧臣，使张太后凄凉去世，品格上有严重问题。

早期开创了嘉靖中兴的局面，为嘉靖、隆庆和万历年间的改革打下了基础。后期则沉迷道教、宠信严嵩，导致朝政腐败。公元1542年壬寅宫变，几乎死于宫女之手。

明穆宗　　三

1566年	九代	⑫朱载垕
承明世宗年号		（隆庆帝）
嘉靖 隆庆		1537－1572
1567－1572 计6年		享年35岁
		1566年29岁继位
		1572年35岁去世
		约计6年

孝定太后李氏 1492－1535　　北京　　昭陵

他长期不理朝政，造成各地爆发农民起义。公元1550年被鞑靼兵临京城，史称"庚戌之变"；倭寇侵边，令明朝进一步衰落。

公元1567年1月去世，按农历仍属1566年。本表采用公元纪年，故年号止于公元1566年。

其父朱祐杬就藩于封地湖广安陆州（今湖北荆门钟祥市）。于正德十四年薨，享年四十三岁，以亲王礼葬于当地松林山。朱厚熜即位后追尊为兴献帝，陵寝升格为显陵。朱厚熜在位四十五年，公元1567年去世，享年六十岁。

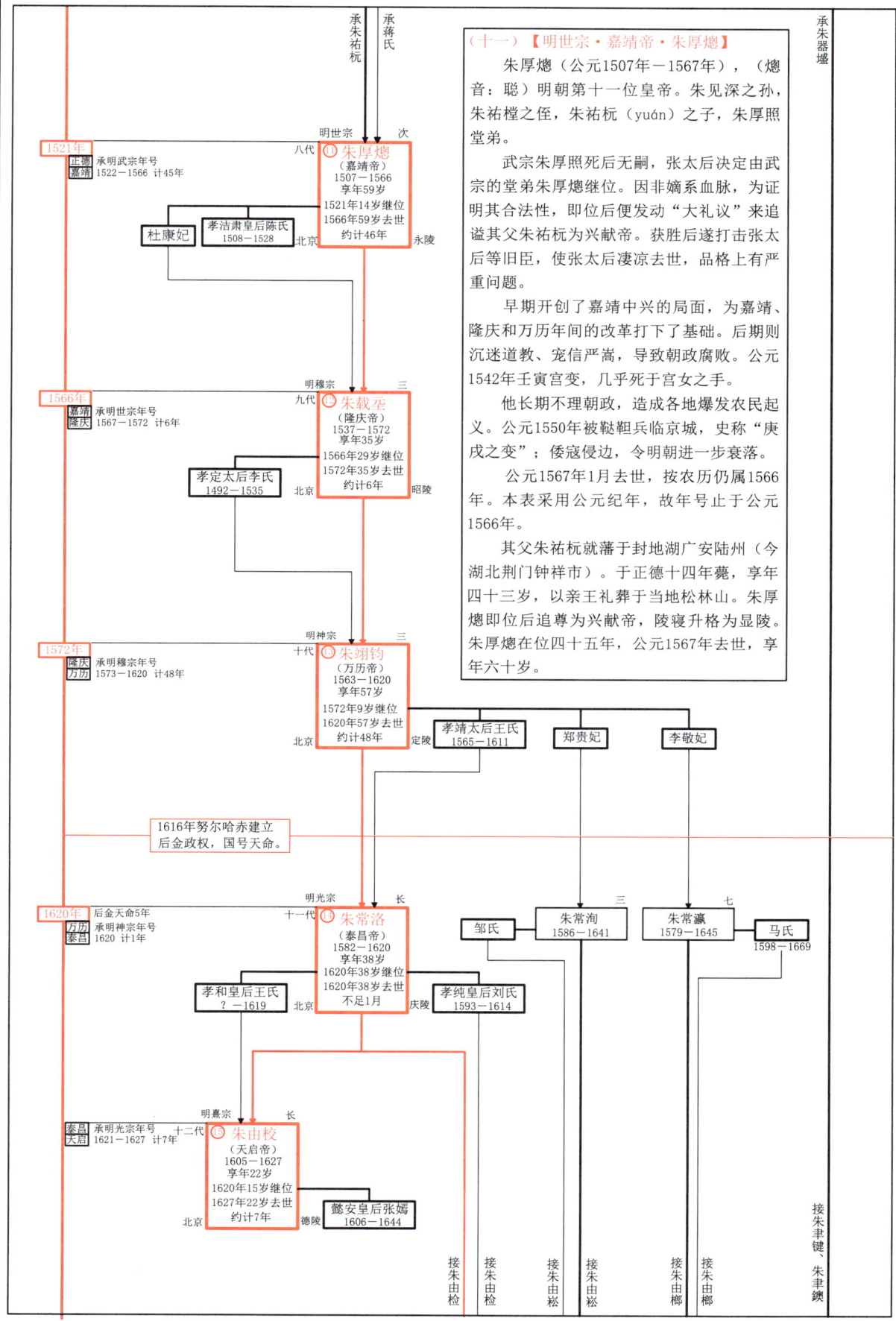

明神宗　　三

1572年	十代	⑬朱翊钧
承明穆宗年号		（万历帝）
隆庆 万历		1563－1620
1573－1620 计48年		享年57岁
		1572年9岁继位
		1620年57岁去世
		约计48年

北京　　定陵

孝靖太后王氏 1565－1611　　郑贵妃　　李敬妃

1616年努尔哈赤建立后金政权，国号天命。

明光宗　　长

1620年	十一代	⑭朱常洛
后金天命5年		（泰昌帝）
万历 泰昌		1582－1620
承明神宗年号		享年38岁
1620 计1年		1620年38岁继位
		1620年38岁去世
		不足1月

孝和皇后王氏 ？－1619　　北京　　庆陵　　孝纯皇后刘氏 1593－1614

朱常洵 1586－1641　　三　　邹氏
朱常瀛 1579－1645　　七　　马氏 1598－1669

明熹宗　　长

泰昌 天启	十二代	⑮朱由校
承明光宗年号		（天启帝）
1621－1627 计7年		1605－1627
		享年22岁
		1620年15岁继位
		1627年22岁去世
		约计7年

北京　　德陵　　懿安皇后张嫣 1606－1644

接朱由检　　接朱由检　　接朱由崧　　接朱由崧　　接朱由榔　　接朱由榔　　接朱聿键、朱聿鐭

（十六）【明思宗·崇祯帝·朱由检】

朱由检（公元1611年—1644年），字德约，明朝第十六位皇帝。朱常洛第五子，母为孝纯皇后刘氏。明熹宗朱由校异母弟。朱由校暴死，没有子嗣。朱由检受遗命继承皇位，时年十六岁。

即位后大力铲除阉党，勤于政事，厉行节俭，平反冤狱。然而当时朝内党争，民间灾害导致农民起义爆发，关外后金政权趁势崛起。

公元1644年李自成起义军攻破北京，自缢于煤山（今北京景山公园），享年三十三岁。

【献愍太子·朱慈烺（lǎng）】

朱慈烺（公元1629年—？），明思宗朱由检长子、母庄烈愍皇后周氏。

李自成进入北京后，特指朱慈烺无罪，朱慈烺则恳请李自成不要惊祖宗陵寝、以礼安葬父皇母后，以及不可杀戮百姓，被封为宋王。李自成败退后失踪。

（一）【南明安宗·弘光帝·朱由崧】

朱由崧（公元1607年—1646年），南明政权第一位皇帝。朱翊钧之孙，朱常洵庶长子，母为邹氏。朱由检自杀后即位于南京，建立南明政权，年号弘光。在位八个月。沉湎于酒色不修内政，政治腐败。公元1645年兵败，逃亡芜湖被俘，被押赴北京处死。年三十九岁。

（二）【南明绍宗·隆武帝·朱聿键】

朱聿键（公元1602年—1646年），字长寿，南明第二位皇帝。朱元璋第二十三子朱桱八世孙，父朱器墭，母为毛氏。

弘光帝被清军处死后于福州称帝，年号隆武。他是南明政权中的一位较有作为的帝王，只可惜个人力量不足以改变全局。

公元1646年被清军俘虏，绝食而亡，年四十四岁。

（三）【南明文宗·绍武帝·朱聿鐭（yù）】

朱聿鐭（公元1605年—1647年），南明第三位皇帝，绍宗朱聿键之弟。

朱聿键死后，朱聿鐭在广州称帝，年号绍武。在位仅一月余，被清兵攻破广州，自缢而死（亦有说被杀），享年四十二岁。葬于广州城北象岗山北麓绍武君臣冢，现迁至广州越秀山公园木壳岗内。

（四）【南明昭宗·永历帝·朱由榔】

朱由榔（公元1623年—1662年），南明最后一位皇帝。朱翊钧之孙，朱常瀛之子，母为马氏。

公元1646年在广东肇庆即位，抵抗清军，维持近十六年。公元1661年，清军入云南，朱由榔逃到缅甸被收留。后吴三桂攻伐缅甸被缅王献俘，公元1662年，在昆明被绞死，享年三十九岁。葬于贵州都匀高塘山永历陵。

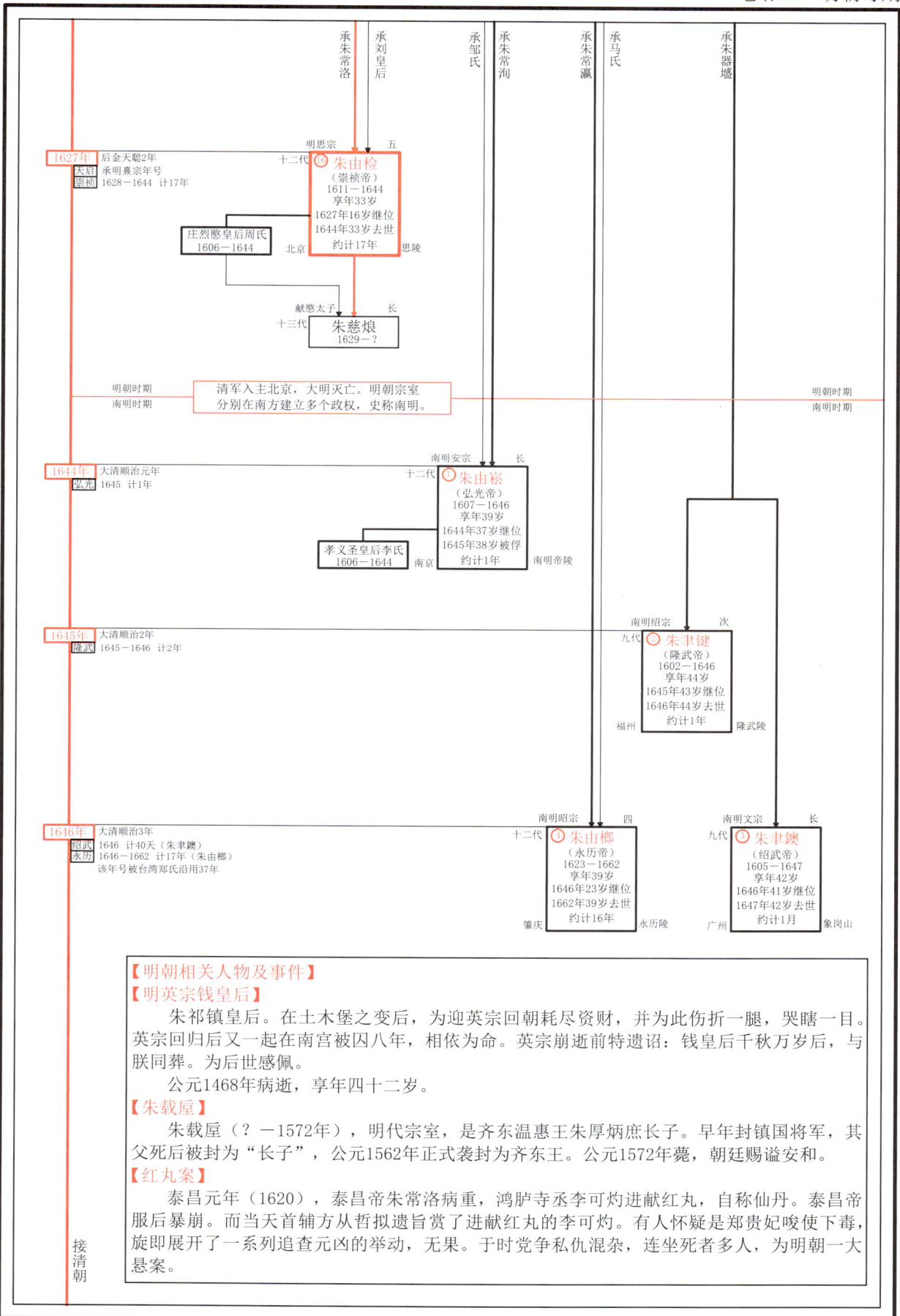

承朱常洛　承刘皇后　承邹氏　承朱常洵　承朱常瀛　承马氏　承朱器墭

1627年 后金天聪2年
天启 承明熹宗年号
崇祯 1628－1644　计17年

明思宗　　五
十二代　⑯ **朱由检**
（崇祯帝）
1611－1644
享年33岁
1627年16岁继位
1644年33岁去世
约计17年
北京　　思陵

庄烈愍皇后周氏
1606－1644
北京

献愍太子　　长
十三代　**朱慈烺**
1629－？

明朝时期 / 南明时期

清军入主北京，大明灭亡。明朝宗室
分别在南方建立多个政权，史称南明。

明朝时期 / 南明时期

1644年 大清顺治元年
弘光 1645　计1年

南明安宗　　长
十二代　① **朱由崧**
（弘光帝）
1607－1646
享年39岁
1644年37岁继位
1645年38岁被俘
约计1年
南京　　南明帝陵

孝义圣皇后李氏
1606－1644

1645年 大清顺治2年
隆武 1645－1646　计2年

南明绍宗　　次
九代　② **朱聿键**
（隆武帝）
1602－1646
享年44岁
1645年43岁继位
1646年44岁去世
约计1年
福州　　隆武陵

1646年 大清顺治3年
绍武 1646　计40天（朱聿鐭）
永历 1646－1662　计17年（朱由榔）
该年号被台湾郑氏沿用37年

南明昭宗　　四
十二代　④ **朱由榔**
（永历帝）
1623－1662
享年39岁
1646年23岁继位
1662年39岁去世
约计16年
肇庆　　永历陵

南明文宗　　长
九代　③ **朱聿鐭**
（绍武帝）
1605－1647
享年42岁
1646年41岁继位
1647年42岁去世
约计1月
广州　　象岗山

接清朝

【明朝相关人物及事件】
【明英宗钱皇后】
　　朱祁镇皇后。在土木堡之变后，为迎英宗回朝耗尽资财，并为此伤折一腿，哭瞎一目。英宗回归后又一起在南宫被囚八年，相依为命。英宗崩逝前特遗诏：钱皇后千秋万岁后，与朕同葬。为后世感佩。
　　公元1468年病逝，享年四十二岁。
【朱载垕】
　　朱载垕（？－1572年），明代宗室，是齐东温惠王朱厚炳庶长子。早年封镇国将军，其父死后被封为"长子"，公元1562年正式袭封为齐东王。公元1572年薨，朝廷赐谥安和。
【红丸案】
　　泰昌元年（1620），泰昌帝朱常洛病重，鸿胪寺丞李可灼进献红丸，自称仙丹。泰昌帝服后暴崩。而当天首辅方从哲拟遗旨赏了进献红丸的李可灼。有人怀疑是郑贵妃唆使下毒，旋即展开了一系列追查元凶的举动，无果。于时党争私仇混杂，连坐死者多人，为明朝一大悬案。

2022·6·11

（一）【清太祖·爱新觉罗·努尔哈赤】（明万历四十四年至明天启六年）

努尔哈赤（公元1559年－1626年），清朝的奠基者，后金开国之君，通满语和汉语。其父是女真部族首领塔克世，母为喜塔喇氏。

二十五岁时起兵统一女真各部，公元1616年在赫图阿拉（今辽宁抚顺新宾县）称汗并建立后金，脱离明王朝控制割据辽东。萨尔浒（今辽宁抚顺）战役后，迁都沈阳。公元1626年在宁远城战败，同年四月又亲征蒙古喀尔喀部，不久去世，享年六十七岁。葬于沈阳福陵。清朝建立后尊为清太祖。

（二）【清太宗·爱新觉罗·皇太极】（明天启六年至明崇祯十六年）

皇太极（公元1592年－1643年），又译为黄台吉。努尔哈赤第八子，母为叶赫那拉氏·孟古哲哲。清朝第二位皇帝。后世称为太宗皇帝。

公元1626年，努尔哈赤去世，其长兄代善鼎力支持皇太极袭承汗位。

即位后进行封建化改革，加强集权。先征服朝鲜和漠南蒙古，解除了进攻明朝的后顾之忧。公元1636年在盛京（今沈阳）称帝，改国号大清。迫使李氏朝鲜臣服。公元1642年，松锦大战中生俘明朝将领洪承畴，自此明朝关外精锐丧失殆尽，宁锦防线崩溃，清军入关已成必然。

在位期间不断对明朝作战，为入主中原打下基础。

公元1643年去世，年五十一岁，葬于沈阳昭陵。

（三）【清世祖·顺治帝·爱新觉罗·福临】

爱新觉罗·福临（公元1638年－1661年），清朝第三位皇帝，入关后的第一位皇帝。皇太极第九子，母为孝庄文皇后博尔济吉特氏。

五岁登基时由叔父多尔衮辅政。

公元1644年入关，同年迁都北京。多尔衮死后亲政。

他对出现的抗清浪潮实行怀柔政策，起用明朝叛臣经略汉地事务而扭转了局面。

在位期间重视农业，推行屯田。制定了《垦荒考成则例》，并编成《赋役全书》。派监察御史巡视各地，惩治贪官污吏。

至公元1659年除东南沿海之外，全国领土基本得到统一。公元1661年去世，享年二十三岁。葬于清东陵之孝陵。

清

【清朝简介】
　　清朝是中国历史上最后一个王朝，共传十二帝。
　　从努尔哈赤建立后金政权共计二百九十六年；从皇太极改国号为大清共计二百七十六年；从清兵入关占领北京共计二百六十八年。
　　公元1616年，建州女真首领努尔哈赤建立后金政权。公元1636年，皇太极改国号为大清。公元1644年多尔衮率领清兵入关，至公元1659年掌控全国。经康熙、雍正、乾隆三朝走向鼎盛。鸦片战争后遭列强入侵，主权和领土严重丧失。虽经洋务运动和戊戌变法，但都未成功。
　　1912年2月12日在辛亥革命的冲击下，隆裕太后代溥仪在退位诏书上签字，清朝结束。

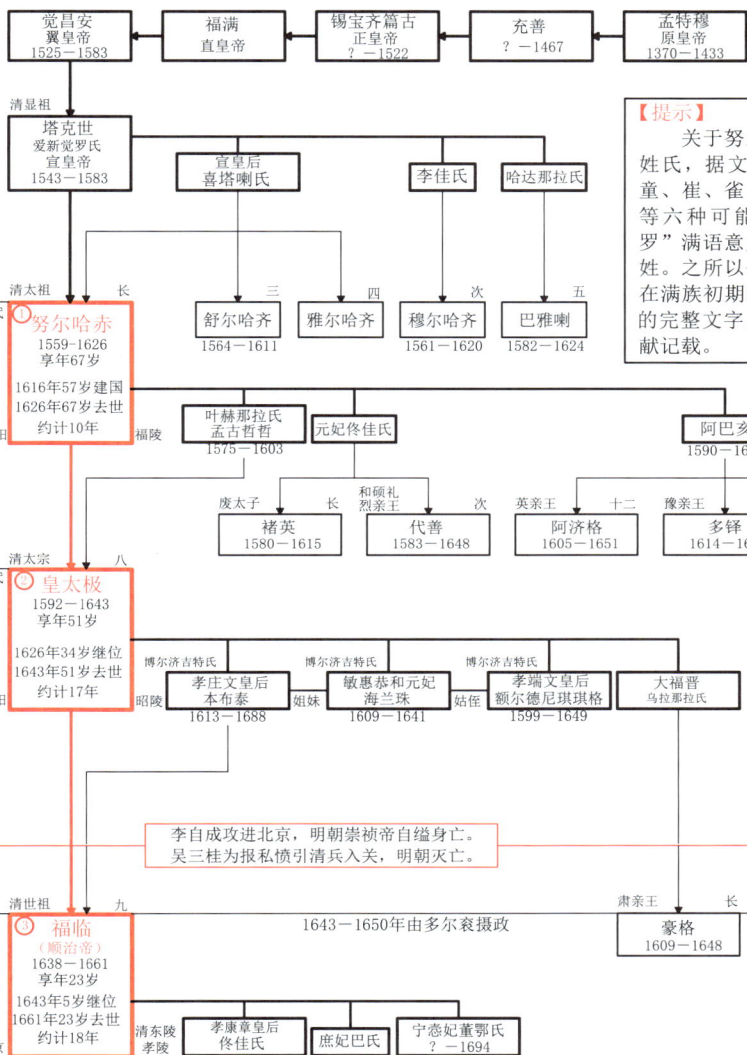

承明朝

觉昌安
翼皇帝
1525－1583

福满
直皇帝

锡宝齐篇古
正皇帝
？－1522

充善
？－1467

孟特穆
原皇帝
1370－1433

【提示】
　　关于努尔哈赤一族原来的姓氏，据文献记载认为有佟、童、崔、雀、觉罗、爱新觉罗等六种可能。后因"爱新觉罗"满语意为天赐，遂认定为姓。之所以会有争论，是因为在满族初期时并没有形成自己的完整文字，故没有可靠的文献记载。

清显祖
塔克世
爱新觉罗氏
宣皇帝
1543－1583

宣皇后
喜塔喇氏

李佳氏

哈达那拉氏

清太祖　长
① 努尔哈赤
1559－1626
享年67岁
1616年57岁建国
1626年67岁去世
约计10年

1616年
大命 1616-1626 计11年

赫图阿拉→沈阳

福陵

三　舒尔哈齐 1564－1611
四　雅尔哈齐
次　穆尔哈齐 1561－1620
五　巴雅喇 1582－1624

叶赫那拉氏
孟古哲哲
1575－1603

元妃佟佳氏

阿巴亥
1590－1626

废太子 长 褚英 1580－1615
和硕礼 烈亲王 代善 1583－1648 次
英亲王 十二 阿济格 1605－1651
豫亲王 十五 多铎 1614－1649

清太宗　八
② 皇太极
1592－1643
享年51岁
1626年34岁继位
1643年51岁去世
约计17年

1626年
大聪 1627-1636 计10年
崇德 1636-1643 计8年

沈阳　昭陵

博尔济吉特氏
孝庄文皇后
本布泰
1613－1688

姐妹

博尔济吉特氏
敏惠恭和元妃
海兰珠
1609－1641

姑侄

博尔济吉特氏
孝端文皇后
额尔德尼琪琪格
1599－1649

大福晋
乌拉那拉氏

入关前期
满清时期

李自成攻进北京，明朝崇祯帝自缢身亡。
吴三桂为报私愤引清兵入关，明朝灭亡。

入关前期
满清时期

肃亲王 长 豪格 1609－1648
睿亲王 十四 二代 多尔衮 1612－1650 享年38岁 1643年－1650年 称摄政王辅政

清世祖　九
③ 福临
（顺治帝）
1638－1661
享年23岁
1643年5岁继位
1661年23岁去世
约计18年

1643年
崇德 承清太宗年号
顺治 1644－1661 计18年

1643－1650年由多尔衮摄政

北京 清东陵 孝陵

孝康章皇后
佟佳氏
1640－1663

庶妃巴氏

宁悫妃董鄂氏
？－1694

【爱新觉罗·多尔衮】
　　多尔衮（公元1612年－1650年），努尔哈赤第十四子，母为阿巴亥。
　　多尔衮随其兄皇太极征讨蒙古察哈尔部，因为军功成为正白旗旗主。皇太极死后，多尔衮辅佐皇太极第九子福临即帝位，自称摄政王。
　　公元1644年率清兵攻入山海关，继而占领北京。公元1650年死于塞北狩猎途中，追封为清成宗，谥懋德修远广业定功安民立政诚敬义皇帝。两个月后被福临剥夺其封号并掘其墓。后乾隆皇帝为其平反，恢复睿亲王封号，评价其"定国开基，成一统之业，厥功最著"。

接玄烨
接牛钮
接福全

（四）【清圣祖·康熙帝·爱新觉罗·玄烨】

玄烨（公元1654年－1722年），清朝第四位皇帝，入关后第二位皇帝。顺治第三子，母为孝康章皇后佟佳氏。

玄烨七岁登基（史书记为八岁，当属虚岁），十四岁亲政，在位共六十一年，（史书记为六十年，系指年号延续时间）是中国历史上在位时间最长的皇帝。少年时智擒权臣鳌拜，成年后战胜三藩、沙俄；消灭了在台湾的明朝郑氏政权；三征噶尔丹；用多伦会盟联络蒙古各部，以条约形式确保清政府在黑龙江的领土控制。政治上加强中央集权；注意发展经济，并笼络汉族士人。但晚年倦政，出现吏治败坏的现象。公元1722年去世，年六十八岁。葬于清东陵之景陵。

（五）【清世宗·雍正帝·爱新觉罗·胤禛（zhēn）】

胤禛（公元1678年－1735年），清朝第五位皇帝，入关后第三位皇帝。康熙第四子，母孝恭仁皇后乌雅氏。

在康熙帝两废太子胤礽后，胤禛积极经营储位，公元1722年其父病逝后继位。

在位期间加强了对西南少数民族的管理，废除土司制，实行流官制（史称为"改土归流"）。并废除贱籍制度。在农业上实行摊丁入亩政策，减轻了无地少地农民的负担。大力整顿财政，实行耗羡归公，建立养廉银制度等。

公元1729年出兵青海，平定罗卜藏丹津叛乱。政治上整顿吏治，创立密折制度，设立军机处专一事权。且完善秘密立储制度，使皇位继承制度化，在一定程度上避免了皇子间的争储局面。勤于政事。他的一系列改革对康乾盛世的连续具有关键性作用。公元1735年去世，年五十七岁。葬于清西陵之泰陵。

（六）【清高宗·乾隆帝·爱新觉罗·弘历】

弘历（公元1711年－1799年），清朝第六位皇帝，入关后第四位皇帝。雍正第四子，母为孝圣宪皇后钮祜禄氏。

弘历在位共六十年，禅位后又继续"训政"，实际行使权力达六十三年，是中国历史上实际执掌国家权力时间最长的皇帝，也是最长寿的皇帝之一。

执政后在康熙、雍正两朝文治武功的基础上，进一步完成了多民族的统一。社会经济文化进一步发展，武功繁盛，平定边疆地区叛乱，并且完善了对西藏的管理，正式将新疆纳入中国行政区划，奠定了近代中国的版图。实行因俗而治的民族政策。汉学得到了很大的发展，开设博学鸿词科，修撰《四库全书》等。

统治后期吏治败坏，多地爆发起义。在位期间严格抵制英国、俄国的侵略行为，但又因过度闭关锁国政策拉大了和西方的差距，使中国科技发展严重落后于世界，以至于清朝晚期受世界列强欺辱，沦为半封建半殖民地国家。公元1795年禅位于第十五子颙琰。公元1799年去世，享年八十八岁。葬于清东陵之裕陵。

承福临　承佟佳氏　　　　承巴氏　　　　承董鄂氏

清圣祖　三

1661年
顺治
康熙　承清世祖年号
1662－1722　计61年

四代
① 玄烨
（康熙帝）
1654－1722
享年68岁
1661年7岁继位
1722年68岁去世
约计61年
北京　清东陵景陵

裕亲王　长
牛钮
1651－1652

次
福全
1654－1703

孝恭仁皇后
乌雅氏
1660－1723

惠妃
纳喇氏
?－1732

孝诚仁皇后
赫舍里氏
1654－1674

荣妃
马佳氏
?－1727

良妃
卫双姐
1662－1711

宜妃
郭络罗氏
?－1733

孝懿仁皇后
佟佳氏
1653－1689

清世宗　四

1722年
康熙
雍正　承清圣祖年号
1723－1735　计13年

五代
② 胤禛
（雍正帝）
1678－1735
享年57岁
1722年44岁继位
1735年57岁去世
约计13年
北京　清西陵泰陵

孝敬宪皇后
钮祜禄氏
1693－1777

齐妃
李氏
1676－1739

十四
胤禵
恂郡王
1688－1755

庶长
允禔
直郡王
1672－1735

嫡次
胤礽
废太子
1674－1725

三
胤祉
诚亲王
1677－1732

八
胤禩
廉亲王
1681－1726

九
胤禟
固山贝子
1683－1726

清高宗　四

1735年
雍正
乾隆　承清世宗年号
1736－1795　计60年

六代
③ 弘历
（乾隆帝）
1711－1799
享年88岁
1735年24岁继位
1795年84岁禅位
约计60年
北京　清东陵裕陵

孝仪纯皇后
魏佳氏
1727－1775

三
弘时
恂郡王
1704－1727

清仁宗　十五

1795年
乾隆
嘉庆　承清高宗年号
1796－1820　计25年

七代
④ 颙琰
（嘉庆帝）
1760－1820
享年60岁
1795年35岁受禅
1820年60岁去世
约计25年
北京　清西陵昌陵

孝淑睿皇后
喜塔腊氏
1760－1797

清宣宗　次

1820年
嘉庆
道光　承清仁宗年号
1821－1850　计30年

八代
⑤ 旻宁
（道光帝）
1782－1850
享年68岁
1820年38岁继位
1850年68岁去世
约计30年
北京　清西陵慕陵

孝全成皇后
钮祜禄氏
1808－1840

庄顺皇贵妃
乌雅氏
1822－1866

接奕䜣　接奕詝　接奕譞

（七）【清仁宗·嘉庆帝·颙琰】

　　颙琰（公元1760年－1820年），原名永琰，清朝第七位皇帝，入关后的第五位皇帝，乾隆第十五子，母为孝仪纯皇后魏佳氏（汉族）。

　　颙琰在位前四年并无实权，直到乾隆死后才独掌朝政。颙琰对贪污深恶痛绝，亲政后肃清吏治，惩治了贪官和珅等人。但他为了维护政权稳定，对满族统治集团内部的肃贪力度有限，以致收效不大。终嘉庆一朝，贪污问题不仅没有解决，反而更加严重。

　　在位期间正值世界工业革命兴起时期，也是清朝由盛转衰的时期，发生了白莲教之乱；八旗子弟的生计、河道漕运等问题也日益凸显，鸦片开始流入中国，出现了中衰的迹象。

　　公元1820年去世，享年六十岁。葬于清西陵之昌陵。

（八）【清宣宗·道光帝·旻宁】

　　旻（mín）宁（公元1782年－1850年），原名绵宁，即位后改为旻宁，清朝第八位皇帝，入关后第六位皇帝。嘉庆第二子，母为孝淑睿皇后喜塔腊氏。是清朝唯一以嫡长子身份继承皇位的皇帝。

　　在位期间，整顿吏治，整厘盐政，通海运，平定叛乱，严禁鸦片，厉行节俭，勤于政务，但其才略有限，社会弊端积重难返。

　　公元1840年，中英鸦片战争爆发，中国战败，被迫于公元1842年签订了丧权辱国的《南京条约》。此后旻宁苟安姑息、拒绝变革，朝廷内忧外患日益严重，太平天国运动也在酝酿之中，使清王朝陷入危机。公元1850年去世，享年六十八岁。葬于清西陵之慕陵。

（九）【清文宗·咸丰帝·奕詝（zhǔ）】

奕詝（公元1831年－1861年），清朝第九位皇帝，入关后第七位皇帝，道光第四子，母为孝全成皇后钮祜禄氏。

他是清朝以及中国历史上最后一位有实际统治权的皇帝。

即位后勤于政事，进行朝政改革，任贤去邪，企图重振纲纪。重用汉族官僚曾国藩，武装镇压太平天国和捻军起义。提拔敢于任事的肃顺，并先期开启洋务运动。然此时的清朝内忧外患不断，最后以签订一系列不平等条约收场。公元1861年去世，年三十岁。葬清东陵之定陵。

（十）【清穆宗·同治帝·载淳】

载淳（公元1856年－1874年），清朝第十位皇帝，入关后第八位皇帝。咸丰长子，母为叶赫那拉氏（慈禧）。

五岁即位，十八岁去世。前期均被其母掌控，后期虽短期亲政，但实际仍为傀儡。葬于清东陵之惠陵。

（十一）【清德宗·光绪帝·载湉（tián）】

载湉（公元1871年－1908年），清朝第十一位皇帝，入关后的第九位皇帝。其父为醇亲王奕譞（xuān），生母为叶赫那拉·婉贞（慈禧亲妹）。

同治皇帝无后，故载湉被立为帝，由两宫太后垂帘听政，后于公元1889年归政。在中日甲午战争中，虽极力主战反对妥协，终因朝廷腐败而战败。故极力支持维新。

公元1898年实行"戊戌变法"，变法共历时一百零三天，史称"百日维新"。因受到保守派极力反对，慈禧通过政变将其幽禁在中南海瀛台。光绪帝在幽禁十年后，于公元1908年暴崩，享年三十七岁。葬于清西陵之崇陵。

（十二）【清废帝·宣统帝·溥仪】

溥仪（公元1906年－1967年），字曜之，号浩然。清朝末代皇帝，中国历史上最后一个皇帝。道光帝曾孙、摄政王载沣长子，母为苏完瓜尔佳·幼兰。

公元1912年2月12日因辛亥革命被迫退位，清朝统治结束。

1967年10月17日因尿毒症在北京去世，享年六十一岁。先葬于八宝山，后迁于清西陵内崇陵（光绪陵）附近的华龙皇家陵园。

接钮祜禄氏　接钮祜禄氏　　　　　　　接乌雅氏

1850年
道光 咸丰
承清宣宗年号
1851—1861 计11年

清文宗　四　九代
⑨ **奕詝**
（咸丰帝）
1831—1861
享年30岁
1850年19岁继位
1861年30岁去世
约计11年

醇贤亲王　七
奕譞
1840—1891

叶赫那拉氏 婉贞
1822—1866

二侧福晋
刘佳氏
1822—1866

孝贞显皇后
钮祜禄氏（慈安）
1837—1881

清东陵
定陵

孝钦显皇后
叶赫那拉氏（慈禧）
1835—1908

1861年
咸丰 同治
承清文宗年号
1862—1874 计13年

清穆宗　长　十代
⑩ **载淳**
（同治帝）
1856—1875
享年19岁
1861年5岁继位
1875年19岁去世
约计14年

北京

清东陵
惠陵

孝哲毅皇后
阿鲁特氏
1854—1875

1874年
同治 光绪
承清穆宗年号
1875—1908 计34年

清德宗　长　十代
⑪ **载湉**
（光绪帝）
1871—1908
享年37岁
1874年3岁继位
1908年37岁去世
约计34年

醇亲王　五
载沣
1883—1951

嫡福晋
苏完瓜尔佳·幼兰
1822—1866

侧福晋邓佳氏

隆裕太后
叶赫那拉·静芬
1868—1913

北京

清西陵
崇陵

1908年
光绪 宣统
承清德宗年号
1908—1911 计4年

清废帝　长　十一代
⑫ **溥仪**
（宣统帝）
1906—1967
享年61岁
1908年2岁继位
1911年6岁被废
约计4年
1967年去世

溥杰　次
1907—1994

溥任　四
1918—2015

孝恪愍皇后
郭布罗·婉容
1906—1946

北京

清西陵
崇陵

李淑贤
1925—1997

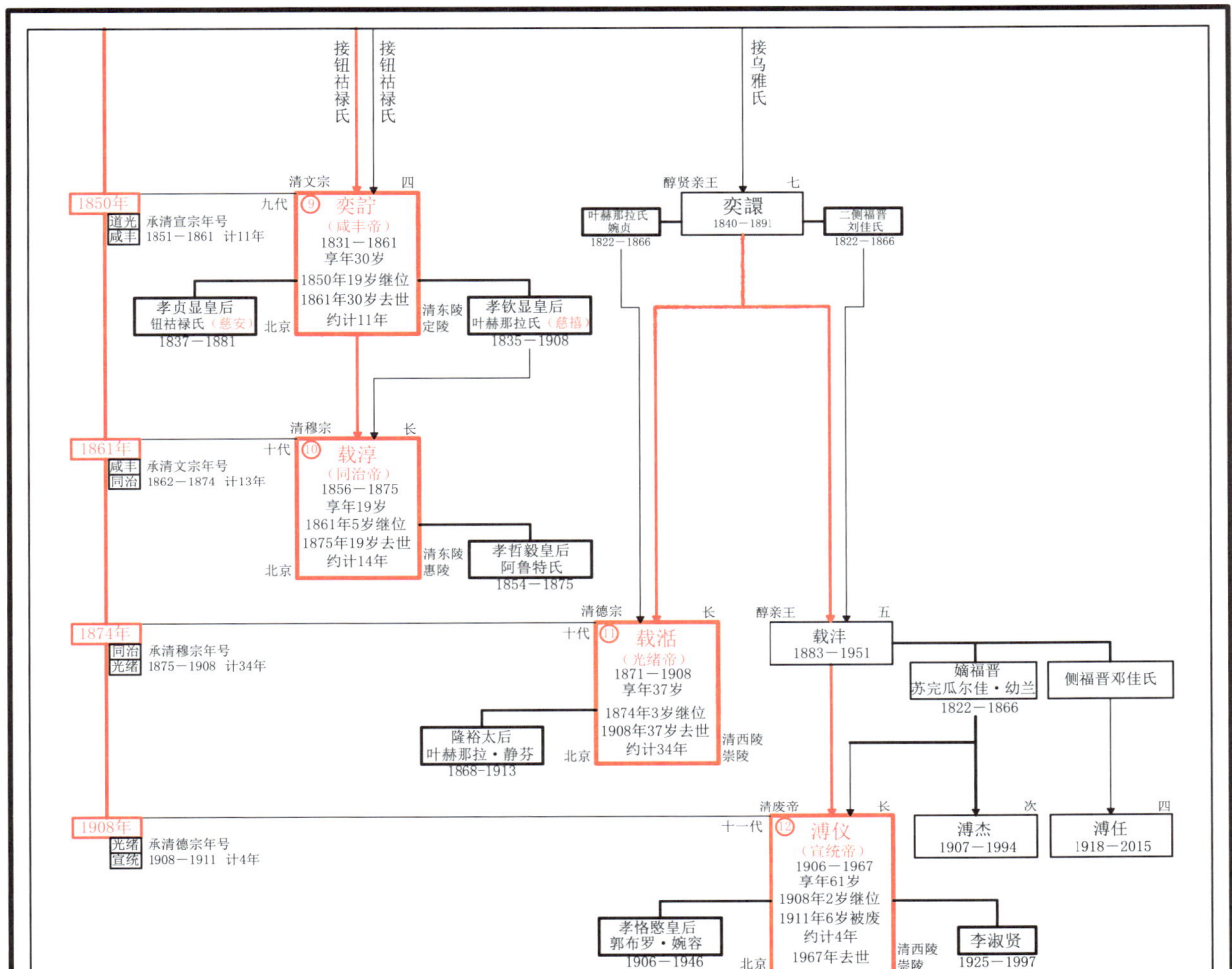

【清朝相关人物】

【孝钦显皇后·叶赫那拉氏（慈禧）】 （公元1835年－1908年），咸丰帝妃嫔，同治帝生母。清朝晚期的实际统治者。

公元1852年入宫，赐号兰贵人（清史稿记为懿贵人），生皇长子载淳后晋封懿贵妃；咸丰帝死后与孝贞显皇后（慈安）两宫并尊，称圣母皇太后，上徽号慈禧。

后与慈安发动辛酉政变，诛杀顾命八大臣，夺取政权，形成"二宫垂帘，亲王议政"格局。史称"同治中兴"。

公元1873年归政。公元1875年同治皇帝去世，择其侄载湉继位，两宫再度垂帘听政。慈安去世后，公元1884年慈禧发动"甲申易枢"，从此独掌大权。

公元1889年归政于光绪皇帝；公元1898年为扼制维新，慈禧率先囚禁光绪帝，斩戊戌六君子再度训政。公元1908年光绪帝去世，慈禧选择两岁的溥仪作为新帝，次日在仪鸾殿去世。享年七十三岁。葬于菩陀峪定东陵。

【爱新觉罗·载沣】 （公元1883年－1951年），字伯涵，号静云，晚年自号书癖，又改名载静云。他是道光帝之孙，光绪帝异母弟，生母为刘佳氏，嫡母为叶赫那拉·婉贞，宣统皇帝溥仪生父。

公元1901年因义和团运动致使德国公使在北京被杀，被清廷委派任头等专使大臣，赴德国道歉，但拒绝德皇令其跪拜的无礼要求，坚守了民族气节和大义。公元1908年任军机大臣。同年溥仪入承大统，被任命为监国摄政王，次年代理陆海军大元帅。因此在清王朝的最后三年中（即1909年至1911年间）是中国实际的统治者。

辛亥革命后辞去摄政王职务，次年同意溥仪退位。

公元1928年迁往天津幽居，后去东北。其间拒绝日本人劝降，并怒斥溥仪投靠日本。后返回关内居住。

解放后将醇王府贡献给国家。1951年病故，享年六十八岁。

【爱新觉罗·溥杰】 （公元1907年－1994年），乳名誉格，字俊之，号秉藩。溥仪同母弟，母为苏完瓜尔佳氏·幼兰。

幼年为溥仪伴读。公元1928年载沣全家赴天津租界避难。欲秘密去奉天入讲武堂求学，被日本警察扣留于大连，后送回天津。后在日本陆军士官学校学习。1935年在伪满洲国任宫内府侍从武官。1937年与日本皇族姻亲嵯峨（cuó é）浩结婚，婚后将妻名改为爱新觉罗·浩。有两女：爱新觉罗·慧生和爱新觉罗·嫮（hù）生。

日本投降后，伪满洲国随之灭亡。溥杰本想与溥仪逃往日本，在沈阳机场被苏联军队俘获。公元1950年移交中国政府羁押，在抚顺战犯管理所接受改造。

公元1960年溥杰获得特赦。先在景山公园劳动，后安排其在政协做文史专员。曾任中国书法家协会名誉理事，全国人大民族委员会副主任委员。公元1994年因病于北京去世，享年八十七岁。

【爱新觉罗·溥任】 （公元1918年－2015年），又名金友之，满族，溥仪异母弟，父亲是醇亲王载沣，母亲是邓佳氏。

公元1947年创办北京竞业小学，至1968年退休。曾任政协北京市第七、八、九届委员。公元2015年去世，享年九十七岁。

【李淑贤】 （公元1925年－1997年），祖籍浙江杭州，汉族。溥仪第五任妻子。公元1962年经人介绍与溥仪结婚。公元1997年因肺癌去世，享年七十二岁。

2022·6·11

附表一

少数民族政权

【少数民族政权系表编制说明】

中华民族与世界上其他民族一样，是在千百年的发展过程中，由多民族集合而成的现代概念。在长达几千年的发展过程中，原本居住在黄河流域的中原政权与周边诸多民族政权，通过各种方式渐渐融合，最终成为一个由五十多个民族组成的现代意义上的中华民族。

在漫长的历史长河中，中原政权与周边其他民族政权，因其地域生存环境、生产生活方式的不同，有过几次规模较大且形式较复杂的碰撞，其时间有的长达几十年甚至几百年，其形式多以婚姻嫁娶的血缘交流、边境贸易的经济交流为主要特征。但无论是哪个民族，最终都认同了中原地区对生存环境最适合的生产生活方式以及由此而产生的思想文化习俗。而在这种多民族的交融过程中，渐趋形成了多元的中华民族的整体，逐步形成了完整统一的国家和民族概念。

为完整地记录中国历史上虽已消亡，但确实曾经在某特定的历史时期，在局部地区以最高权力形式存在过的其他民族政权，以展现中华民族在几千年的历史发展中，渐渐与周边民族融合的真实情况，本附表一以相同形式，为不同时期的其他民族政权单列系表，以保证中华民族完整的发展过程。

需要注意的是，在中华民族的历史上也曾有蒙古族建立的元朝和满族建立的清朝，属于大一统的中央国家政权，因已经归入总表，故不在少数民族系表中体现。

其他说明：

　　一、在南北朝时期，北方的十六国政权与南方的东晋及南朝的宋、齐、梁、陈政权几乎同时存在；唐朝后的十国政权与后梁、后唐、后晋、后汉、后周政权同时存在。为清楚表明历史时间坐标关系，在时间轴上，除标识各政权自有的纪年方式（年号）外，同时也加注了在同一时期中原政权的纪年方式（年号），作为读者对各政权的存在时间的参考。

　　二、有些少数民族政权，在权力传承上并非是完全的血统继承，所以对十六国时期以及后来的十国时期存在的多个政权，只用帝王框标识了王权的上下承继关系，忽略其血缘关系。

　　三、由于很多少数民族政权是在同一时期内并存的，而且开始与结束也不是顺序完成，故在某一时间节点上会多有交叉。请读者认真辨识不同存续连线与时间轴年代标注，避免混淆。

　　四、各民族政权的产生和消失的方式不尽相同，且由于很多文献的散佚，没能形成完备的历史记录，故人物简介仅以最主要的人物为主，文字尽可能简洁。

【附表一】少数民族政权索引

十六国时期	卷廿五 第163页
北魏时期	卷廿七 第167页
北周 北齐	卷廿八 第175页
十国	卷廿九 第181页
辽国	卷卅 第187页
金国	卷卅一 第195页
西夏朝	卷卅二 第201页

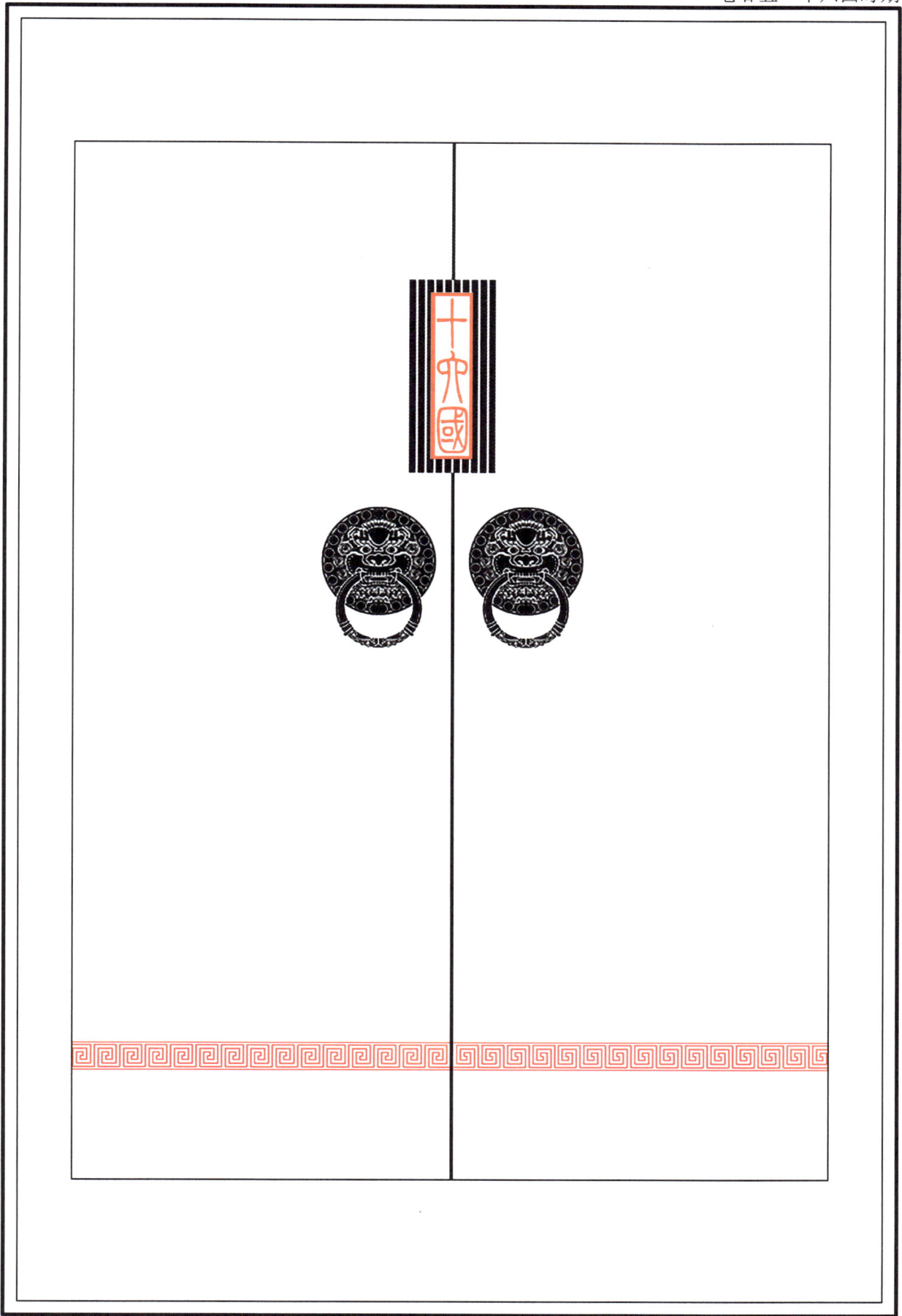

十六大國

【成汉】李雄（公元274年－334年），字仲俊，巴氐族。父为李特，母为罗氏。十六国时期成汉开国皇帝。

其父李特在四川率流民起兵，公元303年战死。其弟李流接管其部，打败西晋的建平太守孙阜。李流病死后将权力交给其侄李雄。李雄自称大都督、大将军、益州牧。不久攻克成都。公元304年称成都王，建元建兴，公元306年称帝，国号大成，改元晏平，史称成汉。成汉共历六主，亡于东晋大将桓温，国祚四十一年。

【汉赵】刘渊（？－310年），字元海，新兴郡（今山西忻州）人，匈奴族，匈奴冒顿（mò dú）单于后裔，因冒顿曾与汉高祖刘邦歃血为盟，结为异姓兄弟，故后代改姓刘。南匈奴单于于夫罗之孙，左贤王刘豹之子，母为呼延皇后。

刘渊继父爵。趁西晋八王之乱时割据并州，建立汉国。尊蜀汉的刘禅为祖。公元308年称帝，年号永凤。在位六年。汉赵共历六主二十一年，亡于后赵石勒。

【前凉】张寔（寔，音：shí，公元271年－320年），字安逊，安定乌氏（zhī）人（今甘肃平凉），汉族。十六国时期前凉政权开国君主，晋朝时前凉武王张轨之子。张轨死后，继任西晋凉州刺史，封西平郡公。公元316年曾派兵救援长安。西晋灭亡后，拥戴晋王司马睿即位。公元317年自称凉王，建立前凉政权。公元320年为部下刺杀，数代后张祚称帝，建都姑臧（今甘肃武威），追谥其为昭王。前凉共历八主，亡于前秦，国祚五十八年。

【后赵】石勒（公元274年－333年），本名匐（bèi），字世龙，上党郡武乡县（今山西榆社县）人，后赵政权建立者。羯（jié）族部落首领周曷（hé）朱之子，是中国历史上唯一一位奴隶皇帝。石勒先投靠司马颖部将公师藩。八王之乱后，转投刘渊。以襄国为根据地，后消灭诸多割据势力，占据幽、并、冀三州之地。遂与汉赵决裂。公元319年自称赵王，定都襄国，灭亡汉赵，令后赵成为北方最强的国家。后赵共历七主，亡于冉魏，国祚三十二年。

【前秦】苻健（公元317年－355年），初名苻罴，字建业（一作世建），氐族，略阳临渭（今甘肃秦安陇城）人，前秦开国皇帝。其父苻洪在西晋时占据关中称三秦王。公元350年苻洪去世，苻健继位后入关，定都长安（今陕西西安）。公元351年僭称天王，建立前秦，年号皇始。公元352年即皇帝位。前秦共历六主，亡于后秦，国祚四十三年。

【前燕】慕容儁（公元319年－360年），字宣英。昌黎棘城（今辽宁义县）人，鲜卑族，鲜卑名贺赖跋。前燕开国皇帝。其父慕容皝（音：晃）为东晋政权的燕王，慕容儁为世子。其父去世后继袭燕王爵位。公元350年冉闵在邺城称帝。慕容儁率军于公元352年消灭冉魏政权，即皇帝位，年号元玺，迁都邺城，与南方的东晋和关中的前秦成鼎立之势。前燕共历两主，亡于前秦，国祚十八年。

十六国

承晋朝

【十六国简介】

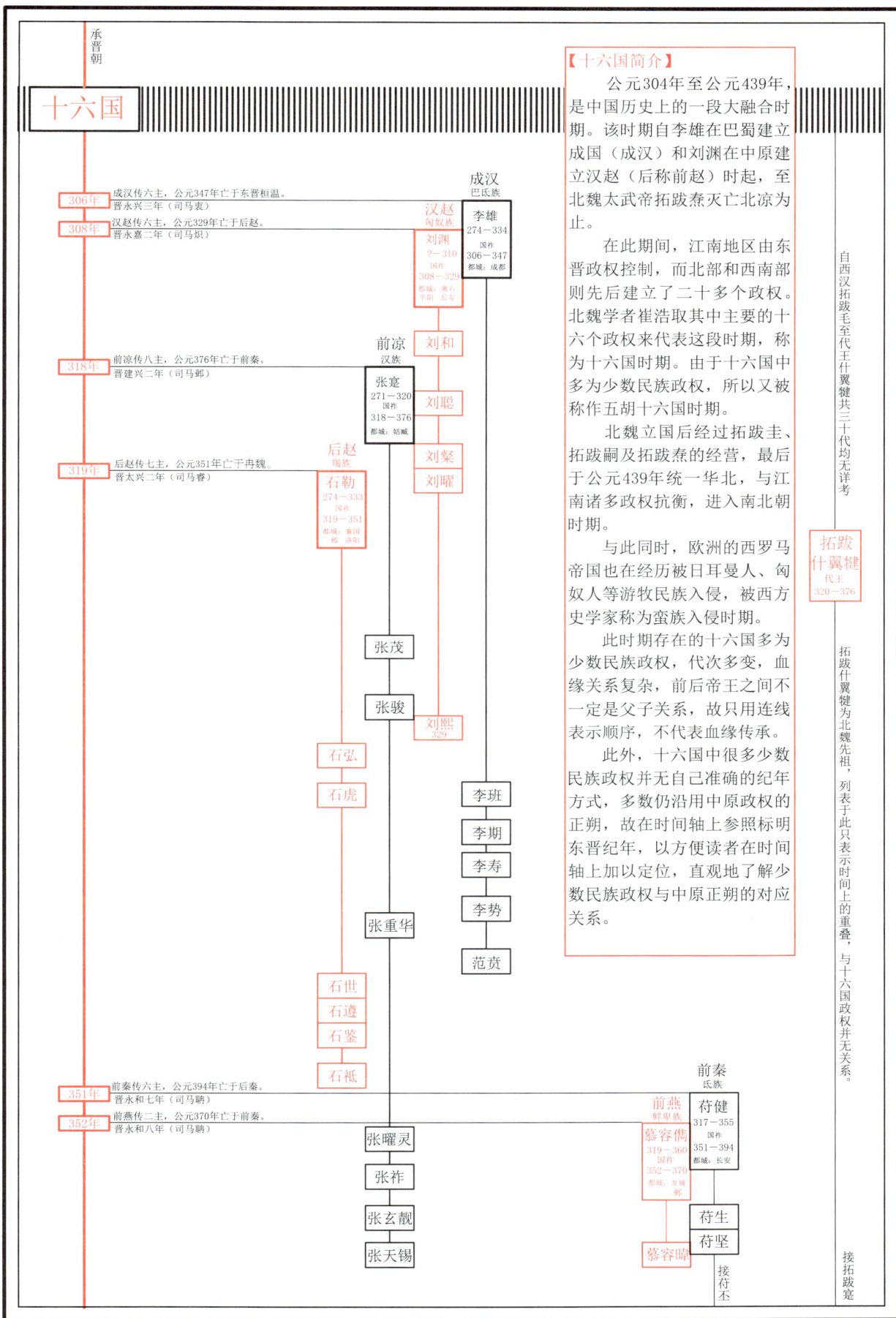

公元304年至公元439年，是中国历史上的一段大融合时期。该时期自李雄在巴蜀建立成国（成汉）和刘渊在中原建立汉赵（后称前赵）时起，至北魏太武帝拓跋焘灭亡北凉为止。

在此期间，江南地区由东晋政权控制，而北部和西南部则先后建立了二十多个政权。北魏学者崔浩取其中主要的十六个政权来代表这段时期，称为十六国时期。由于十六国中多为少数民族政权，所以又被称作五胡十六国时期。

北魏立国后经过拓跋圭、拓跋嗣及拓跋焘的经营，最后于公元439年统一华北，与江南诸多政权抗衡，进入南北朝时期。

与此同时，欧洲的西罗马帝国也在经历被日耳曼人、匈奴人等游牧民族入侵，被西方史学家称为蛮族入侵时期。

此时期存在的十六国多为少数民族政权，代次多变，血缘关系复杂，前后帝王之间不一定是父子关系，故只用连线表示顺序，不代表血缘传承。

此外，十六国中很多少数民族政权并无自己准确的纪年方式，多数仍沿用中原政权的正朔，故在时间轴上参照标明东晋纪年，以方便读者在时间轴上加以定位，直观地了解少数民族政权与中原正朔的对应关系。

成汉
巴氏族

李雄
274—334
国祚
306—347
都城：成都

汉赵
匈奴族

刘渊
？—310
国祚
308—329
都城：离石
平阳　长安

前凉
汉族

张寔
271—320
国祚
318—376
都城：姑臧

刘和

刘聪

刘粲

刘曜

后赵
羯族

石勒
274—333
国祚
319—351
都城：襄国
邺　洛阳

张茂

张骏

刘熙
329

石弘

石虎

李班

李期

李寿

李势

范贲

张重华

石世

石遵

石鉴

石祗

前秦
氐族

符健
317—355
国祚
351—394
都城：长安

前燕
鲜卑族

慕容儁
319—360
国祚
352—370
都城：龙城
邺

张曜灵

张祚

张玄靓

张天锡

符生

符坚

慕容暐

接符丕

接拓跋寔

年份	说明
306年	成汉传六主，公元347年亡于东晋桓温。晋永兴三年（司马衷）
308年	汉赵传六主，公元329年亡于后赵。晋永嘉二年（司马炽）
318年	前凉传八主，公元376年亡于前秦。晋建兴二年（司马邺）
319年	后赵传七主，公元351年亡于冉魏。晋太兴二年（司马睿）
351年	前秦传六主，公元394年亡于后秦。晋永和七年（司马聃）
352年	前燕传二主，公元370年亡于前秦。晋永和八年（司马聃）

拓跋
什翼犍
代王
320—376

自西汉拓跋毛至代王什翼犍共三十代均无详考

拓跋什翼犍为北魏先祖，列表于此只表示时间上的重叠，与十六国政权并无关系。

【后秦】姚苌（公元329年－393年），苌（音：长），字景茂，南安郡赤亭县（今甘肃陇西）人，**羌族**。后秦开国皇帝。羌族首领姚弋仲第二十四子，魏武王姚襄之弟。

原投于前秦苻坚，淝水之战后逃亡渭北，公元384年被羌族和西州豪族推为盟主，称万年秦王，年号白雀，史称后秦。联合慕容冲一起反抗苻坚。公元385年，苻坚兵败逃出长安。姚苌派兵围擒苻坚并缢杀后正式称帝，建都长安。后秦共历三主，亡于南朝宋，国祚三十三年。

【后燕】慕容垂（公元326年－396年），原名慕容霸，字道明。又字道业、叔仁，**鲜卑族**。鲜卑名阿六敦，昌黎郡棘城县（今辽宁义县）人，后燕开国君主。前燕慕容皝第五子，母为兰淑仪。十三岁随父征战，才兼文武，勇猛多谋。公元349年，乘后赵石虎丧乱之机率军攻取幽州。公元354年，受封吴王。公元365年，破洛阳拜征南大将军、荆州牧。公元369年败桓温。后因前燕内讧投奔前秦，深得苻坚赏识。公元382年，劝苻坚进攻东晋但败于淝水。公元384年，叛变前秦建立后燕，次年称帝。后燕历七主二十三年，亡于北燕。

【西秦】乞伏国仁（？－388年），陇西人，**鲜卑族**，鲜卑乞伏部首领乞伏司繁之子，西秦政权建立者。公元376年，其父乞伏司繁去世，乞伏国仁接替其父镇守勇士川（今甘肃榆中市）。公元383年，前秦苻坚任命乞伏国仁为前将军、先锋骑。公元385年乞伏国仁叛离前秦，自称大都督、大将军、大单于、兼秦河二州牧，建立西秦，年号建义，设置武城、武阳、安固等十二郡，建都勇士城。西秦共历四主，亡于胡夏，国祚四十六年。

【后凉】吕光（公元337年－399年），字世明，略阳临渭（今甘肃秦安）人，**氐族**。后凉政权建立者，前秦太尉吕婆楼之子，公元386年，吕光即位，国号后凉，定都姑臧（今甘肃凉州）。吕光初为前秦将领，前秦因淝水战败而国乱，吕光西征无所归附，遂入主凉州建都。公元389年，称三河王，改元麟嘉。吕光在中国军事史上赫赫有名。后凉共历四主，亡于后秦，国祚十七年。

【南凉】秃发乌孤（？－399年），**河西鲜卑族**，南凉政权建立者。秃发即拓跋的异译。原为后凉将领。公元397年，背叛后凉，自称大都督、大将军、大单于、西平王，改年号太初。出兵攻克金城，公元398年，称武威王。南凉共历三主，亡于西秦，国祚十七年。

【北燕】慕容云（？－409年），字子雨，原名高云，昌黎青山（今辽宁锦州市）人，**高丽族**。北燕政权建立者。后燕慕容宝养子。公元409年，慕容云被害，冯跋自己称王，仍以燕为国号，都龙城，史称北燕。因其都龙城，又名黄龙，故南朝宋称为黄龙国。北燕共历三主，亡于北魏，国祚二十九年。

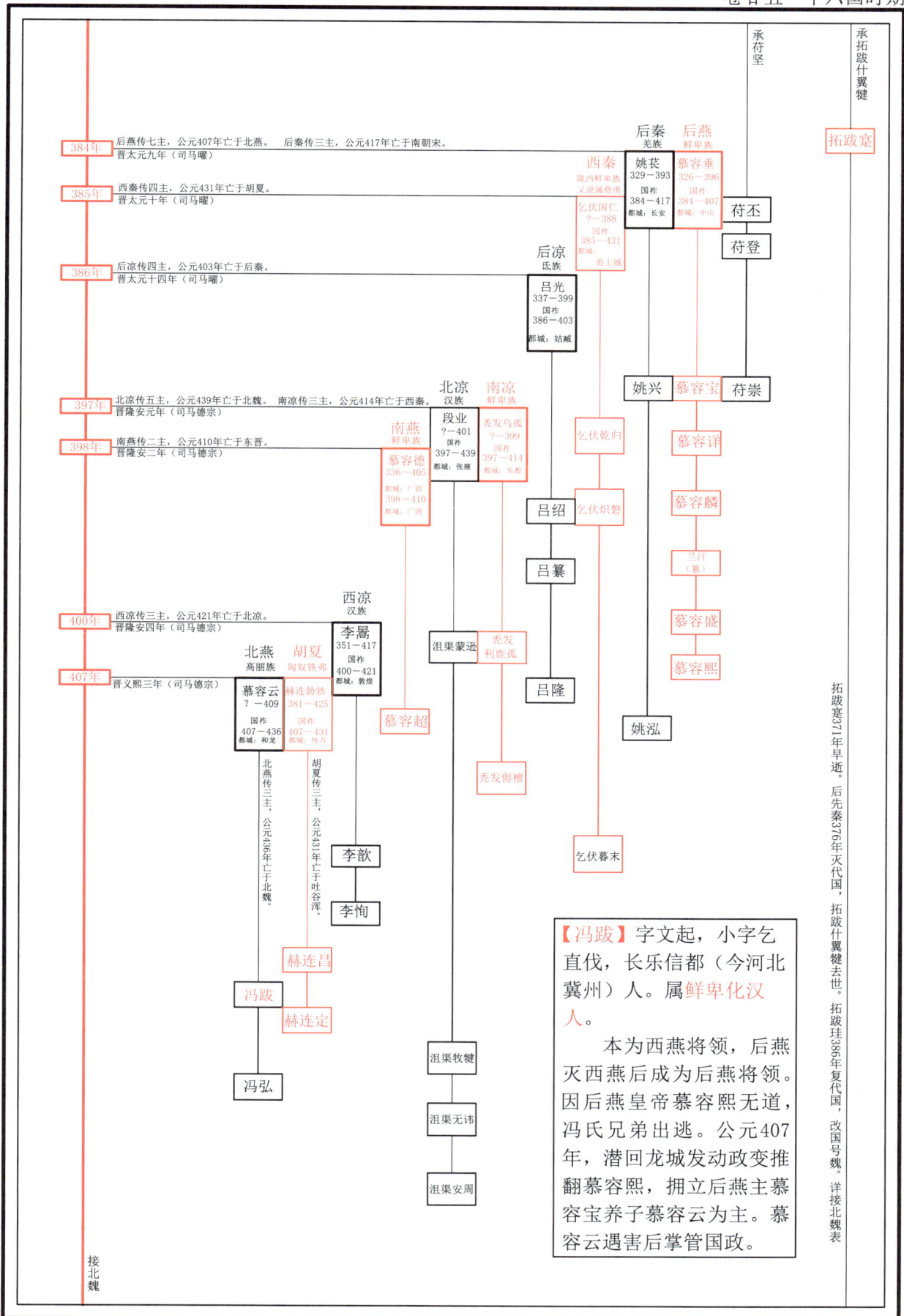

承苻坚

承拓跋什翼犍

拓跋寔

384年
晋太元九年（司马曜）
后燕传七主，公元407年亡于北燕。 后秦传三主，公元417年亡于南朝宋。

385年
晋太元十年（司马曜）
西秦传四主，公元431年亡于胡夏。

386年
晋太元十四年（司马曜）
后凉传四主，公元403年亡于后秦。

397年
晋隆安元年（司马德宗）
北凉传五主，公元439年亡于北魏。 南凉传三主，公元414年亡于西秦。

398年
晋隆安二年（司马德宗）
南燕传二主，公元410年亡于东晋。

400年
晋隆安四年（司马德宗）
西凉传三主，公元421年亡于北凉。

407年
晋义熙三年（司马德宗）

后秦
羌族
姚苌
329－393
国祚
384－417
都城：长安

后燕
鲜卑族
慕容垂
326－396
国祚
384－407
都城：中山

苻丕

西秦
陇西鲜卑族
又说属羌虏
乞伏国仁
？－388
国祚
385－431
都城：勇士城

苻登

后凉
氐族
吕光
337－399
国祚
386－403
都城：姑臧

姚兴　慕容宝

苻崇

北凉
汉族
段业
？－401
国祚
397－439
都城：张掖

南凉
鲜卑族
秃发乌孤
？－399
国祚
397－414
都城：乐都

乞伏乾归　慕容详

南燕
鲜卑族
慕容德
336－405
都城：广固
398－410
都城：广固

吕绍

乞伏炽磐　慕容麟

兰汗（暴）

吕纂

慕容盛

西凉
汉族
李暠
351－417
国祚
400－421
都城：敦煌

沮渠蒙逊

秃发
利鹿孤

吕隆

慕容熙

北燕
高丽族
慕容云
？－409
国祚
407－436
都城：和龙

胡夏
匈奴铁弗
赫连勃勃
381－425
国祚
407－431
都城：统万

慕容超

秃发
傉檀

姚泓

北燕传三主，
公元436年
亡于北魏。

胡夏传三主，
公元431年
亡于吐谷浑。

李歆

乞伏暮末

李恂

赫连昌

赫连定

冯跋

沮渠牧犍

冯弘

沮渠无讳

沮渠安周

【冯跋】字文起，小字乞
直伐，长乐信都（今河北
冀州）人。属鲜卑化汉
人。

本为西燕将领，后燕
灭西燕后成为后燕将领。
因后燕皇帝慕容熙无道，
冯氏兄弟出逃。公元407
年，潜回龙城发动政变推
翻慕容熙，拥立后燕主慕
容宝养子慕容云为主。慕
容云遇害后掌管国政。

拓跋寔371年早逝。后先秦376年灭代国，拓跋什翼犍去世。拓跋珪386年复代国，改国号魏。详接北魏表。

接北魏

（承前页）

【北凉】段业（？－401年），京兆（今陕西西安）人，汉族。北凉政权建立者。段业初为后凉的建康太守。公元397年，段业被沮渠男成等共推为大都督、凉州牧。公元401年，沮渠男成的从弟沮渠蒙逊用计使段业杀沮渠男成，又借此聚众起兵斩杀段业。自领大都督、大将军、凉州牧、张掖公，改元永安。

关于北凉的建立时间和建立者，历来有两种分歧。多认为是段业于公元397年所建，但也有人认为是沮渠蒙逊所建。待考。北凉共历五主，亡于北魏，国祚四十二年。

【南燕】慕容德（公元336年－405年），后改名慕容备德，字玄明，昌黎棘城（今辽宁义县）人，鲜卑族，前燕慕容皝幼子，母为公孙氏。前燕慕容儁、后燕慕容垂皆为其兄，南燕政权建立者。公元369年在枋头（今河南鹤壁浚县）随兄慕容垂打败东晋。公元384年慕容垂建后燕，任车骑大将军，参决政事。公元398年率众自邺城迁至滑台，自称燕王，史称南燕。公元400年正式称帝，改元建平。南燕共历二主，亡于东晋，国祚十二年。

【西凉】李暠（公元351年－417年），字玄盛，小字长生，汉族。陇西成纪（今甘肃秦安）人，自称西汉将领李广十六世孙，西凉政权建立者。唐朝皇帝李渊认定其为先祖。

李暠好学，擅长文辞。公元397年，段业自称凉州牧，李暠被授为效谷县令，后升为敦煌太守。公元400年李暠自称大将军、护羌校尉、秦凉二州牧、凉公，改元庚子，建立西凉政权，都敦煌，疆域广及西域。公元405年李暠改元建初，遣使奉表东晋并迁都酒泉。共历三主，亡于北凉，国祚二十一年。

【胡夏】赫连勃勃（公元381年－425年），原名刘勃勃，字敖云，匈奴族铁弗部人，胡夏政权建立者。其父刘卫辰曾被前秦苻坚任为西单于，督摄河西诸部。公元407年刘勃勃自立为天王，大单于，建国号夏，年号龙升，定都统万城（今陕西靖边北）。

公元413年，弃汉族之刘姓，改为匈奴姓赫连。公元418年乘机攻取长安，在灞上（今陕西蓝田县）称帝。中国古代以夏为国号的政权较多，故史家又称其政权为赫连夏。胡夏共历三主，亡于吐谷浑（tǔ yù hún），国祚二十四年。

(一)　【北魏道武帝·拓跋珪】

　　拓跋珪（公元371年－409年），字涉珪，云中盛乐（今内蒙古和林格尔）人，鲜卑族。北魏王朝开国皇帝，拓跋什翼犍之孙、拓跋寔之子。

　　公元376年，前秦灭代国，拓跋珪随母亲流亡，寄居于匈奴独孤部落长大。

　　公元386年，趁乱复立代国，于牛川即代王位，不久改称魏王。公元398年定国号为魏，并迁都平城（今山西大同）即皇帝位。公元409年，在清河王拓跋绍所发动的宫廷政变中遇弑身亡，年三十八岁。

(二)　【北魏明元帝·拓跋嗣】

　　拓跋嗣（公元392年－423年），字木末，北魏第二位皇帝。拓跋嗣生于云中宫。立为太子后得知生母被赐死，悲伤不已，游行出宫。拓跋珪遇弑后带兵入宫，诛灭清河王拓跋绍，夺位登基，年号永兴。公元423年病逝，享年三十一岁。

(三)　【北魏太武帝·拓跋焘】

　　拓跋焘（公元408年－452年），字佛狸（bì lí）伐，北魏第三位皇帝。

　　继位后攻灭胡夏、北燕、北凉，征伐山胡，降伏鄯善、粟特等西域诸国，驱逐吐谷浑，攻取刘宋河南重镇，统一中国北方。向北远逐柔然，向南饮马长江。作战鸷勇骁强，受到敌方的敬畏，被刘宋称为"英图武略，事驾前古"，超越历史上的匈奴冒顿单于。公元452年，为中常侍宗爱所弑，时年四十四岁。

(四)　【北魏隐帝·拓跋余】

　　拓跋余（？－452年），字可博真，北魏第四位皇帝。公元452年，宦官中常侍宗爱弑杀拓跋焘，扶其即位，故听凭宗爱专权。后又被宗爱趁祭祀宗庙之机杀害。

(五)　【北魏文成帝·拓跋濬（jùn）】

　　拓跋濬（公元440年－465年），字乌雷直，北魏第五位皇帝，拓跋焘长孙，拓跋晃（追谥景穆帝）长子，母为恭皇后郁久闾氏。公元452年，中常侍宗爱弑杀拓跋焘，拥立拓跋余，同年十月又弑杀拓跋余。拓跋濬在尚书陆丽、刘尼拥戴下即位为帝并诛杀宗爱。在位期间平定内乱，休养生息。恢复佛教，始建云冈石窟。公元465年病逝，时年二十五岁。

(六)　【北魏献文帝·拓跋弘】

　　拓跋弘（公元454年－476年），鲜卑名第豆胤，北魏第六位皇帝。拓跋濬长子。生母为李贵人，其母按"子贵母死"制度被赐死。公元471年，因不满冯太后摄政，禅位于太子拓跋宏。尊号太上皇帝。

　　公元472年，柔然来犯，他以太上皇帝身份御驾亲征，大败柔然，一直追至大漠。公元476年暴卒，年二十二岁。

承十六国

北魏

【北魏简介】

北魏是由拓跋珪建立的政权，也是南北朝时期北朝第一个统一的王朝。在时间上基本与南朝宋、齐、梁、陈等政权重叠，故本表在北魏年号后加注了南朝年号以供对照参考。

公元386年，拓跋珪在牛川（今内蒙古呼和浩特）自称代王，重建代国，定都盛乐（今内蒙呼和浩特和林格尔县）。同年四月改称魏王。公元398年正式定国号为魏，迁都平城（今山西大同）称帝。为有别于曹氏建立的魏政权，史称北魏，又称后魏，也有以姓氏区别称拓跋魏、元魏。

公元439年，拓跋焘统一北方。公元493年，孝文帝拓跋宏迁都洛阳。

公元534年，元修投靠宇文泰建立西魏，元亶建立东魏。但东、西魏的朝政均由权臣把持。

公元550年，权臣高洋废东魏孝静帝元善见自立，建立北齐。公元557年，西魏拓跋廓禅位于宇文觉，建立北周，北魏宣告结束。

北魏从拓跋珪建国至公元534年分裂为止，历传二十帝（列入正史本纪者十二位），享国一百四十八年。北魏对北方各政权的统一，加强了中央集权的国家理念。孝文帝拓跋宏迁都洛阳和移风易俗，促进了少数民族与汉族的融合。

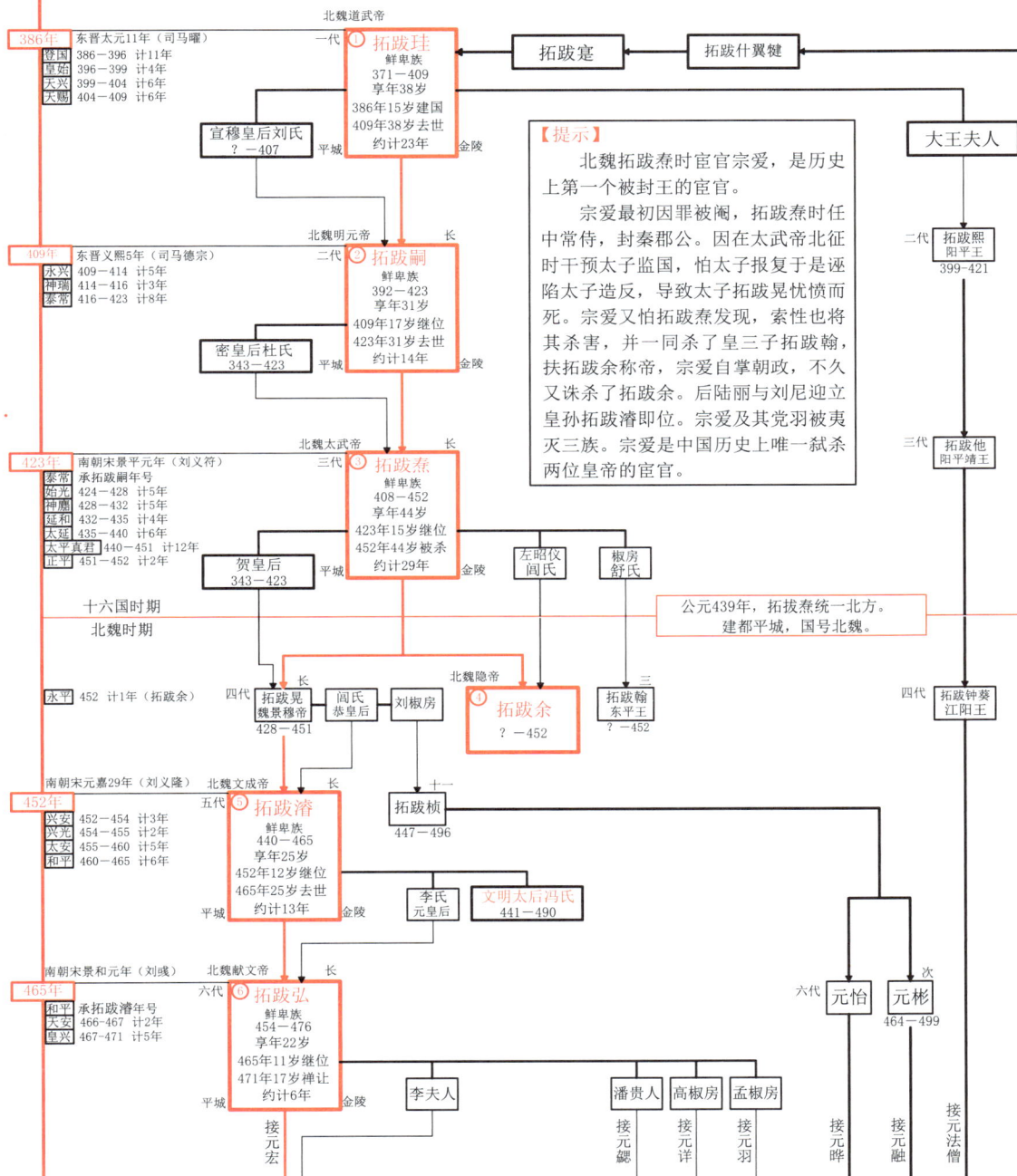

386年　东晋太元11年（司马曜）

登国	386—396　计11年
皇始	396—399　计4年
天兴	399—404　计6年
天赐	404—409　计6年

北魏道武帝　一代

① **拓跋珪**
鲜卑族
371—409
享年38岁
386年15岁建国
409年38岁去世
约计23年

拓跋寔 ← 拓跋什翼犍

宣穆皇后刘氏　? —407　平城　金陵

大王夫人

【提示】

北魏拓跋焘时宦官宗爱，是历史上第一个被封王的宦官。

宗爱最初因罪被阉，拓跋焘时任中常侍，封秦郡公。因在太武帝北征时干预太子监国，怕太子报复于是诬陷太子造反，导致太子拓跋晃忧愤而死。宗爱又怕拓跋焘发现，索性也将其杀害，并一同杀了皇三子拓跋翰，扶拓跋余称帝，宗爱自掌朝政，不久又诛杀了拓跋余。后陆丽与刘尼迎立皇孙拓跋濬即位。宗爱及其党羽被夷灭三族。宗爱是中国历史上唯一弑杀两位皇帝的宦官。

二代　拓跋熙　阳平王　399—421

109年　东晋义熙5年（司马德宗）

永兴	409—414　计5年
神瑞	414—416　计3年
泰常	416—423　计8年

北魏明元帝　二代　长

② **拓跋嗣**
鲜卑族
392—423
享年31岁
409年17岁继位
423年31岁去世
约计14年

密皇后杜氏　343—423　平城　金陵

三代　拓跋他　阳平靖王

423年　南朝宋景平元年（刘义符）

泰常	承拓跋嗣年号
始光	424—428　计5年
神廌	428—432　计5年
延和	432—435　计4年
太延	435—440　计6年
太平真君	440—451　计12年
正平	451—452　计2年

北魏太武帝　三代　长

③ **拓跋焘**
鲜卑族
408—452
享年44岁
423年15岁继位
452年44岁被杀
约计29年

贺皇后　343—423　平城　金陵

左昭仪闾氏　　椒房舒氏

十六国时期
北魏时期

公元439年，拓拔焘统一北方。建都平城，国号北魏。

永平　452　计1年（拓跋余）

四代　长　北魏隐帝

拓跋晃　魏景穆帝　428—451

闾氏恭皇后　刘椒房

① **拓跋余**　? —452

拓跋翰　东平王　三　? —452

四代　拓跋钟葵　江阳王

南朝宋元嘉29年（刘义隆）

452年

兴安	452—454　计3年
兴光	454—455　计2年
太安	455—460　计5年
和平	460—465　计6年

北魏文成帝　五代　长

⑤ **拓跋濬**
鲜卑族
440—465
享年25岁
452年12岁继位
465年25岁去世
约计13年

拓跋桢　447—496　十一

李氏元皇后　文明太后冯氏　441—490

平城　金陵

六代　元怡　元彬　464—499　次

南朝宋景和元年（刘彧）

465年

和平	承拓跋濬年号
天安	466—467　计2年
皇兴	467—471　计5年

北魏献文帝　六代　长

⑥ **拓跋弘**
鲜卑族
454—476
享年22岁
465年11岁继位
471年17岁禅让
约计6年

平城　金陵

李夫人　　潘贵人　高椒房　孟椒房

接元宏　　接元勰　接元详　接元羽　接元晔　接元融　接元法僧

（七）【北魏孝文帝·拓跋宏】

拓跋宏（公元467年－499年），北魏第七位皇帝。后改名元宏。四岁即位，由祖母冯太后（汉族）执政。公元490年亲政。后迁都洛阳。开始大量改革鲜卑旧俗，促进与汉文化的交流，如改穿汉服，改用汉姓，与汉族通婚等措施，史称为"太和改革"，在中国历史上有非常重要的地位。公元499年，崩于行宫，享年三十二岁。葬于长陵。

（八）【北魏宣武帝·元恪】

元恪（公元483年－515年），北魏第八位皇帝，元宏次子，母为文昭皇后高照容。即位后由六辅秉政，向南朝发动战争，向北攻打柔然，拓展疆域。在位期间取消了"子贵母死"的鲜卑旧制。公元515年崩，年三十二岁。葬于景陵。

（九）【北魏孝明帝·元诩】

元诩（公元510年－528年），北魏第九位皇帝。元诩幼年继位。公元528年，因不满母后胡氏擅权，密诏尔朱荣勤王，被胡氏侦知将其毒杀，年十八岁。后尔朱荣遂起兵杀死胡太后，并拥宗室元勰之子元子攸为帝，史称"河阴之变"。北魏从此衰败。

（十）【北魏孝庄帝·元子攸】

元子攸（公元507年－531年），字彦达，北魏第十位皇帝。拓跋弘之孙，元勰之子，孝文帝拓跋宏之侄。元诩遇鸩而崩，被权臣尔朱荣拥立为帝。在"河阴之变"中讨平葛荣、元颢叛乱。诱杀权臣尔朱荣。公元531年又被尔朱荣堂侄尔朱兆杀害，年二十四岁。

（十一）【北魏惠哀帝·元晔】

元晔（公元509年－532年），字华兴，小字盆子，北魏第十一位皇帝。拓跋宏族弟。公元530年，由尔朱荣从弟尔朱世隆拥立称帝，为傀儡皇帝。公元531年，被逼禅让，降为东海王。公元532年，被权臣高欢赐死，年二十三岁。

（十二）【北魏节闵帝·元恭】

元恭（公元498年－532年），字修业，北魏第十二位皇帝。献文帝拓跋弘之孙，元羽之子。公元531年，被尔朱世隆拥立为帝。公元532年，为权臣高欢所废并杀害，年三十四岁。

（十三）【北魏后废帝·元朗】

元朗（公元513年－532年），字仲哲，北魏第十三位皇帝。拓跋焘五世孙，元融之子。公元531年，被高欢所立。翌年被迫逊位。

后与元晔一同被杀，年仅十九岁。

承拓跋弘　　承李夫人　　　　　　　承潘贵人　　承高椒房　承孟椒房　承元怡　承元彬　承拓跋钟葵

471年
延兴　471—476 计6年
承明　476 计1年
太和　477—499 计23年

北魏孝文帝　　　　长
七代　⑦ 拓跋宏
（元宏）
鲜卑族
467—499
享年32岁
471年4岁继位
499年32岁去世
约计28年
洛阳　　长陵

李媛华　元勰
彭城王
六

元详
北海王
473—504
七

元羽
广陵王
470—501
四

王氏

元融
480—526
次

文昭皇后高照容
469—497

袁贵人　罗夫人

499年
太和　承元宏年号
景明　500—504 计5年
正始　504—508 计5年
永平　508—512 计5年
延昌　512—515 计4年

北魏宣武帝　　　次
八代　⑧ 元恪
鲜卑族
483—515
享年32岁
499年16岁继位
515年32岁去世
约计16年
洛阳　　景陵

宣武灵皇后胡氏
469—497

元怀
谥武穆帝
488—517

元愉
临洮郡王
488—508
三

元怿
清河王
487—520
四

515年
延昌　承元恪年号
熙平　516—518 计3年
神龟　518—520 计3年
正光　520—525 计6年
孝昌　525—528 计4年
武泰　528 不足1年

北魏孝明帝　　九代
⑨ 元诩
鲜卑族
510—528
享年18岁
515年5岁继位
528年18岁被害
约计13年

潘外怜
洛阳　　定陵

元宝晖
临洮王
503—528

元亶
清河王
?—537
长

元法僧
525年
在彭城僧位
454—536
五代

528年
武泰　承元诩年号
建义　528 不足1年
永安　529—530 计2年

十代
元姑娘
北魏女主
528—?

元钊
北魏幼主
526—528

北魏孝庄帝　　三
⑩ 元子攸
鲜卑族
507—531
享年24岁
528年21岁继位
531年24岁被害
约计3年
洛阳　　静陵
八代

元颢
528年
在睢阳僧位
495—529
长

531年
建明　530—531 计117天

北魏惠哀帝　　次
七代　⑪ 元晔
鲜卑族
509—532
享年23岁
531年22岁继位
531年22岁禅位
计117天
532年23岁去世
洛阳

531年
普泰　531—532 计2年（元恭）

北魏节闵帝
八代　⑫ 元恭
鲜卑族
498—532
享年34岁
531年33岁继位
532年34岁被废
不足1年
洛阳

中兴　531—532 计2年（元朗）

北魏后废帝
八代　⑬ 元朗
鲜卑族
513—532
享年19岁
531年18岁继位
532年19岁逊位
不足1年
洛阳

北魏时期
东西魏时期

北魏权臣高欢拥立元善见为帝，建都邺，史称东魏。
北魏权臣宇文泰拥立元修为帝迁都长安，史称西魏。

北魏时期
东西魏时期

532年
太昌　532 不足1年
永兴　533 不足1年
永熙　533—535 计3年

北魏—西魏孝武帝　　三
九代　⑭ 元修
鲜卑族
510—535
享年25岁
532年22岁继位
535年25岁被害
约计3年
洛阳→长安　　云陵

接元宝炬　　接元善见

（十四）【北魏孝武帝·元修】
　　元修（公元510年—535年），字孝则，北魏王朝末代皇帝。孝文帝元宏之孙，武穆帝元怀第三子。先被高欢拥立为帝。后投宇文泰。公元535年因政见不和被宇文泰杀死，年二十五岁。
　　北魏自此分裂为东魏和西魏。

【东西魏简介】

　　"东魏"是由北魏权臣高欢从北魏独立出来的割据政权。建都于邺（今河南安阳），以晋阳（今山西太原）为陪都。历时十七年。公元550年，东魏孝静帝元善见禅位于高欢之子高洋，改国号为齐，史称北齐，东魏覆灭。

　　"西魏"是由北魏权臣宇文泰从北魏独立出来的政权，建都长安，历时二十二年。公元557年，宇文泰病死后，西魏权臣宇文护逼西魏恭帝拓跋廓禅位，拥宇文觉称帝，改国号为周，史称北周，西魏覆灭。

【东魏孝静帝·元善见】

　　元善见（公元524年－552年），鲜卑族。南北朝时期东魏皇帝，北魏孝文帝元宏曾孙，清河王元怿之孙，袭清河王元亶之子。史书形容其仪表瑰丽，沉雅明静，世人叹有北魏孝文帝风范。公元534年，在高欢拥立下即位，仅十岁。年号天平。高欢控权，实为傀儡皇帝。

　　高欢死后，高欢长子高澄更加肆无忌惮。公元550年，高欢次子高洋逼迫元善见禅位，自己称帝，建立北齐。不久被高洋毒死，年二十八岁。

（一）【西魏文皇帝·元宝炬】

　　元宝炬（公元507年－551年），西魏开国皇帝。北魏孝武帝元修西投宇文泰时元宝炬为其护驾。元修遇害后即位，但仍为宇文泰傀儡。公元551年去世，年四十四岁，葬于永陵。

（二）【西魏废帝·元钦】

　　元钦（公元525年－554年），西魏第二位皇帝，元宝炬长子。生于北京。娶丞相宇文泰之女，出屯渭北，镇守蒲坂（今山西永济）。公元554年，为宇文泰所废并毒杀，年二十九岁。

（三）【西魏恭皇帝·拓跋廓】

　　拓跋廓（公元537年－557年），汉名元廓，西魏最后一位皇帝。

　　公元554年即位，复鲜卑姓拓跋。宇文泰病死后，宇文护废拓跋廓，立宇文泰之子宇文觉为帝，建立北周政权。不久拓跋廓被杀，年二十岁。

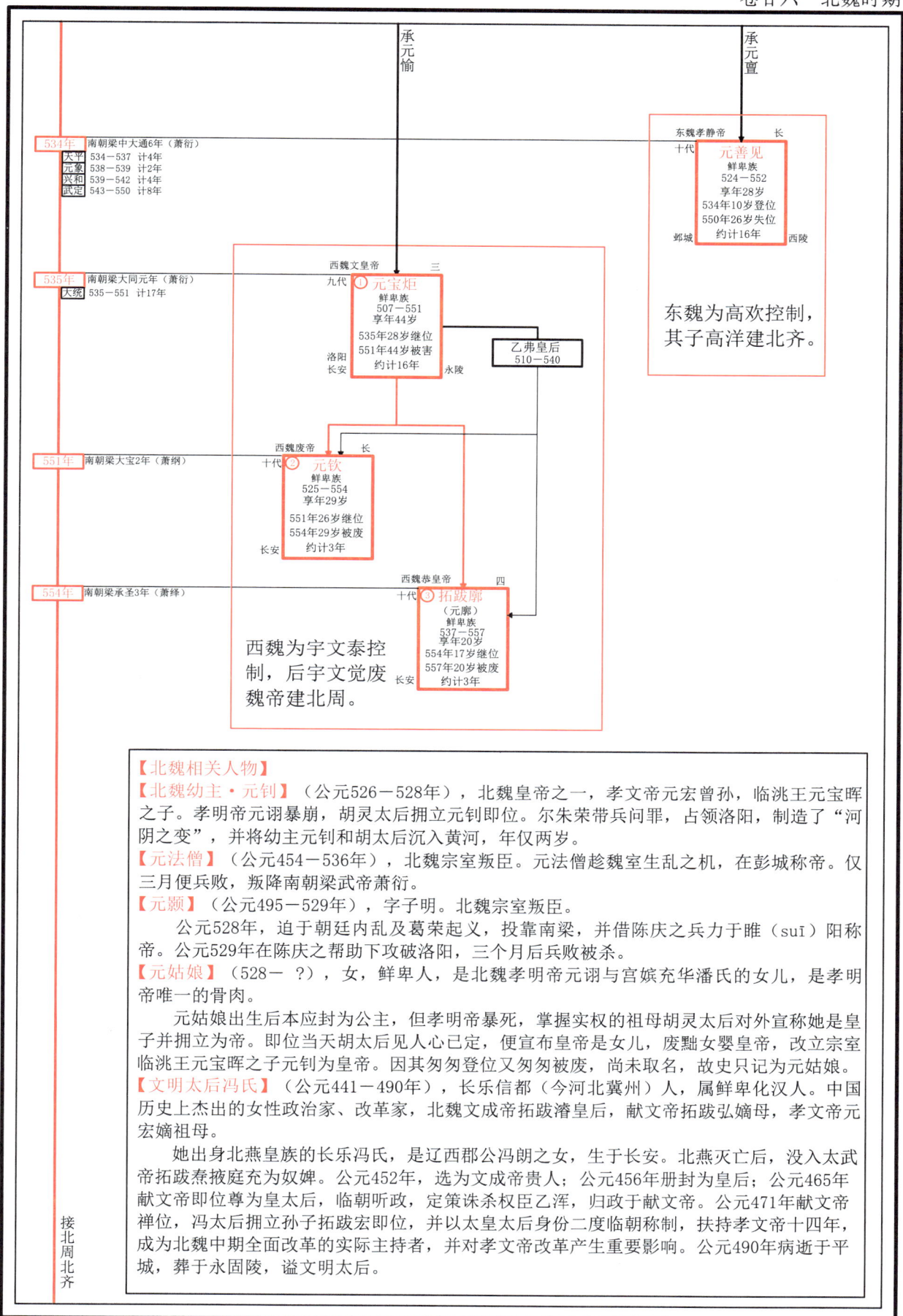

承
元
愉

承
元
宣

534年 南朝梁中大通6年（萧衍）

大平	534－537 计4年
元象	538－539 计2年
兴和	539－542 计4年
武定	543－550 计8年

东魏孝静帝　　　　长
十代　**元善见**
鲜卑族
524－552
享年28岁
534年10岁登位
550年26岁失位
约计16年
邺城　　　　　西陵

东魏为高欢控制，
其子高洋建北齐。

535年 南朝梁大同元年（萧衍）

| 大统 | 535－551 计17年 |

西魏文皇帝　　　　三
九代　①**元宝炬**
鲜卑族
507－551
享年44岁
535年28岁继位
551年44岁被害
约计16年
洛阳
长安　　　　永陵

乙弗皇后
510－540

551年 南朝梁大宝2年（萧纲）

西魏废帝　　　　长
十代　②**元钦**
鲜卑族
525－554
享年29岁
551年26岁继位
554年29岁被废
约计3年
长安

554年 南朝梁承圣3年（萧绎）

西魏恭皇帝　　　　四
十代　③**拓跋廓**
（元廓）
鲜卑族
537－557
享年20岁
554年17岁继位
557年20岁被废
约计3年
长安

西魏为宇文泰控
制，后宇文觉废
魏帝建北周。

接
北
周
北
齐

【北魏相关人物】
【北魏幼主·元钊】（公元526－528年），北魏皇帝之一，孝文帝元宏曾孙，临洮王元宝晖之子。孝明帝元诩暴崩，胡灵太后拥立元钊即位。尔朱荣带兵问罪，占领洛阳，制造了"河阴之变"，并将幼主元钊和胡太后沉入黄河，年仅两岁。

【元法僧】（公元454－536年），北魏宗室叛臣。元法僧趁魏室生乱之机，在彭城称帝。仅三月便兵败，叛降南朝梁武帝萧衍。

【元颢】（公元495－529年），字子明。北魏宗室叛臣。
　　公元528年，迫于朝廷内乱及葛荣起义，投靠南梁，并借陈庆之兵力于睢（suī）阳称帝。公元529年在陈庆之帮助下攻破洛阳，三个月后兵败被杀。

【元姑娘】（528－？），女，鲜卑人，是北魏孝明帝元诩与宫嫔充华潘氏的女儿，是孝明帝唯一的骨肉。
　　元姑娘出生后本应封为公主，但孝明帝暴死，掌握实权的祖母胡灵太后对外宣称她是皇子并拥立为帝。即位当天胡太后见人心已定，便宣布皇帝是女儿，废黜女婴皇帝，改立宗室临洮王元宝晖之子元钊为皇帝。因其匆匆登位又匆匆被废，尚未取名，故史只记为元姑娘。

【文明太后冯氏】（公元441－490年），长乐信都（今河北冀州）人，属鲜卑化汉人。中国历史上杰出的女性政治家、改革家，北魏文成帝拓跋濬皇后，献文帝拓跋弘嫡母，孝文帝元宏嫡祖母。
　　她出身北燕皇族的长乐冯氏，是辽西郡公冯朗之女，生于长安。北燕灭亡后，没入太武帝拓跋焘掖庭充为奴婢。公元452年，选为文成帝贵人；公元456年册封为皇后；公元465年献文帝即位尊为皇太后，临朝听政，定策诛杀权臣乙浑，归政于献文帝。公元471年献文帝禅位，冯太后拥立孙子拓跋宏即位，并以太皇太后身份二度临朝称制，扶持孝文帝十四年，成为北魏中期全面改革的实际主持者，并对孝文帝改革产生重要影响。公元490年病逝于平城，葬于永固陵，谥文明太后。

2022·6·11

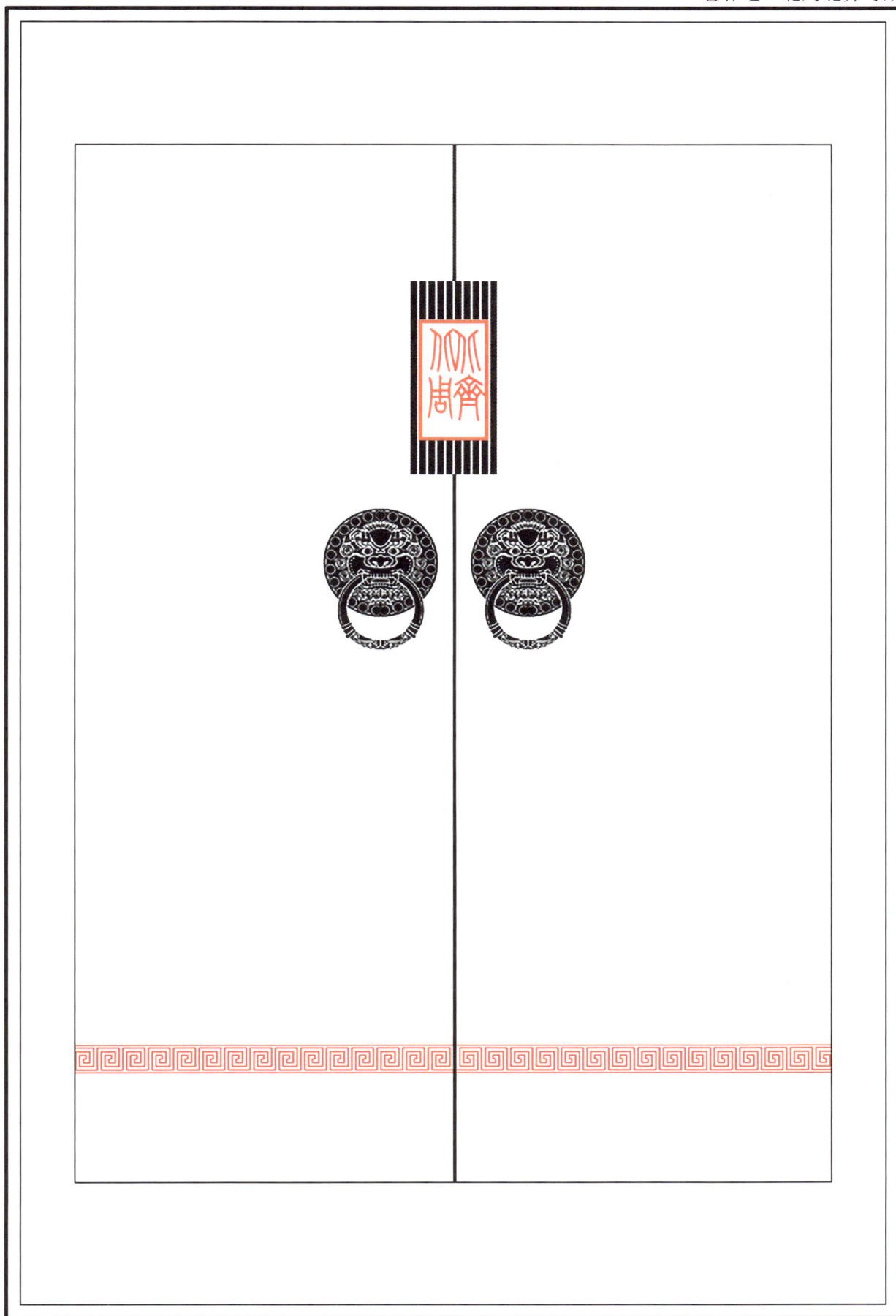

【北周文帝·宇文泰】

宇文泰（公元507年—556年），字黑獭（一作黑泰），代郡武川（今内蒙古武川）人，鲜卑宇文部后裔，属汉化鲜卑人。北周政权的奠基者。

宇文泰在西魏专权二十二年，设立府兵制以扩大兵源。形式上采取鲜卑旧八部制，立八柱国。争战东魏，蚕食南梁。其亲自指挥的潼关之战、沙苑之战皆是以寡胜众的军史典范，奠定了关陇政权强盛多年的基础。公元556年去世，年四十九岁。次年，其侄宇文护逼迫西魏恭帝拓跋廓禅位，由宇文泰之子宇文觉即位，建立北周。

（一）【北周闵帝·宇文觉】

宇文觉（公元542年—557年），字陀罗尼，宇文泰第三子，母为元皇后（北魏孝武帝元修之妹），北周第一位皇帝（天王），实为宇文护傀儡。后为了亲政，与宇文护发生冲突。宇文护逼宇文觉逊位并幽禁，不久被害，年仅十五岁。

（二）【北周明帝·宇文毓（yù）】

宇文毓（公元534年—560年），字统万突，北周第二位皇帝，宇文泰庶长子，母为姚夫人。宇文觉建国时为八柱国之一，很有政绩。后被大冢宰宇文护利用，废宇文觉即位。即位后励精图治，修撰典籍。公元557年称帝，年号武成。他表面温弱，内心明敏有主见，不肯成为宇文护的傀儡。公元560年，被宇文护毒死，年二十六岁。

【北齐文襄帝·高澄】

高澄（公元521年—549年），字子惠，高欢长子。有才干，有谋略。曾击溃叛将侯景，以反间计乱梁，拓两淮之地，收复河南。受禅前被做饭的膳奴刺杀，年二十八岁。其弟高洋称帝后追谥为文襄皇帝。

（一）【北齐文宣帝·高洋】

高洋（公元526年—559年），字子进，鲜卑名侯尼于，高欢次子。因生于晋阳，一名晋阳乐。北齐开国皇帝。

执政前期击败柔然、突厥、契丹，威振戎夏。史书记载有"投杯而西人震恐，负甲而北胡惊慌"之誉，怀有圣主气范，被称为英雄天子，为北齐英主。后期以功业自矜，纵欲酗酒残暴滥杀，公元559年，因饮酒过度而暴毙，年三十三岁。

（二）【北齐废帝·高殷】

高殷（公元545年—561年），字正道，小名道人。北齐第二位皇帝，高洋嫡长子。即位后励精图治，推行改革，然内部矛盾激化。公元560年，被其弟高演兵变篡位，次年被害，年十六岁。

【北周简介】

（南朝梁至南朝陈时期）

　　北周是南北朝时期北方的最后一个割据政权，又称后周。

　　由西魏权臣宇文泰定国基，其子宇文觉在其堂兄宇文护的拥立下正式建立。北周历传五帝，后被杨坚夺位建立隋朝，享国二十四年。

【北齐简介】

（南朝梁至南朝陈时期）

　　北齐是南北朝时期北朝政权之一，由东魏权臣高欢次子高洋所建，建都邺城，又称高齐。

　　北齐共历六主，亡于北周，享国二十七年。

承北魏

北周　北齐

【北周德皇帝·宇文肱】

　　宇文肱（？－526），代郡武川（今内蒙武川）人。鲜卑宇文部首领。任侠仗义有才干。后战死于唐州。

　　北周建国后追尊为"德皇帝"。

【北齐神武帝·高欢】

　　高欢（公元496年－547年），小字贺六浑，原籍为渤海蓚（tiáo）县（今河北省景县）人，出身兵户之家，因祖父高谧（mì）犯法，移居怀朔镇，成为鲜卑化汉人。后臣事东魏成为权臣。北齐王朝的奠基人，史称北齐神武帝。

　　高欢先跟随杜洛周起义，后叛归葛荣为亲信，再后又叛归尔朱荣，公元531年再叛尔朱荣，起兵攻入洛阳，推翻尔朱氏政权，拥立北魏孝武帝元修，并控制北魏朝政多年。后逼走元修扶立元善见，并迁都邺城，史称东魏。其次子高洋追尊为高祖。

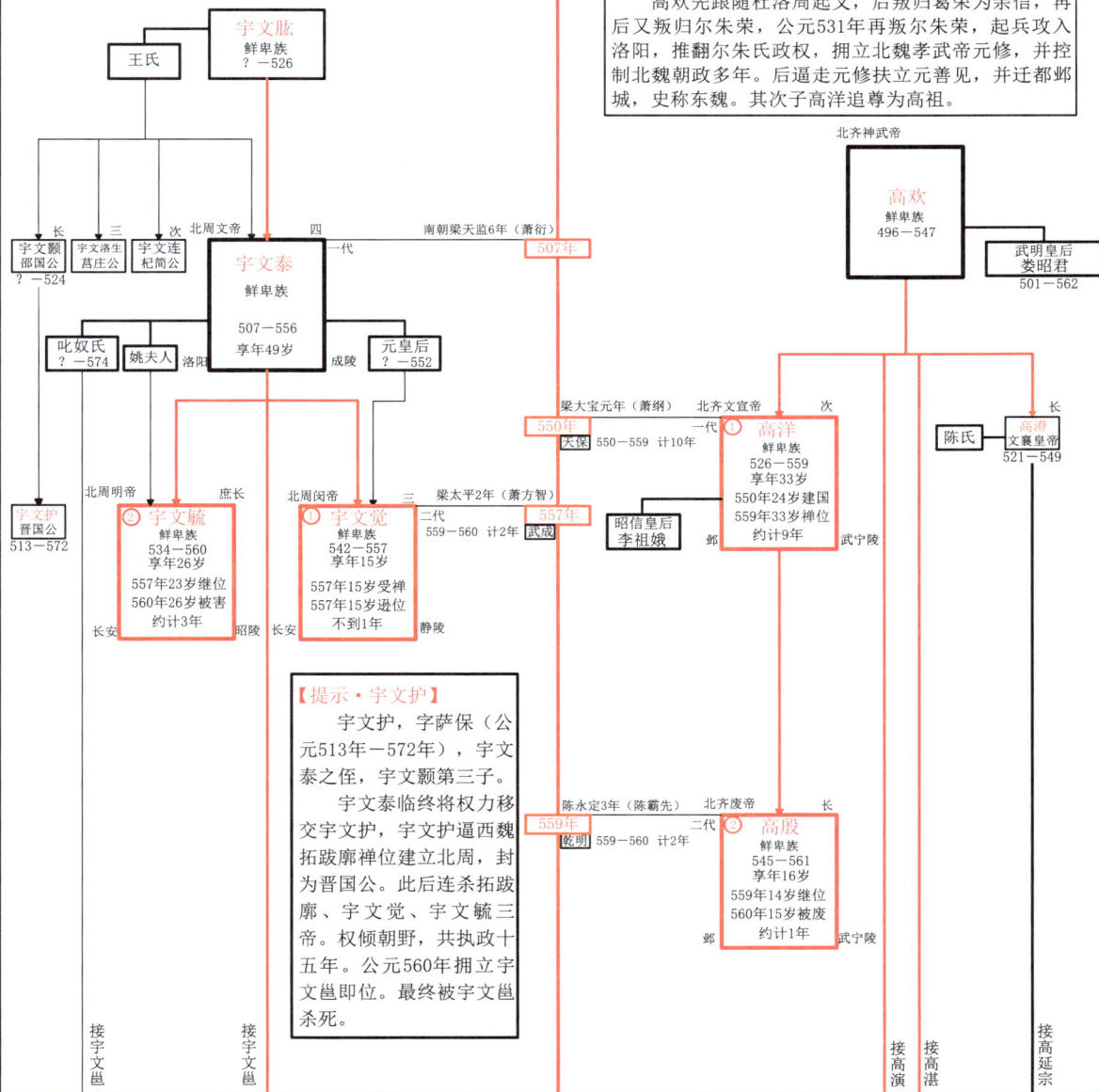

王氏

宇文肱
鲜卑族
？－526

北齐神武帝

高欢
鲜卑族
496－547

武明皇后
娄昭君
501－562

长	三	次	北周文帝	四	一代	南朝梁天监6年（萧衍）

宇文颢
邵国公
？－524

宇文洛生
莒庄公

宇文连
杞简公

宇文泰
鲜卑族
507－556
享年49岁

507年

叱奴氏
？－574

姚夫人　洛阳

成陵

元皇后
？－552

梁大宝元年（萧纲）

550年
天保　550－559　计10年

北齐文宣帝　次

① 高洋
鲜卑族
526－559
享年33岁
550年24岁建国
559年33岁禅位
约计9年

陈氏

高澄
文襄皇帝
521－549

长

宇文护
晋国公
513－572

北周明帝　庶长

② 宇文毓
鲜卑族
534－560
享年26岁
557年23岁继位
560年26岁被害
约计3年

长安　昭陵

北周闵帝　三

① 宇文觉
鲜卑族
542－557
享年15岁
557年15岁受禅
557年15岁逊位
不到1年

长安　静陵

梁太平2年（萧方智）

557年
559－560　计2年　武成
二代

昭信皇后
李祖娥

邺

武宁陵

【提示·宇文护】

　　宇文护，字萨保（公元513年－572年），宇文泰之侄，宇文颢第三子。

　　宇文泰临终将权力移交宇文护，宇文护逼西魏拓跋廓禅位建立北周，封为晋国公。此后连杀拓跋廓、宇文觉、宇文毓三帝。权倾朝野，共执政十五年。公元560年拥立宇文邕即位。最终被宇文邕杀死。

陈永定3年（陈霸先）

559年
乾明　559－560　计2年

北齐废帝　长

② 高殷
鲜卑族
545－561
享年16岁
559年14岁继位
560年15岁被废
约计1年

邺　武宁陵

接宇文邕

接宇文邕

接高演

接高湛

接高延宗

(三)【北周武帝·宇文邕】

宇文邕（公元543年－578年），小字祢罗突，宇文泰第四子，宇文觉和宇文毓异母弟，母为文宣皇后叱奴氏，北周第三位皇帝。

宇文邕聪明有远识，性果决有智谋，能断大事。公元560年在宇文护拥立下即帝位。公元572年，终于诛杀宇文护，独掌朝政。继续推行均田制，改进和发展府兵制，招募均田户农民充当府兵，扩大兵源以兼并北齐。

公元576年，领兵七路围攻北齐，俘获其后主父子，灭北齐。公元578年，在讨伐突厥时病逝，年三十五岁。

(四)【北周宣帝·宇文赟（yūn）】

宇文赟（公元559年－580年），字乾伯，北周第四位皇帝。宇文邕长子，母李娥姿。公元578年即位。沉湎于酒色，暴虐荒淫。公元579年，禅位于太子宇文阐，自称天元皇帝，仍旧掌控朝权。公元580年病逝，年仅二十一岁。

(五)【北周静帝·宇文阐】

宇文阐（公元573年－581年），原名宇文衍，北周最后一位皇帝。宇文赟长子，母为天大皇后朱满月。

公元579年，被册立为皇太子，不久接受父皇禅位，年仅六岁。以随国公杨坚为辅政大臣，拜为大丞相。公元581年，被迫禅位给杨坚，北周灭亡。

(三)【北齐孝昭帝·高演】

高演（公元535年－561年），字延安，北齐第三位皇帝，高欢第六子。

公元560年，发动政变，废黜高殷自立为帝。在位一年去世，年二十六岁。为了儿子高百年不再重复高殷的悲剧，临终时时废掉年幼的太子，传位于弟弟高湛。

(四)【北齐武成帝·高湛】

高湛（公元537年－569年），小字步落稽，高欢第九子，北齐第四位皇帝。在位期间，宠信奸佞至国势转衰。公元565年传位于次子高纬。

公元569年，因酒色过度而死，年三十一岁。

(五)【北齐温国公·高纬】

高纬（公元556年－577年），字仁纲，北齐第五位皇帝，高湛次子。

北周政权东征北齐，攻破邺城，高纬因害怕遂传位于高恒，准备投降南朝陈。逃到青州时为北周所俘，降封温国公，公元577年被赐死，年二十一岁。

(六)【北齐幼主·高恒】

高恒（公元570年－577年），北齐幼主，高纬之子，北齐最后一位皇帝。即位不足一月邺城沦陷，欲逃往南朝陈，因被心腹出卖被俘，北齐灭亡。

公元577年，被宇文邕杀死。

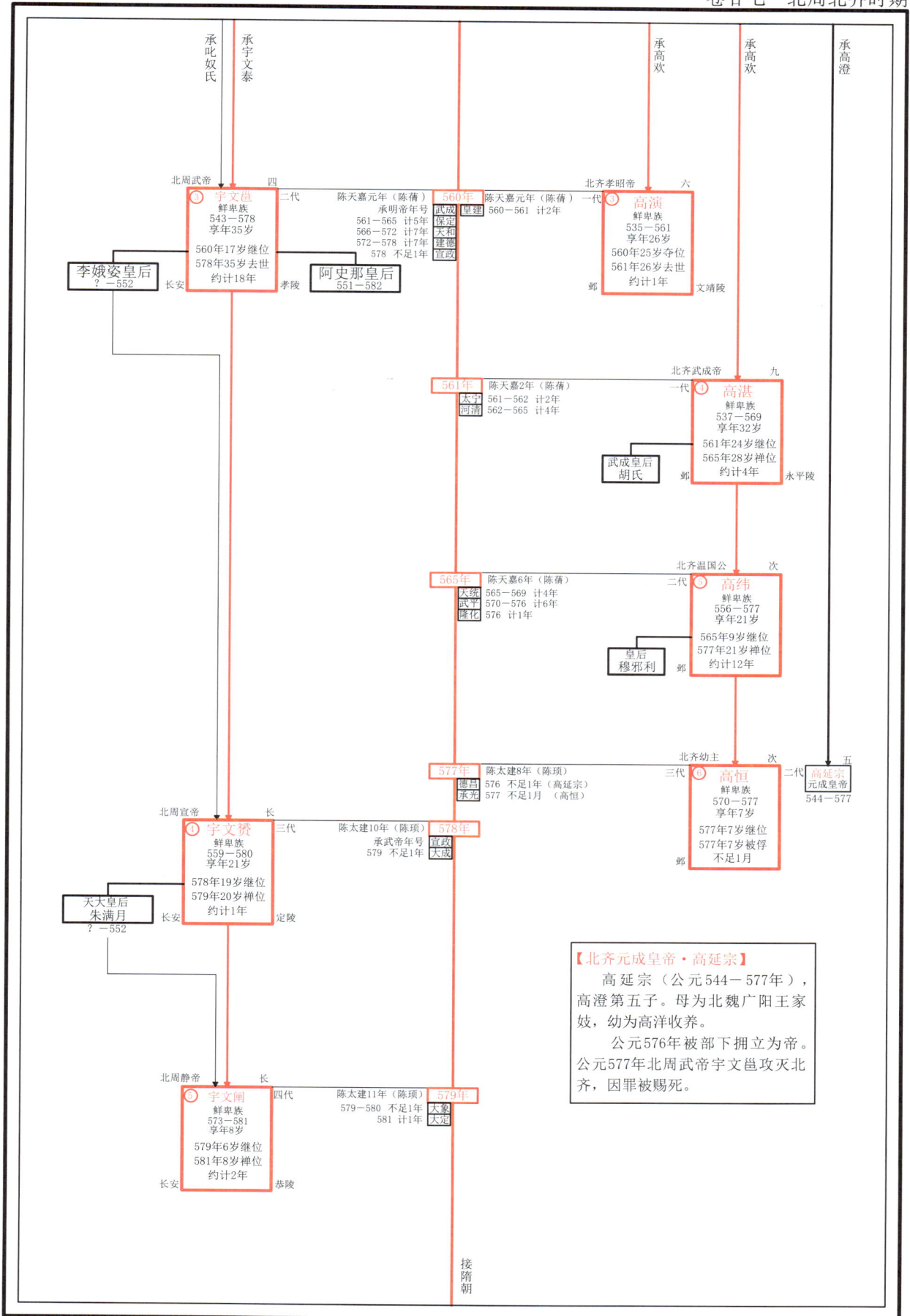

承叱奴氏　承宇文泰　　　　　　　　　　　　　　　承高欢　　承高欢　　承高澄

北周武帝　　　四　　二代　　陈天嘉元年（陈蒨）　560年　陈天嘉元年（陈蒨）一代　③　北齐孝昭帝　六

① 宇文邕
鲜卑族
543—578
享年35岁

承明帝年号
561—565 计5年
566—572 计7年
572—578 计7年
578 不足1年

武成
保定
天和
建德
宣政

高演
鲜卑族
535—561
享年26岁
560年25岁夺位
561年26岁去世
约计1年

560年17岁继位
578年35岁去世
约计18年

李娥姿皇后
？—552　长安　　孝陵　阿史那皇后　551—582

邺　　文靖陵

561年　陈天嘉2年（陈蒨）　　　一代　①　北齐武成帝　九

太宁　561—562 计2年
河清　562—565 计4年

高湛
鲜卑族
537—569
享年32岁
561年24岁继位
565年28岁禅位
约计4年

武成皇后
胡氏　邺　　永平陵

565年　陈天嘉6年（陈蒨）　　二代　⑤　北齐温国公　次

天统　565—569 计4年
武平　570—576 计6年
隆化　576 计1年

高纬
鲜卑族
556—577
享年21岁
565年9岁继位
577年21岁禅位
约计12年

皇后
穆邪利　邺

北周宣帝　长　三代　陈太建8年（陈顼）　577年　　三代　⑦　北齐幼主　次　二代 高延宗 元成皇帝 544—577 五

德昌 576 不足1年（高延宗）
承光 577 不足1月（高恒）

② 宇文赟
鲜卑族
559—580
享年21岁
578年19岁继位
579年20岁禅位
约计1年

高恒
鲜卑族
570—577
享年7岁
577年7岁继位
577年7岁被俘
不足1月　邺

陈太建10年（陈顼）578年
承武帝年号　宣政
579 不足1年　大成

天大皇后
朱满月
？—552　长安　　定陵

【北齐元成皇帝·高延宗】
　　高延宗（公元544—577年），高澄第五子。母为北魏广阳王家妓，幼为高洋收养。
　　公元576年被部下拥立为帝。公元577年北周武帝宇文邕攻灭北齐，因罪被赐死。

北周静帝　长　四代　陈太建11年（陈顼）　579年

579—580 不足1年　大象
581 计1年　大定

③ 宇文阐
鲜卑族
573—581
享年8岁
579年6岁继位
581年8岁禅位
约计2年　长安　　恭陵

接隋朝

2022. 6. 11

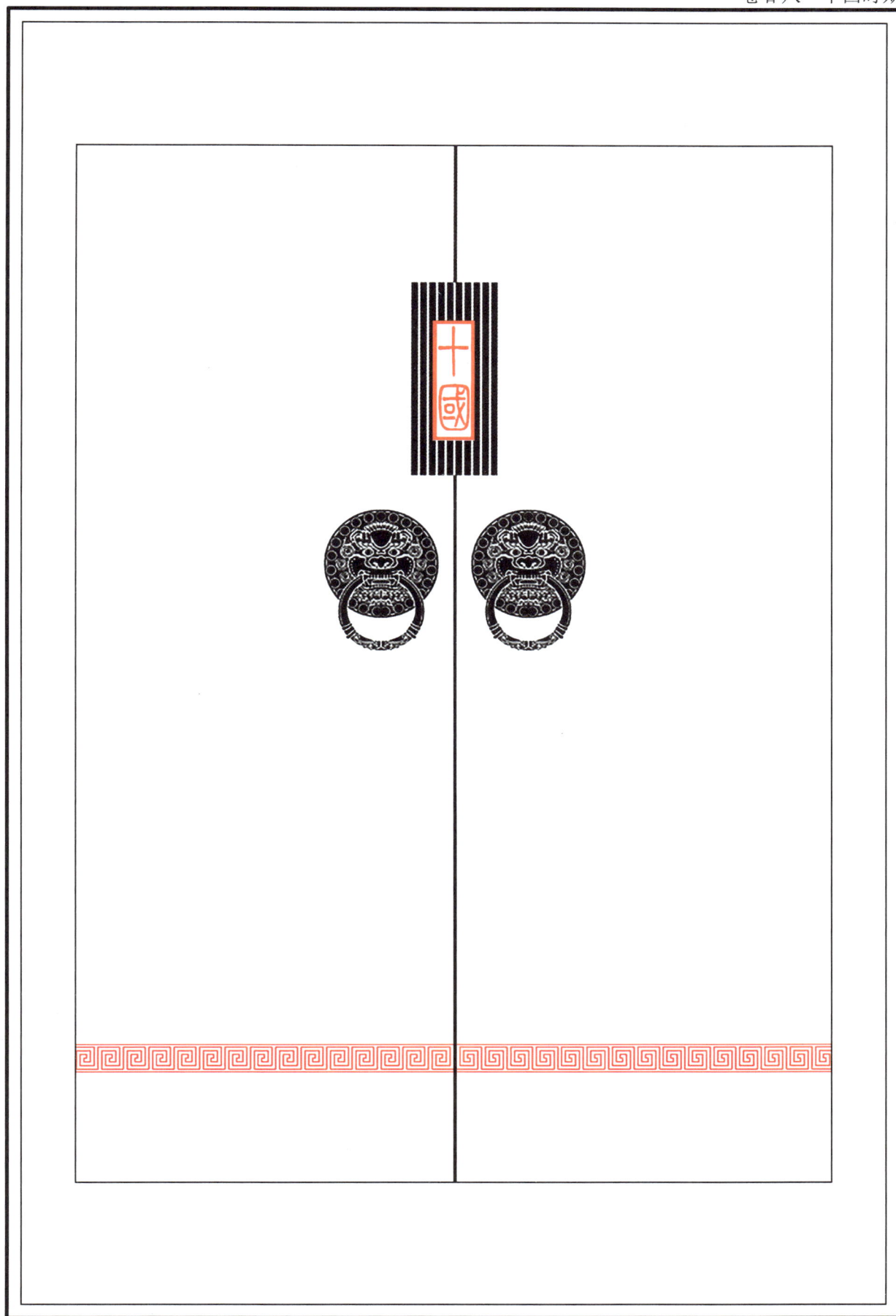

【吴国】（唐李晔时期至后晋石敬瑭时期）

　　吴国为杨行密（公元852年－905年）所建，又称杨吴以别于三国时期的孙吴。自杨行密902年封吴王始，919年建国，改元建制，但仅称吴王。927年其四子杨溥继位改称帝。公元937年，杨溥禅位于南唐李昪（biàn），国灭，历四主，享国三十五年。

【吴越】（唐李晔时期至宋赵光义时期）

　　吴越为钱镠（公元852年－932年）902年封越王始，907年建国，都城为钱塘（今杭州）。

　　钱镠表面上向中原各个朝廷（包括唐朝灭亡后继续存在于北方的五个政权）称臣，奉其正朔，受其册封，但却自为朝廷，自立年号。其子钱元瓘（guàn）继位后改用中原王朝的年号。吴越除两度遣兵入闽外并无重大战争，在十国中是比较安定的地区。历三代五王，至978年钱弘俶（chù）"纳土归宋"止，立国七十一年。若从893年钱镠为镇海军节度使算起，为八十五年。

【前蜀】（唐李晔时期至后唐李存勖时期）

　　前蜀为王建（公元847年－918年）所建，定都于成都。建国后，少有大规模战争，社会基本稳定，但赋税繁重。王衍继位后奢侈荒淫，太后、太妃卖官鬻爵，臣僚也贿赂成风，政治十分腐败。公元925年，后唐李存勖攻前蜀，前蜀覆灭。共历二主，享国十八年。

【南楚】（唐李晔时期至后周郭威时期）

　　南楚由许州鄢陵（今河南鄢陵）人马殷（公元852年－930年）创建，是史上唯一以湖南为中心建立的政权，史称马楚，又称楚国，以潭州（今长沙）为首都。南楚通过战争消灭了湖南境内的割据势力，实现了湖南的统一。马殷时期，政治上采取上奉天子、下抚士民、内靖乱军、外御强藩等政策，社会经济得到了较快的发展。全盛时辖域包括今湖南全境和广西大部、贵州东部和广东北部。公元951年，南楚发生内乱，南唐政权乘机攻下长沙，南楚灭亡。共传二世六主，享国四十四年。

【南汉】（后梁朱友贞时期至宋赵匡胤时期）

　　南汉，位于今广东、广西、海南三省及越南北部，面积约四十多万平方公里。唐朝末年刘谦任封州（今广东）刺史，拥兵过万，战舰过百。刘谦死后，其子刘隐继承父职统一了岭南，进位清海节度使。公元907年，刘隐接受后梁册封为大彭郡王，公元909年，改封为南平王，次年改封为南海王。刘隐死后，其弟刘陟（公元889年－942年）袭封。于917年在番禺（今广东广州）称帝，改广州为兴王府，国号大越。次年改国号为汉，史称南汉，并更自名为刘岩，后又更名刘龑，史称南汉高祖。971年为北宋所灭，共历四帝，享国五十四年。

参承唐朝

十国

【十国简介】
　　十国是在唐代过后，与五代几乎同时存在的十个相对较小的割据政权的统称。南方有九个，北方一个。
　　十国出现的时间有先有后，存续时间也有长有短。建国方式有相承，有征灭，也有独立。版图大小亦不相等，相差悬殊。
　　其开创者和继任者的名号也有不同，有称帝，亦有称主或者称王，但都是一个个与五代相对独立的政权。

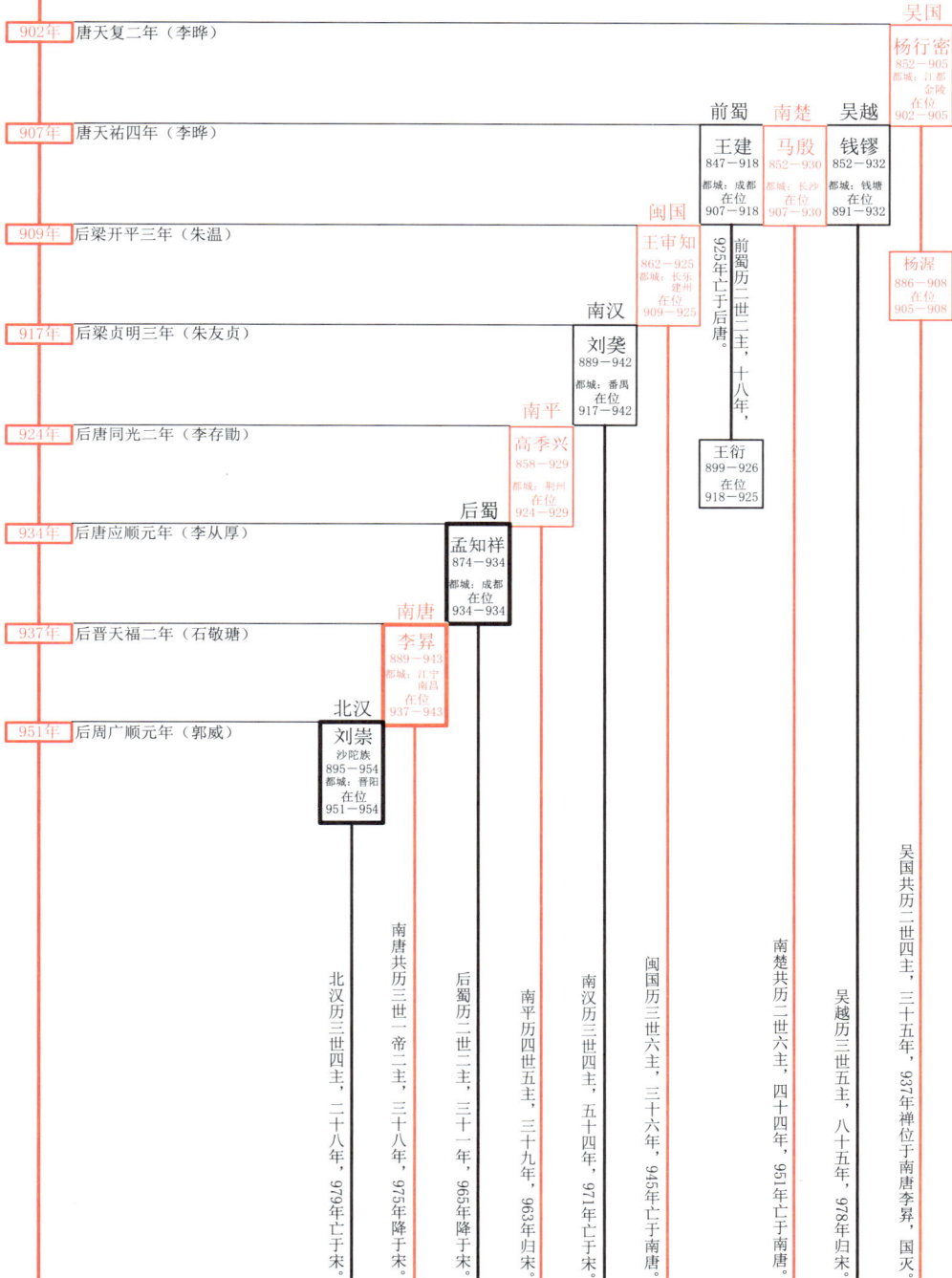

| 902年 | 唐天复二年（李晔） |

吴国
杨行密
852—905
都城：江都
金陵
在位
902—905

| 907年 | 唐天祐四年（李晔） |

前蜀
王建
847—918
都城：成都
在位
907—918

南楚
马殷
852—930
都城：长沙
在位
907—930

吴越
钱镠
852—932
都城：钱塘
在位
891—932

杨渥
886—908
在位
905—908

| 909年 | 后梁开平三年（朱温） |

闽国
王审知
862—925
都城：长乐
建州
在位
909—925

前蜀历二世二主，十八年，925年亡于后唐。

| 917年 | 后梁贞明三年（朱友贞） |

南汉
刘䶮
889—942
都城：番禺
在位
917—942

| 924年 | 后唐同光二年（李存勖） |

南平
高季兴
858—929
都城：荆州
在位
924—929

王衍
899—926
在位
918—925

| 934年 | 后唐应顺元年（李从厚） |

后蜀
孟知祥
874—934
都城：成都
在位
934—934

| 937年 | 后晋天福二年（石敬瑭） |

南唐
李昪
889—943
都城：江宁
南昌
在位
937—943

| 951年 | 后周广顺元年（郭威） |

北汉
刘崇
沙陀族
895—954
都城：晋阳
在位
951—954

北汉历三世四主，二十八年，979年亡于宋。

南唐共历三世一帝二主，三十八年，975年降于宋。

后蜀历二世二主，三十一年，965年降于宋。

南平历四世五主，三十九年，963年归宋。

南汉历三世四主，五十四年，971年归宋。

闽国历三世六主，三十六年，945年亡于南唐。

南楚共历二世六主，四十四年，951年亡于南唐。

吴越历三世五主，八十五年，978年归宋。

吴国共历二世四主，三十五年，937年禅位于南唐李昪，国灭。

【南平】（后唐李存勖时期至宋赵匡胤时期）

南平为高季兴（公元858年－929年）所建，定都荆州，又称荆南、北楚。公元907年，高季兴任荆南节度使，只有江陵一城。公元924年，受后唐封为南平王，建都荆州（今湖北江陵）。

南平虽地狭兵弱，但处南北要冲。其时南方的割据政权每年贡奉均假道南平，高季兴便劫其财物，又对所有政权均上表称臣。公元963年归宋。历四世五主，享国三十九年。

【闽国】（后梁朱温时期至后晋石重贵时期）

闽国为王审知（公元862年－925年）所建，先后定都于长乐（今福建福州）、建州（今福建建瓯）。公元909年，王审知被后梁封为闽王。公元927年，次子王延钧杀其兄夺位。公元945年，被南唐攻灭。历三世六主，享国三十六年。

【后蜀】（后唐李从厚时期至宋赵匡胤时期）

后蜀又称孟蜀，为孟知祥（公元874年－934年）所建。公元925年，后唐派孟知祥攻灭前蜀，但后唐随之兵变，孟知祥遂断绝与后唐的联系。934年在成都称帝，国号蜀，史称后蜀。后蜀因战乱很少，是五代时期经济文化较发达的地区。公元964年宋朝发兵攻伐后蜀，次年其子孟昶（公元919年－965年）投降。后蜀共历二世二主，享国三十一年。

孟昶所撰的"新年纳余庆，嘉节号长春"是中国历史上最早的春联。

其妃号"花蕊夫人"，徐氏，据传有诗名，待考。

【南唐】（后晋石敬瑭时期至宋赵匡胤时期）

南唐由李昪（公元889年－943年）在江南建立。李昪（biàn），字正伦，小字彭奴。初定都江宁（今江苏南京），后迁都南昌，是十国中版图最大的政权。

李昪本是吴国权臣，因功封齐王，赐名徐知诰。李昪称帝后恢复李姓，改名昪，自称是唐朝建王李恪之后，改国号为唐，史称南唐。

南唐相对安定，社会经济有所发展，且地广力强文化昌盛。先后伐灭闽国与楚国。其后李璟、李煜均去帝号仅称国主，向后周称臣。公元975年，宋军攻南唐，李煜投降，南唐覆灭。共传三世一帝二主，享国三十八年。

【北汉】（后周郭威时期至宋赵光义时期）

北汉为刘崇（公元895年－954年）所建，是十国中最后一个政权，也是唯一在北方的割据政权。都城晋阳（今山西太原）。主要依附于契丹族的辽朝。

刘崇本是原五代之一的后汉国主刘知远的弟弟。因刘知远在位时，猜忌本国大将郭威，将其家人灭门，又欲刺杀郭威，郭威被迫于邺都（今河北大名）起兵攻灭后汉，建立了后周。于是刘崇借机在河东称帝，仍用汉为国号，为有别于后汉，故史称北汉。公元979年，宋太宗赵光义亲征北汉，北汉皇帝刘继元出降，北汉灭亡。共历四帝，享国二十八年。

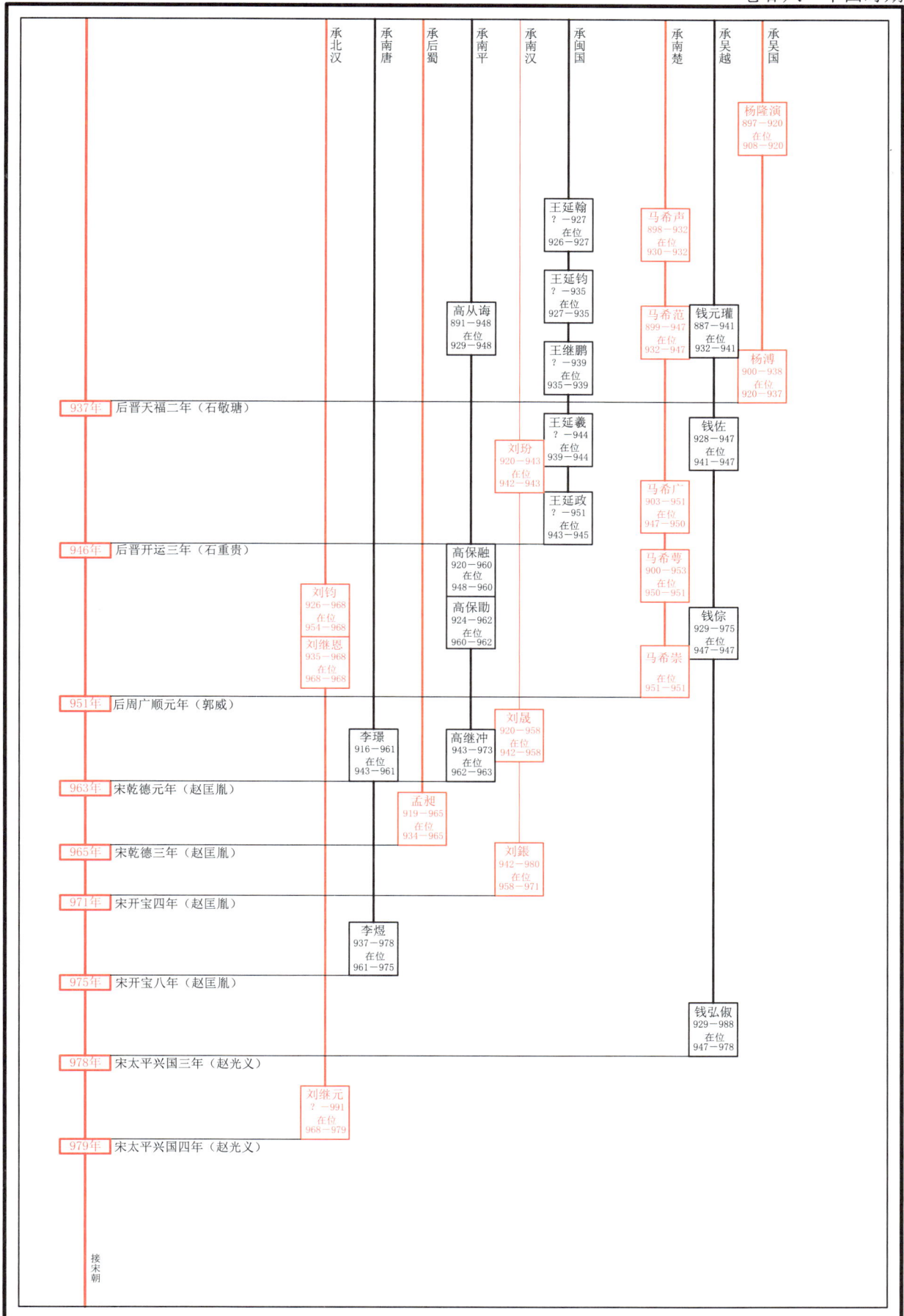

承北汉	承南唐	承后蜀	承南平	承南汉	承闽国	承南楚	承吴越	承吴国
								杨隆演 897—920 在位 908—920
					王延翰 ?—927 在位 926—927	马希声 898—932 在位 930—932		
			高从诲 891—948 在位 929—948		王延钧 ?—935 在位 927—935	马希范 899—947 在位 932—947	钱元瓘 887—941 在位 932—941	杨溥 900—938 在位 920—937
					王继鹏 ?—939 在位 935—939			

937年　后晋天福二年（石敬瑭）

				王延羲 ?—944 在位 939—944	钱佐 928—947 在位 941—947
刘玢 920—943 在位 942—943				王延政 ?—951 在位 943—945	马希广 903—951 在位 947—950

946年　后晋开运三年（石重贵）

高保融 920—960 在位 948—960　马希萼 900—953 在位 950—951

刘钧 926—968 在位 954—968　刘继恩 935—968 在位 968—968　高保勖 924—962 在位 960—962　钱倧 929—975 在位 947—947　马希崇 在位 951—951

951年　后周广顺元年（郭威）

李璟 916—961 在位 943—961　高继冲 943—973 在位 962—963　刘晟 920—958 在位 942—958

963年　宋乾德元年（赵匡胤）

孟昶 919—965 在位 934—965

965年　宋乾德三年（赵匡胤）

刘鋹 942—980 在位 958—971

971年　宋开宝四年（赵匡胤）

李煜 937—978 在位 961—975

975年　宋开宝八年（赵匡胤）

钱弘俶 929—988 在位 947—978

978年　宋太平兴国三年（赵光义）

刘继元 ?—991 在位 968—979

979年　宋太平兴国四年（赵光义）

接宋朝

2022.6.11

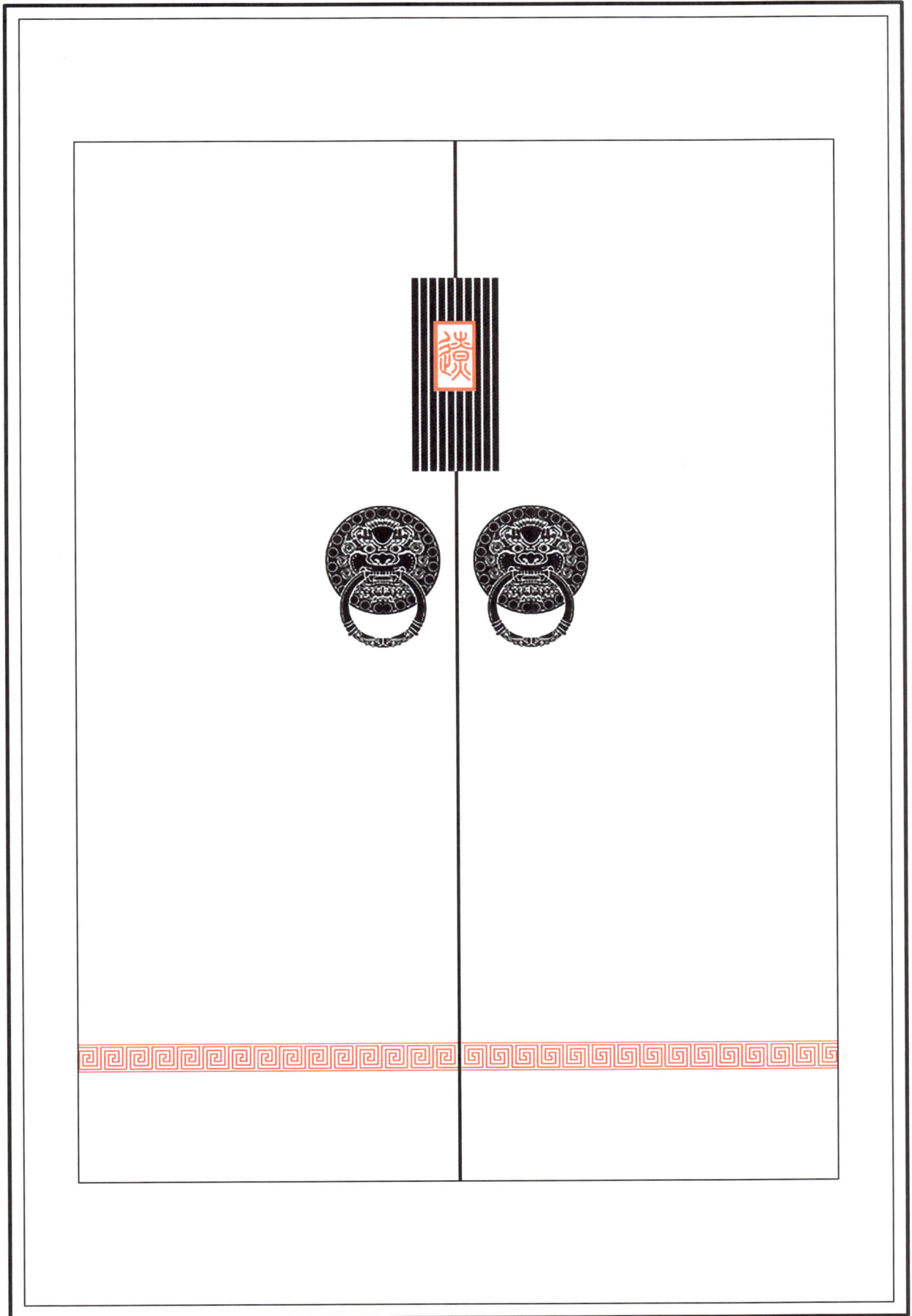

（一）【辽太祖·耶律阿保机】（后梁朱友贞贞明二年至后唐李嗣源天成二年）

耶律阿保机（公元872年－926年），又名耶律亿，乳名啜里只（chuò lǐ zhī），辽朝开国君主，契丹迭剌部人。耶律撒剌长子，生母为宣简皇后萧氏。

耶律阿保机勇猛善射，明达世务。在位期间制定法律，改革习俗，创造契丹文字，发展农业，并创两院制政体以管理多民族关系。公元926年，在出征途中病逝，终年五十四岁，葬于祖陵。

【让国皇帝·耶律倍】

耶律倍，又名耶律突欲，耶律阿保机长子，辽太宗耶律德光长兄，辽世宗耶律阮之父。耶律德光继位后对耶律倍施以监控，迫使耶律倍投靠后唐，被后唐赐名李赞华。后唐政变时遇害。耶律德光去世后，耶律倍长子耶律阮夺回了本属于父亲的皇位，追谥耶律倍为让国皇帝。

（二）【辽太宗·耶律德光】（后唐李嗣源天成二年至后汉刘知远天福元年）

耶律德光（公元902年－947年），字德谨，小字尧骨。辽朝第二位皇帝。耶律阿保机次子，母为淳钦皇后述律平。

926年即位，936年以占有燕云十六州为条件，协助石敬瑭灭后唐建立后晋。在位期间改革官制，实行胡汉分治。公元946年，攻陷汴京灭后晋，改国号为大辽。

公元947年去世，年四十五岁。死后以契丹葬礼习俗被制成帝粑，成为中国唯一的木乃伊皇帝。

（三）【辽世宗·耶律阮】（后汉刘知远天福元年至后周郭威广顺元年）

耶律阮（公元917年－951年），字兀欲。辽朝第三位皇帝，辽太宗耶律德光之侄，父为耶律倍，母为柔贞皇后萧氏。

耶律阮曾跟耶律德光攻打后晋因功封王。耶律德光死后在镇州即位，回师上京（今内蒙古巴林左旗）大败祖母述律皇后与叔叔耶律李胡，正式继位为帝。

951年在攻打后周时，为耶律察割所弑，年三十四岁。

（四）【辽穆宗·耶律璟】（后周郭威文顺元年至宋赵匡胤开宝二年）

耶律璟（公元931年－969年），契丹族。辽朝第四位皇帝，耶律德光长子，母靖安皇后萧氏。

公元951年，耶律察割弑杀耶律阮。耶律璟随征军中，诛杀耶律察割后即位，使帝位回归辽太宗一脉。耶律璟执法严明，但酷刑能做到"上不及大臣，下不及百姓"，曾多次下诏减免赋税、礼敬臣下，史称"终穆之世，无罪被戮"。但对近侍苛刻，且酗酒荒政。公元969年在黑山之变中为"袭御"小哥等人弑杀。年三十八岁。

参承五代

辽

【辽国简介】

　　辽代是由契丹族建立的朝代，共传九帝，享国二百零九年。

　　辽代曾多次变更国名，耶律阿保机始建时国号契丹；其子耶律德光继位后改国号大辽；耶律隆绪又更名为大契丹；耶律洪基复国号为辽。

　　辽末，耶律淳建立北辽抗金，被金灭亡。

　　耶律大石西迁到中亚的楚河流域建立西辽，定都在八喇沙衮（今吉尔吉斯斯坦共和国楚河州托克马克境内的布拉纳城），公元1218年被蒙古帝国所灭。公元1222年西辽贵族在今伊朗复建西辽，被蒙古帝国所灭。

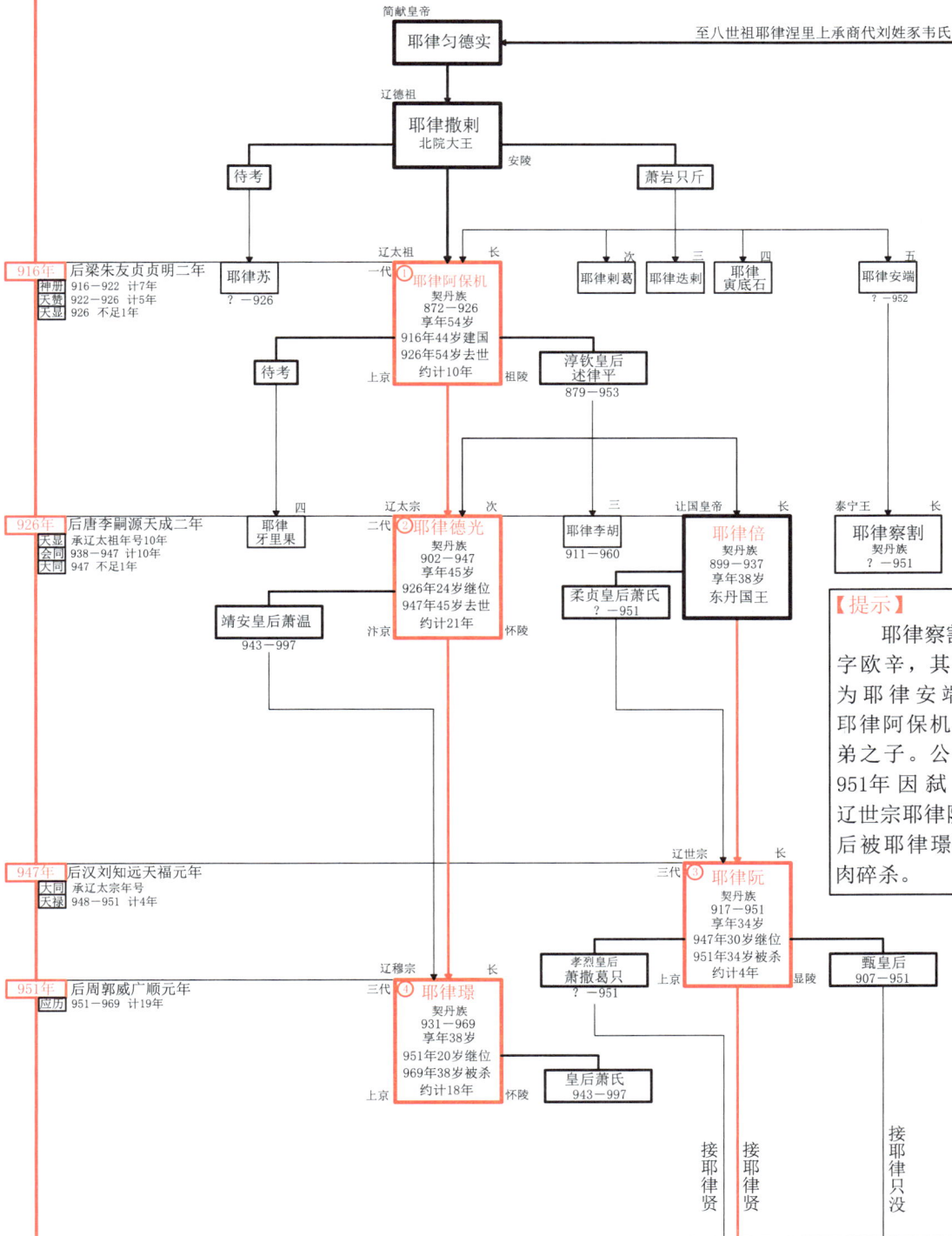

简献皇帝
耶律匀德实

至八世祖耶律涅里上承商代刘姓豕韦氏

辽德祖
耶律撒剌
北院大王

待考

安陵

萧岩只斤

916年	后梁朱友贞贞明二年
神册	916－922 计7年
天赞	922－926 计5年
天显	926 不足1年

辽太祖　　一代　　长
耶律苏
? －926

①**耶律阿保机**
契丹族
872－926
享年54岁
916年44岁建国
926年54岁去世
约计10年

次
耶律剌葛

三
耶律迭剌

四
耶律寅底石

五
耶律安端
? －952

待考

上京

淳钦皇后
述律平
879－953

祖陵

926年	后唐李嗣源天成二年
天显	承辽太祖年号10年
会同	938－947 计10年
大同	947 不足1年

四
耶律牙里果

辽太宗　　二代　　次
②**耶律德光**
契丹族
902－947
享年45岁
926年24岁继位
947年45岁去世
约计21年

三
耶律李胡
911－960

让国皇帝　　长
耶律倍
899－937
享年38岁
东丹国王

泰宁王　　长
耶律察割
契丹族
? －951

靖安皇后萧温
943－997

汴京

怀陵

柔贞皇后萧氏
? －951

【提示】

　　耶律察割，字欧辛，其父为耶律安端，耶律阿保机五弟之子。公元951年因弑杀辽世宗耶律阮，后被耶律璟割肉碎杀。

947年	后汉刘知远天福元年
大同	承辽太宗年号
天禄	948－951 计4年

辽世宗　　三代　　长
③**耶律阮**
契丹族
917－951
享年34岁
947年30岁继位
951年34岁被杀
约计4年

951年	后周郭威广顺元年
应历	951－969 计19年

辽穆宗　　三代　　长
④**耶律璟**
契丹族
931－969
享年38岁
951年20岁继位
969年38岁被杀
约计18年

上京

孝烈皇后
萧撒葛只
? －951

上京

显陵

甄皇后
907－951

皇后萧氏
943－997

怀陵

接耶律贤

接耶律贤

接耶律只没

（五）【辽景宗·耶律贤】（宋赵匡胤开宝二年至宋赵光义太平兴国七年）

耶律贤（公元948年－982年），契丹名耶律明扆，辽朝第五位皇帝。耶律阮次子。

耶律璟被杀，耶律贤被推举为帝。在位期间拨乱反正，网罗人才，安抚宗室，关心朝政，孜孜求治。最重要的是自此确立了辽朝嫡长子继承制，避免了皇位纷争。公元982年，巡幸云州（今大同）时病逝，年三十四岁。

（六）【辽圣宗·耶律隆绪】（宋赵光义太平兴国七年至宋赵祯天圣九年）

耶律隆绪（公元972年－1031年），契丹名文殊奴。辽朝第六位皇帝，耶律贤长子。公元982年，十岁嗣位为帝，改国号契丹，由其母承天皇太后萧绰奉遗诏摄政。公元986年败宋朝北伐，公元1004年，亲征北宋，与宋朝订立"澶渊之盟"。此后一百多年，辽宋之间无大战。

1009年亲政，实行改革，整顿吏治，仿唐制开科取士。重用汉人，使契丹达到鼎盛。晓音律好绘画，史称"道、佛二教皆洞彻其宗旨"。公元1031年逝世，享年五十九岁。

（七）【辽兴宗·耶律宗真】（宋赵祯天圣九年至治和二年）

耶律宗真（公元1016年－1055年），契丹名只骨，字夷不堇，辽朝第七位皇帝。耶律隆绪长子，母钦哀皇后萧耨斤。

耶律宗真由仁德皇后萧菩萨哥养大，通晓音律，爱好儒学。

即位初期权力一度被生母萧耨斤掌握，萧耨斤有改立其弟耶律重元之意，所幸耶律重元将母亲计谋泄露给耶律宗真，耶律宗真于是乘出游机会率近卫军铲除了萧耨斤及其党羽。但他在政治和军事上无能，致使国内矛盾日趋激化，对外又同时向西夏朝和宋朝两面开战，导致国力日益衰落。公元1055年病逝，年三十九岁。

（八）【辽道宗·耶律洪基】（宋赵祯至和二年至宋赵佶建中靖国元年）

耶律洪基（公元1032年－1101年），字涅邻，小字查剌（là），辽朝第八位皇帝。耶律宗真长子，母为仁懿皇后萧挞里。

公元1055年继位，公元1066年改国号为大辽。

在位期间，先有重元之乱、后有耶律乙辛擅权乱政，他忠奸莫辨，赐死皇后萧观音，软禁太子耶律浚（濬），辽朝政治进一步腐朽。同时他崇奉佛教，虚耗国力，使社会矛盾激化。但始终坚持对宋通好，临终前仍不忘嘱咐子孙"切勿生事"；颇好汉文化，其汉诗气象磅礴、意境深远。

公元1101年病逝，年六十九岁。

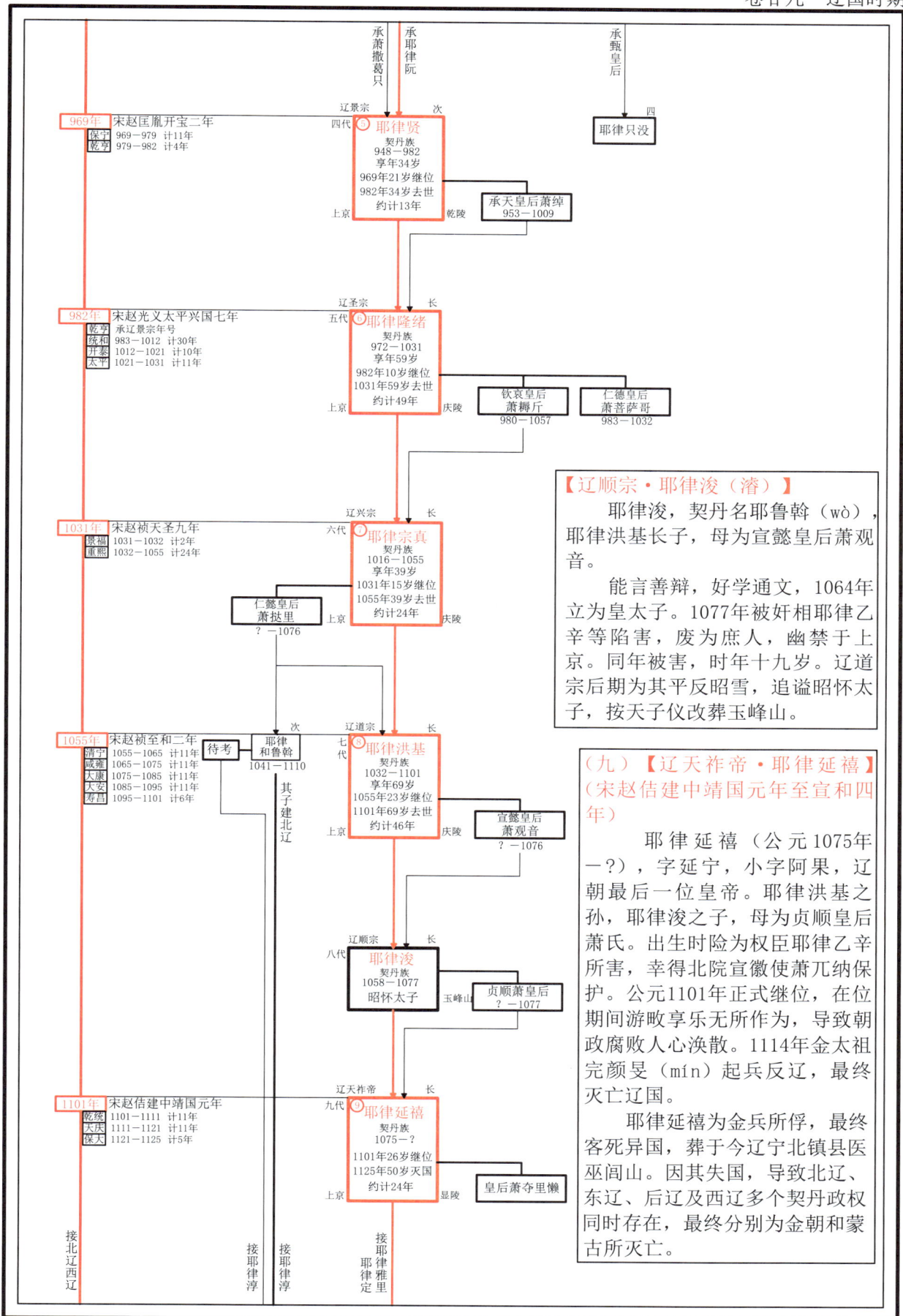

承萧撒葛只　承耶律阮　　　　　　　承甄皇后

次　　　　　　　　　　　　　　　　　四

耶律只没

辽景宗

969年	宋赵匡胤开宝二年
保宁	969—979 计11年
乾亨	979—982 计4年

四代 ⑤ **耶律贤**
契丹族
948—982
享年34岁
969年21岁继位
982年34岁去世
约计13年
上京　　　　乾陵

承天皇后萧绰
953—1009

辽圣宗

982年	宋赵光义太平兴国七年
乾亨	承辽景宗年号
统和	983—1012 计30年
开泰	1012—1021 计10年
太平	1021—1031 计11年

五代 ⑥ **耶律隆绪**
契丹族
972—1031
享年59岁
982年10岁继位
1031年59岁去世
约计49年
上京　　　　庆陵

钦哀皇后
萧耨斤
980—1057

仁德皇后
萧菩萨哥
983—1032

辽兴宗

1031年	宋赵祯天圣九年
景福	1031—1032 计2年
重熙	1032—1055 计24年

六代 ⑦ **耶律宗真**
契丹族
1016—1055
享年39岁
1031年15岁继位
1055年39岁去世
约计24年
上京　　　　庆陵

仁懿皇后
萧挞里
? —1076

【辽顺宗·耶律浚（濬）】

耶律浚，契丹名耶鲁斡（wò），耶律洪基长子，母为宣懿皇后萧观音。

能言善辩，好学通文，1064年立为皇太子。1077年被奸相耶律乙辛等陷害，废为庶人，幽禁于上京。同年被害，时年十九岁。辽道宗后期为其平反昭雪，追谥昭怀太子，按天子仪改葬玉峰山。

辽道宗

次

耶律和鲁斡
1041—1110

其子建北辽

1055年	宋赵祯至和二年
清宁	1055—1065 计11年
咸雍	1065—1075 计11年
大康	1075—1085 计11年
大安	1085—1095 计11年
寿昌	1095—1101 计6年

待考

七代 ⑧ **耶律洪基**
契丹族
1032—1101
享年69岁
1055年23岁继位
1101年69岁去世
约计46年
上京　　　　庆陵

宣懿皇后
萧观音
? —1076

（九）【辽天祚帝·耶律延禧】（宋赵佶建中靖国元年至宣和四年）

耶律延禧（公元1075年—?），字延宁，小字阿果，辽朝最后一位皇帝。耶律洪基之孙，耶律浚之子，母为贞顺皇后萧氏。出生时险为权臣耶律乙辛所害，幸得北院宣徽使萧兀纳保护。公元1101年正式继位，在位期间游畋享乐无所作为，导致朝政腐败人心涣散。1114年金太祖完颜旻（mín）起兵反辽，最终灭亡辽国。

耶律延禧为金兵所俘，最终客死异国，葬于今辽宁北镇县医巫闾山。因其失国，导致北辽、东辽、后辽及西辽多个契丹政权同时存在，最终分别为金朝和蒙古所灭亡。

辽顺宗

长

八代 **耶律浚**
契丹族
1058—1077
昭怀太子
　　　　玉峰山

贞顺萧皇后
? —1077

辽天祚帝

1101年	宋赵佶建中靖国元年
乾统	1101—1111 计11年
天庆	1111—1121 计11年
保大	1121—1125 计5年

九代 ⑨ **耶律延禧**
契丹族
1075—?
1101年26岁继位
1125年50岁灭国
约计24年
上京　　　　显陵

皇后萧夺里懒

接北辽西辽　　　接耶律淳　接耶律淳　　接耶律雅里　接耶律定

（一）【西辽德宗·耶律大石】（宋赵构绍兴四年至十三年）

耶律大石（公元1087年－1143年），字重德，契丹族，西辽德宗。有记载说是辽太祖耶律阿保机八世孙，但考据不详。

通晓契丹和汉文字，擅骑射，辽语称中原学位的翰林为林牙，故中亚史书中记为大石林牙。西辽的创立者。

公元1122年，金兵进攻使天祚帝流亡，耶律大石与众大臣立耶律淳为帝。耶律淳死，立其德妃萧普贤女为太后，以守卫燕京。失败后投奔天祚帝，因劝阻其不要妄自出兵攻金，天祚帝不从，耶律大石心中不能自安，于是率领铁骑二百乘夜逃遁。

公元1130（一说为1131）年向西进发。公元1134年建西辽，公元1141年，率西辽军队在卡特万（今乌兹别克斯坦境内）战役中击败十万中亚联军，使塞尔柱帝国的势力退出河中地区，确立了西辽在中亚的统治。定都于八刺沙衮（今吉尔吉斯斯坦托克马克），年号康国。

从此西辽的控制区域东至高昌，西抵里海，成为中亚的霸主。1143年去世。

（二）【感天太后·萧塔不烟】（宋赵构绍兴十三年至二十年）

萧塔不烟（生卒年月不详），耶律大石皇后，西辽仁宗耶律夷列的母亲。在位七年，曾斩杀了金朝派来劝降的使节粘割韩奴。1150年交权于其子耶律夷列。

（三）【西辽仁宗·耶律夷列】（宋赵构绍兴二十年至宋赵昚隆兴二年）

耶律夷列（？－1163年），耶律大石之子，为西辽第三位君主。亲政时西辽已经是中亚地区的宗主国。据《辽史》记载，当时的西辽军事力量强大，人口稠密，经济繁荣。应该承认耶律大石、感天太后和耶律夷列这三位统治者，为中华文化与西域文化的交融和民族团结有卓越的贡献。

公元1163年病逝。由于两个儿子均年幼，遗命皇妹耶律普速完监国摄政。

（四）【承天皇后·耶律普速完】（宋赵昚隆兴二年至淳熙五年）

耶律普速完（？－1178年），耶律大石之女，耶律夷列之妹，西辽第四位君主。自称承天皇后。1164年称制监国，1178年在萧斡里剌发动的政变中被杀。

（五）【西辽末主·耶律直鲁古】（宋赵昚淳熙五年至嘉定四年）

耶律直鲁古（？－1213年），耶律夷列次子。西辽第五位君主。公元1178年至1211年在位。在外出游猎时被蒙古降将屈出律以伏兵八千擒之，被迫让位。公元1213年去世，是耶律氏最后一位皇帝。

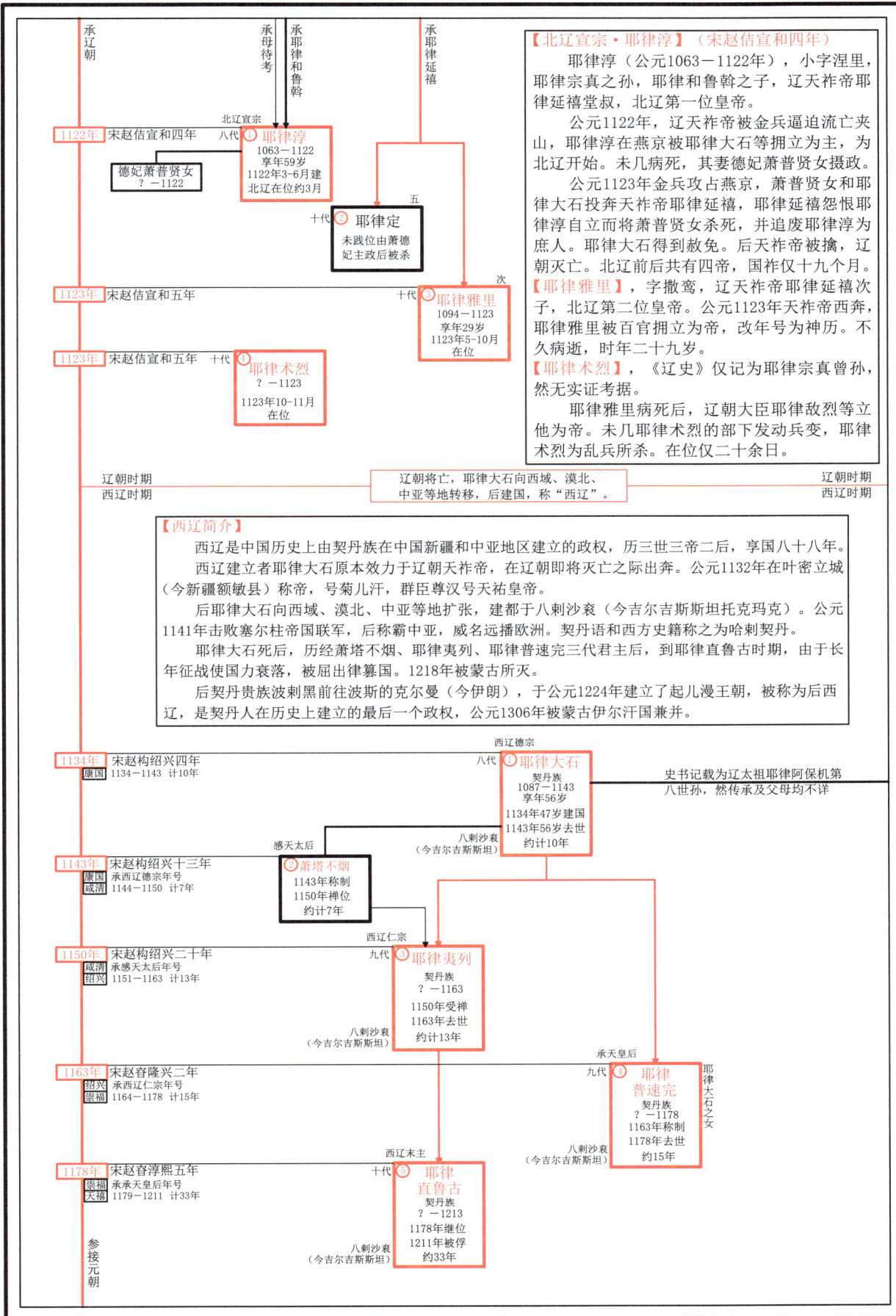

承辽朝

承母待考

承耶律和鲁斡

承耶律延禧

【北辽宣宗·耶律淳】（宋赵佶宣和四年）

　　耶律淳（公元1063－1122年），小字涅里，耶律宗真之孙，耶律和鲁斡之子，辽天祚帝耶律延禧堂叔，北辽第一位皇帝。

　　公元1122年，辽天祚帝被金兵逼迫流亡夹山，耶律淳在燕京被耶律大石等拥立为主，为北辽开始。未几病死，其妻德妃萧普贤女摄政。

　　公元1123年金兵攻占燕京，萧普贤女和耶律大石投奔天祚帝耶律延禧，耶律延禧怨恨耶律淳自立而将萧普贤女杀死，并追废耶律淳为庶人。耶律大石得到赦免。后天祚帝被擒，辽朝灭亡。北辽前后共有四帝，国祚仅十九个月。

【耶律雅里】，字撒鸾，辽天祚帝耶律延禧次子，北辽第二位皇帝。公元1123年天祚帝西奔，耶律雅里被百官拥立为帝，改年号为神历。不久病逝，时年二十九岁。

【耶律术烈】，《辽史》仅记为耶律宗真曾孙，然无实证考据。

　　耶律雅里病死后，辽朝大臣耶律敌烈等立他为帝。未几耶律术烈的部下发动兵变，耶律术烈为乱兵所杀。在位仅二十余日。

北辽宣宗 八代	① **耶律淳** 1063－1122 享年59岁 1122年3-6月建 北辽在位约3月	
1122年 宋赵佶宣和四年		
	德妃萧普贤女 ？－1122	
十代	② **耶律定** 未践位由萧德妃主政后被杀	五
1123年 宋赵佶宣和五年		次 十代 ③ **耶律雅里** 1094－1123 享年29岁 1123年5-10月在位
1123年 宋赵佶宣和五年 十代	① **耶律术烈** ？－1123 1123年10-11月在位	

辽朝时期
西辽时期

辽朝将亡，耶律大石向西域、漠北、中亚等地转移，后建国，称"西辽"。

辽朝时期
西辽时期

【西辽简介】

　　西辽是中国历史上由契丹族在中国新疆和中亚地区建立的政权，历三世三帝二后，享国八十八年。

　　西辽建立者耶律大石原本效力于辽朝天祚帝，在辽朝即将灭亡之际出奔。公元1132年在叶密立城（今新疆额敏县）称帝，号菊儿汗，群臣尊汉号天祐皇帝。

　　后耶律大石向西域、漠北、中亚等地扩张，建都于八剌沙衮（今吉尔吉斯斯坦托克玛克）。公元1141年击败塞尔柱帝国联军，后称霸中亚，威名远播欧洲。契丹语和西方史籍称之为哈剌契丹。

　　耶律大石死后，历经萧塔不烟、耶律夷列、耶律普速完三代君主后，到耶律直鲁古时期，由于长年征战使国力衰落，被屈出律篡国。1218年被蒙古所灭。

　　后契丹贵族波剌黑前往波斯的克尔曼（今伊朗），于公元1224年建立了起儿漫王朝，被称为后西辽，是契丹人在历史上建立的最后一个政权，公元1306年被蒙古伊尔汗国兼并。

1134年 康国 1134－1143 计10年 宋赵构绍兴四年	西辽德宗 八代 ① **耶律大石** 契丹族 1087－1143 享年56岁 1134年47岁建国 1143年56岁去世 约计10年	史书记载为辽太祖耶律阿保机第八世孙，然传承及父母均不详
1143年 康国 咸清 1144－1150 计7年 宋赵构绍兴十三年 承西辽德宗年号	感天太后 ② **萧塔不烟** 1143年称制 1150年禅位 约计7年	八剌沙衮（今吉尔吉斯斯坦）
1150年 咸清 绍兴 1151－1163 计13年 宋赵构绍兴二十年 承感天太后年号	西辽仁宗 九代 ④ **耶律夷列** 契丹族 ？－1163 1150年受禅 1163年去世 约计13年	
1163年 绍兴 崇福 1164－1178 计15年 宋赵眘隆兴二年 承西辽仁宗年号	八剌沙衮（今吉尔吉斯斯坦）	承天皇后 九代 ① **耶律普速完** 契丹族 ？－1178 1163年称制 1178年去世 约15年 耶律大石之女
1178年 崇福 大福 1179－1211 计33年 宋赵眘淳熙五年 承承天皇后年号	西辽末主 十代 ⑤ **耶律直鲁古** 契丹族 ？－1213 1178年继位 1211年被俘 约33年 八剌沙衮（今吉尔吉斯斯坦）	八剌沙衮（今吉尔吉斯斯坦）

参接元朝

193

2022·6·11

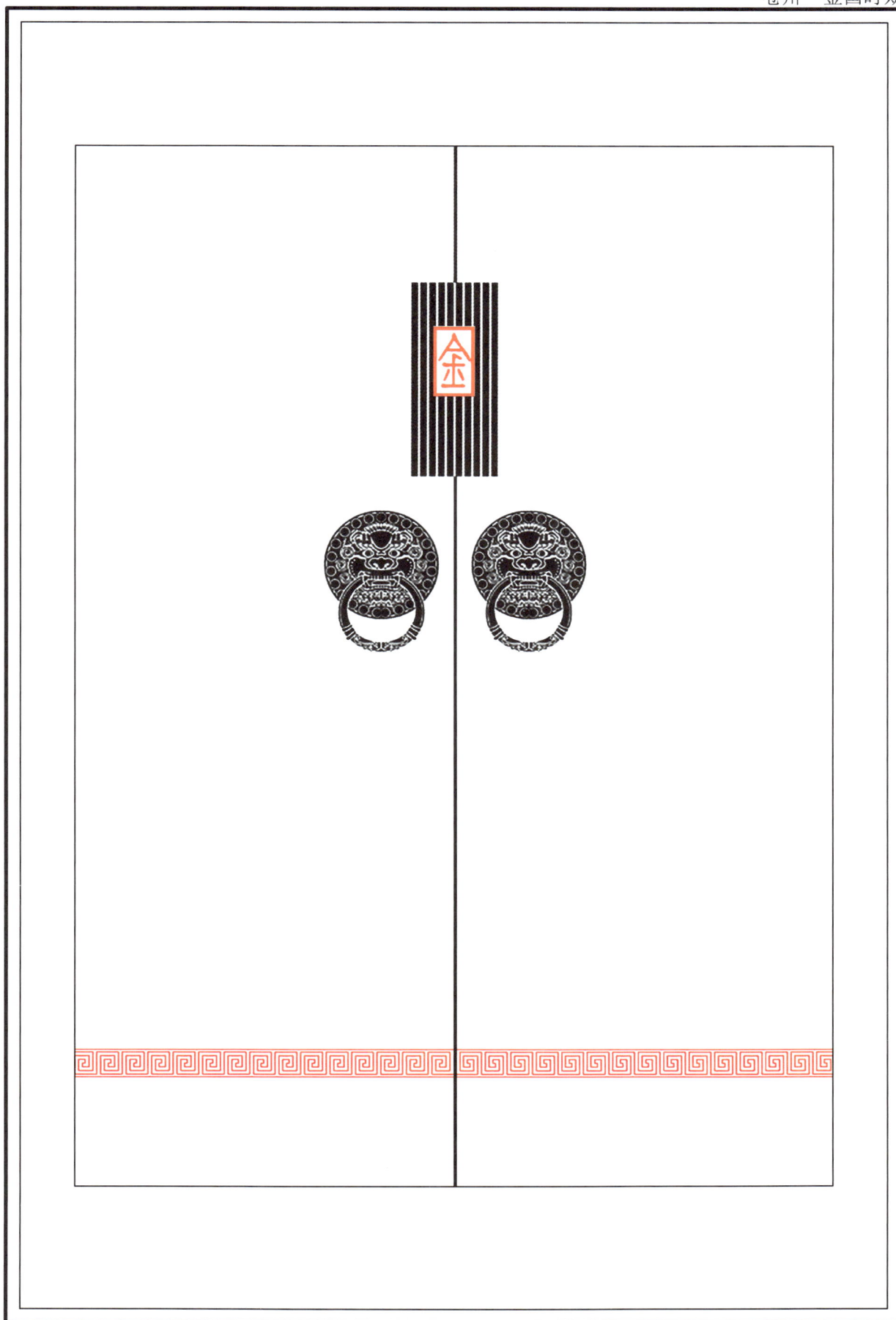

（一）【金太祖·完颜阿骨打】（宋赵佶政和四年至宣和五年）

完颜阿骨打（公元1068年－1123年），汉名完颜旻，虎水（今黑龙江哈尔滨阿城）人。金朝开国皇帝，父为金世祖完颜劾里钵（追谥），母为翼简皇后拿懒氏（追谥）。

公元1114年起兵抗辽，公元1115年建国大金。在位时用"猛安谋克"制度作为军事行政管理方式。公元1119年，颁行女真文字。

完颜阿骨打是女真部族奴隶主总首领，一生完成了建国、破辽两件大事，推动了女真族的成长与发展。公元1123年，在军旅途中病逝，享年五十五岁。

（二）【金太宗·完颜晟】（宋赵佶宣和五年至宋赵构绍兴五年）

完颜晟（公元1075年－1135年），女真名完颜吴乞买，完颜阿骨打的四弟，金朝第二位皇帝。

公元1125年，分兵东、西两路进攻北宋首都汴京，逼迫宋朝签订城下之盟。公元1126年再次南伐，汴京城陷。公元1135年病死，年六十岁。

（三）【金熙宗·完颜亶】（宋赵构绍兴五年至二十年）

完颜亶（公元1119年－1150年），字合剌，金朝第三位皇帝，完颜阿骨打嫡长孙，其父为完颜宗峻，母为蒲察氏。

自幼学习汉文经史，公元1132年，确定为皇位继承人。公元1135年继位，由完颜宗干、完颜宗弼等相继秉政，公元1148年，完颜宗弼去世后，完颜亶亲政。但悼平皇后裴满氏干预政事，加之皇太子济安去世，导致帝位失嗣，开始嗜酒不理朝政。公元1150年被完颜亮弑杀，年三十一岁。

（四）【金废帝·完颜亮】（宋赵构绍兴二十年至三十一年）

完颜亮（公元1122年－1161年），字元功，女真名迪古乃，金朝第四位皇帝。完颜阿骨打庶长孙，完颜宗干次子，母为大氏。

完颜亮为人深沉有略，崇尚汉文化，深被完颜亶忌惮。公元1149年弑君篡位。为人狂傲，生活骄奢淫逸；但在位时能够励精图治。迁都燕京后加强了中央集权。

公元1161年，亲征南宋时，被前辽朝的叛将完颜元宜（赐姓完颜）所害，废为海陵王，后再废为庶人。

完颜亮文学上颇有风格，史赞其"一吟一咏，冠绝当时"，其诗词雄浑遒劲，气象恢弘高古，但后代因人废文，其作品被销毁殆尽，只余几首载于《全金元词》。

【金朝简介】

　　金朝是中国历史上由女真族建立的王朝，共传十帝，享国一百二十年。其在时间上与宋、辽、西夏并存。

　　公元1114年完颜阿骨打统一女真各部后，起兵反抗辽朝，翌年在上京会宁府（今黑龙江哈尔滨）建国大金。于公元1125年灭亡辽朝，公元1127年靖康之变灭亡北宋。

　　公元1130年，南宋赵构向金朝上表称臣，成为属国。公元1153年完颜亮迁都中都大兴府（今北京）。

　　金宣宗后内部腐败，蒙古南下，被迫迁都汴京（今河南开封）。公元1234年在南宋和蒙古帝国夹击下，覆亡于蔡州。

　　金朝是历史上第一次提出"中华一统"概念的朝代，但其政体仍属部落性质。初期采取贵族合议的"勃极烈"制度，后来逐渐走向单一汉法制度。军事上采行军民合一的"猛安谋克"制度，经济多继承宋朝，文化方面快速汉化，杂剧戏曲得到很大发展，为元曲的繁荣打下了基础。

参承五代

金

承完颜部或说承高丽，待考。

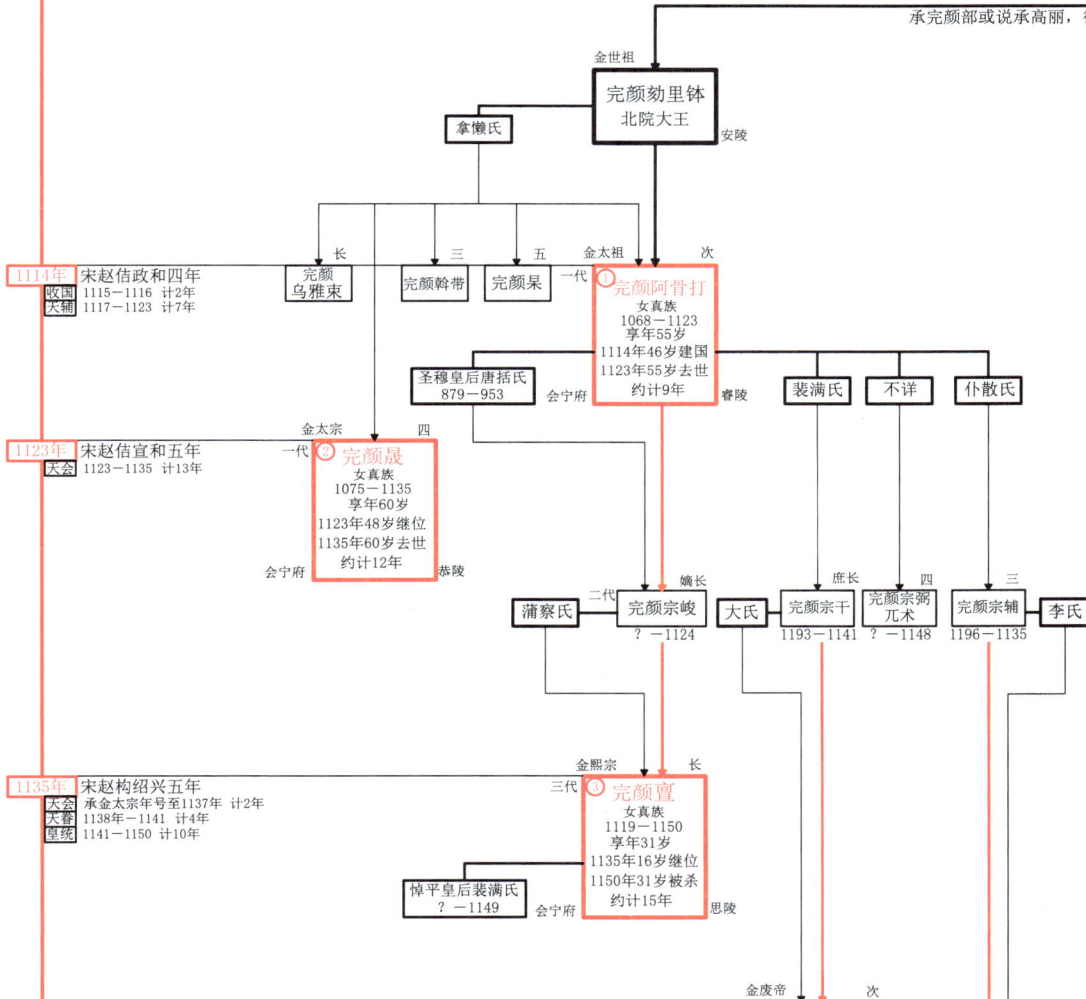

金世祖
完颜劾里钵
北院大王
安陵

拿懒氏

长 完颜乌雅束　三 完颜斡带　五 完颜杲　金太祖 一代 ①完颜阿骨打
女真族 1068－1123 享年55岁 1114年46岁建国 1123年55岁去世 约计9年
睿陵

圣穆皇后唐括氏 879－953 会宁府

裴满氏　不详　仆散氏

1114年 宋赵佶政和四年
收国 1115－1116 计2年
天辅 1117－1123 计7年

金太宗 一代 ②完颜晟
女真族 1075－1135 享年60岁 1123年48岁继位 1135年60岁去世 约计12年
会宁府　恭陵

四

1123年 宋赵佶宣和五年
天会 1123－1135 计13年

蒲察氏　二代 完颜宗峻 ？－1124　嫡长　大氏　庶长 完颜宗干 1193－1141　四 完颜宗弼 兀术 ？－1148　三 完颜宗辅 1196－1135　李氏

金熙宗 三代 ③完颜亶
女真族 1119－1150 享年31岁 1135年16岁继位 1150年31岁被杀 约计15年
思陵

悼平皇后裴满氏 ？－1149　会宁府

1135年 宋赵构绍兴五年
天会 承金太宗年号至1137年 计2年
天眷 1138年－1141 计4年
皇统 1141－1150 计10年

金废帝 三代 次 ④完颜亮
女真族 1122－1161 享年39岁 1150年28岁篡位 1161年39岁被杀 约计11年
大兴府　海陵王陵

1150年 宋赵构绍兴二十年
天德 1150－1153 计3年
贞元 1153－1156 计4年
正隆 1156－1161 计6年

接完颜雍

【提示】

　　猛安谋克是金代女真族的军事和社会组织单位。

　　《金史·兵志》记女真初起时，"其部长曰'孛堇'，行兵则称曰'猛安'、'谋克'，从其多寡以为号。'猛安'者，千夫长也；'谋克'者，百夫长也。"

　　"猛安谋克"作为军事编制单位，其人数实际上多少不定。金国建立前，完颜阿骨打定制以三百户为'谋克'，十'谋克'为'猛安'。

(五) 【金世宗·完颜雍】（宋赵构绍兴二十年至宋赵眘淳熙十六年）

完颜雍（公元1123年－1189年），原名完颜褎（yòu），字彦举，女真名完颜乌禄，金朝第五位皇帝。完颜阿骨打之孙，完颜宗辅之子，母为李氏。

他在完颜亮攻打南宋意外被杀时，在辽阳府称帝。即位后平息北部契丹，击退了南宋北伐，并签署隆兴和议，开启了宋金双方四十余年未有的和平时期。能勤政任贤，轻赋重农，尊崇儒学。但未从根本上扭转猛安谋克制度的衰落，轻视漠北蒙古的威胁，留下巨大隐患。

公元1189年去世，年六十六岁。因太子已死，故诏皇太孙完颜璟即位。

(六) 【金章宗·完颜璟】（宋赵眘淳熙十六年至宋赵扩嘉定元年）

完颜璟（公元1168年－1208年），小字麻达葛，金朝第六位皇帝。完颜雍之孙，完颜允恭之子，金宣宗完颜珣之弟。

即位后修正礼乐刑政为一代之法。初期政治清明，世称"明昌之治"。文化强盛但军力低下。后期沉湎于诗酒，朝政衰败。但仍挫败南宋韩侂胄北伐，签订嘉定和议。公元1208年去世，年四十岁。后葬于道陵（今北京房山东北的金台夕照）。

(七) 【金卫绍王·完颜永济】（宋赵扩嘉定元年至六年）

本名允济（？－1213年），字兴胜，金朝第七位皇帝。完颜雍第七子，完颜允恭异母弟，母为元妃李氏。公元1208年，完颜璟去世时皇子未生，故以叔父身份即位。

为人优柔寡断，无治国之才，唯俭约守成而已。但为保住皇位，毒杀了完颜璟已怀孕的贾妃，又令范妃堕胎，造成完颜璟无后的事实。公元1213年，在蒙古攻打中都时，为右副元帅胡沙虎所弑。

(八) 【金宣宗·完颜珣】（宋赵扩嘉定六年至十七年）

完颜珣（公元1163年－1224年），初名吾睹补，又名从嘉。金朝第八位皇帝。完颜雍庶长孙，完颜允恭庶长子，完颜璟异母兄，母为昭华刘氏。

公元1213年，权臣胡沙虎毒杀完颜永济后拥立其为帝。其执政失误频繁，导致金朝灭亡。他先向蒙古大汗成吉思汗求和，又与西夏断交，迁都汴京并且攻伐南宋，使得金国腹背受敌。1224年病死于开封府，年六十一岁。

承完颜宗辅

金世宗
三代 ⑤ **完颜雍**
女真族
1123－1189
享年66岁
1161年38岁夺位
1189年66岁去世
约计29年

1161年 宋赵构绍兴三十一年
大定 1161－1189 计29年

昭德皇后乌林答氏
1123－1154
大兴府　兴陵

元妃李氏

四代 次 完颜允恭
宣孝太子
1146－1185

徒单氏　　刘氏

1189年 宋赵眘淳熙十六年
大定 承金世宗年号
明昌 1190－1196 计7年
承安 1196－1200 计5年
泰和 1201－1208 计8年

金章宗
五代 长 ⑥ **完颜璟**
女真族
1168－1208
享年40岁
1189年21岁继位
1208年40岁去世
约计19年

钦怀皇后蒲察氏
大兴府　道陵

金卫绍王
四代 七 ⑦ **完颜永济**
女真族
? －1213
1208年继位
1213年被杀
约计5年
大兴府

1208年 宋赵扩嘉定元年
泰和 承金章宗年号
大安 1209－1211 计3年
崇庆 1212－1213 计2年
至宁 1213 计5个月

金宣宗
五代 长 ⑧ **完颜珣**
女真族
1163－1224
享年61岁
1213年50岁继位
1224年61岁去世
约计11年

明惠皇后王氏
开封府　德陵

1213年 宋赵扩嘉定六年
贞祐 1213－1217 计5年
兴定 1217－1222 计6年
元光 1222－1223 计2年

金哀宗
六代 三 ⑨ **完颜守绪**
女真族
1198－1234
享年36岁
1224年26岁继位
1234年36岁去世
约计10年
开封府

1224年 宋赵扩嘉定十七年
正大 1224－1232 计9年
开兴 1232 计1年
天兴 1232－1234 计3年

（九）【金哀宗·完颜守绪】
（宋赵扩嘉定十七年至宋赵昀端平元年）
　　原名守礼（公元1198－1234年），女真名宁甲速，金朝第九位皇帝。完颜珣第三子。立为太子后改名完颜守绪。完颜珣死后即位。
　　完颜守绪在位时任用完颜陈和尚、完颜合达等名将抗击蒙古，又尝试改善与西夏、南宋的关系，并进行了一系列改革，但均以失败告终。后期又放弃汴梁，最后逃往蔡州。在蔡州被围数月后，于1234年传位于完颜承麟，自己则自缢于幽兰轩。年三十六岁。

金世祖完颜劾里钵的后代，然无考据。

金末帝
六代 ⑩ **完颜承麟**
女真族
? －1234
1234年2月9日继位
1234年2月9日去世
约计1个时辰
开封府

1234年 宋赵昀端平元年

（十）【金末帝·完颜承麟】（宋赵昀端平元年）
　　女真名呼敦，金朝末代皇帝。据说为金世祖完颜劾里钵的后代，但血缘承传无详细考据。
　　他原为金朝将领。完颜守绪不欲做亡国之君，将帝位传予他并举行了即位大典，大典尚未完成，宋蒙联军已攻城。完颜承麟带兵出迎，死于乱军之中。据史学家推算其在位时间不足一个时辰，为在位时间最短的皇帝。

参接元朝、宋朝

2022·6·11

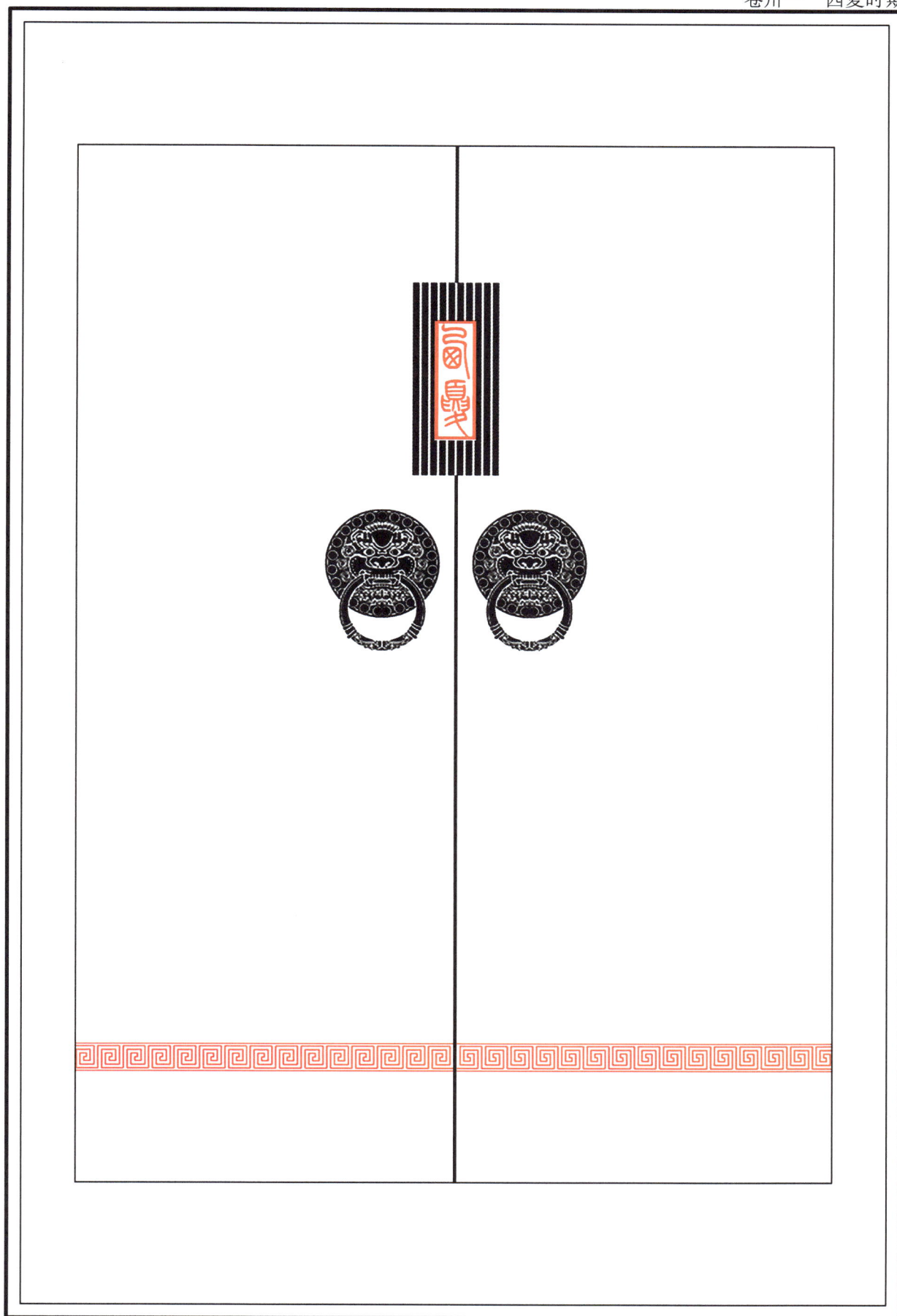

（一）【西夏景宗·李元昊】（宋赵祯景祐五年至庆历八年）

　　李元昊（公元1003年－1048年），党项族，曾改姓嵬（wéi）名，又名曩霄，字嵬理，银州米脂寨（今陕西米脂）人，西夏王朝开国皇帝。他自称北魏鲜卑拓跋氏之后，远祖为拓跋思恭。唐僖宗时赐李姓，封西平王。

　　李元昊继西平王之位后，放弃李姓，自称嵬名曩霄。公元1038年正式称帝，建立西夏，定都兴庆（今宁夏银川市），追封祖宗，自创西夏文字，并颁布秃发令，派兵攻取瓜州、沙州（今甘肃敦煌）和肃州（今甘肃酒泉、嘉峪关一带）三个战略要地。经过三川口、好水川、麟府丰、定川寨四次大战，歼灭宋军西北精锐。又在河曲击败辽兴宗耶律宗真，与宋朝、辽朝三分天下。

　　李元昊生性猜疑，好杀。杀母、杀叔、杀亲信，有关族人被他屠杀殆尽。公元1047年又恢复李姓。晚年沉湎于酒色，终因夺儿媳为妇，于公元1048年被次子宁令哥所弑，年四十五岁。

（二）【西夏毅宗·李谅祚】（宋赵祯庆历八年至宋赵曙治平四年）

　　李谅祚（公元1047年－1067年），又名拓跋谅祚、嵬名谅祚。西夏第二位皇帝。李元昊之子，生母为没藏（mò zàng）氏。一岁即位，其母掌政，淫逸无度。公元1059年，李谅祚亲政，在大将漫咩（miē）的支持下，诛杀舅父没藏讹庞及其家族，结束了没藏氏专权的局面。他废蕃礼，改从汉仪，调整监军司控制军权，增设汉、蕃官职，亲附辽朝，并不断侵扰宋朝边境。

　　公元1067年暴毙，年二十岁，死因不详。

（三）【西夏惠宗·李秉常】（宋赵曙治平四年至宋赵煦元祐元年）

　　李秉常（公元1061年－1086年），西夏第三位皇帝。李谅祚之子，母亲为大梁太后（汉族）。公元1067年，李谅祚暴死，李秉常继位，年仅六岁。梁太后执政，公元1076年，十五岁后亲政。公元1080年，梁太后母党又将李秉常囚禁于离皇宫五里左右的木寨里。公元1083年，梁太后又令其复位。但因梁氏势大，仍不能亲政。后因长期失政，于公元1086年忧愤而死，年二十五岁。

（四）【西夏崇宗·李乾顺】（宋赵煦元祐元年至宋赵构绍兴九年）

　　李乾顺（公元1083－1139年），西夏第四位皇帝，李秉常长子，母亲昭简文穆皇后梁氏，其母亲与祖母均为汉族。公元1086年即位时年仅三岁，母党专政。

　　梁氏统治期间政治腐败，军队衰弱。公元1099年，年满十六岁，直接诛灭母党集团后亲政，整顿吏治，确定君主集权体制，结束了外戚贵族专权局面。颁布等级制官阶封号，政治制度日臻完备。注重农桑，兴修水利，使国势强盛。爱好汉族文化，崇尚汉学。公元1139年去世，在位五十四年，享年五十六岁。

参承五代

西夏

【西夏简介】
　　西夏是历史上由党项族在中国西北部建立的政权，历经十帝，享国一百八十九年。其存在时间与宋朝重叠。
　　党项族原居四川松潘高原，唐朝时迁居陕北。其先祖拓跋思恭因平定黄巢起义有功，被唐朝封为夏州节度使，并赐姓李。后来夏州被北宋吞并，其后人李继迁不愿投降，因而立国，并取得了辽朝皇帝的册封，故国策上采取联合辽朝抵御宋朝的方针，先后占领兰州与河西走廊地区。公元1038年李元昊称帝建国，本名大夏，又自称邦泥定国或白高大夏国、西朝，故史称西夏。
　　西夏一度与宋、辽三国鼎立。夏景宗李元昊去世后，大权掌握在太后与母党手中，史称"母党专政时期"，后期皇党与母党严重对峙引发内乱。金朝崛起并消灭辽国和北宋后，西夏臣服金朝。漠北蒙古帝国崛起后，曾六次入侵西夏，并在政治上拆散金夏同盟，令西夏与金朝自相残杀。西夏内部也多次发生弑君和内乱，导致经济崩溃。最后于公元1227年亡于蒙古帝国。

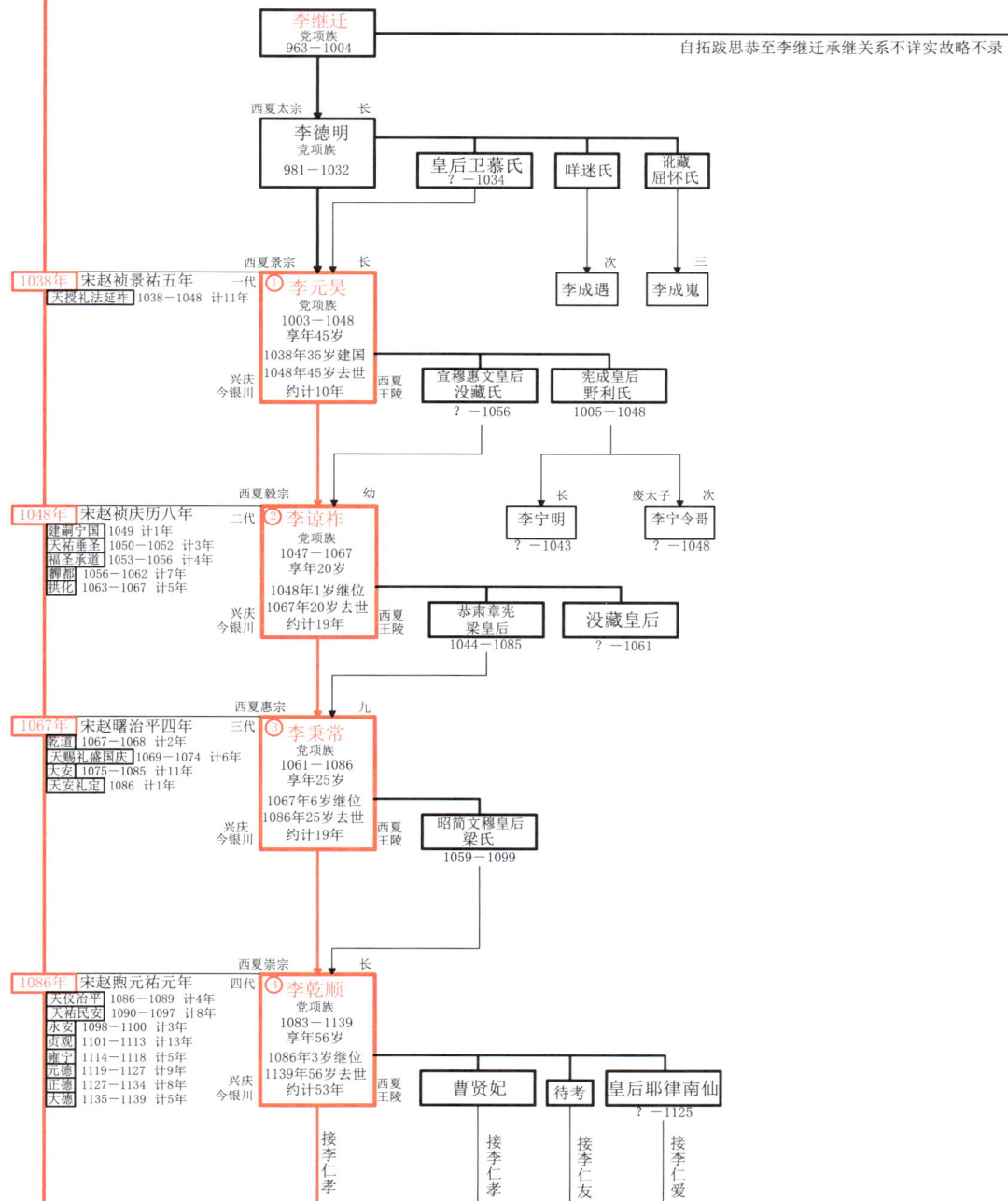

李继迁
党项族
963－1004

自拓跋思恭至李继迁承继关系不详实故略不录

西夏太宗　长
李德明
党项族
981－1032

皇后卫慕氏
？－1034

咩迷氏

讹藏屈怀氏

次
李成遇

三
李成嵬

西夏景宗　长
1038年　宋赵祯景祐五年　一代
大授礼法延祚　1038－1048　计11年

① 李元昊
党项族
1003－1048
享年45岁
1038年35岁建国
1048年45岁去世
约计10年

兴庆
今银川

西夏王陵

宣穆惠文皇后
没藏氏
？－1056

宪成皇后
野利氏
1005－1048

西夏毅宗　幼
1048年　宋赵祯庆历八年　二代
建嗣宁国　1049　计1年
大祐垂圣　1050－1052　计3年
福圣承道　1053－1056　计4年
奲都　1056－1062　计7年
拱化　1063－1067　计5年

② 李谅祚
党项族
1047－1067
享年20岁
1048年1岁继位
1067年20岁去世
约计19年

兴庆
今银川

西夏王陵

长
李宁明
？－1043

废太子　次
李宁令哥
？－1048

恭肃章宪梁皇后
1044－1085

没藏皇后
？－1061

西夏惠宗　九
1067年　宋赵曙治平四年　三代
乾道　1067－1068　计2年
天赐礼盛国庆　1069－1074　计6年
大安　1075－1085　计11年
天安礼定　1086　计1年

③ 李秉常
党项族
1061－1086
享年25岁
1067年6岁继位
1086年25岁去世
约计19年

兴庆
今银川

西夏王陵

昭简文穆皇后
梁氏
1059－1099

西夏崇宗　长
1086年　宋赵煦元祐元年　四代
大仪治平　1086－1089　计4年
大祐民安　1090－1097　计8年
永安　1098－1100　计3年
贞观　1101－1113　计13年
雍宁　1114－1118　计5年
元德　1119－1127　计9年
正德　1127－1134　计8年
大德　1135－1139　计5年

④ 李乾顺
党项族
1083－1139
享年56岁
1086年3岁继位
1139年56岁去世
约计53年

兴庆
今银川

西夏王陵

曹贤妃

待考

皇后耶律南仙
？－1125

接李仁孝

接李仁孝

接李仁友

接李仁爱

（五）【西夏仁宗·李仁孝】（宋赵构绍兴九年至宋赵惇绍熙四年）

李仁孝（公元1124年－1193年），西夏第五位皇帝。李乾顺之子。母为曹贤妃。

公元1139年，李乾顺去世后即位，时年十五岁。继位后结好金国，以稳定外部环境；重用文化程度较高的党项族和汉族大臣主政；设立学校推广教育；实行科举选拔人才；尊崇儒学，建立翰林学士院，编纂历朝实录；颁行法典《天盛年改新定律令》；尊尚佛教。

公元1170年，粉碎了权臣任得敬的分国阴谋。因为任得敬的专权，导致李仁孝对武官不信任，重文轻武导致军备废弛，战斗力减弱。在位末年西夏开始衰败，但总体上统治期间为西夏的盛世，同时也是金朝、南宋朝的盛世，三国之间战争甚少。各汗国羡慕西夏之强盛，纷纷朝贡，为党项文化写下灿烂的一页。公元1193年崩逝，年六十九岁。

（六）【西夏桓宗·李纯佑】（宋赵惇绍熙四年至宋赵扩开禧二年）

李纯佑（公元1177年－1206年），西夏第六位皇帝。父为李仁孝，母章献钦慈皇后罗氏（汉族）。

李纯佑性格温和。李仁孝去世后即位，时年十六岁。继位之初奉行其父的政治、外交政策。但开始贪图安逸，渐至腐朽堕落，西夏由盛转衰。与此同时蒙古崛起，严重威胁西夏。公元1205年，改兴庆府名为中兴府，取中兴之意，同年蒙古第一次进攻西夏，自此国无宁日。公元1206年，其母罗太后与镇夷郡王李安全发动政变，李纯佑被废。不久暴卒，年二十九岁。罗太后废自己的儿子，另立侄子为帝原因不明，其后罗太后亦不知所终。

（七）【西夏襄宗·李安全】（宋赵扩开禧二年至嘉定四年）

李安全（公元1170年－1211年），西夏第七位皇帝，李乾顺之孙，李仁孝之侄，越王李仁友之子，母不详。

公元1196年，其父李仁友去世，李安全上书要求袭越王爵位，李纯佑不许，且被降封为镇夷郡王，引起不满而萌生篡位之心。公元1206年，与李纯佑之母罗氏合谋，废李纯佑自立。夺位后昏庸无能，主动破坏与金国的友好关系，并发兵攻金。改为依附渐强的蒙古，蒙古也以西夏作为侵略目标。公元1211年，宗室齐王李遵顼发动政变，李安全被废，并于一个月后不明不白地死去，年四十一岁。

（九）【西夏献宗·李德旺】（宋赵扩嘉定十六年至宋赵昀宝庆二年）

李德旺（公元1181年－1226年），西夏第九位皇帝。李遵顼次子，其母不详。继位后于公元1225年正式与金国修好，然金国已衰，又改附蒙为抗蒙但大势已去。1226年崩，年四十五岁。

承李乾顺　　承曹贤妃　　承母佚名　　承耶律南仙

西夏仁宗　　　次　　　越王　　三　齐国王　　太子　　长

1139年 宋赵构绍兴九年
五代
大庆 1140－1143 计4年
人庆 1144－1148 计5年
天盛 1149－1169 计21年
乾祐 1170－1193 计24年

⑤ **李仁孝**
党项族
1124－1193
享年69岁
1139年15岁继位
1193年69岁去世
约计54年
兴庆 今银川　西夏王陵

章献钦慈皇后
罗氏

待考　　李仁友
　　　　? －1196

李彦宗

李仁爱
1108－1125

李彦宗其父祖与皇室血缘关系不详

西夏桓宗　　　长

1193年 宋赵惇绍熙四年
六代
天庆 1194－1206 计13年

⑥ **李纯佑**
党项族
1177－1206
享年29岁
1193年16岁继位
1206年29岁被废
约计13年
兴庆 今银川　西夏王陵

西夏襄宗　　　长

1206年 宋赵扩开禧二年
六代
应天 1206－1209 计4年
皇建 1210－1211 计2年

⑦ **李安全**
党项族
1170－1211
享年41岁
1206年36岁夺位
1211年41岁被废
约计5年
兴庆 今银川　西夏王陵

西夏神宗

1211年 宋赵扩嘉定四年
六代
光定 1211－1223 计13年

⑧ **李遵顼**
党项族
1163－1226
享年63岁
1211年48岁夺位
1223年60岁禅位
约计12年
兴庆 今银川　西夏王陵

待考　　待考

长　　　　西夏献宗　　　次

1223年 宋赵扩嘉定十六年
乾定 1223－1226 计4年

李德任
? －1226

七代

⑨ **李德旺**
党项族
1181－1226
享年45岁
1223年42岁继位
1226年45岁去世
约计3年
兴庆 今银川　西夏王陵

清平郡王　　　　　　　　　　　出处及关系不详

李某某

西夏末帝

1226年 宋赵昀宝庆二年
八代
宝义 1226－1227 计2年

⑩ **李睍**
党项族
? －1227
1226年继位
1227年去世
不足1年
兴庆 今银川　西夏王陵

接元朝

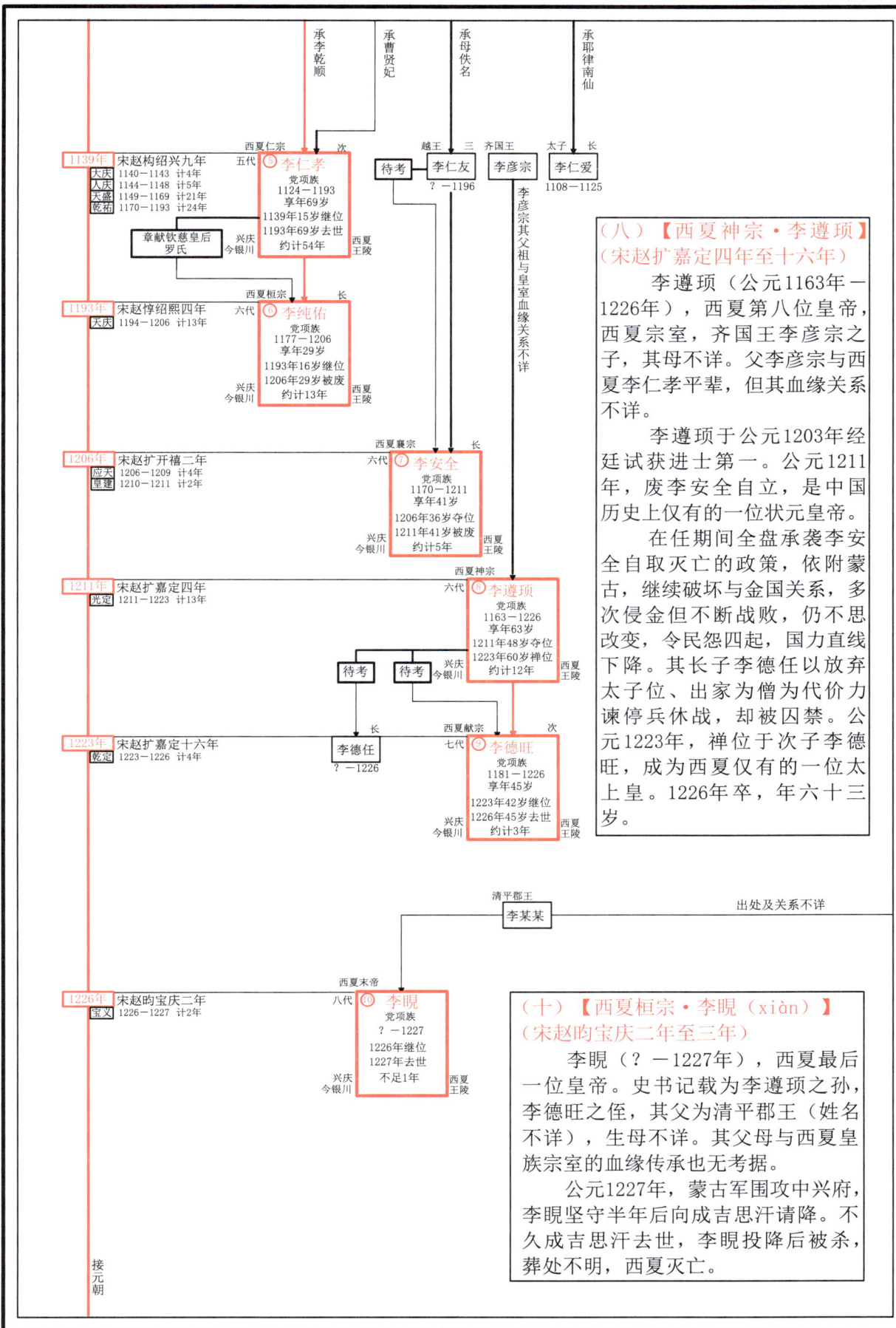

（八）【西夏神宗·李遵顼】
（宋赵扩嘉定四年至十六年）

李遵顼（公元1163年－1226年），西夏第八位皇帝，西夏宗室，齐国王李彦宗之子，其母不详。父李彦宗与西夏李仁孝平辈，但其血缘关系不详。

李遵顼于公元1203年经廷试获进士第一。公元1211年，废李安全自立，是中国历史上仅有的一位状元皇帝。

在任期间全盘承袭李安全自取灭亡的政策，依附蒙古，继续破坏与金国关系，多次侵金但不断战败，仍不思改变，令民怨四起，国力直线下降。其长子李德任以放弃太子位、出家为僧为代价力谏停兵休战，却被囚禁。公元1223年，禅位于次子李德旺，成为西夏仅有的一位太上皇。1226年卒，年六十三岁。

（十）【西夏桓宗·李睍（xiàn）】
（宋赵昀宝庆二年至三年）

李睍（？－1227年），西夏最后一位皇帝。史书记载为李遵顼之孙，李德旺之侄，其父为清平郡王（姓名不详），生母不详。其父母与西夏皇族宗室的血缘传承也无考据。

公元1227年，蒙古军围攻中兴府，李睍坚守半年后向成吉思汗请降。不久成吉思汗去世，李睍投降后被杀，葬处不明，西夏灭亡。

2022·6·11

附表二

周朝主要封国

【周王朝分封制度简介】

近代学者张岂之认为："西周的分封制称为封建，即封邦建国。"

这种政治体制使周天子居于最高的绝对支配地位，其王位由嫡长子世袭继承，其他庶子则作为小宗被分封为各地诸侯。他们在各自封国内又是同姓宗族的大宗，其王位也是由嫡长子世袭继承；其余庶子作为小宗分封为卿大夫。卿大夫在各自封地里又是同姓宗族的大宗，其封爵仍由嫡长子世袭继承，其余庶子作为小宗分封为士。如此便形成了天子、诸侯、卿大夫、士等各级宗族贵族组成的金字塔式等级制机构。各个等级之间的相互关系，既是大小宗关系，也是上下级关系。所以可以说，分封制是与嫡长子世袭制紧密结合的宗法（国家）管理体制。该制度在秦始皇统一后，为郡县制所取代。

史料对周王朝分封诸侯国的数量统计不一，据《荀子》记载"……立七十一国，姬姓独居五十三人"；而《左传》则记载为"兄弟之国十有五人，姬姓之国者四十人"；还有些史料记载有一百多个封国。这说明不同时期对周王朝分封的理解与记录是有不同标准的。

周王朝分封标准可约略分为王族（姬姓）、功臣、前代贵族（子姓）、异姓功臣（嬴姓、南宫姓）和远古氏族部落首领（风姓、姒姓）等几类。

另，上古时期女人称姓，男人称氏。由于中华民族的姓、氏在发展过程中有很多变化，到现在已经合姓氏二宗为一，表中还常有姓、氏分开的例子，如齐国本是姜姓封国（姜子牙），但其又为吕氏，因为姜姓先祖被封于吕地，姜是其姓，吕是其氏，故后代皆为吕氏。读者可互相参照理解。

本系表仅选择在中华历史上影响较大的封国，依世家传承做出表解，如春秋时期的吴国、越国以及战国七雄等。所录封国均在历史上对中华民族的政治经济文化发展产生过重要事件并对后世产生过影响。其他诸侯国之间兼并频繁且存续时间不长，故略去。读者如有兴趣可参照其他史料文献研读。

周朝的封国大多存续于西周、春秋至战国时期，是在同一时期内并存的政权形式，故在中华历史的时间轴上应该是并行重叠的，很少有上下承继关系（"三国分晋"除外），因此，在时间轴上各自独立且与周朝时间轴重叠。读者可以主卷内周朝的时间轴互相参照。

本表所列的主要封国如下：

（一）【越国】

其始祖为夏朝君主少康的庶子无余，是自夏朝就已存在的诸侯国。

越国主要以绍兴的禹王陵为中心。春秋末期与吴国相互攻伐。勾践即位后，于前473年消灭吴国。

前306年，越王无彊（音：强）兵败身亡。因没有指定继承人，越国因此分崩离析。秦始皇二十五年（前222年），秦军降越君，置会稽郡。

（二）【吴国】

始祖为周文王的伯父太伯，姬姓。

其国境位于今江苏、安徽两省长江以南部分，以及环太湖浙江北部。前国都在梅里（今无锡梅村），后迁于吴（今江苏苏州），是春秋中后期最强大的诸侯国之一。吴师入郢迫使楚国迁都，又战胜越国、齐国。吴钩是冷兵器里的经典，而开凿邗沟为京杭大运河打下基础。重要人物有季札、孙武、伍子胥等。前473年，被越王勾践灭国。

（三）【鲁国】

首任国君为周武王之弟周公姬旦之子姬伯禽。

本为姬旦封国，由于姬旦要在国都镐京辅佐周成王，故由长子伯禽代为赴任，定都曲阜。因《春秋》《左传》均以纪年方式记录了当时各国发生的重大事件，故很多封国的纪年是以鲁国纪年推演的，虽不严谨但仍很重要。

鲁国成为典型周礼的保存者和实施者。著名人物有曾子、墨子、孔子、左丘明、公输班等。 公元前255年为楚国所灭，前249年鲁顷公死，鲁国绝祀。

（四）【晋国】

首任国君姬虞为周武王姬发之子。因其封地在古唐国，故国号唐，姬虞又称唐叔虞，姬虞之子姬燮即位后改为晋。

晋文公为春秋五霸之一。其后晋襄公、晋景公、晋悼公时皆有霸业。故清代史学家全祖望认为春秋五霸是"齐一而晋四也"。前453年韩、赵、魏三家瓜分晋国，史称"三家分晋"。前376年，晋静公被废为庶民，晋国正式灭亡。

（五）【郑国】

首任国君为周厉王姬胡少子姬友，都城新郑，是中国法制和法家思想的重要起源地之一。郑庄公是春秋时期第一个称霸的诸侯，史称"天下诸侯，莫非郑党"；名相子产治国有方，诞生了《列子》这一恢宏的史诗级经典。战国初年，被韩国灭亡。

（六）【战国七雄】

指战国时期七个最强大的诸侯国的统称。

经过春秋时期旷日持久的争霸战争，周王朝境内的诸侯国数量大大减少。周王室名义上为天下共主，但已名存实亡。诸侯国互相攻伐，战争不断。 三家分晋后，赵国、魏国、韩国跻身强国之列，又有"田氏代齐"，战国七雄的格局正式形成。本部分包括楚国、齐国、燕国、赵国、魏国、韩国等六个封国。关于秦国，请参见主表。

周朝分封诸姓大略表（注：红色标识为本表介绍的政权）

姓						
姬姓	吴国（泰伯）	鲁国（伯禽）	召国（姬奭）	虞国（虞仲）	晋国（姬虞）	郑国（姬友）
	虢国（待考）	卫国（姬封）	邢国（姬诞）	燕国（姬奭）	古魏国	古韩国
	毛国（姬郑）	邢国（姬苴）	刘国（姬季）	原国（佚名）	魏国（姬高）	韩国（成师）
	沈（聃）国（姬载）	杨国（待考）	郇国（佚名）	应国（佚名）	单国（佚名）	雍国（佚名）
	赖国（姬颖）	毕国（姬高）	滕国（姬绣）	郕国（姬武）	鄑国（佚名）	郜国（郜叔）
	曹国（振铎）	西周国（姬揭）	东周国（姬根）	管国（姬鲜）	蔡国（姬度）	霍国（姬处）

姜姓	齐国（姜尚）	吕国（吕侯）	申国（申侯）	许国（姜丁）	纪国（姜静）	鄣国（姜虎）

姒姓	越国（姒无余）	杞国（待考）

嬴姓	葛国（大业之后）	徐国（伯益之后）	秦国（嬴开）	赵国（造父）
	江国（嬴济）	黄国（待考）	梁国（嬴康）	谷国（非子）

妫姓	陈国（妫满）	息国（待考）	遂国（待考）

子姓	邓国（子宣）	邶国（子庚）	宋国（子启）	朝鲜国（箕子）

芈姓	楚国（熊绎）	罗国（芈匡正）	夔国（熊挚）	**己姓**	莒国（己兹舆期）	苏国（苏忿生）

风姓	宿国（待考）	须句国（待考）	颛臾国（待考）	任（妊）国（待考）

其他	曾（随）国（南宫适）	胡国（归姓）	南燕国（姞姓）

【附表二】 周朝主要封国索引

越 国 ——————————————— 卷卅二 第213页

吴 国 ——————————————— 卷卅三 第223页

鲁 国 ——————————————— 卷卅四 第233页

楚 国 ——————————————— 卷卅五 第245页

郑 国 ——————————————— 卷卅六 第259页

晋 国 ——————————————— 卷卅七 第269页

齐 国 ——————————————— 卷卅八 第281页

韩 国 ——————————————— 卷卅九 第295页

赵 国 ——————————————— 卷四十 第303页

魏 国 ——————————————— 卷四十一 第311页

燕 国 ——————————————— 卷四十二 第317页

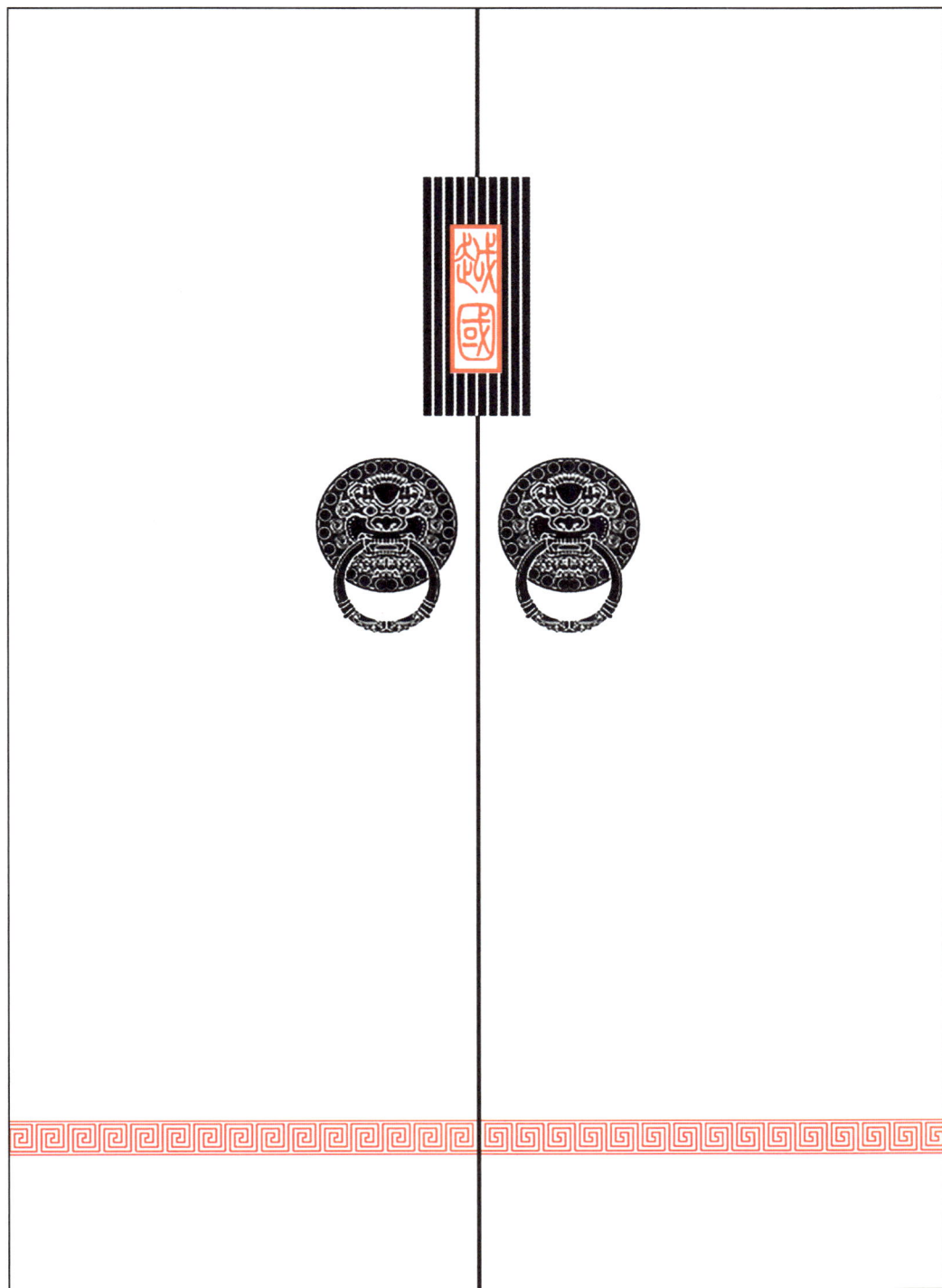

【越国简介】

越国是自夏朝时就有的一个封国。史载：大禹周游天下，在越地登茅山，召见四方群臣，封有功之臣，爵有德之人。大禹崩，葬于越地。夏后少康恐禹迹宗庙祭祀断绝，将庶子封于越（会稽，今浙江绍兴），号称无余。都会稽山南故越城。故越国属于周朝对先代封国的认可。

因此，越国始祖为夏朝君主姒少康的庶子姒无余无疑。而无余奉守禹之祭祀。故越国与杞国、缯国、褒国等皆是中华先祖大禹的直系后裔。

越国初封于欧余山之南，主要以绍兴的禹王陵为中心。由于其职责为存续大禹的祭祀，与夏王朝的联系不多，在几百年的发展中相对封闭。所以无论是商灭夏，还是周灭商，中原政权的更叠变换大多在黄河流域发生，对地处江南的越地影响不大。加之所从事的职责不需要与中原王朝发生很多的信息交流，所以渐渐脱离了中原王朝发展的模式，包括语言、文字、风俗习惯、生产生活方式，甚至包括政权形式，也没有各王朝评价执政者普遍使用的谥法。这些特征足以说明越国是相对独立，与中原传统有区别的另一类政权形式。孔子著《春秋》时整理了多个封国的纪事，但却没有关于越国的完整记载。一直到现在，也没人能完整全面地解读古代越国的文字和历史。

由于各类史料并不确实，本系表中只能依《史记·越王勾践世家》《吴越春秋》及《越绝书》等史料，互相参详，大概标识出世系关系。

越国本未参与中原政权的斗争，但自晋国与楚国争霸开始，晋国为扼制楚国而扶持地处江南的吴国互为犄角；而楚国也针对晋国的战略布局而扶持了位于吴国东方的越国作为牵制。晋楚两国的博弈使越国从历史的后台走向前台。至越王无壬始，越国与吴国相互攻伐。越王姒允常死后，姒勾践即位。公元前473年，越国消灭了吴国，并向北渡过淮河，在徐州与齐、晋诸侯会合，向周王室进献贡品，同时把都城迁至琅琊（今连云港）。势力范围一度北达齐鲁，东濒大海，西达皖淮、赣鄱，雄踞东南，成为春秋战国时期不可忽略的一个强国。

前333年，越王无彊北上伐齐，中途中计，率领大军回攻楚国，不料中埋伏，兵败身亡；由于无彊没有指定继承人，越国因此而分崩离析，各宗族子弟们竞争王权，散居在长江南部及沿海。后来的东越国、闽越国皆为其越国的后人所建的政权。至秦始皇二十五年（前222年），秦军降越君，置会稽郡。至汉武帝时，东瓯和闽越余部完全归入汉朝，迁到了江淮，越国绝祀。

越国君主在死后均大多有名无谥，而燕国正好相反，是有谥无名。这是中国史学界的一个奇特现象，原因待考。

越

承夏朝姒少康
（参见上古年表）

约前18世纪　夏朝时期

姒无余
生卒年不详

余望　　　　　待考
越卅四世祖

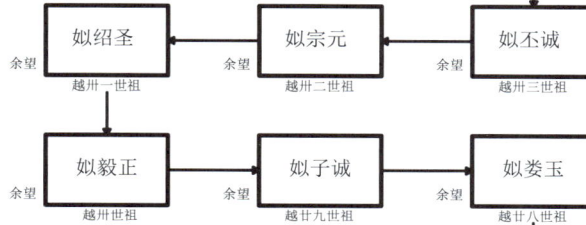

姒绍圣	姒宗元	姒丕诚
余望	余望	余望
越卅一世祖	越卅二世祖	越卅三世祖

姒毅正	姒子诚	姒娄玉
余望	余望	余望
越卅世祖	越廿九世祖	越廿八世祖

约前14世纪　商朝时期

姒俶
生卒年不详

商朝时期封越侯
在位时迁都埤中
（今诸暨店口）

余望→埤中
越廿七世祖

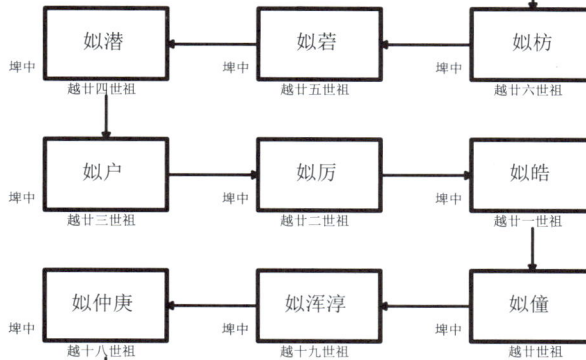

姒潜	姒菪	姒枋
埤中	埤中	埤中
越廿四世祖	越廿五世祖	越廿六世祖

姒户	姒厉	姒皓
埤中	埤中	埤中
越廿三世祖	越廿二世祖	越廿一世祖

姒仲庚	姒浑淳	姒僮
埤中	埤中	埤中
越十八世祖	越十九世祖	越廿世祖

约前11世纪　西周时期

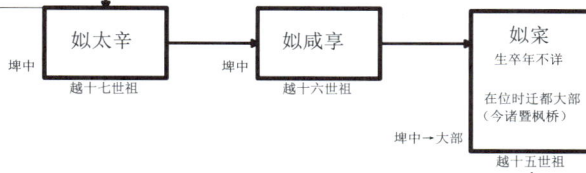

姒太辛	姒咸享	姒宷
		生卒年不详
		在位时迁都大部（今诸暨枫桥）
埤中	埤中	埤中→大部
越十七世祖	越十六世祖	越十五世祖

接
姒
泫

（一）【姒无壬】

无壬（？－前591年），侯爵，是《吴越春秋》里记载的越国君主。

自姒无余被封于越，历数十代不能自立，沦为庶民。

至公元前621年，出强有志者，在禹陵指天向大禹墓说："我是无余君之苗末，我方修前君祭祀，复我禹墓之祀，为民请福于天，以通鬼神之道。"民众大喜，请他主持祭祀大禹，承继越君之后，议号称"无壬"。

无壬承姒姓，即位后始复越地国制，将原越之都城由山南（今东阳六石）迁至樵岘（音：jiāo xiàn），今义乌稠城。本系表列为一世君主，其在位时期，越国开始依中原国体发展，渐见史籍。

（二）【姒无瞫】

姒无瞫（？－前565年），瞫，音：shěn，是《吴越春秋》记载的越国第二位君主。无壬之子，在位期间专心守护治理越国，未负父命。

（三）【姒夫谭】

夫谭（？－前538年），据传为无瞫之子，待考。

越国第三位君主，公元前565年至公元前538年在位，约计二十七年。死后其子允常继位。

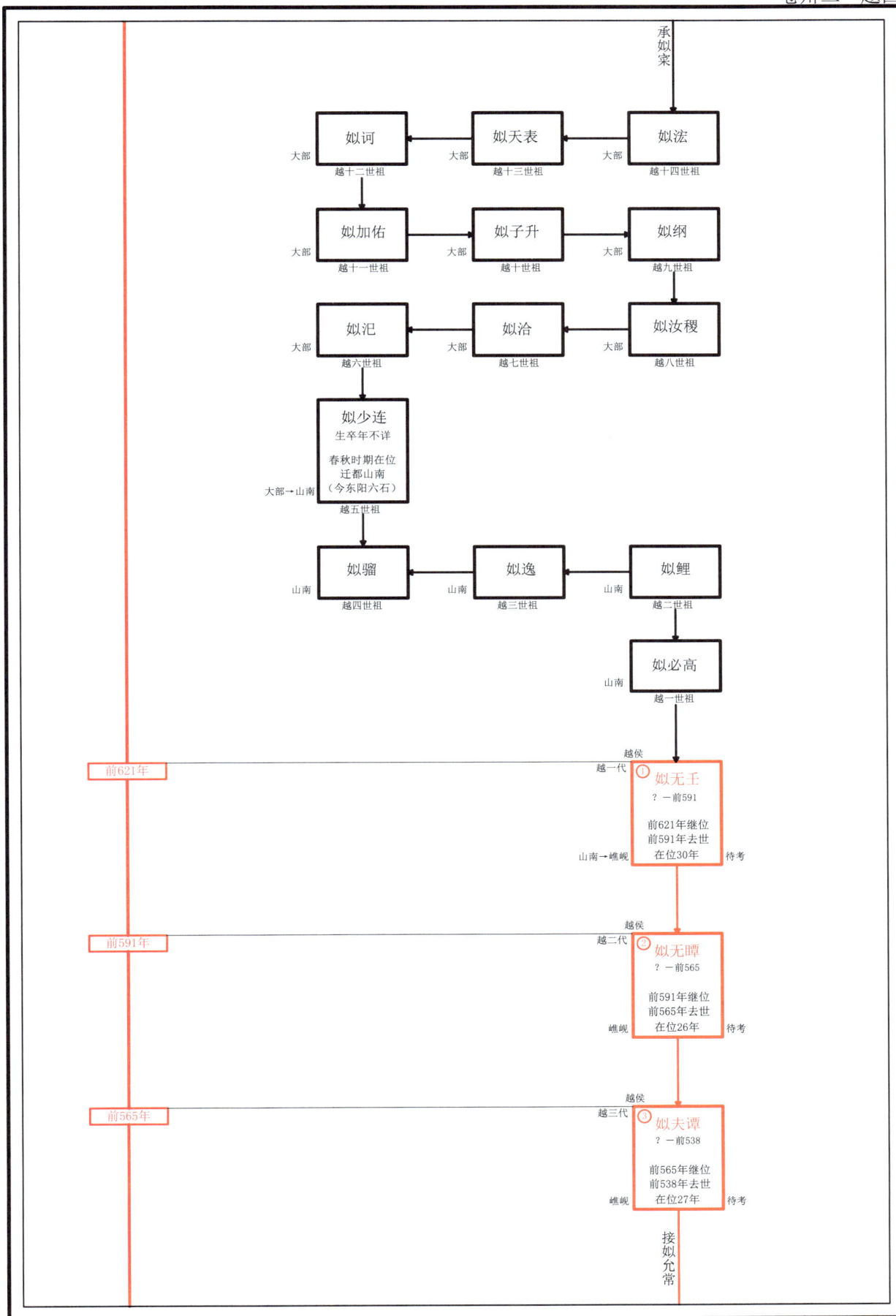

承
姒
案

姒诃	←	姒天表	←	姒泩
大部	大部	越十三世祖	大部	越十四世祖
越十二世祖				

姒加佑	→	姒子升	→	姒纲
大部	大部	越十世祖	大部	越九世祖
越十一世祖				

姒氾	←	姒洽	←	姒汝稷
大部	大部	越七世祖	大部	越八世祖
越六世祖				

姒少连
生卒年不详

春秋时期在位
迁都山南
（今东阳六石）

大部→山南　　越五世祖

姒骝	←	姒逸	←	姒鲤
山南	山南	越三世祖	山南	越二世祖
越四世祖				

姒必高
山南　　越一世祖

越侯
越一代

前621年 ──────────────────────── ① 姒无壬
？—前591

前621年继位
前591年去世
山南→嶕岘　　在位30年　待考

越侯
越二代

前591年 ──────────────────────── ② 姒无暷
？—前565

前591年继位
前565年去世
嶕岘　　在位26年　待考

越侯
越三代

前565年 ──────────────────────── ③ 姒夫谭
？—前538

前565年继位
前538年去世
嶕岘　　在位27年　待考

接
姒
允
常

（四）【姒允常】

姒允常（？—前497年），又作元常。夫谭之子。

越国第四位君主。前538年至前497年在位，约计四十一年。

允常即位后，接受中原各地先进生产技术，发展各行各业，尤重冶炼技术，曾命欧冶子铸剑，得青铜宝剑五，工艺精良，坚韧锋利，是中国军械历史上的名器。

在国力强盛后开始向外扩张，史载"拓土始大"。至其晚年，越国疆土南至句无（今浙江诸暨一带），北至御儿（今嘉兴一带），东至鄞（今宁波一带），西至姑蔑（今龙游一带），江西东北一部亦属越国。

越国自允常始称王，"越王"之称始于此，然孔子著《春秋》仍不称其王，只称为"子"。允常是越国霸业活动的开创者。

前537年，越国与吴国在越国北部边界樵（zuì）李（今浙江嘉兴西南）发生战争。不久双方缔约媾和。

前510年，吴王阖闾发兵攻越，占领樵李等地。前505年，允常趁吴国兴兵伐楚国内空虚之际，发兵攻入吴境。自此，吴、越两国怨恨加深，战争日益频繁。前497年允常去世，葬于会稽木客，世称"木客大冢"。

（五）【姒勾践】

姒勾践（？—前464年），本名鸠浅（越国与中原各国语言不同，音译为勾践），允常之子。

越国第五位君主，前497年至前464年在位，约计三十三年。春秋时期霸主之一。

即位同年，在樵李大败吴师。前494年，被吴军败于夫椒，被俘后向吴求和。三年后被释放，返国后重用范蠡、文种，卧薪尝胆使越国国力渐渐恢复。公元前482年，吴王夫差兴兵参加黄池之会，勾践抓住机会出兵，大败吴师。夫差仓促与晋国定盟而返，被勾践连败，不得已与越议和。前478年，勾践再度率军攻打吴国，在笠泽之战三战三捷大败吴军。前473年，攻破吴国都城，迫使夫差自尽，灭吴称霸，后以兵渡淮，会齐、宋、晋、鲁等诸侯于徐州，又迁都琅琊，成为春秋时期最后一位霸主。

勾践因其卧薪尝胆的典故成为中华民族不惧失败屈辱、敢于拼搏的楷模。1965年在湖北江陵望山一号墓出土的越王勾践剑，历经两千四百余年仍纹饰清晰且锋利无比，被誉为"天下第一剑"。

（六）【姒鹿郢】

姒鹿郢（？—前458年），一名与夷，又名于赐，《史记》中记为鼫（shí）与。越王勾践之子。

越国第六位君主，前464年至前458年在位，约计六年。

勾践死后继位，励精图治，带领越国成为一个大国，并任春秋列国的霸主。

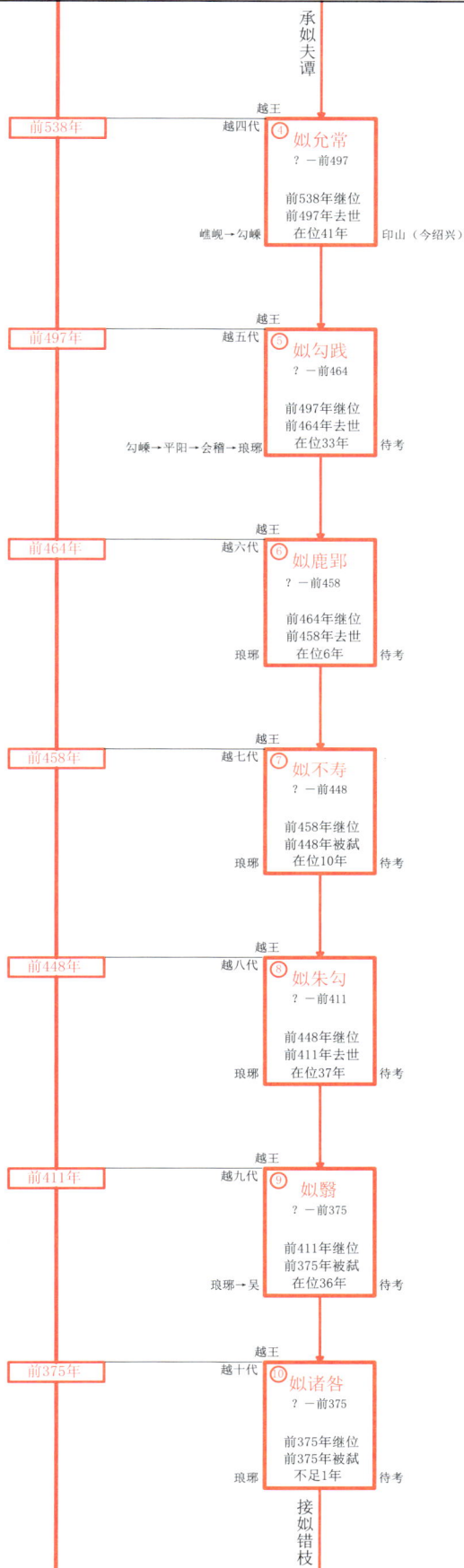

承姒夫谭

前538年	越王 越四代 ① 姒允常 ？—前497 前538年继位 前497年去世 在位41年

嶕岘→勾嵊　　　印山（今绍兴）

前497年	越王 越五代 ⑤ 姒勾践 ？—前464 前497年继位 前464年去世 在位33年

勾嵊→平阳→会稽→琅琊　待考

前464年	越王 越六代 ⑥ 姒鹿郢 ？—前458 前464年继位 前458年去世 在位6年

琅琊　待考

前458年	越王 越七代 ⑦ 姒不寿 ？—前448 前458年继位 前448年被弑 在位10年

琅琊　待考

前448年	越王 越八代 ⑧ 姒朱勾 ？—前411 前448年继位 前411年去世 在位37年

琅琊　待考

前411年	越王 越九代 ⑨ 姒翳 ？—前375 前411年继位 前375年被弑 在位36年

琅琊→吴　待考

前375年	越王 越十代 ⑩ 姒诸咎 ？—前375 前375年继位 前375年被弑 不足1年

琅琊　待考

接姒错枝

（七）【姒不寿】

姒不寿（？—前448年），越语音盲姑（或作亓北古，即盲姑的缓读音），鹿郢之子。

越国第七位君主，前458年至前448年在位，约计十年。他继位后不像父祖辈那样富于侵略，而是选择了默默无闻。前448年，被其太子朱勾发动政变杀害。

（八）【姒朱勾】

姒朱勾（？—前411年），又名州勾，或称越王翁，姒不寿之子。

越国第八位君主，前448年至前411年在位，约计三十七年。他杀死父亲自立为君，极具野心，是继勾践之后国势最强的君王。

（九）【姒翳】

姒翳（？—前375年），姒姓，朱勾之子。

越国第九位君主，前411年至前375年在位，约计三十六年。在位初期军力强盛，但后来因齐国和楚国的崛起，再难维持霸主地位，遂被迫迁都于吴（今江苏苏州市），琅琊被视作北都。

前375年，姒翳之弟姒豫为夺权而害死姒翳三个儿子，并让姒翳除掉太子姒诸咎，未果。太子姒诸咎率军驱逐姒豫并杀死其父姒翳自立为越王。

（十）【姒诸咎】

姒诸咎（？—前375年），姒翳之子。越国第十位君主，前375年弑父夺位，当年即被越人杀死。

（十一）【姒错枝】

姒错枝（？—前373年），又作孚错枝，《庄子》称王子搜。姒诸咎之子。越国第十一位君主，前375年至前373年在位，不足两年。

当时越国内乱，三度弑其国君（姒不寿、姒翳、姒诸咎）。姒错枝害怕，逃到丹地的洞穴躲藏。卿大夫寺区平定内乱，请其即位，仍不肯出洞。越人以烟熏迫使其出洞并被推举为越王。然姒错枝似乎一直在在力求逃离王位，故翌年卿大夫寺区立姒无余为越王。

（十二）【姒无余】

姒无余（？—前361年），据传为姒错枝之子。越国第十二位君主，前373年至前361年在位，约计十二年。

卿大夫寺区平定内乱，因姒错枝力求逃位，所以翌年立姒无余为越王。前361年为寺区之弟所杀。

姒无余其名与越国始祖同名，本为忌讳，疑为寺区另立时故意取先祖之名，以安下臣及越民（待考）。由此亦可见越俗与中原之异。

（十三）【姒无颛】

姒无颛（？—前343年），古本《竹书纪年》称其为"菼蠋卯"（tǎn zhú mǎo）。据传为姒无余之子（待考）。越国第十三位君主，前361年至前343年在位，约计十八年。

姒无余被卿大夫寺区之弟所杀，姒无颛继位，为了摆脱颓势，重新将国都迁回故都会稽，但仍不能阻挡越国衰落的命运。

（十四）【姒无彊】

姒无彊（？—前306年），亦作无强，姒无余之子，姒无颛之弟，战国时期越国最后一位君主。

在位时期，仍派兵北伐齐国，西征楚国，和中原各诸侯国争强斗胜，最终兵败身亡；由于没有指定继承人，越国因此分崩离析，诸族子争立，或为王，或为君，滨于江南、海上，越国覆亡。

姒无彊之次子名蹄，又名宰勋，越国败亡后建瓯越国，开基后立姓欧阳，其后世子孙尊奉为"蹄祖"。

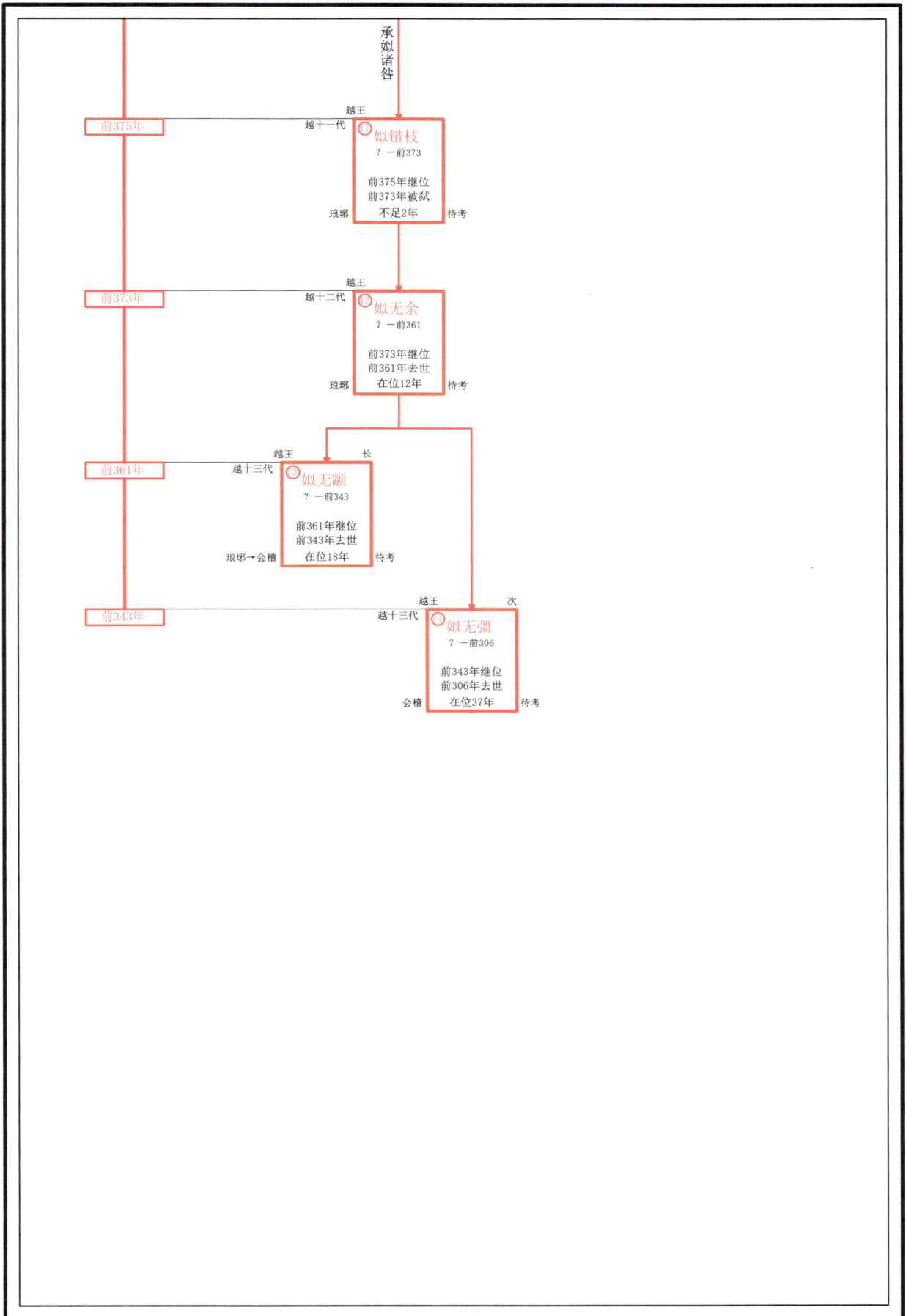

承姒诸咎

前375年	越王 越十一代	⑪姒错枝
		？—前373
		前375年继位
	琅琊	前373年被弑 不足2年　待考

前373年	越王 越十二代	⑫姒无余
		？—前361
		前373年继位
	琅琊	前361年去世 在位12年　待考

前361年	越王 越十三代　长	⑬姒无颛
		？—前343
		前361年继位
	琅琊→会稽	前343年去世 在位18年　待考

前343年	越王 越十三代　次	⑭姒无彊
		？—前306
		前343年继位
	会稽	前306年去世 在位37年　待考

【春秋名人·范蠡简介】

　　范蠡（公元前536年－公元前448年），字少伯，楚国宛地三户（今南阳淅川县滔河乡）人。春秋末期政治家、军事家、谋略家、经济学家和道家学者。北魏李暹在为《文子》作注时曾经指出说：文子（春秋战国时期的哲学家）"姓辛氏，葵丘濮上人，号曰计然，范蠡师事之。本受业于老子，录其遗言，为十二篇。"故此我们可以说范蠡是受教于老子学说的。但文子何时南游于越成为范蠡之师，已经无从考证。

　　范蠡为中国早期商业理论家，被后人尊称为"商圣"。他虽出身贫贱，但是博学多才，与楚宛令文种相识、相交甚深。因不满当时楚国非贵族不得入仕的制度而一起投奔越国，之后被勾践拜为上大夫，辅佐越国富国强兵。最终助勾践吞灭吴国，一雪曾经的会稽之耻，成就霸业，被勾践封为上将军。

　　范蠡在功成名就之后急流勇退，化名姓为鸱夷子皮，遨游于江湖之间。三次经商成为巨富，又三次散尽家财。后定居于宋国陶丘（今山东省菏泽市定陶区南），自号陶朱公。后代商人皆供奉他的塑像，尊之为"财神"。

　　范蠡曾著有《范蠡》兵法二篇，今佚。

　　后人誉之为："忠以为国；智以保身；商以致富，成名天下。"

　　范蠡是范姓始祖范武子（晋国范氏）的玄孙，并被视为顺阳范氏之先祖。

　　他曾写信给文种说"蜚（同飞）鸟尽，良弓藏；狡兔死，走狗烹。越王为人长颈鸟喙，可与共患难，不可与共乐。子何不去？"文种在收到信后便称病不上朝，但最终未能逃脱被越王勾践赐死的命运。而信中"鸟尽弓藏""兔死狗烹"句，就是这两则成语的出处。

　　后世司马迁评论说：范蠡三迁皆有荣名，名垂后世，臣主若此，欲毋显得乎？与时逐而不责于人。

　　然而韩愈却认为：为人谋而不忠者，范蠡其近之矣。

　　苏轼亦说：春秋以来用舍进退未有如范蠡之全者。以吾相蠡，蠡亦鸟喙也。

　　其史上褒贬兼之，读者可自行参辨。

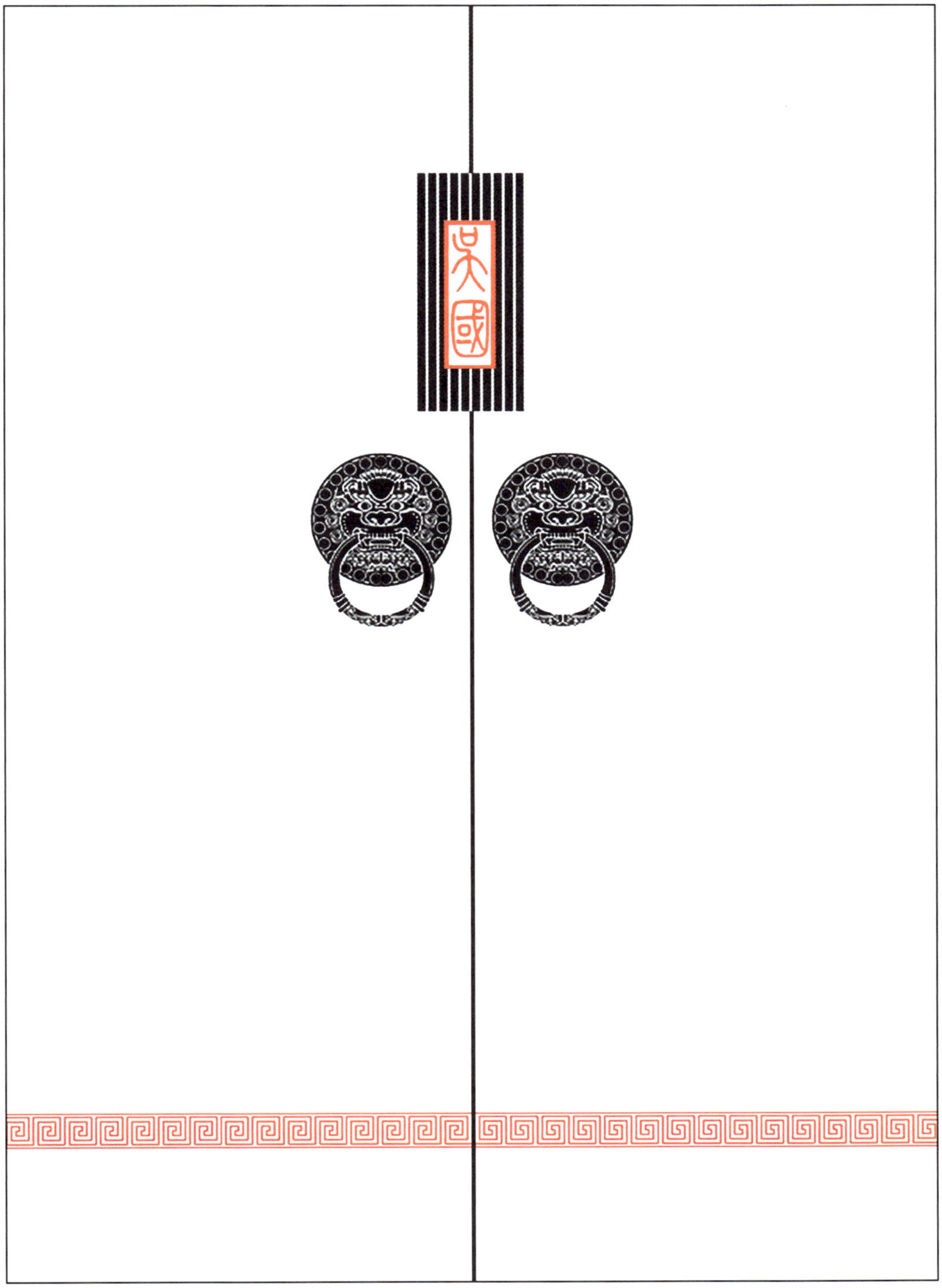
吴國

（一）【吴太伯】

吴太伯（生卒年不详），又称泰伯，姬姓，吴氏，名泰。

父亲为周部落首领古公亶父，共兄弟三人，太伯排行老大；两个弟弟分别为仲雍和季历。其父古公亶父欲传位于幼弟季历，故太伯和仲雍避让，迁居江东。为避免被找到，按江南习俗易服毁容、文身断发，于公元前1165—公元前1074年建立勾吴，以无锡东南梅里（今梅村乡）为都城，并以国为氏。据传在位四十九年，享年九十多岁。参见本系表第一部分周朝系表。

他是吴国第一代君主，东吴文化的宗祖。太伯无子，死后由其弟仲雍继位。

（二）【仲雍】

仲雍（生卒年月不详），又称虞仲、吴仲、孰哉，姬姓，吴太伯之弟。

仲雍和其兄太伯为让父王实现灭商的愿望，主动让位于其弟季历，移居于无锡、常熟一带，建立勾吴王国。

其兄吴太伯去世后，因无子，继位吴国第二位君主。

仲雍年九十余去世，葬于常熟虞山。

（三）【季简】

季简（生卒年月不详），周太王之孙，仲雍之子，周文王姬昌的堂兄弟，过继给吴太伯为子，承父仲雍之位，吴国第三位君主。据传在位十年，享年七十六岁（待考）。

（四）【叔达】

叔达（生卒年月不详），季简之子，吴国第四位君主。史无详载，待考。

（五）【周章】

周章（？—前1071年），叔达之子，吴国第五位君主。他因念念不忘是周人的后裔，故名周章。

继位时正值周武王灭商，在分封时寻找太伯、仲雍后裔，因周章已做吴君，故而正式封之。周章之弟仲被封在虞地（今山西平陆）建立虞国，其后人以虞为姓，仲故称虞仲。周章卒后葬于常熟虞山，在其祖仲雍墓旁。

（六）【熊遂】

熊遂（生卒年月不详），周章之子。吴国第六位君主，前1070年至前1022年在位，在位四十八年。据传享年七十五岁（待考），娶妻公冶氏，均待考。

（七）【柯相】

柯相（生卒年月不详），熊遂之子。吴国第七位君主，前1021年至前991年在位，在位三十年。据传享年六十八岁（待考），娶妻端木氏，余待考。

（八）【疆鸠夷】

疆鸠夷（生卒年月不详），柯相之子。吴国第八位君主，前990年至前939年在位，据传在位五十一年。前939年去世，享年六十九岁，娶公羊氏，余待考。

【吴国简介】
　　吴国，是周朝的王族诸侯国，始祖为周文王的伯父太伯，姬姓，是存在于长江下游地区的政权，也叫勾吴、工吴、攻吾、大吴、天吴、皇吴。
　　吴国国境位于今江苏、安徽两省长江以南部分以及环太湖浙江北部。太湖流域是吴国的核心。国都前期位于梅里（今无锡），后期位于吴（今苏州），是春秋中后期最强大的诸侯国之一。吴王寿梦时期，吴国开始联晋反楚，国力日益强盛，至吴王阖闾、夫差时期，国力达到鼎盛。
　　吴国鼎盛时灭亡钟离、钟吾、邗等东夷之国和楚国属国而疆域大为扩张，成为东南霸主。吴师破楚入郢之战攻入楚都迫使楚国迁都，夫椒之战南服越，艾陵之战北败齐，黄池与晋会盟。吴钩是冷兵器里的典范，充满传奇色彩，历代文人写入诗篇，成为驰骋疆场、骁勇善战、励志报国的精神象征。
　　吴国有季札通习中原礼乐；有孙武、伍子胥等名将，诞生《孙子兵法》，开凿邗沟（今京杭大运河）；文化上有"如火如荼""螳螂捕蝉黄雀在后"等典故。前473年，越王勾践复仇吞并吴国，吴国灭亡。

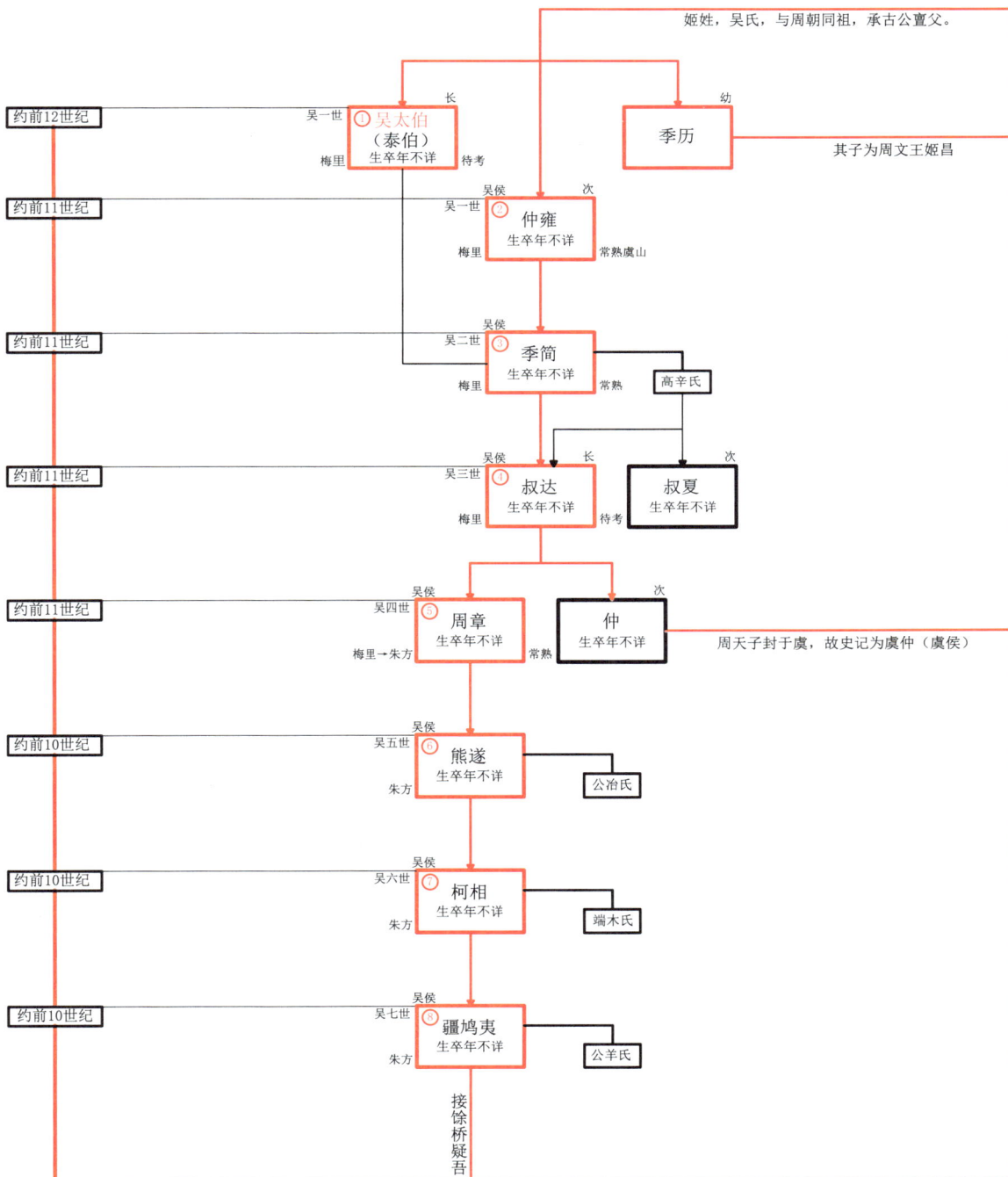

（九）【馀桥疑吾】

馀桥疑吾（？－前920年），疆鸠夷之子。吴国第九位君主。据传在位三十八年，但与其父在位年代冲突，应为前939年至前920年在位，约计十九年（待考）。据传享年七十二岁，娶妻公孙氏。有二子：柏庐、柯庐。

据《泰伯至邦文世系谱文》记载：柏卢主动让位于柯卢，再现先祖泰伯让国之风。

（十）【柯卢】

柯卢（？－前861年），馀桥疑吾次子，吴国第十位君主，前920年至前861年在位，约计五十九年。前861年去世，享年七十三岁。娶妻姚氏。有二子：周繇、次仲。

（十一）【周繇】

周繇（？－前829年），柯卢长子。吴国第十一位君主，前861年至前829年在位，约计三十二年。享年六十一岁。娶妻季氏。 有一子：屈羽。

（十二）【屈羽】

屈羽（？－前795年），周繇之子。吴国第十二位君主，前829年至前795年在位，约计三十四年。享年七十一岁。娶妻林氏，有一子：夷吾。

（十三）【夷吾】

夷吾（？－前762年），屈羽之子。吴国第十三位君主，前795年至前762年在位，约计三十三年。享年七十二岁，娶妻丘氏。有一子：禽处。

（十四）【禽处】

禽处（？－前723年），夷吾之子。吴国第十四位君主，前762年至前723年在位，约计三十九年。娶妻佚名，有一子：柯转。

（十五）【柯转】

柯转（？－前682年），禽处之子。吴国第十五位君主，前723年至前682年在位，约计四十一年，享年七十四岁。娶妻轩辕氏，有一子：颇高。

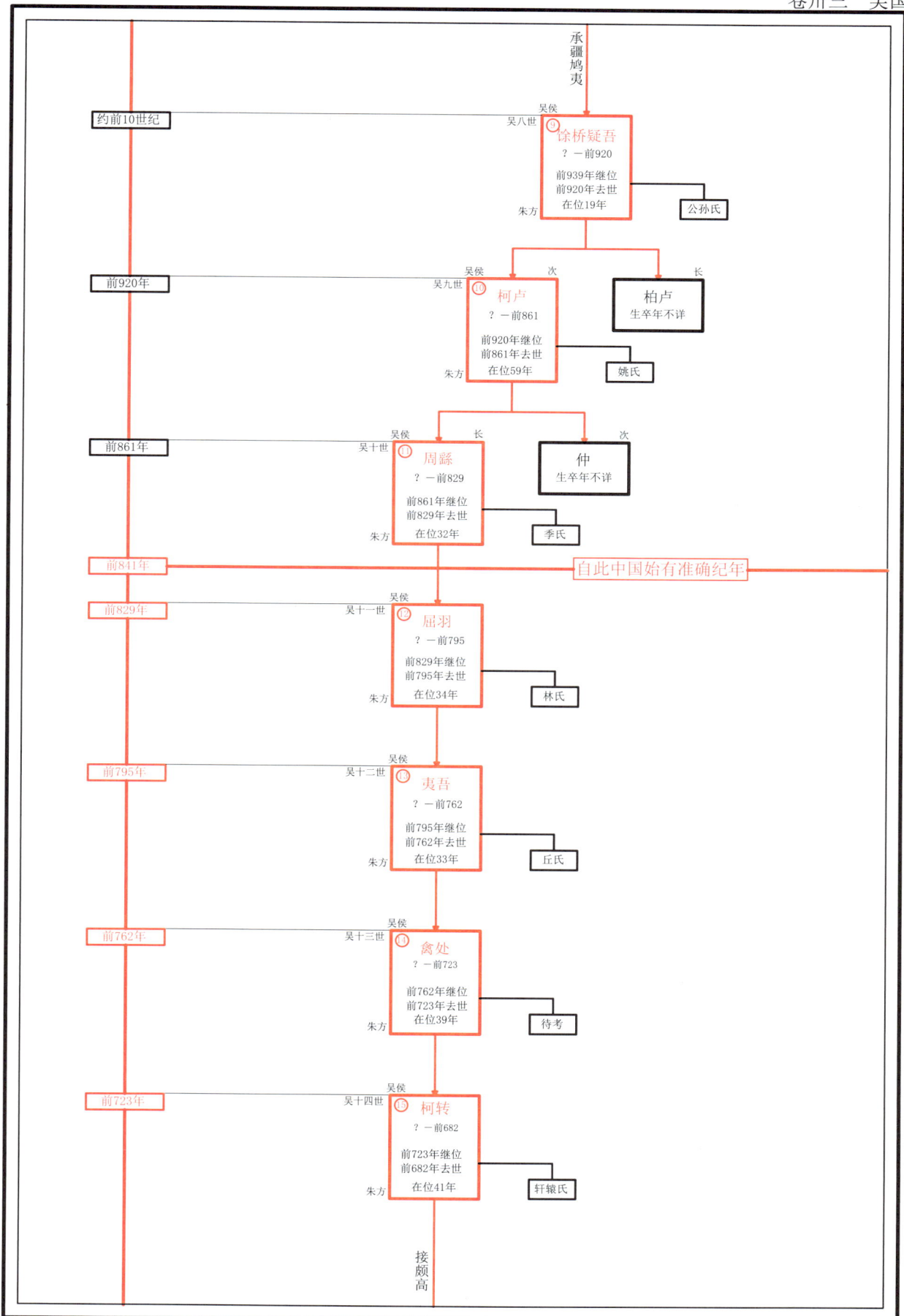

承疆鸠夷

约前10世纪

吴侯
吴八世

⑨ 徐桥疑吾
? —前920

前939年继位
前920年去世
在位19年

朱方

公孙氏

长
柏卢
生卒年不详

前920年

吴侯
吴九世

⑩ 柯卢
? —前861

前920年继位
前861年去世
在位59年

朱方

姚氏

次

前861年

吴侯
吴十世

⑪ 周繇
? —前829

前861年继位
前829年去世
在位32年

朱方

季氏

长

仲
生卒年不详

次

前841年

自此中国始有准确纪年

前829年

吴侯
吴十一世

⑫ 屈羽
? —前795

前829年继位
前795年去世
在位34年

朱方

林氏

前795年

吴侯
吴十二世

⑬ 夷吾
? —前762

前795年继位
前762年去世
在位33年

朱方

丘氏

前762年

吴侯
吴十三世

⑭ 禽处
? —前723

前762年继位
前723年去世
在位39年

朱方

待考

前723年

吴侯
吴十四世

⑮ 柯转
? —前682

前723年继位
前682年去世
在位41年

朱方

轩辕氏

接颜高

（十六）【颇高】

颇高（？—前672年），柯转之子。吴国第十六位君主，前682年至前672年在位，约计十年。

据传享年五十三岁，娶妻殷氏。生二子：句卑、句。

（十七）【句卑】

句卑（？—前622年），字毕轸，颇高之子。吴国第十七位君主，前672年至前622年在位，约计五十年。

在位时晋献公通过"假途灭虢"之计，灭掉了和吴国同宗的虞国。据传享年七十二岁，娶妻高辛氏。有二子：去齐、去樵。

（十八）【去齐】

去齐（？—前586年），句卑之子。吴国第十八位君主，前622年至前586年在位，约计三十六年。据传享年七十一岁，娶妻丘氏。有一子：寿梦。

（十九）【寿梦】

寿梦（前620年—前561年），名乘，字寿梦，去齐之子。吴国第十九位君主，前586年至前561年在位，约计二十五年。在位期间励精图治，发展生产和兵车力量，打败楚国，会盟诸侯，奠定了吴国强盛的基础。

寿梦名乘，乘字在青铜铭文中是一人张开双臂双腿站在木筏上。寿梦的梦古音读"忙"，亦通"网"，现代吴方言仍发此音，依照古文字"音同则字通"之理，则"梦"即通"网"，故寿梦的名与王号都与吴地的水、鱼相关。

前561年去世，享年五十九岁。有四子，长诸樊、次子余祭、三子夷昧、四子季札。季札最知礼贤明。寿梦想传位于季札，季札坚不肯受。故寿梦临终嘱托长子诸樊，王位务必要兄终弟及，以便最后传于季札。诸樊应允，故其三子相继为王。

（廿）【诸樊】

诸樊（？—前548年），又名遏，又称吴顺王，寿梦长子，吴国第二十位君主，前561年至前548年在位，约计十三年。继位后击败楚军，俘虏楚国公子宜谷。前548年，在攻打楚国附庸国巢国时中箭身亡，时年四十八岁。

（廿一）【余祭】

余祭（前587年—前544年），又称吴安王，寿梦次子，诸樊之弟。吴国第二十一位君主，前548年至前544年在位，约计四年。前544年，吴伐越，抓获越国俘虏，命其守舟。余祭视察舟船时，被越国战俘以刀弑杀。

（廿二）【夷昧】

夷昧（前580年—前527年），亦作夷末，寿梦第三子，诸樊、余祭之弟，吴国第二十二位君主，前544年至前527年在位，约计十七年。夷昧去世前欲传位于四弟季札，不受，遂传子僚，即吴王僚。夷昧谥号吴度王。

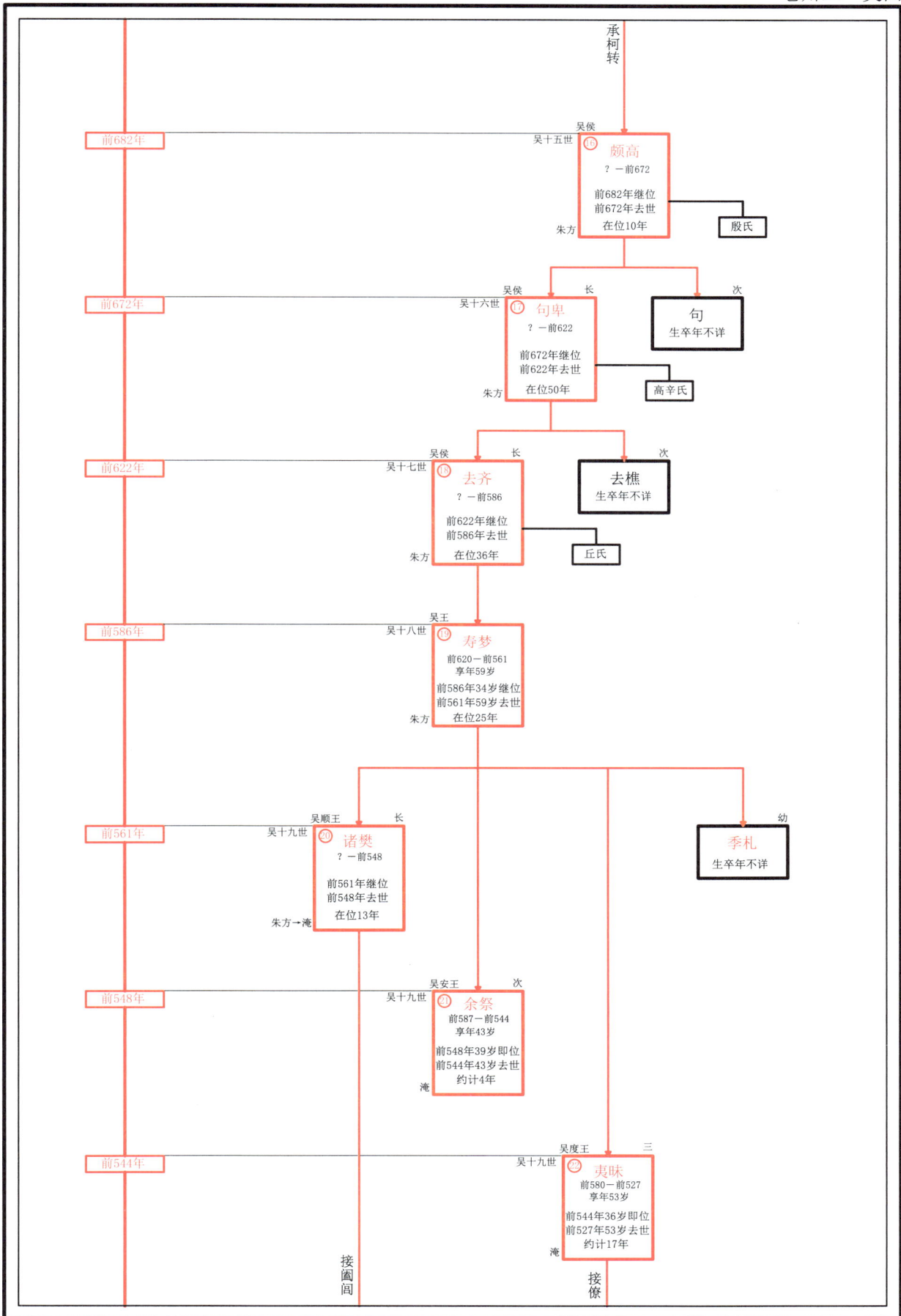

承柯
转

前682年	吴侯 吴十五世	⑯ 颜高 ？—前672 前682年继位 前672年去世 在位10年

朱方

殷氏

前672年	吴侯 吴十六世	长 ⑰ 句卑 ？—前622 前672年继位 前622年去世 在位50年

朱方

次 句
生卒年不详

高辛氏

前622年	吴侯 吴十七世	长 ⑱ 去齐 ？—前586 前622年继位 前586年去世 在位36年

朱方

次 去樵
生卒年不详

丘氏

前586年	吴王 吴十八世	⑲ 寿梦 前620—前561 享年59岁 前586年34岁继位 前561年59岁去世 在位25年

朱方

前561年	吴顺王 吴十九世	长 ⑳ 诸樊 ？—前548 前561年继位 前548年去世 在位13年

朱方→淹

幼 季札
生卒年不详

前548年	吴安王 吴十九世	次 ㉑ 余祭 前587—前544 享年43岁 前548年39岁即位 前544年43岁去世 约计4年

淹

前544年	吴度王 吴十九世	三 ㉒ 夷昧 前580—前527 享年53岁 前544年36岁即位 前527年53岁去世 约计17年

淹

接阖闾

接僚

（廿三）【吴王僚】

吴王僚（？—前515年），名僚，号州于，夷昧之子，吴国第二十三位君主，前527年至前515年在位，约计十二年。继位后楚国名臣伍子胥逃至吴国。

公元前515年，吴王僚被吴顺王诸樊之子、堂兄弟公子光（即阖闾）的刺客专诸刺杀，年仅三十八岁。

（廿四）【阖闾】

阖闾（前547年—前496年），（音：hé lú）又作阖庐，名光，故史书又记为公子光，诸樊之子，吴国第二十四位君主，前515年至前496年在位。约计十九年。

阖闾是著名的军事统帅。继位前奉命率舟师溯江攻楚，与楚军战于长岸（今安徽当涂），以夜袭之计战败楚军，夺回以前被俘获的指挥舰"余皇"号。公元前519年，辅佐吴王僚率军攻楚，楚以七国联军来救。战事未果时因令尹病亡而被迫回军，又出谋示弱诱敌、奇袭制胜，大败楚军于鸡父（今河南固始），夺取州来。

公元前515年，阖闾派专诸刺杀吴王僚，夺取吴国王位。

阖闾执政时期，以楚国旧臣伍子胥为相，以齐人孙武为将军，确定先破强楚，再服越国的争霸方略，采取分兵轮番击楚之策，频频攻楚于江淮之间大别山以东地区，使楚疲于奔命。前506年，吴军在孙武、伍子胥率领下，从淮水流域西攻到汉水，五战五胜，攻克楚国都城郢都，迫使楚昭王出逃。后楚臣申包胥入秦乞师，在秦国宫廷哭了七天七夜，秦哀公为之赋《无衣》，并出兵助楚复国。

公元前496年，阖闾在对越国的征战中，被越大夫灵姑浮斩落脚趾，重伤而死，后葬于苏州虎丘山。

（廿五）【夫差】

夫差（？—前473年年），阖闾之子，吴国第二十五位君主，前496年至前473年在位，约计二十三年。

公元前494年，夫差在夫椒之战中大败越国，攻破越都会稽（今绍兴市），俘虏越王勾践，迫使越国屈服。此后又于艾陵之战中打败齐国，全歼十万齐军。公元前482年，于黄池之会与中原诸侯歃血为盟。

夫差执政时期，吴国极其好战，连年征战造成国力空虚。勾践不忘会稽之耻，卧薪尝胆使国力逐渐恢复。趁夫差举全国之力赴黄池之会时，率越军乘虚而入，并杀死夫差的太子。

公元前473年，越国再次兴兵，吴国被灭，夫差自刎，时年五十五岁。

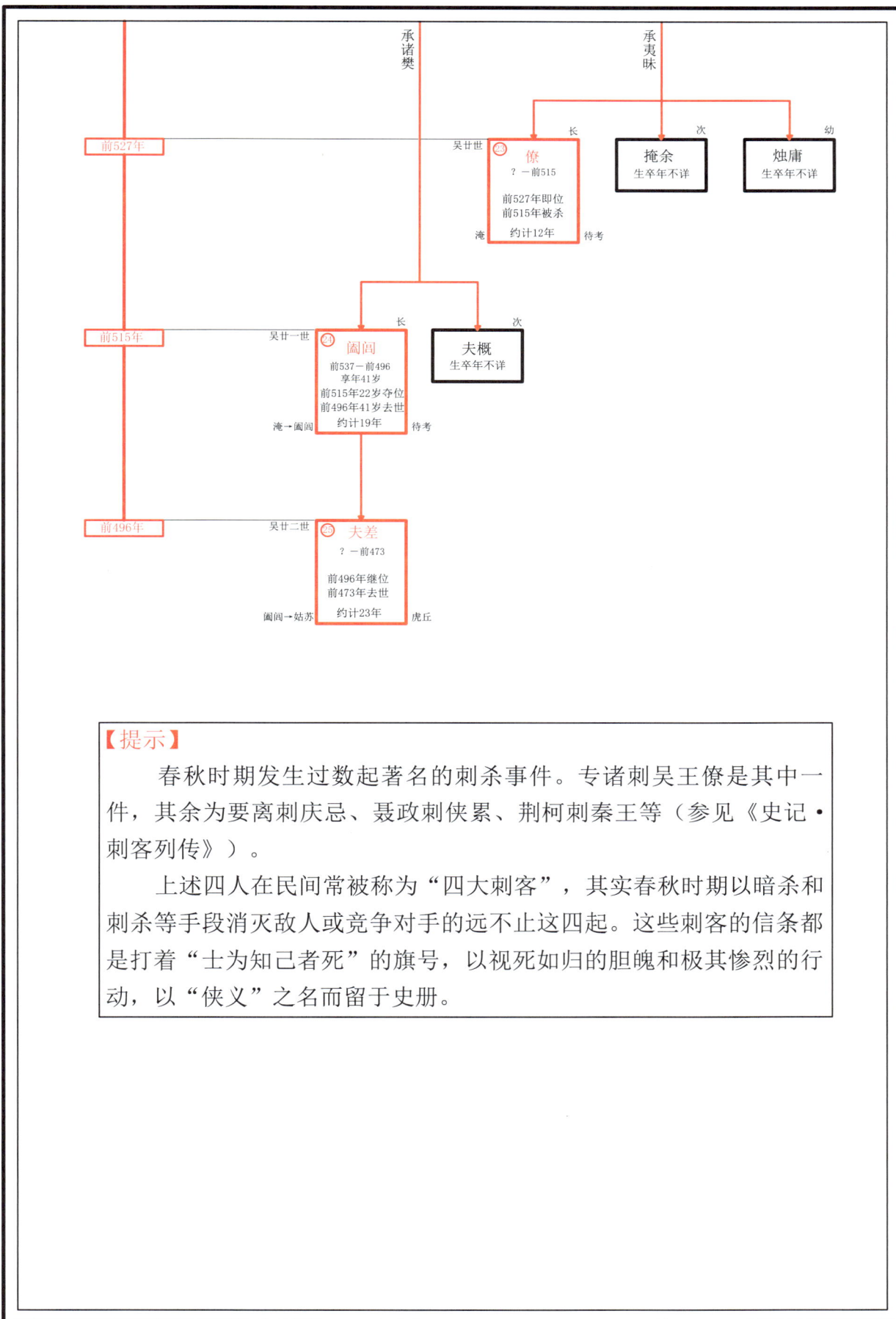

```
承诸樊                              承夷昧
                                              长        次        幼

前527年            吴廿世  ㉓ 僚          掩余        烛庸
                          ？—前515      生卒年不详    生卒年不详
                          前527年即位
                          前515年被杀
                 淹        约计12年  待考

                              长        次
前515年      吴廿一世  ㉔ 阖闾         夫概
                          前537—前496   生卒年不详
                          享年41岁
                          前515年22岁夺位
                          前496年41岁去世
           淹→阖闾       约计19年  待考

前496年      吴廿二世  ㉕ 夫差
                          ？—前473
                          前496年继位
                          前473年去世
         阖闾→姑苏     约计23年  虎丘
```

【提示】

　　春秋时期发生过数起著名的刺杀事件。专诸刺吴王僚是其中一件，其余为要离刺庆忌、聂政刺侠累、荆轲刺秦王等（参见《史记·刺客列传》）。

　　上述四人在民间常被称为"四大刺客"，其实春秋时期以暗杀和刺杀等手段消灭敌人或竞争对手的远不止这四起。这些刺客的信条都是打着"士为知己者死"的旗号，以视死如归的胆魄和极其惨烈的行动，以"侠义"之名而留于史册。

【春秋名人·季札简介】

季札（前576年—前484年），姬姓，吴氏，名札。春秋时期政治家、外交家、文艺评论家，吴太伯十九世孙，吴王寿梦第四子，先封于延陵，人称"延陵季子"；后又封于州来（今安徽淮南凤台县、寿县一带），故又称为"州来季子"。

其祖吴太伯（泰伯）本应是周朝王位的继承人，但其父亲周太王有意传位给其幼弟季历，于是吴太伯（泰伯）就主动把继承权出让，以采药为名，逃到荒芜的荆蛮之地，建立了吴国。

其父吴王寿梦有四子，季札为幼。寿梦因其贤而欲立之，季札以有兄不得立幼之故辞让不受。故寿梦遗命兄终弟及，欲终将国事传于季札。故长兄诸樊、次兄余祭、三兄夷昧相继为吴国君主，三次承继均欲传位于季札，季札三辞不就，并退居乡野，耕种为业。故夷昧之子僚立。后诸樊之子公子光（僚之堂弟）使专诸刺杀僚而自立，季札虽臣服，但哭祭僚之墓。

季札屡次代表吴国出使中原诸侯各国，因其贤明博学，守信有礼而享誉天下。史记其出使中过徐国，徐国君主好其佩剑然不敢求，季札揣知并心许之，但因出使各国，剑为信物难以即献。及还，徐国君主已死。季札乃挂剑于徐君墓树而去。侍从不解，季札说："我内心早已答应把宝剑送给徐君，不能因其死了就可以背信。"故"季子挂剑"传为千古美谈。

季札品德高尚，远见卓识，周游列国，提倡礼乐，宣扬正统观念，对华夏文化的发展做出了贡献。他与郑国子产、齐国晏婴等当时名臣均有交流，其正直守信，明察世事得到尊重。他是孔子同时代人，也有说他是孔子的老师，然缺少史料支撑。但可以说他是与孔子有同等地位的圣贤之人，史有"南季北孔"之论。他是中国儒学的奠基人之一，是生长于南方的第一位儒学大师，也被称为"南方第一圣人"。他是先秦时代的美学家、艺术评论家，是中华文明史上礼仪和诚信的代表人物。

《春秋》载，季札于公元前484年去世，死后葬在今江阴申港西南。后人在墓旁建季子祠，墓前立碑，传说碑铭"呜呼有吴延陵君子之墓"十个古篆是孔子所书，世称"十字碑"。抗日战争初毁于战火。

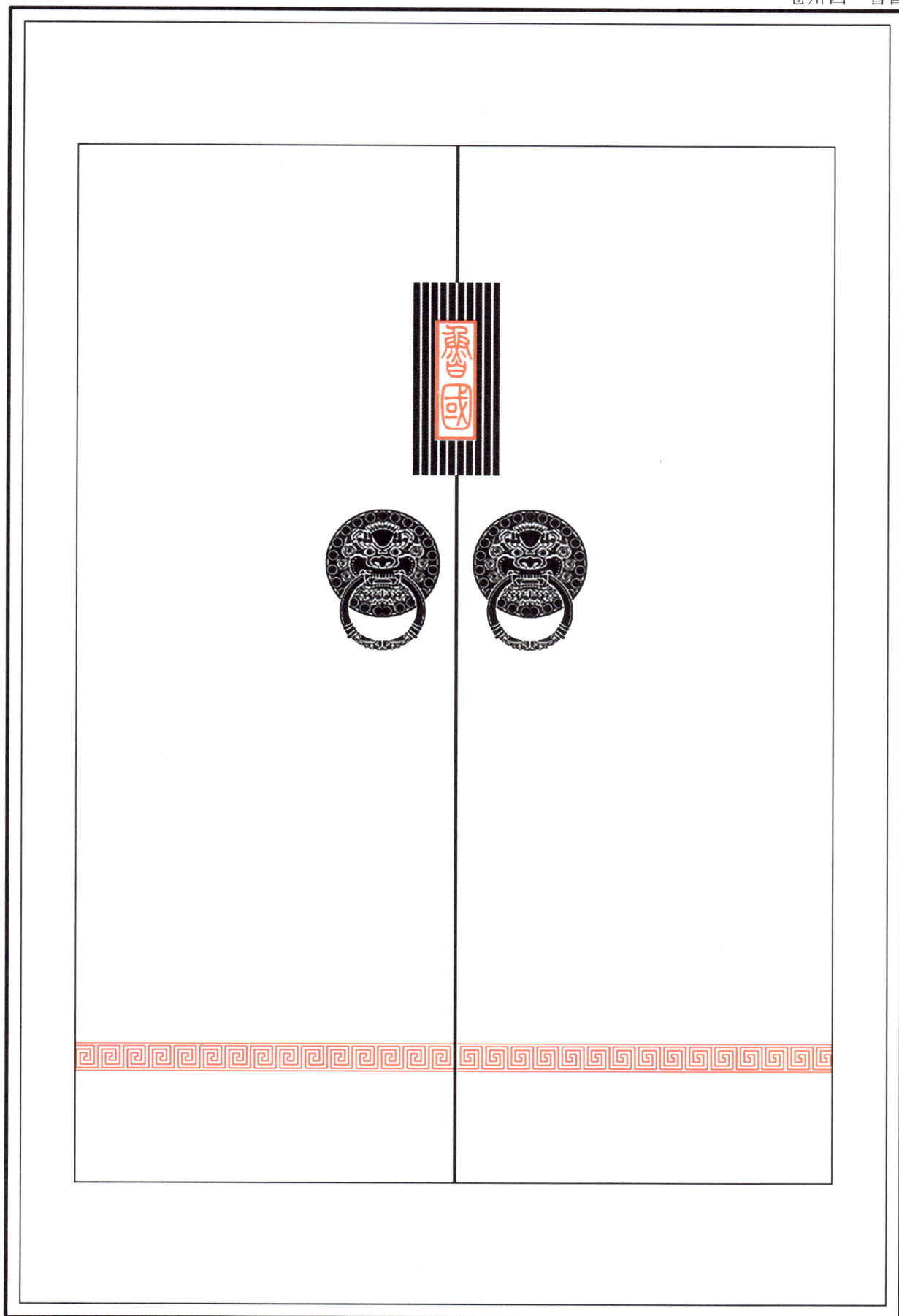

【姬旦】

姬旦（生卒年不详），姬昌第四子，姬发之弟。参见本表第一部分周朝系表。西周开国元勋，政治家。因采邑在周，故称周公。

虽封于曲阜但留朝执政，长子伯禽就封，建立鲁国。

（一）【鲁公伯禽】

姬禽（生卒年不详），伯是排行，尊称禽父，故号伯禽。姬旦长子。

鲁国第一位君主。前1043年至前997年在位，约四十六年，死后谥鲁公伯禽。

当时吕尚受封于齐国，五个月后向姬旦述职。姬旦问其为何如此迅速？吕尚说：我简化其君臣之礼，顺应原来的风俗去做。

伯禽则三年后才向姬旦述职。姬旦问：为什么如此缓慢？伯禽说：我在改变当地的风俗，变革当地的礼仪。姬旦叹息道：鲁国后世要臣事于齐国！政治不简约平易，百姓就不会亲近；政治平易近民，百姓才会归附。

（二）【鲁考公】

姬酋（？—前993年），《世本》记作姬就。姬禽之子。

鲁国第二位君主，前997年至前993年在位，约计四年，死后谥鲁考公。

（三）【鲁炀公】

姬熙（？—前987年），又名姬怡，姬禽之子，姬酋之弟。

鲁国第三位君主。前993年至前987年在位，约计六年，而《汉书·律历志》记在位六十年（疑）。死后谥鲁炀（音：阳）公。

（四）【鲁幽公】

姬宰（？—前973年），姬熙之子。

鲁国第四位君主，前987年至前973在位，约计十四年。前973年被其弟姬沸弑杀。死后谥鲁幽公。

（五）【鲁魏公】

姬沸（？—前924年），在《史记》中作姬晞。姬熙之子，姬宰之弟。

鲁国第五位君主，前973年杀其兄姬宰夺位，前973年至前924年在位，约计四十九年，死后谥鲁魏公。

【鲁国简介】

　　鲁国（前1043年—前255年），先秦诸侯国，姬姓，鲁氏，侯爵，首任国君为周武王之弟姬旦（又称周公、周公旦）之子伯禽。

　　西周初年周公辅佐周成王东征，灭掉了伙同武庚叛乱的奄国，受封于奄。因周公要留在都城镐京辅佐周成王，故让其长子伯禽代为赴任，沿用周公初封封地鲁的称号，建立鲁国，定都曲阜。

　　鲁国起初疆域较小，"封土不过百里"，后来陆续吞并了周边的一些小国，并夺占了他国的部分土地，成为"方百里者五"的大国。国力最强时，疆域北至泰山，南达徐淮，东至黄海，西抵定陶。其统治核心区大多位于今山东济宁境内，亦包括宁阳、单县、郓城、临沂等市县。

　　桓、庄、僖诸公时期鲁国最为强盛，曾与齐国争夺东方的霸主，鲁僖公曾领导诸侯抗衡楚成王与晋文公。直至战国初期，仍有数个诸侯国向鲁国进贡。

　　鲁国共传二十六世，三十四位君主，自姬旦受封奄地算，历时七百九十五年；从姬禽赴任算历时七百八十八年。前255年为楚考烈王所灭，鲁顷公被迁于下邑，封鲁君于莒。六年后（前249年）鲁顷公死于柯（今属山东东阿），鲁国绝祀。

姬姓，鲁氏，承姬昌之后，
接上古图表古公亶父。

约前11世纪

四
姬旦
周公旦
生卒年不详　待考

次
姬发
周武王
生卒年不详

姬昌次子，
姬旦之兄。
灭商建周，
为周天子。

前1043年

鲁公伯禽　长
鲁一世
① **姬禽**
？—前997
前1043年受封
前997年去世
在位46年
曲阜　咸阳（待考）

次
姬陈
继任周公
生卒年不详

幼
姬龄
封于蒋
生卒年不详

姬旦子，因封
于蒋，又称蒋
公龄。中华蒋
姓始祖。

前997年

鲁考公　长
鲁二世
② **姬酋**
？—前993
前997年即位
前993年去世
在位4年
曲阜　待考

前993年

鲁炀公　次
鲁二世
③ **姬熙**
？—前987
前993年即位
前987年去世
在位6年
曲阜　待考

前987年

鲁幽公　长
鲁三世
④ **姬宰**
？—前973
前987年即位
前973年被弑
在位14年
曲阜　待考

前973年

鲁魏公　次
鲁三世
⑤ **姬沸**
？—前924
前973年弑兄夺位
前924年去世
在位49年
曲阜　待考

接
姬
擢

（六）【鲁厉公】

姬擢（？—前886年），姬沸之子。

鲁国第六位君主，前924年至前886年在位，约计三十八年。死后谥鲁厉公。

（七）【鲁献公】

姬具（？—前855年），姬沸之子，姬擢之弟。

鲁国第七位君主，前886年至前855年在位，约计三十一年。死后谥鲁献公。

（八）【鲁真公】

姬濞（？—前825年），姬具之子。

鲁国第八位君主，前855年至前825年在位，约计三十年。死后谥鲁真公。

（九）【鲁武公】

姬敖（？—前817年），姬具之子，姬濞之弟。

鲁国第九位君主，前825年至前817年在位，约计八年。死后谥鲁武公。

前817年春，姬敖带长子姬括、次子姬戏一同朝见周宣王。周宣王喜爱其次子姬戏，故立为鲁国太子。姬敖废长立幼，不合礼法，去世后果然引起长子姬括与幼子姬戏的王位之争。

（十）【鲁懿公】

姬戏（？—前807年），姬敖次子。

鲁国第十位君主，前817年至前807年在位，约计十年。

因其父姬敖废长立幼不合礼法，导致其兄姬括之子姬伯御派人将其弑杀，死后谥鲁懿公。

（十一）【鲁废公】

姬伯御（？—前796年），姬敖长子姬括之子。

鲁国第十一位君主，前807年至前796年在位，约计十一年。因姬戏是周宣王立的太子并继位，姬伯御杀姬戏夺位。后周宣王兴兵伐鲁，将姬伯御杀死。姬伯御死后谥鲁废公。

（十二）【鲁孝公】

姬称（？—前769年），姬敖之子，姬戏之弟，姬伯御之叔。世称公子称。

鲁国第十二位君主，公元前796年至公元前769年在位，约计二十七年。

公元前807年，因其侄姬伯御弑杀姬戏自立。公元前796年，周宣王率军伐鲁，杀死姬伯御，拥立姬称继位。

公元前769年去世，死后谥鲁孝公。

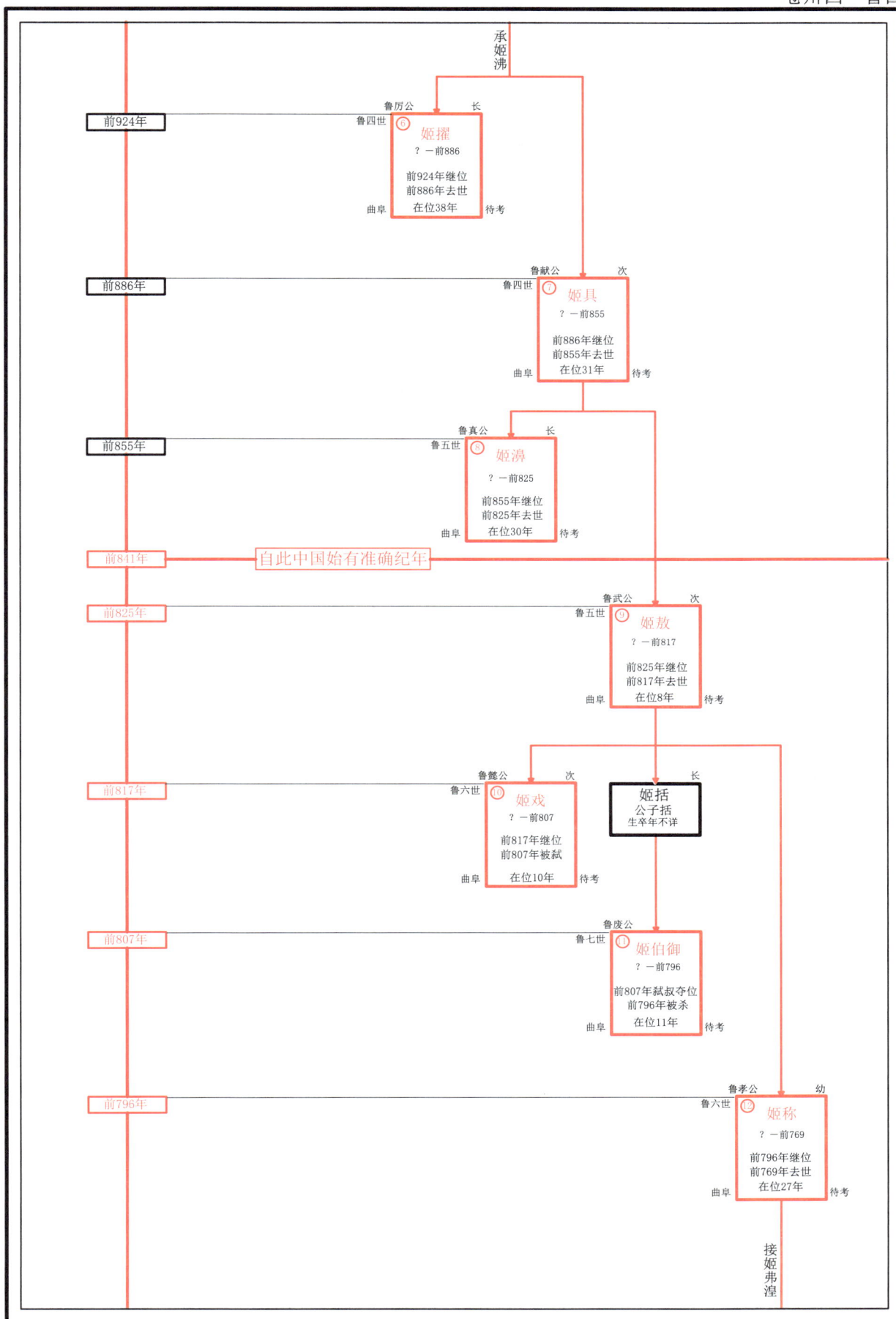

承姬沸

前924年

鲁厉公 长
鲁四世
⑥ 姬擢
? 一前886

前924年继位
前886年去世
曲阜 在位38年 待考

前886年

鲁献公 次
鲁四世
⑦ 姬具
? 一前855

前886年继位
前855年去世
曲阜 在位31年 待考

前855年

鲁真公 长
鲁五世
⑧ 姬濞
? 一前825

前855年继位
前825年去世
曲阜 在位30年 待考

前841年　自此中国始有准确纪年

前825年

鲁武公 次
鲁五世
⑨ 姬敖
? 一前817

前825年继位
前817年去世
曲阜 在位8年 待考

前817年

鲁懿公 次
鲁六世
⑩ 姬戏
? 一前807

前817年继位
前807年被弑
曲阜 在位10年 待考

姬括
公子括
生卒年不详

前807年

鲁废公 长
鲁七世
⑪ 姬伯御
? 一前796

前807年弑叔夺位
前796年被杀
曲阜 在位11年 待考

前796年

鲁孝公 幼
鲁六世
⑫ 姬称
? 一前769

前796年继位
前769年去世
曲阜 在位27年 待考

接姬弗湟

（十三）【鲁惠公】

姬弗湟（？—前723年），《世本》记为弗皇，《史记》记为弗生。姬称之子。鲁国第十三位君主，前769年至前723年在位，约计四十六年。死后谥鲁惠公。

姬弗湟在位期间励精图治，国势大振，百姓悦服。其夫人孟氏无子早卒，晚年本欲为庶长子姬息姑娶宋武公之女仲子，然见仲子美貌而自纳之并立为夫人，生子姬允，并立为太子，即后来的鲁桓公。而姬息姑为其妾声子所出，后为鲁隐公。另有庶子姬尾，字施父，其子孙以其字为姓（详见宋朝欧阳修《新唐书·宰相世系》），为施姓之祖。

（十四）【鲁隐公】

姬息姑（？—前712年），姬弗湟庶长子。

鲁国第十四位君主，前723年至前712年在位，约计十一年。姬弗湟死时太子姬允年幼，由姬息姑代掌国政，姬允长大后弑杀姬息姑践位。姬息姑死后谥鲁隐公。

孔子作《春秋》，起于鲁隐公元年（前722年）。由于《春秋》以鲁国国史为基础，故当时的历史大事件都以鲁国纪年来记录。

（十五）【鲁桓公】

姬允（前731年—前694年），《世本》记作轨，姬弗湟嫡长子，姬息姑之弟。鲁国第十五位君主，前712年至前694年在位。

（十六）【鲁庄公】

姬同（前706年—前662年），姬允嫡长子。鲁国第十六位君主，前694年至前662年在位，约计三十二年。死后谥鲁庄公。《左传》中的《曹刿论战》即记录的鲁庄公的齐鲁长勺之战。

（十七）【鲁闵（湣）公】

姬启（？—前660年），姬同之子，母为叔姜。鲁国第十七位君主，前662年至前660年在位，约计二年，死后谥鲁闵（湣）公。

姬同去世时其弟姬（季）友依命立公子斑为君，两月后姬庆父杀姬斑立姬启，前660年庆父又杀姬启，另立姬申，是为鲁僖公。

（十八）【鲁僖（釐）公】

姬申（？—前627年），姬同之子，姬斑、姬启之弟。

鲁国第十八位君主，前660年至前627年在位，约计三十三年。死后谥鲁僖公。

（十九）【鲁文公】

姬兴（？—前609年），姬申之子。

鲁国第十九位君主，前627年至前609年在位，约计十八年。死后谥鲁文公。

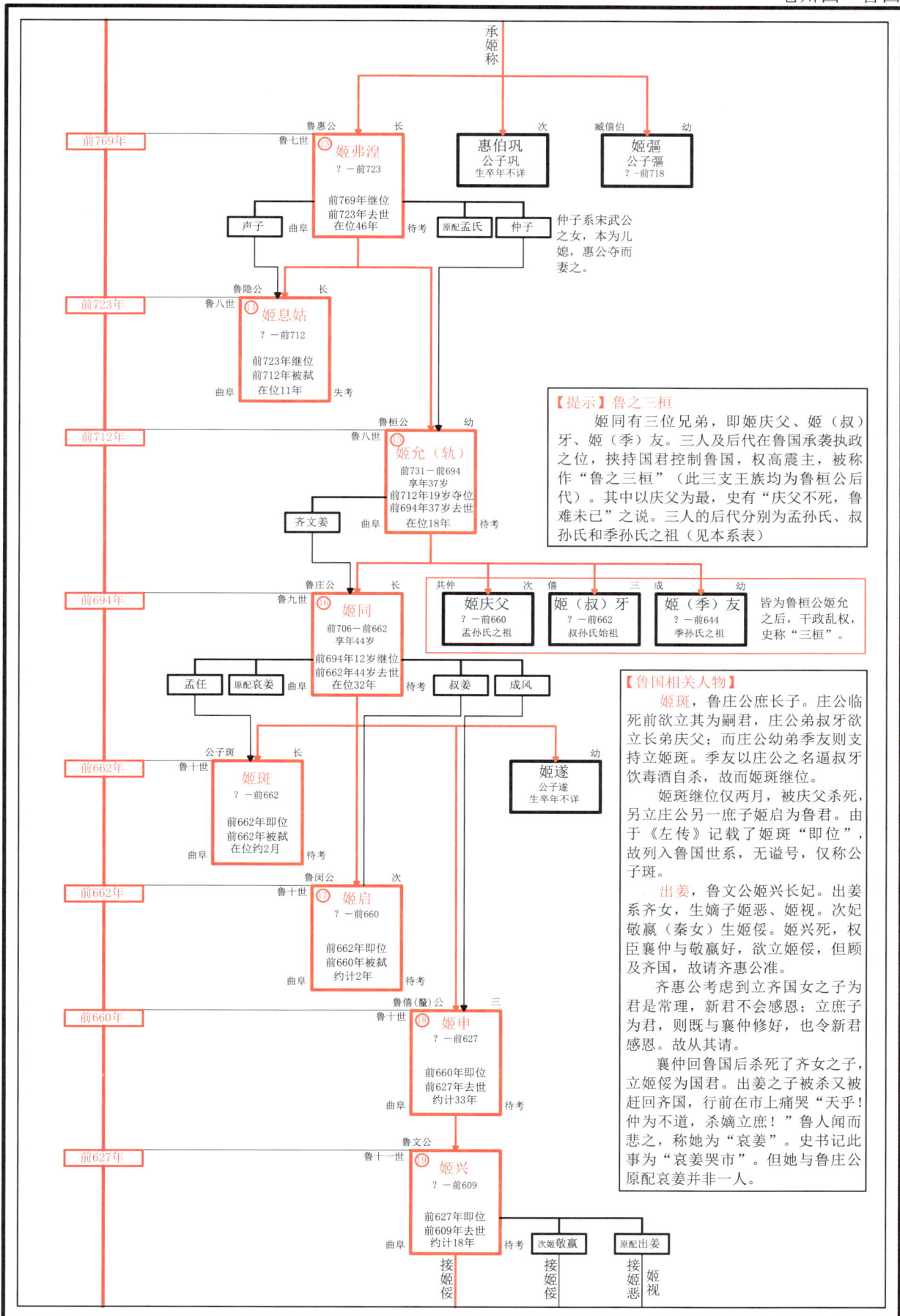

承姬称

鲁惠公　　长
鲁七世　⑬ 姬弗湟
？—前723

前769继位
前723年去世
在位46年

前769年

惠伯巩
公子巩
生卒年不详
次

臧僖伯　　幼
姬彄
公子彄
？—前718

声子　曲阜　　　待考　原配孟氏　仲子

仲子系宋武公
之女，本为儿
媳，惠公夺而
妻。

前723年

鲁隐公　　长
鲁八世　⑭ 姬息姑
？—前712

前723年继位
前712年被弑
曲阜　　在位11年　　失考

前712年

鲁桓公　　幼
鲁八世　⑮ 姬允（轨）
前731—前694
享年37岁
前712年19岁夺位
前694年37岁去世
曲阜　　在位18年　　待考

齐文姜

【提示】鲁之三桓
　姬同有三位兄弟，即姬庆父、姬（叔）
牙、姬（季）友。三人及后代在鲁国承袭执政
之位，挟持国君控制鲁国，权高震主，被称
作"鲁之三桓"（此三支王族均为鲁桓公后
代）。其中以庆父为最，史有"庆父不死，鲁
难未已"之说。三人的后代分别为孟孙氏、叔
孙氏和季孙氏之祖（见本系表）

前694年

鲁庄公　　长
鲁九世　⑯ 姬同
前706—前662
享年44岁

前694年12岁继位
前662年44岁去世
在位32年

共仲　　次
姬庆父
？—前660
孟孙氏之祖

僖　　三
姬（叔）牙
？—前662
叔孙氏始祖

成　　幼
姬（季）友
？—前644
季孙氏之祖

皆为鲁桓公姬允
之后，干政乱权，
史称"三桓"。

孟任　原配哀姜　曲阜　　待考　叔姜　成风

【鲁国相关人物】
　姬斑，鲁庄公庶长子。庄公临
死前欲立其为嗣君，庄公弟叔牙欲
立长弟庆父；而庄公幼弟季友则支
持立姬斑。季友以庄公之名逼叔牙
饮毒酒自杀，故而姬斑继位。
　姬斑继位仅两月，被庆父杀死，
另立庄公另一庶子姬启为鲁君。由
于《左传》记载了姬斑"即位"，
故列入鲁国世系，无谥号，仅称公
子斑。
　出姜，鲁文公姬兴长妃。出姜
系齐女，生嫡子姬恶、姬视。次妃
敬嬴（秦女）生姬俀。姬兴死，权
臣襄仲与敬嬴好，欲立姬俀，但顾
及齐国，故请齐惠公准。
　齐惠公考虑到立齐国女之子为
君是常理，新君不会感恩；立庶子
为君，则既与襄仲修好，也令新君
感恩。故从其请。
　襄仲回鲁国后杀死了齐女之子，
立姬俀为国君。出姜之子被杀又被
赶回齐国，行前在市上痛哭"天乎！
仲为不道，杀嫡立庶！"鲁人闻而
悲之，称她为"哀姜"。史书记此
事为"哀姜哭市"。但她与鲁庄公
原配哀姜并非一人。

前662年

公子斑　　长
鲁十世　姬斑
？—前662

前662年即位
前662年被弑
曲阜　　在位约2月　　待考

姬遂
公子遂
生卒年不详
幼

前662年

鲁闵公　　次
鲁十世　⑰ 姬启
？—前660

前662年即位
前660年被弑
约2年
曲阜　　待考

前660年

鲁僖（釐）公　　三
鲁十世　⑱ 姬申
？—前627

前660年即位
前627年去世
约33年
曲阜　　待考

前627年

鲁文公
鲁十一世　⑲ 姬兴
？—前609

前627年即位
前609年去世
约18年
曲阜　　待考　　次姬敬嬴　原配出姜

接姬俀　　接姬俀　　接姬恶　　姬视

（廿）【鲁宣公】

姬倭（？—前591年），倭，音：tuǐ。姬兴之庶子，母为敬嬴。鲁国第二十位君主，前609年至前591年在位，约计十八年。死后谥鲁宣公。

史载：其父姬兴立姬倭而杀嫡子姬恶、姬视，由此公室转卑，"三桓"强。

（廿一）【鲁成公】

姬黑肱（？—前573年），姬倭之子，母为穆姜。鲁国第二十一位君主，前591年至前573年在位，约计十八年。死后谥鲁成公。

（廿二）【鲁襄公】

姬午（前575年—前542年），姬黑肱之子。鲁国第二十二位君主，两岁继位，公元前573年至前542年在位，约计三十一年。死后谥鲁襄公。

鲁襄公死，其与胡国女敬归所生之太子姬野即位，然姬野在位仅两月就因哀伤过度去世。无谥，只称鲁太子。

（廿三）【鲁昭公】

姬裯（前560年—前510年），又名姬稠、姬袑（shào），姬午之子，母为齐归。裯，音dāo，又音chóu。鲁国第二十三位君主，前542年至前510年在位，约计三十二年。死后谥鲁昭公。

公元前517年，鲁国因斗鸡而发生大夫权臣内乱，姬裯先后逃到齐国、晋国。终死于晋国。在位时孔子出生。

（廿四）【鲁定公】

姬宋（前556年—前495年），姬裯之弟。鲁国第二十四位君主，公元前510年至前495年在位，约计十五年。死后谥鲁定公。

姬宋在世时鲁国大乱，大权被鲁国"三桓"的季孙氏、孟孙氏和叔孙氏三家控制，国君只是傀儡。姬宋曾问政于孔子，并在孔子的陪同下参加齐鲁两国的"夹谷会盟"，然孔子之说对鲁国并未起太大作用。

（廿五）【鲁哀公】

姬将（前521年—前468年），姬宋之子。鲁国第二十五位君主，前495年至前468年在位，约计二十七年。死后谥鲁哀公。

在位期间问政于孔子，然儒学在大争之世并无明显作用。前481年姬将西巡射伤麒麟，回来后麒麟已死，孔子闻之落泪。该年孔子学生颜回去世，相传孔子作《春秋》至此辍笔。公元前479年，孔子去世。

（廿六）【鲁悼公】

姬宁（？—前437年），姬将之子。鲁国第二十六位君主，前468年至前437年在位，约计三十一年。死后谥鲁悼公。

（廿七）【鲁元公】

姬嘉（？—前416年），姬宁之子。鲁国第二十七位君主，前437年至前416年在位，约计二十一年。死后谥鲁元公。

承姬兴　承敬赢　　承出姜

嫡长　　　　　　　嫡次

姬恶	姬视
生卒年不详	生卒年不详

鲁宣公　庶
鲁十二世　㉚ 姬倭
? —前591
前609年继位
前591年去世
约计18年
曲阜　待考　穆姜

前609年

鲁成公
鲁十三世　㉛ 姬黑肱
? —前573
前591年继位
前573年去世
约计18年
曲阜　待考　待考

前591年

鲁襄公
鲁十四世　㉜ 姬午
前575—前542
享年33岁
前573年2岁继位
前542年33岁去世
约计31年
敬归　姐妹　齐归　曲阜　待考　待考

前573年

鲁太子　长　鲁昭公　次
鲁十五世

姬野	㉝ 姬裯
? —前542	前560—前510
前542年继位	享年50岁
前542年去世	前542年18岁继位
约计2月	前510年50岁去世
	约计32年 曲阜 待考

前542年

鲁定公　幼
鲁十五世　㉞ 姬宋
前556—前495
享年61岁
前510年46岁继位
前495年61岁去世
约计15年
曲阜　待考

前510年

鲁哀公
鲁十六世　㉕ 姬将
? —前468
前495年继位
前468年去世
约计27年
曲阜　待考

前495年

鲁悼公
鲁十七世　㉖ 姬宁
? —前437
前468年即位
前437年去世
约计31年
曲阜　待考

前468年

鲁元公
鲁十八世　㉗ 姬嘉
? —前416
前437年继位
前410年去世
约计27年
曲阜　待考　穆姜

前437年

接姬显　接姬显

（廿八）【鲁穆公】

姬显（？—前383年），姬嘉之子。《史记索隐》作不衍。鲁国第二十八位君主，前416年至前383年在位，约计三十三年。死后谥鲁穆公。

姬显注重礼贤下士，曾隆重礼拜孔伋（孔子的嫡孙，字子思），咨以国事；容许墨翟在鲁国授徒传道，组织学派，使鲁国一度出现安定局面。

（廿九）【鲁共公】

姬奋（？—前353年），姬显之子。鲁国第二十九位君主，前383年至前353年在位，约计三十年。死后谥鲁共公。

（卅）【鲁康公】

姬屯（？—前344年），姬奋之子。

鲁国第三十位君主，前353年至前344年在位，约计九年。死后谥鲁康公。

（卅一）【鲁景公】

姬匽（？—前323年），姬屯之子。鲁国第三十一位君主，前344年至前323年在位，约计二十一年。死后谥鲁景公。

姬匽去世时，韩、赵、魏、燕、中山"五国相王"，鲁国未参与，自此彻底沦为落后的国家。

（卅二）【鲁平公】

姬叔（？—前303年），姬匽之子。鲁国第三十二位君主，前323年至前303年在位，约计二十年。死后谥鲁平公。

他在位时鲁国国力衰弱，当时战国七雄中的六国都已经相继称王，鲁国只能在倾轧中生存，无能力称王。

（卅三）【鲁文公】

姬贾（？—前280年），姬叔之子。

鲁国第三十三位君主，前303年至前280年在位，约计二十三年。死后谥鲁文公。《世本》《汉书》《律历志》则记作湣公，愍公，缗公，皆音同，故通用。

（卅四）【鲁顷公】

姬仇（？—前249年），原名姬雠，姬贾之子。鲁国末代君主，前280年至前255年在位，约计二十五年。

公元前255年，鲁国为楚国所灭，姬仇被迁于莒城（鲁国仅余此一城，今山东省莒县）居住。

公元前249年，姬仇把《周礼》等经典藏于墙壁，后薨于莒（今山东东阿），遂葬。后谥鲁顷公。鲁国绝祀。

注意：这部藏于墙壁的经典并不是汉代在孔子宅壁中发现的藏书。

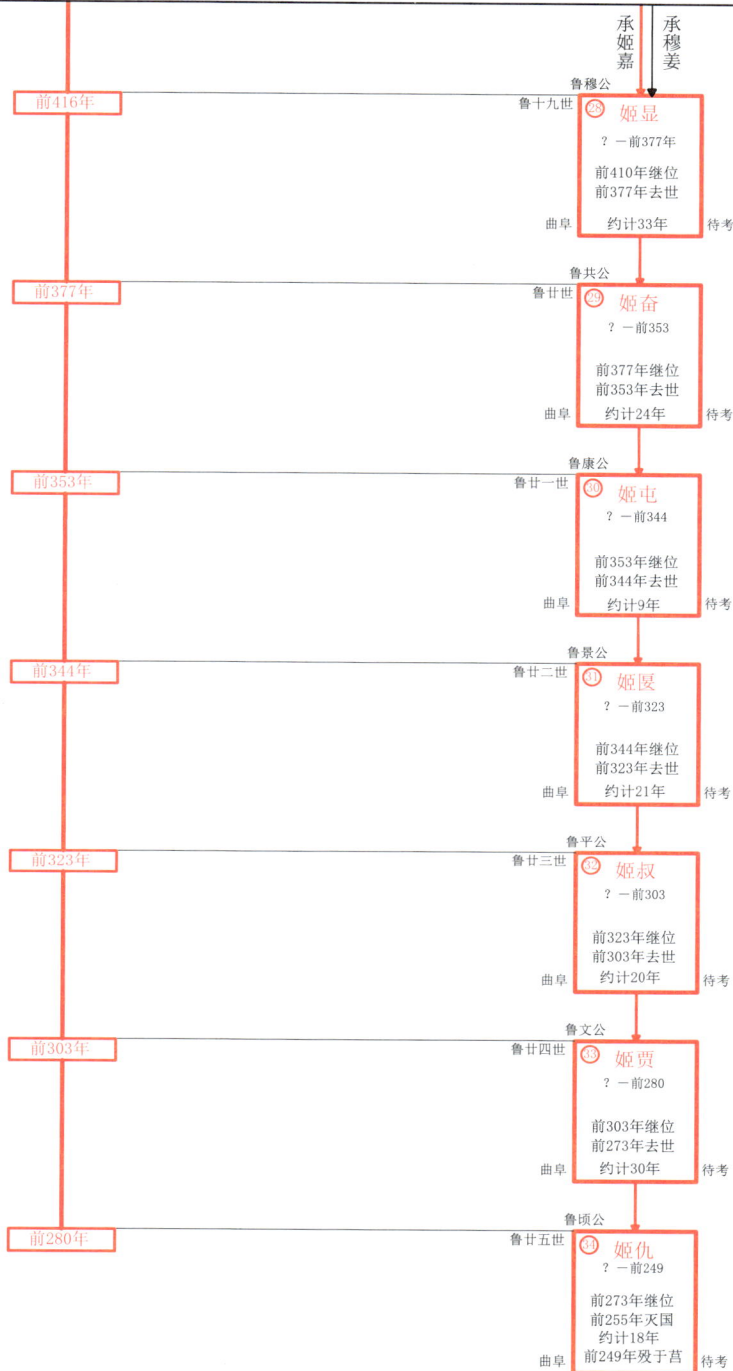

承
姬
嘉

承
穆
姜

鲁穆公
鲁十九世　㉘姬显
? 一前377年

前410年继位
前377年去世
曲阜　约计33年　待考

鲁共公
鲁廿世　㉙姬奋
? 一前353

前377年继位
前353年去世
曲阜　约计24年　待考

鲁康公
鲁廿一世　㉚姬屯
? 一前344

前353年继位
前344年去世
曲阜　约计9年　待考

鲁景公
鲁廿二世　㉛姬匽
? 一前323

前344年继位
前323年去世
曲阜　约计21年　待考

鲁平公
鲁廿三世　㉜姬叔
? 一前303

前323年继位
前303年去世
曲阜　约计20年　待考

鲁文公
鲁廿四世　㉝姬贾
? 一前280

前303年继位
前273年去世
曲阜　约计30年　待考

鲁顷公
鲁廿五世　㉞姬仇
? 一前249

前273年继位
前255年灭国
约计18年
前249年殁于莒
曲阜　待考

前416年

前377年

前353年

前344年

前323年

前303年

前280年

【春秋名人·墨子简介】

墨子（前476年—前390年，又说前480年—前420年，待考），名翟，春秋末期战国初期宋国人，一说鲁阳人，一说滕国人。宋国君主宋襄公的哥哥目夷的后裔，曾担任宋国大夫。中国古代思想家、教育家、科学家、军事家，墨家学派创始人。他虽然是贵族后裔，但因家世沉沦，是中国历史上唯一的农民出身的哲学家。

作为一个平民，墨子在少年时代做过牧童，学过木工。据说他制作守城器械的本领比公输班（鲁班）还要高明。他自称是"鄙人"，被人称为"布衣之士"。

墨子有相当的文化修养，又接近小生产者，自诩说"上无君上之事，下无耕农之难"，是一个同情"农与工肆之人"的士子。

据《淮南子·要略》记载，墨子原为儒门弟子，学习儒学。但因不满儒家学说而最终舍弃儒学另立新说，在各地聚众讲学，并以激烈的言辞抨击儒家和各诸侯国的暴政。大批的手工业者和下层士人开始追随墨子，逐步形成了独树一帜的墨家学派，成为儒家的主要对立力量。

墨家学说提出"兼爱""非攻""尚贤""尚同""天志""明鬼""非命""非乐""节葬""节用"等观点，以兼爱为核心，以节用、尚贤为支点，创立了以几何学、物理学、光学为突出成就的一整套科学理论。墨家在先秦时期影响很大，与儒家并称"显学"。战国时期的百家争鸣，有"非儒即墨"之称。墨子死后，墨家弟子仍遍布天下，故战国时期虽有诸子百家，但"儒墨显学"则是百家之首。墨子主张任人唯贤，反对任人唯亲，主张"官无常贵，而民无终贱"。

墨家后期分为相里氏、相夫氏、邓陵氏三个学派。墨子弟子根据墨子生平事迹的史料，收集其语录，编成了《墨子》一书。

该书内容广博，包括了政治、军事、哲学、伦理、逻辑、科技等方面，是研究墨子及其学术思想的重要史料。此书一部分记载墨子言行，阐述墨子观点，主要反映了前期墨家的思想；另一部分一般称作"墨辩"或"墨经"，着重阐述墨家的认识论和逻辑思想，还包含许多自然科学的内容。西晋鲁胜、乐壹都为《墨子》一书作过注释，均已散佚。如今的通行本有晚清孙诒让的《墨子闲诂》以及《诸子集成》所收录的版本。

近代学者杨向奎评价说"墨子在自然科学上的成就，绝不低于古希腊的科学家和哲学家，甚至高于他们。他个人的成就，就等于整个希腊。"

而现代学者鲍鹏山评价墨子是"挑战帝国的剑侠"。

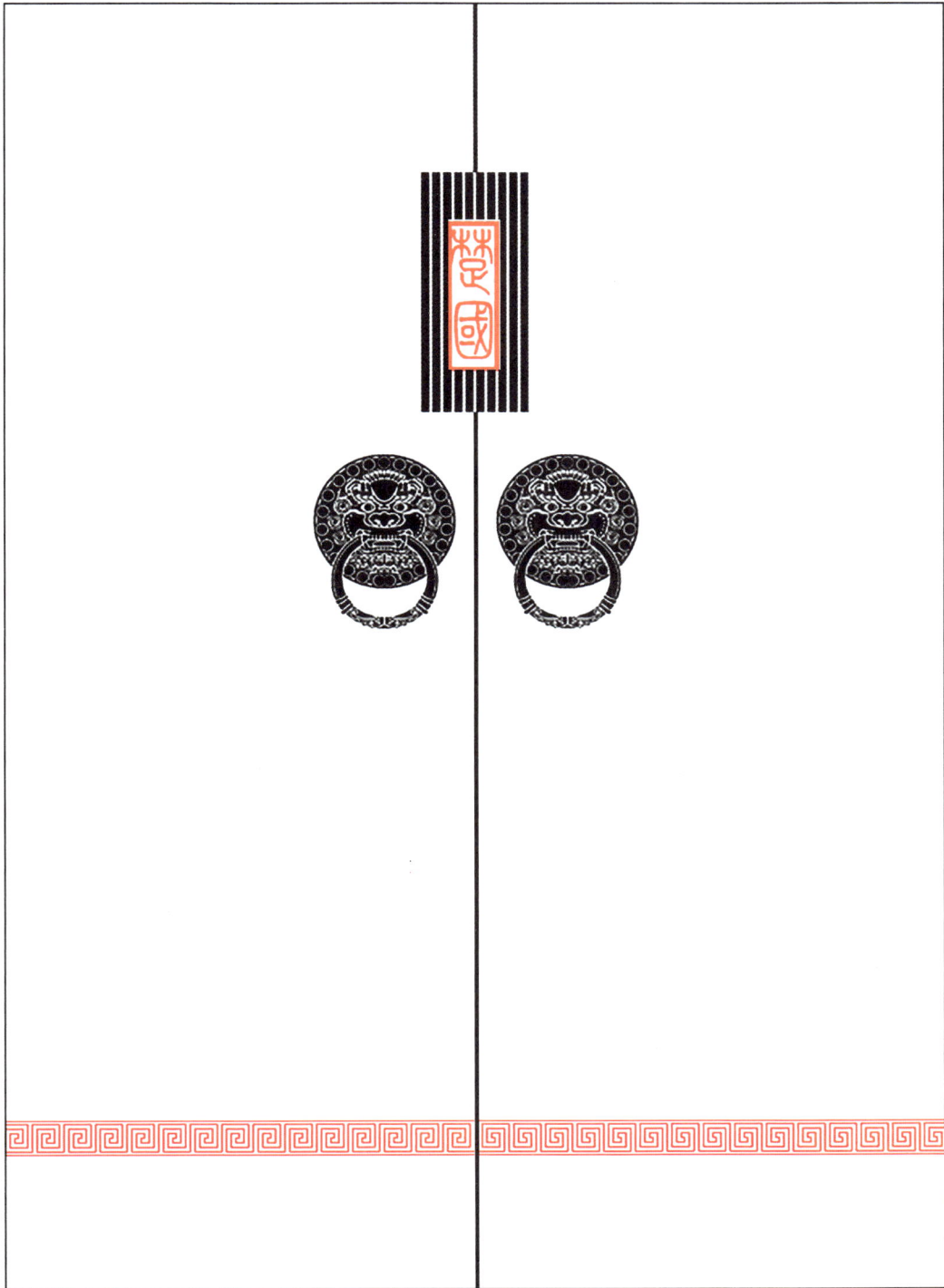

（一）【熊绎】

熊绎（生卒年不详），芈姓，熊氏，名绎，其祖为少典的八世孙陆终的第六子季连后代鬻熊的曾孙。周成王姬诵时受封南蛮之地，建立楚国（详参见《清华简·楚居》）。

熊绎在位时开疆拓土，与齐、鲁等国共同辅佐周康王。经过数代的努力，国力不断增强，由一个方圆仅有五十里的小国发展成泱泱大国。熊绎去世后，其子熊艾继位。

（二）【熊艾】

熊艾（生卒年不详），熊绎之子，楚国第二位君主。

据史料记载，周昭王姬瑕曾两次南征楚国，但都被熊艾击败，说明楚国已日益强大。熊艾死后，其子熊䵣继承楚君之位。

（三）【熊䵣】

熊䵣（生卒年不详），䵣，音：dá。熊艾之子，楚国第三位君主。史料不详。

（四）【熊胜】

熊胜（生卒年不详），熊䵣长子，楚国第四位君王。去世时因无子，传位于其弟熊杨。

（五）【熊杨】

熊杨（生卒年不详），熊䵣次子，楚国第五位君主。因熊胜无子遂继位。

在位期间，主要活动范围限于荆山及古沮、漳河上游地区。

（六）【熊渠】

熊渠（？－前877年），也称楚熊渠，熊杨之子，楚国第六位君主，约前886年至前877年在位。

熊渠在位时，趁周王室衰弱和中原动乱之机，将楚国势力推进至江汉平原。由于中原诸侯国一直看不起楚国，称其为"蛮夷"，故公然宣称"我蛮夷也，不与中国之号谥"，遂不经周王室批准，封长子熊毋康为句亶王（亶，音：dǎn），次子熊挚红为鄂王，少子熊执疵为越章王，镇守长江中游的三个要地。后因周厉王暴虐，熊渠担心因僭越封子为王受到讨伐，便取消了三子的王号。这是楚国第一次有记载的称王。

熊渠去世时，长子熊毋康已逝，次子熊挚红继位。不久，第三子熊执疵发动政变，弑兄代立为君，史称熊延。

（七）【熊挚红】

熊挚红（？－前876年），熊渠次子。因其兄熊毋康早逝而继位，楚国第七位君主，前877年至前876年在位，约计一年，被其弟熊执疵弑杀夺位。死后称楚熊挚。

【楚国简介】
　　楚国又称荆、荆楚，是先秦时期位于长江流域的诸侯国，国君为芈姓，金文中为嬭（nǎi）姓；熊氏，金文中为酓（yǎn）氏。周成王时期（前1042年—前1021年），封楚人首领熊绎为子爵，建立楚国。
　　据最新出土的《清华简·楚居》记载，楚人立国之初，在郌（ruò）国盗牛祭祀一事，说明建国之初的贫弱状况。经过几百年发展，楚国在春秋时楚成王之世开始崛起，奄有江汉，不断兼并周边小国。周天子赐胙，命楚国镇守中南。前704年，熊通僭越称王，是为楚武王。楚庄王时任用虞邱子、孙叔敖等贤臣，问鼎中原、经邲（邲，音bì。古地名，在今河南荥阳东北。）之战大败晋国而称霸，开创春秋时期楚国称雄的时代。进入战国后楚悼王任用吴起变法，使楚国兵强马壮，露称雄之势。至宣王、威王时期疆土西起大巴山，东至大海；南起南岭，北至今河南中部；包括安徽和江苏北部、陕西东南部、山东西南部，幅员广阔。楚国至此进入了鼎盛时期。
　　楚怀王时期攻越国，尽得吴地。但因为怀王用人不当以及秦相张仪欺诈，国势渐衰。
　　前223年，秦军攻破楚都寿春，楚国灭亡。

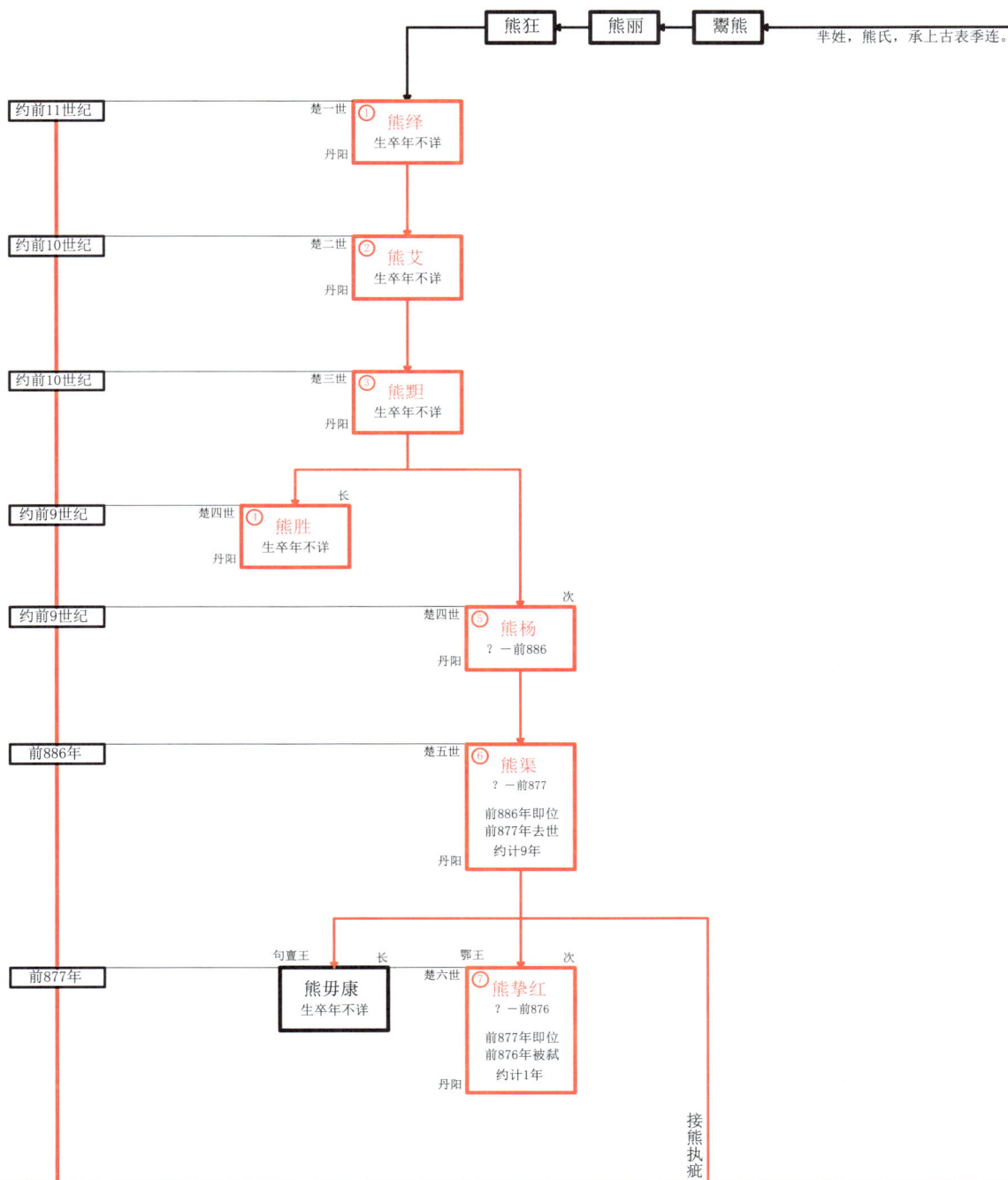

熊狂　←　熊丽　←　鬻熊　　芈姓，熊氏，承上古表季连。

约前11世纪　楚一世　丹阳　①熊绎 生卒年不详

约前10世纪　楚二世　丹阳　②熊艾 生卒年不详

约前10世纪　楚三世　丹阳　③熊䴴 生卒年不详

约前9世纪　楚四世　丹阳　长　④熊胜 生卒年不详

约前9世纪　楚四世　丹阳　次　⑤熊杨 ?—前886

前886年　楚五世　丹阳　⑥熊渠 ?—前877 前886年即位 前877年去世 约计9年

前877年　句亶王　长　熊毋康 生卒年不详　　鄂王　楚六世　次　⑦熊挚红 ?—前876 前877年即位 前876年被弑 约计1年　丹阳

接熊执疵

（八）【熊延】

熊延（？—前847年），熊渠少子，楚国第八位君主，约公元前876年至公元前847年在位，约计二十九年。

他在公元前876年，弑杀其次兄熊挚红夺位。其余史无详载。

（九）【熊勇】

熊勇（？—前838年），熊延之子，出生于楚国都城丹阳。楚国第九位君主，前847年至前838年在位，约计十一年。因无子，死后由其弟熊严即位。其余史无详载。

（十）【熊严】

熊严（？—前828年），荆山（今南漳西北）人，熊延少子，熊勇之弟，楚国第十位君主，前838年至前828年在位，约计十年。其余史无详载。

（十一）【熊相】

熊相（？—前822年），熊严长子，熊徇长兄，楚国第十一位君主，前828年至前822年在位，约计六年。

《史记》《左传》记其名为"熊霜"；《汉书·古今人表》记作"熊霸"。但在《楚居》里其名记为"熊相"；包山楚简亦记为"熊相"；汉阳陵陪葬墓亦出土一枚姓氏为"熊相"的私印。故"熊相"当是其正确的名字。

熊相元年（公元前827年）周宣王初立。熊相去世后三弟争立。仲雪死，叔堪避难于濮，四弟熊徇（又称季徇）立。

（十二）【熊徇】

熊徇（？—前800年），又称季徇，熊严第四子，熊相四弟。楚国的第十二位君主，约前822年至前800年在位，约计二十二年。其余史无详载。

（十三）【熊咢】

熊咢（？—前791年），咢，音：è，熊徇之子，楚国第十三位君主，约前800年至前791年在位，约计九年。

（十四）【熊仪】

熊仪（？—前764年），熊咢之子，楚国第十四位君主，前791年至前764年在位，约计二十七年。

楚国将死去的先王称为"敖"。因熊仪死后葬在"若"地，故被尊为"若敖"，这是楚国君主有谥号的开始。

另：熊仪之幼子斗伯比因封于斗邑，亦以"若敖"为氏，为中华斗氏之祖，亦号称"若敖"。

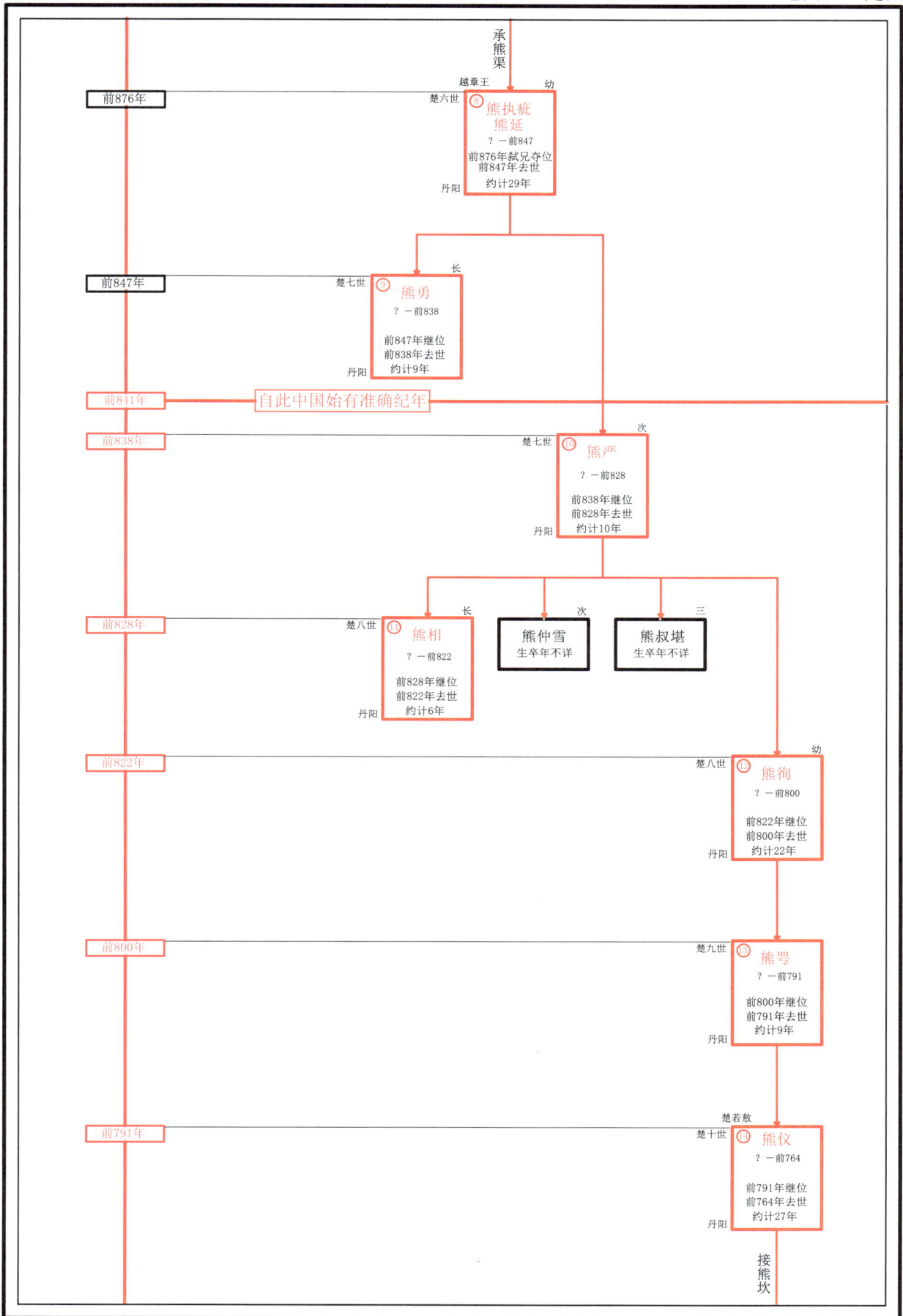

承
熊
渠

越章王　　　　幼

前876年

楚六世　⑧　熊执疵
熊延

? —前847

前876年弑兄夺位
前847年去世
约计29年

丹阳

长

前847年

楚七世　⑨　熊勇

? —前838

前847年继位
前838年去世
约计9年

丹阳

前841年　　自此中国始有准确纪年

次

前838年

楚七世　⑩　熊严

? —前828

前838年继位
前828年去世
约计10年

丹阳

长

次　　　　　　三

前828年

楚八世　⑪　熊相

? —前822

前828年继位
前822年去世
约计6年

丹阳

熊仲雪	熊叔堪
生卒年不详	生卒年不详

幼

前822年

楚八世　⑫　熊徇

? —前800

前822年继位
前800年去世
约计22年

丹阳

前800年

楚九世　⑬　熊咢

? —前791

前800年继位
前791年去世
约计9年

丹阳

楚若敖

前791年

楚十世　⑭　熊仪

? —前764

前791年继位
前764年去世
约计27年

丹阳

接
熊
坎

（十五）【楚霄敖】

熊坎（？—前758年），熊仪长子，楚国第十五位君主。前764年至前758年在位，约计六年。因熊坎死后葬于霄地，故亦称为"楚霄敖"。

（十六）【楚厉王】

熊眴（？—前741年），亦称楚蚡冒，熊坎长子，楚国第十六位君主，前758年至前741年在位，约计十七年。

在位时使楚国实力增强。和氏璧传说始于此。去世后谥楚厉王。死后其弟熊通杀其子夺位自立。

（十七）【楚武王】

熊通（？—前690年），生于丹阳（今宜昌）。熊坎次子，楚厉王之弟，楚国第十七位君主，前741年至前690年在位，约计五十一年。号称"春秋三小霸"之一。

公元前741年，楚厉王去世，熊通杀楚厉王之子，夺位自立为君。执政期间奉行铁腕政策，敢作敢为，给楚国打造了初具规模的国家体制。熊通向周天子请晋爵为王，没有得到允许，怒曰："吾先鬻熊，文王之师也，蚤终。成王举我先公，乃以子男田令居楚，蛮夷皆率服，而王不加位，我自尊耳。"于是自立为王。后在前690年攻伐随国的征途中去世，谥"楚武王"。

（十八）【楚文王】

熊赀（？—前675年），赀，音：zī 。熊通之子，母邓曼。楚国第十八位君主，约前690年至前675年在位，约计十五年。《楚史》记载他迁都于郢（今宜城楚皇城），然又有说迁都是在十年前楚武王晚期，待考。

熊赀死后谥"楚文王"。

（十九）【楚堵敖】

熊艰（？—前672年），熊赀之子，母息夫人。楚国第十九位君主，前675年至前672年在位，约计三年。即位时年仅八岁。

公元前672年，被其同母弟熊恽弑杀夺位，熊恽即位后"以熊艰未尝治国，不成为君，号为'堵敖'，不以王礼葬之。"故此又记为"楚堵敖"。本系表因其有四年执政，仍按序记之。《史记·楚世家》记其名为"庄敖"。

（廿）【楚成王】

熊恽（？—前626年），出生于湖北广陵（今荆州），与熊艰为同母兄弟，楚国第二十位君主，前672年至前626年在位，约计四十六年。

公元前672年，弑杀其兄熊艰夺位。即位后与诸侯修好结盟，向周天子进贡以巩固王位，镇压夷越各族，大力开拓疆域。先后灭亡弦、黄、英、夔等国。公元前638年，在泓（今河南柘城县北）之战中战败宋襄公，称雄中原。

公元前626年，熊恽遭太子商臣（楚穆王）逼迫自杀，谥号"楚成王"。

承
熊
仪

楚霄敖　　　　长
楚十一世　⑮
熊坎
? —前758

前764年继位
前758年去世
约计6年
丹阳

前764年

熊伯比
斗伯比
生卒年不详

中华斗姓始祖

楚厉王　　　　长
楚十二世　⑯
熊眴
（楚蚡冒）
? —前741

前758年继位
前741年去世
约计17年
丹阳

前758年

佚名
生卒年不详
为楚武王所杀

楚武王　　　　幼
楚十二世　⑰
熊通
? —前690

前741年即位
前690年去世
约计51年
丹阳

前741年

邓曼

楚文王　　　　长
楚十三世　⑱
熊赀
? —前675

前690年继位
前675年去世
约计15年
丹阳→郢

熊子善
? —前664
楚令尹

屈瑕
? —前699
楚莫敖

因封于屈地，
故以屈为氏，
是屈原先祖。

前690年

文夫人息妫

楚堵敖　　　　长
楚十四世　⑲
熊艰
? —前672
享年11岁

前675年8岁即位
前672年11岁被杀
约计3年
郢

前675年

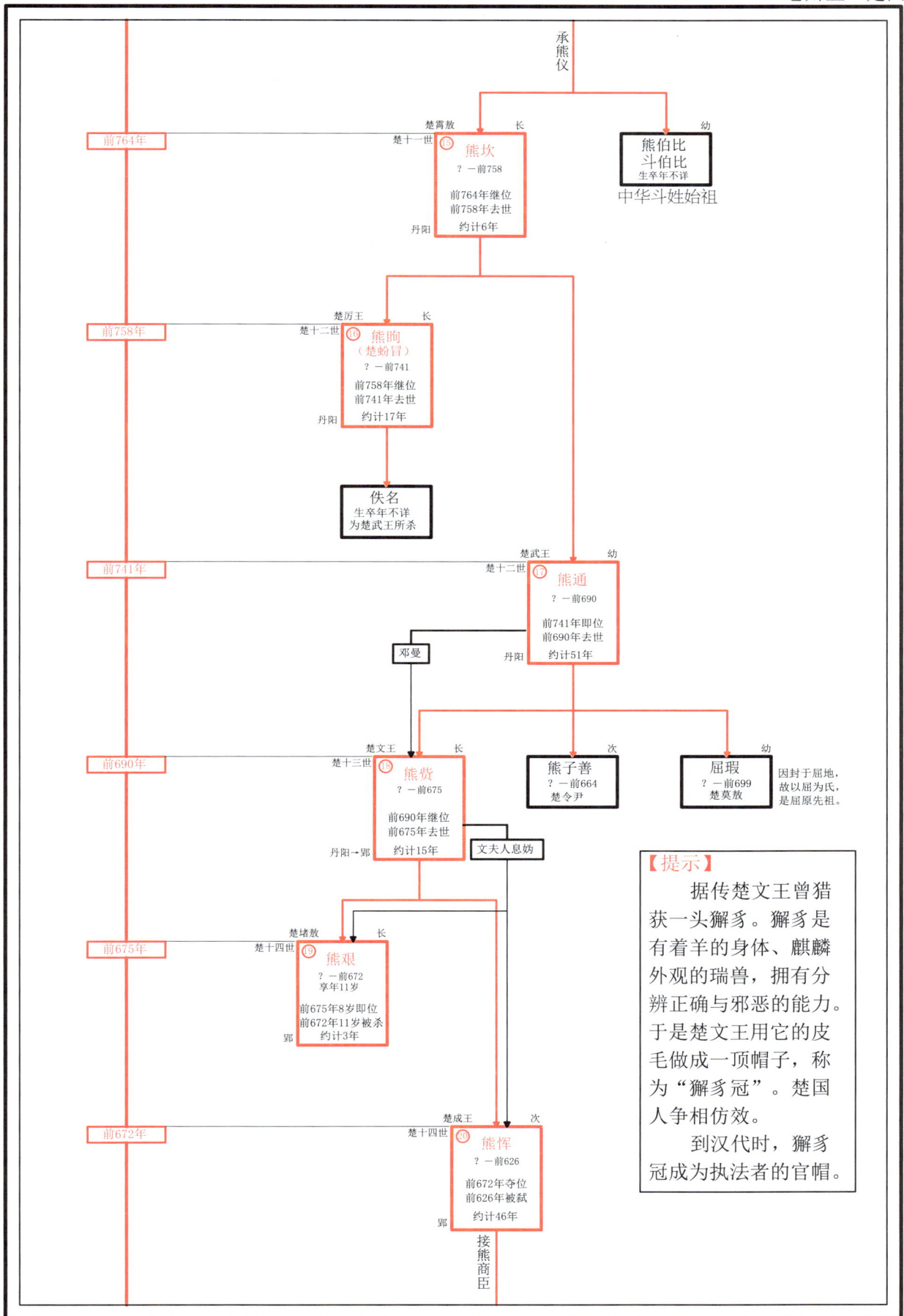

【提示】
据传楚文王曾猎
获一头獬豸。獬豸是
有着羊的身体、麒麟
外观的瑞兽，拥有分
辨正确与邪恶的能力。
于是楚文王用它的皮
毛做成一顶帽子，称
为"獬豸冠"。楚国
人争相仿效。
到汉代时，獬豸
冠成为执法者的官帽。

楚成王　　　　次
楚十四世　⑳
熊恽
? —前626

前672年夺位
前626年被弑
约计46年
郢

前672年

接
熊
商
臣

（廿一）【楚穆王】

熊商臣（？—前614年），楚成王长子，楚国第二十一位君主，前626年至前614年在位，约计十二年。

其父在位时已经立商臣为太子。但在前626年商臣得知其父想改立其弟王子职为太子，于是带兵包围王宫，逼迫其父上吊自杀，夺位自立为君。即位后尽力改变楚国的劣势，牢牢控制江淮地区（今安徽中、西部），对外征讨，对内平叛。公元前614年去世，谥"楚穆王"。

（廿二）【楚庄王】

熊侣（？—前591年），又名旅、吕。楚穆王之子。楚国第二十二位君主，前614年至前591年在位，约计二十三年。是春秋五霸之一。

即位时不足二十岁，国内矛盾重重。表面上不问政事，但用心品察。三年后重用忠直之臣，对外强军，对内发展经济，充实国力。他初期的政治举措是成语"一鸣惊人"的典故出处。公元前597年，大胜晋国，使国威大振，后攻灭萧国，屡胜宋国，并问鼎中原，成为霸主。

公元前591年去世，谥号"楚庄王"，葬于纪山。

（廿三）【楚共王】

熊审（前600年—前560年），楚庄王之子，楚国第二十三位君主，前591年至前560年在位，约计三十一年。他九岁即位，大臣子重专权乱政。大夫申公巫臣逃到晋国，这是"楚才晋用"典故出处。前560年去世，谥"楚共王"。

（廿四）【楚康王】

熊昭（？—前545年），楚共王之长子，楚灵王、楚初王、楚平王之长兄。楚国第二十四位君主，前560年至前545年在位，约计十五年。在位时巩固政权，北伐中原，远交近攻，形成晋楚并霸的局面。死后谥"楚康王"。

（廿五）【楚郏敖】

熊员（？—前541年），楚康王之子。楚国第二十五位君主。《楚居》和《系年》分别称其为嗣子王和孺子王，前545年至前541年在位，约计四年。

在位时其叔父熊围任令尹摄政，前541年冬借入宫问疾之机弑杀熊员及其子嗣夺位，是为楚灵王。熊员死后谥"楚郏敖"。

（廿六）【楚灵王】

熊围（？—前529年），楚共王次子。前541年杀侄儿熊员自立，改名熊虔。楚国第二十六位君主，前541年至前529年在位，约计十二年。为人穷奢极欲、昏暴无道。公元前529年楚国叛乱，出逃后在郊外自缢。谥为"楚灵王"。

（廿七）【楚初王】

熊比（？—前529年），楚共王第三子，楚康王、楚灵王三弟，楚平王三兄。楚国第二十七位君主，在位仅两月。熊比乘灵王在外之机杀灵王太子，逼灵王自缢后自立。两月后被其弟熊弃疾恫吓自杀，谥"楚初王"。

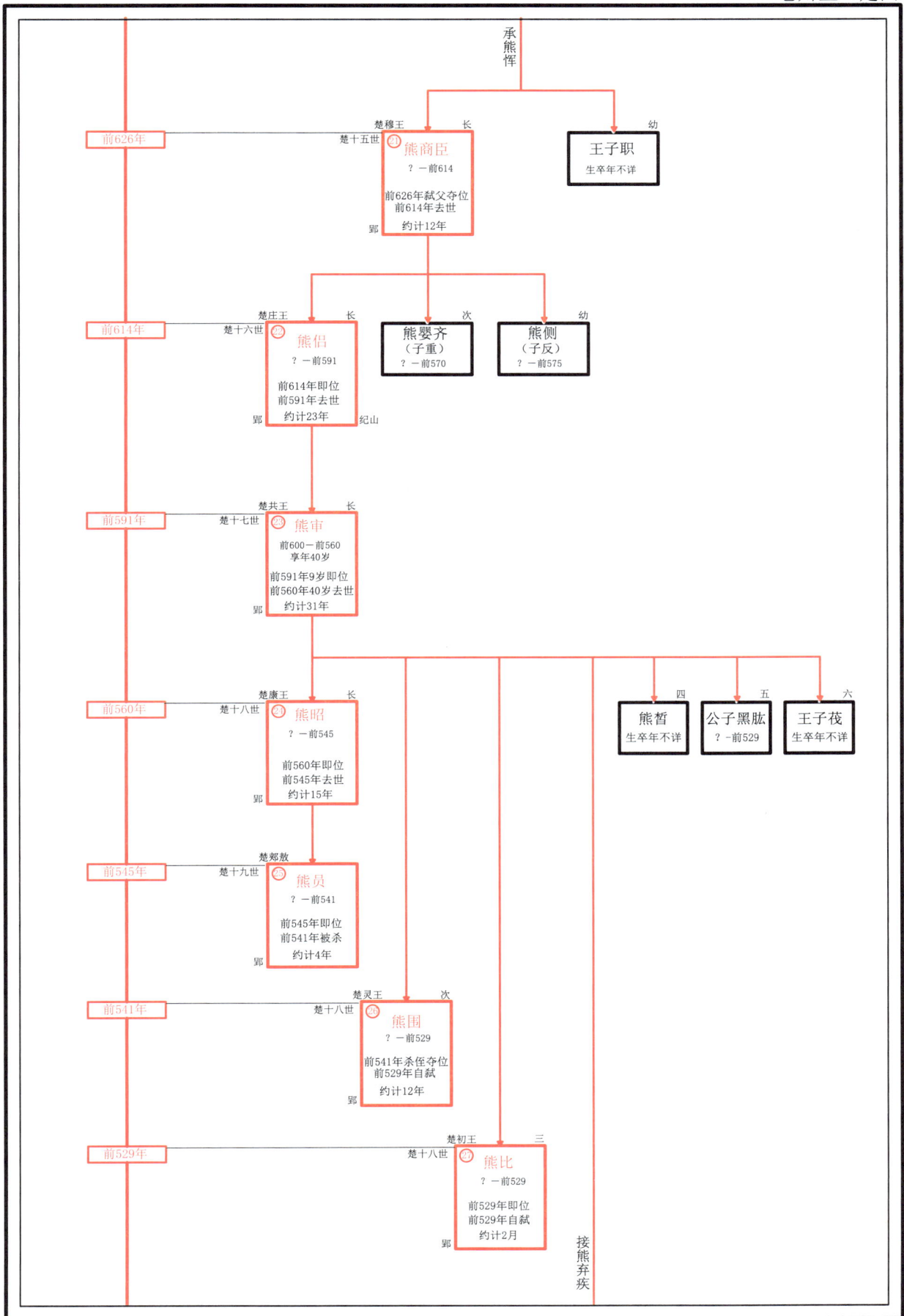

承
熊
恽

前626年　　　　　　　　楚穆王　　　长

㉑ 熊商臣

？—前614

前626年弑父夺位
前614年去世
郢　　约计12年

王子职

生卒年不详　幼

熊婴齐
（子重）　　次

？—前570

熊侧
（子反）　　幼

？—前575

前614年　　　　　　　　楚庄王　　　长

㉒ 熊侣

？—前591

前614年即位
前591年去世
郢　　约计23年　　纪山

前591年　　　　　　　　楚共王　　　长

㉓ 熊审

前600—前560
享年40岁

前591年9岁即位
前560年40岁去世
郢　　约计31年

前560年　　　　　　　　楚康王　　　长

㉔ 熊昭

？—前545

前560年即位
前545年去世
郢　　约计15年

熊皙

生卒年不详　四

公子黑肱

？—前529　五

王子茷

生卒年不详　六

前545年　　　　　　　　楚郏敖

㉕ 熊员

？—前541

前545年即位
前541年被杀
郢　　约计4年

前541年　　　　　　　　楚灵王　　　次

㉖ 熊围

？—前529

前541年杀侄夺位
前529年自缢
郢　　约计12年

前529年　　　　　　　　楚初王　　　三

㉗ 熊比

？—前529

前529年即位
前529年自弑
郢　　约计2月

接
熊
弃
疾

（廿八）【楚平王】

熊弃疾（？—前516年），即位后改名熊居。楚共王幼子，楚灵王之弟，楚国第二十八位君主，前529年至前516年在位，约计十三年。

熊弃疾宠信奸臣，抢夺太子熊建的未婚妻秦女孟赢，还诛杀了伍奢、伍尚，致使太子熊建、伍子胥出逃，为吴军破楚入郢、掘墓鞭尸埋下了伏笔。

在其统治下楚国国力日下，诸侯国都叛楚归晋，熊弃疾最终郁郁而死。谥"楚平王"。

（廿九）【楚昭王】

熊壬（前523年—前489年），又名轸（珍），楚平王之子，母为孟赢（前太子妻）。楚国第二十九位君主，前516年至489年在位，约计二十七年。

他八岁即位。临终时连续五次请求三个弟弟继位为王，但均被拒绝。后三个弟弟为安慰熊壬假意受命。熊壬去世后三个弟弟共同迎立熊壬之子熊章为王。熊壬谥"楚昭王"。

（卅）【楚惠王】

熊章（？—前432年），楚昭王之子，母越姬（越王勾践之女），楚国第三十位君主，前489年至前432年在位，约计五十七年。

即位后重用其叔父子西、子期、子闾等人，改革政治，与民休息，发展生产，使楚国国势复苏。将领土扩至东海，成为一方强霸。

公元前432年崩逝，谥"楚惠王"。

（卅一）【楚简王】

熊中（？—前408年），楚惠王之子，楚国第三十一位君主，前432年至前408年在位，约计二十四年。

公元前408年去世，谥"楚简王"。

（卅二）【楚声王】

熊当（？—前402年），楚简王之子，楚国第三十二位君主，前408年至前402年在位，约计六年。

在位时期楚国社会动荡不安，国事积弊日深。前402年竟然被"盗"所杀，足见国乱。死后谥"楚声王"。

（卅三）【楚悼王】

熊疑（？—前381年），又名类。楚声王之子，楚国第三十三位君主，前402年至前381年在位，约计二十一年。

继位后受三晋威胁，后重用吴起变法改革，让楚国再次强盛，但得罪了楚国旧贵族集团。故而是楚国历史上一个不甘落后，敢于变革的明君。但于公元前381年突然崩逝，谥"楚悼王"。

（卅四）【楚肃王】

熊臧（？—前370年），楚悼王之子，楚国第三十四位君王，前381年至前370在位，约计十一年。

公元前370年去世，谥"楚肃王"。

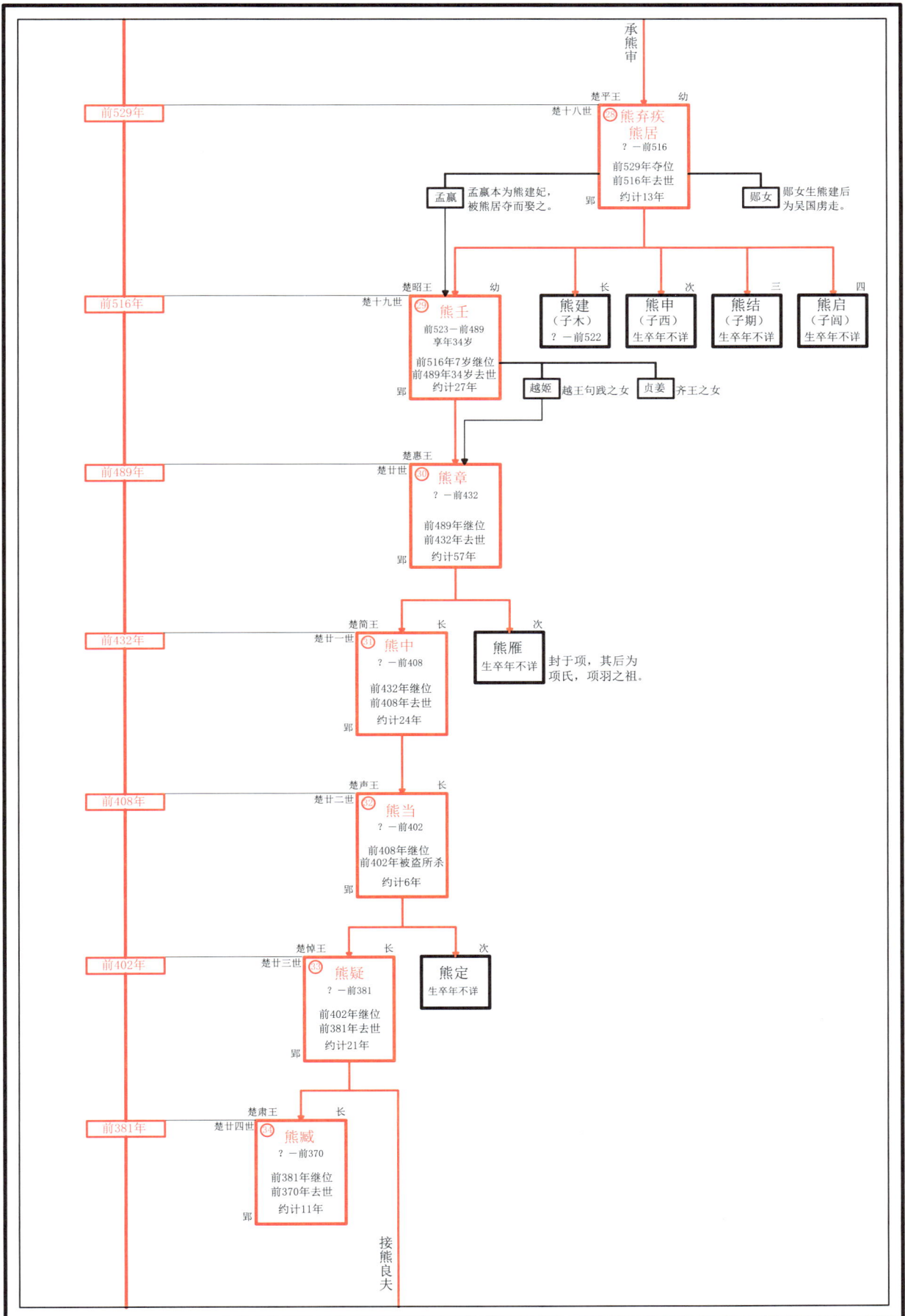

承熊审

前529年

楚平王 幼
楚十八世 ㉘熊弃疾
熊居
？—前516

前529年夺位
前516年去世
约计13年

郢

孟嬴 孟嬴本为熊建妃，
被熊居夺而娶之。

郹女 郹女生熊建后
为吴国虏走。

前516年

楚昭王 幼
楚十九世 ㉙熊壬
前523—前489
享年34岁

前516年7岁继位
前489年34岁去世
约计27年

郢

越姬 越王句践之女
贞姜 齐王之女

长
熊建
（子木）
？—前522

次
熊申
（子西）
生卒年不详

三
熊结
（子期）
生卒年不详

四
熊启
（子闾）
生卒年不详

前489年

楚惠王
楚廿世 ㉚熊章
？—前432

前489年继位
前432年去世
约计57年

郢

前432年

楚简王 长
楚廿一世 ㉛熊中
？—前408

前432年继位
前408年去世
约计24年

郢

次
熊雁
生卒年不详

封于项，其后为
项氏，项羽之祖。

前408年

楚声王 长
楚廿二世 ㉜熊当
？—前402

前408年继位
前402年被盗所杀
约计6年

郢

前402年

楚悼王 长
楚廿三世 ㉝熊疑
？—前381

前402年继位
前381年去世
约计21年

郢

次
熊定
生卒年不详

前381年

楚肃王 长
楚廿四世 ㉞熊臧
？—前370

前381年继位
前370年去世
约计11年

郢

接
熊
良
夫

（卅五）【楚宣王】

熊良夫（？—前340年），楚悼王之子，楚肃王弟，楚国第三十五位君主，前370年至前340年在位，约计三十年。楚肃王无子，故由其弟熊良夫继位。

在其统治近三十年间，采取休兵息民政策，但也不失时机地攻城掠地，开拓疆域，使楚国在战国时期出现了最强盛的局面，为楚威王和楚怀王的争霸战争打下了坚实的基础。公元前340年去世，谥"楚宣王"。

（卅六）【楚威王】

熊商（？—前329年），楚宣王之子，楚国第三十六位君主，前340年至前329年在位，约计十一年。

他承其父救赵伐魏与开拓巴蜀的格局，使楚国国势发展强大，疆土扩张到长江中下游与江淮地区，并以恢复楚庄王时代的霸业为志，力图使楚国冠绝诸国之首。公元前329年卒，谥"楚威王"。

（卅七）【楚怀王】

熊槐（？—前296年），楚威王之子，楚国第三十七位君主，前329年至前299年在位，约计三十年。

继位早期破格任用屈原等人进行改革，大败魏国，消灭越国，扩充疆土。前299年，与秦昭襄王会盟于武关被秦扣押，胁迫其割地。在被扣的三年里，其子不思救父却自立为王。熊槐为国家利益拒不割地，使秦国既不能得地，也不能攻打楚国，楚国暂得保全。于公元前296年客死于秦，梓棺返楚。谥"楚怀王"。

（卅八）【楚顷襄王】

熊横（？—前263年），楚怀王之子，楚国第三十八位君主。前299年至前263年在位，约计三十六年。继位时其父被扣押于秦国。

熊横继位前，曾先后在秦国与齐国两次为质，继位后楚国已处于衰落状态，虽有强国之志但已无力回天。死后谥"楚顷襄王"。

在位期间，公元前278年，屈原投江。

（卅九）【楚考烈王】

熊完（？—前238年），在《史记》中记作熊元。楚顷襄王之子。

楚国第三十九位君主，前263年至前238年在位，约计二十五年。

熊完早年在秦国做质子，其父楚顷襄王病危时，欲回国继位，但秦昭襄王不放。后黄歇以偷梁换柱的计谋使其逃归楚国并顺利继承王位。

即位后以黄歇为令尹，赐号"春申君"。后迁都寿春。

公元前238年去世，谥"楚考烈王"。

承熊疑

前370年

楚宣王
楚廿四世　　　　　　　　幼
⑮ 熊良夫
? 一前340

前370年继位
前340年去世
郢　　　约计30年

前340年

楚威王
楚廿五世　　　　　　　　幼
㊱ 熊商
? 一前329

前340年继位
前329年去世
郢　　　约计11年

前329年

楚怀王
楚廿六世　　　　　　　　
㊲ 熊槐
? 一前296
享年59岁
前329年26岁继位
前299年56岁质秦
约计30年
郢　　　前296年去世

其后人熊心被项羽立为义帝

前299年

楚项襄王
楚廿七世　　　　长
㊳ 熊横
? 一前263

前299年继位
前263年去世
郢　　　约计36年

阳文君
（佚名）
生卒年不详

熊子兰
生卒年不详

前263年

楚考烈王
楚廿八世　　　　长
㊴ 熊完
? 一前238

前263年继位
前238年去世
郢→寿春　约计25年

前238年

楚幽王
楚廿九世　　　　长
㊵ 熊悍
? 一前228

前238年继位
前228年去世
寿春　　　约计10年

熊启
（昌平君）
? 一前223

被项燕拥为楚王

前228年

楚哀王
楚廿九世　　　　次
㊶ 熊犹
? 一前228

前228年继位
前228年被杀
寿春　　　约计2月

楚王负刍
楚廿九世　　　　幼
㊷ 熊负刍
生卒年不详

前228年弑兄夺位
前223年被俘
寿春　　　约计5年

四十、【楚幽王】

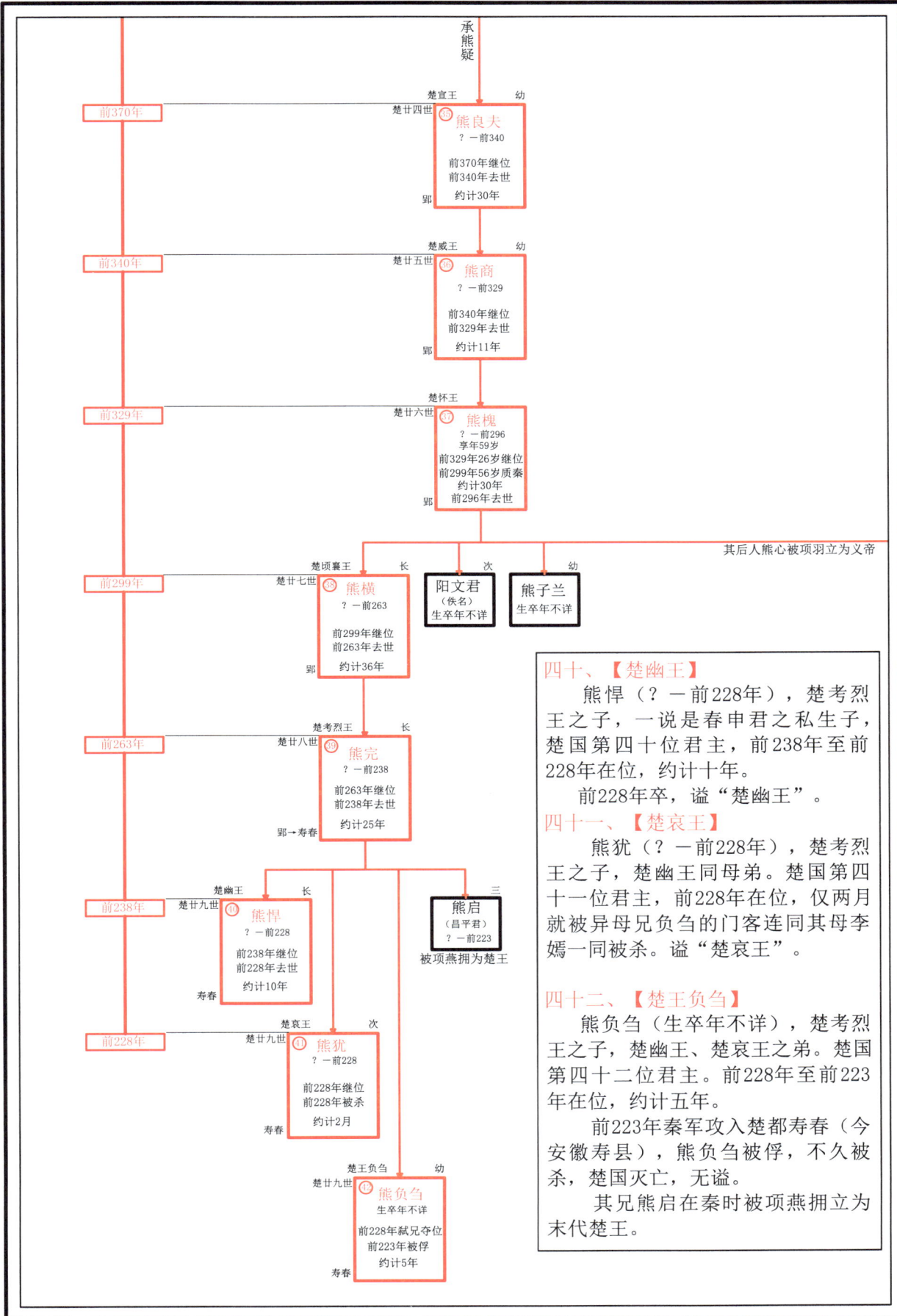

　　熊悍（？一前228年），楚考烈王之子，一说是春申君之私生子，楚国第四十位君主，前238年至前228年在位，约计十年。

　　前228年卒，谥"楚幽王"。

四十一、【楚哀王】

　　熊犹（？一前228年），楚考烈王之子，楚幽王同母弟。楚国第四十一位君主，前228年在位，仅两月就被异母兄负刍的门客连同其母李嫣一同被杀。谥"楚哀王"。

四十二、【楚王负刍】

　　熊负刍（生卒年不详），楚考烈王之子，楚幽王、楚哀王之弟。楚国第四十二位君主。前228年至前223年在位，约计五年。

　　前223年秦军攻入楚都寿春（今安徽寿县），熊负刍被俘，不久被杀，楚国灭亡，无谥。

　　其兄熊启在秦时被项燕拥立为末代楚王。

【春秋名人·屈原简介】

　　屈原（约公元前340年-公元前278年），芈姓，屈氏，名平，字原；又名正则，字灵均。战国时期的楚国贵族、诗人、政治家。楚武王熊通之子屈瑕的后代，因封于屈郡而以地为氏。战国末期楚国归乡乐平里（今秭归县屈原乡屈原村）人，出生于楚国丹阳秭归（今湖北宜昌）。

　　屈原少年时受过良好的教育，博闻强识，志向远大。早年受楚怀王信任，任左徒、三闾大夫，兼管内政外交大事。提倡"美政"，主张对内举贤任能，修明法度，对外力主联齐抗秦。因其执政理念影响了楚国贵族的利益，故遭排挤诽谤，被先后流放至汉北和沅湘流域。在楚国郢都被秦军攻破后，不甘于国破而自沉于汨罗江，以生命殉祭楚国。

　　屈原是中国历史上浪漫主义文学的奠基人，是"楚辞"的创立者和代表作家，被誉为"楚辞之祖"，楚国著名的辞赋家宋玉、唐勒、景差都受其影响。

　　屈原作品的出现，是南方长江流域的巫祝文化与北方黄河流域的宗法文化互相融合的经典。从此，中国诗歌从一个由直接颂讽现实事物的文学时代进入借神鬼入诗直舒胸臆并充满浪漫想象的时代。

　　在体裁形式上，屈原突破了传统诗歌以四字句为主的格局，每句字数不受约束，句法参差错落灵活多变。且不管是《诗经》或南方民歌，大多是篇幅短小；而屈原突破了这种约束，创作出有二千四百多字的《离骚》，为后世"汉赋"的产生打下了基础。

　　在创作手法上，屈原把赋、比、兴巧妙地糅合成一体，把抽象的品德意识和复杂的现实事物生动形象地表现出来，开创了用"香草美人"譬喻君子圣贤，用"恶木秽草"以讽小人的文学方式。

　　以屈原作品为主体的《楚辞》是中国浪漫主义文学的源头。后世学界将《楚辞》中的《离骚》与《诗经》中的《国风》并称为"风骚"，以显文化品格，对后世诗歌产生了深远影响。鲁迅先生赞其作品为"逸响伟辞，卓绝一世"。而"路漫漫其修远兮，吾将上下而求索"的精神，成为后世仁人志士所信奉和追求的一种高尚的精神境界。

　　其主要作品有《离骚》《九歌》《九章》《天问》等。

（一）【郑桓公】

姬友（？—前771年），姬姓，郑氏，名友。周厉王姬胡少子，周宣王姬静异母弟，受封前称王子友。参见本系表第一部分周朝系表。

郑国第一位君主，公元前806年至公元前771年在位，约计三十五年。

前806年，受封郑地（今陕西华县东），建立郑国，伯爵，故称郑伯友。前774年，任周王室司徒。前773年，姬友见王室多有争斗，恐祸将至，于是迁其国到东虢国和郐国之间，建都新郑（今河南新郑）。前771年，犬戎攻陷镐京，姬友与周幽王一同遇害。谥郑桓公。

（二）【郑武公】

姬掘突（？—前744年），姬友之子。

郑国第二位君主，公元前771年至公元前744年在位，约计二十七年。

周幽王被杀后，郑国与秦、晋、卫三国联军击退犬戎，因功封卿士。又护送周平王迁都雒邑。先后灭亡郐国、东虢国、胡国。前744年去世，死后谥郑武公。

（三）【郑庄公】

姬寤生（前757年—前701年），姬掘突长子。

郑国第三位君主，公元前744年至公元前701年在位，约计四十三年。

继位后先平定了胞弟姬段的叛乱，消除了内患。后十余年间富国强军，最终使得郑国称"小霸"于诸侯。

前707年，周桓王以不听王命为由攻郑，姬寤生率军于繻葛（今河南长葛）成功自保，使周天子威信扫地。前701年去世，享年五十六岁，死后谥郑庄公。

（四、六）【郑昭公】

姬忽（？—前695年），姬寤生长子，姬突、姬亹之兄。母为邓曼（邓国人）。郑国第四及第六位君主。

前701年继位仅两月，宋庄公因私宠姬寤生之妃雍姞，故诱迫郑国权臣祭仲改立雍姞之子姬突为君，姬忽得知后便流亡到卫国。其弟姬突登位后四年，因与祭仲不和，祭仲又逼迫姬突流亡，并迎姬忽回国，故于前697年二次登基，为第六任君主。前695年，权臣高渠弥借狩猎之机射杀姬忽。死后谥郑昭公。

（五、九）【郑厉公】

姬突（？—前673年），姬寤生次子，姬忽异母弟，母为雍姞（宋国人）。

郑国第五及第九位君主（两次在位）。前701年至前697年在位四年；前680年至前673年在位七年。

其兄姬忽即位后不久，姬突在祭仲帮助下夺位。因祭仲专权，欲杀祭仲但事情败露，故而出逃。流亡在外十七年后，再度复位为第九任君主。姬突二次即位后，因帮助周惠王平定王子颓及五大夫之乱勤王有功，获赐虎牢以东的土地，郑国由此复振。前673年去世，死后谥郑厉公。

【郑国简介】

　　郑国（公元前806年至公元前375年），周朝姬姓诸侯国之一。都河南新郑。

　　郑国经济发达、法制健全，民主政治和诗乐文化闻名于世，是中国法家思想的重要起源地。

　　公元前806年，姬友被封于首都镐京附近，国号为郑，都棫（yù）林（今陕西华县）。前769年迁于河南，建都于郑（今河南新郑）。

　　郑庄公姬寤生以其雄才大略，使郑国在春秋时期成为第一个称霸诸侯的国家，从而有"天下诸侯，莫非郑党"之说。名相子产治国有方，使得郑国路不拾遗，夜不闭户；名人列子淡泊名利，与其弟子共同创造了《列子》这一恢宏的经典。在汉代称为《冲虚真经》

　　然自郑庄公后，因其宠子太多王位争夺惨烈，弑父杀兄之事频仍；又有"七穆"摄政，使君权旁落，导致国基不稳。

　　郑国立国共计四百三十一年，传二十四位君主。战国初被韩国灭亡。

承周厉王姬胡，其兄为周宣王姬静。

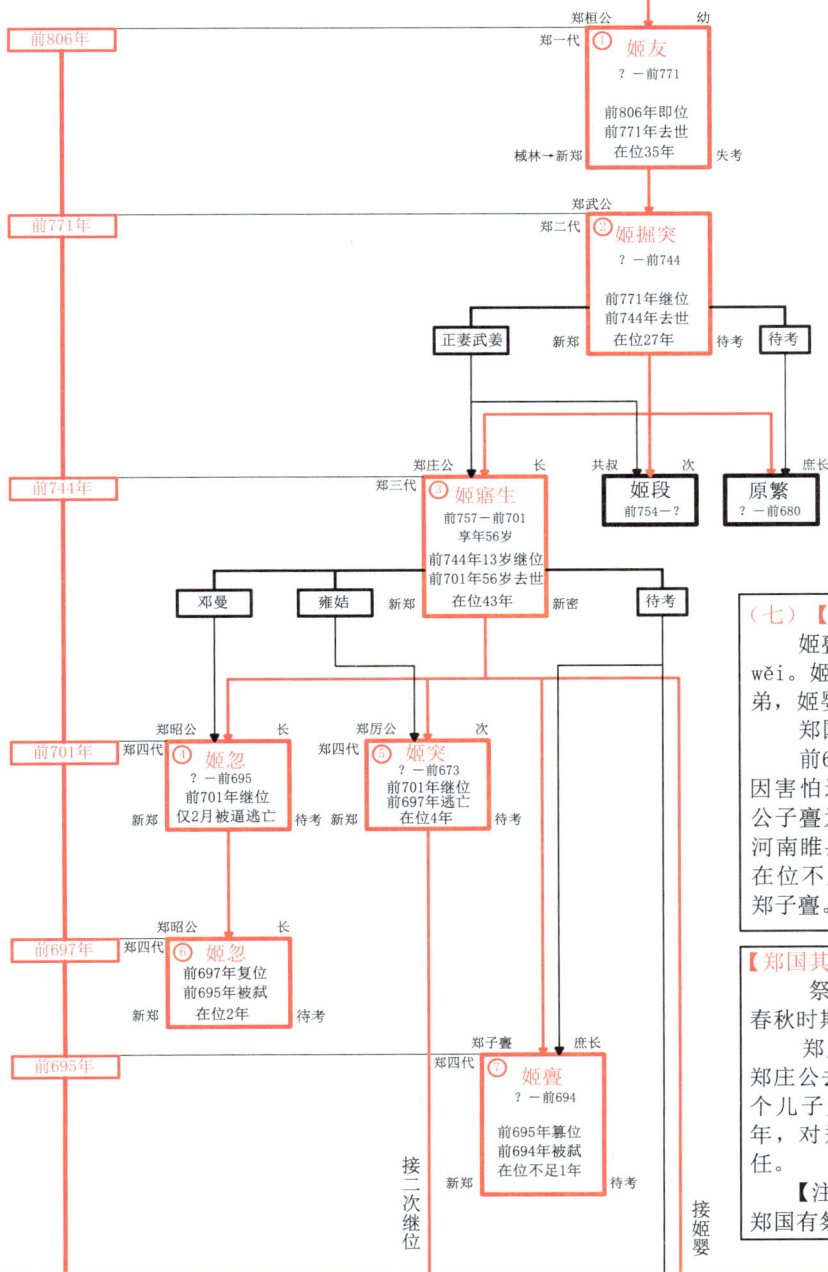

	郑桓公	幼
前806年	① **姬友** ？—前771 前806年即位 前771年去世 在位35年	失考

棫林→新郑

	郑武公	
前771年	② **姬掘突** ？—前744 前771年继位 前744年去世 在位27年	

正妻武姜　新郑　待考　待考

	郑庄公 长	共叔 次	庶长
前744年	③ **姬寤生** 前757—前701 享年56岁 前744年13岁继位 前701年56岁去世 在位43年	**姬段** 前754—？	**原繁** ？—前680

邓曼　雍姞　新郑　新密　待考

	郑昭公 长	郑厉公 次
前701年	④ **姬忽** ？—前695 前701年继位 仅2月被逼逃亡	⑤ **姬突** ？—前673 前701年继位 前697年逃亡 在位4年

新郑　待考　新郑　待考

	郑昭公 长
前697年	⑥ **姬忽** 前697年复位 前695年被弑 在位2年

新郑　待考

	郑子亹 庶长
前695年	⑦ **姬亹** ？—前694 前695年篡位 前694年被弑 在位不足1年

新郑　待考

接二次继位　　接姬婴

（七）【郑子亹】

　　姬亹（？—前694年），亹，音：wěi。姬寤生庶子，姬忽和姬突异母弟，姬婴之兄。

　　郑国第七位君主。

　　前695年，权臣高渠弥射杀姬忽，因害怕逃亡在外的姬突复位，故立公子亹为君。前694年参加首止（今河南睢县）盟会时，被齐襄公杀害，在位不足一年。死后无谥，史仅称郑子亹。

【郑国其他人物】

　　祭仲（？—前682年），名足。春秋时期著名权臣、谋略家。

　　郑庄公时任卿大夫，深受宠信。郑庄公去世后，先后扶立郑庄公的四个儿子为国君，掌控郑国政权数十年，对郑国内乱负有不可推卸的责任。

　　【注】祭，读音为zhài，为姓氏，郑国有祭邑（今郑州市郑东新区）。

(八)　【公子婴】

姬婴（？—前680年），字子仪，姬寤生之庶子，姬忽及姬突和郑子亹之弟。

郑国第八位君主，前694年至680年在位，约计十四年。

前694年齐襄公杀郑子亹，权臣祭仲迎立公子婴为君，祭仲继续执政。公元前680年，大夫傅瑕（一作甫假）杀姬婴后，迎姬突从栎邑回国复位。死后无谥，史称公子婴。

(十)　【郑文公】

姬踕（？—前628年），踕，音：jié。姬突之子。郑国第十位君主，姬突经二次执政去世后，于公元前673年至公元前628年在位，约计四十五年。

在位期间任用"三良"执政（三良指叔詹、堵叔、师叔），尊奉齐桓公为霸主，摇摆于晋、楚两个强国之间。然因太子姬华谋逆，于是杀姬华、姬臧兄弟，并驱逐了所有的儿子。公元前628年去世，死后谥郑文公。

(十一)　【郑穆公】

姬兰（前648年—前606年），姬踕庶子，母为燕姞。郑国第十一位君主，公元前628年至前606年在位，约计二十二年。

幼时被其父逐离郑国，流亡晋国成为大夫。公元前630年，被召回国成为太子。公元前627年继位。在位期间联盟晋国和楚国，打败宋国。

公元前606年去世，死后谥郑穆公（《史记》作郑缪公）。

郑穆公多子，其中七个及其后代成为郑国势力强大的世族，掌握国政，君权架空，史称"七穆"。

(十二)　【郑灵公】

姬夷（？—前605年），郑穆公之子，继位前称公子夷，郑襄公之兄。

郑国第十二位君主，公元前606年至公元前605年在位，不足一年。在位时因开玩笑，惹恼大夫公子宋而被杀，是成语"染指于鼎"的出处。死后谥郑灵公。

(十三)　【郑襄公】

姬坚（？—前587年），郑穆公姬兰之子，姬夷之弟（一说为兄）。

郑国第十三位君主，公元前605年至前587年在位，在位十八年。

在位时依委于晋、楚两国之间，首鼠两端，处境尴尬。公元前597年，被楚国出兵攻伐，围郑三月，姬坚献城降楚，留下了"肉袒牵羊"的典故。

公元前587年去世，死后谥郑襄公。

(十四)　【郑悼公】

姬费（？—前585年），姬坚之子，姬睔之兄。

郑国第十四位君主，公元前587年至公元前585年在位，约计二年。

公元前585年去世，死后谥郑悼公。

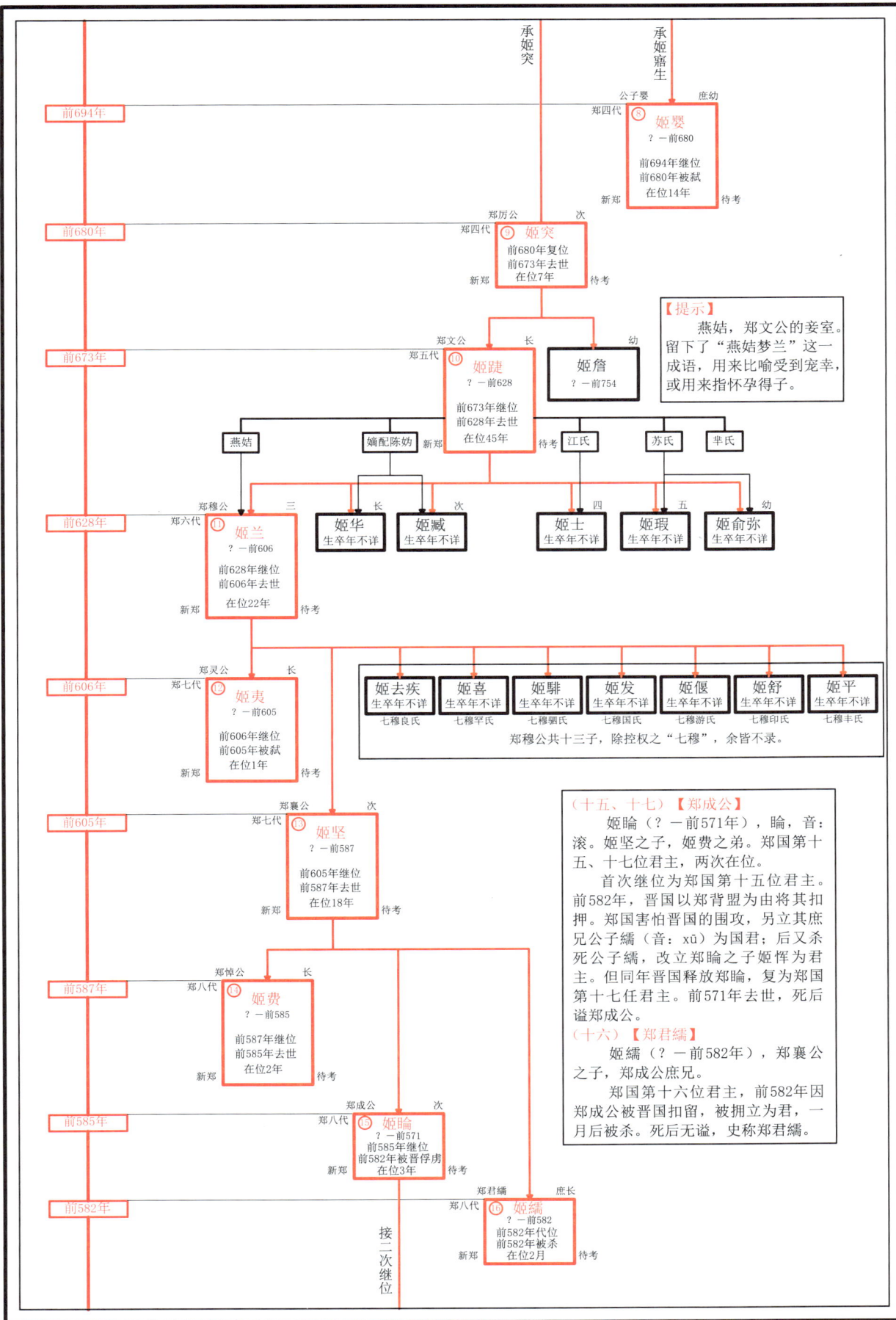

承姬突　　承姬寤生

前694年

公子婴　　庶幼
郑四代
⑧**姬婴**
?—前680
前694年继位
前680年被弑
在位14年
新郑　　待考

前680年

郑厉公　　次
郑四代
⑨**姬突**
前680年复位
前673年去世
在位7年
新郑　　待考

【提示】
　　燕姞，郑文公的妾室。留下了"燕姞梦兰"这一成语，用来比喻受到宠幸，或用来指怀孕得子。

前673年

郑文公　　长
郑五代
⑩**姬踕**
?—前628
前673年继位
前628年去世
在位45年
新郑　　待考

姬詹　　幼
?—前754

燕姞　　嫡配陈妫　　江氏　　苏氏　　半氏

前628年

郑穆公　　三
郑六代
⑪**姬兰**
?—前606
前628年继位
前606年去世
在位22年
新郑　　待考

| 姬华 长 生卒年不详 | 姬臧 次 生卒年不详 | 姬士 四 生卒年不详 | 姬瑕 五 生卒年不详 | 姬俞弥 幼 生卒年不详 |

前606年

郑灵公　　长
郑七代
⑫**姬夷**
?—前605
前606年继位
前605年被弑
在位1年
新郑　　待考

| 姬去疾 生卒年不详 七穆良氏 | 姬喜 生卒年不详 七穆罕氏 | 姬騑 生卒年不详 七穆駟氏 | 姬发 生卒年不详 七穆国氏 | 姬偃 生卒年不详 七穆游氏 | 姬舒 生卒年不详 七穆印氏 | 姬平 生卒年不详 七穆丰氏 |

郑穆公共十三子，除控权之"七穆"，余皆不录。

前605年

郑襄公　　次
郑七代
⑬**姬坚**
?—前587
前605年继位
前587年去世
在位18年
新郑　　待考

(十五、十七)【郑成公】
　　姬睔（？—前571年），睔，音：滚。姬坚之子，姬费之弟。郑国第十五、十七位君主，两次在位。
　　首次继位为郑国第十五位君主。前582年，晋国以郑背盟为由将其扣押。郑国害怕晋国的围攻，另立其庶兄公子繻（音：xū）为国君；后又杀死公子繻，改立郑睔之子姬恽为君主。但同年晋国释放郑睔，复为郑国第十七任君主。前571年去世，死后谥郑成公。
(十六)【郑君繻】
　　姬繻（？—前582年），郑襄公之子，郑成公庶兄。
　　郑国第十六位君主，前582年因郑成公被晋国扣留，被拥立为君，一月后被杀。死后无谥，史称郑君繻。

前587年

郑悼公　　长
郑八代
⑭**姬费**
?—前585
前587年继位
前585年去世
在位2年
新郑　　待考

前585年

郑成公　　次
郑八代
⑮**姬睔**
?—前571
前585年继位
前582年被晋俘虏
在位3年
新郑　　待考

前582年

郑君繻　　庶长
郑八代
⑯**姬繻**
?—前582
前582年代位
前582年被杀
在位2月
新郑　　待考

接二次继位

（十八）【郑僖（釐）公】

姬恽（？—前566年），一名髡顽，郑成公之子。

郑国第十八位君主，公元前571年至公元前566年在位，约计五年。

公元前566年，因政见不合，被叔公姬騑（七穆之一）所弑。死后谥郑僖公，又称为釐公。

（十九）【郑简公】

姬嘉（前570年—前530年），郑僖公姬恽之子。

郑国第十九位君主，公元前566年至公元前530年在位，约计三十六年。

继位时年方四岁，由叔祖子驷、子孔相继执政，公元前554年十七岁时诛子孔后方得亲政，任用子产为相，使郑国得以在诸强国压力下延续国祚。公元前530年去世，死后谥郑简公。

（廿）【郑定公】

姬宁（？—前514年），郑简公姬嘉之子。

郑国第二十位君主，公元前530年至公元前514年在位，约计十六年。但《史记·郑世家》作十三年，疑误。

在位期间，周敬王避子朝之乱出居狄泉，姬宁与晋国合谋，送周敬王返还周朝都城。公元前514年去世，死后谥郑定公。

（廿一）【郑献公】

姬虿（？—前501年），虿，音：chài，郑定公姬宁之子。郑国第二十一位君主，公元前514年至公元前501年在位，约计十三年。公元前501年去世，死后谥郑献公。

（廿二）【郑声公】

姬胜（？—前463年），郑献公姬虿之子。

郑国第二十二位君主，公元前501年至公元前463年在位，约计三十八年。

在位期间孔子去世。公元前463年去世，死后谥郑声公。

（廿三）【郑哀公】

姬易（？—前454），郑声公姬胜之子。

郑国第二十三位君主，在位时间有两说。

一说依《史记·郑世家》在位九年，即前463年至前454年在位。前454年被弑后，姬丑（郑共公）即位。

一说依《史记·六国年表》并无郑共公，故应自前463年至前424年在位，约计三十八年。

斋主以为后说有误。《史记·六国年表》当无郑国，郑国应在《史记·十二诸侯年表》里。持此说者当属引据错误。《史记·郑世家》中明确记其被杀是在哀公八年，当不为误。本系表以《史记·郑世家》为准。

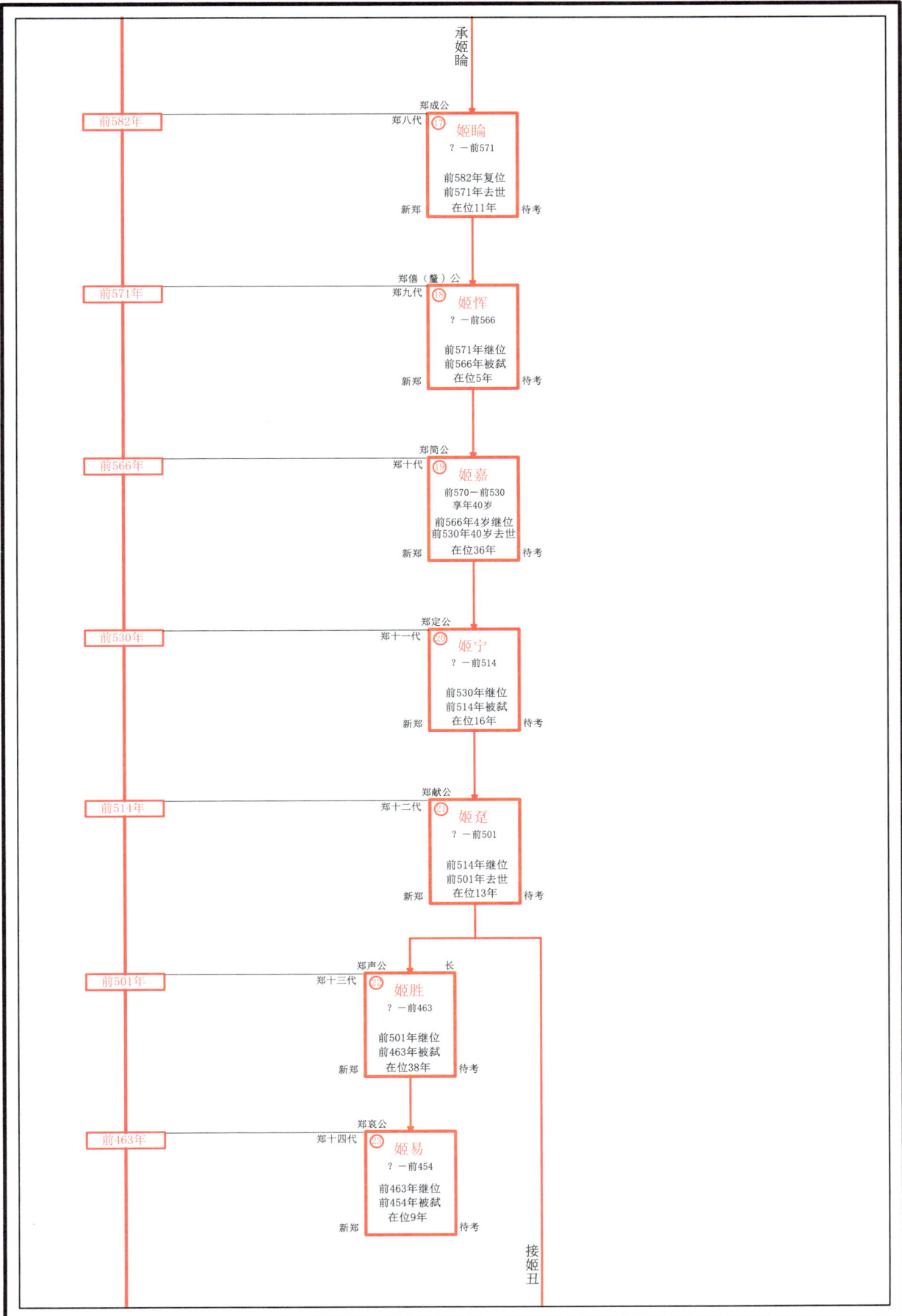

承姬晻

郑成公
郑八代
前582年　⑰　**姬晻**
　　　　　? —前571

　　　　　前582年复位
　　　　　前571年去世
新郑　　　在位11年　　待考

郑僖（釐）公
郑九代
前571年　⑱　**姬恽**
　　　　　? —前566

　　　　　前571年继位
　　　　　前566年被弑
新郑　　　在位5年　　待考

郑简公
郑十代
前566年　⑲　**姬嘉**
　　　　　前570—前530
　　　　　享年40岁

　　　　　前566年4岁继位
　　　　　前530年40岁去世
新郑　　　在位36年　　待考

郑定公
郑十一代
前530年　⑳　**姬宁**
　　　　　? —前514

　　　　　前530年继位
　　　　　前514年被弑
新郑　　　在位16年　　待考

郑献公
郑十二代
前514年　㉑　**姬趸**
　　　　　? —前501

　　　　　前514年继位
　　　　　前501年去世
新郑　　　在位13年　　待考

郑声公　　　长
郑十三代
前501年　㉒　**姬胜**
　　　　　? —前463

　　　　　前501年继位
　　　　　前463年被弑
新郑　　　在位38年　　待考

郑哀公
郑十四代
前463年　㉓　**姬易**
　　　　　? —前454

　　　　　前463年继位
　　　　　前454年被弑
新郑　　　在位9年　　待考

接姬丑

（廿四）【郑共公】

姬丑（？－前424年），郑献公之子，郑声公之弟。郑国第二十四位君主，公元前454年至公元前424年在位，约计三十年。死后谥郑共公。

有人因《史记·六国年表》并无郑共公在位记录，故否定其曾经在位，误。《史记·郑世家》明确记载：哀公八年，郑人弑哀公而立声公弟丑，是为共公。

（廿五）【郑幽公】

姬已（？－前423年），郑共公姬丑之子。

郑国第二十五位君主，公元前424年即位，同年韩武子伐郑，被杀。在位不足一年。死后谥郑幽公。

（廿六）【郑繻公】

姬骀（？－前396年），骀，音：dài。郑共公姬丑之子，郑幽公姬已之弟。（一说为郑幽公之子，不确。）

郑国第二十六位君主，公元前424年至公元前396年在位，约计二十八年。

在位期间，公元前407年韩景侯伐郑，取雍丘。次年郑伐韩，在负黍击败韩兵。公元前400年，郑围韩之阳翟。

公元前398年，杀其国相子阳。公元前396年，被子阳之党所弑。死后谥郑繻公。

（廿七）【郑康公】

姬乙（？－前375年），又名乙阳。有说为郑幽公姬已之子，疑有误。依照《史记·郑世家》之说，系郑幽公姬已之弟。

郑国第二十七位君主，也是郑国末代君主，公元前396年至公元前375年在位，约计二十一年。

公元前375年，韩国灭亡郑国，姬乙去世。史称郑康公。

【提示】

郑国被韩国于前375年攻灭后，郑氏子孙播迁于陈（今河南睢阳）、宋（今河南商丘）间，仍以原国名为姓，便是中华郑姓之始。

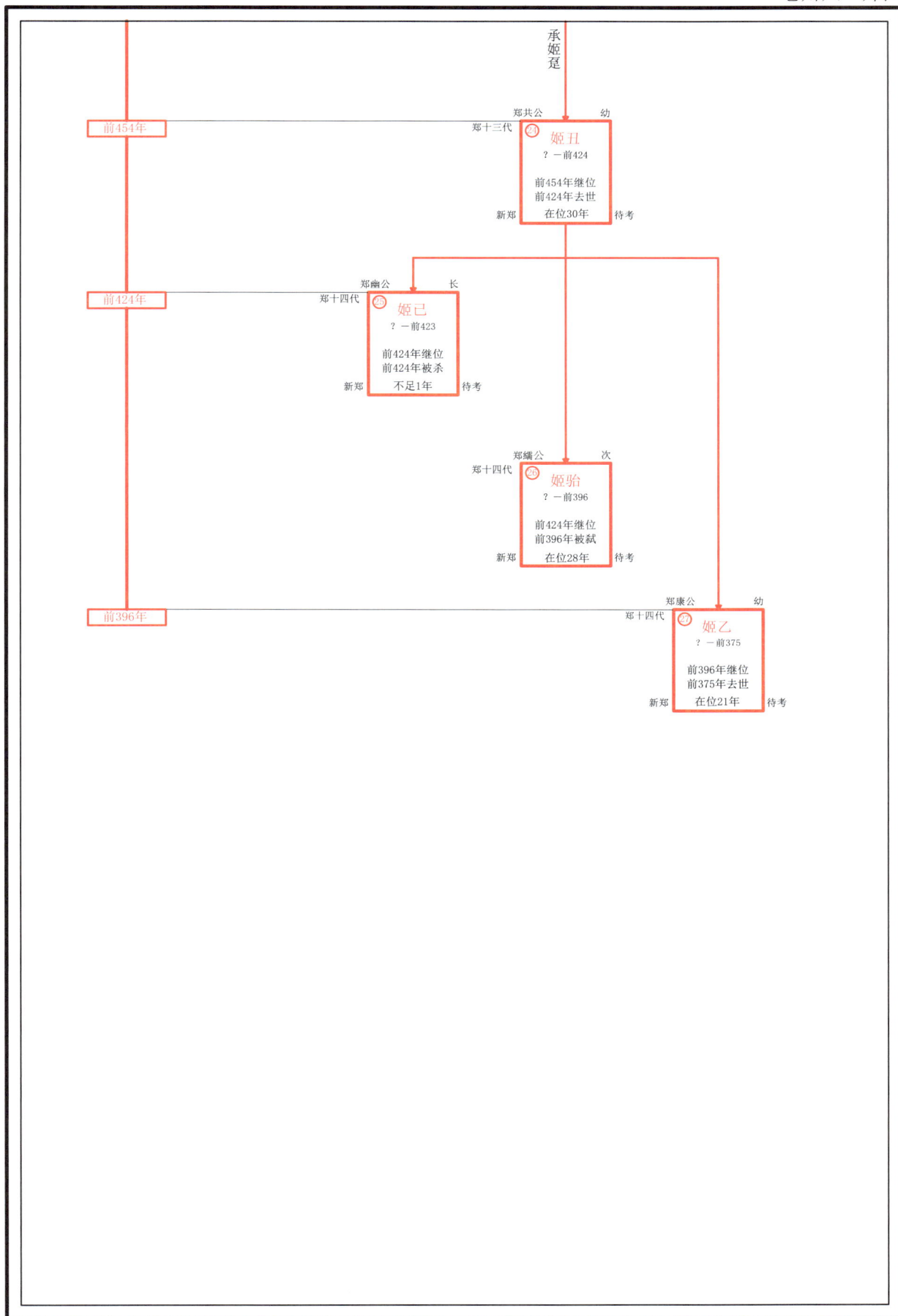

承
姬
寇

前454年

郑共公　　　　幼
郑十三代　　㉔　姬丑
　　　　　? 一前424

　　　　前454年继位
　　　　前424年去世
新郑　　在位30年　待考

前424年

郑幽公　　　　长
郑十四代　　㉕　姬已
　　　　　? 一前423

　　　　前424年继位
　　　　前424年被杀
新郑　　不足1年　待考

郑繻公　　　　次
郑十四代　　㉖　姬骀
　　　　　? 一前396

　　　　前424年继位
　　　　前396年被弑
新郑　　在位28年　待考

前396年

郑康公　　　　幼
郑十四代　　㉗　姬乙
　　　　　? 一前375

　　　　前396年继位
　　　　前375年去世
新郑　　在位21年　待考

【春秋名人·列子简介】

列子（约公元前450年－公元前375年），名御寇，又名寇，字云，亦作圄寇。郑国圃田（今河南郑州）人，古帝王列山氏（神农氏）之后。约与郑繻公同时。先秦"天下十豪"之一。

他生存的年代晚于老子而早于庄子，是介于老子与庄子之间承前启后的重要人物。他创立了先秦哲学界的贵虚学派（列子学），对后世哲学、美学、文学、科技、养生、乐曲、宗教影响深远。

列子最早提出"天体运动说""地动说""宇宙无限说"等观点和完整的体系，远早于西方思想界。

列子学说带有明显的现实批判主义特征，明确地否定君臣纲常、礼义教条。指出礼义是伪名，倡导人与人的关系应该是"公天下之身，公天下之物"。认为应该"不违自然所好"，保持人的天性，进而达到做人的理想境界。并指出名声是虚伪的，要求儒家、侯王放弃名利和私欲，做到返璞归真。

列子强调人类当认识自身，而将一切身外之物化入虚无，认为如果能真正看清虚无，就无所谓贵贱有无。其根本义旨与老庄思想接近，关涉的是精神境界问题。他认为人生所面对的是一个充满矛盾和差别的世界，但人们却执着于这些矛盾和差别，妄论是非，故安于此而不能安于彼，是人生痛苦的根源所在。而事物本质上是没有差别的，执于物我、内外之分没有意义。

但列子并非是宿命论者，虽在《力命》篇中也有命是"直而推之，曲而任之。自寿自夭，自穷自达，自贵自贱，自富自贫"的说法，但并不是消极层面上的"早已预定""绝对必然""唯有绝望接受"的宗教式"命定论"的意思，而是既不突出"天"之"命"，也不突出"人"之"力"，似乎是处于两者之间。"知命之行，知事之变，才全也。""所安者自然，所体者自解。"既所谓"安者自然"就是"自其然而未尝不然者也"。所以，"命"就像下雨时晒在外的衣服，一定会被淋湿；而"解"就像是漫步在雨中去收衣服。宋代大学者苏轼在其词《定风波》中的"莫听穿林打叶声，何妨吟啸且徐行"的境界，可释列子的"自解"真义。

《列子》一书中多记民间故事、寓言和神话传说，如《黄帝神游》《愚公移山》《夸父追日》《杞人忧天》等，含义深刻且妙趣横生，寓意隽永而发人深思。《列子》与西方的《伊索寓言》均是融寓言与哲理为一体的文风，但成书早于《伊索寓言》。

列子死后，葬于家乡郑州。在今郑州市东三十里的圃田乡大孙庄村东南有座小型墓冢及墓碑，传为列子墓。

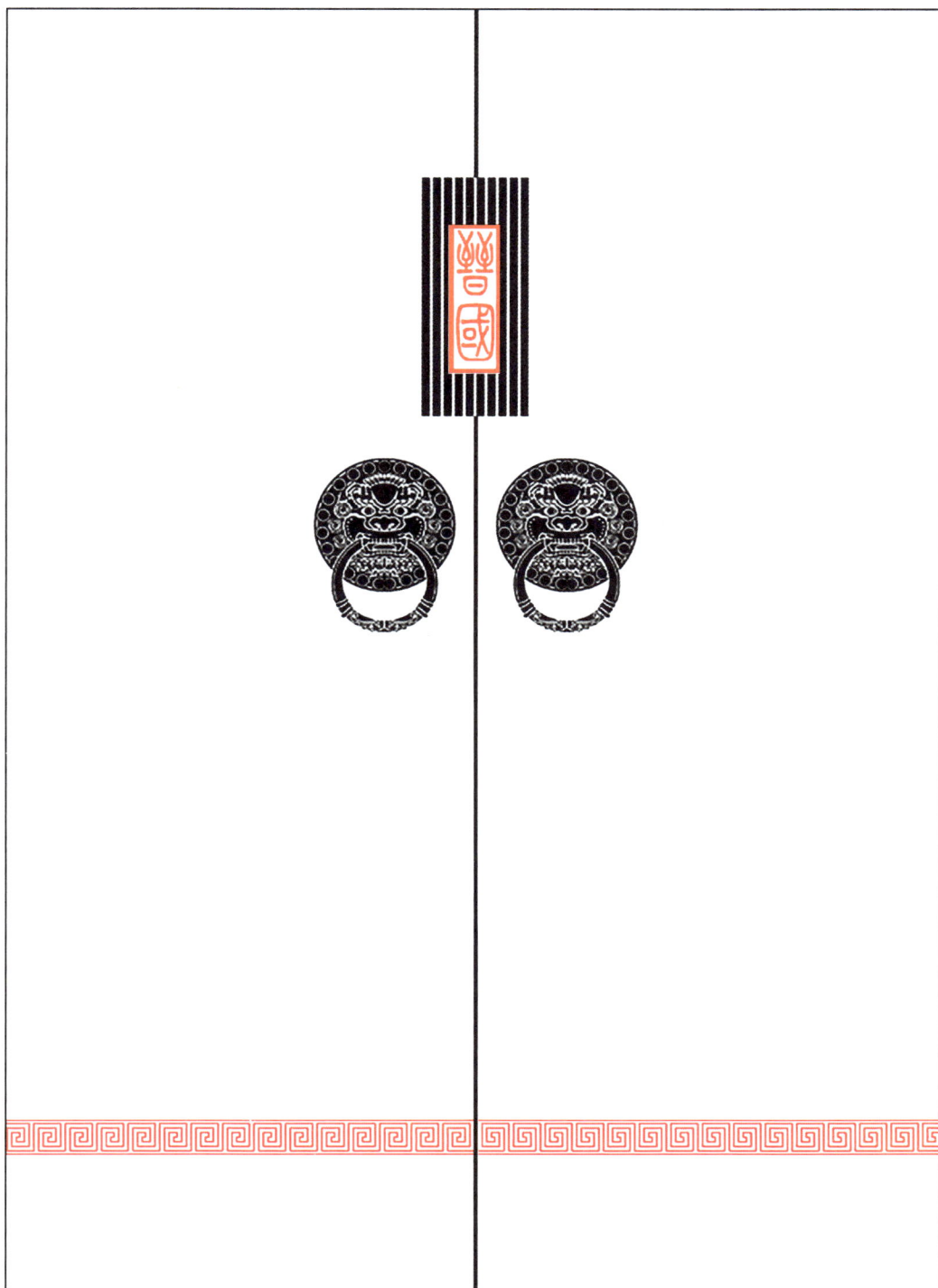

（一）【唐叔虞】

姬虞（生卒年不详），字子于，周武王姬发之子。周成王姬诵同母弟，母为邑姜（齐太公吕尚之女）。详见本系表第一部分周朝系表。

晋国始祖。因封地在古唐国，又称陶唐古国，周公旦摄政时把唐地封给姬虞，使之成为晋国立国创业的始祖，史称唐叔虞。

隋末李渊建国后取国号"唐"，即缘于此。

（二）【晋侯燮】

姬燮（生卒年不详），又作燮父，周武王之孙，唐叔虞之子。晋国第二位君主。继位后迁都，居晋水之旁，改国号"唐"为"晋"。此说有争议，详请参见"斋主提示"。

（三）【晋武侯】

姬宁族（生卒年不详），铭文作曼期、曼旗。晋侯燮之子。晋国第三位君主。曾因随周王出巡受赏，为其父晋侯燮作器《晋公奠铭文》。去世后葬于曲沃。

（四）【晋成侯】

姬服人（生卒年不详），姬宁族之子。晋国的第四位君主。

（五）【晋厉侯】

姬福（？—前859年），姬服人之子。晋国的第五位君主。

1992年山西曲沃县曲村镇发掘了一处西周时期墓葬群，其中有晋厉侯墓。

（六）【晋靖侯】

姬宜臼（？—前841年），字喜父，晋厉侯之子。晋国第六位君主，前859至前841年在位，约计十八年。其名与周平王相同，需加以区别。

在位期间（前842年），周厉王因残暴不仁被周人赶出镐京，由周公和召公共掌国政，史称"周召共和"。公元前841年，干支为庚申年，也是共和元年，是中国有明确纪年的开始。

（七）【晋僖侯】

姬司徒（？—前823年），又称晋釐侯。晋靖侯之子。晋国第七位君主，前841年至前823年在位，约计十八年。

因其名为司徒，故因避讳废除了晋国的司徒一职，一直到晋文公时期，官职司徒均被称为中军。

（八）【晋献侯】

姬籍（？—前812年），又名苏，晋僖侯之子。

晋国第八位君主，前823年至前812年在位，约计十一年。有说晋献侯曾因护卫周天子，军功卓著而得到犒赏，为此铸造了两套共十六枚编钟，称为"王赐苏钟"，钟上的铭文记载了这次战争的经过。其中一套王赐苏钟陪葬于晋献侯墓地。晋献侯也因此名垂青史。然此说尚待深入考证。

晋

【晋国简介】
　　晋国是周朝王族诸侯国，姬姓晋氏，首任国君为周武王姬发之子姬虞。国号初为唐，故号唐叔虞。姬燮即位后改国号为晋。
　　晋国在晋献公时期崛起，史载其"并国十七，服国三十八"，晋文公时大败楚国，一战而称霸。晋襄公时大败秦国，继其父为中原霸主。晋景公时败给楚国，转而经略北方；在战败齐国后，又在伐蔡破沈攻楚之战中攻入楚国本土。晋厉公时连败秦、狄，并在鄢陵之战再败楚国，复霸天下。晋悼公时国势鼎盛独霸中原。
　　晋平公以后，国政由范、中行、智、韩、赵、魏六卿把控，内斗激烈。后范、中行两家败亡。公元前453年，韩、赵、魏三家共灭智氏，晋国君权完全架空。前403年，周威烈王正式册封韩、赵、魏为诸侯，史称"三家分晋"。至公元前376年，晋静公被废为庶民，晋国正式消亡。
　　晋国被《左传》《国语》和《史记》等共同评价为春秋四强国之一。其鼎盛时期地域囊括今山西省全部、陕西省东部与北部、河北省中部与南部、河南省西部和北部、山东省西北部与内蒙一部的广大地区。学者全祖望评春秋五霸时认为"齐一而晋四也"，并不为过。

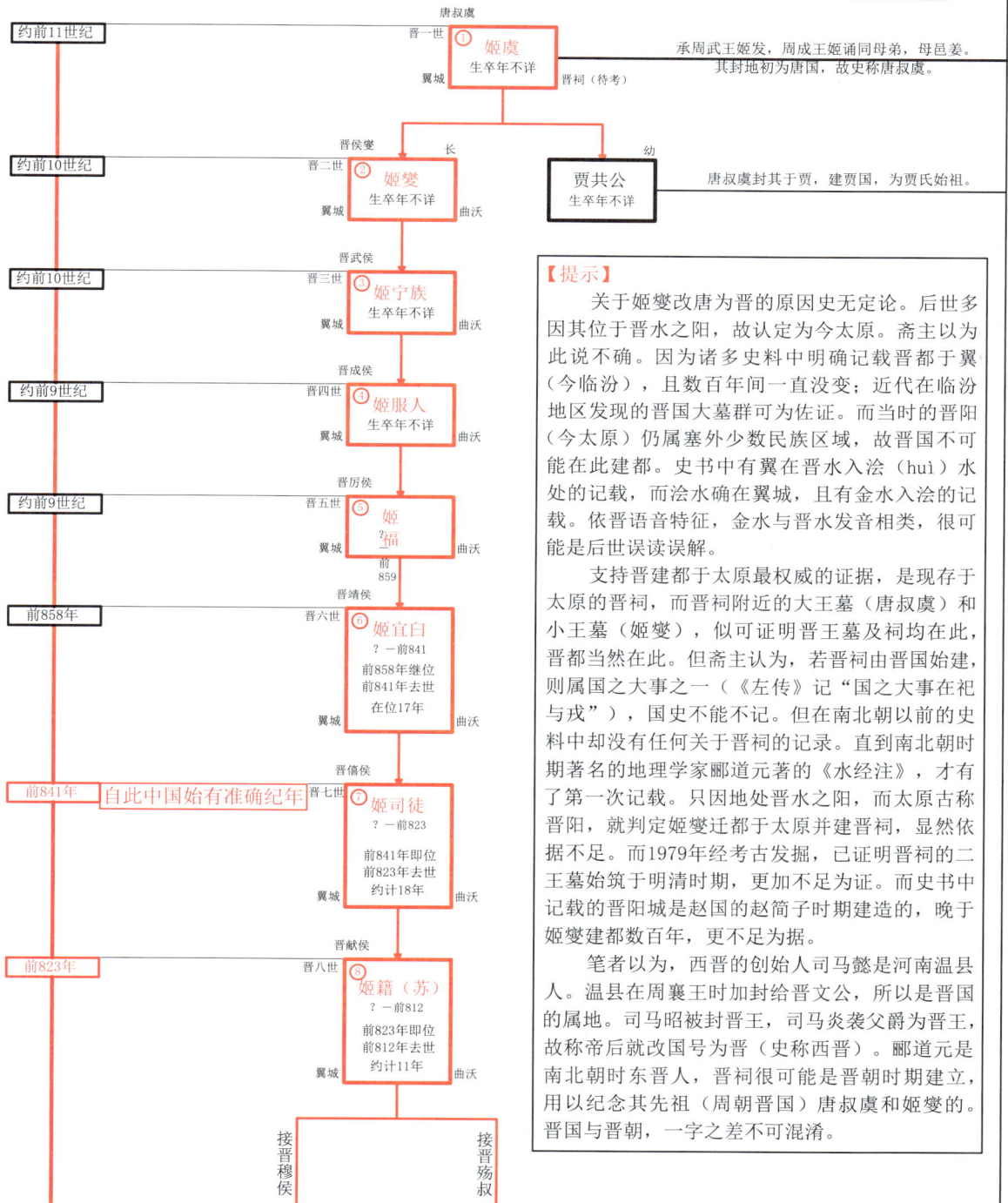

约前11世纪

晋一世　唐叔虞
① 姬虞
生卒年不详
翼城　晋祠（待考）

承周武王姬发，周成王姬诵同母弟，母邑姜。其封地初为唐国，故史称唐叔虞。

约前10世纪

晋侯燮　长
晋二世
② 姬燮
生卒年不详
翼城　　曲沃

幼
贾共公
生卒年不详

唐叔虞封其于贾，建贾国，为贾氏始祖。

约前10世纪

晋武侯
晋三世
③ 姬宁族
生卒年不详
翼城　　曲沃

【提示】
　　关于姬燮改唐为晋的原因史无定论。后世多因其位于晋水之阳，故认定为今太原。斋主以为此说不确。因为诸多史料中明确记载晋都于翼（今临汾），且数百年间一直没变；近代在临汾地区发现的晋国大墓群可为佐证。而当时的晋阳（今太原）仍属塞外少数民族区域，故晋国不可能在此建都。史书中有翼在晋水入浍（huì）水处的记载，而浍水确在翼城，且有金水入浍的记载。依晋语音特征，金水与晋水发音相类，很可能是后世误读误解。
　　支持晋建都于太原最权威的证据，是现存于太原的晋祠，而晋祠附近的大王墓（唐叔虞）和小王墓（姬燮），似可证明晋王墓及祠均在此，晋都当然在此。但斋主认为，若晋祠由晋国始建，则属国之大事之一（《左传》记"国之大事在祀与戎"），国史不能不记。但在南北朝以前的史料中却没有任何关于晋祠的记录。直到南北朝时期著名的地理学家郦道元著的《水经注》，才有了第一次记载。只因地处晋水之阳，而太原古称晋阳，就判定姬燮迁都于太原并建晋祠，显然依据不足。而1979年经考古发掘，已证明晋祠的二王墓始筑于明清时期，更加不足为证。而史书中记载的晋阳城是赵国的赵简子时期建造的，晚于姬燮建都数百年，更不足为据。
　　笔者以为，西晋的创始人司马懿是河南温县人。温县在周襄王时加封给晋文公，所以是晋国的属地。司马昭被封晋王，司马炎袭父爵为晋王，故称帝后就改国号为晋（史称西晋）。郦道元是南北朝时东晋人，晋祠很可能是晋朝时期建立，用以纪念其先祖（周朝晋国）唐叔虞和姬燮的。晋国与晋朝，一字之差不可混淆。

约前9世纪

晋成侯
晋四世
④ 姬服人
生卒年不详
翼城　　曲沃

约前9世纪

晋厉侯
晋五世
⑤ 姬?福
?—前859
翼城　　曲沃

前858年

晋靖侯
晋六世
⑥ 姬宜臼
?—前841
前858年继位
前841年去世
在位17年
翼城　　曲沃

前841年　自此中国始有准确纪年

晋僖侯
晋七世
⑦ 姬司徒
?—前823
前841年即位
前823年去世
约计18年
翼城　　曲沃

前823年

晋献侯
晋八世
⑧ 姬籍（苏）
?—前812
前823年即位
前812年去世
约计11年
翼城　　曲沃

接晋穆侯

接晋殇叔

（九）【晋穆侯】

姬费壬（？—前785年），又名费王，器铭曰晋侯邦父，晋献侯之子。晋国第九位君主，前812年至前785在位，约计二十七年。去世后，其弟殇叔夺权自立，太子姬仇出逃。

（十）【晋殇叔】

佚名（？—前781年），晋穆侯之弟。晋国第十位君主，前785年至前781年在位，约计四年。晋穆侯去世后，以"兄终弟及"为由夺权自立，并逼迫太子姬仇出逃。前781年，姬仇将其袭杀，谥为殇，史称晋殇叔。这次内斗虽在当时震动不大，但却为晋国后来的内乱埋下了隐患。

（十一）【晋文侯】

姬仇（前805年—前746年），晋穆侯之子，晋殇叔之侄，曲沃桓叔之兄。晋国第十一位君主，前781年至前746年在位，约计三十五年。前781年，姬仇以武力夺回君位。后曾辅佐周平王东迁，并诛杀周携王姬余臣，稳定了东周初年的动荡局面。前746年去世，葬于曲沃。

（十二）【晋昭侯】

姬伯（？—前739年），晋文侯之子。晋国第十二位君主，前746年至前739年在位，约计七年。姬伯在位时，为避免晋殇叔夺权之事再发生，把曲沃封给晋文侯之弟桓叔，以图宗室不乱政。但前739年大臣潘父杀死姬伯，想迎立曲沃桓叔。桓叔欲入晋国，遭到晋人反抗，桓叔败退回曲沃。从此晋国分裂为翼和曲沃两部。

（十三）【晋孝侯】

姬平（？—前724年），晋昭侯之子。晋国第十三位君主，前739年至前724年在位，约计十五年。前724年为曲沃庄伯所杀。

（十四）【晋鄂侯】

姬郤（？—前718年），又名郄（郄，音xì，又音qiè；郤，音xì）。晋昭侯之子，晋孝侯之弟。晋国第十四位君主，前724年至前718年在位，约计六年。

（十五）【晋哀侯】

姬光（？—前708年），晋鄂侯之子。晋国第十五位君主，前718年至前709年在位。约计九年。前709年曲沃武公伐晋，姬光被俘。前708年被害。

（十六）【晋小子侯】

姬小子（？—前705年），晋哀侯之子。晋国第十六位君主，前709年至前705年在位，约计四年。《史记》称于前705年被曲沃武公诱杀，待考。

（十七）【晋侯缗】

姬缗（？—前679年），晋鄂侯之子，晋哀侯之弟。晋国第十七位君主。前705年至前679年在位，约计二十六年。曲沃武公以武力吞并晋，并被周釐王列为诸侯。

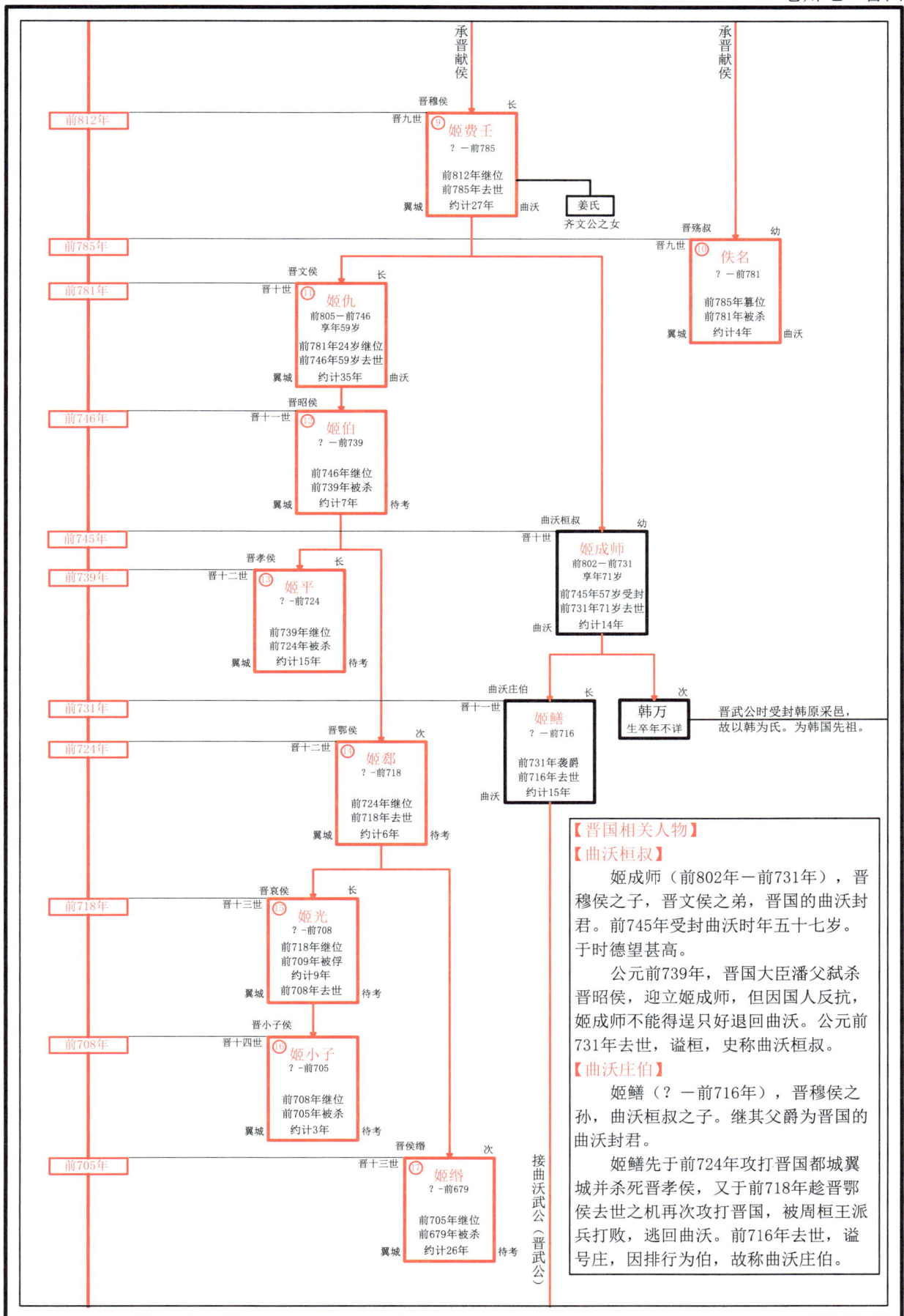

承晋献侯

承晋献侯

前812年

晋穆侯
晋九世
⑨ 姬费壬
？—前785
前812年继位
前785年去世
约计27年
翼城　　　曲沃

长

姜氏
齐文公之女

前785年

晋殇叔
晋九世
⑩ 佚名
？—前781
前785年篡位
前781年被杀
约计4年
翼城　　　曲沃

幼

前781年

晋文侯
晋十世
⑪ 姬仇
前805—前746
享年59岁
前781年24岁继位
前746年59岁去世
约计35年
翼城　　　曲沃

长

前746年

晋昭侯
晋十一世
⑫ 姬伯
？—前739
前746年继位
前739年被杀
约计7年
翼城　　　待考

曲沃桓叔
晋十世
姬成师
前802—前731
享年71岁
前745年57岁受封
前731年71岁去世
约计14年
曲沃

幼

前745年

前739年

晋孝侯
晋十二世
⑬ 姬平
？—前724
前739年继位
前724年被杀
约计15年
翼城　　　待考

长

曲沃庄伯
晋十一世
姬鳝
？—前716
前731年袭爵
前716年去世
约计15年
曲沃

长

韩万
生卒年不详

次
晋武公时受封韩原采邑，
故以韩为氏。为韩国先祖。

前731年

前724年

晋鄂侯
晋十二世
⑭ 姬郤
？—前718
前724年继位
前718年去世
约计6年
翼城　　　待考

次

前718年

晋哀侯
晋十三世
⑮ 姬光
？—前708
前718年继位
前709年被俘
约计9年
前708年去世
翼城　　　待考

长

前708年

晋小子侯
晋十四世
⑯ 姬小子
？—前705
前708年继位
前705年被杀
约计3年
翼城　　　待考

前705年

晋侯缗
晋十三世
⑰ 姬缗
？—前679
前705年继位
前679年被杀
约计26年
翼城　　　待考

次

接曲沃武公（晋武公）

【晋国相关人物】
【曲沃桓叔】
　　姬成师（前802年—前731年），晋穆侯之子，晋文侯之弟，晋国的曲沃封君。前745年受封曲沃时年五十七岁。于时德望甚高。
　　公元前739年，晋国大臣潘父弑杀晋昭侯，迎立姬成师，但因国人反抗，姬成师不能得逞只好退回曲沃。公元前731年去世，谥桓，史称曲沃桓叔。
【曲沃庄伯】
　　姬鳝（？—前716年），晋穆侯之孙，曲沃桓叔之子。继其父爵为晋国的曲沃封君。
　　姬鳝先于前724年攻打晋国都城翼城并杀死晋孝侯，又于前718年趁晋鄂侯去世之机再次攻打晋国，被周桓王派兵打败，逃回曲沃。前716年去世，谥号庄，因排行为伯，故称曲沃庄伯。

（十八）【晋武公】

姬称（前754年－前677年），晋穆侯曾孙，曲沃桓叔之孙，曲沃庄伯之子。晋国第十八位君主，前679年至前677年在位，约计两年。公元前716年，继位为曲沃封君，称曲沃武公。公元前679年，杀死晋侯缗，夺取晋国君权，并贿赂周釐王，获封为晋国国君，列位诸侯，由此改称晋武公，纪年仍沿用曲沃武公纪年。由曲沃迁都至翼城。

（十九）【晋献公】

姬诡诸（？－前651年），晋武公之子。晋国第十九位君主，前677年至前651年在位，约计二十六年。因其父活捉戎狄首领诡诸而得名。即位后对外攻伐兼并，用计诡谲（如假途灭虢）；对内灭尽曲沃桓叔、曲沃庄伯等同宗子孙以减少威胁；宠信骊姬逼死太子，最终引发去世后晋国内乱。在位时由翼城迁都至绛。

（廿）【晋惠公】

姬夷吾（？－前637年），晋献公之子，晋文公之弟。晋国第二十位君主，前651年至前637年在位，约计十四年。公元前650年，在秦穆公帮助下继位。继位后对内诛杀大臣，对外与秦国反目，引发晋人及秦国不满。

（廿一）【晋怀公】

姬圉（前655年－前636年），晋惠公之子，母为梁国人。晋国第二十一位君主。与其父逃亡时娶秦穆公之女。回国继位后抛弃妻子，翌年被秦穆公扶其叔姬重耳将其杀死夺位。前637年至前636年在位，不足一年。

（廿二）【晋文公】

姬重耳（前697年－前628年），晋献公之子，母为狐季姬。晋国第二十二位君主，前636至前628年在位，约计八年。

因骊姬乱政被迫流亡十九年，公元前636年，在秦穆公支持下娶被姬圉抛弃的秦穆公之女（舅甥关系），并回国杀晋怀公而立。在位期间任用贤能，通商宽农，使国力大增。对外联秦齐伐曹卫、救宋服郑，平定周王室的子带之乱，经城濮之战大败楚军，并与齐、宋等国践土会盟，为春秋第二位霸主，创晋国百年霸业。

（廿三）【晋襄公】

姬驩（？－前621），晋文公和逼姞之子。晋国第二十三位君主，前628年至前621年在位，约计七年。

在位期间继其父为中原霸主。分别战败秦国、楚国，将晋国霸业再次推向高峰。一生功绩有：北伐狄人、南略楚国、东征卫国、西征秦国、重组六卿。

（廿四）【晋灵公】

姬夷皋（前624年－前607年），晋襄公之子。晋国第二十四位君主，前621年至前607年在位，约计十四年。

晋灵公幼年继位，年长后喜好声色，然不行君道，荒淫失政，以重税来满足奢侈的生活，致使民不聊生。最终遭主政大臣赵盾及兄弟赵穿杀害。

承曲沃庄伯

前679年

晋武公
晋十二世　⑯ **姬称**
前754－前677
享年77岁
前716年38岁袭爵
前679年75岁夺位
约计37年
曲沃→翼城　前677年77岁去世
约计2年

前677年

晋献公
晋十三世　⑰ **姬诡诸**
？－前651
前677年继位
翼城→绛　前651年去世
约计26年　绛县

【提示】

　　姬奚齐（前665年－前651年），晋献公姬诡诸之子，母骊姬。献公废太子申生，尽逐诸子，立以为嗣。继位仅十月被杀，年十四岁。无谥。
　　姬卓子（？－前651年），《史记》写作悼子。晋献公之子，母为骊姬之妹少姬。奚齐被杀后继位，仅一月亦被杀。无谥。
　　其嫡母骊姬后被鞭刑至死（见《史记集解·晋世家第九》注引《列女传》：鞭杀骊姬于市。）。

齐姜　　　　骊姬　　少姬　　小戎子　狐季姬　贾女
齐桓公女

长
姬申生　**穆姬**　　　四　**姬奚齐**　　幼
？－前656　生卒年不详　　前665－前651　**姬卓子**
被逼自杀　适秦穆公　　继位10月被杀　？－前651
继位1月被杀

前651年

晋惠公　　三
晋十四世　⑳ **姬夷吾**
？－前637
前651年继位
前637年去世
绛　　约计14年

前637年

晋怀公
晋十五世　㉑ **姬圉**
前655－前636
享年19岁
前637年18岁继位
前636年被杀
绛　　不足1年

怀嬴（文嬴）

前636年

晋文公　　次
晋十四世　㉒ **姬重耳**
前697－前628
享年69岁
前636年61岁继位
前628年69岁去世
绛　　约计8年

【提示】

穆姬与秦穆公之女先嫁姬圉（怀公），故称怀嬴；后再嫁姬重耳（文公），故又称文嬴。

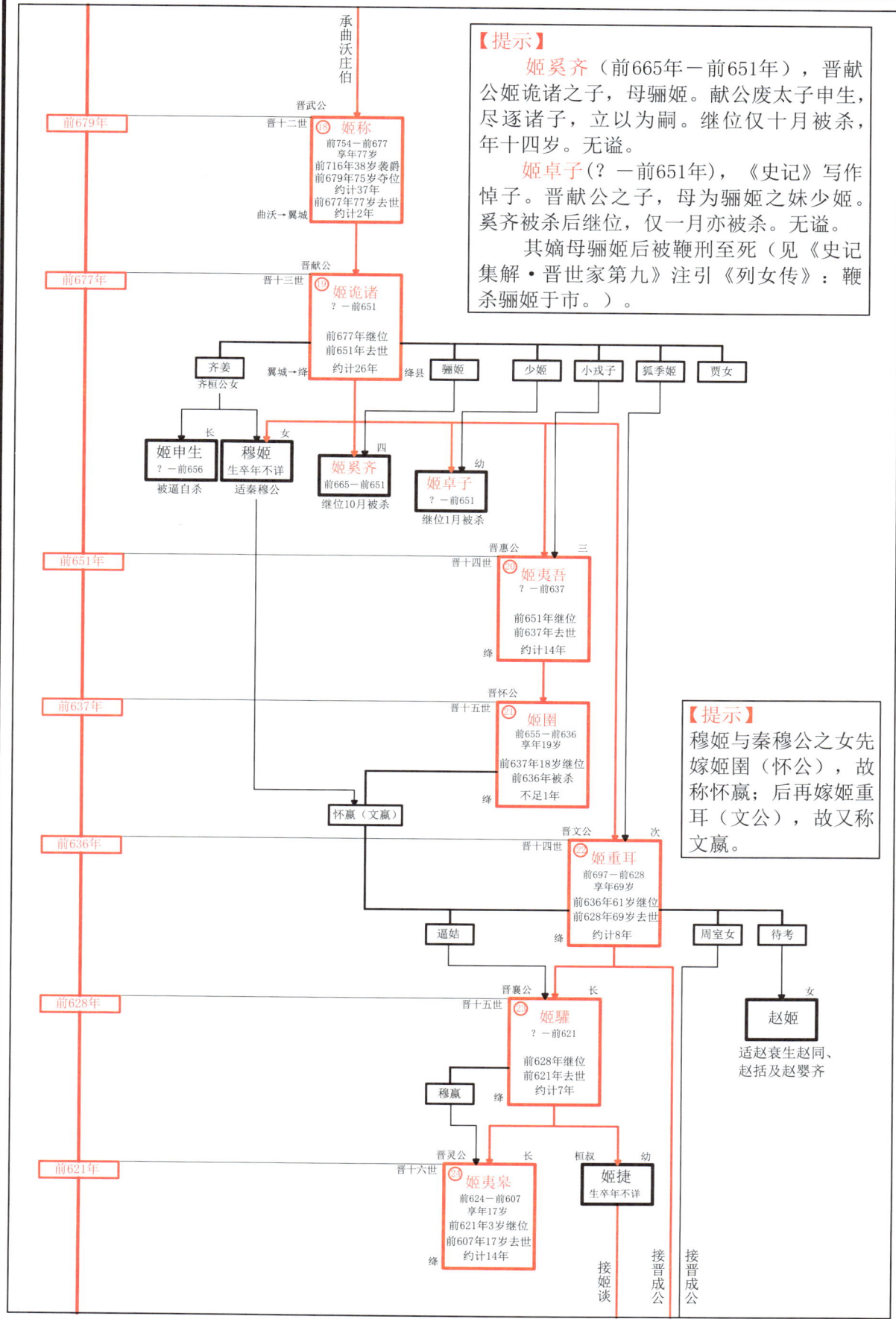

逼姞　　　　　　　　　　　周室女　待考
　　　　　　　　　　　　　　　　　女
前628年　　　　　　　　　　　赵姬

晋襄公　　长
晋十五世　㉓ **姬驩**
？－前621
前628年继位
前621年去世
绛　　约计7年

适赵衰生赵同、
赵括及赵婴齐

穆嬴

晋灵公　　长　　桓叔　幼
晋十六世　㉔ **姬夷皋**　　**姬捷**
前624－前607　　　生卒年不详
享年17岁
前621年3岁继位
前607年17岁去世
绛　　约计14年

前621年

接姬　接晋　接晋
谈　　成公　成公

（廿五）【晋成公】

姬黑臀（？—前600年），晋文公之子，晋襄公异母弟，晋灵公之叔，母为周王室之女。晋国第二十五位君主，前607年至前600年在位，约计七年。

姬黑臀早年在东周做人质。晋灵公遇害后回国继位。继位后恢复公族官职，多次援救郑国；联合白狄打败秦国。公元前600年，在扈邑会诸侯。同年九月去世。

（廿六）【晋景公】

姬据（？—前581年），又名獳，獳，音：nòu，又读：rú。晋文公之孙、晋成公之子。晋国第二十六位君主，前600年至前581年在位，约计十九年。

在位期间，晋军与楚军互有胜败，邲之战被楚国打败，楚庄王称霸；公元前583年，晋军攻入楚国本土，使楚国霸业结束。公元前589年击败齐国。晚年将国都由绛迁往新田（今山西侯马），并改称新绛。发兵消除专政的赵氏家族，取得了公室对卿族的第一次胜利。

（廿七）【晋厉公】

姬寿曼（？—前573年），《左传》名州蒲，晋景公之子。晋国第二十七位君主，前581年至前574年在位，约计七年。即位后与秦国订盟，但后来秦国背约攻晋。晋派使者吕相赴秦国宣布绝交，并率诸侯伐秦，秦军大败。

姬寿曼宠信后宫，诛杀大臣，最终被诸臣捕杀。

（廿八）【晋悼公】

姬周（前586年—前558年），又作纠，又名周子或孙周。晋襄公曾孙，桓叔捷之孙，惠伯谈次子，晋厉公之侄。晋厉公被弑后，被迎立为君。晋国第二十八位君主，前574年至前558年在位，约计十六年。去世时年仅二十八岁。

姬周幼时聪惠，具君相之才。十三岁即位，用能贤之臣，严军恤民，治律行礼，宗室谐睦，举国大治，戎狄亲附，惠及中原。晋国在其治下联宋纳吴，八年之中，九合诸侯，镇齐、慑秦、疲楚，将晋国霸业推至巅峰。史载："凡晋之盟，如乐之和，无所不谐"。有学者将晋悼公列入春秋五霸之一。

（廿九）【晋平公】

姬彪（？—前532年），晋悼公之子。晋国第二十九位君主，前558年至前532年在位，约计二十六年。即位之初战胜楚国。公元前552年，同宋、卫等国结盟，再复霸业。后期大兴土木不务政事，大权旁落至六卿。

（卅）【晋昭公】

姬夷（？—前526年），晋平公之子。晋国第三十位君主，前532年至前526年在位，约计六年。

公元前529年，为恢复霸业召开平丘之会与齐国争霸，与齐发生冲突，后来晋国渐渐失去霸主地位。晋昭公时，韩起为正卿，专管国事政务。

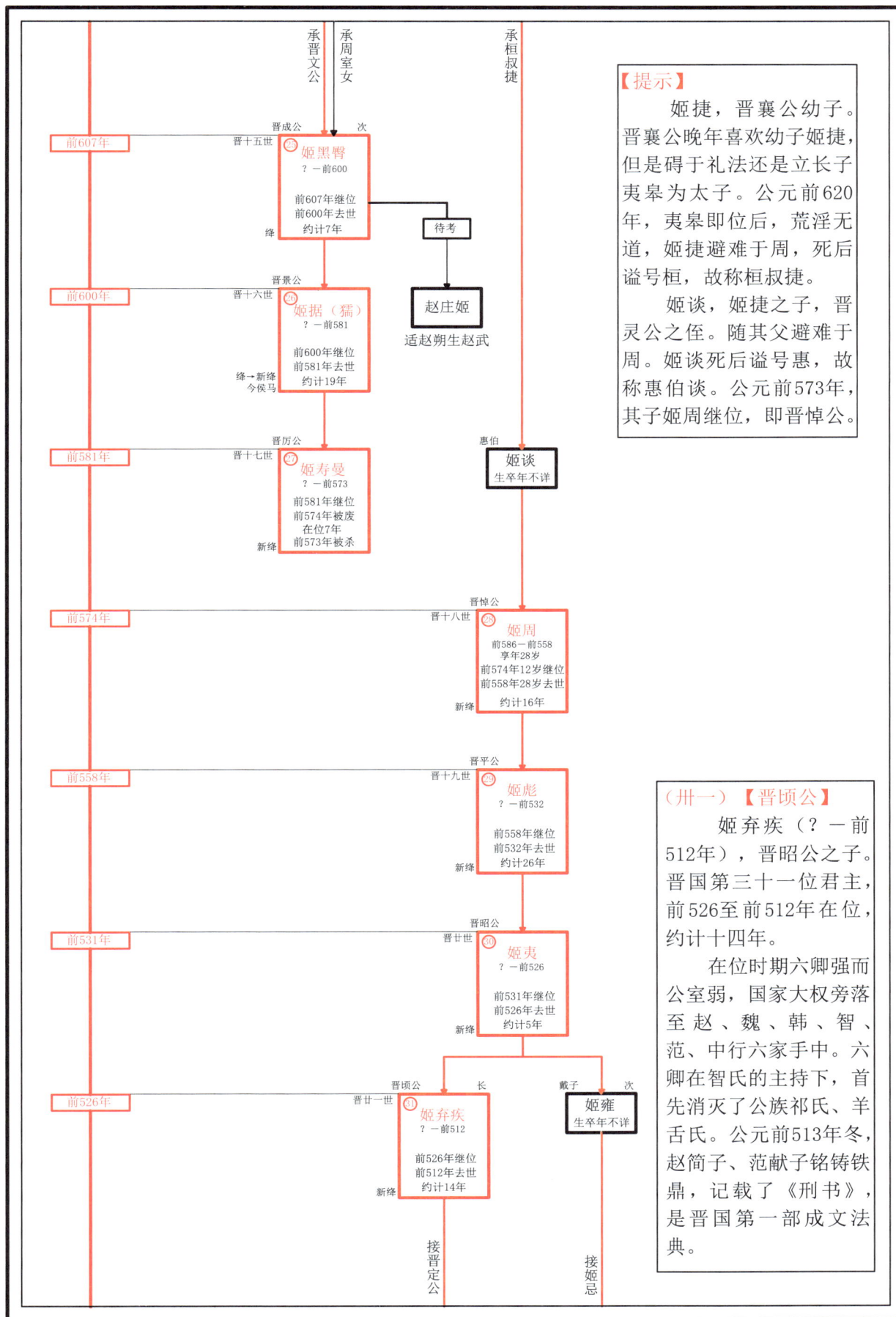

承晋文公　承周室女　　　承桓叔捷

前607年　　晋成公　　　次
　　　　　　晋十五世
　　　　　　㉕姬黑臀
　　　　　　? —前600
　　　　　　前607年继位
　　　　　　前600年去世
绛　　　　　约计7年　　　待考

前600年　　晋景公
　　　　　　晋十六世
　　　　　　㉖姬据（獳）
　　　　　　? —前581　　赵庄姬
　　　　　　前600年继位
绛→新绛　　前581年去世　适赵朔生赵武
今侯马　　　约计19年

前581年　　晋厉公　　　　　　　惠伯
　　　　　　晋十七世
　　　　　　㉗姬寿曼　　　　　姬谈
　　　　　　? —前573　　　　生卒年不详
　　　　　　前581年继位
　　　　　　前574年被废
新绛　　　　在位7年
　　　　　　前573年被杀

前574年　　晋悼公
　　　　　　晋十八世
　　　　　　㉘姬周
　　　　　　前586—前558
　　　　　　享年28岁
　　　　　　前574年12岁继位
　　　　　　前558年28岁去世
新绛　　　　约计16年

前558年　　晋平公
　　　　　　晋十九世
　　　　　　㉙姬彪
　　　　　　? —前532
　　　　　　前558年继位
　　　　　　前532年去世
新绛　　　　约计26年

前531年　　晋昭公
　　　　　　晋廿世
　　　　　　㉚姬夷
　　　　　　? —前526
　　　　　　前531年继位
　　　　　　前526年去世
新绛　　　　约计5年

前526年　　晋顷公　　长　　　　戴子　　次
　　　　　　晋廿一世
　　　　　　㉛姬弃疾　　　　　姬雍
　　　　　　? —前512　　　　生卒年不详
　　　　　　前526年继位
　　　　　　前512年去世
新绛　　　　约计14年

接晋定公　　　　接姬忌

【提示】
　　姬捷，晋襄公幼子。晋襄公晚年喜欢幼子姬捷，但是碍于礼法还是立长子夷皋为太子。公元前620年，夷皋即位后，荒淫无道，姬捷避难于周，死后谥号桓，故称桓叔捷。
　　姬谈，姬捷之子，晋灵公之侄。随其父避难于周。姬谈死后谥号惠，故称惠伯谈。公元前573年，其子姬周继位，即晋悼公。

（卅一）【晋顷公】
　　姬弃疾（? —前512年），晋昭公之子。晋国第三十一位君主，前526至前512年在位，约计十四年。
　　在位时期六卿强而公室弱，国家大权旁落至赵、魏、韩、智、范、中行六家手中。六卿在智氏的主持下，首先消灭了公族祁氏、羊舌氏。公元前513年冬，赵简子、范献子铭铸铁鼎，记载了《刑书》，是晋国第一部成文法典。

（卅二）【晋定公】

姬午（？—前475年），晋顷公之子。晋国第三十二位君主，前512年至前475年在位，约计三十七年。其名与周威烈王相同，需注意区分。

即位后晋卿赵简子筑晋阳城，是太原第一座古城。公元前497年，赵简子升任晋国正卿。姬午妥善地处理了六卿的内乱，暂时稳定了晋国政局。后又与吴王夫差争长于黄池，最终吴王夫差做了盟主。

（卅三）【晋出公】

姬凿（？—前452年），晋定公之子。晋国第三十三位君主，前475年至前453年在位，约计二十二年。

继位后用智伯为正卿，出兵破齐，使晋国国力稍振。但后来六卿中的韩、赵、魏三卿联手剿灭智氏全族。姬凿不满三卿过度僭越，公元前453年，借齐、鲁之兵讨伐，结果战败，被迫流亡于楚国，公元前452年客死途中。

（卅四）【晋哀公】

姬骄（？—前434年），晋昭公的曾孙。晋昭公生戴子雍，戴子雍生姬忌，姬忌生姬骄。晋国第三十四位君主，晋出公死后即位。前452年至前434年在位，约计十八年。

公元前453年，韩、赵、魏共灭智氏后三分其地，并赶走晋出公，翌年扶立姬骄继位。此时晋国实际上已被三家瓜分，君权已被架空。公元前434年去世。

（卅五）【晋幽公】

姬柳（？—前416年），晋哀公之子。晋国第三十五位君主，前434年至前416年在位，约计十八年。即位时赵烈侯、韩景侯、魏文侯三家势力过于强大，晋幽公反而要向其朝拜，君权尽失。公元前416年因夜出寻淫，被盗所杀。

（卅六）【晋烈公】

姬止（？—前389年），晋幽公之子。晋国第三十六位君主。前416年至前389年在位，约计二十七年。

晋幽公死后，魏文侯以兵诛晋乱，立晋幽公之子（一说是晋幽公之弟，待考）继位。公元前403年，韩、赵、魏被周威烈王封为诸侯，史称"三家分晋"。晋国名存实亡。

（卅七）【晋孝公】

姬颀（？—前377年），晋烈公之子。晋国第三十七位君主，前389年至前377年在位，约计十二年。《古本竹书》称作晋桓公。

（卅八）【晋静公】

姬俱酒（？—前349年），晋孝公之子。

晋国的最后一位君主，前377年至前376年在位，约计一年。前376年，韩、赵、魏废姬俱酒为庶人，并将姬俱酒及晋国公室迁到屯留，晋国彻底灭亡。公元前349年，已逃到洛阳的姬俱酒被韩王的刺客杀害，晋国公室易姓为唐，晋国绝祀。史书又称其为晋靖公、晋后悼公。

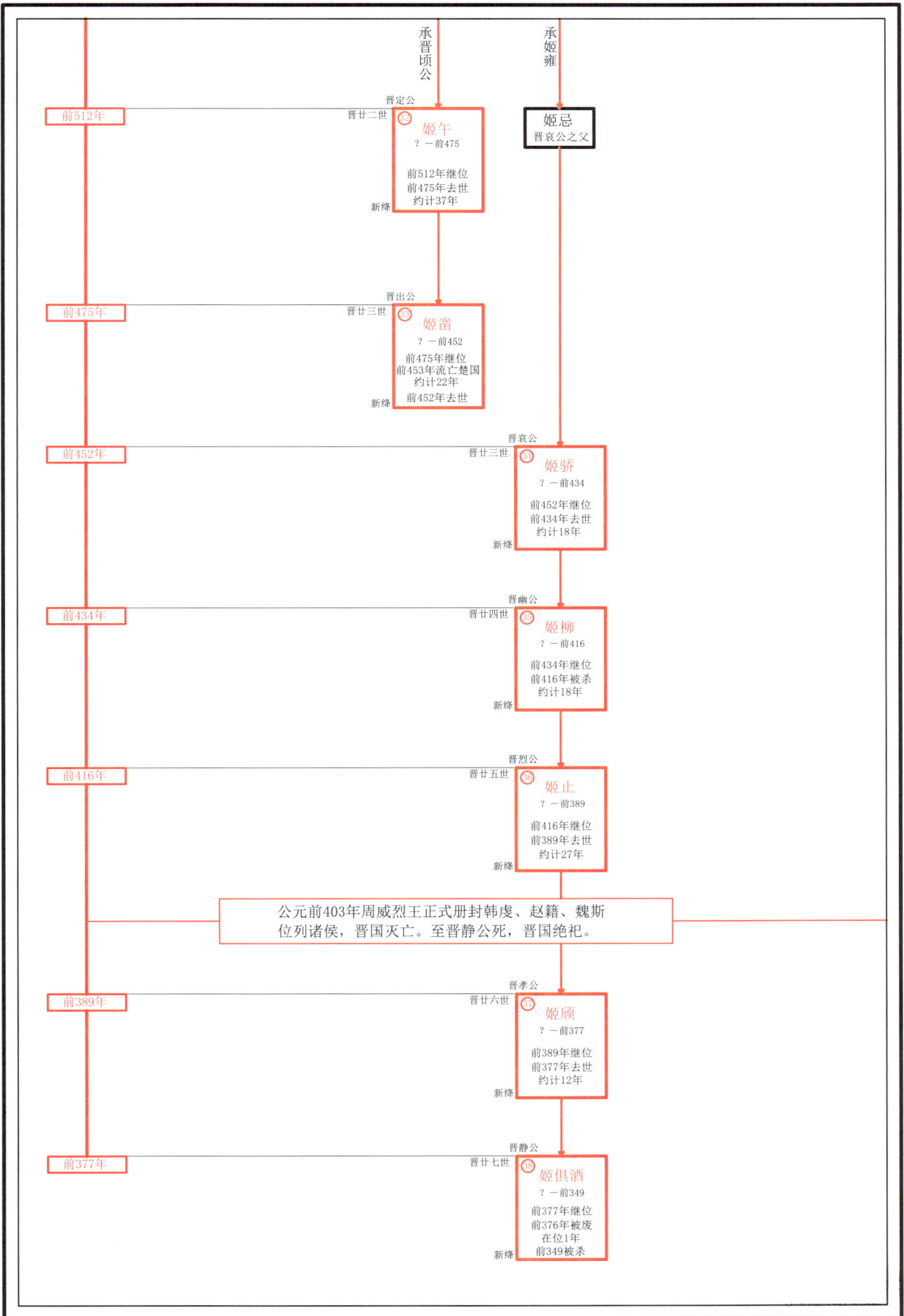

承晋顷公

承姬雍

前512年	晋定公 晋廿二世	㉜ 姬午 ? —前475 前512年继位 前475年去世 约计37年	姬忌 晋哀公之父

新绛

前475年	晋出公 晋廿三世	㉝ 姬凿 ? —前452 前475年继位 前453年流亡楚国 约计22年 前452年去世

新绛

前452年	晋哀公 晋廿三世	㉞ 姬骄 ? —前434 前452年继位 前434年去世 约计18年

新绛

前434年	晋幽公 晋廿四世	㉟ 姬柳 ? —前416 前434年继位 前416年被杀 约计18年

新绛

前416年	晋烈公 晋廿五世	㊱ 姬止 ? —前389 前416年继位 前389年去世 约计27年

新绛

公元前403年周威烈王正式册封韩虔、赵籍、魏斯
位列诸侯，晋国灭亡。至晋静公死，晋国绝祀。

前389年	晋孝公 晋廿六世	㊲ 姬颀 ? —前377 前389年继位 前377年去世 约计12年

新绛

前377年	晋静公 晋廿七世	㊳ 姬俱酒 ? —前349 前377年继位 前376年被废 在位1年 前349被杀

新绛

2022·6·11

（一）【姜齐太公】

吕尚（？—前1015年，待考），字子牙，号飞熊。

商末周初政治家、军事家、韬略家，周朝开国元勋，兵学奠基人。于渭水之滨遇西伯侯姬昌，拜为太师，尊称太公望，辅佐姬昌建立霸业。周武王即位后，尊为师尚父，辅佐武王讨伐商纣建立周朝。后受封齐侯，定都营丘，为姜姓齐国的缔造者。辅佐周公旦促成成康之治，周康王六年病逝于镐京。后世推为武圣。唐朝时唐肃宗李亨追封其为武成王，设立武庙祭祀。

（二）【姜齐丁公】

吕伋（？—前975年，待考），吕尚长子。姜姓齐国第二位君主，前1015年至前975年在位，约计四十年，待考。

随其父平定武庚之乱。因去世之日为"丁"，周天子以商朝谥法尊为齐丁公。是崔姓和丁姓始祖。

（三）【姜齐乙公】

吕得（？—前932年，待考），齐丁公嫡子。

姜姓齐国第三位君主，前975年至前932年在位，约计四十三年。齐丁公去世时，吕得的三个嫡兄长均已早逝，四兄吕季放弃国君之位，并离开营丘搬去崔邑（今山东章丘），吕得继位。因去世之日为"乙"，周天子以商朝谥法尊为齐乙公。

（四）【姜齐癸公】

吕慈母（？—前879年），齐乙公之子。姜姓齐国第四位君主。公元前932年至公元前879年在位，约计五十三年。

（五）【姜齐哀公】

吕不辰（？—前868年），又作不臣，齐癸公之子。

姜姓齐国第五位君主，前879年至前868年在位，约计十一年。公元前868年，因周夷王听信纪国国君的谗言将其烹杀，故谥为哀。

（六）【姜齐胡公】

吕静（？—前860年），齐哀公之弟，齐癸公之子。

姜姓齐国的第六位君主，前868年至前860年在位，约计八年。

齐哀公被周夷王烹杀后，立吕静为君。吕静为防纪国暗算，前862年从营丘迁都薄姑（今临淄西北五十里）。此举令齐人颇有怨言，齐哀公同母弟吕山与私党率营丘人杀死吕静，并将其子驱逐出境，把都城从薄姑迁回营丘，并自立为君。

【齐国简介】

齐国（前1044年至前221年），分为姜齐和田齐两个时代。疆域位于现今山东省大部。国都为临淄（今山东淄博），齐胡公时曾一度迁都至薄姑（临淄西北五十里），田氏代齐之后，仍以临淄为都城。

齐国始封君为周武王姬发的军师姜子牙。齐国被《左传》《国语》和《史记》共同评价为春秋四大国之一。齐国自封邦建国以来，通过煮盐垦田而富甲一方，军力逐渐强盛，至齐桓公时已经发展成东方大国。齐桓公通过尊王攘夷等策略，成为春秋诸侯国霸主，是春秋五霸之首。齐国因濒临大海，被时人称为"海王之国"。

姜齐政权传至齐康公时，大夫田和将国君齐康公流放在海岛上，"食一城，以奉其先祀"。田和自立为国君，是为田齐政权。

公元前386年，田和被周安王列为诸侯，姜齐被田齐取代，田和正式称侯，但仍沿用齐国名号，最终成为战国七雄之一。

公元前334年，齐侯田因齐称王。齐闵王时期，齐国对外扩张，南吞宋国，西却强秦，后招致五国伐齐，国势大减。前221年，齐王建向秦王政投降，齐国覆灭。秦国统一天下后，在齐地设置齐郡和琅邪郡。

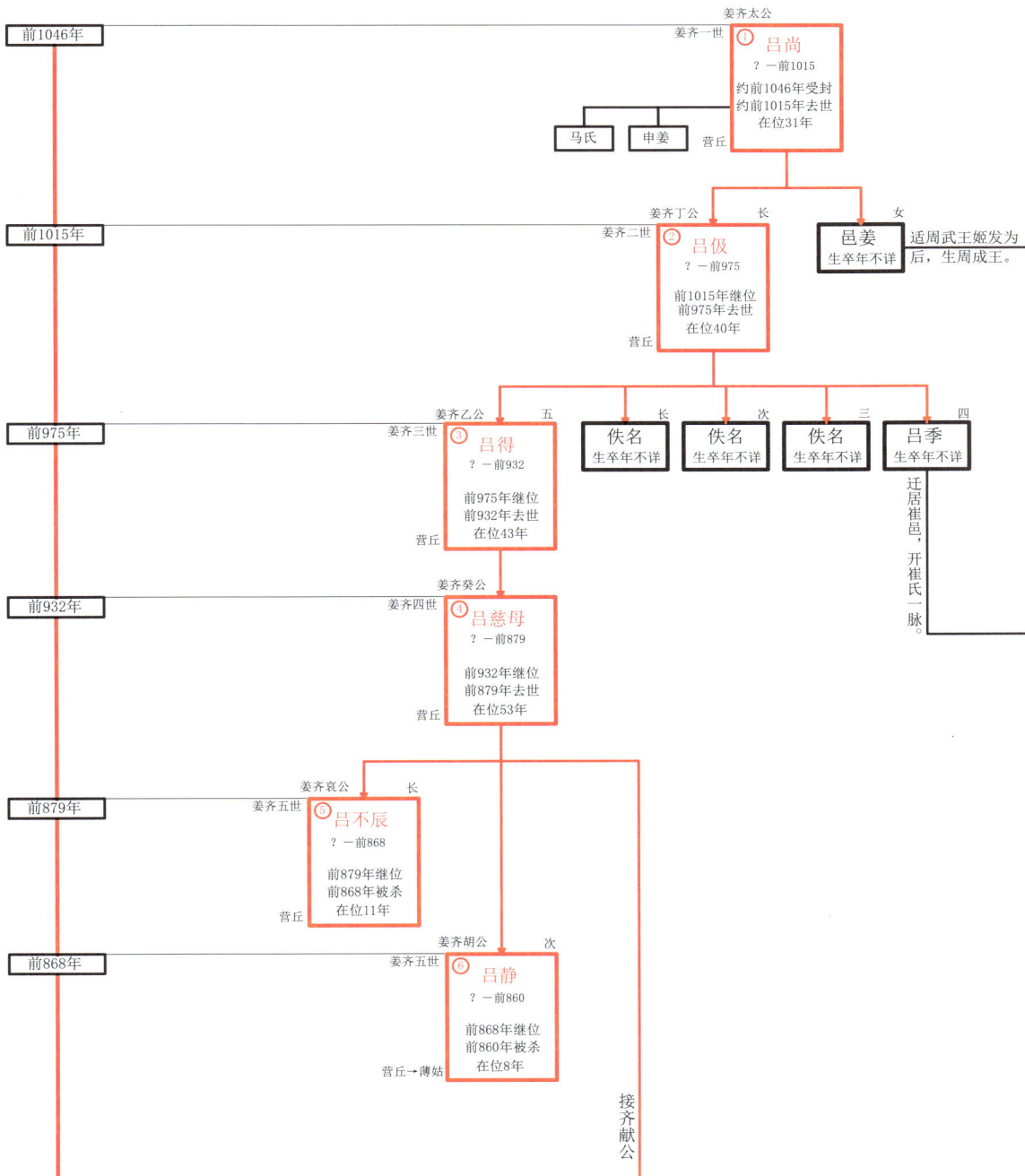

齐

前1046年

姜齐太公
姜齐一世
① 吕尚
？—前1015
约前1046年受封
约前1015年去世
在位31年
营丘

马氏　申姜

前1015年

姜齐丁公　长
姜齐二世
② 吕伋
？—前975
前1015年继位
前975年去世
在位40年
营丘

邑姜　女
生卒年不详
适周武王姬发为后，生周成王。

前975年

姜齐乙公　五
姜齐三世
③ 吕得
？—前932
前975年继位
前932年去世
在位43年
营丘

佚名　长
生卒年不详

佚名　次
生卒年不详

佚名　三
生卒年不详

吕季　四
生卒年不详
迁居崔邑，开崔氏一脉。

前932年

姜齐癸公
姜齐四世
④ 吕慈母
？—前879
前932年继位
前879年去世
在位53年
营丘

前879年

姜齐哀公　长
姜齐五世
⑤ 吕不辰
？—前868
前879年继位
前868年被杀
在位11年
营丘

前868年

姜齐胡公　次
姜齐五世
⑥ 吕静
？—前860
前868年继位
前860年被杀
在位8年
营丘→薄姑

接齐献公

（七）【姜齐献公】

吕山（？—前851年），齐癸公之子，继位前称公子山。

姜姓齐国第七位君主，前860年至前851年在位，约计九年。

吕山攻杀齐胡公，自立为君，并将齐胡公之子尽数逐出齐国。将都城由薄姑迁回营丘并扩建，因营丘临靠淄水，故改其名为临淄。

（八）【姜齐武公】

吕寿（？—前825年），齐献公之子。姜姓齐国第八位君主，前851年至前825在位，约计二十六年。

继位十年后为公元前841年，是为"庚申西周共和元年"，自本年起，中国历史始有准确纪年，在这之前，诸侯年代错乱，至《史记》亦不能免。

吕寿于前826年，将女儿嫁周宣王，史称姜后。

（九）【姜齐厉公】

吕无忌（？—前816年），齐武公之子。

姜姓齐国第九位君主，前825年至前816年在位，约计九年。他是姜后之兄，故为周宣王妻舅。

吕无忌昏愦暴虐，齐人痛恨之，故联络齐胡公吕静之子将其杀死。然齐胡公之子全部战死，无人继位，于是齐人拥立吕无忌之子吕赤即位。

（十）【姜齐文公】

吕赤（？—前804年），齐厉公之子。姜姓齐国第十位君主，前816年至前804年在位，约计十二年。吕赤继位后将参与弑杀其父的七十人全部处死。

他是晋穆侯岳父，晋文侯和曲沃桓叔的外公。

即位后汲取其父教训，小心处理国政，政局渐趋平稳，令公室内乱告一段落。因此死后得良谥文，史称齐文公。

（十一）【姜齐成公】

吕脱（？—前795年），又作说，齐文公吕赤之子。姜姓齐国第十一位君主，前804年至前795年在位，约计九年。余待考。

（十二）【姜齐前庄公】

吕购（？—前731年），齐成公之子。姜姓齐国第十二位君主，前795年至前731年在位，约计六十四年。死后谥庄，为别于后世庄公，故称前庄公。他在位长达六十三年，故使经历了近七十年内乱的齐国得以恢复元气，国力渐强，为齐僖公主盟诸侯、齐襄公灭纪国报哀公被烹之仇、齐桓公称霸等打下雄厚的基础。

（十三）【姜齐僖公】

吕禄甫（？—前698年），齐前庄公之子。姜姓齐国第十三位君主，前731年至前698年在位，约计三十三年。

在位时多次主持多国会盟，平息宋、卫争端，平定他国内乱，击败狄戎，使齐国成为春秋霸主。

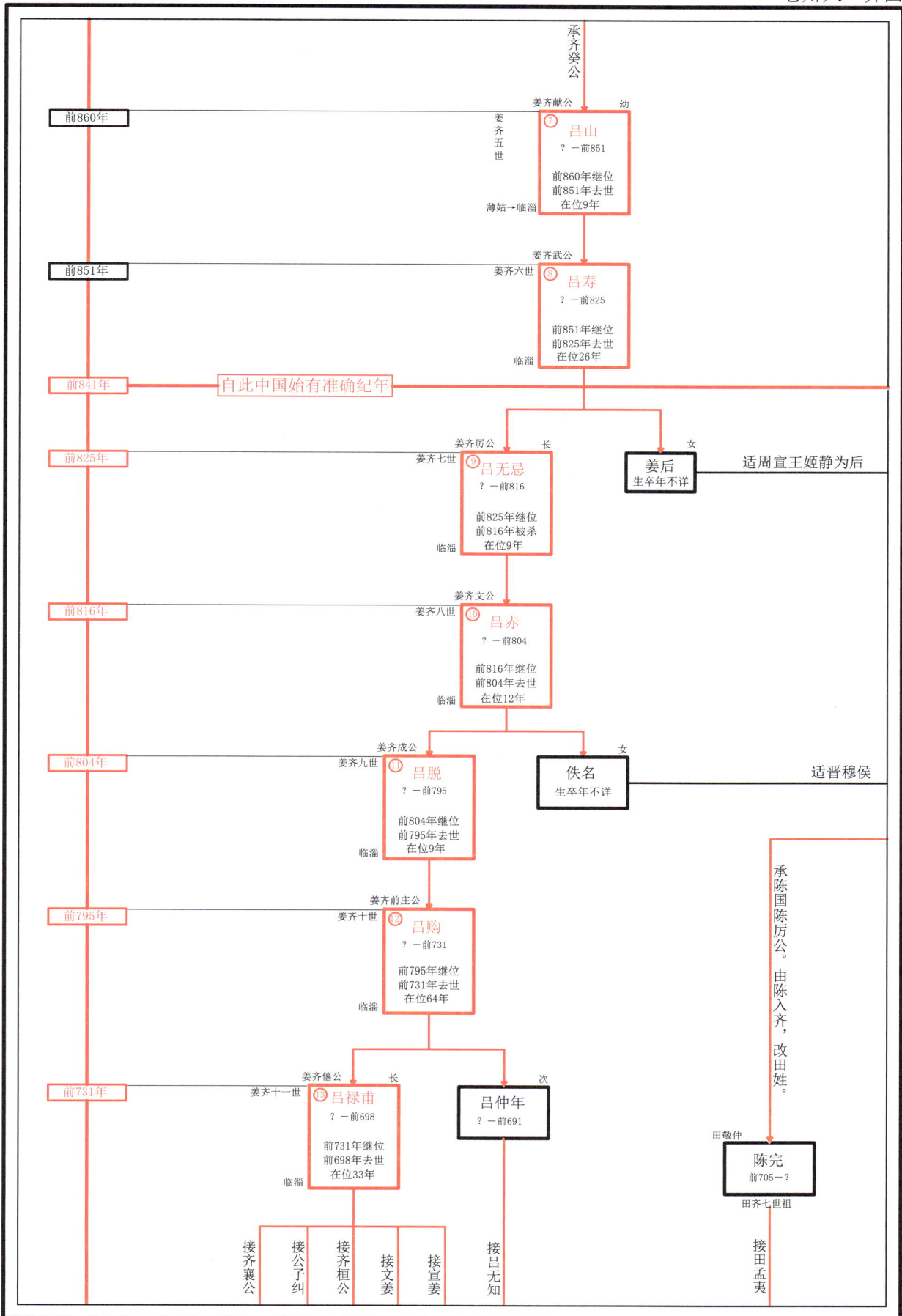

承齐癸公

前860年

姜齐献公　　幼
姜齐五世

⑦ 吕山
？—前851

前860年继位
前851年去世
在位9年

薄姑→临淄

前851年

姜齐武公
姜齐六世

⑧ 吕寿
？—前825

前851年继位
前825年去世
在位26年

临淄

前841年　　自此中国始有准确纪年

前825年

姜齐厉公　　长
姜齐七世

⑨ 吕无忌
？—前816

前825年继位
前816年被杀
在位9年

临淄

女

姜后
生卒年不详　　适周宣王姬静为后

前816年

姜齐文公
姜齐八世

⑩ 吕赤
？—前804

前816年继位
前804年去世
在位12年

临淄

前804年

姜齐成公
姜齐九世

⑪ 吕脱
？—前795

前804年继位
前795年去世
在位9年

临淄

女

佚名
生卒年不详　　适晋穆侯

前795年

姜齐前庄公
姜齐十世

⑫ 吕购
？—前731

前795年继位
前731年去世
在位64年

临淄

承陈国陈厉公。
由陈入齐，改田姓。

前731年

姜齐僖公　　长
姜齐十一世

⑬ 吕禄甫
？—前698

前731年继位
前698年去世
在位33年

临淄

次

吕仲年
？—前691

田敬仲

陈完
前705—？

田齐七世祖

接齐襄公
接公子纠
接齐桓公
接文姜
接宣姜

接吕无知

接田孟夷

（十四）【姜齐襄公】

吕诸儿（？—前686年），齐僖公长子，齐桓公异母兄。

姜姓齐国第十四位君主，前698年至前686年在位，约计十二年。在位时荒淫无道，昏庸无能，与异母妹文姜乱伦，并为此杀害妹夫鲁桓公。前686年，被堂兄公孙无知等人杀死。

（十五）【姜齐前废公】

吕无知（？—前685年），齐前庄公之孙，吕仲年之子，齐僖公之侄。因其为齐前庄公之孙，故史称公孙无知。姜姓齐国十五位君主，前686年弑杀齐襄公即位，不足一年被大夫雍廪杀死。史称齐前废公。

（十六）【姜齐桓公】

吕小白（？—前643年），齐僖公第三子，母为卫姬。姜姓齐国第十六位君主，前685年至前643年在位，约计四十二年。春秋五霸之一。

早年避难莒国。吕无知去世后抢先回国，夺取君位。在位时励精图治，起用管仲为相推行改革，实行军政合一、兵民合一制度，使齐国逐渐强盛。以"尊王攘夷"为号，九合诸侯，成为第一个中原霸主。晚年昏庸，管仲去世后用人失察，死后诸子争位。

（十七）【姜齐中废公】

吕无诡（？—前643年），又作无亏，齐桓公长子。姜姓齐国第十七位君主。前643年即位后暴虐无道，仅三月即被齐国大夫杀死。无谥。

（十八）【姜齐孝公】

吕昭（？—前633年），齐桓公第三子。姜姓齐国第十八位君主，前642年至前633年在位，约计九年。

齐桓公立吕昭为太子，并托付与宋襄公。齐桓公死后诸子争位，吕昭逃宋，吕无诡继位。宋襄公遂联合诸国伐齐，齐国贵族高氏、国氏等诛杀吕无诡及其同党，迎立吕昭为君。这次夺位之争，是姜齐衰落的先声。

（十九）【姜齐昭公】

吕潘（？—前613年），齐桓公第四子。姜姓齐国第十九位君主，前633年至前613年在位，约计二十年。吕昭去世，因其子被杀，吕潘夺位。在位时期与晋文公联师战楚于城濮，又参与践土会盟。

（廿）【姜齐后废公】

吕舍（？—前613年），齐昭公之子。姜姓齐国第二十位君主。在位仅五个月，被其叔吕商人杀死。

（廿一）【姜齐懿公】

吕商人（？—前609年），齐桓公五子。姜姓齐国第二十一位君主，前613年至前609年在位，约计四年。吕商人杀其侄吕舍夺位，终因荒淫好色被齐国贵族和大臣杀死。

（廿二）【姜齐惠公】

吕元（？—前599年），齐桓公次子，吕商人之兄。姜姓齐国第二十二位君主，前609年至前599年在位，约十年。

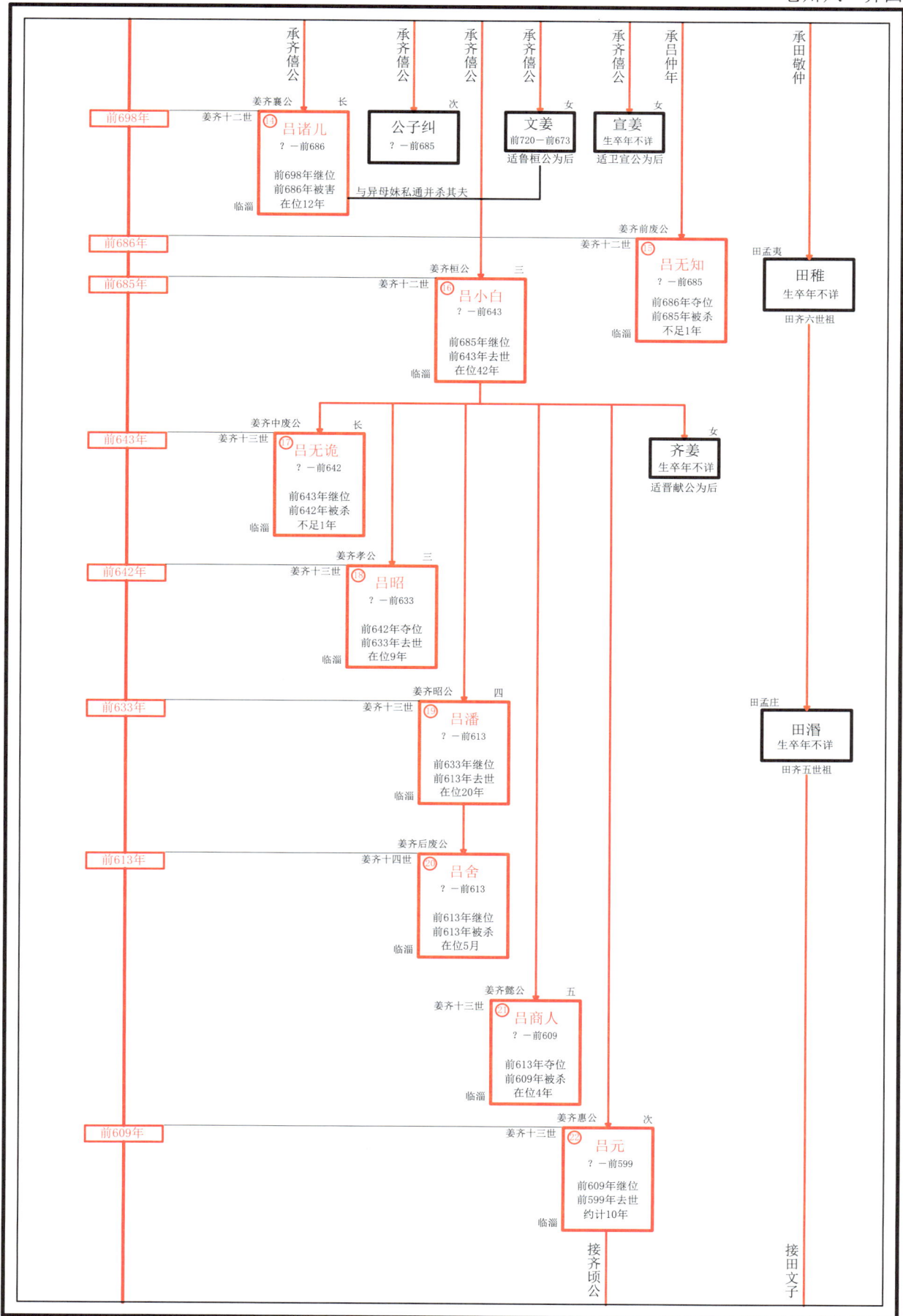

承齐僖公　　承齐僖公　　承齐僖公　　承齐僖公　　承齐僖公　　承吕仲年　　　　　承田敬仲

前698年

姜齐襄公　　　　　长
姜齐十二世　⑭ 吕诸儿
？—前686

前698年继位
前686年被害
在位12年
临淄

次
公子纠
？—前685

女
文姜
前720—前673

适鲁桓公为后

女
宣姜
生卒年不详

适卫宣公为后

与异母妹私通并杀其夫

前686年

姜齐前废公
姜齐十二世　⑮ 吕无知
？—前685

前686年夺位
前685年被杀
不足1年
临淄

田孟夷
田稚
生卒年不详
田齐六世祖

前685年

姜齐桓公　　　　　三
姜齐十二世　⑯ 吕小白
？—前643

前685年继位
前643年去世
在位42年
临淄

前643年

姜齐中废公　　　长
姜齐十三世　⑰ 吕无诡
？—前642

前643年继位
前642年被杀
不足1年
临淄

女
齐姜
生卒年不详

适晋献公为后

前642年

姜齐孝公　　　　　三
姜齐十三世　⑱ 吕昭
？—前633

前642年夺位
前633年去世
在位9年
临淄

前633年

姜齐昭公　　　　　四
姜齐十三世　⑲ 吕潘
？—前613

前633年继位
前613年去世
在位20年
临淄

田孟庄
田湣
生卒年不详
田齐五世祖

前613年

姜齐后废公
姜齐十四世　⑳ 吕舍
？—前613

前613年继位
前613年被杀
在位5月
临淄

姜齐懿公　　　　　五
姜齐十三世　㉑ 吕商人
？—前609

前613年夺位
前609年被杀
在位4年
临淄

前609年

姜齐惠公　　　　　次
姜齐十三世　㉒ 吕元
？—前599

前609年继位
前599年去世
约计10年
临淄

接齐顷公

接田文子

287

（廿三）【姜齐顷公】

吕无野（？－前582年），齐惠公之子。姜姓齐国第二十三位君主，前599年至前582年在位，约计十七年。

继位初期无礼晋国，欺负鲁国却几乎被鲁所擒。后来国势趋衰，故低调内敛周济穷人，颇得民心。

（廿四）【姜齐灵公】

吕环（？－前554年），齐顷公之子。姜姓齐国第二十四位君主，前582年至前554年在位，约计二十七年。在位期间，有名相晏弱、晏婴父子相继辅政，国事清明。初尊晋为霸，后欲争霸天下。先后五次伐鲁均无战果，引得晋国以叛晋伐鲁为由，帅十二家诸侯兴师伐齐，齐灵公亲自御敌，大败而归。晚年废长立幼，引发亲子间杀戮。

（廿五）【姜齐后庄公】

吕光（？－前548年），齐灵公之子，嫡母为颜懿姬，生母为颜懿姬陪嫁侄女鬷（音：宗）声姬。姜姓齐国第二十五位君主，前554年至前548年在位，约计六年。吕光本为太子，但齐灵公却废长立幼，派其出守即墨，改立宠姬戎子庶出之子公子牙为太子。齐灵公病重时，吕光被大夫崔杼等人迎回并杀死公子牙母子，齐灵公闻变吐血而亡。公元前548年，吕光与崔杼之妻私通，被崔杼等人杀害。

（廿六）【姜齐景公】

吕杵臼（？－前490年），齐灵公之子，齐后庄公之弟。

姜姓齐国第二十六位君主，前548年至前490年在位，约计五十八年。

继位后既有治国的壮怀激烈，又贪图享乐。故身边既有治国之臣，亦有谄媚之臣，齐景公借此让其互相制约。在位期间国内治安相对稳定，然因无嫡子而诸子争储。临终前废长立幼，为后来"田氏代齐"埋下了伏笔。

（廿七）【姜齐晏孺子】

吕荼（？－前489年），齐景公之子。姜姓齐国第二十七位君主。齐景公病重期间立为太子，迁其他诸子于东莱。吕荼继位后仅十月，被大臣田乞（陈乞）弑杀。无谥。

（廿八）【姜齐悼公】

吕阳生（？－前485年），齐景公之子，吕荼之兄。姜姓齐国第二十八位君主，前489年至前485年在位，约计四年。田乞杀吕荼而拥立吕阳生，开始了田氏专齐政先河。公元前485年，吴、鲁攻齐，田乞乘机又派人杀死吕阳生，立其子吕壬。从此"田氏代齐"已成条件。

（廿九）【姜齐简公】

吕壬（？－前481年），齐悼公之子。姜姓齐国第二十九位君主，前485年至前481年在位，约计四年。继位后分别任用田常和阚止，然倚重阚止，引发田氏不满，寻机杀死阚止，吕壬仓皇出逃，在路上被田恒的追兵杀死。

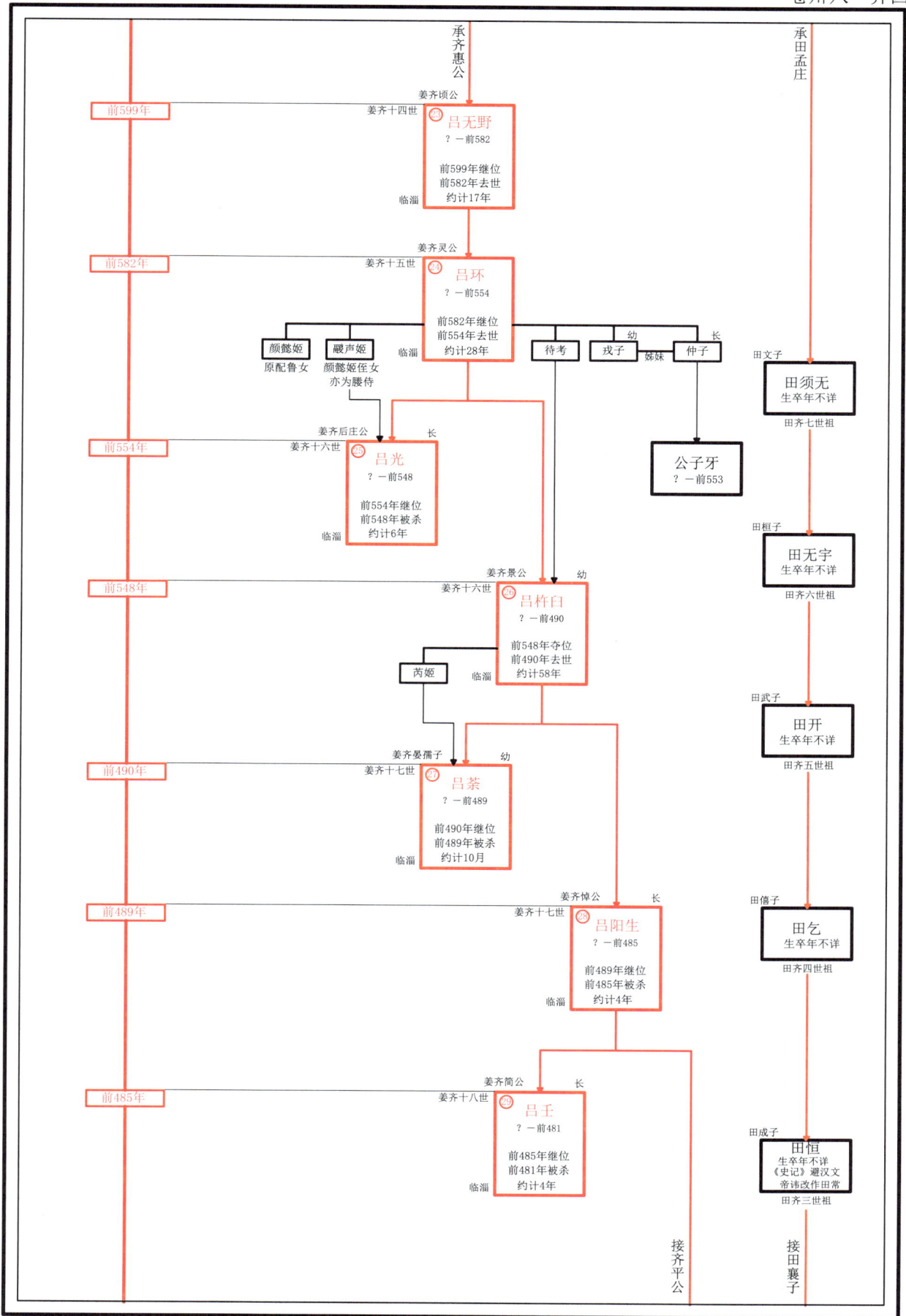

承齐惠公

承田孟庄

前599年

姜齐顷公

姜齐十四世

㉓ 吕无野
? 一前582

前599年继位
前582年去世
约计17年

临淄

前582年

姜齐灵公

姜齐十五世

㉔ 吕环
? 一前554

前582年继位
前554年去世
约计28年

临淄

颜懿姬
原配鲁女

鬷声姬
颜懿姬侄女
亦为媵侍

待考

戎子

姊妹

幼　　　　长

仲子

田文子

田须无
生卒年不详

田齐七世祖

前554年

姜齐后庄公

姜齐十六世

长

㉕ 吕光
? 一前548

前554年继位
前548年被杀
约计6年

临淄

公子牙
? 一前553

前548年

姜齐景公

姜齐十六世

幼

㉖ 吕杵臼
? 一前490

前548年夺位
前490年去世
约计58年

临淄

芮姬

田桓子

田无宇
生卒年不详

田齐六世祖

田武子

田开
生卒年不详

田齐五世祖

前490年

姜齐晏孺子

姜齐十七世

幼

㉗ 吕荼
? 一前489

前490年继位
前489年被杀
约计10月

临淄

前489年

姜齐悼公

姜齐十七世

长

㉘ 吕阳生
? 一前485

前489年继位
前485年被杀
约计4年

临淄

田僖子

田乞
生卒年不详

田齐四世祖

前485年

姜齐简公

姜齐十八世

长

㉙ 吕壬
? 一前481

前485年继位
前481年被杀
约计4年

临淄

田成子

田恒
生卒年不详
《史记》避汉文
帝讳改作田常

田齐三世祖

接齐平公

接田襄子

（卅）【姜齐平公】

吕骜（？—前456年），齐悼公之子，齐简公之弟。姜姓齐国第三十位君主，前481年至前456年在位，约计二十五年。

公元前481年，田成子（又称陈恒、田常、陈成子）杀齐简公立吕骜为君，自封为太宰。从此田氏家族专权于齐国的平公、宣公、康公三代。田成子对齐平公说："德施人之所欲，君其行之；刑罚人之所恶，臣请行之。"实际上是开启田氏生杀予夺之权。

（卅一）【姜齐宣公】

吕积（？—前405年），齐平公之子。姜姓齐国第三十一位君主，前456年至前405年在位，约计五十一年。

在位时春秋时期已近尾声，晋国已成三分之势。齐宣公十五年，齐相田庄子卒，其子田和继任，继续执掌齐国国政。

（卅二）【姜齐康公】

吕贷（前455年—前379年），齐宣公之子。姜姓齐国最后一位君主，前405年至前391年在位，约计十四年。

在位时淫于酒色，以田和为相。前391年被田和放逐于海岛上，"食一城，以奉其先祀"，田和自立为国君，是为田齐太公。公元前379年去世，葬于临淄。

（一）【田齐太公】

田和（？—前384年），妫姓田氏，陈完八世孙，田庄子之子，田悼子之弟。前391年自立为齐君。前386年周安王将其列为诸侯，姜姓齐国为田氏取代，仍沿用齐国名号，史称"田氏代齐"。前379年齐康公死，田氏并其食邑，吕氏绝祀。

（二）【田齐废公】

田剡（？—前375年），田和长子。田姓齐国第二位君主，前384年至前375年在位，约计九年。史无详载。公元前375年，为其弟田午所弑。又称齐侯剡、田侯剡。

（三）【田齐桓公】

田午（前400年—前357年），田齐太公田和之子。田姓齐国第三位君主，前375年至前357年在位，约计十八年。谥孝武桓，其因与春秋五霸之一的姜齐桓公吕小白易混，故多称为"田齐桓公"或"田桓公"。前375年，田午连弑兄侄后自立为君。在位期间创建稷下学宫，招揽贤士，并开始反击诸侯，渐渐改变屡战屡败的局面。著名的《扁鹊见齐桓公》即指田午，非是姜齐的桓公吕小白。

（四）【田齐威王】

田因齐（前378年—前320年），田午之子。田姓齐国第四位君主，前357年到前320年在位，约计三十七年。

齐威王以善于纳谏用能，励志图强而名著史册。在位时经桂陵、马陵两役败魏，开始称雄。去世后葬于田齐王陵（今山东淄博齐陵镇）。

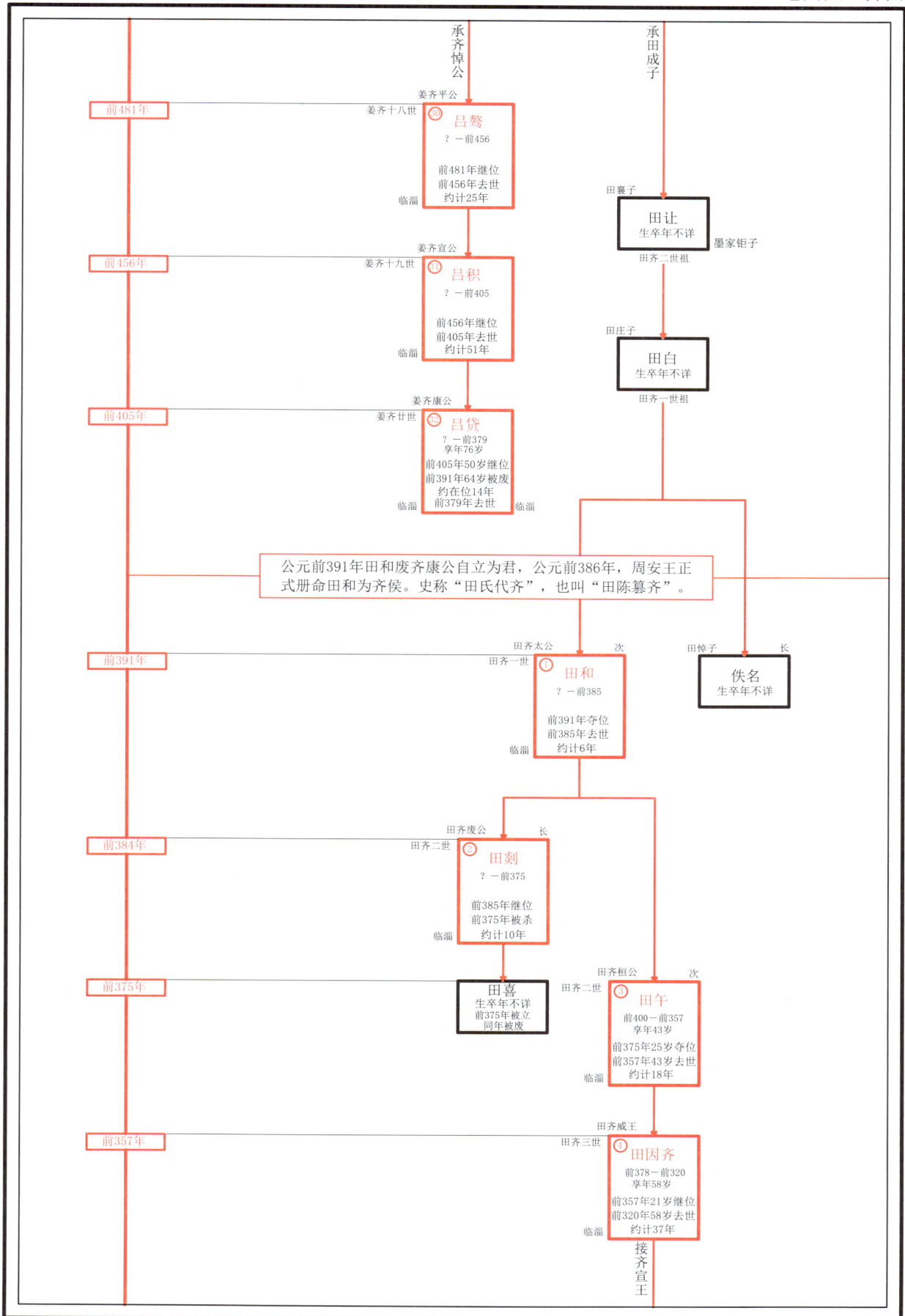

承齐悼公

承田成子

前481年　　姜齐平公　　姜齐十八世

⑩ 吕骜

? 一前456

前481年继位
前456年去世
约计25年

临淄

田襄子

田让
生卒年不详　　墨家钜子

田齐二世祖

前456年　　姜齐宣公　　姜齐十九世

⑪ 吕积

? 一前405

前456年继位
前405年去世
约计51年

临淄

田庄子

田白
生卒年不详

田齐一世祖

前405年　　姜齐康公　　姜齐廿世

⑫ 吕贷

? 一前379
享年76岁

前405年50岁继位
前391年64岁被废
约在位14年
前379年去世

临淄　　　　临淄

公元前391年田和废齐康公自立为君，公元前386年，周安王正式册命田和为齐侯。史称"田氏代齐"，也叫"田陈篡齐"。

前391年　　田齐太公　　次
　　　　　　田齐一世

① 田和

? 一前385

前391年夺位
前385年去世
约计6年

临淄

田悼子　　　长

佚名
生卒年不详

前384年　　田齐废公　　长
　　　　　　田齐二世

② 田剡

? 一前375

前385年继位
前375年被杀
约计10年

临淄

前375年　　　　　　田齐桓公　　次
　　　　　　　　　　田齐二世

田喜
生卒年不详
前375年被立
同年被废

③ 田午

前400—前357
享年43岁

前375年25岁夺位
前357年43岁去世
约计18年

临淄

前357年　　田齐威王　　田齐三世

④ 田因齐

前378—前320
享年58岁

前357年21岁继位
前320年58岁去世
约计37年

临淄

接齐宣王

（五）【田齐宣王】

田辟彊（前350年－前301年），齐威王之子。田姓齐国第五位君主，前320年至前301年在位，约计十九年。

公元前314年，乘燕国内乱出兵，杀燕王哙及子之。前312年娶钟离春为后。在位期间使稷下学宫进入鼎盛。各学派的学人著书立说，形成前所未有的百家争鸣局面，是"先秦文化"中重要的组成部分。他是成语"滥竽充数"的典故出处。

（六）【田齐湣王】

田地（？－前284年），齐宣王之子。田姓齐国第六位君主，前301年至前284年在位，约计十七年。

即位后发起秦齐争霸。垂沙之战大败楚国。函谷关之战大败秦国。吞并宋国，自称东帝。南割楚之淮北，西侵三晋，欲并周室自称天子。因其四面树敌，前284年，燕国大将乐毅带领五国联军攻破齐国七十二城，田地出逃莒城，被楚将淖齿所杀。

（七）【田齐襄王】

田法章（？－前265年），田地之子。田姓齐国第七位君主，前284年至前265年在位，约计十九年。

其父被杀，田法章改名换姓在莒城太史敫（jiǎo）家做佣人。太史敫之女见他状貌奇伟，非平常之人，便与他私通。于是莒人立他为君。继位后立太史敫之女为王后，史称君王后。前279年齐将田单攻破燕军，迎田法章回都城临淄（今山东淄博），并收回之前失去的城池。

（八）【田齐废王】

田建（前280年－前221年），田法章之子。田姓齐国的最后一位君主，前265年至前221年在位，约计四十四年。

在位期间，有近四十一年是得到太后君王后的扶持，此外也由于秦国远交近攻的策略，笼络齐国，优先进攻三晋，所以才得以太平。君王后去世后，王后的族弟后胜执政。后胜贪而少智，在秦国贿赂下，对其他诸侯袖手旁观，至诸侯国灭亡后，秦王诱使田建入秦，许以五百里之地封之。后秦兵入临淄，齐民无敢抗者。田建出降，秦迁之共地，处太行松柏间饿死。

【提示】

钟离春（生卒年不详），因其为无盐（今山东东平）人，故史称无盐女或无盐。传说其复姓锺离，名春，故又称锺离春。

齐宣王之妻，中国古代四大丑女之一，其他三位是：嫫母、孟光和阮氏女。

传说外貌极丑，四十岁不得出嫁。自请见齐宣王，陈述齐国危难四点，为齐宣王采纳，立为王后。于是拆渐台、罢女乐、退谄谀，进直言，选兵马，实府库，齐国大安。（参见【汉】刘向《列女传·辩通传》）

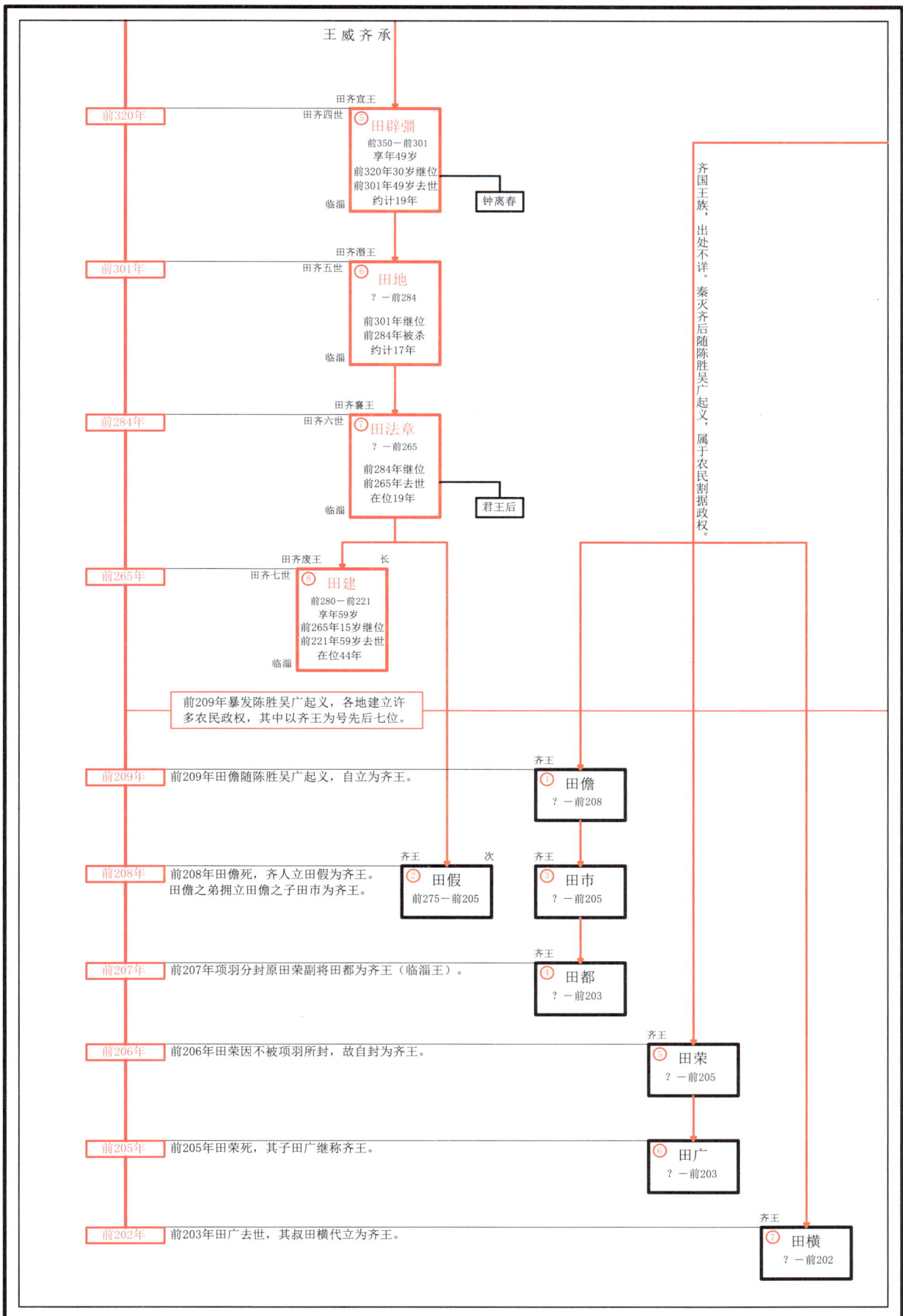

王威齐承

前320年　田齐宣王　田齐四世　⑤ 田辟彊
前350—前301
享年49岁
前320年30岁继位
前301年49岁去世
约计19年
钟离春

前301年　田齐湣王　田齐五世　⑥ 田地
？—前284
前301年继位
前284年被杀
约计17年
临淄

前284年　田齐襄王　田齐六世　⑦ 田法章
？—前265
前284年继位
前265年去世
在位19年
临淄　君王后

前265年　田齐废王　长　田齐七世　⑧ 田建
前280—前221
享年59岁
前265年15岁继位
前221年59岁去世
在位44年
临淄

齐国王族，出处不详。秦灭齐后随陈胜吴广起义，属于农民割据政权。

前209年暴发陈胜吴广起义，各地建立许多农民政权，其中以齐王为号先后七位。

前209年　前209年田儋随陈胜吴广起义，自立为齐王。　齐王 ① 田儋 ？—前208

前208年　前208年田儋死，齐人立田假为齐王。田儋之弟拥立田儋之子田市为齐王。　齐王 ② 田假 前275—前205　次　齐王 ③ 田市 ？—前205

前207年　前207年项羽分封原田荣副将田都为齐王（临淄王）。　齐王 ④ 田都 ？—前203

前206年　前206年田荣因不被项羽所封，故自封为齐王。　齐王 ⑤ 田荣 ？—前205

前205年　前205年田荣死，其子田广继称齐王。　齐王 ⑥ 田广 ？—前203

前202年　前203年田广去世，其叔田横代立为齐王。　齐王 ⑦ 田横 ？—前202

2022·6·11

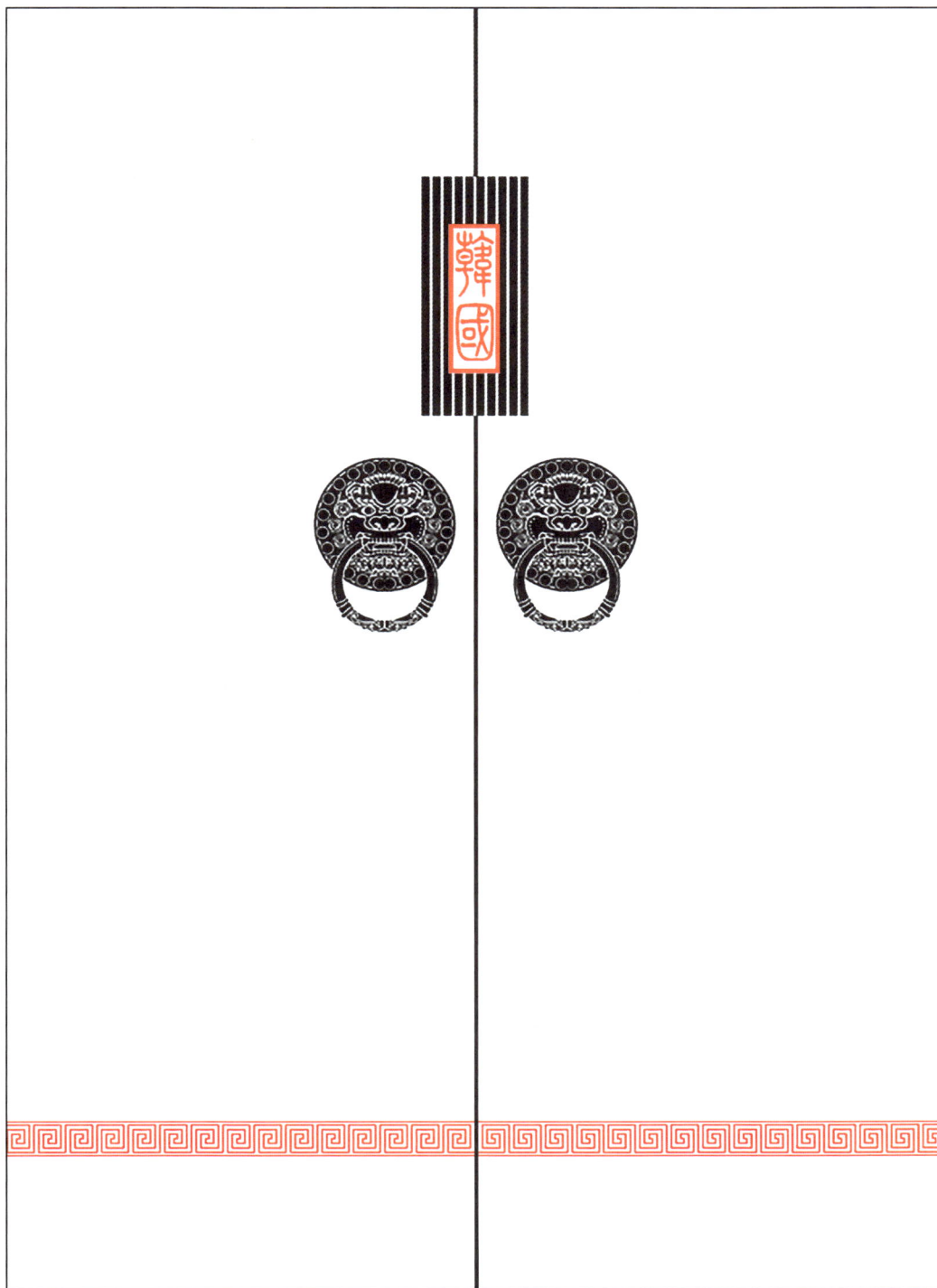

【韩武子】

　　韩万（生卒年不详），曲沃（今山西临汾曲沃）人。谥武，故称韩武子。西周古韩国后裔。春秋初期晋国著名权臣。曲沃桓叔次子。

　　战国七雄中韩国的先祖。曲沃武公即位为晋侯后，将韩原（今陕西韩城）封给了韩万作为采邑，故以韩为氏。曾帮助晋武公篡权而杀害了晋哀侯姬光。

【韩赇伯】

　　韩赇伯（生卒年不详），又名伯胜，韩万之子。生活于晋献公时代。是晋国的韩氏家族第二位领袖。

【韩定伯】

　　韩简（生卒年不详），韩赇伯之子。晋国的韩氏家族第三位领袖，死后谥号定，史称韩定伯。

【韩子舆】

　　韩舆（生卒年不详），又名韩子舆。晋国的韩氏家族第四位领袖。史无详载。

【韩献子】

　　韩厥（生卒年不详），韩舆之子。晋国卿大夫。

　　韩厥始为晋国赵氏家臣，后位列八卿之一，至晋悼公时，升任晋国执政，前573年，晋悼公任韩厥为执政大夫兼中军元帅，成为晋国的正卿，一生侍奉晋灵公、晋成公、晋景公、晋厉公、晋悼公五朝，是位稳健的权臣。

【韩宣子】

　　韩起（？—前497），韩厥之子。春秋时期晋国卿大夫，六卿之一。

　　韩厥长子韩无忌以自己有残疾为由推辞承继卿位，韩起得以成为韩氏家族宗主。执政近七十年，是政治生命超长的政治家。

【韩贞子】

　　韩须（生卒年不详），韩起之子。春秋时期晋国的韩氏家族领袖。仕晋定公，率领韩氏迁居平阳。因其父长寿，固先于其父死。

【韩简子】

　　韩不信（生卒年不详），韩须之子。春秋时期晋国的韩氏家族领袖。在晋国六卿的纷争中低调行事，只扮演着维持韩氏地位的守成者角色。

【韩庄子】

　　韩庚（生卒年不详），韩不信之子。晋国的韩氏家族领袖。仕晋哀公姬骄，余无详载。

【韩康子】

　　韩虎（？—前425年），韩庚之子。晋国的韩氏家族领袖。公元前453年，韩康子和赵襄子、魏桓子一起打败了智伯瑶，瓜分了他的领地，只给晋幽公留下两城，至此，韩、赵、魏三家的领地超过了晋侯。

【韩国简介】

韩国（公元前403年－公元前230年）。战国七雄之一，与魏、赵合称三晋。

国君为姬姓，韩氏。是从晋国分裂出来的诸侯国。先祖是晋国大夫韩武子（晋武公叔父）。公元前453年，晋国权臣韩氏、赵氏和魏氏瓜分晋地，架空晋国君主。至公元前403年，周威烈王被迫承认并正式位列诸侯，韩国建立。

韩国建都于阳翟（今河南禹州）。公元前375年，韩哀侯灭郑国，迁都新郑（今属河南新郑）。公元前325年，魏惠王与韩宣惠王在巫沙互尊为王。

韩国生产的弩为当时最先进的兵器，射程达800米以上。史上有"天下之强弓劲弩皆从韩出"的记载。韩国产的剑也异常锋利，有"陆断牛马，水截鹄雁""当敌则斩坚甲铁幕"等记载。

韩昭侯时，用申不害为相变法，内政修明，使韩国成小康之治。由于地处中原，韩国被魏、齐、楚、秦包围，完全没有发展的空间，国土也是七国之中最小的。

公元前230年，韩国成为战国七雄中第一个被秦所灭的诸侯国。秦在其旧地置颍川郡。

韩

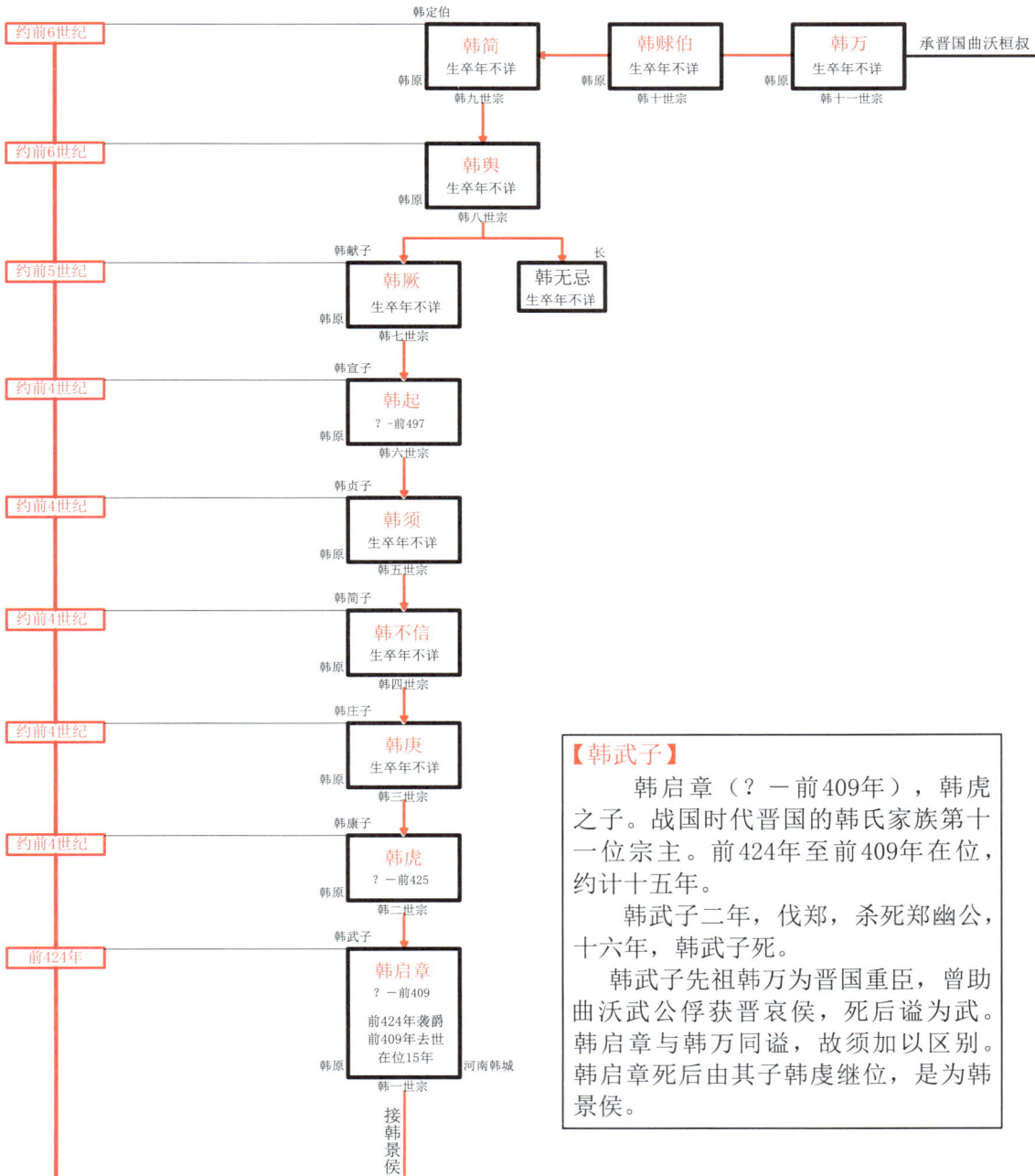

【韩武子】

韩启章（？－前409年），韩虎之子。战国时代晋国的韩氏家族第十一位宗主。前424年至前409年在位，约计十五年。

韩武子二年，伐郑，杀死郑幽公，十六年，韩武子死。

韩武子先祖韩万为晋国重臣，曾助曲沃武公俘获晋哀侯，死后谥为武。韩启章与韩万同谥，故须加以区别。韩启章死后由其子韩虔继位，是为韩景侯。

（一）【韩景侯】

韩虔（？—前400年），韩启章之子。先为晋国的韩氏家族领袖，前409年至前400年在位，约计约九年。

公元前403年，韩与赵氏、魏氏一同受封诸侯，正式建立韩国。迁都阳翟（今河南禹县）。前400年去世。

（二）【韩烈侯】

韩取（？—前387年），韩虔之子。韩国第二位君主，前400年至前387年在位，约计十三年。

在位时期韩国政治混乱，政令前后不一，臣民无所适从。其叔父韩傀（字侠累）任相国，与大臣严遂争权结怨。公元前397年，严遂以巨金收买聂政（春秋战国四大刺客之一）将其刺杀。

（三）【韩文侯】

韩猷（？—前377年），韩取之子。韩国第三位君主，前387年至前377年在位，约计十年。继位后重用严遂进行改革，取得了一定成效。同时对外不断扩张。

（四）【韩哀侯】

韩屯蒙（？—前374年），韩猷之子。韩国第四位君主，前377年至前374年在位，约计三年。继位后与赵敬侯、魏武侯废晋靖公为庶民，瓜分其食邑，令晋国绝祀。公元前375年，灭亡郑国，迁都新郑。

公元前374年，被刺客杀死。刺杀之人史无确考。据《史记·卷四十五·韩世家第十五》记载"六年，韩严弑其君哀侯。"而韩严是谁史无定考。

（五）【韩懿侯】

韩若山（？—前363年），韩哀侯之子。韩国第五位君主，前374年至前363年在位，约计十一年。公元前374年，韩哀侯被刺身亡，韩若山继位。又记作韩共侯。

（六）【韩昭侯】

韩武（？—前333年），韩懿侯之子，韩国第六位君主，前363年至前333年在位，约计三十年。在位时用申不害改革，史称"申不害相韩，修术行道，国内以治，诸侯不来侵伐"（《史记·老子韩非列传》）。公元前337年，申不害卒于韩国都城（今新郑）。

（七）【韩宣惠王】

韩康（？—前312年），韩武之子。韩国第七位君主，前333年至前312年在位，约计二十一年。公元前325年，韩康与魏惠王在巫沙会面，互尊为王。公元前323年，正式称王，是韩国第一位称王的君主。史称韩宣惠王。亦称韩威侯、韩宣王。

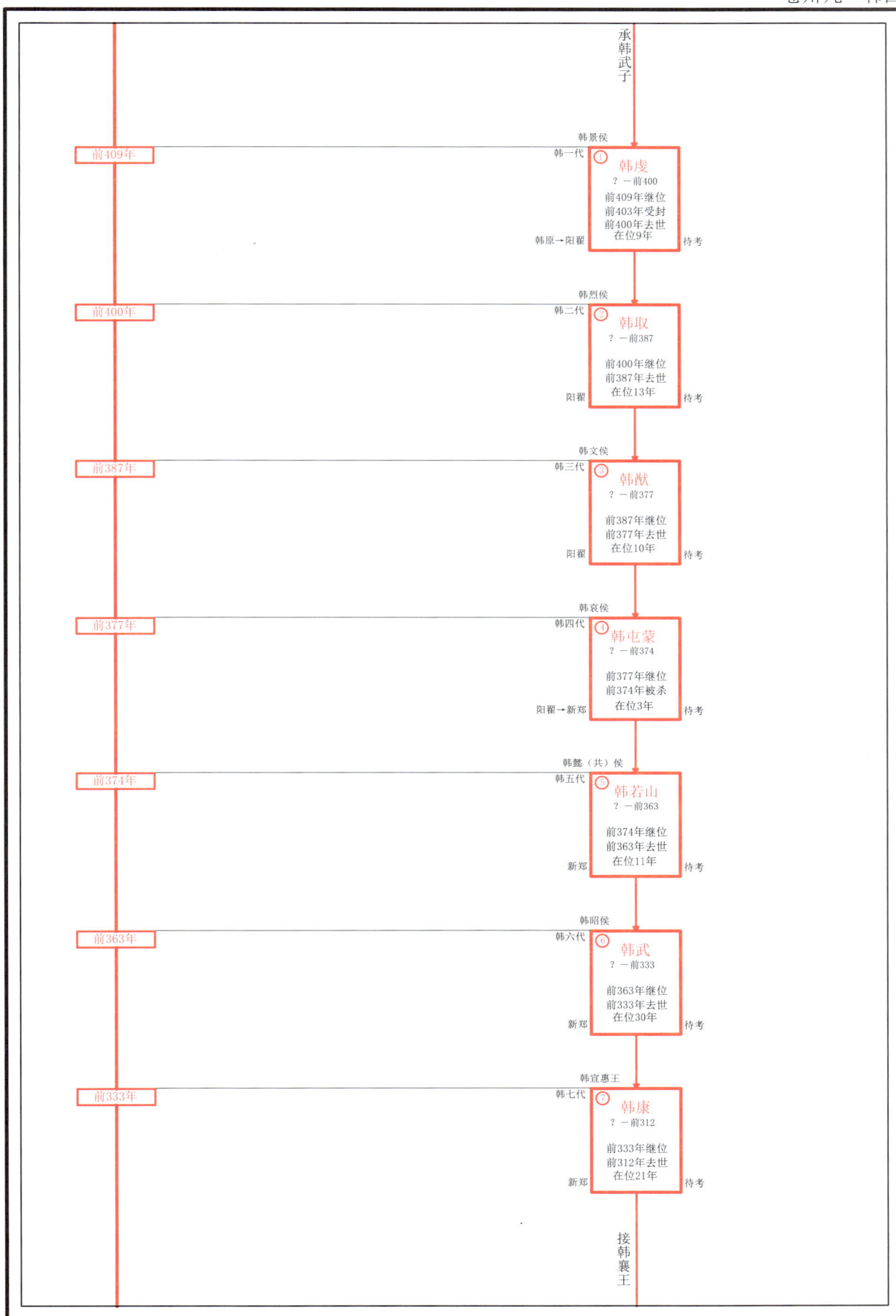

承韩武子

韩景侯
韩一代
前409年

① 韩虔
? —前400
前409年继位
前403年受封
前400年去世
在位9年
韩原→阳翟　待考

韩烈侯
韩二代
前400年

② 韩取
? —前387
前400年继位
前387年去世
在位13年
阳翟　待考

韩文侯
韩三代
前387年

③ 韩猷
? —前377
前387年继位
前377年去世
在位10年
阳翟　待考

韩哀侯
韩四代
前377年

④ 韩屯蒙
? —前374
前377年继位
前374年被杀
在位3年
阳翟→新郑　待考

韩懿（共）侯
韩五代
前374年

⑤ 韩若山
? —前363
前374年继位
前363年去世
在位11年
新郑　待考

韩昭侯
韩六代
前363年

⑥ 韩武
? —前333
前363年继位
前333年去世
在位30年
新郑　待考

韩宣惠王
韩七代
前333年

⑦ 韩康
? —前312
前333年继位
前312年去世
在位21年
新郑　待考

接韩襄王

（八）【韩襄王】

韩仓（？—前296年），韩康之子。韩国第八位君主，前312年至前296年在位，约计十六年。

在位期间楚攻韩雍氏城五个月，韩仓遣尚靳求于秦王，无果。又派张翠出使秦国，秦国出兵援韩。

（九）【韩厘王】

韩咎（？—前273年），韩仓之子。韩国第九位君主，前296年至前273年在位，约计二十三年。

公元前300年，韩仓的太子婴去世，韩咎与公子虮虱争夺太子之位。当时公子虮虱在楚国做人质，苏秦之弟苏代设计让公子虮虱无法回国，于是韩仓将韩咎立为太子。

公元前280年，韩非子出生于韩国贵族之家。

公元前275年，韩国为秦国所败，斩首四万余。

（十）【韩桓惠王】

韩然（？—前239年），韩咎之子，韩国第十位君主，前273年至前239年在位，约计三十四年。

在位时为使秦国无力东征，派大臣郑国西去秦国，劝说秦王兴修水利工程，后世称为郑国渠。

公元前262年，秦国大将白起进攻韩国，占领了野王（今河南沁阳），韩然割上党（今山西长治）求和，上党人不满，郡守冯亭率军民降赵。赵国接受上党，并遣名将廉颇麾重兵进驻长平（今山西高平）拒秦。

公元前239年韩然去世，葬于今河南新郑。

（十一）【韩废王】

韩安（？—前226年），韩然之子。韩国第十一位君主，前239年至前230年在位，约计九年。

继位时韩国已是战国七雄中最弱小的国家。公元前230年，秦国派遣内史腾率军攻韩，韩安投降，韩国灭亡。秦国以韩地建颍川郡，建郡治于阳翟。

韩国灭亡后，韩安被迁离韩国旧地，软禁于陈县。公元前226年，韩国旧贵族在故都新郑发动叛乱，秦国出兵平定叛乱。后为根除祸患，处死软禁中的韩安。韩国绝祀。

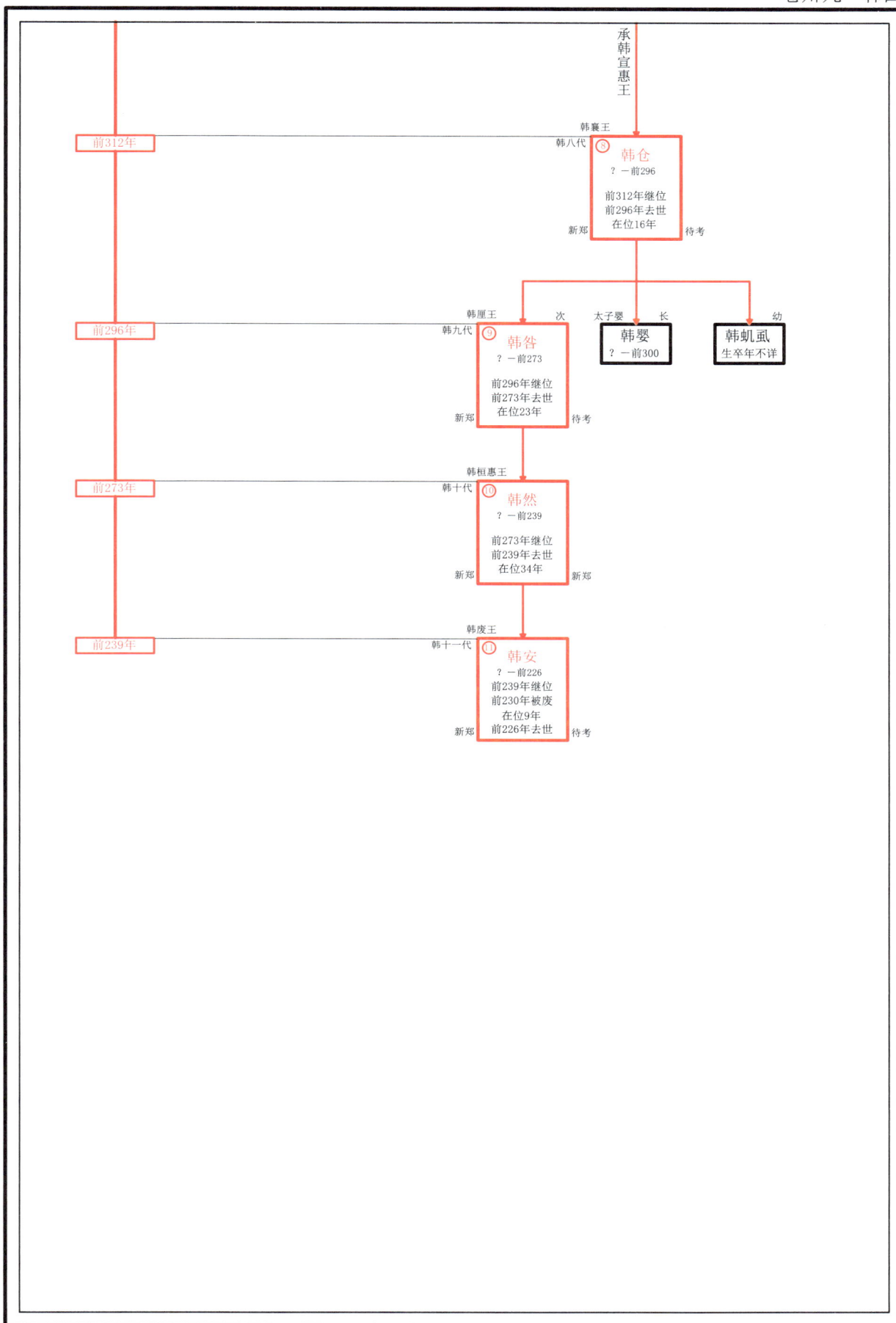

承韩宣惠王

韩襄王　韩八代　⑧ **韩仓**
前312年　　　　　? 一前296
　　　　　　　前312年继位
　　　　　　　前296年去世
　　　　新郑　　在位16年　待考

太子婴　长　　　　　幼
韩婴　　　　**韩虮虱**
? 一前300　　　生卒年不详

韩厘王　次
韩九代　⑨ **韩咎**
前296年　　　　? 一前273
　　　　　　前296年继位
　　　　　　前273年去世
　　　新郑　在位23年　待考

韩桓惠王
韩十代　⑩ **韩然**
前273年　　　? 一前239
　　　　　前273年继位
　　　　　前239年去世
　　新郑　在位34年　新郑

韩废王
韩十一代　⑪ **韩安**
前239年　　　? 一前226
　　　　　前239年继位
　　　　　前230年被废
　　　　　在位9年
　　新郑　前226年去世　待考

2022·6·11

【赵成子】

赵衰（？—前622年），衰音cuī。嬴姓，赵氏，字子余，一谥号"成季"。赵国君主的祖先。曾跟随晋文公重耳流亡十九年。前637年晋文公回国夺位，赵衰任上卿，是辅佐晋文公称霸的五贤士之一。封于原地（今河南济源）。

【赵宣子】

赵盾（前655年—前601年），赵衰之子。时人尊称赵孟或宣孟。晋国卿大夫，权臣，称正卿，法治晋国。一生侍奉三朝，并以弑杀晋灵公姬夷皋，拥立姬黑臀为君而权倾朝野，使晋国君权受到极大的冲击与削弱。

他是"赵氏孤儿"赵武的祖父。

【赵庄子】

赵朔（前637年—前595年），赵盾之子。晋国卿大夫。其妻为晋成公之女赵庄姬（《史记·赵世家》记载其为晋成公之姊）。"赵氏孤儿"赵武之父。

【赵文子】

赵武（前598年—前541年），一说为595年生，待考。赵朔之子，"赵氏孤儿"原型。

晋国六卿之一，赵氏宗主，后升任正卿。执政时促成晋国和楚国的"弭兵会盟"。立弟赵括为赵氏宗主。

【赵景子】

赵成（？—前518年），赵武之子。前540年至前518年为赵氏宗主。晋国卿大夫。

【赵简子】

赵鞅（？—前476年），又名志父，亦称赵孟。赵成之子。晋国的赵氏家族首领。

赵鞅为晋国大夫专权国事，致力改革，为李悝、商鞅变法和赵武灵王改革首开先河。赵鞅因嫡长子赵伯鲁资质平庸，不堪重任，便传位于庶子赵毋恤，并继任赵氏家族领袖。在世时始建晋阳城（今太原）。

【赵襄子】

赵毋恤（？—前425年），亦作无恤，赵鞅之子。晋国卿，赵氏家族首领。前453年，不甘受晋国正卿智伯瑶逼迫，据晋阳城抵抗一年有余，后联合魏、韩二卿战胜智氏。与其父赵鞅史称"简襄之烈"。

赵毋恤认为自己抢了嫡兄赵伯鲁的嗣位违反宗法，希望把继承权还归赵伯鲁一系，于是立赵伯鲁之孙赵浣为储君，以备传其位。

【赵桓子】

赵嘉（？—前424年），赵毋恤之子。因对其父的传位安排不满，故在赵毋恤死后逐赵浣自立。迁都中牟（今河南鹤壁）。在位一年而卒。国人认为赵嘉夺位非其父本意，乃共杀其子而复迎立赵浣，即赵献侯。

【赵献侯】

赵浣（？—前409年），亦称赵献子，赵毋恤之兄赵伯鲁之孙、赵周之子。刚即位即被赵嘉驱逐。赵嘉死后复位。

【赵国简介】

　　赵国（公元前403年—公元前222年），是春秋战国时期从晋国分裂出来的诸侯国，是战国七雄之一。

　　赵国国君嬴姓，赵氏。其始祖造父，与秦国同祖。至商朝名臣飞廉（又称蜚廉）次子季胜之后，因征伐徐国有功，受封于赵城，故改为赵氏。

　　赵氏传至赵衰（音cuī）时，成为晋文公的大夫，为晋国五贤之一。后至赵简子时权倾朝野，成为晋国权臣。后赵鞅又打破晋国六卿控权的格局，并与六卿中的魏氏、韩氏一同瓜分了晋国，史称"三国分晋"。

　　公元前403年，赵籍与韩虔、魏斯被周威烈王正式任命为侯爵，建立了赵国。其国都曾先后在晋阳（今太原）、中牟（今鹤壁）、邯郸（今邯郸）；公元前372年，又立信都（今邢台）为别都。

　　至赵武灵王时，赵国称王。公元前296年，灭中山国。疆土囊括了河北、山西的大部分及内蒙古的阴山以南部分。与秦国展开了数十年的争霸。

　　公元前228年，秦军攻破邯郸，赵国宫室北逃到代，共同拥立赵嘉为王，继续抵抗。公元前222年，秦军攻灭赵代王嘉，赵国灭亡。

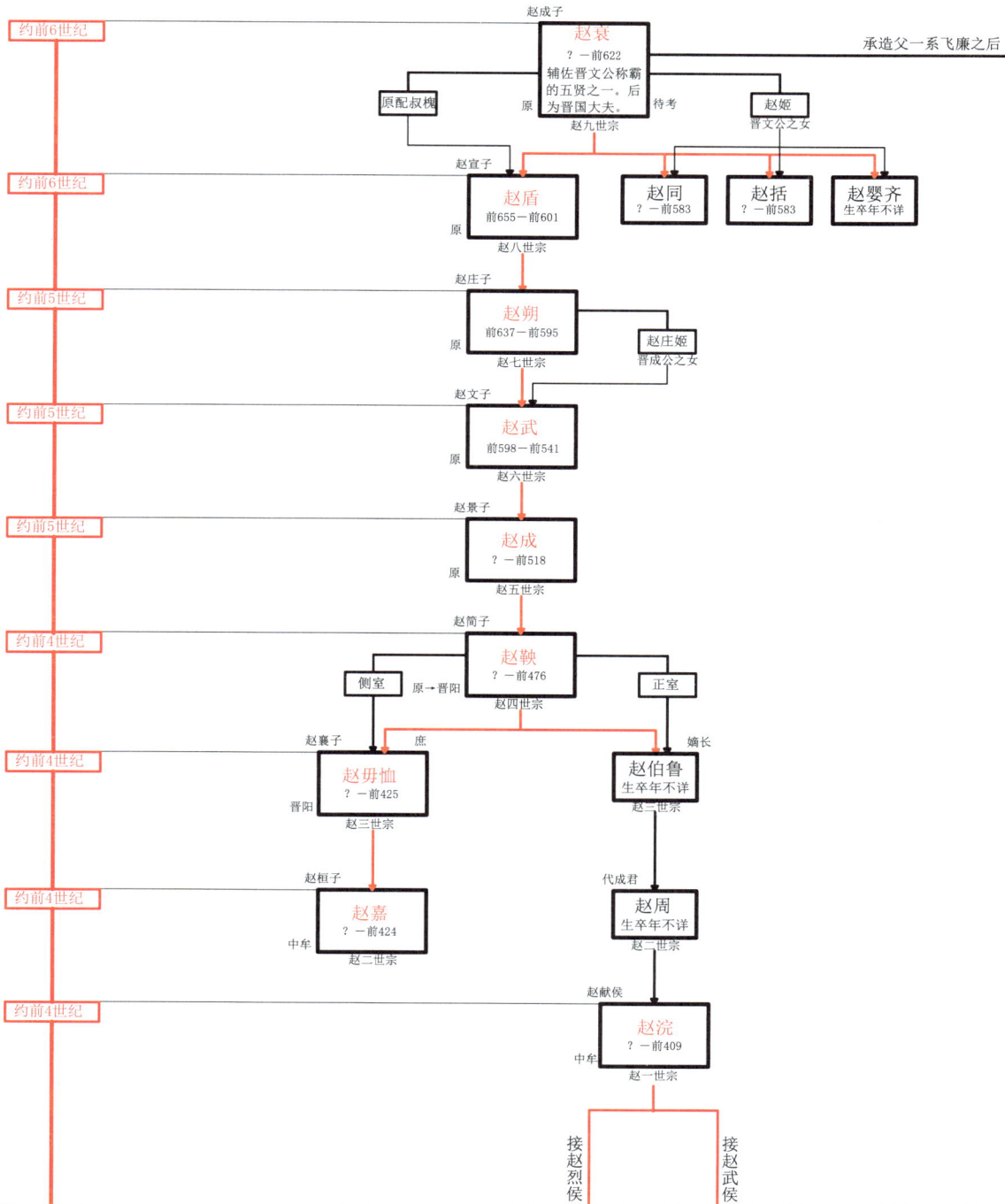

（一）【赵烈侯】

赵籍（？—前400年），赵浣之子。赵国开国君主，前408年至前400年在位，约计八年。前403年周威烈王承认魏、韩、赵三国正式成为诸侯，赵籍追尊其父赵浣为赵献侯。

公元前400年，赵籍去世，其子赵章年幼，由其弟继位。

（二）【赵武侯】

佚名（？—前387年），史书未载其名。赵烈侯之弟。赵国第二位君主，前400年至前387年在位，约计十三年。

（三）【赵敬侯】

赵章（？—前375年），赵籍之子，赵武侯之侄。赵国第三位君主，前387年至前375年在位，约计十二年。

即位后将都城从中牟（今河南鹤壁）迁到邯郸。此后相继对周边诸侯国用兵。公元前376年，与魏、韩二国正式灭掉晋国，死后葬于邯郸赵王陵。

（四）【赵成侯】

赵种（？—前350年），赵章之子。赵国第四位君主，前375年至前350年在位，约计二十五年。公元前372年，赵种在邢地浆水镇附近（今邢台县）高筑檀台以朝诸侯，称为别都。因在邢地故名邢台。

（五）【赵肃侯】

赵语（？—前326年），赵种之子。赵国第五位君主，前350年至前326年在位，约计二十四年。

在位期间在南、北边境、漳水和滏水之间筑长城。

（六）【赵武灵王】

赵雍（前340年—前295年），赵语之子。赵国第六位君主，前326年至前299年在位，约计二十七年。

在位期间推行"胡服骑射"的军制改革，并吞灭中山国，大败林胡、楼烦二族，开辟云中、雁门、代郡三郡，完善了赵长城。公元前299年，赵雍为了军国大事，把王位禅让给次子赵何。因其废长立幼不合礼法，故长子赵章被田不礼挑唆发动沙丘之变，赵雍在被困三个月后被饿死。

（七）【赵惠文王】

赵何（前309年—前266年），赵雍次子。赵国第七位君主，前299年至前266年在位，约计三十三年。

公元前299年，赵雍禅位于赵何，赵雍退位后自称"主父"。在位时有蔺相如、廉颇等辅佐，政治清明，国力强盛。其弟平原君赵胜，为春秋四公子之一。

（八）【赵孝成王】

赵丹（？—前245年），赵何之子，赵国第八位君主，前266年至前245年在位，约计二十一年。

公元前260年，赵丹用赵括代替老将廉颇，在长平（今山西高平）被秦将白起战败，赵括战死，四十五万赵军精锐被杀，赵国大伤元气。晚年重用廉颇，多次战胜燕国。

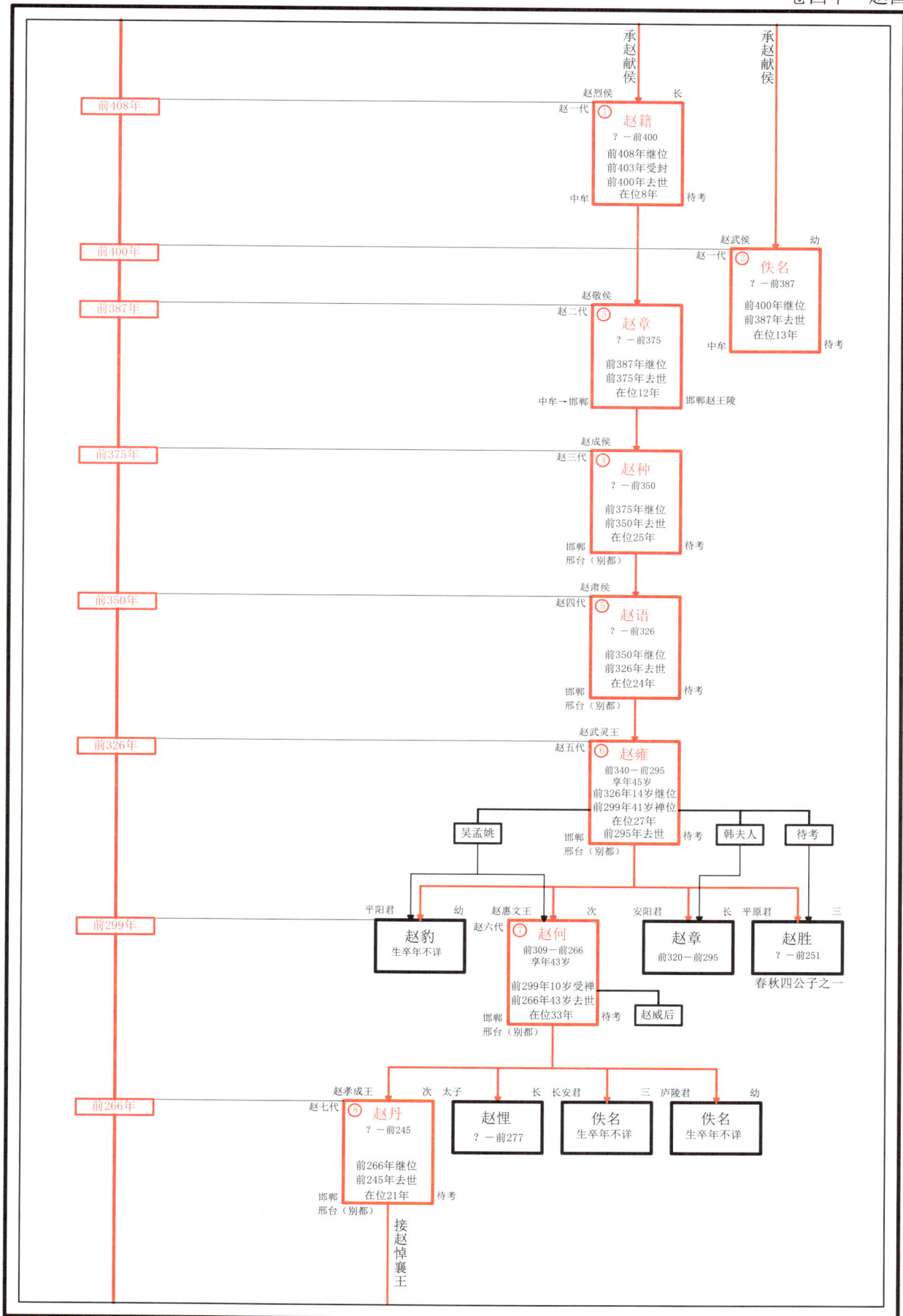

承赵献侯

承赵献侯

前408年

赵烈侯　　长
赵一代
① 赵籍
？—前400
前408年继位
前403年受封
前400年去世
中牟　　在位8年　　待考

前400年

赵武侯　　幼
赵一代
② 佚名
？—前387
前400年继位
前387年去世
在位13年　　待考

前387年

赵敬侯
赵二代
③ 赵章
？—前375
前387年继位
前375年去世
中牟→邯郸　在位12年　邯郸赵王陵

前375年

赵成侯
赵三代
④ 赵种
？—前350
前375年继位
前350年去世
邯郸　　在位25年　　待考
邢台（别都）

前350年

赵肃侯
赵四代
⑤ 赵语
？—前326
前350年继位
前326年去世
邯郸　　在位24年　　待考
邢台（别都）

前326年

赵武灵王
赵五代
⑥ 赵雍
前340—前295
享年45岁
前326年14岁继位
前299年41岁禅位
在位27年
邯郸　　前295年去世　待考
邢台（别都）

吴孟姚　　　　　　　　　　　韩夫人　　待考

平阳君　幼　　赵惠文王　次　　安阳君　长　平原君　三
赵豹　　　　⑥赵何　　　　赵章　　　　赵胜
生卒年不详　　前309—前266　　前320—前295　？—前251
赵六代　享年43岁
前299年10岁受禅
前266年43岁去世
邯郸　　在位33年　待考　　赵威后　　春秋四公子之一
邢台（别都）

前299年

赵孝成王　次　太子　　长　长安君　三　庐陵君　幼
赵七代
⑧ 赵丹　　　赵悝　　　佚名　　　佚名
？—前245　　？—前277　生卒年不详　生卒年不详

前266年

前266年继位
前245年去世
邯郸　　在位21年　待考
邢台（别都）

接赵悼襄王

（九）【赵悼襄王】

赵偃（？—前236年），赵丹庶子。赵国第九位君主，前245年至前236年在位，约计九年。

公元前244年，派李牧攻打燕国。公元前242年，燕国派剧辛攻打赵国。赵军击败燕军，杀死剧辛。公元前236年，再次派兵伐燕，战事还未结束，秦将王翦等趁机率军攻赵，夺取邺地九城。同年赵偃去世。

（十）【赵幽缪王】

赵迁（？—前222年），赵偃之子，母为赵悼倡后。赵国最后一位君主，前236年至前228年在位，约计八年。

继位后品行不端。屡遭秦国攻打，接连丢失多座城池。公元前229年，秦国大兵压境，却听信宠臣郭开谗言，杀害李牧，罢免司马尚，导致赵军大败，国破家亡。前228年被俘进入秦国，发配到房陵深山中，谥号幽缪。

◆————————◆————————◆

【代王嘉】

赵嘉，赵偃嫡子。赵迁异母弟，公元前228年，秦军破赵，虏赵王迁。赵嘉率宗族数百人奔代（今河北蔚县），自称代王。公元前222年，秦将王贲攻代，被虏，代亡。

【武臣】

武臣（？—前208年），陈郡陈县（今河南睢阳）人。秦末农民起义军将领。

早年跟随陈胜，参加大泽乡起义。带兵攻打赵郡，授将军，连得赵地十余城。秦二世元年（公元前209年）八月，自立为赵王，以张耳为右丞相，邵骚为左丞相，陈馀为大将军。

秦二世二年（公元前208年），遭到部下李良杀害。

【赵歇】

赵歇（？—前204年），嬴姓赵氏，赵国贵族，秦朝时赵氏族长。

公元前208年，被张耳、陈馀立为赵王，都信都（今河北邢台）。秦将章邯攻赵，以重兵围攻巨鹿（今河北邢台平乡西南）。项羽率兵救赵，大破秦军，他与张耳始得解围。公元前206年，张耳从项羽入关，封常山王，赵歇被徙为代王。后陈馀击走张耳，复拥赵歇为赵王。楚汉战争中，陈馀为汉将韩信所败，被杀。赵歇逃回信都，亦被追杀。

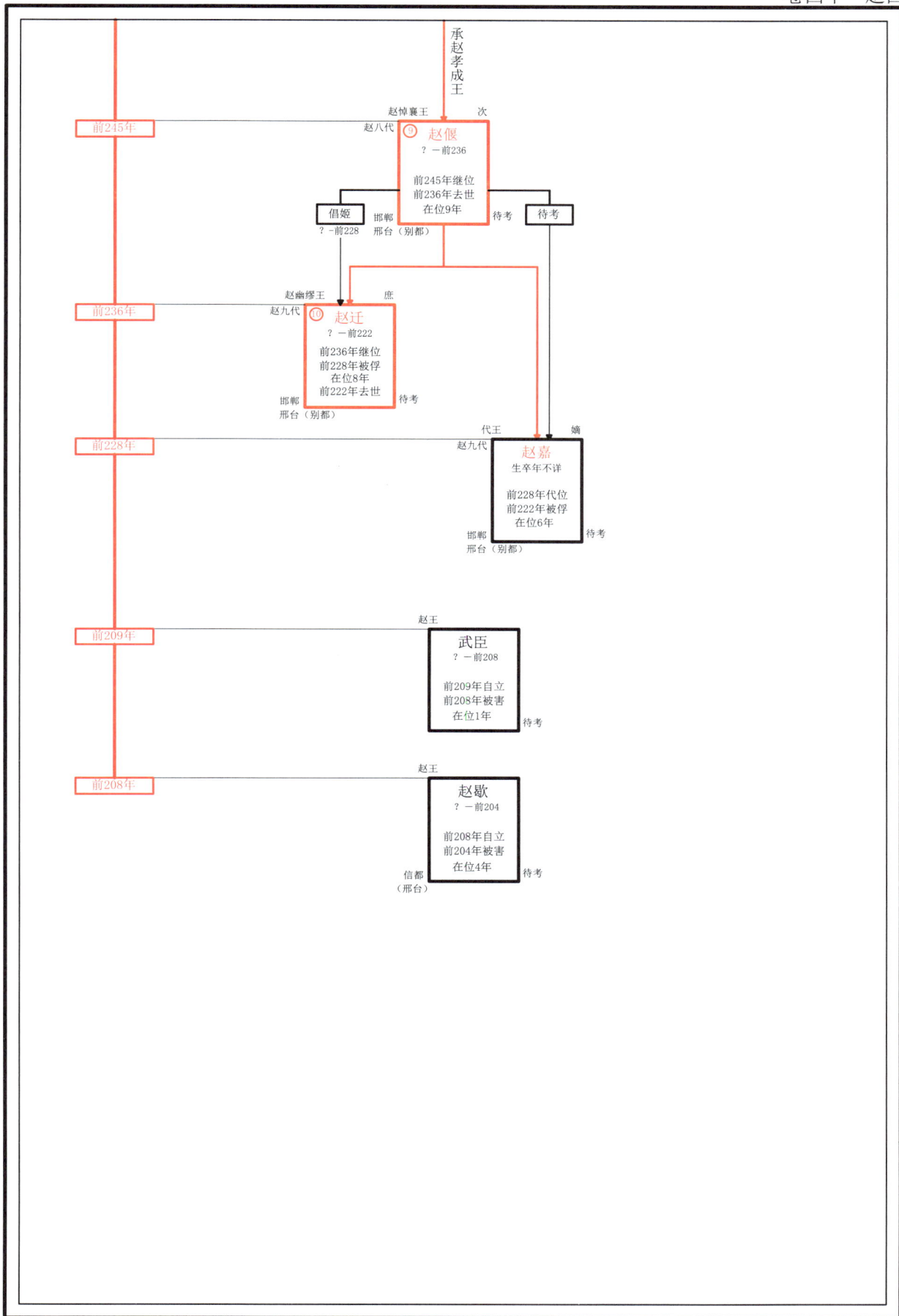

承
赵
孝
成
王

赵悼襄王　　　次
赵八代

前245年

⑪ **赵偃**
? —前236

前245年继位
前236年去世
在位9年

倡姬　　邯郸　　待考　　待考
? —前228　邢台（别都）

赵幽缪王　　　庶
赵九代

前236年

⑪ **赵迁**
? —前222

前236年继位
前228年被俘
在位8年
前222年去世

邯郸　　　　　待考
邢台（别都）

代王　　　嫡
赵九代

前228年

赵嘉
生卒年不详

前228年代位
前222年被俘
在位6年

邯郸　　　　　待考
邢台（别都）

赵王

前209年

武臣
? —前208

前209年自立
前208年被害
在位1年　　　待考

赵王

前208年

赵歇
? —前204

前208年自立
前204年被害
在位4年

信都　　　　　待考
（邢台）

2022·6·11

魏国

【魏武子】

魏犨（生卒年不详），犨音chōu 。谥武，故称魏武子。毕万之子。有些史书（如《世本》）记为毕万之孙芒季之子，待考。

魏犨追随姬重耳流亡，晋文公回国即位后，任其为大夫，封于魏邑（今山西芮城）。

【魏悼子】

魏悼子（生卒年不详），魏武子长子。晋国大夫。

魏悼子承父爵，自魏邑（今山西芮城）徙居于霍（今山西霍州）。春秋时期八年九合诸侯的晋国名臣。

【魏庄子】

魏绛（？—前552年），史称魏庄子，因功改封安邑（今山西运城）。谥昭，又称魏昭子。承父爵为卿并为晋国执政权臣。他提出"和戎"之策，是我国历史上汉族争取团结少数民族的先河。

【魏献子】

魏舒（？—前509年），一名荼。魏庄子之孙，父失考。谥献，故称魏献子。晋国六卿之一。

他是军事家、政治家，是由车战向步战转移的创始者。"魏舒方阵"是中华军事史上的一个标志。

【魏简子】

魏取（生卒年不详），魏献子魏舒之子。谥简，史称魏简子。

【魏襄子】

魏侈（生卒年不详），《史记·魏世家》称魏襄子是魏献子之子。又有说为魏简子之子，本表遵《史记》，待考。谥襄，故称魏襄子。战国时期晋国魏氏家族的领袖。

【魏桓子】

魏驹（？—前446年），魏襄子魏侈之孙。其父佚名失考。谥桓，故称魏桓子。承魏襄子之位。他与赵襄子、韩康子一起打败了晋国权臣智伯瑶并瓜分了他的领地，使韩、赵、魏三家的领地扩大并超过了晋侯。

（一）【魏文侯】

魏斯（前472年—前396年），一名都。魏桓子之孙，父失考。承魏桓子之位成为晋国的魏氏家族领袖，是魏国百年霸业的开创者，魏国开国君主。

公元前403年，魏斯与赵籍、韩虔一起被周威烈王正式封侯，建立魏国。

魏斯在位期间礼贤下士，师事儒门，任用李悝、翟璜为相，乐羊、吴起为将，使出身于小贵族或平民的能士在政治、军事上发挥作用，标志着世族政治向官僚政治的转变，使魏国在战国二百余年历史中成为最先强盛而称雄的国家。死后谥文，史称魏文侯。

【魏国简介】

　　魏国（公元前403年－公元前225年），战国七雄之一。姬姓，魏氏，始祖为毕万（周文王姬昌第十五子毕公高之裔孙）。

　　公元前453年，晋国权臣赵襄子、魏桓子和韩康子发动叛乱瓜分晋国，史称"三家分晋"。公元前403年，周威烈王正式封三家为诸侯，晋国灭亡，分成了韩、赵、魏三个国家。

　　因魏国地处中央四战之地，西邻秦国，东有齐、宋，西南与韩国交错接界，南面隔鸿沟与楚国接壤，北有强赵。恶劣的竞争环境使魏文侯成为战国时期最早推行变法的君主。他用翟璜为相改革弊政，用乐羊为将攻掠中山国，以李悝变法依法治国，使魏国成为战国时期最先称雄的国家。

　　公元前334年，魏惠王和齐威王在徐州会盟，互相称王，史称"徐州相王"。

　　在以后的争战中，魏国逐渐失去优势，先后东败于齐，西失秦地，南辱于楚，公元前225年，为秦国所灭。

　　魏国领土包括现在山西南部、河南中北部、陕西东部、河北南部和江苏北部。魏国最早的都城是安邑（今山西夏县），公元前364年，魏惠王从安邑迁都大梁（今河南开封）。故有史书将魏国又记为梁国。

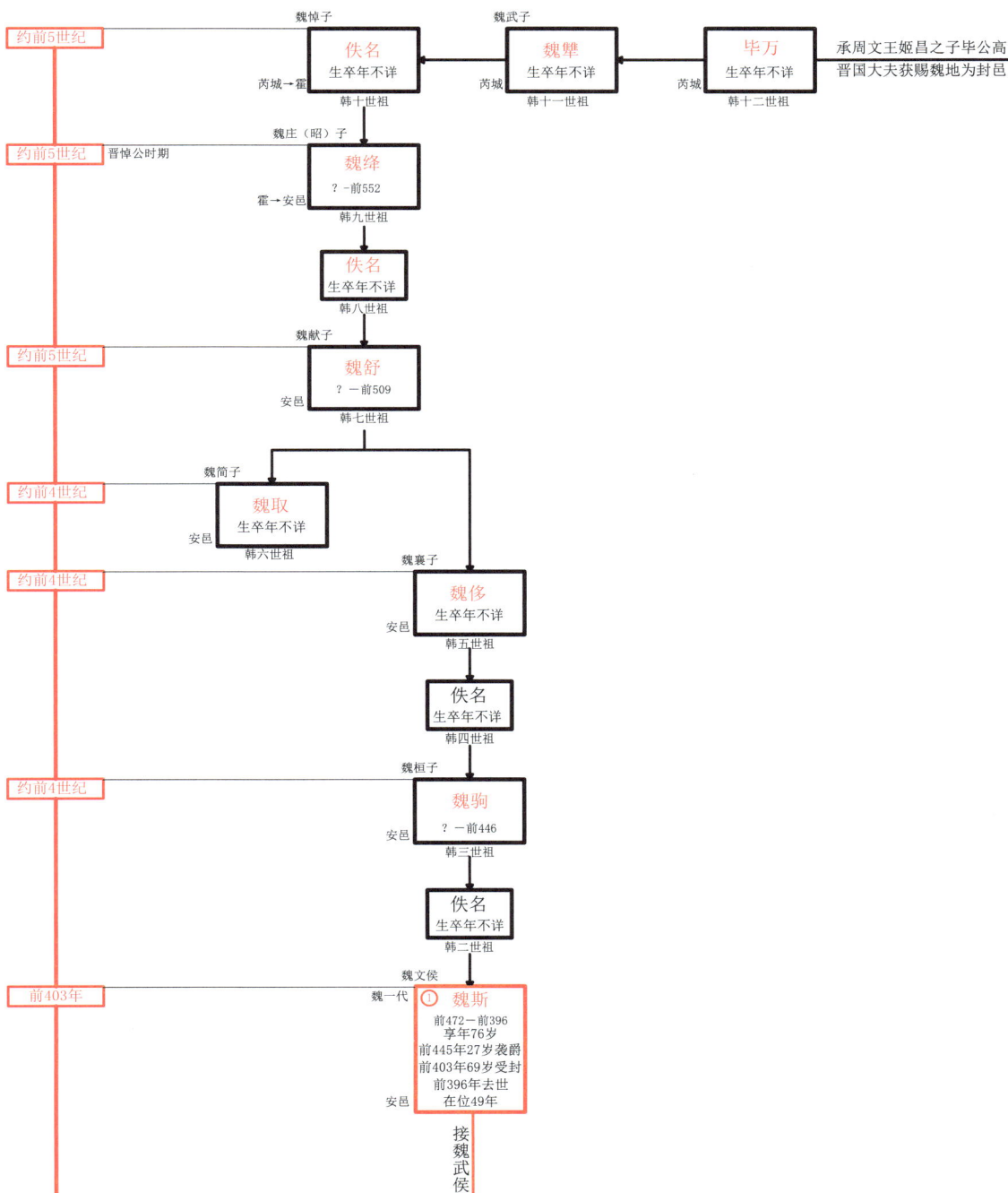

魏

约前5世纪		魏悼子	**佚名** 生卒年不详	魏武子	**魏犨** 生卒年不详		**毕万** 生卒年不详	承周文王姬昌之子毕公高 晋国大夫获赐魏地为封邑
		芮城→霍	韩十世祖	芮城	韩十一世祖	芮城	韩十二世祖	

约前5世纪　晋悼公时期　魏庄（昭）子
魏绛
？－前552
霍→安邑　韩九世祖

佚名
生卒年不详
韩八世祖

约前5世纪　魏献子
魏舒
？－前509
安邑　韩七世祖

约前4世纪　魏简子
魏取
生卒年不详
安邑　韩六世祖

约前4世纪　魏襄子
魏侈
生卒年不详
安邑　韩五世祖

佚名
生卒年不详
韩四世祖

约前4世纪　魏桓子
魏驹
？－前446
安邑　韩三世祖

佚名
生卒年不详
韩二世祖

前403年　魏文侯
魏一代　①　**魏斯**
前472－前396
享年76岁
前445年27岁袭爵
前403年69岁受封
前396年去世
在位49年
安邑

接
魏
武
侯

(二)【魏武侯】

魏击（？—前370年），魏文侯之子。

魏国第二位君主，前396年至前370年在位，约计二十六年。

魏武侯战略上盲目，不仅放弃了与赵国的同盟，且分别与秦国、楚国为敌，错误助齐，结果是四面树敌。死后谥武，史称魏武侯。

(三)【魏惠王】

魏罃（前400年—前319年），魏武侯之子。罃，音：营。

魏武侯生前未指定继承人，死后，魏罃与其弟魏缓争位，最终魏缓被杀，魏罃自立，是魏国第三位君主，前370年至前319年在位，约计五十一年。

公元前361年，从安邑（今山西夏县）迁都大梁（今河南开封），从此魏亦称梁。魏惠王开创了选拔武卒制度。前334年与齐威王在徐州（今山东滕州）相会，互相称王，史称"徐州相王"。马陵之战败于齐国后开始衰落。死后谥惠，史称魏惠王，因迁都大梁，又称梁惠王。

(四)【魏襄王】

魏嗣（？—前296年），又名赫，魏惠王之子。魏国第四位君主，前319年至前296年在位，约计二十三年。死后谥襄，史称魏襄王。

(五)【魏昭王】

魏遬（？—前277年），遬，音：chì。魏襄王之子。

魏国第五位君主，前296年至前277年在位，约计十九年。二子，一为魏安釐王，一为信陵君魏无忌。

(六)【魏安釐王】

魏圉（？—前243年），魏昭王之子，魏无忌之兄。

魏国第六位君主，前277年至前243年在位，约计三十四年。其妾室如姬参与"窃符救赵"，因而载入史册。

(七)【魏景湣王】

魏增（？—前228年），又名午，魏安釐王之子。

魏国第七位君主，前243年至前228年在位，约计十五年。

公元前242年，秦拔魏二十城，以为秦东郡。魏增遣人出使赵国，与其结盟，并提出抗秦合纵。赵、韩、魏、楚、燕五国组成联军，共推赵将庞煖（音：xuān；又音：nuǎn）为帅，夺取秦国的寿陵。后秦国出战，五国联军撤军。

(八)【魏王假】

魏假（生卒年不详），魏增之子。

魏国第八位君主，前228年至前225年在位，约计三年。公元前226年，都城新郑有人降叛秦国遭到镇压。公元前225年，秦将王贲水灌大梁，魏假投降，魏国灭亡。秦设魏国为其郡县。

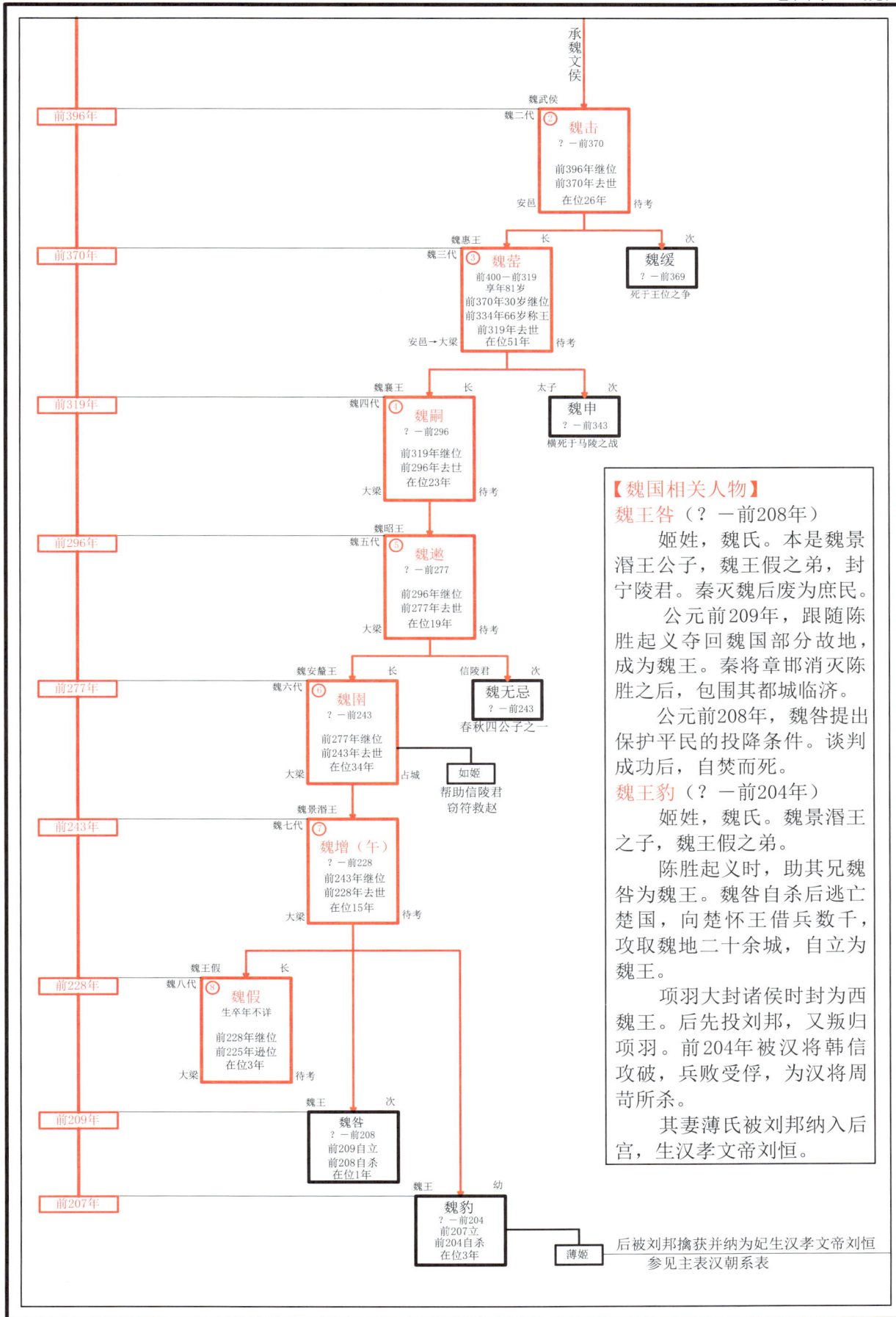

承魏文侯

前396年

魏武侯
魏二代 ② **魏击**
？—前370

前396年继位
前370年去世
在位26年

安邑 待考

长 次
魏缓
？—前369

死于王位之争

前370年

魏惠王
魏三代 ③ **魏䓨**
前400—前319
享年81岁
前370年30岁继位
前334年66岁称王
前319年去世
安邑→大梁 在位51年 待考

长 太子 次
魏申
？—前343

横死于马陵之战

前319年

魏襄王
魏四代 ④ **魏嗣**
？—前296

前319年继位
前296年去世
大梁 在位23年 待考

前296年

魏昭王
魏五代 ⑤ **魏遫**
？—前277

前296年继位
前277年去世
大梁 在位19年 待考

长 信陵君 次
魏无忌
？—前243

春秋四公子之一

前277年

魏安釐王
魏六代 ⑥ **魏圉**
？—前243

前277年继位
前243年去世
大梁 在位34年 占城

如姬
帮助信陵君
窃符救赵

前243年

魏景湣王
魏七代 ⑦ **魏增（午）**
？—前228

前243年继位
前228年去世
大梁 在位15年 待考

前228年

魏王假
魏八代 ⑧ **魏假**
生卒年不详

前228年继位
前225年逊位
大梁 在位3年 待考

长

魏王 次
魏咎
？—前208
前209自立
前208自杀
在位1年

前209年

魏王 幼
魏豹
？—前204
前207立
前204自杀
在位3年

薄姬
后被刘邦擒获并纳为妃生汉孝文帝刘恒
参见主表汉朝系表

前207年

【魏国相关人物】
魏王咎（？—前208年）

　　姬姓，魏氏。本是魏景湣王公子，魏王假之弟，封宁陵君。秦灭魏后废为庶民。

　　公元前209年，跟随陈胜起义夺回魏国部分故地，成为魏王。秦将章邯消灭陈胜之后，包围其都城临济。

　　公元前208年，魏咎提出保护平民的投降条件。谈判成功后，自焚而死。

魏王豹（？—前204年）

　　姬姓，魏氏。魏景湣王之子，魏王假之弟。

　　陈胜起义时，助其兄魏咎为魏王。魏咎自杀后逃亡楚国，向楚怀王借兵数千，攻取魏地二十余城，自立为魏王。

　　项羽大封诸侯时封为西魏王。后先投刘邦，又叛归项羽。前204年被汉将韩信攻破，兵败受俘，为汉将周苛所杀。

　　其妻薄氏被刘邦纳入后宫，生汉孝文帝刘恒。

【魏舒方阵简介】

公元前541年，晋国大夫魏舒在一次与狄人的遭遇中，由于战场地形险隘，战车无法展开攻击，于是"毁车以为行"，把车战甲士和步兵士卒混编，组成了我国历史上第一个独立的步兵方阵，史称"魏舒方阵"。

魏舒方阵总体由五个互相掩护的大方阵组成，《左传》记为"五阵"。其中最前边的一个方阵称"前拒"，是为了诱敌而设，故方阵主体实际只是四个方阵，按前、后、左、右配置，中间是空的。这仍然是当时战车部队的行军队形，只是由没有战车的士卒组成，以便于在山地展开攻击。

这种"方阵"能够在狭窄的地形上直接由步卒展开，减少了战车布阵所需的时间，在当时是一大创举。

魏舒方阵的出现是我国军事史上的大事，是我国由车战向步战转变的划时代的标志。

燕国

【姬奭】

姬奭（生卒年不详），姬姓，又称召公，一作邵公、召伯、召康公。西周宗室，与周武王、周公旦同辈。

据传辅佐周武王灭商，因功受封于蓟（今北京），建立燕国（北燕）。他派长子姬克管理燕国，自己在镐京辅佐朝政。因采邑于召（今陕西岐山），故称召公。

历事三朝（周武王、周成王、周康王），执政时政通人和，深受爱戴。他曾在一棵棠梨树下办公，后人为纪念他，舍不得砍伐此树，《诗经·甘棠》中曾称颂此事。开创了"四十年刑措不用"的"成康之治"。

【燕侯克】

姬克（生卒年不详），召公长子。燕国国君（在位时间不详）。西周之初，燕有邻国蓟。燕侯克兼并蓟，并迁都于此。余不详。

【燕侯旨】

姬旨（生卒年不详），召公第三子、姬克三弟。燕国君主（在位时间不详）。

【燕侯舞】

姬舞（生卒年不详），据考证为姬旨之子。燕国君主（在位时间不详）。

【燕侯宪】

姬宪（生卒年不详），据考为姬旨之子。燕国君主。亦有学者说是召伯之子。

【燕侯和】

姬和（生卒年不详），据琉璃河出土的文物记载为姬宪之子，余无考。燕国君主（在位时间不详）。

【燕侯坤】

姬坤（生卒年不详），燕国君主（在位时间不详）。

（一）【燕惠侯】

佚名（？—前827年），燕国君主，前864年至前827年在位，约计三十七年。有谥无名。燕惠侯在位时，周厉王逃到彘，公元前841年周定公和召穆公共同执政，史称"共和元年"。

【提示】

自召公至燕惠侯，中间九世皆无名无谥，表中所记名字多非确凿史料，而自燕侯和至燕侯坤中间共三位燕国君主完全失考，故表中所列人名仅供读者参考。

自燕惠侯以后，燕国君主多有谥无名，与越国君主的有名无谥恰好相反。其中原因至今史学界仍无定论。

燕

【燕国简介】
　　燕国（公元前1044年至公元前222年，待考），周朝时期的周王族诸侯国之一，姬姓。战国七雄之一。燕国史料极少，很多君主没有名字。本系表仅根据《史记》中的《燕世家》列出传承关系，亦参照了一些民间资料，请读者自行斟酌。
　　公元前1044年，周武王灭商后，又派姬奭征服燕地，并封地于燕，史称燕召公。姬奭因留朝辅政，由其长子姬克代管燕地。至前7世纪，燕国向冀北、辽西一带扩张，吞并蓟国后，建都蓟（今北京）。国祚八百二十二年。前323年，燕易王继位称王。
　　公元前316年，燕国爆发子之乱，两年后齐宣王借平乱之名，派大军灭燕。公元前312年，赵武灵王扶持公子职（燕昭王）归国登基，燕国复国。燕昭王任用乐毅合纵攻齐、秦，破东胡朝鲜，盛极一时。燕昭王去世后，燕国迅速衰落沦为弱国。公元前228年，秦破赵都邯郸，陈兵易水，燕太子丹暗派荆轲刺秦失败。秦嬴政命王翦发兵攻燕，公元前226年，燕王喜联合赵代王嘉抗秦战败，逃往辽东。公元前222年，秦王嬴政派王贲率军进攻辽东，虏燕王喜，燕国灭亡。
　　秦在燕地设渔阳郡、右北平郡、辽西郡及辽东郡等。

祖源待考

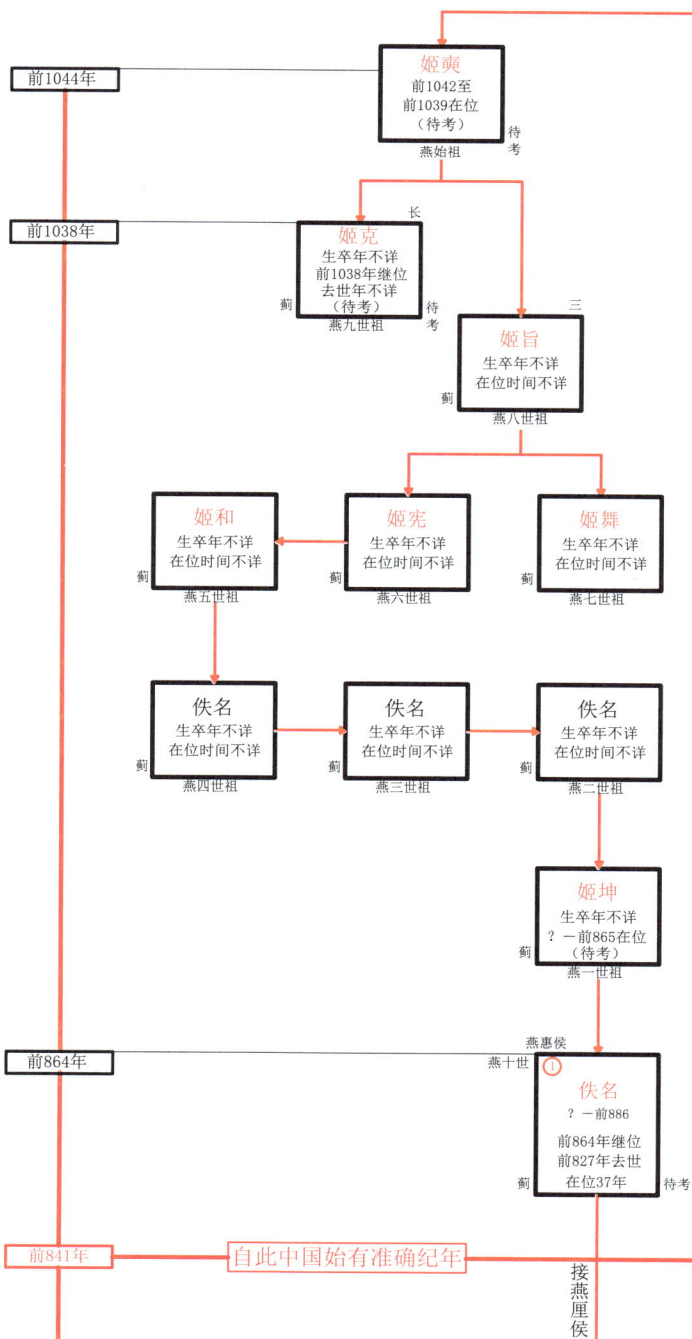

【提示】
　　在东周王朝大臣富辰列举的"文昭十六国"中并没有燕国。《史记》等文献中亦没有提姬奭是周文王之子的说法。
　　根据学者唐封叶先生的分析，姬奭应为商朝末年位于召方（今陕西凤翔附近）的部落首领，因助周武王灭商有功，后又征服燕地，故被赐姓姬，而封于燕。
　　另有说召国与周朝并非同族，在上古时期可能语言文化都有差异，如此，则可解释其在很多方面不同于周朝其他封国的风俗、礼仪以及政权特征，故而出现诸多君主连名字也没有（也许有，但因文字、语言差异而难以辨识）的特殊现象。燕国君主有谥而无名，而越国君主有名而无谥，这种现象可能原因相类。
　　另，因燕国史料的缺失，故燕国大多君主在位年限模糊，本表部分参考《史记》，亦有部分系根据其他封国史料纪事年代推算而成，仅供参考。

自此中国始有准确纪年

（二）【燕厘侯】

佚名（？—前791年），有资料记为姬庄，不实，待考。燕惠侯之子。燕国第二位君主，据传于前827年至前791年，在位约计三十六年，待考。公元前803年，齐伐燕取桑丘（今徐水漕河）。

（三）【燕顷侯】

佚名（？—前767年），燕厘侯之子，燕国第三位君主，据传于前791年至前767年在位，约计二十四年。燕顷侯在位时正好是西周和春秋的交界，公元前771年，周幽王为犬戎所杀。以后周天子衰微，燕国开始进入春秋舞台。

（四）【燕哀侯】

佚名（？—前765年），为燕顷侯之子。燕国第四位君主，前767年至前765年在位，约两年（以其父之年代推算，仅供参考）。现存史料中未有其他记载。

（五）【燕郑侯】

佚名（？—前729年），燕哀侯之子。燕国第五位君主，前765年至前729年在位，约三十六年（以其父之年代推算，仅供参考）。现存史料中未有其他记载。

（六）【燕穆侯】

佚名（？—前711年），或作缪侯。燕郑侯之子。燕国第六位君主，前729年至前711年在位，约计十八年（以其父之年代推算，仅供参考）。

（七）【燕宣侯】

佚名（？—前698年），燕穆侯之子。燕国第七位君主，前711年至前698年在位，约计十三年（以其父之年代推算，仅供参考）。公元前706年，山戎越过燕地伐齐。

（八）【燕桓侯】

佚名（？—前691年），燕宣侯之子。燕国第八位君主，前698至前691年在位，约计七年。即位初年受到山戎侵逼，将国都徙到临易（今河北雄县），国力日衰。

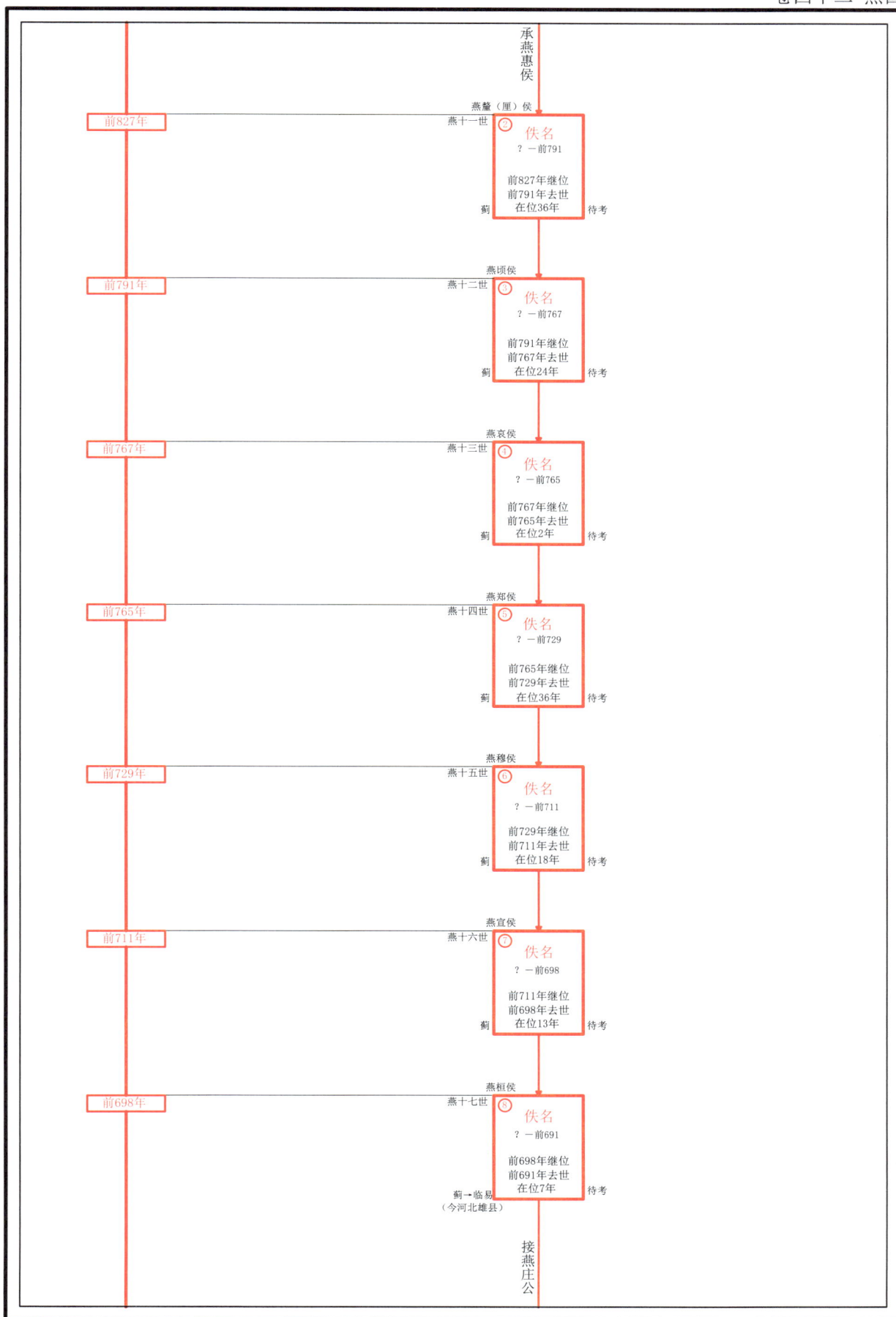

承
燕
惠
侯

燕釐（厘）侯

前827年 ————————————— 燕十一世 ② **佚名**

? －前791

前827年继位
前791年去世
蓟 在位36年 待考

燕顷侯

前791年 ————————————— 燕十二世 ③ **佚名**

? －前767

前791年继位
前767年去世
蓟 在位24年 待考

燕哀侯

前767年 ————————————— 燕十三世 ④ **佚名**

? －前765

前767年继位
前765年去世
蓟 在位2年 待考

燕郑侯

前765年 ————————————— 燕十四世 ⑤ **佚名**

? －前729

前765年继位
前729年去世
蓟 在位36年 待考

燕穆侯

前729年 ————————————— 燕十五世 ⑥ **佚名**

? －前711

前729年继位
前711年去世
蓟 在位18年 待考

燕宣侯

前711年 ————————————— 燕十六世 ⑦ **佚名**

? －前698

前711年继位
前698年去世
蓟 在位13年 待考

燕桓侯

前698年 ————————————— 燕十七世 ⑧ **佚名**

? －前691

前698年继位
前691年去世
蓟→临易 在位7年 待考
（今河北雄县）

接
燕
庄
公

（九）【燕庄公】

佚名（？—前658年），燕桓侯之子，燕国第九位君主，前691年至前658年在位，约计三十三年。

公元前664年，山戎侵犯燕国，燕庄公向齐国求救。齐桓公率军救燕，击败山戎。燕庄公为表感谢，亲送齐桓公到齐国境内。当时诸侯只有送天子才出国境，齐桓公为表示不对燕国无礼，将燕庄公所至之地割送燕国，并让燕庄公重修召公之政，向周王朝进贡。

（十）【燕襄公】

佚名（？—前618年），燕庄公之子。燕国第十位君主，前658年至前618年在位，约计四十年。在位时迁燕都回蓟城（今北京）。

（十一）【燕前桓公】

佚名（？—前602年），燕襄公之子。因燕国有二位桓公（一说有三位桓公），故称前桓公。燕国第十一位君主，前618年至前602年在位，约计十六年。史无他载。

（十二）【燕宣公】

佚名（？—前587年），燕前桓公之子。燕国第十二位君主，前602年至前587年在位，约计十五年。史无他载。

（十三）【燕昭公】

佚名（？—前574年），燕宣公之子。燕国第十三位君主，前587年至前574年在位，约计十三年。

在位时国势由弱转强，东击东胡，设置上谷、渔阳、右北平、辽西、辽东五郡。筑燕长城，西起造阳（今河北张家口），东经辽东，至满潘汗（今朝鲜清川江）。是比较有作为的燕国君主之一。

（十四）【燕武公】

佚名（？—前555年），燕昭公之子。燕国第十四位君主，前574年至前555年在位，约计十九年。史无他载。

（十五）【燕前文公】

佚名（？—前549年），燕武公之子。燕国第十五位君主，前555年至前549年在位，约计六年。

因燕国有两位文公，故称燕前文公。

在位时北方戎狄各部强大，燕被迫迁都至易（今河北易县）。

据《水经注·卷十一·易水》称"易水又东迳易县故城南，昔燕文公徙易，即此城也。"

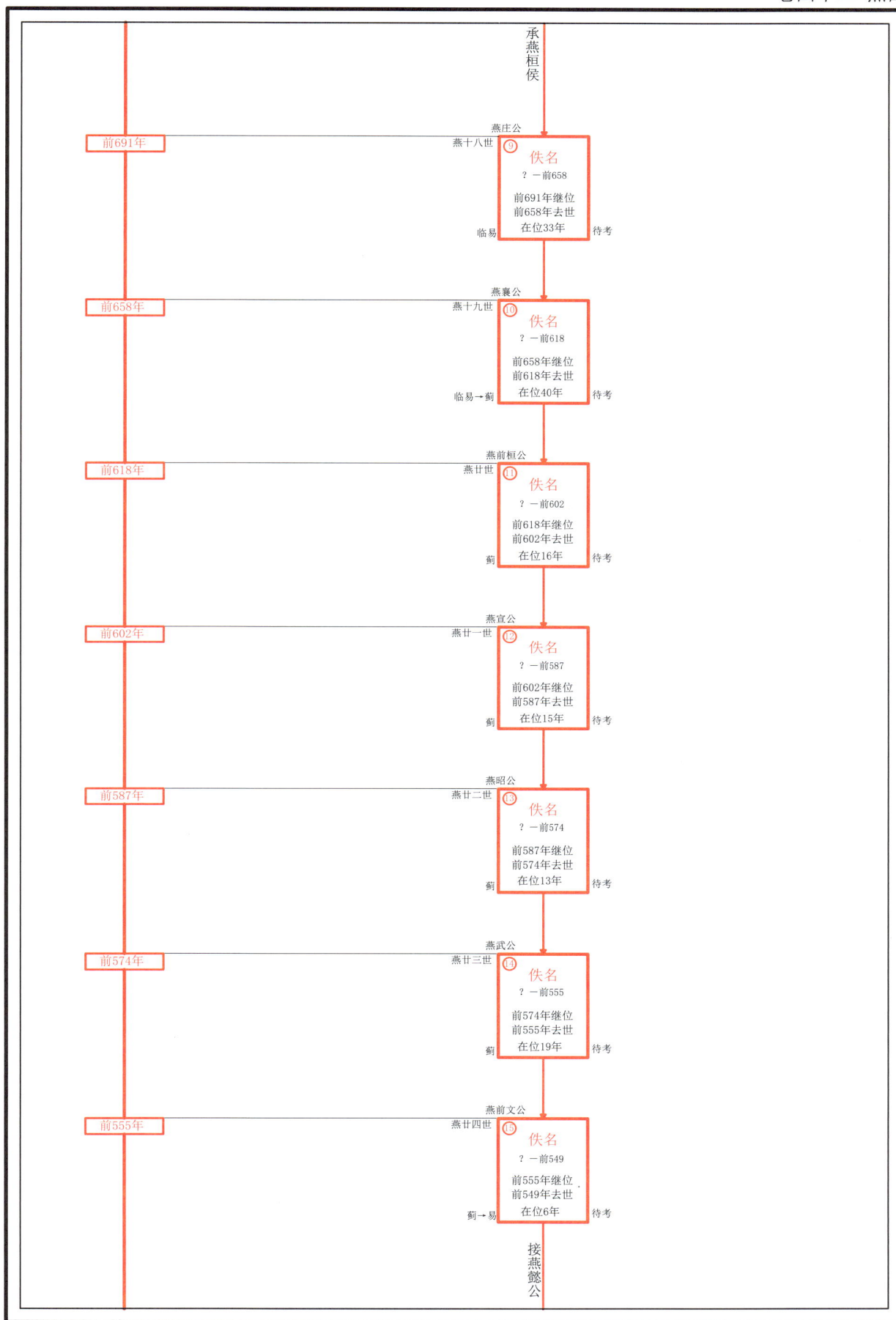

承
燕
桓
侯

燕庄公
燕十八世

前691年

⑨ **佚名**

? —前658

前691年继位
前658年去世
在位33年

临易　　　　待考

燕襄公
燕十九世

前658年

⑩ **佚名**

? —前618

前658年继位
前618年去世
在位40年

临易→蓟　　　　待考

燕前桓公
燕廿世

前618年

⑪ **佚名**

? —前602

前618年继位
前602年去世
在位16年

蓟　　　　待考

燕宣公
燕廿一世

前602年

⑫ **佚名**

? —前587

前602年继位
前587年去世
在位15年

蓟　　　　待考

燕昭公
燕廿二世

前587年

⑬ **佚名**

? —前574

前587年继位
前574年去世
在位13年

蓟　　　　待考

燕武公
燕廿三世

前574年

⑭ **佚名**

? —前555

前574年继位
前555年去世
在位19年

蓟　　　　待考

燕前文公
燕廿四世

前555年

⑮ **佚名**

? —前549

前555年继位
前549年去世
在位6年

蓟→易　　　　待考

接
燕
懿
公

（十六）【燕懿公】

佚名（？—前545年），燕前文公之子。燕国第十六位君主，前549年至前545年在位，约计四年。《史记·燕召公世家》记载：懿公元年，齐崔杼弑其君庄公。

目前所知的史料中无其他事迹记载。

（十七）【燕惠公】

燕款（？—前536年），其名出自《左传》所载，不确，仅供参考。一作燕简公，燕懿公之子，燕国第十七位君主，前545年至前536年在位，约计九年。

燕惠公有许多宠臣，《战国策》有"燕惠公欲杀公卿立幸臣，公卿诛幸臣，公恐，出奔齐。"的记载。四年后，齐国派高偃到晋国，请求共同伐燕，送惠公回国。于是晋平公和齐国一起讨伐燕国，把燕惠公送回。

（十八）【燕悼公】

佚名（？—前529年），燕惠公之子。燕国第十八位君主，前536年至前529年在位，约计七年。史无他载。

（十九）【燕共公】

佚名（？—前524年），燕悼公之子。燕国第十九位君主，前529年至前524年在位，约计五年。

（廿）【燕平公】

佚名（？—前505年），燕共公之子。燕国第二十位君主，前524年至前505年在位，约计十九年。此时晋国公室微，六卿强大。去世后燕前简公立。

（廿一）【燕前简公】

佚名（？—前493年），燕平公之子。燕国第二十一位君主，前505年至前493年在位，约计十二年。史无他载。

（廿二）【燕献公】

佚名（？—前465年），燕前简公之子（存疑）。燕国第二十二位君主，前493年至前465年在位，约计二十八年。

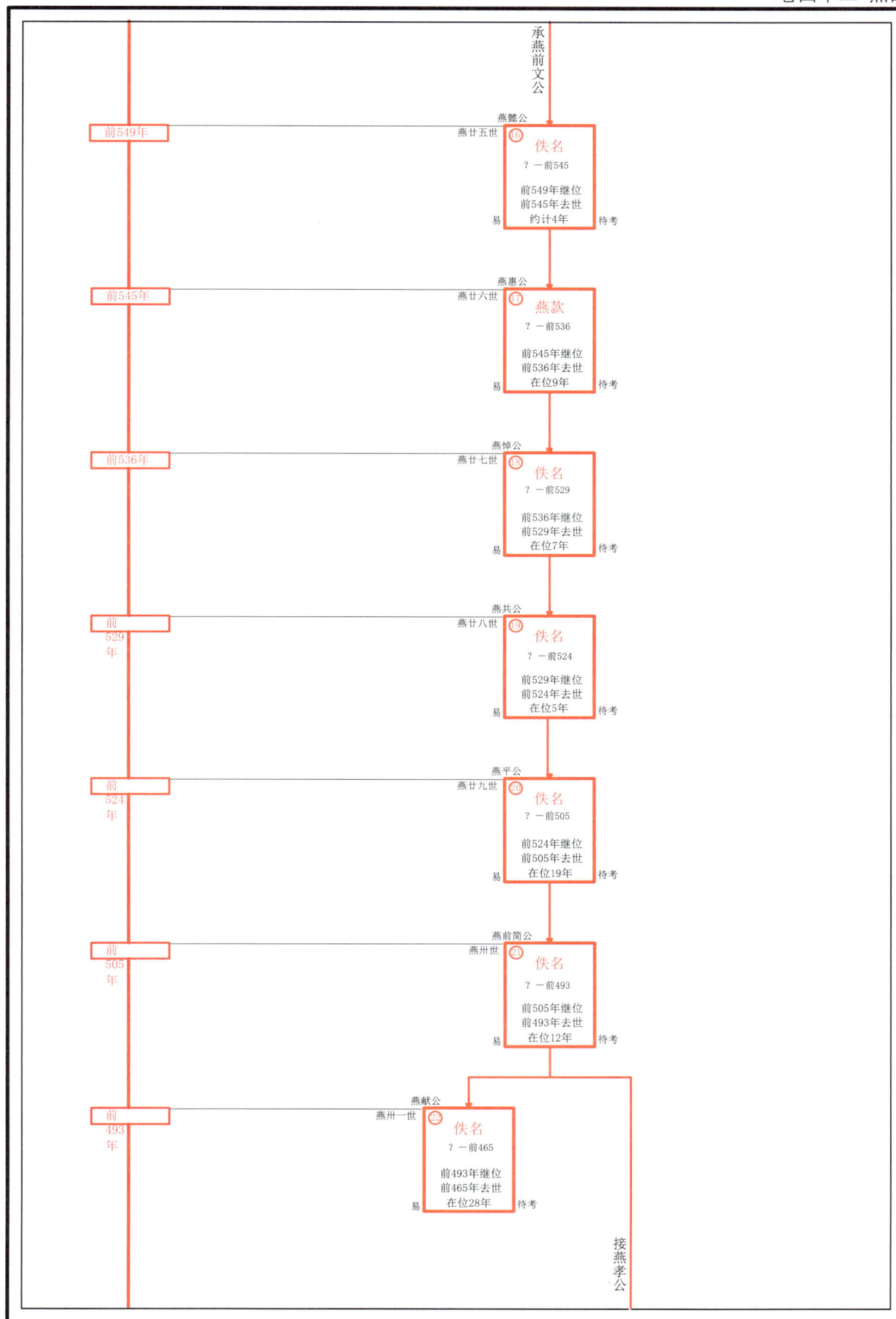

承燕前文公

前549年	燕懿公 燕廿五世	⑯ **佚名**
		? 一前545
		前549年继位
		前545年去世
	易	约计4年 待考

前545年	燕惠公 燕廿六世	⑰ **燕款**
		? 一前536
		前545年继位
		前536年去世
	易	在位9年 待考

前536年	燕悼公 燕廿七世	⑱ **佚名**
		? 一前529
		前536年继位
		前529年去世
	易	在位7年 待考

前529年	燕共公 燕廿八世	⑲ **佚名**
		? 一前524
		前529年继位
		前524年去世
	易	在位5年 待考

前524年	燕平公 燕廿九世	⑳ **佚名**
		? 一前505
		前524年继位
		前505年去世
	易	在位19年 待考

前505年	燕前简公 燕卅世	㉑ **佚名**
		? 一前493
		前505年继位
		前493年去世
	易	在位12年 待考

前493年	燕献公 燕卅一世	㉒ **佚名**
		? 一前465
		前493年继位
		前465年去世
	易	在位28年 待考

接燕孝公

（廿三）【燕孝公】

佚名（？—前455年），一作燕考公，燕前简公之子。燕国第二十三位君主，前465年至前455年在位，约计十年。

有史料说根本没有燕献公，燕前简公直接传位燕孝公，其在位时间应为前492年至前455年。然《史记·十二诸侯表》有明确记载燕献公继位及相关史料。本系表从《史记》。

（廿四）【燕成公】

佚名（？—前434年），燕孝公之子。燕国第二十四位君主，前455年至前434年在位，约计二十一年。史无他载。

（廿五）【燕闵公】

佚名（？—前403年），燕成公之子。燕国第二十五位君主，前434年至前403年在位，约计三十一年。史无他载。

（廿六）【燕后简公】

佚名（？—前373年），一说名燕载，一说名燕款，均无实证，待考。燕闵公之子。燕国第二十六位君主，前403年至前373年在位，约计三十年。史无他载。

（廿七）【燕后桓公】

佚名（？—前362年），燕后简公之子。燕国第二十七位君主，前373年至前362年在位，约计十一年。史无他载。

（廿八）【燕后文公】

佚名（？—前333年），亦称燕文侯，燕后桓公之子。燕国第二十八位君主，前362年至前333年在位，约计二十九年。公元前334年，燕后文公采纳苏秦的合纵之策，和赵、韩、魏、齐、楚五国合纵联盟共抗秦国，不久联盟瓦解。

其他国史资料中有记其名为姬乞陶，待考。

（廿九）【燕易王】

佚名（？—前321年），燕后文公之子。燕国第二十九位君主，前333年至前321年在位，约计十二年。

公元前332年，齐宣王派兵夺取燕国十城，但通过苏秦游说又归给燕国。公元前323年开始称王。

其名又被记为姬文远，待考。

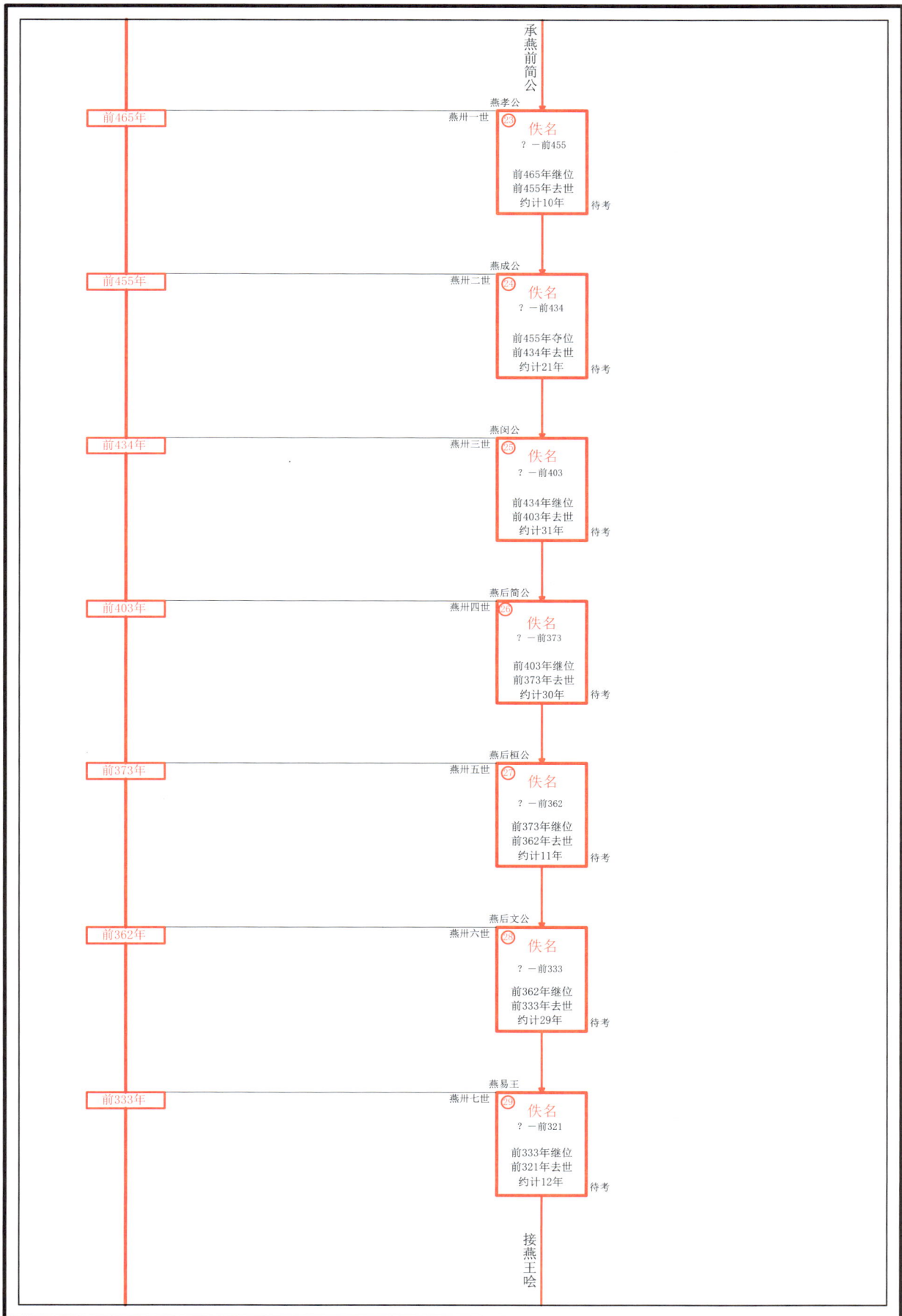

承燕前简公

燕孝公
前465年　燕卅一世　㉒ 佚名
? 一前455

前465年继位
前455年去世
约计10年　待考

燕成公
前455年　燕卅二世　㉓ 佚名
? 一前434

前455年夺位
前434年去世
约计21年　待考

燕闵公
前434年　燕卅三世　㉔ 佚名
? 一前403

前434年继位
前403年去世
约计31年　待考

燕后简公
前403年　燕卅四世　㉔ 佚名
? 一前373

前403年继位
前373年去世
约计30年　待考

燕后桓公
前373年　燕卅五世　㉕ 佚名
? 一前362

前373年继位
前362年去世
约计11年　待考

燕后文公
前362年　燕卅六世　㉖ 佚名
? 一前333

前362年继位
前333年去世
约计29年　待考

燕易王
前333年　燕卅七世　㉘ 佚名
? 一前321

前333年继位
前321年去世
约计12年　待考

接燕王哙

（卅）【燕王哙】

燕王哙（？－前314年），燕易王之子。燕国第三十位君主，前321年至前317年在位，约计两年。

继位后组织四国联军攻打秦国未能成功。后重用国相子之改革，前317年禅位于子之，导致其子姬平发动内乱，被子之平息，姬平出逃。公元前314年，齐国趁机入侵，燕王哙被杀，子之被擒。齐国借此为燕国代政三年（前314年至前311年）。后赵武灵王护送姬平回国继位，是为燕昭王。

（卅一）【燕昭王】

姬平（？－前279年），一说名职，待考（本系表依《史记》记为姬平）。燕王哙庶子。燕国蓟城（今北京）人。燕国第三十一位君主，前311年至前279年在位，约计三十二年。

姬职初流亡在韩国。前314年齐国攻破燕国，代燕政三年。前311年赵武灵王派人送其归国复位。

即位后卑身厚币招纳贤士，师事郭隗，士人争相趋燕。外用苏秦，内用乐毅，经过长期休养生息，国家殷富，士卒效命。公元前284年，遣乐毅率军联合三晋及秦楚之师攻齐，大破齐军，占齐七十余城，齐王败死。燕国进入鼎盛时期，燕国从此成为战国七雄之一。

（卅二）【燕惠王】

秋寿（？－前272年），其名待考。燕昭王之子。燕国第三十二位君主，前279年至前272年在位，约计七年。

燕惠王为太子时，与将军乐毅有过节。即位后中齐国反间计，对乐毅有所猜忌，任用骑劫代任其职，乐毅不得已逃亡赵国。公元前279年，齐将田单以火牛阵大败燕军，骑劫战死，齐国收复全部失地。燕国大损。

（卅三）【燕武成王】

姬辇（？－前258年），其名待考。燕惠王之子。燕国第三十三位君主，前272年至前258年在位，约计十四年。史无余考。

（卅四）【燕孝王】

佚名（？－前255年），燕武成王之子。燕国第三十四位君主，前258年至前255年在位，约计三年。史无余考。

（卅五）【燕王喜】

姬喜（？－前222年），燕孝王之子。燕国第三十五位君主，前255年至前222年在位，约计三十三年。是燕国的末代君主。

公元前227年，秦国攻燕，兵临易水（今河北易县）。燕国太子姬丹派荆轲、秦舞阳等人以献督亢地图和秦将樊於期首级之名，图谋刺杀秦王嬴政，事败。姬丹逃亡辽东（今辽宁辽阳市），被燕王喜斩首，献给秦王。公元前226年，秦王派王翦率军伐燕，同年十月破燕都蓟城。公元前222年，活捉燕王喜，燕国灭亡。

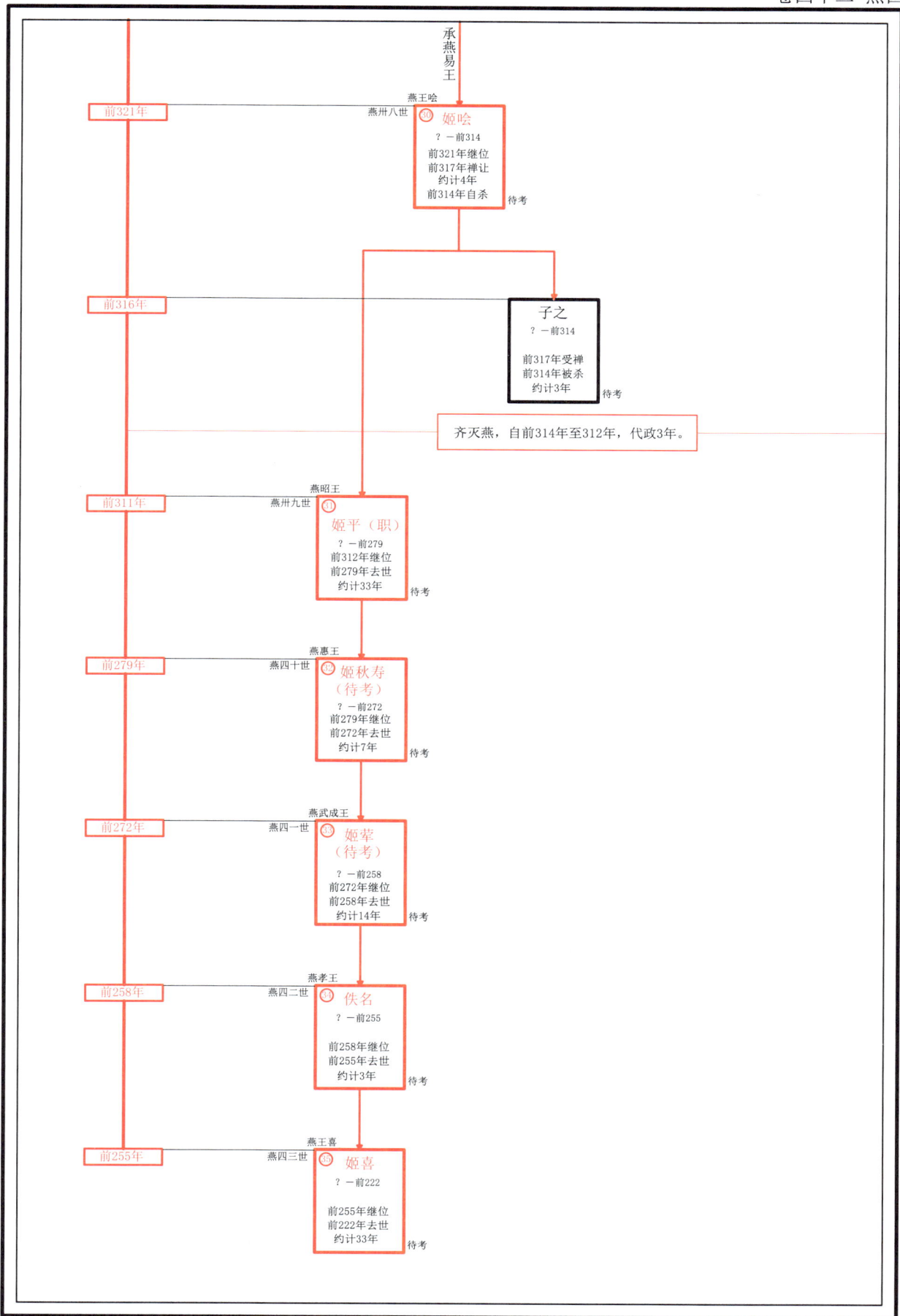

承
燕
易
王

前321年　　　　　　　　　　　　　　　燕王哙
　　　　　　　　　　　　　　　燕卅八世　㉚　姬哙

　　　　　　　　　　　　　　　? —前314
　　　　　　　　　　　　　　　前321年继位
　　　　　　　　　　　　　　　前317年禅让
　　　　　　　　　　　　　　　约计4年
　　　　　　　　　　　　　　　前314年自杀　　待考

前316年　　　　　　　　　　　　　　　子之

　　　　　　　　　　　　　　　? —前314

　　　　　　　　　　　　　　　前317年受禅
　　　　　　　　　　　　　　　前314年被杀
　　　　　　　　　　　　　　　约计3年　　待考

齐灭燕，自前314年至312年，代政3年。

前311年　　　　　　　　　　　　　　　燕昭王
　　　　　　　　　　　　　　　燕卅九世　㉛　姬平（职）

　　　　　　　　　　　　　　　? —前279
　　　　　　　　　　　　　　　前312年继位
　　　　　　　　　　　　　　　前279年去世
　　　　　　　　　　　　　　　约计33年　　待考

前279年　　　　　　　　　　　　　　　燕惠王
　　　　　　　　　　　　　　　燕四十世　㉜　姬秋寿
　　　　　　　　　　　　　　　（待考）

　　　　　　　　　　　　　　　? —前272
　　　　　　　　　　　　　　　前279年继位
　　　　　　　　　　　　　　　前272年去世
　　　　　　　　　　　　　　　约计7年　　待考

前272年　　　　　　　　　　　　　　　燕武成王
　　　　　　　　　　　　　　　燕四一世　㉝　姬荤
　　　　　　　　　　　　　　　（待考）

　　　　　　　　　　　　　　　? —前258
　　　　　　　　　　　　　　　前272年继位
　　　　　　　　　　　　　　　前258年去世
　　　　　　　　　　　　　　　约计14年　　待考

前258年　　　　　　　　　　　　　　　燕孝王
　　　　　　　　　　　　　　　燕四二世　㉞　佚名

　　　　　　　　　　　　　　　? —前255

　　　　　　　　　　　　　　　前258年继位
　　　　　　　　　　　　　　　前255年去世
　　　　　　　　　　　　　　　约计3年　　待考

前255年　　　　　　　　　　　　　　　燕王喜
　　　　　　　　　　　　　　　燕四三世　㉟　姬喜

　　　　　　　　　　　　　　　? —前222

　　　　　　　　　　　　　　　前255年继位
　　　　　　　　　　　　　　　前222年去世
　　　　　　　　　　　　　　　约计33年　　待考

【关于"子之之乱"】

子之（？—前314年），姬姓，战国时期燕国权臣。

燕王哙即位后，拜为相国。

子之执政严苛，办事果断。善于监督考核臣属，得到燕王哙的赏识和重用。

燕王哙将国事皆决于子之。后又听信鹿毛寿建议，索性把国家权力转让给子之，导致其庶子姬职发动内乱，史称"子之之乱"。

周赧王元年（公元前314年），子之平定了燕国的内乱，姬职出逃韩国。

后来孟子劝齐宣王说："现在攻打燕国，这是文王、武王伐纣的时机，不可失去。"齐宣王于是以此为借口攻打燕国，杀死了燕王哙和子之。

后世韩非子认为："若夫齐田恒、宋子罕、鲁季孙意如、晋侨如、卫子南劲、郑太宰欣、楚白公、周单荼、燕子之，此九人者之为其臣也，皆朋党比周以事其君，隐正道而行私曲，上逼君，下乱治，援外挠内，亲下以谋上，不难为也。"（见《韩非子·说疑第四十四》）

但齐宣王之祖正是"田氏代齐"的田恒（亦记为田常），而子之与田恒的乱政性质相同，都是韩非所说的那类以下犯上、逼君乱治的乱臣。而孟子竟以文王、武王伐纣之业譬之，岂不谬哉！

后　记

　　余少时喜读史，然家困于时，无良师指引，亦无正典辅阅，偶得二三章句，只知其表而不知其里。

　　束发入晋为稻粱谋，昼作夜息，学业荒疏。虽偶得散篇断页，终不成体系。加之才疏见浅，常择一人一事炫于人前，断章取义，不辨真伪。每得青眼则沾沾自喜，今思之不胜汗颜。后迁冀，始有书馆以资正观，渐晓史之繁巨且传承有序也。

　　如今花甲已过，后人自立。家无寅卯之虑，事无旦夕之急。遂冠陋室名曰"自补斋"，取少幼失学，唯凭自补之意。避滥交之友，览中华几千年典籍，渐入精微方知以前所学不过皮毛耳。

　　中华民族历史上下数千年，存世史籍多系后代人记前朝事。而修撰者多媚当朝，指斥前代之过，以衬当代之功，虽史料凿凿，但取舍扬弃或褒贬臧否之间常失之偏颇。盖以为各朝各代均各有其长，亦各有其短，皆因其时条件所限。以后世之见判前世之失，虽有警鉴之用，但有以己度人自作聪明之嫌，且妄自裁切亦恐于真相有亏。好在中华史料详备，后人尽可披沙拣金，各获其益。

　　人类发展自猿化人至部族而社会，繁衍更迭，皆由低向高发展之自然过程。前为后之基，后为前之续，万不可为邀宠当时而否定前代。历史沿革之轨，也无一家之法可保无虞。

若只知其人其事，而不知其之所以发生之背景，势必为盲人摸象，不得要领。

二十世纪末因子女应试，于辅导之余渐晓其难点。盖因所学多为孤立的人物与事件，却模糊其在时空坐标上的定位，犹如珍珠满手却不知顺序，应试时难免张冠李戴，时空错位。

愚以为学史须先厘清脉络，预知全豹方可细辨一斑。中外历史均传承有序，前后互为因果，习者必须左右参详，前后比对，细心求索，方得确解。切忌刻舟求剑，只知剑落处，不知舟已行，焉不谬哉。

故此余始有梳宗理脉溯本寻源之念。廿余年悉心收集整理，用数轴之理成时间之索，依次串取历朝历代凡数千年，集帝王数百，人物千余，令中华历史成不断之珠链，见上下几千年之完整全貌。其时间之索万不可断，断则珠即散佚，不得其位也。

学海无涯，没有捷径，只有努力。祈愿为后学者提供一个简单实用的工具，为中华历史有个直观的参照。

道之所存，虽千万人吾往矣！

自补斋主北京李小白记

岁在辛丑年初夏

自补斋主